西南政法大学教育部涉外法律人才教育培养基地实务教材

西南政法大学
Southwest University of
Political Science & Law

涉外法律实务系列

总主编 张晓君

涉外知识产权法律实务

The Law and Practice of Transnational Intellectual Property

岳树梅 / 主编

撰稿人（按章节先后）：
岳树梅　杨光明　赵振华
马　迅　刘　彬

图书在版编目(CIP)数据

涉外知识产权法律实务/岳树梅主编.—厦门:厦门大学出版社,2017.7
(涉外法律实务系列)
ISBN 978-7-5615-6425-7

Ⅰ.①涉… Ⅱ.①岳… Ⅲ.①知识产权法-高等学校-教材 Ⅳ.①D913.4

中国版本图书馆 CIP 数据核字(2017)第 082213 号

出 版 人	蒋东明
责任编辑	邓 臻
封面设计	李嘉彬
技术编辑	许克华

出版发行	厦门大学出版社
社　　址	厦门市软件园二期望海路 39 号
邮政编码	361008
总 编 办	0592-2182177　0592-2181406(传真)
营销中心	0592-2184458　0592-2181365
网　　址	http://www.xmupress.com
邮　　箱	xmup@xmupress.com
印　　刷	厦门市明亮彩印有限公司

开本	720mm×1000mm　1/16
印张	34.5
插页	2
字数	542 千字
版次	2017 年 7 月第 1 版
印次	2017 年 7 月第 1 次印刷
定价	78.00 元

本书如有印装质量问题请直接寄承印厂调换

厦门大学出版社
微信二维码

厦门大学出版社
微博二维码

西南政法大学涉外法律实务系列编委会

主　任　　张晓君
副主任　　石经海　宋渝玲
委　员　　王玫黎　陈咏梅　丁丽柏　岳树梅
　　　　　张春良　裴　普　王媛媛

总　序

2013年,西南政法大学获批为教育部涉外法律人才教育培养基地,由国际法学院具体牵头建设。近些年,国际法学院积极探索创新涉外法律人才培养机制,努力培养一批具有国际视野、通晓国际规则,能够参与国际法律事务和维护国家利益的涉外法律人才;依托各种政策和发展契机,协同海内外高校和实务部门,以开设涉外法律人才实验班为重要抓手和创新载体,进一步探索实践涉外法律人才培养新模式新方式。涉外法律人才培养目标的实现需要与之相适应的教材系列。为此,在学校支持下,国际法学院精心组织策划涉外法律实务教材的系列编写,邀请来自高校和实务部门的专家学者参与本系列各教材的编写。这种"五湖四海"式组建编写团队,目的是保证本系列的实务性和高水准。

本系列围绕涉外法律实务能力和专业素质,着力突出专业和实务特色。一方面,本系列各教材主题的选定,以涉外法律人才要接触到的最广泛和经常性的国际法律实务为依据,涵盖了涉外法律实务的实体性和程序性问题,包括世界贸易组织法律实务、涉外工程法律实务、涉外民事诉讼法律实务、海商法律实务、涉外知识产权法律实务、涉外货物买卖法律实务、涉外金融法律实务、涉外民事关系法律适用实务、涉外投资法律实务等,着重阐述主要国际法律实务问题,基本涵盖了高端国际法律人才从事涉外法律实务工作必须学习和掌握的实务性专业知识。另一方面,本系列在内容结构和体例设计上,体现注重涉外法律实务知识和实务能力提高的总体要求。各教材编写,力求配合案例

总　序

教学讨论式授课模式。严格统一编写体例，每章各节在内容结构上分成知识背景或知识点、案例裁决或法律文书摘录、延伸阅读三个板块，对涉外法律实务知识进行讲解。先系统性阐释专业知识内容，之后以真实案例为素材进行案例教学，精选的经典和富有代表性案例，都摘编节选自案例原文，这样既保持案例的本来面貌，又能深化读者对基础知识和案例内容的理解和掌握。专业知识衔接案例分析或法律文书摘录学习，配以延伸知识阅读，通过这样的体例设计，帮助学生切实有效地将知识转化为运用法律解决实际问题的能力，培养学生运用法律逻辑分析问题和独立思考的习惯。

西南政法大学涉外法律实务系列，是从以灌输知识为主，向培养能力为主的教学理念和教学方法转变的有益尝试，是涉外法律人才教育培养的经验总结和创新成果，也是深化涉外法律人才教育培养的重要内容和教学载体。期望这套丛书能够不断得到完善，在推进中国涉外法律人才教育培养事业中发挥作用。

西南政法大学校长　**付子堂**
教授、博士生导师

西南政法大学国际法学院院长　**张晓君**
教授、博士生导师

2017年5月

作者简介

（按章节顺序）

岳树梅，西南政法大学国际法学院教授，阿拉伯法律研究中心主任，博士生导师，法学博士。重庆市国际经济法研究会副秘书长。曾赴美国密苏里大学法学院从事访学工作。主要从事国际贸易法、国际投资法、国际能源法、国际知识产权法的教学及科研工作，近年主要从事民用核能安全保障的国内、国际法律制度研究。在《现代法学》《法学》等学术期刊发表论文30余篇。主持国家社科基金2项，主持教育部、司法部等省部级项目共计10余项，主研省部级项目5项，主研横向课题6项。个人出版专著2部，获重庆市政府社会科学优秀成果奖1项。主编教材2部。参编教材1部。电子邮件：826114083@qq.com

杨光明，西南政法大学国际法博士，重庆市秀山县人民法院党组书记、院长，西南政法大学法律硕士专业学位兼职导师、经济法学院研究生实务导师、知识产权法学兼职硕士生导师，日本知识产权研究所（IIP）特邀研究员（2012.07—2013.02），重庆市法学会国际经济法研究会常务理事，重庆市法学会民法经济法研究会理事。主要研究方向：知识产权法、国际经济法等。主要学术成就：参编教材3部，参与最高人民法院课题1项，在《现代法学》《人民司法》《人民司法·案例》《西南民族大学学报·人文社科版》《重庆大学学报·社会科学版》《前沿》《中国审判案例要览》《专利法研究》《中华商标》《人民法院报》《中国知识产权报》等发表学术论文20余篇。电子邮件：fyygm@163.com

涉外知识产权法律实务教程

赵振华,西南政法大学国际法学博士,曾任重庆市第五中级人民法院法官,现任重庆进出口信用担保有限公司法律事务部高级经理。主要研究方向:国际经济法、海商法、涉外法律实务。主要学术成就:出版专著1部,合著3部,参与国家级课题2项,在《理论界》《兰州学刊》《中南大学学报(社会科学版)》《海南大学学报》《重庆邮电大学学报(社会科学版)》《人民法院报》等学术刊物发表学术论文10余篇。电子邮件:709078788@qq.com

马迅,重庆工商大学法学院副教授,法学博士。2010年12月至2011年10月比利时安特卫普大学访问学者;2013年10月至2014年3月美国维德恩大学访问学者。重庆海外律师事务所兼职律师。主要研究方向:国际经济法、国际投资法。主要教授课程:国际经济法、国际商法、国际法。主持教育部项目1项,主研国家社科基金项目3项,出版专著1部,参编教材3部。在《现代法学》《武大国际法评论》等国内期刊发表专业学术论文约20篇。电子邮件:markmaxun@sina.com

刘彬,西南政法大学国际法学院副教授,硕士研究生导师,法学博士,担任中国国际经济法学会理事、中国法学会世界贸易组织法研究会理事、中国法学会中国-东盟法律研究中心研究员,《国际关系与国际法学刊》编委会委员,2010年美国圣路易斯华盛顿大学法学院访问学者。主要研究方向:国际经济法、知识产权法、国际法跨学科研究等。主要讲授课程:国际经济法、世界贸易组织法、国际贸易法成案分析(双语)、区域贸易法、涉外经贸立法实务等。主要学术成就:出版专著1部,参编教材4部,主持国家社科基金等各类项目5项,参与各类项目5项。在《厦门大学学报》《环球法律评论》《国际经济法学刊》等国内知名刊物发表学术论文20余篇。电子邮件:liubinswupl@126.com

编写说明

在涉外经济领域,由于近年的金融危机,全球经济复苏缓慢,经济全球化受阻、区域经济一体化蓬勃发展。中国推出的"一带一路"建设正在实施中,其中涉外知识产权保护已成为其中一个重要组成部分。近年来,中国企业涉外知识产权纠纷频繁发生,中国大部分企业尤其中西部省份企业,在涉外知识产权保护方面正处于"内忧外患"之中。"内忧"是指,中国大部分涉外企业的核心技术的专利权受制于人,或者早已陷入国外布下的知识产权陷阱;"外患"是指,中国大部分企业发展壮大后走出国门,频频遭到国外竞争对手的知识产权诉讼,严重阻碍了企业的国际化进程。因此,随着中国涉外法律业务在全球的法律服务市场中占有越来越大的比重,我国涉外法律人才的需求与日俱增。这些必然涉及高水平涉外法律人才的培养,除了相关专业知识和语言能力之外,更重要的是要培养学生具备解决涉外法律争端所必需的法律逻辑思维。要达到这样的教学目标,应当大力提倡以学生为中心、注重培养学生思辨批判能力和实务运用能力的"案例教学法"。有鉴于此,本书在结构设计和内容安排上大胆创新,力求突出实务性,以配合涉外知识产权法律进入实用阶段的现实状况。

除了系统性地编写涉外知识产权法的专业知识内容以外,本书以涉外知识产权的真实案例为素材,精选经典案例,摘编节选其原文,置于各章节知识内容之后。这样既能保持案例的本来面貌,又能深化学生对基础知识和案例内容的理解和掌握,力求帮助学生切实有效地将知识转化为运用法律解决实际问题的能力,培养学生运用法律逻辑分析问题和独立思考的习惯。对于案例的选择,本书主要根据理论知识中提出的问题的重要性及案例的典型性,同时兼顾案例的复杂程度。本书适宜于高年级本科生和研究生,同样也适宜于学习涉外知识产权法律及其实务知识的其他读者。

本书是西南政法大学国际法学院组织编写的涉外法律实务系列之一。本书由从事涉外知识产权法教学和研究工作的一线教师和在法院从事法律实践的法官们共同编写,是各位作者个人研究与合作的成果。

本书具体撰稿人及分工如下(以撰写章节先后为顺序):

导论、第一章、第五章、第六章、第八章、第九章、第十二章:岳树梅(西南政法大学国际法学院)

第二章、第三章、第四章:杨光明(重庆市第五中级人民法院知识产权庭)、赵振华(重庆市第五中级人民法院知识产权庭)

第七章、第十一章:马迅(重庆工商大学法学院)

第十章:刘彬(西南政法大学国际法学院)

本书在编写过程中,得到原商务部条法司副司长,现清华大学法学院杨国华教授的帮助和指导;另外,还受到厦门大学出版社及其编辑的大力支持,在此一并表示衷心的感谢! 同时也谢谢薛颖丰同学的编辑工作。

虽然本书在结构设计和内容安排上都做了一定程度的新尝试,但限于时间和水平,书中内容错误和遗漏之处在所难免,敬请各位读者给予批评指正,以便我们在本书再版时修订完善。

最后需要说明的是,本书各章节摘录了"案例裁决/法律文书"。在摘录的报告中出现的段落编号,系保留原报告内容,即段落为原"案例裁决/法律文书"报告中的段落,非本书中的段落;而"案例裁决/法律文书"中注释符号的编号则根据本书的编排格式做了一定的调整,特此说明。

编　者

2017 年 6 月

目　录

导论　涉外知识产权法律保护的基本原则……………………………… 1
 第一节　国民待遇原则……………………………………………… 2
 第二节　最低保护标准原则………………………………………… 4
 第三节　权利独立原则……………………………………………… 5
 第四节　权利用尽原则……………………………………………… 6

第一章　与贸易有关的知识产权协议实务……………………………… 8
 第一节　TRIPS 概述………………………………………………… 9
 第二节　TRIPS 与其他知识产权国际保护公约的关系………… 30
 第三节　TRIPS 对中国的影响…………………………………… 51

第二章　涉外专利权的法律保护实务………………………………… 59
 第一节　涉外专利权保护的内容………………………………… 60
 第二节　涉外专利权的国际条约规定…………………………… 68
 第三节　涉外专利权强制许可…………………………………… 86
 第四节　对涉外专利权的限制…………………………………… 96
 第五节　中国对专利权的法律保护……………………………… 112

第三章 涉外商标权的法律保护实务 …… 133
第一节 涉外商标保护的内容 …… 134
第二节 涉外商标的国际条约规定 …… 139
第三节 涉外商标权的保护标准与限制 …… 153
第四节 中国对商标权的法律保护 …… 161

第四章 涉外著作权的法律保护实务 …… 178
第一节 涉外著作权保护的内容 …… 179
第二节 涉外著作权保护的国际条约规定 …… 185
第三节 计算机程序的法律保护 …… 203
第四节 对著作权保护的限制 …… 213
第五节 中国对著作权的法律保护 …… 224

第五章 集成电路与数据库的法律保护实务 …… 245
第一节 集成电路及布图设计国际保护 …… 246
第二节 数据库的法律保护 …… 263

第六章 涉外植物新品种的法律保护实务 …… 278
第一节 涉外植物新品种保护的范围和条件 …… 279
第二节 植物新品种的国际保护 …… 284
第三节 中国植物新品种的法律保护 …… 295

第七章 涉外地理标志的法律保护实务 …… 300
第一节 地理标志及其历史发展概述 …… 300
第二节 相关国际公约对地理标志保护的具体规定 …… 311
第三节 中国法律对地理标志保护的规定 …… 326

第八章　涉外商业秘密的法律保护实务 ········· 342
第一节　商业秘密法律保护概述 ········· 343
第二节　商业秘密的国际保护现状 ········· 346
第三节　中国对商业秘密的法律保护 ········· 356

第九章　生物技术与基因技术国际保护制度实务 ········· 370
第一节　生物技术国际保护制度 ········· 371
第二节　基因技术国际保护制度 ········· 383

第十章　涉外传统知识、遗传资源及民间文艺的法律保护实务 ········· 393
第一节　传统知识的国际保护工作 ········· 394
第二节　遗传资源的国际保护制度 ········· 405
第三节　民间文艺的国际保护制度 ········· 422
第四节　中国对传统知识、遗传资源及民间文艺的法律保护 ········· 435

第十一章　涉外知识产权反不正当竞争法律保护实务 ········· 446
第一节　与知识产权有关的反不正当竞争的国际法律制度 ········· 447
第二节　反不正当竞争法与其他法律之间的关系 ········· 457
第三节　中国反不正当竞争法对知识产权的保护 ········· 467

第十二章　涉外知识产权的争端解决实务 ········· 484
第一节　世界知识产权组织的仲裁与调解 ········· 485
第二节　WTO争端解决机制 ········· 498
第三节　WTO知识产权争端与中国的应对策略 ········· 526

导 论
涉外知识产权法律保护的基本原则

涉外知识产权的国际保护以一系列全球性和区域性的知识产权条约为基本制度,确立了以国民待遇、最低保护标准、权利独立、权利用尽等原则为基础的涉外知识产权国际保护体系。应该说,这些条约对知识产权国际保护的形成、发展做出了巨大的贡献。但是,知识产权国际保护的条约体系只是为各成员方的国内知识产权法提供了一个最低的保护标准,并不是为各成员方制定了一个统一的国际保护标准,知识产权国际保护制度的缺陷显而易见。由于世界各国的法律制度存在差异,它们对各自知识产权保护的水平也各不相同,在短期内制定统一的国际保护标准是几乎不可能完成的事业。国际、国内的社会发展背景和知识产权国际保护的理论与实践证明,利用冲突规范调整涉外知识产权关系仍然是当今知识产权保护不可或缺的重要途径,涉外知识产权法律保护具有不可替代的存在价值与必要性。因此,加强涉外知识产权关系法律适用问题的研究不仅具有重要的理论和现实意义,而且具有时代紧迫性。

第一节 国民待遇原则

一、国民待遇的基本含义

国民待遇是众多知识产权国际公约所确认的首要原则。它是指在涉外知识产权保护方面,各缔约国之间相互给予平等待遇,使缔约国国民与本国国民在知识产权方面享受同等待遇。理论上讲,知识产权的国际保护可以采取多种模式。

一种观点主张制定一个统一的知识产权实体法公约,统一各国知识产权制度。在《巴黎公约》最初谈判阶段,德国就提出过这样的主张。但这种主张由于各国之间的巨大差异而难以实现。第二种观点主张制定一个知识产权的冲突法公约,即把各国知识产权法与一般民事立法一样视为可以具有域外效力,各国在处理涉外知识产权法律冲突时,统一适用知识产权所有人的属人法为准据法。这种主张试图打破知识产权的属地性,要求各国适用外国知识产权法,这也是各国难以接受的。最终的妥协就是缔结以国民待遇为基础的国际公约。国民待遇承认各国知识产权的属地性,并不干预缔约国的国内知识产权法,也不要求适用外国法的规定(不涉及国家主权的地域限制问题),承认每个缔约国在自己的领土范围内独立适用本国法律,只是要求给予外国人和本国人同等的保护,不得歧视外国人。

《保护工业产权巴黎公约》第 2 条第 1 款对国民待遇作了规定:"任何本联盟成员方的国民,在工业产权保护方面,在本联盟所有其他国家内应享有各该国法律现有授予或今后可能授予各该国国民的各种利益;一切都不应损害本公约特别规定的权利。因此,他们应和各国国民享有同样的保护。在他们的权利受到分割时,有权得到同样的法律救济。"TRIPS 协议《与贸易有关的知识产权协议》[Agreement on Trade Related Aspct of Intenectual Property Right,简称(TRIPS)]不仅并入了《巴黎公约》《伯尔尼公约》《罗马公约》等公约关于国民待遇原则的规定,还特别规定"在知识产权保护方面,每一缔约国给予其他缔约国国民的待遇不得低于给予本等内容,该原则则不适用。

第二,涉外知识产权的权利用尽原则适用于具体的知识产品,且穷尽的标准随知识产权类型的变化而有不同。知识产权权利用尽指的是对于载有某项知识产权的知识产品,肩负有实现该项权利人所投入研发、维护的知识产权价值的使命,但是该价值在第一次进入交易市场之后就得以实现,所以权利人不能阻止知识产品的所有人行使物权,对知识产品进行转让和处分等行为。但是,根据知识产权内容的不同,适用权利用尽原则的范畴也不尽相同。例如,著作权的产品所有人仍然不能随意对产品进行复制或者出租。

第三,主要指的是消极的禁止权的穷竭。知识产权人从投入市场取得了首次售卖的利润之后,则视为知识产权所有人收回了在该项知识产权上投入的成本。

二、涉外知识产权法中权利用尽原则的适用要件

第一,必须有合法的知识产权存在。首先,知识产品上负载有知识产权,即权利的存在是客观事实。例如,一架飞机上可能负载有无数项发明专利,一张唱片可能收集了若干音乐作品,或者带有商标的具体商品,这些产品都是知识产权的载体。

第二,根据法律这些知识产权都系取得了法律保护的知识产权,即权利的存在是合法的。如果是涉及侵权,或者平行进口的行为,则产品不受权利用尽原则的限制。前者是基于非法盗版或者假冒的原因,产品上虽然有该类或者类似的知识产权,但是该类产品不是源于合法的权利人,因此就没有适用权利用尽原则的余地;后者因为未通过知识产权权利人或其代理人的同意,而进口该类负载了知识产权的知识产品,其源头负有瑕疵或者知识产权权利人本身已经通过第一次交易获得了价值,符合权利用尽原则的适用目的,因此,也无法用该原则对其进行再一次的限制。在很多情况下,平行进口的行为人都会援用平行进口,又称灰色贸易,指的是未经进口国相关版权人、商标权人、专利权人同意,进口合法生产的产品,它区别于盗版、假冒产品的贸易。

第一章
与贸易有关的知识产权协议实务

【内容摘要】TRIPS 是世界贸易组织一揽子协议中有关知识产权保护的协议，是世界贸易组织成员共同遵守的保护知识产权的国际规则。本章将从 TRIPS 框架、主要内容、与其他国际公约的关系及 TRIPS 对中国的影响等方面进行实证分析，以加深对 TRIPS 的理解。

《与贸易有关的知识产权协议》(Agreement on Trade-Related Aspect of Intellectual Property Right，简称 TRIPS，下文简称《知识产权协定》)作为世界贸易组织的基本法律文件，对知识产权的国际保护作了新的制度安排，是迄今为止知识产权保护范围最广、保护标准最高的国际公约，堪称知识产权保护法典。TRIPS 的宗旨是本着减少国际贸易中的不公平和障碍的愿望，考虑到有必要加强对知识产权充分有效的保护，确保实施知识产权的措施及程序对合理贸易不造成任何障碍。TRIPS 一方面促进对知识产权有效而充分的保护，以减少对国际贸易的扭曲和妨碍；另一方面又注意使知识产权的保护本身不致成为合法贸易的障碍，使知识产权的保护和行使能促进技术的革新、转让和传播，以有利于社会和经济福利的方式促进技术知识的生产者和使用者互利，促进权利和义务的平衡。

第一节　TRIP 的概述

【知识背景】

一、协议的构成框架

TRIPS 由序言部分和正文七大部分组成,共有 73 个条款。正文第一部分:总则与基本原则;第二部分:关于知识产权的效力、范围和使用标准;第三部分:知识产权的执法;第四部分:知识产权的获得和维护及相关当事人之间的程序;第五部分:争端的防止和解决;第六部分:过渡安排;第七部分:机构安排和最后条款。

二、协议的主要内容

(一)序言

TRIPS 在序言中明确了世界贸易组织成员间缔结此协议的目的与宗旨在于:减少国际贸易中的扭曲与阻碍;促进对知识产权充分、有效的保护;保证知识产权执法的措施与程序不致成为合法贸易的障碍。

为达到上述目的,世界贸易组织成员又达成了以下共识:承认为处理国际假冒商品贸易而在原则、规则、纪律上建立多边结构的必要性;承认知识产权为私权;承认保护知识产权的国家制度中强调的保护公共利益的目的,包括发展和技术方面的目的;承认最不发达成员方在其本国(地区)的法律和条例的实施上享有最大限度灵活性的特殊需要;强调通过多边程序解决与贸易有关的知识产权争端,以缓解紧张局势的重要性,并希望在世界贸易组织、世界知识产权组织之间以及其他有关国际组织之间建立一种相互支持的关系。

(二)基本原则

1. 一般原则的重申。TRIPS 确立了保护知识产权的多项基本原则,其中在以往的知识产权国际保护条约中出现过,而由 TRIPS 重申的原则包括:

(1)国民待遇原则。该原则在《巴黎公约》中首先提出,在 TRIPS 中(第 3 条)再次强调,这是知识产权国际保护公约共同遵守的基本原则之一。

(2)保护公共秩序、社会公德、公众健康原则。这是国际公约制定、实施的一条基本原则,在 TRIPS 第 8 条第 1 款、第 27 条第 2 款等条款中又进一步作了明确和强调。

(3)对权利合理限制原则。知识产权同其他权利一样,是相对的,不是绝对的,应该有合理的、适当的限制。当然,对权利限制也应有一定的条件,TRIPS 第 8 条第 2 款规定"可采取适当措施防止权利持有人滥用知识产权"的权利限制原则。在 TRIPS 第 13 条、第 16 条第 1 款、第 17 条、第 24 条第 8 款、第 26 条第 2 款、第 30 条中分别提出对版权、商标权、工业品外观设计权和发明专利权给予一定的权利限制的前提条件。

(4)权利独立原则。知识产权的独立性决定于各国知识产权法的独立性。关于独立性原则,在 TRIPS 第 1 条第 1 款中再次被强调。

(5)专利、商标申请的优先权原则。该原则也是在《巴黎公约》中首先提出的,在 TRIPS 中再次加以强调和肯定。

(6)版权自动保护原则。该原则是在《伯尔尼公约》中首先提出的,TRIPS 中再次加以强调和肯定。

2. 特别原则的规定。除上述原则之外,由 TRIPS 新提出的原则包括:

(1)知识产权为私权的原则。TRIPS 的前言中说,全体成员承认"知识产权为私权"。TRIPS 将知识产权是私权作为一项原则确定下来,旨在强调要使智力成果回报社会,应以不损害权利人专有权为前提,否则即为非法。同时说明知识产权的专有性是首要的,任何国家的国内法对知识产权的不合理限制就是违反了 TRIPS。

(2)最惠国待遇原则。规定最惠国待遇原则是 TRIPS 的创举,TRIPS 第 4 条规定:"在知识产权保护上,某一成员提供给任何其他国国民的任何利益、优惠、特权或豁免,均应立即无条件地适用于全体其他成员之国民。"这一原则要求各缔约国不应优待某一国家的国民而歧视其他国家的国民。同时,TRIPS 第 4 条、第 5 条又规定了最惠国待遇原则的例外,包括以下几个方面:

一是由一般性司法协助及法律实施的国际协定引申而并非专为保护知识产权的;二是《伯尔尼公约》1971年文本或《罗马公约》所允许的不按国民待遇而按互惠原则提供的;三是本协议中未加规定的表演者权、录音制品制作者权及广播组织权;四是"建立世界贸易组织协定生效之前业已生效的知识产权国际保护协定中产生的,且已将该协议通知与贸易有关的知识产权理事会"并对其他成员之国民不构成随意的或不公平的歧视;五是"不适用于由世界知识产权组织主持缔结的多边协议中有关获得或维持知识产权的程序"。也就是说,对于程序性的知识产权国际条约,WTO的成员不能仅根据最惠国待遇原则而不参加这些协定就享受这些协定中的优惠待遇。

(3)透明度原则。这是TRIPS第63条规定的原则,来源于关贸总协定第10条贸易基本原则,其目的是防止缔约方之间出现歧视性行为,便于各方对相互保护知识产权的措施尽快了解,以便加强知识产权保护。

(4)对行政终局决定的司法审查和复审原则。TRIPS明确对于知识产权有关程序的行政终局决定,均应接受司法或准司法当局的审查(第62条第5款),或者有机会提交司法当局复审(第41条第4款)。

(5)争端解决原则。这是在TRIPS第64条中规定的,它把关贸总协定中第22条、第23条关于解决贸易争端的规范程序,直接引入解决知识产权争端。

(三)知识产权的范围

1.版权与相关权

TRIPS要求成员必须遵守《伯尔尼公约》的规定。《伯尔尼公约》是迄今世界上保护版权水平最高的国际公约。该公约规定了国民待遇原则、自动保护原则和版权独立原则。版权保护期限为作者有生之年加50年。

2.商标

TRIPS规定:任何能够将一企业的商品或服务与其他企业的商品或服务区分开的标记或标记组合,均能够构成商标。商标的获得必须经过法定的注册程序。各成员可将"使用在先"作为可注册的依据,但不得将商标的实际使用作为提交注册的条件。商标首次注册及各次续展注册的保护期,均不得少于7年,可无限次续展。如果将使用作为保持注册的前提,则只有至少3年连续不使用,商标所有人又未出示妨碍使用的有效理由,方可撤销其注册的商标。

3. 地理标志

1883年的《巴黎公约》中将货源标记和原产地名称同时规定为工业产权的保护对象,但没有对两者作任何区别性规定。1891年的《马德里协定》第1条第1款的表述间接表明了货源标记的含义,"凡带有虚假或欺骗性标记的商品,其标记系将本协定所适用的国家之一或其中一国的某地直接或间接地标作原产国或原产地,上述各国应在进口时予以扣押"。TRIPS中既未使用货源标记,也未使用原产地名称,而是使用了一个新的概念——"地理标志"(geographical indications);根据TRIPS第22条第1款的规定,地理标志系指下列标志:其标示出某商品来源于某成员地域内,或来源于该地域内的某地区或某地方,该商品的特定质量、信誉或其他特征,主要与该地理来源相关联。TRIPS要求WTO成员提供相应的法律措施,以使利害关系人阻止下列行为:明示或暗示有关商品来源于并非真正来源地,并使公众对商品的来源误认或构成不正当竞争的行为。

TRIPS还对涉及葡萄酒和白酒的地理标志提供了更高的最低保护水平,要求WTO成员提供相应的法律措施,使利害关系人阻止地理标志的误用,即使该地理标志没有暗含该葡萄酒和白酒并非真正来源地。换言之,对葡萄酒和白酒来说,虽然公众没有被某地理标志欺诈或误导,但是如果葡萄酒或白酒不是来源于该地理标志所标示的地方,同样不可以使用此地理标志。

TRIPS对地理标志的保护规定了一些例外的情况:如果某地理标志在某成员已成为商品的通用名称,TRIPS不要求WTO成员对该地理标志实施保护;如果某商标已善意地申请或登记,或某商标已通过实际使用获得权利,那么对某一WTO成员依据TRIPS提出申请之前,或地理标志在它的来源国获得保护之前,遵循法律优先推定原则,即"时间在先,权利优先"。

4. 专利

TRIPS规定对具有新颖性、创造性和实用性的一切技术领域产品或方法的发明可以授予专利,但为保护公共秩序或公德,各成员均可排除某些发明不授予专利。但成员应对植物新品种给予保护,并在世界贸易组织协议生效4年之后进行检查。专利保护期为自提交申请之日起20年以上。此外,协议还规定对独立创作的,具有新颖性或原创性的工业品外观设计予以保护,保护期不少于10年。

5. 集成电路的布图设计

集成电路布图设计,简称布图设计(Layout Design),是指集成电路中多个元件,其中至少有一个是由源元件和其部分或全部集成电路互连的三维配置,或者是为集成电路的制造而准备的这样的三维配置。

1989年5月,世界知识产权组织通过了《关于集成电路知识产权条约》。根据 TRIPS 第35条的规定,对集成电路布图设计的保护适用《关于集成电路知识产权条约》。集成电路的布图设计的权利人享有进口权和销售权,布图设计保护期为首次付诸商业利用起至少10年,或自布图设计完成之日起15年。如果使用人在获得该物时,不知也无合理根据应知有关物品中含有非法复制的布图设计,则不视为非法,但使用人被通知后,应有责任向权利人支付报酬。

6. 未披露的信息

一般认为 TRIPS 所规定的未披露信息就是指商业秘密。在1883年的《巴黎公约》中没有明文提出保护商业秘密,只是要求成员方有义务保证给予制止不正当竞争的有效保护,并指出凡在工商业事务中违反诚实的习惯做法的竞争行为构成不正当竞争的行为。而根据 TRIPS 第39条的规定,自然人和法人应有可能阻止由其合法掌握的信息在未得到其同意的情况下,被以违反诚信商业做法的方式泄露、获得或使用,只要此信息:在作为一个实体或其组成部分的精确形状及组合不为正规地处理此种信息的那部分人所共知或不易被其得到的意义上说是秘密的;由于是秘密的而具有商业价值;被其合法的掌握者根据情况采取了合理的保密措施。

7. 对限制性竞争行为的控制

TRIPS 指出,与知识产权有关的某些妨碍竞争的许可证贸易活动或条件,可能对贸易产生消极影响,并可能阻碍技术的转让与传播的行为为限制性竞争行为。成员方可采取适当措施防止或控制限制性竞争行为,如强迫性的一揽子许可证。

(四) 知识产权的实施

TRIPS 要求全体成员方应有合理的民事、行政、刑事程序解决知识产权的保护问题,并规定了保护知识产权的临时措施和边境措施。如根据 TRIPS 第41条第1款的规定,成员方应保证由本部分所具体规定的实施程序根据国内法是有效的,以便允许对任何对本协议所涉及的知识产权的侵犯行为采取有效行动,包括及时地阻止侵权的补救措施和对进一步侵权构成一种威慑的补救措施。在运用这些程序时,应避免对合法贸易构成障碍,并规定防止其滥用的保障措施。

第42条规定,成员方应使权利所有人可以利用关于本协议所涉及的任何知识产权之实施的民事司法程序。

第44条规定,司法当局应有权命令一当事方停止侵权行为,特别是在涉及对知识产权有侵权行为的进口货物结关之后,立即阻止这些货物进入其司法管辖区内的商业渠道。各成员方对涉及个人在得知或有合理的根据得知经营受保护产品会构成对知识产权的侵犯之前获得或订购的该产品不必提供此项授权。

第45条规定,司法当局有权令故意从事侵权活动或有合理的根据知道是在从事侵权活动的侵权人对权利所有人造成的损害向其支付适当的补偿。司法当局有权令侵权人向权利所有人支付费用,可能包括聘请律师的有关费用。在有关案件中,即使侵权人并非故意从事侵权活动或有合理的根据知道其正在从事侵权活动,成员方仍可授权司法当局下令追偿利润或支付预先确定的损失。

第46条规定,为了对侵权行为造成有效的威慑,司法当局有权令其发现正在授权的货物避免对权利所有人造成损害的方式不作任何补偿地在商业渠道以外予以处置,或者在不与现行法律要求相抵触的情况下予以销毁。司法当局还有权令在侵权物品生产中主要使用的材料和工具,以减少进一步侵权危险的方式不作任何补偿地在商业渠道以外予以处置。在考虑此类请求时,应考虑侵权的严重程度与被决定的补救两者相称的必要性以及第三者的利益。对于仿冒商标产品,除例外情况,仅仅除去非法所贴商标还不足以允许将该产品放行到商业渠道之中。

与其他知识产权国际保护公约相比,TRIPS非常详细地规定了对知识产权保护的具体措施,不仅涉及民事保护措施,还包括行政、刑事保护措施。为了监督成员方对知识产权有效的保护,还特别要求成员方应就保护知识产权的具体措施、有关保护知识产权的裁判文书等公开透明。如第63条规定:由一成员方制定实施的关于本协议主题事项(知识产权的效力、范围、取得、实施和防止滥用问题)的法律和规章、对一般申请的最终司法裁决和行政裁决,应以该国官方语言,以使各成员方政府和权利人能够熟悉的方式予以公布;若此种公布不可行,则应使之可以公开利用。正在实施中的一成员方的政府或一政府机构与另一成员方政府或一政府机构之间关于本协议主题事项的各项协议也应予以公布;应另一成员方的书面请求,每一成员方应准备提供上述所述及的资料。一成员方在有理由相信知识产权领域中某个特定的司法裁决、行政裁决或双边协议影响到其由本协议所规定的权利时,也可以书面形式要求向其提供或充分详尽地告知该特定的司法裁决、行政裁决或双边协议。

(五)协议效力的过渡安排

这一部分是发达国家和发展中国家之间讨价还价的结果,即考虑到发展中国家的实际情况,协议允许发展中国家有 5 年的过渡期来逐步适应协议的规定,其中最不发达的国家允许有 10 年的过渡期。根据 TRIPS 第 70 条的规定,所有缔约成员可暂缓一年执行协议。除国民待遇、最惠国待遇外,发展中国家可以推迟 4 年执行协议。发展中国家将产品专利扩大到不受保护的技术领域,则可再延迟 5 年。最不发达国家有 10 年过渡期。

三、TRIPS 对知识产权的保护范围广、水平高

我们说 TRIPS 对知识产权的保护范围广、水平高,是将 TRIPS 与其他知识产权国际保护协议比较而言的。从保护范围上看,除 TRIPS 外,没有一个知识产权国际保护协议的内容包括专利权、商标权、著作权等知识产权;而从 TRIPS 对知识产权保护的水平上看,也高于其他知识产权国际保护公约的规定。

(一)在对工业产权的保护方面

《巴黎公约》是有关保护工业产权的国际公约,在保护工业产权的范围方面,与《巴黎公约》相比,TRIPS 第 39 条增加规定对"不公开信息"(商业秘密)的保护。

在涉及专利权、商标权的方面,《巴黎公约》的规定低于 TRIPS 规定的保护水平。如关于强制许可,《巴黎公约》规定,如果一项专利权不被行使,允许强制非独占许可。这就是说,权利人不行使其专利权,成员方政府可以许可其他人使用该项专利,而不必经权利人许可。TRIPS 虽然也规定了非独占强制许可的义务,但同时规定了实施的严格条件,强制许可被限制在有限的范围内,还规定了对专利权人

的补偿，以及对这种强制许可和补偿数额的司法复审。关于专利保护期，《巴黎公约》未规定最低的专利保护期，TRIPS 规定该保护期为 20 年。关于保护对象，《巴黎公约》并未细化专利保护对象。TRIPS 将保护对象从专利的发明扩展到对人类和动物的诊断、治疗和外科方法方面。

关于商标的续展，《巴黎公约》的子公约《马德里协定》规定，国际注册商标权的期限为 20 年，但对商标续展则规定得不甚明确。TRIPS 对商标权期限规定为 7 年，并规定到期后可以续展。

（二）在对著作权的保护方面

关于著作权保护的对象，《伯尔尼公约》要求成员方保护所有的文学、艺术作品，并对作品的种类提供了一个没有穷尽的列表。应该说，《伯尔尼公约》保护作品的范围已经比较宽泛了，但是 TRIPS 在此基础上还增加了"计算机程序和其他资料的汇编"作品形式。关于著作权的内容，TRIPS 比《伯尔尼公约》规定增加了对计算机软件和电影作品的出租权。

（三）在对知识产权保护措施方面

除 TRIPS 外，《巴黎公约》《伯尔尼公约》等其他一系列知识产权国际保护公约都没有具体规定保护知识产权的措施。其实，有关知识产权的保护措施是知识产权实施的重要保障，没有相应的保障措施，知识产权的实施极有可能成为"纸上谈兵"。

TRIPS 要求各成员方通过民事、行政、刑事程序以及边境与临时措施等对知识产权进行保护。针对知识产权国际争端问题，TRIPS 引入了透明度原则和 WTO 的争端解决机制，比其他公约中规定的"提交国际法院"的解决方式更为有力、有效。

【案例裁决】

美国—印度"药品和农业化学品专利保护案"

一、基本案情

《知识产权协定》第 27 条要求"对所有领域的技术，无论是产品还是方法，都应授予专利"。1970年《印度专利法》第5节规定食品、药品本身不能获得专利,制造这些产品的方法可以获得专利。为了履行《知识产权协定》第70条第8款和第9款的义务,1994年12月31日,印度总统颁布了1994年专利(修订)条例,该条例在专利法中增加了新的一章,规定旨在用于或能够用于食品或药品的物质发明申请专利,即对《印度专利法》第5节和第12节的规定予以修正,允许这些物质申请专利,并要求专利局受理这种申请。印度将该条例通知了与贸易有关的知识产权理事会。

印度宪法第123条规定,总统在议会休会期间,若认为有必要采取立即行动时,可以颁布法律。总统在这种情况下颁布的法律具有临时性质,议会复会后6个星期自动失效,除非议会在此期间通过此项法律。因此,1994年专利条例于1995年3月26日失效。1995年3月,印度政府提出了1995年专利(修订)案,以使条例成为法律。印度议会于1996年5月10日解散,未能讨论和通过专利法修正案。总统颁布的专利条例因此失效,但印度政府没有将条例失效的情况通知与贸易有关的知识产权理事会。

在议会审议修正案期间,印度专利部门沿袭总统条例的规定(此时已失去法律效力),接受药品和农业化学品的专利申请。尽管这些申请依据《印度专利法》第5节不能获得专利。1995年1月1日至1997年2月15日,共收到了1339件药品和农业化学产品的申请,这些申请分开存放在一个"邮箱"中,并将在2005年1月1日从"邮箱"中取出,以收到之日作为申请日,由专利局审查是否授予专利。

1996年7月2日美国提出磋商请求,指控:(1)印度没有建立一套保障医药品及农业化学产品专利授予的制度,因而违反了《知识产权协定》第70条第8款第1项。(2)印度没有建立授予专有销售权的制度,违反了《知识产权协定》第70条第9款。对第(1)项指控,美国认为,印度没有建立相关法律制度受理这些申请,违反了《知识产权协定》第70条第8款(a)项;没有确保申请人可以申请,并收到申请日文件,违反了《知识产权协定》第70条第8款(b)项。美国知道印度受理了此类申请的事实,所以给印度提出了一个两难命题:如果专家组认定印度已经建立了修改制度,但是没有遵守《知识产权协定》第63条透明度的规定,没有将这些规定通知与贸易有关的知识产权理事会。美国针对的就是印度未能及时将总体条例失效的事实通报与贸易有关的知识产权理事会。对于第(2)项指控,美国认为,印度没有建立专有销售权制度,违反了《知识产权协定》第70条第9款;没有授予专有销售权,没有实施《知识产权协定》第70条第9款。

印度针对美国的指控提出反驳:

对于第(1)项指控,印度认为,首先,印度正在建立受理相关专利申请的措施,该措施符合《知识产权协定》第70条第8款的目标,因此符合第70条第8款(印度没有讲自己履行了《知识产权协定》第70条第8款的义务,为自己有其实无其名的措施辩解,很讲究词语)。其次,美国的请求,实际是要求专家组裁定印度应该如何履行其义务,这违反了《解决争端谅解》第19条第1款的规定。最后,关于印度违反了《知识产权协定》第63条透明度条款,美国在成立专家组的申请中没有对印度违反这一条的指控,所以不在专家组的管辖范围内,专家组不应该审理这个问题。

对于第(2)项指控,印度认为,首先,印度没有收到专有销售权的申请,所以印度没有违反授予专有销售权的义务(印度没有建立授予专有销售权制度是事实,印度对这项指控只好避而不谈)。其次,专有销售权的范围与已有措施无关,美国的请求实际是要求专家组裁定印度要建立相关措施以履行义务,这不符合《解决争端谅解》和专家组只能判断已有措施是否符合协议的规定,因此,这也不在专家组的职权范围内。

双方协商未果,美国遂于1996年11月7日要求成立专家组。1996年11月20日,争端解决机构决定成立专家组。1997年9月5日,专家组做出报告并分发给各成员方。1997年10月15日,印度向争端解决机构提出上诉。12月19日,上诉机构做出报告并分发给各成员方。1998年1月16日,争端解决机构通过了上诉机构报告和修改后的专家组报告。上诉机构报告维持了专家组认定印度违反《知识产权协定》第70条第8款、第9款的裁定,但推翻了专家组关于印度违反《知识产权协定》第63条的裁定。

二、案件审理

(一)有关专有销售职权范围的裁定

因为印度提出《知识产权协定》第63条透明度条款和履行建立专有销售权的义务这两项争议点不在专家组职权范围,所以专家组必须首先就专家组职权范围问题进行裁定,才能进行后续审理。

印度的理由是:美国在建立专家组的请求和首次书面报告中都没有提及这两个问题,不能作为有效的请求予以接受。印度以 DS27 欧盟香蕉案中的观点,支持自己的主张。"仅指出违反某个协议或条款或笼统指违反了'其他'条款,太含糊,不符合《解决争端谅解》第 6 条第 2 款的要求。""允许(投诉方)提交申请后提出附加请求,对于被诉方不公平,这会让被诉方没有时间或只有很少时间对请求做出回应。"

专家组承认印度指出的这两个要求"晚"的事实,但不能简单地和欧盟香蕉案类比,要看到这两个案件的区别。对于《知识产权协定》第 63 条透明度问题,专家组认为,《解决争端谅解》第 6 条第 2 款要求"确认争论中的措施并提供一份足以明确陈述问题的起诉的法律根据概要",即弄清楚问题,提出法律依据。此案的问题是印度是否建立了受理邮箱申请的制度。如果印度的确建立了这样的制度,但是没有通知 WTO 成员,那么也构成对第 63 条的违反。所以,是否违反《知识产权协定》第 63 条是这个"问题"的一部分。而且,欧盟香蕉案也指出,如果问题很清楚,不用指出违反的具体条款。此案的问题非常清楚,假定印度建立了受理邮箱申请的制度,专家组一定要考虑印度是否履行了透明度要求的通知义务。其次,印度自己在首份书面报告中声明,印度已经有有效的邮箱制度。但是印度在磋商中没有指出这个问题,美国自然无法在建立专家组的请求中提出,因为美国此时相信印度承认没有建立邮箱制度。即使印度在首份书面报告中提出建立了有效的邮箱制度,美国提出审查这个问题的要求也是合理的。

对于履行建立专有销售权的义务问题。专家组认为,美国的请求并不是严格的法律请求,只是要求专家组行使《解决争端谅解》第 19 条的自由裁量权。事实上,专家组可以自主提出如何履行其裁定的措施。印度有充分的机会对美国的请求表达其意见,专家组没有理由不审查美国的请求。

(二)专家组对《知识产权协定》的解释

专家组的报告并没有说明其解释原则的义务,由于这是关于《知识产权协定》争端的第一个案件,专家组觉得自己有义务这样做,为自己裁定做铺垫。

专家组首先说明解释《知识产权协定》的依据,《解决争端谅解》第 30 条第 2 款明确要求专家组澄清 TRIPS 涵盖协议的条款规定,解释这些条款要"按照解释国际公法的习惯规则",这些习惯规则包含在《维也纳条约法公约》中,其第 31 条第 1 款规定"条约应就其用语按照上下文并参照其目的和宗旨所具有的通常意义,善意地解释"。善意地解释要求保护源自《知识产权协定》保护知识产权的合理预期。专家组以 DS24 美国内衣案的观点为佐证:"《纺织品与服装协议》的条文需要善意地解释,基于用语、上下文和目的与宗旨,出口方能够……合理地期待市场准入和投资不会被成员采取的不正当措施所破坏。"

《知识产权协定》虽然是新协议,但是 WTO 法律的有机组成部分,因此,《知识产权协定》的解释应受 GATT/WTO 解释原则的指导。维护竞争环境,保护合理预期是关贸总协定的一贯原则,其第 23 条是争端解决的基础性条款。保护合理预期就是要维系多边贸易体系的安全性和可预见性,这个原则也应适用于《知识产权协定》的解释,以维系成员方民之间的竞争关系。

专家组对于合理预期的解释可谓是一路错下来,虽然印度在上诉请求中没有指出专家组在解释原则的理解上的错误,但是上诉机构首先否定了专家组报告关于合理预期的观点,为后续论证做铺垫。

虽然专家组表示要严守"关贸总协定确立的原则",但是专家组的推理与关贸总协定的实践不符。专家组把两个不同概念混为一谈,制造了混乱。保护国民之间对于竞争关系的预期,来自于关贸总协定第 23 条第 1 款(a)项的违反之诉;保护成员方民之间对于市场准入减让的合理期待(reasonable-expectations),来自于关贸总协定第 23 条第 1 款(b)项的非违反之诉。关贸总协定第 23 条的实践与《知识产权协定》的解释是相关的,但解释时不能忽视关贸总协定第 23 条两种合理期待法律基础的本质区别。关贸总协定第 23 条第 1 款(a)项的违反之诉主要考察成员是否违反了协议义务;关贸总协定第 23 条第 11 款(b)项的非违反之诉主要考察成员即使没有违反协议的义务,但是以其他措施,比如采取非关税壁垒,抵消关税减让的利益。若违反了协议,要求成员履行协议;若采取某些措施抵消协议的可得利益,应撤销这些措施。所以,违约之诉和非违约之诉是有本质区别的。

《知识产权协定》第 64 条第 2 款明确规定,在《知识产权协定》实施的头 5 年,只能提起违反之诉。专家组把两种诉讼的法律基础混为一谈,不符合关贸总协定

第23条,也不符合《知识产权协定》。此外,专家组误解了《维也纳条约法公约》第31条的含义。条约成员的合理预期反映在条约语句本身,解释者的职责就是细究条文的措辞,体察缔约方的意图。按《维也纳条约法公约》第31条的原则解释,不应塞入条约中没有的语句和没有的意图。这样,才不至于增加或减少 WTO 协议的权利和义务。

与专家组报告对于合理预期的解释义正词严相比,上诉机构对专家组的解释的批评显得十分谨慎。上诉机构奉行严格解释的原则,否定了专家组解释《知识产权协定》时的能动主义。

(三)对《知识产权协定》第70条第8款的解释与适用

专家组进而分析争诉的实体问题,即印度是否建立了受理申请的制度。在分析之前首先解释《知识产权协定》第70条第8款的含义。

专家组认为,与本案有关的仅仅是《知识产权协定》第70条第8款(a)项,但是(b)(c)两项对于解释(a)项有帮助。(a)要求:如截至《WTO 协定》生效之日一成员仍未按照其在第27条下的义务对药品和农药获得专利保护,则该成员应:(b)尽管有第六部分的规定,自《WTO 协定》生效之日起据以提出此类发明的专利申请的方法。

专家组对于(a)项作了逐字逐句的解释。"尽管有第六部分的规定",表明此项要求是《知识产权协定》第六部分过渡期安排的例外。即在 WTO 生效之日,成员若没有为药品和农用化学品提供专利保护,则不能享受第63条规定的过渡期,需要有受理此类申请的办法。对于这样明白无误的理解,印度试图偷换概念,印度有义务受理这些申请,但并不一定要修改自己的法律。只要有实际的操作办法就可以了,以使自己实践中采用的行政做法能满足《知识产权协定》的要求。

为了反驳印度的主张,专家组分析了申请日对于申请获得专利的重要性,所谓的邮箱制度就是保证申请可以获得一个申请日,进而保障申请不丧失新颖性。所以实践中的做法必须要有坚实的法律基础,以消除人们对于邮箱中的申请客体是否具有可获得专利性的怀疑,否则在第70条第8款基础上建立的申请制度或办法就没有实际价值。专家组在这段推理中再次适用了合理预期,即印度现行的做法是否充分保护了成员方民对竞争关系的合理预期。

上诉机构不认可专家组对于合理预期的推理和适用。它认为,《知识产权协定》第70条第8款(a)项只是要求印度建立受理药品和农业化学品申请的制度,只要这个制度能为发明提供新颖性和优先权的法律基础即可。此外,没有别的含义。至于这种制度的途径和方式,并不是要考虑的问题。印度有权自行决定履行义务的方式。印度认为它已经通过"行政命令"的方式提供了邮箱申请,如果"行政命令"方式是合法有效的,就可以认为印度履行了自己的义务。

专家组和上诉机构对(a)项的解释,都要求对同一个事实做出判断,即印度的行政做法是否合法有效。专家组采用从宽解释的路径,上诉机构采用从严解释的路径,二者得出的结论是一样的。

印度的行政做法是否合法有效?前面已经介绍,印度的专利法由于国会解散,没有修改不授予药品和农业化学品专利的规定。印度用"行政命令"的方式指示专利局受理这些申请,实际上也收到了大量申请,而且在诉讼期间申请数在不断提高。

专家组认为,印度的专利法没有修改,其第15条第2款还是规定不授予药品和农业化学品专利,要使邮箱制度有意义,必然要求印度官员违反专利法的规定。申请者很难预测自己邮箱中的申请会是什么结果,被驳回的可能性始终存在。只要印度专利法不修改,申请者对于申请的不确定性始终存在。即使专利局官员不驳回邮箱申请,其他公民可以到法院起诉要求判决邮箱申请制度是不合法的。法院很可能判决这种与法律相抵触的行政做法无法律效力,提交邮箱申请就没有什么意义。依据印度的法律状况,邮箱申请存在不确定性,让申请人难以做出明智的贸易和投资决策,印度的行政做法没有保障"规划未来贸易所必需的可预见性"。

印度认为专家组对待印度国内法的评价分析是错误的,上诉机构认为,专家组可以这样做。国内法可以作为事实证据,可以构成履行或违反国际义务的证据。上诉机构同意专家组对此做出的解释和认定,并认为,印度的上诉要求和论据不能令人信服。

关贸总协定第23条的实践与《知识产权协定》的解释是相关的,但解释时不能忽视关贸总协定第23条两种合理期待法律基础的本质区别。关贸总协定第23条

第一章 与贸易有关的知识产权协议实务

第1款(a)项的违反之诉主要考察成员是否违反了协议义务;关贸总协定第23条第1款(b)项的非违反之诉主要考察成员即使没有违反协议的义务,但是以其他措施,比如采取非关税壁垒,抵消关税减让的利益。若违反了协议,要求成员履行协议;若采取某些措施抵消协议的可得利益,应撤销这些措施。所以,违约之诉和非违约之诉是有本质区别的。

《知识产权协定》第64条第2款明确规定,在《知识产权协定》实施的头5年,只能提起违反之诉:专家组把两种诉讼的法律基础混为一谈,不符合关贸总协定第23条,也不符合《知识产权协定》。

此外,专家组误解了《维也纳条约法公约》第31条的含义。条约成员的合理预期反映在条约语句本身,解释者的职责就是细究条文的措辞,体察缔约方的意图。按《维也纳条约法公约》第31条的原则解释,不应塞入条约中没有的语句和没有的意图。这样,才不至于增加或减少WTO协议的权利和义务。

与专家组报告对于合理预期的解释义正词严相比,上诉机构对专家组的解释的批评显得十分谨慎。上诉机构奉行严格解释的原则,否定了专家组解释《知识产权协定》的能动主义。

(四)对《知识产权协定》第71条第9款的解释与适用

争端双方同意,印度没有专有销售权制度。但是印度辩解说,印度不是不履行义务,而是迄今还没有收到要求授予专有销售权的申请,所以不能认为印度没有履行自己的义务。专家组于是把印度的问题分为两个方面:(1)如果印度行政当局没有在适当的时候获得立法当局授予的专有销售权,合格的产品也未被拒绝授予此类权利,那么印度是否违反了《识产权协定》? (2)如果上一个问题的回答是肯定的,那么什么是立法当局授权的"适当时候"?

专家组认为对第(1)个问题的回答是肯定的。理由是:WTO大多数协议的目的是防止成员采取有害于贸易的措施,关注成员是否有要求政府以违反协定义务的形式的立法。如果有这样的立法,即使该立法从未被适用,成员也违反了其应承担的义务。《知识产权协定》和其他WTO协议不同,其大多数规定要求成员采取积极行动,就此案而言,就是要求成员按第70条第9款授予专有销售权。当成员有必要采取积极行动而其行政当局又未获得授权时,就构成了对《知识产权协定》

义务的违背。因为没有这种授权,成员的行政当局就无法用合法的行动履行 WTO 义务。没有授权立法就会破坏成员对于竞争环境的合理预期。如果印度政府没有得到履行其第 70 条第 9 款义务的授权,即使没有违反协议的实际行动存在,也已违反了其承担的《知识产权协定》义务。剩下的问题就是,印度何时应履行其义务,授予专有销售权以保护对竞争关系的合理预期。

专家组分析了第 70 条第 9 款的含义,"尽管有第六部分的规定"的限制性的措辞表明,第 70 条第 9 款的义务不享受过渡期安排,成员必须从 1995 年 1 月 1 日做好授予专有销售权的法律准备。

但是,印度对此款似乎有另外的理解。印度认为,第 70 条第 9 款与第 70 条第 8 款(a)项不同,没有"自 WTO 协议生效之日起提供"的限定词。但是,专家组认为这些差别没有实际影响,第 70 条第 9 款与第 70 条第 8 款(a)项是联系在一起的。第 70 条第 9 款保护的是依据第 70 条第 8 款(a)项提出的专利申请。既然第 70 条第 8 款(a)项自 WTO 生效之日起实施,那么第 70 条第 9 款的执行日期也应是同样的时刻开始实施。

印度认为第 70 条第 9 款应该与《知识产权协定》的其他条款区别开来,此条的表达与其他条款不同。第 70 条第 9 款用的是"exclusive marketing…shall be granted"(专有销售权应被授予),第 27 条用的是"patents shall be available"(应授予……以专利),表达方式的区别是实质性的。专家组认为印度的观点难以让人信服,这两种表达都是要求授予特定权利,两种表达是可以互换的。

专家组进而结合上下文、条款的目的和宗旨进行了分析,得出同样的结论。第 70 条第 9 款的目的就是要在过渡期内给予药品和农用化学品的发明人提供一定程度的保护。关键是授予这种权利的范围,印度坚持认为,如果成员在过渡期结束后,还没有给予这些发明以专利保护,那么应在 2005 年 1 月 1 日前给予最多 5 年的专有销售权。印度的观点源于其对于过渡期的理解,过渡期就是过渡期,在此期间,发展中国家不应有保护的义务。如果过渡期内也有这样的义务,那么过渡期就没有什么意义。印度的理解已经超出协议的解释范围,而是这个协议应该如何规定。可惜,专家组不是谈判的地方,专家组只按照协议的文字来解释协议的含义。专家组完全不同意印度的观点。

第一章 与贸易有关的知识产权协议实务

　　为了给自己的观点找理由,印度进而争辩,除非专有销售权获得后立即获得全面的专利保护,否则在2000年1月1日之前获得专有销售权没有什么经济价值,授权也是不必要的。专家组认为,这不过是印度的臆测而已,并不能使印度有权从2000年1月1日起履行义务。印度的臆测也不符合经济常理,对某个市场而言,专有销售权对于药品和农业化学品厂商确立地位是至关重要的,即使专有销售权届满后有几年的权利空当,竞争者知道空当之后要授予专利权,其利用这个空当的积极性会受到打击。

　　印度进而争辩,过渡期赋予发展中国家在授予产品专利和专有销售权之间选择的权利,二者具其一即可。专家组认为印度的观点没有说服力。专有销售权是一项与过渡期规定相关联的特殊义务。如果认同印度的解释,就会破坏制定协议在过渡期内权利与义务的平衡,这是精心谈判的结果。

　　印度还争辩,专家组不能忽视这样的现实情形,即某人有资格申请专有销售权需要花很长时间。专家组认为申请专有销售权延期会发生,但不会那么长。只要满足以下条件,印度就必须授予专有销售权:(1)已提交邮箱申请;(2)1995年1月1日后,该产品的专利申请已提交到另一个成员;(3)另一成员授予了专利;(4)另一成员已经准许该产品销售;(5)印度已准许该产品销售。

　　印度接着争辩,通常情况下,完成上述程序需要很长时间,可能10年过渡期完了该产品还没有加入发展中国家市场。可能的确如此,但要花多长时间和案件的分析无关。有关的问题是符合第70条第9款的产品何时获得专有销售权。完成上述程序需要花一些时间,究竟多长没人估计,但美国提交的证据表明,至少有一家美国制药公司满足了上述第(2)~(4)项条件,况且第(1)~(4)项条件不在印度的控制范围。印度可以控制第5步,但是如果印度故意拖延批准销售许可的时间,那印度就让人怀疑没有善意履行《知识产权协定》。据以上分析,印度不能令人信服地证明授予这样销售权的制度应比1995年1月1日晚。

　　争端解决机构对案例评析:没有申请不是延后建立制度的理由,相反,没有相关制度会使申请人不申请,没人申请又会拖延建立制度。实际正是如此,回想一下美国的陈述,美国有一个公司已经获得了销售许可,打算到印度申请专有销售权,但是由于不知道申请专有销售权的程序如何,担心不能获得专有销售权。

在上诉请求中,印度以授予专有销售权必须满足各项条件之后才需履行为由,认为专家组报告对此项的解释不正确。上诉机构进行了简单的分析,反驳了印度的理由。

《建立世界贸易组织协定》第16条第4款要求成员应使其法律、规章和行政程序符合协议之规定,印度是了解这个规定的,总统条例中就有专有销售权的规定,虽然这个法令失效了,但说明印度知道要通过立法履行协议的义务,但没有制定。印度违反了第70条第9款的规定。

上诉机构对专家组报告对此项的结论没有做出修改。此项中,专家组和上诉机构只需要解释第70条第9款即可判定印度没有履行此项义务。印度提出一系列争辩意见,都被专家组予以驳回。认为没有说服力,没有理由。印度的意见要么是曲解条文,要么是以实际来推论。专家组和上诉机构只依文本含义进行解释。

(五)对《知识产权协定》第63条透明度的解释与适用

美国提出印度违反《知识产权协定》第63条,给印度一个两难选择问题。如果印度已建立了邮箱制度,却没有通知与贸易有关的知识产权理事会,那么就违反了《知识产权协定》第63条的规定,还是存在违反协议的行为。既然专家组已经认定印度没有建立邮箱制度,没有信息需要通知,审议印度是否违反《知识产权协定》的规定,为了给上诉机构一个审查对象,所以要考察印度是否违反了透明度的规定。

印度认为没有违反透明度的规定,因为透明度的要求同样享受过渡期,即到2000年1月1日才对印度适用。专家组否定了印度的观点,如果《知识产权协定》第65条过渡期的规定适用于第63条,那么也应该适用于第64条关于争端解决的规定,为什么印度要来应诉呢?专家组还引述了理事会的决议说明,适用有关义务就有通知的义务。印度辩称在国会质询中陈述了邮箱制度,专家组认为,这种方式不是第63条要求的公开方式。印度的总统条例失效后,印度没有将这个信息通报与贸易有关的知识产权理事会,违反了透明度的要求。上诉机构审查了专家组的此项结论,但未涉及专家组对《知识产权协定》第63条的解释和适用。上诉机构认为专家组超过授权范围审查这个问题,从司法经济的角度讲,不必涉及具体分析的审查。

第二节 TRIPS 与其他知识产权国际保护公约的关系

【知识背景】

一、TRIPS 中的一般规定

TRIPS 在从贸易的角度定义或强调知识产权的同时,还明确了它与其他四个知识产权国际保护公约的关系。依据协议,世界贸易组织成员必须遵守《巴黎公约》和《伯尔尼公约》中的实体性条款,但不包括协议明确排除在外的条款,也不包括两个公约的程序性条款。这实际上意味着,TRIPS 关于工业产权和版权的保护要求,不仅局限于协议本身,还包含了《巴黎公约》和《伯尔尼公约》中的实体性条款内容。可以说,关于工业产权的保护标准是协议加《巴黎公约》,关于版权保护的标准是协议加《伯尔尼公约》。而且,协议关于工业产权和版权的保护标准高于《巴黎公约》和《伯尔尼公约》的标准。

TRIPS 还提到了《保护表演者、录音制品制作者与广播组织公约》《集成电路知识产权条约》。在处理与这两个公约的关系上,协议采取了另一种方式,即在相关条文中列举或强调两个公约中某些内容,并做出适当的修改。这样,就世界贸易组织的成员来说,在关于邻接权和集成电路布图设计的保护上,可以只考虑 TRIPS 要求,而不必考虑《罗马公约》《集成电路知识产权条约》。由此看来,TRIPS 提供的关于邻接权和集成电路布图设计的保护标准,低于《罗马公约》和《集成电路知识产权条约》。

二、TRIPS 与相关公约的关系

TRIPS 将已有的知识产权国际公约分为三类。第一类是完全肯定,要求全体成员必须遵守并执行的国际公约,即《巴黎公约》《伯尔尼公约》《罗马公约》和《集成电路知识产权条约》。第二类是基本完全肯定,要求全体成员按照对等原则执行的

第三,上诉机构的职责在于审理专家组报告中的法律问题和法律解释。上诉机构在这些问题的解释上,较专家组能力更强。美国关于合理预期的观点被专家组接受,而上诉机构明确地指出了专家组的错误。专家组起到了维护WTO法律的作用,成为争端解决机构公信力的保证。所以,若对专家组报告不满,应积极寻求上诉机构的救济。

第四,在此起争端中,印度虽然败诉了,但其认真对待争端的态度令人钦佩。在事实对其不利的情况下,不放弃组织任何一个可能对其有利的观点,力图说服专家组和上诉机构。在实体诉讼无获胜可能的情况下,在程序问题上毫不放松。上诉机构否定专家组对于违反《知识产权协定》第63条的结论,就是印度努力的结果。

第五,此案是WTO知识产权争端解决的第一案,美国选择这个案件不能说没有自己的目的。这是确实能获胜的案件,无论协商还是诉讼,都可以达到自己的目的,美国不会放弃唾手可得的胜利。即使印度有邮箱申请的实际做法,美国也没有等到2005年这些申请没有得到保护之后提起争端,这种较真的态度,和美国的法律观有关,也是为了促使各国实施《知识产权协定》。印度是阻挠《知识产权协定》最积极的成员,印度的败诉具有很强的示范意义,看看争端解决机制是否能起到促进实施的作用。美国的确实现了测试争端解决力量的目的。

【延伸阅读】

1. 冯汉桥:《国际贸易中知识产权的取得与保护》,知识产权出版社2011年版。
2. 张乃根:《国际贸易的知识产权法》,复旦大学出版社2007年版。
3. 张旗坤等:《欧盟对外贸易中的知识产权法》,知识产权出版社2007年版。
4. [美]罗伯特·杰斯等著,齐筠等译:《新技术时代的知识产权法》,中国政法大学出版社2003年版。
5. 冯晓晴:《知识产权利益平衡理论》,复旦大学出版社2006年版。

第三方,有权继续销售,也允许在申请之前已经开始生产的第三方继续生产。印度还规定了政府在紧急情况下,为了维护公共利益,可以自己或授权第三方销售该药品,也有权限定该药品的价格。印度对于专有销售权也做了限制,因为专有销售权不是专利,所以印度还规定,强制使用专有销售权不用给予补偿。

可见,印度在切实按照争端解决机构的要求履行自己义务的同时,不忘在协议许可的范围内,对于相关权利予以限制,维护自己的权利。美国对于印度的立法表示认可,此起争端得以圆满解决。

三、案件评论

此起争端涉及的法律问题其实很简单:(1)印度是否建立了邮箱制度;(2)印度是否建立了专有销售权制度。所涉及的事实也是印度的相关法律。应该说事实清楚,适用的协议明确,可以争诉的空间并不大。但是,在美国提起争端解决之后,印度并没有像巴基斯坦一样,以协商的方式解决争端,而是通过专家组和上诉机构解决争端。印度的积极应诉,使印度获得了比巴基斯坦长近三年的时间履行《知识产权协定》的义务。WTO争端解决机制采取"既往不咎,展望未来"的现实主义策略,印度延迟履行义务并不需要支付赔偿。

争端的焦点问题只有一个:印度有邮箱制度的实践但没有相关立法,有其实无其名的实践是否算履行了义务?专家组不认可。

纵观全案,可以得到以下启示:

第一,对专家组而言,法律就是他们审查的事实,如果要审查评估实践,会把自己陷于麻烦之中。审查成员的法律是否符合协议的要求是争端解决机制的职责所在,所以立法若不符合协议的要求,受到诉讼并败诉是肯定无疑的。印度提出了很多辩解的观点,都无法得到专家组的认可,就是这个原因。

第二,专家组和上诉机构在审理案件时,严格依据条约的条文进行解释。印度试图用利益平衡的观点对协议做有利于自己的解释,无法得到专家组的认可。争端解决机制是适用法律的机构,不是制定法律的机构。因此,只能按照《知识产权协定》文本理解协议,不能按照自己的利益诉求理解协议。以自己的理解作为依据,在诉讼中并不能证明自己行为的合法性。所以,要加强对于《知识产权协定》的研究,在争端中使自己的观点不那么勉强。

上诉机构的理由很简单,美国在其建立专家组的请求中没有明确指明《知识产权协定》第63条,请求构成专家组的职权范围,专家组只能考虑那些在其职权范围内的请求,不能行使没有授予的职权。

美国提出,在磋商过程中印度从未披露印度存在邮箱申请的"行政做法",所以,无法在建立专家组的请求中要求审查是否违反《知识产权协定》第63条。上诉机构认为,认可附加请求是没有法律依据的。投诉方一开始就应该对相关事实做全面的研究,提出的请求必须清楚,事实也要公开。争端的每个程序都有严格的时限,如果发现新事实,要进行补充调查。无论如何,都不能改变专家组的职权范围。

(六)上诉机构的结论与建议的执行

上诉机构经过审议,最终得出以下结论:

(1)维持专家组关于印度没有履行《知识产权协定》第70条第8款(a)项义务的结论,印度没有建立保存药品和农业化学品专利申请新颖性和优先权的"途径"。

(2)维持专家组关于印度没有履行《知识产权协定》第70条第9款义务的结论。

(3)推翻了专家组关于印度违反了《知识产权协定》第63条的调查结果。

建议:争端解决机构要求印度使其药品和农业化学品的专利保护制度与其应承担的《知识产权协定》第70条第8款、第9款的义务相一致。

1998年1月16日,通过了上诉机构报告和修正后的专家组报告。1998年4月22日的争端解决机构会议上,争端各方宣布就执行期达成协议,从报告通过之日起15个月,即1999年4月16日期满。1999年4月28日,印度在争端解决机构会议上提供了执行情况报告,并附上了为履行裁决而颁布的相关立法。

印度通过了1999年专利法修正案,增加了受理药品专利申请的规定;增加了"专有销售权"一章,规范授予专有销售权的制度。如果是药品专利申请,专利局长直到2004年12月31日前,不会指示审查员审查。如果要申请专有销售权,专利局长会指令一位审查员审查该申请是否属于不能授予专利的发明,如科学发现。审查仅限于是否属于可专利客体,不涉及专利的标准问题。如果属于可授予专利的客体,同时满足在其他成员方申请等先决条件,局长则授予专有销售权。

同时,印度专利法还规定了在先使用者的权利。在申请日之前销售该药品的国际公约,这类国际公约共有 10 余个,主要是《巴黎公约》的子公约,如《专利合作条约》《商标国际注册马德里协定》《建立工业品外观设计国际分类洛迦诺协定》等。第三类是不要求全体成员遵守并执行的国际公约。凡是 TRIPS 没有提到,也不属于前述两类的国际公约,如《世界版权公约》、《保护录音制品制作者防止未经许可复制其录音制品公约》(简称《录音制品公约》)属于第三类。由于 TRIPS 对后两类公约的内容涉及很少,下面就 TRIPS 与第一类公约的关系进行分析。

(一) 与《巴黎公约》的关系

《巴黎公约》缔结于 1883 年,目前,大多数成员方都已批准了该公约的最新文本,即 1967 年斯德哥尔摩文本。TRIPS 要求其成员遵守的也是斯德哥尔摩文本。《巴黎公约》中的"国民待遇原则、优先权、宽限期、临时性保护、关于专利商标保护和不正当竞争等问题的最低要求"等实质性的内容,TRIPS 强调全体成员必须共同遵守,而对《巴黎公约》关于组织机构的设置运作和过渡条款则予以了排除。

(二) 与《伯尔尼公约》的关系

TRIPS 第 9 条第 1 款规定,全体成员均应遵守《伯尔尼公约》1971 年文本第 1 条至第 21 条及公约附录。但对于《伯尔尼公约》第 6 条之二规定的权利或对于从该条引申的权利,成员应依本协议而免除权利或义务。《伯尔尼公约》1971 年文本第 1 条至第 21 条及公约附录主要内容是:国民待遇原则、著作权自动保护原则、著作权独立性原则、经济权利、精神权利、保护期限、追溯力、对发展中国家的优惠等。除关于精神权利的保护之外,其他内容是 TRIPS 所肯定的。不仅如此,TRIPS 还将有些规定扩大适用,如将其中的追溯力原则适用于录音制品和表演。《伯尔尼公约》第 6 条第 2 款是关于精神权的规定。

(三) 与《罗马公约》的关系

《罗马公约》是保护邻接权的第一个世界性公约,于 1961 年缔结于罗马。其主要内容有:国民待遇原则;邻接权的内容(包括表演者的权利、录音制品制作者的权利、广播组织的权利);公约允许各国自行规定权利的行使;保护期限;对权利保护的限制;追溯力等。对国民待遇原则、邻接权,公约允许各国自行规定权利的行使等内容,TRIPS 予以了肯定,而对保护期限、权利保护的限制、追溯力等内容则大多作了修改,如将表演和录音制品的保护期限延至 50 年,对保护的限制不能损害权利人的利益。

（四）与《集成电路知识产权条约》的关系

《集成电路知识产权条约》于1989年在世界知识产权组织的主持下通过,但至今尚未生效。而TRIPS就条约第2条至第7条(第6条第3款除外)、第12条及第16条第3款对集成电路布图设计提供保护予以了肯定,并补充了一些规定,因此,集成电路条约实际上在WTO的成员方已生效了。

【案例裁决】
欧盟—美国"1998年综合拨款法第211条案"

一、案件事实

此案争议涉及美国《1998年综合拨款法》第211条的内容。该法案于1998年10月21日由美国议会通过并生效,主要内容包括：

第211(a)(1)条——任何与被(某国)没收的商业或资产的商标、贸易名称,以及商务字号相同或者实质相似的商标、贸易名称,或者商务字号相关联的交易或付款行为都不能在美国获得授权或者批准；除非该商标、贸易名称,或者商务字号的原始所有人或者善意承续人明确同意。

第211(a)(2)条——美国的任何法院均不得对特定某国所主张的没收资产的商标、贸易名称,或者商务字号的基于普通法的权利或者登记行为进行法律上的承认、强制执行,或者做出生效确定。

第211(b)条——对涉及前述(1)项下的商标、贸易名称,或者商务字号,美国任何法院均不得对某国所主张的条约权利进行法律上的承认,强制执行,或者做出生效确定,除非该商标、贸易名称,或者商务字号的原始所有人或者善意承续人明确同意。

根据相关美国联邦法典,上述"某国"是指古巴和被财务部长特别指定的任何国家或者个人；该法所指的"没收"是指古巴政府自1959年1月1日以来进行的未给予合理补偿的资产国有化、征收或者扣押没收行为。

二、此案争议焦点

欧盟指控美国《1998年综合拨款法》第211条违反了如下条款：(1)前述211(a)(1)是否违反了和《巴黎公约》第6之五A(1)条款相关联的《知识产权协定》第2.1条款，以及《知识产权协定》第15.1条款的内容？(2)前述211(a)(2)是否违反了和《巴黎公约》第2.1条，补充第6之二(1)，以及第8条款相关联的《知识产权协定》第2.1条款，和《知识产权协定》第31条、第4条、第16.1条款、第42条的规定？(3)前述211(b)是否违反了和《巴黎公约》第2.1条，补充第6之二(1)，以及第8条款相关联的《知识产权协定》第2.1条，和《知识产权协定》第31条、第4条、第16.1条以及第42条的规定。

(一)关于美国《1998年综合拨款法》第211(a)(1)条和《知识产权协定》第15.1条

欧盟主张，根据《知识产权协定》第15.1条，WTO成员方有义务使得符合本条定义标准的任何标识或者标识的组合，在本国有资格进行商标登记。这是协议中的一条根本规定条款。欧盟认为，美国《1998年综合拨款法》第211(a)(1)所指向的商标完全满足《知识产权协定》第15.1条定义的可以作为商标登记保护的标准。而且，由于美国《1998年综合拨款法》第211(a)(1)也不批准在美国业已合法登记的同类商标的续展，这更能证明此类商标是符合《知识产权协定》第15.1条款的商标标准。欧盟进一步辩称，《知识产权协定》或者《巴黎公约》中没有任何一条允许WTO成员方将首先获得一个标识或者类似标识的前所有人的明确同意设定为商标登记或者续展的前提条件。因此，欧盟诉称，美国《1998年综合拨款法》第211(a)(1)的规定不符合美国在《知识产权协定》第15.1条项下的国际义务。

美国首先反驳，按照美国法律，商标登记或者续展人如果并非该商标的所有人，《知识产权协定》和《巴黎公约》相关条款并没有任何规定要求美国必须接受此等商标的登记或者续展。这两个国际条约也没有规定WTO成员方必须认定何种人才是商标所有人，这样的问题应由各成员方的国内法解决。具体到《知识产权协定》第15.1条，美国辩称，《1998年综合拨款法》第211(a)(1)符合本条款的规定。原因在于，《知识产权协定》本条款只是定义了可以作为商标保护的适格对象和标的，并且限制了成员方基于商标形式的理由否定商标构成和登记资格的能力。本条款并非为成员方设定了一项必须对全部适格商标进行登记的确定性义务。其实,《知识产权协定》第15.2条正是强调,《知识产权协定》第15.1条的这些内容并非禁止成员方基于在不违背巴黎条约的前提下基于其他理由的对商标的拒绝登记行为。美国接着辩驳,《1998年综合拨款法》第211(a)(1)的限制规定并非基于商标形式的理由,其仅仅和商标登记人主张商标所有权利益有关。

欧盟拒绝认同美国关于《知识产权协定》第15.1条只是给出商标简单定义的主张。欧盟认为,这样的阅读理解将会导致WTO成员方没有义务允许商标登记和保护的荒谬的结论。看本条款所使用词汇的通常含义,并且将其和《知识产权协定》第16条款一起理解,将没有任何合理怀疑,如果这些商标符合第15.1条定义我们就能得到本条给WTO成员方设定商标登记义务的结论。这一结论也能被《巴黎条约》第6条和补充之五条款所确定证明。欧盟也拒绝认同美国关于《知识产权协定》第15.2条的理解。反而主张,第15.2条款项下商标登记的基于其他理由的拒绝行为只能由《知识产权协定》或者《巴黎公约》明确的特别额外例示规定方可。这样的明确例外规定可以在《知识产权协定》第22.3条,第23.2条,24.5条,以及《巴黎公约》第6(2)条,补充6(3)条,以及补充第6之五B条中发现。缺乏此等例外规定,某项商标登记在成员方的请求必须根据《知识产权协定》第15.1条款给予批准。

美国再反驳说,《知识产权协定》第15.1条款的标题为"可保护的"(protectable)能够区分商品的标识或者标识的组合有能力构成一个商标;而并非"已受保护的"(protected)的商标对象。也就是说,成员方不能根据某合格的标识或者标识组合未能构成一个商标的理由拒绝进行商标登记。另外,尽管欧盟提到了诸多的间接的条约指导性规定,《知识产权协定》第15.1条绝对没有涉及何种人乃是商标真正所有人的内容。

(二)《1998年综合拨款法》第211(a)(1)条和被《知识产权协定》合并的《巴黎公约》第6之五(A)(1)条

欧盟辩称,纳入到《知识产权协定》中的《巴黎公约》第6之五(A)(1)条含义是指,在"实践意义"上,对任何一个在原产地国适当登记的商标,《巴黎公约》其他缔约国就有义务接受并保护。在欧盟看来,在原产地国合法登记的所有商标都被该条款所包含,而和商标的形式问题无关,即该条款独立于商标形式。欧盟诉称,

《1998年综合拨款法》第211(a)(1)条款禁止WTO成员方或者巴黎公约缔约国登记的商标所有人在美国获得并维持商标登记效力。因此,欧盟得出结论,第211(a)(1)条并不符合被《知识产权协定》第2.1条合并的《巴黎公约》第6之五(A)(1)条款规定。

美国辩驳,恰恰和欧盟的主张相反,如果登记人的商标所有权乃是基于美国法律并不认可的未经补偿的没收财产行为上,《巴黎公约》第6之五(A)(1)条并不强迫美国登记并保护在某原产地国合法登记的此类商标。在美国看来,欧盟主张的《巴黎公约》第6之五条并没有给美国留下根据国内法认定未经补偿的没收财产的原始所有人为商标真正所有人的余地的观点是完全不正确的。美国辩称,《巴黎公约》第6之五条规定了这样一个有限的例外:正是成员方的国内法决定商标登记的条件。该条并没有干涉美国决定登记申请人是否为商标真正所有人的能力。事实上,《巴黎公约》第6(1)条的内容正是给出了这样一个总的一般规则。而《巴黎公约》第2条和第3条保证成员方间相互给予国民待遇原则。

美国认为,《巴黎公约》第6之五条的内容乃是指向一种特定的情况:某成员方籍人在另一成员方就自己在本国登记的商标主张比国民待遇更优的待遇。这样的规定是必需的,因为国内立法在可注册商标的形式上存在很大不同。在一国能够注册为商标的形式未必能够在另外一国成功注册。为解决这样的问题,《巴黎公约》第6之五条中有"如此这般"(as is)的限定字样,这实质上乃是创设一种"超国民待遇"(national treatment plus)制度。也就是说,一成员方不能仅仅根据某商标的形式不符合本国国内法的规定而拒绝给予来自另一成员方的商标的登记和保护。但是,《巴黎公约》第6之五条没有任何内容禁止成员方就外国商标在本国注册申请的适用其他国内法的规定。美国认为,美国法律是否认定某人为某商标的真正的所有人并非商标注册的形式问题。

因此,《巴黎公约》第6之五条并不适用本案。美国接着辩驳说,即使《巴黎公约》第6之五条(A)(1)能够被解释为涵盖除了商标注册形式之外的其他情形,第211(A)(1)条仍然属于《巴黎公约》第6之五条(B)款下的例外或者保留规定。根据该条款,《巴黎公约》成员方,在某项商标登记违背本国公共秩序的前提下,保留了拒绝该商标登记,或者宣告该商标登记无效的权利。而这项违背公共秩序的例外规定,显然包括可不承认外国没收行为的国际法原则。依照美国观点,惯常国际法在没收或者征用问题上是非常清楚的,那就是:除为公共目的,基于非歧视原则并通过适当的法律程序,以及给予快捷、足够和有效的补偿的没收和征用行为,一个国家不能征用或者没收在其领土内的其他国家的私有财产。根据这样的国际法原则,美国认为,第211条体现了美国否定给予基于外国没收行为的产权主张的域外效力的立场。通过这样的规定,第211(a)(1)条正是准确禁止了外国没收法令在美国的适用。事实上,给予被没收的外国商标的在美国的如此这般的保护,就必然等同于给予外国没收行为以域外效力。无论是《知识产权协定》中还是《巴黎公约》都没有要求成员方这样做。

就美国的这一观点,欧盟回应说,不错,商标形式问题在通过《巴黎公约》第6之五条(A)(1)条款的外长会议上起到一定的作用。但是,在WTO争议解决程序中,所涉规则的解释要受到维也纳条约中的关于条约解释的国际惯常规则的约束。由此,《巴黎公约》第6之五条(A)(1)条款中的词汇应在考虑到条约目的意图和上下文的前提下给予其通常的含义。而《巴黎公约》第6之五条(A)(1)正文明确指出,"每一在原产地国合法登记的商标在其他成员方均应被登记和保护"。欧盟接着辩论说,《巴黎公约》第6之五条(B)条款并没有受限于商标形式。而且,即使美国的观点可接受,第211(a)(1)条款依然违背了《巴黎公约》第6之五条(A)(1)条款,因为其也否定了那些满足美国所主张的基于形式的例外情形的商标登记。

欧盟继续反驳,《巴黎公约》第6之五条(B)条款允许成员方在明确定义的情形下拒绝商标在本国的登记。尤其是当某个商标违背伦理或者公共秩序,并具这种登记就可以被拒绝。欧盟强调,是商标自身必须和伦理或者公共秩序相抵触,而绝非商标的所有权人的瑕疵。一项商标和某项被没收的商标相同或者相似的事实自身并不具备欺骗公众的效果。在欧盟看来,与欧盟及其成员方存在联系的商标"Havana club"正好是一个能说明外国没收行为并非影响一国公序良俗的典型例证。因为该商标业经美国政府合法注册在先。如果该商标违背伦理,或者具有欺骗性,那美国政府商标局早应按照美国商标法第2章拒绝给予注册。

(三)《1998年综合拨款法》第211(a)(2)条款和《知识产权协定》第16.1条

欧盟辩称,由于在美国国内,商标权利的执行和其他知识产权一样,要通过民事司法体系实现。第211(a)(2)条款对某些确定的商标所有人拒绝通过法院系统实现权利的做法无异于剥夺了权利持有人的商标排他性的权利。除了依赖于美国法院的救济,并没有其他的法律或者实践的方法阻止第三人未经商标所有权人的事先同意而在美国国内使用相似或者相同的商标的行为。而这正是《知识产权协定》第16.1条所禁止的行为。

美国回应说,《知识产权协定》第16.1条确实授予登记商标的所有人在某些特定情形下以禁止第三人未经所有权人事先同意使用商标的排他性权利。211(a)(2)和(b)条款只有阻止登记商标所有人向第三人主张其排他性权利时才违反了《知识产权协定》第16.1条的规定。但是,第211(a)(2)和(b)条款并没有这样的法律效力。首先,根据第211条,某人的商标权利如果是源于未经补偿的没收行为,那这个人根本不是美国法律所认定的商标所有权人,因此,其没有任何权利对第三人主张《知识产权协定》下的商标权利。此外,有关第211(a)(2)条款下的普通法上的权利基于使用,而非注册行为产生的商标权利,这些权利并不属于《知识产权协定》第16.1条所保证的注册商标所有权人所应当主张的权利,而是属于普通法商标所有人的权利。美国认为,《知识产权协定》第16.1条的直白语言清楚表明,根据成员方国内法,所有权可以授予商标登记人之外的人。根本不能想象,《知识产权协定》的谈判者意图通过第16.1条推翻美国的拒绝授予特定外国没收行为以国内效力的成熟的美国法律原则。其实,《知识产权协定》第16.1条的目的和意图是定义和保护某商标所有人的权利,而并没有限制成员方决定谁是商标所有人。

最后,美国辩驳,即使调查小组认定第211(a)(2)和(b)条款和《知识产权协定》第16.1条内容相互抵触,这些规定仍然属于《知识产权协定》第17条所许可的有限的例外规定。对此,欧盟提醒调查小组注意此类有限例外必须构成"狭窄的例外",即只能对所涉权利形成微小的减损。

(四)《1998年综合拨款法》第211(a)(2)条和《知识产权协定》第42条

欧盟声称,通过明确拒绝权利人获得美国法院的救济,第211(a)(2)条违背了《知识产权协定》第42条所规定的必须为成员方国民提供救济手段,包括禁令、赔偿等的司法原则。

美国反驳说,第211(a)(2)和(b)条符合《知识产权协定》第42条要求成员方为知识产权的强制执行提供民事司法程序的规定。《知识产权协定》第42条的浅显正文明确说明该条仅仅适用于为《知识产权协定》所覆盖的知识产权。该条并没有要求成员方向权利持有人提供司法程序以执行根本不存在的权利。如果某项知识产权并没有被本条所包含,那成员方就没有任何义务通过其国内民事程序强制执行之。《知识产权协定》的任何条款都没有涉及按照成员方的国内法谁应当是某商标的合法所有人的问题。第211(a)(2)和(b)条款仅仅是说,一个没有持有商标任何权利的人不能在美国执行该商标权。另外,由于第211(a)(2)和(b)条款也属于《知识产权协定》第17条所许可的有限的例外情形,《知识产权协定》第42条款的权利欧盟也同样不能主张。美国继续辩驳,第211(a)(2)和(b)条款构成了规定商标所有权的实体权利,而非获得法院救济体系的管辖或者诉因的程序规则,这些规定没影响主张商标权利的任何人获得司法程序。

事实上,为了适用第211条,美国法院必须首先做出一系列的法律认定:比如某争议商标相似或相同于某被没收的商务商标;这一没收行为没有足够有效的补偿;权利主张人乃是被指定国国民或者权利继承人。

(五)《1998年综合拨款法》第211(a)(2)条和巴黎公约补充第6之二款

欧盟辩称,《巴黎公约》第6(1)条款成员方要对驰名商标提供加强保护措施,而211(a)(2)条款对驰名商标和其他商标未加区分就拒绝给予保护。因此,该条款和被《知识产权协定》2.1条款合并的巴黎公约补充第6(1)条款抵触。

美国反驳说,第211(a)(2)条款和《巴黎公约》补充第6(1)条款没有任何矛盾。因为,第6(1)条款只是规定成员方有义务拒绝或撤销商标登记,或者禁止某商标的使用,前提是成员方的有关机关发现该商标业已是另外的权利主张人的驰名商标。只有当美国法院发现某美国商标并非是没收单位或者继承人的标识时,第211(a)(2)和(b)条款才起到作用。简单地说,如果根据美国法律,没收单位没有任何商标所有权,那该商标就在法律上不可能是一个在没收单位内驰名的商标。

欧盟诉称,毫无疑问,第211(a)(2)和(b)条款否定了古巴,古巴国民或者某外国权利继承人基于《巴黎公约》补充第6(1)条款下的利益。这些人既不能就某一商标在美国的注册提出拒绝登记或者撤销登记的请求,又不能在美国拥有合法地位禁止该商标的使用。欧盟应调查小组的要求举例说,如果"Havana club"商标没有在美国注册,但是美国会认定其为《巴黎公约》补充第6(1)条款下的驰名商标,适用第211(a)(2)条款就不会许可这一驰名商标的所有权人在美国禁止他人使用该商标。

(六)《1998年综合拨款法》第211(a)(2)条款和被《知识产权协定》协议合并的《巴黎公约》第8条要求成员方对贸易名称提供保护

欧盟辩称,《巴黎公约》第8条要求成员方对贸易名称提供保护,不论贸易名称是否构成一个商标。尽管该条内容并没有明确给出具体的保护措施,但是学界评论和美国相关法律均认为,贸易名称的所有人有权禁止他人以可能导致混淆或者欺骗的方式使用该贸易名称。欧盟诉称,在任何情况下,第211(a)(2)条款语言的广泛性质表明,毫无疑问,美国没有授予贸易名称或商务字号任何保护。因此,美国违背了被《知识产权协定》协议第2.1条款合并的《巴黎公约》第8条的规定。

美国反驳说,第211(a)(2)和(b)条款符合《巴黎公约》第8条的规定,因为该条只是要求成员方在不需要登记或者备案,并不管是否构成商标的前提下,对某贸易名称提供一些保护。除了《巴黎公约》第2条中的国民待遇原则,该条并没有强制规定保护的范围。在任何情况下,《巴黎公约》所要求的对贸易名称的保护不可能严格于对商标的保护。既然第211(a)(2)和(b)条款在对商标的保护上符合《巴黎公约》和《知识产权协定》的要求,那在贸易名称保护上就更不可能违反这些条约的规定了。

(七)《1998年综合拨款法》第211(a)(2)条款和《知识产权协定》第3.1条及被《知识产权协定》纳入的《巴黎公约》第2(1)条

欧盟辩称,第211(a)(2)条款否定授予指定国国民作为权利所有人以美国知识产权权利,比如说被指定的古巴政府和国民,以及其他可能存在的外国人。对比之下,美国国民则充分享受到了这些知识产权权利。此外,某外国国民如果是某指定国国民的权利继承人,那也不可能受到美国的此类保护,而如果此种权利继承人属美国国民的继承人的话,就反而享受到了美国国民待遇。这样的规定构成了一项法律上的对《知识产权协定》的违反。欧盟诉称,这种第211(a)(2)条款中的法律上的在古巴权利持有人和美国权利持有人之间的待遇歧视规定违背了被《知识产权协定》第2.1条款合并的《巴黎公约》第2(1)条款和《知识产权协定》第3.1条款的内容。欧盟主张,即使将第211条的规定限制在解决外国征用问题范围内,上述结论依然成立。因为,这样的措施毫无疑问会影响到《知识产权协定》涵盖的知识产权的获取、维护、强制执行和使用。

美国反驳道,第211(a)(2)和(b)条款完全符合《知识产权协定》和《巴黎公约》中的国民待遇原则要求。和欧盟的主张恰恰相反,美国声称古巴、古巴国民、某指定国国民,或者作为权利继承人的外国国民在美国不能受到知识产权的保护,而美国国民却能享受的观点,根本就是错误的。首先也是最重要的,此类将主张的商标权利基于某外国没收行为的国民并非美国法律认可的权利所有人。因此,这些人也就不能享有《知识产权协定》中的所有权人的权利。其次,美国主张,第211(a)(2)和(b)条款均没有授予非美国国民比美国国民更低的国民待遇。第211(b)条款适用于任何人,无论是不是美国国民,还是古巴或者其他指定国的国民。尽管第211(a)(2)条款没有特别提到美国国民权利继承人,但是,事实上美国国民并不可能成为某指定国国民的权利继承人。因为按照美国相关法律,要想成为这样的继承人,必须事先取得美国政府的特别许可证,而到目前为止,美国还没有发放一个此种许可证书。

美国接着辩驳说,即使某美国国民处于这样的权利继承人的地位,其首先必须说服美国法院所涉商标权利在美国应当被强制执行,而不论国民待遇原则是否适用之。在这种情形下,美国的判例法非常明确,只有该商标的原始所有人能够主张权利,而绝非没收单位或者其权利继承人。

(八)《1998年综合拨款法》第211(a)(2)条款和《知识产权协定》第4条

欧盟辩称,第211(a)(2)条款中的二分法将古巴及古巴国民作为一方,美国及他国国民作为另一方区别开来。因此,这一规定不仅在古巴及古巴国民,和美国及美国国民二者之间关系上违反了国民待遇原则,而且在古巴及古巴国民,和他国及他国国民关系上通过创设法律上的歧视制度违反了最惠国待遇原则。原因在于,第211(a)(2)条款授予他国和他国国民以知识产权的保护,而恰恰剥夺了古巴和古巴国民知识产权权利。很明显,《知识产权协定》第4条(a)(d)款中的对最惠国待遇原则的例外规定并不包括第211(a)(2)条款的内容。

美国反驳说,欧盟的观点是错误的。原因首先在于,根据美国法律,任何人基于外国没收行为在美国主张商标权利根本不是该商标的真正的所有人,也就无权主张《知识产权协定》下的权利。其次,第211(a)(2)和(b)条款并没有授予他国国民与古巴国民不同的利益、偏向、特权或者豁免权利,他国国民和古巴国民同样都不能根据外国没收行为在美国强制执行商标权。美国认为,在知识产权保护上,《知识产权协定》确保不同成员方的国民不能纯粹因为国籍不同而被授予不同的利益、偏向、特权或者豁免权利。但是,这并非意味着《知识产权协定》禁止成员方追求其他合法目标,比如说,不承认和没收资产商标相似的商标的权利。

欧盟认为,由于《知识产权协定》第3条和第4条也适用于普通法商标权利,因此,第211(a)(2)和(b)条款对普通法商标权利的减损也和此案有关联。在这种情况下,毫无疑问,第211(a)(2)和(b)条款同时违反了《知识产权协定》第3条、第2.1条、第4条的规定,也违反了《巴黎公约》第2(1)条款的内容。即使将第211条的规定限定在解决外国征用问题范围内,上述结论仍然有效。因为这样的措施无疑会影响《知识产权协定》下的知识产权的获得、维持、强制执行和使用的权利。

(九)《1998年综合拨款法》第211(b)条款

欧盟辩称,尽管第211(b)条款的内容似乎和第211(a)(2)条款相互平行,但是其涵盖范围却非常模糊。一般的推理猜测和某美国案例表明第211(b)条款管辖范围广阔,至少包括源于《知识产权协定》的知识产权权利。必须注意,《知识产权协定》在美国法律秩序中并非自动实施的法律,而是通过美国对该协议的执行立法才能得以实施。由于第211(b)条款和第211(a)(2)条款同样否定指定国国民或者权利继承人通过美国法院认定、强制执行,或者宣告有效商标的权利,因此,欧盟在对第211(a)(2)条款的分析辩论理由同样适用于对211(b)条款的分析。正是基于类似的分析,欧盟诉称,第211(b)条款违反了《知识产权协定》第16.1条款和第42条款的规定,违反了被《知识产权协定》第2.1条款合并的《巴黎公约》第6(1)条款和第8条的规定。违反了《知识产权协定》第3.1条款和被《知识产权协定》第2.1条款合并的巴黎条约第2(1)条款中的国民待遇原则,也违反了《知识产权协定》第4条中的最惠国待遇原则。

美国对欧盟在第211(b)条款上的反驳理由和其在第211(a)(2)条款的反驳理

由相同。另外,美国补充说,美国国民也可能作为外国商标权利继承人而被第211(b)条款所涵盖;211(b)条款自身术语特别适用于任何权利承续人,而无论是否美国国民。因此,该条款并没有违反国民待遇原则。

三、专家组的分析

(一)第211(a)(1)条款是否违反了《知识产权协定》第15.1条

根据国际公法解释的惯常规则,调查小组认为,第211(a)(1)条款解决的是某商标登记人主张商标所有权利益的问题。本条款和美国其他法规一起,创设了商标在美国登记或者续展的附加程序步骤,也就是要求申请人在美国为商标的登记或者续展首先获得一般或者特别的许可证。缺少这样的许可证,申请人将无法支付商标登记或者续展所需的各种费用,因此,导致申请被拒。作为这一程序的组成部分,在所涉商标和某没收资产密切相关联的情形下,美国有关部门要就申请人是不是美国法律上的真正的商标所有人,或者就申请人是否获得商标原始所有人或者其权利承续人的批准进行审查。如果商标和某没收资产有关,而没有事先获取相关批准,或者满足美国法律上的真正所有人的标准,那在实际效果上,该商标在美国的登记或者续展申请就会遭拒。而如果情况相反,那申请人就会获得美国的许可证,从而完成该商标在美国的登记或者续展。因此,调查小组得出结论,第211(a)(1)条款乃是一项《巴黎公约》第6(1)条款所允许的国内立法,而该条款要求申请人必须为商标真正所有人或者获取真正所有人或其权利承续人的同意的规定属于《知识产权协定》第15.2条中的"其他理由"的例外规定的内容。故而第211(a)(1)条款没有违反《知识产权协定》第15.1条。欧盟的其他辩论理由不能成立。

(二)第211(a)(1)条款是否违反《知识产权协定》第2.1条合并的《巴黎公约》第6之五A(1)条

调查小组认为,根据《巴黎公约》第6之五A(1)条款,为使某商标获得其他成员方的"如此这般"的登记和保护,两个条件必须满足:其一是该商标必须合法登记;其二是该商标必须在原产地国合法登记。因此,只有在原产地国合法登记的商标才能主张第6之五A(1)条款下的利益好处。这一要求也被第6之五条中的其他款项所强调。通过阅读该条正文内容,联系到条约上下文和条约谈判的历史,考虑"如此这般"(as is)的通常含义,调查小组得出结论,《巴黎公约》第6之五A(1)条款就是解决商标的形式问题。也就是说,该条款意指:在一成员方业已合法登记的商标,尽管不符合其他成员方国内法允许的商标形式的规定,但是其在另一成员方的登记申请必须被"如此这般"地接受。因此,登记申请的另一成员方有权就原产地国所定义的商标所有权人的身份状态提出质疑。这不属于商标形式问题。因为第211(a)(1)条款是一项管理商标所有权,而非管理商标形式的法规,所以,该条款并没有违反被《知识产权协定》第2.1条款合并的《巴黎公约》第6之五A(1)条款。

(三)第211(a)(2)条款是否违反了《知识产权协定》第42条和第16.1条款

1.关于《知识产权协定》第42条

调查小组的分析依据是条约术语基于其目标和意图的在上下文中的通常含义。《知识产权协定》第42条的第一句话是要求成员方能使权利持有人获得该国民事司法程序。"获得"(available)的通常含义是"具备足够的力量、效率和有效性"。这样的含义意味着,权利持有人有权按照第42条的规定进入到能够强制执行其权利的有效的民事程序中来。欧盟只是关注第42条的第一句话,而认为第211(a)(2)条款违背了该条规定。其实,调查小组还注意到第42条的第四句话,即要求此类程序的所有当事人有权实现其诉求并提供相应证据。该句话中的词汇"实现"的通常含义乃是"以证据展示或者确认"。这句话明确表明了在司法程序中,当事人必须拥有有效的机会在法院给出裁判之前完全展示证明案件。从《知识产权协定》第42条上下文和该条的目的意图也能得出相同的结论。

调查小组注意到,根据美国法律,除非另行证明,商标登记人应被认为是商标所有权人。某个享有这样一种美国法律上商标所有权人的法律推定的权利人必然有权获得美国在《知识产权协定》中义务提供的商标保护水平,当然包括第42条中的义务。因此,调查小组解释说,这个法律推定的所有权人必须能够进入到司法程序中对其权利进行有效的法律上的强制执行,直到该法院裁决该推定的所有权人并非是登记商标的所有人,或者其资格应当按照国际法义务被取消的时刻为止。而第211(a)(2)条款的措辞清楚规定,"在特定的情形下,美国法院拒绝认可、强制执行商标权利主张,或者对权利主张宣告有效",这样看来,权利持有人不可能就商标在美国提出有效的权利主张。尽管第211(a)(2)条款允许权利持有人引发美国司法程序,但是其措辞表明权利持有人无权获得有效程序。因为美国法院在条件满足的情形下根本不认可这样的权利主张。因此,第211(a)(2)条款违反了《知识产权协定》第42条的规定。

2.关于《知识产权协定》第16.1条

调查小组认为,《知识产权协定》第16.1条的第一句话要求成员方赋予注册商标所有人以排他性的权利从而能够禁止第三人在商品或者服务中使用可能导致混淆情形的相似或者相同标识。这样的排他性的商标权利尽管也包括美国普通法商标权利,也就是单纯通过商标使用,而非登记形成的权利,但是,调查小组仅仅关注《知识产权协定》第16.1条中的登记商标所有人的排他性权利。在美国,联邦商标登记持有人被推定为注册商标的所有权人。根据《知识产权协定》第16条的规定,这一推定的所有权人必须被授予该条所许可的商标排他性权利。但是,此推定的所有权会受到司法或者行政程序的挑战。到此种对推定的所有权的司法或者行政挑战结束时刻为止,这一推定的所有权人必须享有《知识产权协定》第16条的保护。

调查小组注意到,欧盟的《知识产权协定》第16.1条的诉求聚焦于第211(a)(2)条款拒绝权利人进入美国法院这一规定上。换言之,欧盟认为,这样的规定等同于剥夺了权利持有人的在《知识产权协定》第16.1条下的排他性权利。调查小组结论,欧盟的证明不够充分,因此,第211(a)(2)条款并没有违反《知识产权协定》第16.1条。原因在于,在推定的所有权被通过有效的民事司法程序成功挑战的情形下,第211(a)(2)条款并不能阻挡法院认定的真正的商标所有权人根据美国法律主张商标的排他性权利。

(四)第211(a)(2)条款是否违反了被《知识产权协定》第2.1条款合并的《巴黎公约》补充第6条

调查小组注意到,《巴黎公约》补充第6条要求成员方在特定情形下拒绝或者撤销商标登记。但是,第211(a)(2)条款并不涉及有关商标登记的拒绝或者撤销事务。欧盟就这一问题并没有解释第211(a)(2)条款是否并且在何种程度上和《巴黎公约》补充第6条的内容相抵触。因此,在此方面,欧盟并没有提供足够的证据和理由来说明第211(a)(2)条款违反了《巴黎公约》补充第6条。

另外,《巴黎公约》补充第6条还要求成员方在相当情形下禁止驰名商标的使用。调查小组注意到,欧盟并没有提供任何证据使调查小组能够对第211(a)(2)条款中的普通法上或者登记取得的商标权利和《巴黎公约》补充第6条下的义务进行比较。调查小组同意欧盟和美国关于某WTO成员方有权拒绝授予某没收单位或者其权利承续人以第6条下的利益好处的观点:该成员方的有关机构可以将驰名商标的所有权认定为没收之前的权利人所有。第211(a)(2)条款仅仅和没收单位或者其权利承续人未经商标原始所有人同意而主张权利的情形有关。因此,第211(a)(2)条款并没有违反第6条。

(五)第211(a)(2)条款是否违反了被《知识产权协定》第2.1条合并的《巴黎公约》补充第8条

由于调查小组认为《知识产权协定》中的知识产权的种类被《知识产权协定》第1.2条款所确定,成员方没有义务按照《知识产权协定》第1.2条款对贸易名称提供保护,因此,第211(a)(2)条款并没有违反被《知识产权协定》第2.1条合并的《巴黎公约》补充第8条。

(六)第211(a)(2)条款是否违反了《知识产权协定》第3.1条和被《知识产权协定》第2.1条合并的《巴黎公约》第2(1)条

调查小组认为,《知识产权协定》第3.1条中的国民待遇原则的内容和《巴黎公约》第2(1)条款的内容相似。违反国民待遇原则必须满足如下两个条件:其一,在某成员方国内存在某项法律措施影响到了知识产权按照《知识产权协定》的获得、维持、范围和强制执行;其二,这些措施向其他成员方的国民提供了较不利的非国民待遇。因此,第一个问题是要解决第211(a)(2)条款的措施是否影响到了《知识产权协定》规定的知识产权。欧盟和美国在这一点上意见一致:该措施影响到了相关知识产权。现在看第211(a)(2)条款是否对美国之外的成员方国民提供了不利的非国民待遇。调查小组认为,先前的《知识产权协定》案例表明,国民待遇的含义是要求成员方为进口产品提供和国内产品相等的竞争条件。欧盟诉称,第211(a)(2)条款在指定国国民和权利承续人这两个层面上违反了《知识产权协定》第3.1条。

调查小组注意到,第211(a)(2)条款中的指定国国民包括古巴、古巴国民、特别指定国国民,以及作为指定国国民权利承续人的某外国国民四类人群。由于该定义包括了作为指定国国民权利承续人的某外国国民,因此,当美国国民作为某指定国国民的权利承续人通过美国法院认定,强制执行商标权利,或者宣告商标有效的时候,其他外国国民作为某指定国国民的权利承续人按照第211(a)(2)条款的规定就可能在美国法院存在无法认定,强制执行商标权利,或者宣告商标有效的情形。这就可能导致对该外国国民的非国民待遇。但是,因为美国的相关法令禁止美国国民未经特别许可成为上述的某指定国国民的权利承续人,而至今为止,美国法院并没有颁发任何此类的特别许可证,所以在调查小组看来,第211(a)(2)条款事实上在商标权利承续人上没有违反《知识产权协定》第3.1条。另外,关于商标的原始所有人,第211(a)(2)条款,也没有授予外国国民比美国国民不利的国民待遇,因此,也没有违反《知识产权协定》第3.1条。

(七)第211(a)(2)条款是否违反了《知识产权协定》第4条

《知识产权协定》第4条规定了最惠国待遇原则。考察第211(a)(2)条款是否违反这一原则,调查小组需要决定该措施是否在知识产权保护上授予一成员方国民的利益、偏向、特权或者豁免权利同时,而没有将同样的待遇授予其他成员方国民。调查小组将考虑第211(a)(2)条款是否拒绝授予古巴国民某些知识产权上的利益、偏向、特权或者豁免权利,而其他成员方能够自美国获得这些待遇。应欧盟和美国要求,调查小组将其结论和审查限制于古巴政府的没收行为。第211(a)(2)条款并没有在没收单位或其权利承续人的没收资产的商标权利上就古巴国民和其他外国国民进行区分。按照该条规定,没收单位或其权利承续人无论是不是古巴国民还是其他外国国民,只要未经没收资产商标的原始所有人同意,就都不能在美国主张普通法上或者基于登记获得的商标权利。

另外,在商标原始所有人上,第211(a)(2)条款也没有任何的词汇语言基于国籍的原因限制原始所有人类别。所有的原始所有人,只要和没收资产的商标有关,就都被第211(a)(2)条所包含。因此,第211(a)(2)条款并没有违反《知识产权协定》第4条最惠国待遇原则。

(八)关于第211(b)条款

1. 第211(b)条款是否违反了《知识产权协定》第16.1条

调查小组对欧盟主张的第211(b)条款的内容模糊的观点表示理解,但是根据WTO成熟的举证责任法理学理论,欧盟作为申诉一方的当事人,必须向调查小组提交足够的能够在法律上推定美国行为不符合《知识产权协定》第16.1条的辩论理由和证据。欧盟事实上并没有完成这一举证责任,因此,欧盟主张的第211(b)条款违反《知识产权协定》第16.1条的观点没有得到有效证明。

2. 第211(b)条款是否违反了《知识产权协定》第42条

由于欧盟不能够提出充足的理由和证据解释相关的不同术语的准确含义。因此,根据同样的举证责任原则,调查小组认定欧盟没有证明这一诉求。

3. 第211(b)条款是否违反被《知识产权协定》第2.1条合并的《巴黎公约》补充第6(1)条款

由于欧盟对第211(b)条款的分析采用了和对第211(a)(2)条款同样的理由,调查小组基于对第211(a)(2)条款同样的审查理由认定第211(b)条款没有违反《巴黎公约》补充第6(1)条款。

4. 第211(b)条款是否违反被《知识产权协定》第2.1条合并的《巴黎公约》第8条

考虑到《知识产权协定》成员方没有义务对贸易名称提供该协议中的知识产权保护,调查小组认为,第211(b)条款没有违反被《知识产权协定》第2.1条合并的《巴黎公约》第8条。

5. 第211(b)条款是否违反被《知识产权协定》第2.1条合并的《巴黎公约》第2(1)条款和《知识产权协定》第3.1条

调查小组的分析基本上和对第211(a)(2)条款所涉及的同样问题的分析近似。第211(b)条款规定,美国法院不得认定,强制执行来自某指定国或其承续人的条约权利主张,或者对这些权利主张宣告有效。第211(a)(2)条款和第211(b)条款唯一的区别在于,后者附加了权利承续人(含美国国民),而前者仅包括指定国国民。这意味着,没收资产商标的任何转让行为,包括向美国国民的转让,都将受到第211(b)条款的约束。因此,该条款并没有授予其他成员方国民以不同于美国国民的不利国民待遇。对商标的原始所有权人,第211(b)条款也没有授予其他成员方原始所有权人以不同于美国国民原始所有权人的不利国民待遇。总之,第211(b)条款并没有违反被《知识产权协定》第2.1条款合并的《巴黎公约》第2(1)条款和《知识产权协定》第3.1条款。

6. 第211(b)条款是否违反《知识产权协定》第4条

基于对第211(a)(2)条款同样的分析理由,调查小组认定第211(b)条款没有违反《知识产权协定》第4条中的最惠国待遇原则。

(九)调查小组的结论

调查小组仅仅支持欧盟关于第211(a)(2)条款违反《知识产权协定》第42条的规定的诉求,而对欧盟的其他各项诉求不予认同。

四、上诉机构的裁定要点

对调查小组的上述结论和分析,欧盟和美国分别向WTO争议解决上诉机构提出了上诉。上诉机构经过审查,裁定:

1. 支持调查小组关于第211(a)(1)条款没有违反被《知识产权协定》第2.1条款合并的《巴黎公约》补充6之五A(1)条款的结论。

2. 支持调查小组关于第211(a)(1)条款没有违反《知识产权协定》第15.1条的结论。

3. 支持调查小组关于第211(a)(2)和(b)条款没有违反《知识产权协定》第16.1条的结论。

4. 关于涉及商标的《知识产权协定》第42条。

(1)支持调查小组关于第211(b)条款没有违反《知识产权协定》第42条的结论;

(2)推翻调查小组关于第211(a)(2)条款违反《知识产权执定》第42条的结论;裁定第211(a)(2)条款符合《知识产权协定》第42条的规定。

理由在于:《知识产权协定》第42条仅仅要求成员方向权利持有人提供国际最低标准的程序性的进入该成员方法院系统的权利。而第211(a)(2)条款自身并没有禁止美国法院授予权利持有人以公正公平的民事司法程序的进入权,以及证明其诉求并提供证据的机会的权利。第211(a)(2)条款仅仅要求美国法院根据美国相关的民事司法程序在裁定商标登记申请人并非是没收资产商标的真正的所有权人之后,不得认定。强制执行该商标权利或者对该商标权利做出有效宣告。因此,第211(a)(2)条款只是涉及关于所有权的实质内容。从该条条文的表面看来,没有违反《知识产权协定》第42条。

5. 关于被《知识产权协定》第2.1条款合并的《巴黎公约》第2(1)条款和《知识产权协定》第3.1条。

(1)涉及商标权利承续人:

首先,支持调查小组关于第211(b)条款没有违反这些条款的结论;

其次,推翻调查小组关于第211(a)(2)条款没有违反这些条款的结论,裁定第211(a)(2)条款违反了这些条款。

理由在于:调查小组在权利承续人的国民待遇原则问题上,关注美国政府相关部门的自主性权力。由于美国相关部门事实上并没有向美国国民发放权利承续人的特别许可证,因此,调查小组认定第211(a)(2)条款没有违反国民待遇原则。这是错误的分析。此案中,美国并没有按照国民待遇的原则证明,对未来任何一个美国国民的个人案例,美国法院绝不会认定该美国国民作为商标权利承续人而发放特别许可证。此外,即使美国的理由成立,也就是说,美国的法院有相当的可能性拒绝发放此类许可证,也不能消除第211(a)(2)条文表面内容中包含的对非美国国民权利承续人的不利的国民待遇的规定。

(2)涉及商标原始所有人:推翻调查小组的结论,裁定第211(a)(2)条款和第211(b)条款违反了国民待遇原则。

理由在于:第211(a)(2)条款和第211(b)条款并不适用于美国国民,也就是说,美国国民无须向相关部门申请特别许可证。但是,这些措施却是用于古巴国民和居住在外国的古巴籍国民。特别许可申请的行政法律要求本身就形成了对古巴国民的不利的国民待遇。

6. 关于《知识产权协定》第4条。

推翻调查小组的结论,裁定第211(a)(2)条款和第211(b)条款违反了《知识产权协定》第4条的最惠国待遇的规定。理由在于:居住在外国的古巴籍国民和其他非古巴的外国国民比较,在第211(a)(2)条款和第(b)条款下要面临额外的行政许可申请程序的不利待遇,因为后者并不属于这些条款中的指定国国民。这样的待遇并非最惠国待遇。美国主张的这些非最惠国待遇在实践中能够被美国其他法规对非古巴的外国国民的相应的行政限制的效果所抵消的观点不能成立。

7. 推翻调查小组关于《知识产权协定》并不保护贸易名称的结论；裁定WTO成员方在《知识产权协定》下有义务保护《巴黎公约》第8条中的贸易名称。因为在上诉机构看来，《巴黎公约》第8条贸易名称被《知识产权协定》第2.1条款所合并，该条款的正文、上下文，以及协议谈判的历史均能证明这一结论。

8. 被《知识产权协定》2.1条款合并的《巴黎公约》第2(1)条款和《知识产权协定》第3.1条。

(1) 涉及权利承续人：裁定第211(a)(2)条款违反了国民待遇原则。理由和对商标的权利承续人的分析相同。

(2) 涉及权利承续人：裁定第211(b)条款没有违反国民待遇原则，支持调查小组的结论。

(3) 涉及原始所有权人：裁定第211(a)(2)条款和第211(b)条款违反了国民待遇原则。理由和对商标的原始所有权人的分析相同。

(4) 裁定第211(a)(2)条款和第211(b)条款在贸易名称原始所有人权利的保护上违反了《知识产权协定》第4条最惠国待遇的规定。理由和对商标的分析相同。

(5) 裁定第211(a)(2)条款和第(b)条款在贸易名称权利持有人保护上符合《知识产权协定》第42条的规定。理由和对商标权利持有人的分析相同。

(6) 裁定第211(a)(2)条款和第(b)条款在贸易名称保护上符合被《知识产权协定》合并的《巴黎公约》第8条的规定。

理由在于：《巴黎公约》和《知识产权协定》都没有规定谁能合法拥有商标和贸易名称的所有权问题，而第211(a)(2)和第(b)条款恰恰解决的是商标和贸易名称的所有权问题，因此，第211(a)(2)条款和第(b)条款并没有违反《巴黎公约》第8条。

最后，上诉机构建议美国根据前述裁定的内容对其相关法律措施进行修改，以符合《知识产权协定》的要求。

【延伸阅读】

1. 吴汉东:《知识产权国际保护制度研究》,知识产权出版社 2007 年版。
2. 李顺德:《WTO 的 TRIPS 协议解析》,知识产权出版社 2006 年版。
3. 孔祥俊:《WTO 知识产权协定及其国内适用》,法律出版社 2002 年版。
4. 朱榄叶:《世界贸易组织国际贸易纠纷案例评析》,法律出版社 2004 年版。
5. 郑成思:《知识产权论》,法律出版社 2003 年版。

第三节 TRIPS 对中国的影响

【知识背景】

一、TRIPS 协议对中国知识产权保护的积极影响

中国入世时就承诺无保留全面执行 TRIPS 的规定,并明确中国知识产权保护体制的目标是达到世界水平和世界标准。为此,中国加快了对知识产权立法修订和完善的步伐,就在"入世"谈判前后短短几年内,围绕知识产权的清理、立法、修改工作也适时完成。为了与 WTO 规则接轨,集中修改和出台了一系列与知识产权有关的法律、行政法规,具体来说,修改了《专利法》《商标法》和《著作权法》,以及这三部法的《实施细则》《计算机软件保护条例》等,出台了《集成电路布图设计保护条例》《植物新品种保护条例》《信息网络传播权保护条例》等。经济发展与知识产权保护之间的良性互动逐渐形成知识产权创造领域的进步,是中国经济发展的动力之一。入世以来,中国专利、商标的申请量和自愿登记版权的数量都在逐年递增,并与 GDP 数值呈现基本一致的变化趋势。正有越来越多的资金、人才、技术等资源要素流入技术创新领域,推动知识产权创造活动的开展。

二、TRIPS 协议对中国知识产权保护的消极影响

2000 年,联合国人权促进保护小组委员会发表了《知识产权与人权》的协议,

审查了TRIPS对国际人权带来的影响,宣称:"由于TRIPS协议的履行没有充分反映所有人权的基本性质和整体性,包括人人享有获得科学进步及其产生利益的权利、享受卫生保健的权利、享受食物的权利和自我决策的权利。"在国际人权的视野中,TRIPS对作者权利保护的缺失,限制合理使用规定对表现自由的冲击,信息数据库权利的扩张对数据库来源者个人隐私的妨害,药品专利垄断对公众健康权利的影响,以及专有技术转让阻滞对发展权行使的制约等,都深刻地说明国际知识产权与国际人权保护在制度层面以及实施结果方面的不协调。正是由于TRIPS基本人权保障措施的缺失导致了经济、技术、文化处于落后地位的发展中国家的公众利益被忽视,中国也不例外。此外,TRIPS也使中国在知识产权的立法、行政执法和司法成本增加。因为发展中国家的知识产权制度与国际接轨过程中需要付出大量的制度建设、实施和管理的成本。在中国,由于实行了司法行政双轨保护机制,知识产权的管理和执法成本更为高昂。

【案例评析】

中美知识产权争端 WTO 第一案

中美贸易中的知识产权争端由来已久,自20世纪80年代末起,美国相继利用其《综合贸易与竞争法》中的"特别301条款"及"337条款",数次公布对中国实施贸易制裁。2001年末中国加入世界贸易组织(WTO),中美知识产权争端进入一个全新的领域和时代,由以往的被动接受单边制裁或进行双边对话式谈判逐渐过渡到如今的多边争端解决机制,且由美国的国内法程序转入到WTO项下的《与贸易有关的知识产权协议》(TRIPS)和WTO争端解决程序(DSU)之下。中美知识产权争端WTO第一案就是在这样的背景下展开的。

一、案件概述

依据专家组报告(编号 WT/DS362/R)及相关资料显示,中美知识产权争端WTO第一案自2007年4月10日美方提出磋商请求起,于同年12月进入专家组审理阶段,2009年1月26日专家组对外公布裁决,2009年3月20日争端解决机构(DSB)通过报告宣告此案终裁,前后共历经23个月的时间。

专家组针对美国的三项诉求裁决如下:

1. 版权保护方面。中国著作权法第4条第1款与中国根据已被TRIPS第9.1条吸收的《伯尔尼公约》(1971年版)第5(1)条以及TRIPS第41.1条规定下应承担的义务不相一致。即支持美方诉求。

2. 海关措施方面。驳回美国关于中国海关措施违背TRIPS第59条的规定(当引入TRIPS第46条第一句规定的原则时)的指控;但认为中国的海关措施违背TRIPS第59条的规定(当第59条引入TRIPS第46条第四句规定的原则时)。

3. 刑事门槛方面。美国未能证明中国的刑事门槛规定与中国根据TRIPS第61条第1款承担的义务不一致,因此驳回此项诉求。

根据上述结论,专家组按照DSU第19.1条提出建议,由中国改进著作权法和海关措施以符合它根据TRIPS所承担的义务。

二、中国在此次应诉中的可取与不足之处

(一)中国在此次应诉中的可取之处

在本次案件中,我们欣喜地看到中方积极应诉、据理力争的态度,中美双方可以说是各有胜负,打了个平手。中国在过往的案件中所积累的经验和对WTO争端解决机制的逐渐熟悉,使中国在讲事实摆证据、术语解释、应诉技巧等方面都有了长足的进步。同时,中国严肃、认真地遵循争端解决机制的程序,以平和的心态接受最终的裁决,维护和凸显了真正的大国风范。

此外,中国自入世以来的立法、执法方面的不断完善为此次争端中部分胜诉奠定了坚实的基础。知识产权部门法经历了数次大规模的修订,尤其是《著作权法》历经三次修订已与国际水平相一致;2000年全国人大常委会修订《海关法》,2003年修订《知识产权海关保护条例》,从法律层面确定和强化了海关知识产权保护方面的职能;最高人民法院公布的《关于办理侵犯知识产权刑事案件具体应用法律若干问题的解释》大幅降低了刑事处罚的门槛,进一步加大了对知识产权犯罪案件的打击力度,切实维护了知识产权权利人的合法权益。

(二)中国在此次应诉中的不足之处

1. 败诉方面的启示

专家组裁决中引用了中国最高人民法院对国内一起著作权案(《内幕》案)处理

的司法批复、国家版权局对此案的答复等作为其认定《著作权法》第4(1)条含义的证据。在此次争端中,中国方面认为"著作权保护"与"著作权"是有区别的,第4(1)条拒绝"著作权保护"是指执法意义上的,并不涉及"著作权"。专家组对于这一认定明显持否定态度。事实上,在1990年《著作权法》的立法过程中就存在对此条表述的争议,第4条的规定其实是对"著作权是否为一切作品提供法律保护"这一观点正反两方面的妥协,从而导致了第2条与第4条的矛盾之处。为了解决这个矛盾,国内学者试图做出解释:"依法禁止出版、传播的作品,只要符合作品的实质与形式条件,并不意味着没有著作权,只是著作权的行使受到了限制。"照此解释,则著作权法第4(1)条并非否定著作权,也没有完全拒绝著作权保护,而是对权利行使施加限制。这才是符合《伯尔尼公约》第17条的本意的解释,然而遗憾的是中国在争端中并未提及。对此条文的争议在历经17年之后被提交至WTO争端机构来解释与解决,折射出中国立法和研究方面的诸多问题。比如,包括著作权法在内的法律都缺乏立法理由书,导致无从解释条文的立法意图和意思;学界的争议主要集中在该法律的立法前后,而在此后十几年里则较少有人问津。

此外,在2007年中国法学会世界贸易组织法研究会的年会专门针对此案的研讨中,只有评论人孔庆江教授一人提出从公共秩序这个角度为《著作权法》第4条进行辩护。后来有学者撰文提出,TRIPS在序言中就强调,对知识产权的保护必须考虑到国家维护公共秩序的需求。国家有权为维护本国公共秩序的目的而对自己所承担的条约附加某种限制或要求,只要这种限制或要求没有构成对条约义务的明显违反,并进而影响到了条约其他成员所享有的利益。《伯尔尼公约》第17条也允许国家基于公共秩序的考虑而设置对作品的事先审查程序。在本案的争议中,《著作权法》第4条清楚地表明:只有那些与中国公共秩序不相抵触的作品,才能享受到《著作权法》的保护;对于受中国《著作权法》保护的作品而言,著作权人在行使著作权时,也必须遵循公共利益的限制。因此,公共秩序对著作权的限制,不仅体现在著作权取得的合法性上,而且体现在著作权的具体行使方面。故而以上论断亦可作为中方在将来WTO争端中的有力抗辩理由。

2. 胜诉方面的隐患

中国在刑事门槛方面的争端取得了全面的胜利,但这并不意味着就可以从此高枕无忧了。专家组驳回美国在刑事门槛方面的诉讼请求是基于"证据不足"。换而言之,是美国"功课做得不到位"。那么如何才是"到位"呢?在专家组看来,似乎如果美国能够将数额标准的运用和特定商品的实际价格、数量和市场条件更紧密、精确地结合起来,进行更为详细和深入的数字分析就能有效得多。试想,一旦美国卷土重来,找到"攻破"中国相关"措施"的有效证据,那中国该如何应对呢?

3. 应诉中其他几处细小的问题

首先,专家组依职权向世界知识产权组织(WIPO)国际局寻求事实信息帮助时,针对WIPO国际局有关《伯尔尼公约》的回函,美国积极做出评论,而中国未能把握住专家组给予的机会,明确表示不予评论,只就美国所作的评论进行评论。这就使中国在后期的相关条约和法条的术语解释中不断陷入被动境地,从而让专家组一再做出不利于中方的解释和裁决。

其次,就法条的翻译和解释问题,中方也有明显不足。有关中国海关当局拍卖和责令销毁中所涉及的"shall"一词的解释,美国意识到此为判定中国是否违反TRIPS项下的义务的关键问题。中国以"事前达成合意翻译过程中未予讨论此问题"为由予以反驳,实在显得苍白无力,以致专家组在评估后采纳了美国的修改意见。

最后,不善于利用第三方观点。专家组报告中,一个不可或缺的内容是对第三方就某一争端问题的观点陈述,而中国往往忽视了其重要性。比如,就"商业规模"一词,欧盟的解释已十分接近专家组最后得出的结论,若中国能从中挖掘出有理有据又有利于我方的观点,不仅可以节省人力、物力和时间,还能促使专家组迅速得出结论。

三、中美知识产权争端的发展趋势及应对策略

(一)中美知识产权争端发展趋势

知识产权是美国的比较优势所在,对美国经济影响重大,作为其重要贸易伙伴之一的中国,其侵犯知识产权问题将越来越成为美国提高国际竞争力、维护国家利益所急需解决的障碍。

中美知识产权WTO第一案,从准备到起诉,美国用了近5年的时间。早在2002年初,美国国际知识产权联盟已经提出中国的知识产权问题严重违反了WTO规则,要求美国政府起诉中国。为了起诉中国,美国几个版权公司专门成立

了中国版权联盟,该联盟专门向有关机关提交法律分析,督促美国政府来起诉中国。2006年11月11日美国上议院议长致信总统,要求立即提起WTO诉讼。经过半年的研究,2007年4月,本来是美国国内权利人对中国执法的不满,最终演变成了对中国立法的起诉。

美国如此"处心积虑",不得不让我们担忧,在全球金融危机笼罩的阴影下,美国政府很可能再次受到利益集团的游说,无视中美之间长期的合作伙伴关系,将矛头再次指向中国;或者唆使WTO内的其他成员方对中国知识产权制度"指手画脚"。同时,不排除美国还会继续运用传统的"301条款"和"337条款"对中国实施贸易制裁,中国应做好持久战的准备,从多角度采取相应的策略,避免贸易纠纷的出现甚至贸易战的打响。

(二)中国应采取的策略

1.注重立法技术,确保立法精细化

此次WTO专家组对于中国的著作权法律、最高人民法院和最高人民检察院的司法解释甚至对具体案件的批复、国家知识产权局制定的规章和解释等均进行了全面、详尽的审查,从中找到了诸多不统一、不协调之处,使得我们在争议中多次处于被动地位,最终部分落败。这不得不警示我们必须重视立法技术,并将立法精细化进一步提上日程。

首先,立法部门在起草相关法律、法规时,应当专门组织人员认真研究该立法可能涉及的国际条约、WTO协定规定,广泛征求各方面的意见,避免法律、法规的条款与国际条约、协定相冲突,尽力消除在WTO败诉的条款隐患。

其次,立法、司法以及行政部门之间在法律的解释、执行方面应加强沟通、协调。不同部门之间就某一个法律条款做出的解释、制定的实施条例或办法之间存在差异,甚至相互矛盾,是中国法制建设中的一个长期存在的问题,这个问题现已涉及中国WTO案件的成败。因此不论有多么复杂和艰难,有关部门必须下大力气尽快加以解决。

最后,应当吸纳国际先进立法技术、尽快提高中国的立法水平。《著作权法》相关条款被专家组认定或是意义不清,或是不符合知识产权国际公约和WTO相关协定条款,这就暴露出了一些部门立法水平不够高、技术尚不先进的问题。在这方面,应当专门对国际上一些发达国家在立法技术方面的成功经验进行研究并适当吸收,提高中国立法的总体水平。

2. 完善刑事保护制度,提高刑事保护实效

(1) 自主完善知识产权刑事保护的国内法律制度

从专家组报告我们可以看出,中国知识产权刑事保护制度并非无懈可击。美国败诉是因为"未能证实"中国刑事门槛违背 TRIPS 第 61 条第 1 款下的义务,而且专家组职权范围也有严格限制。但是,知识产权争端是一场"长期的没有硝烟的战争",美国很可能抓住任何一次机会再对中国发难。因此,中国应未雨绸缪,加强知识产权刑事保护制度建设的自主性。

从历史沿革看,中国知识产权刑法保护制度主要是政府引发的强制性制度变迁,并受到国际和外国利益相关者的影响,有"被动回应型"痕迹。现在,专家组报告裁决中国刑事门槛不违背 TRIPS 的义务,中国更有必要以本国自主需要为中心来考虑相关刑事制度的发展。另外,刑法相关规定虽然不违背 TRIPS 的义务,但相较之下明显滞后于知识产权部门法的发展,新颁布和施行的刑法修正案七中也未对侵犯知识产权犯罪做出任何修订,这显然已经不能满足打击层出不穷的新型知识产权犯罪的需要,亦容易成为美国再次向中国提出起诉的依据。

(2) 致力于提高知识产权刑事保护的实效

其一,提高相应司法能力。现在各国普遍重视加强知识产权刑事司法的组织建设,中国《国家知识产权战略纲要》也有意采取知识产权案件"三审合一"模式,拟设置专门知识产权法庭和建立知识产权上诉法院及建立完善的司法鉴定、专家证人、技术调查等知识产权诉讼制度,这将有力地促进刑事司法能力建设。

其二,改善相应司法态度。随着中国知识产权战略的实施和知识资源的丰富,司法机关在知识产权领域刑事司法的积极性也在逐步形成和上升。同时还应充分发挥产业机构在刑事司法活动中提供情报和操作支持的积极作用。

其三,应避免将知识产权刑事诉讼数量作为追求指标。这种数量攀高主要是外国压力的结果,但并不是只有要求大量的刑事诉讼才证明与 WTO 义务相符。完善中国知识产权刑事司法制度和对所制定的知识产权刑事政策一以贯之,比单纯功利地追求数字指标更重要。

3.正确认识 TRIPS,善用国家自主性

知识产权法在当今发展的重要特征是它的全球化,这应归功于 TRIPS,其所规定的国民待遇原则和最低标准原则体现了知识产权制度全球化过程中各国之间的形式平等。然而,TRIPS 实施 10 多年来,知识产权制度的全球化却带来了发展的不平衡。于是人们的批评之声纷至沓来,认为其使得知识产权制度所保障的形式平等过分扩张,忽视了知识产权制度背后的实质平等价值。因为各国运用形式一致的知识产权制度来激励创新,忽视了各国经济地位和社会机构的差异,忽视了各国知识创新者运用知识产权制度来保障自己利益能力的差异。对于超越本国经济发展水平的知识产权保护而言,这样的知识产权制度非但不能促进本国的知识创新,反而可能阻碍本国创新能力的发展以及使本国经济受制于人。

有的学者指出,其实 TRIPS 本身并没有漠视知识产权制度的实质平等价值。无论是序言中所体现出的目标和宗旨,还是具体条文体现出的含义,都明确表明一个主权国家采取适当的知识产权政策以促进社会的发展是符合协议要求的。真正存在问题的是 DSB 的解释方法是否理解实质平等正义的要求,理解知识产权的社会功能,考虑在多大程度上缩小发达国家与发展中国家的发展鸿沟。

我们应该清醒地认识到,中国现阶段应在 TRIPS 框架所允许的范围内,最大限度地发挥国家自主性,制定符合本国国情的知识产权保护制度,并争取在日后的 WTO 争端中据理力争,而不是一味以牺牲本国利益为代价换取所谓的"与 WTO 相关协议项下的义务一致",而是使得 DSB 的解释逐步彰显出 TRIPS 本身所具有的实质正义,切实维护中国本国的利益。

【延伸阅读】

1.石广生:《中国加入世界贸易组织知识读本(三)》,人民出版社 2011 年版。

2.吴汉东:《知识产权法》,法律出版社 2007 年版。

3.张乃根:《国际贸易的知识产权法》,复旦大学出版社 2007 年版。

4.郑成思:《关贸总协定与世界贸易组织中的知识产权协议》,北京出版社 1994 年版。

5.[奥]阿菲德罗斯著,李浩培译:《国际法》,商务印书馆,1981 年版。

第二章
涉外专利权的法律保护实务

【内容摘要】关于专利权,TRIPS 对授予发明、工业品外观设计专利的条件,不授予专利的对象,专利申请人的条件,专利权人的权利,专利的无效与撤销都进行了明确的规定。此外,TRIPS 对专利权的一般限制进行了原则规定。与一般的权利限制相对应的,是特殊权利限制。所谓"特殊限制",主要是针对专利权的强制许可。对于强制许可,TRIPS 与其说是规定了权利限制,不如说是规定了对权利限制的限制。

在涉外专利权领域,主要的国际条约包括:《保护工业产权巴黎公约》(简称《巴黎公约》),其基本目的是保证一成员方的工业产权在所有其他成员方都得到保护;《专利合作条约》,其主要涉及专利申请的提交、检索及审查。

中国专利法规定的专利权的客体是指依法可授予专利权的发明创造,即发明、实用新型和外观设计,这三种专利在含义、授予条件等方面均有所区别。同时,专利法对不授予专利权的对象也进行了明确规定。专利权作为一种法定授权,需要专利申请人向国务院专利行政部门提出申请并经过依法审批才能获得。专利的复审、无效及终止制度对于维护公众和相关权利人的利益,提高专利质量具有重要意义。法律赋予专利权人的独占性权利包括制造权、使用权、许诺销售权、进口权、许可实施权、转让权等。此外,专利法规定了强制许可等对专利权的限制方式。第三人未经权利人许可擅自实施专利就构成了专利侵权行为,须承担相应的专利侵权责任。

第一节 涉外专利权保护的内容

【知识背景】

一、专利权的获得

TRIPS 第 27 条要求各成员,除某些例外或条件外,专利应可授予所有技术领域的任何发明,无论是产品还是方法,只要它们具有新颖性、含有创造性,并可进行工业应用。TRIPS 还指出,关于对这些发明的专利的授予和专利权的享受不应因发明地点、技术领域、产品是进口的还是当地生产的而有差别。

TRIPS 允许各成员可以对专利赋予的专有权规定有限的例外,只要这种例外不会不合理地与对专利的正常利用发生冲突,也不会不合理地损害专利所有人的合法利益,同时考虑到第三方的合法利益。

另外,如果阻止对这些发明的商业性利用对维护公共秩序或道德,包括保护人类、动物或植物的生命或健康或避免严重损害环境是必要的,各成员可不授予这些发明专利权,只要此举并不仅仅因为这种利用为其法律所禁止。

二、不授予专利的对象

TRIPS 规定成员可将下列各项排除于可获专利之外:

(1)诊治人类或动物的诊断方法、治疗方法及外科手术方法;

(2)除微生物之外的动、植物,以及生产动、植物的主要是生物的方法;生产动、植物的非生物方法及微生物方法除外。

三、专利申请人的条件

各成员应要求专利申请人清楚和完整地公开其发明以使本专业领域的技术人

员实施该项发明,并可要求申请人在申请之日或在要求优先权时,在申请的优先之日指出发明人所知的实施该发明的最好方式。另外,各成员可要求专利申请人就其相应的国外申请与授予情况提供信息。

四、专利权人的权利

TRIPS 规定,专利应赋予其所有人以下专有权:如果该专利所保护的是产品,则有权阻止第三方未经其同意而进行制造、使用、兜售、销售或为这些目的而进口该产品;如果该专利保护的是方法,则有权阻止第三方未经其同意而使用该工艺,或使用、兜售、销售或为这些目的而进口至少是以此工艺直接获得的产品。

此外,专利所有人还应有权转让或通过继承转移其专利,应有权缔结许可证合同。

五、专利的无效与撤销

TRIPS 规定,撤销专利或宣布专利无效的任何决定,均应提供机会给予司法审查。专利可享有的保护期,应不少于自提交申请之日起的 20 年年终。对于无原始批准制度的成员,保护期应自原始批准制度的提交申请之日起算。

【案例裁决/法律文书摘录】
淀川惠德株式会社等与中华人民共和国国家知识产权局专利复审委员会
发明专利权无效行政纠纷上诉案(节选)
北京市高级人民法院
行政判决书
[2012]高行终字第 495 号

上诉人(原审原告)淀川惠德株式会社。

法定代表人:小川克己,代表取缔役。

上诉人(原审原告):夏普公司。

法定代表人:片山干雄,代表取缔役。

被上诉人（原审被告）：中华人民共和国国家知识产权局专利复审委员会。

法定代表人：张茂于，副主任。

原审第三人：韩华 L&C 株式会社。

法定代表人：金昌範，代表理事。

上诉人淀川惠德株式会社（简称惠德会社）、夏普公司因发明专利权无效行政纠纷一案，不服中华人民共和国北京市第一中级人民法院（简称北京市第一中级人民法院）[2011]一中知行初字第1358号行政判决，向本院提起上诉。本院2012年2月22日受理本案后，依法组成合议庭，并于2012年5月16日公开开庭进行了审理。本案现已审理终结。

北京市第一中级人民法院查明：本案涉及名称为"玻璃基片输送箱"的发明专利（简称本专利），专利号为94120062.0号，申请日为1994年11月9日，优先权日为1993年11月9日，授权公告日为1999年4月7日，专利权人为惠德会社、夏普公司。该专利授权公告的权利要求如下……

专利复审委员会于2005年10月10日做出第7557号无效宣告请求审查决定（简称第7557号决定），该决定认定：本专利的修改不符合《专利法》第三十三条的规定。

惠德会社、夏普公司不服第7557号决定，向北京市第一中级人民法院提起行政诉讼。北京市第一中级人民法院于2006年12月22日做出[2006]一中行初字第125号行政判决，撤销了第7557号决定，要求专利复审委员会对上述无效宣告请求重新做出审查决定。

2010年9月26日，专利复审委员会做出第15418号无效宣告请求审查决定（简称第15418号决定）。

惠德会社、夏普公司不服第15418号决定，向北京市第一中级人民法院提起诉讼。

北京市第一中级人民法院认为：惠德会社、夏普公司主张口头审理过程中，韩华会社增加了证据1、2与公知常识的组合的新的无效理由，而专利复审委员会接受了上述理由，导致惠德会社、夏普公司在口头审理前没有机会了解韩华会社的新观点并相应地依法考虑如何答辩或修改，构成程序违法。公布2006年版《审查指南》时公布的《施行修订后审查指南的过渡办法》中的相关规定,对于在2006年7月1日之前提出的无效宣告请求,对其自无效宣告请求之日起一个月后提出的新理由、新证据的审查适用2001年10月18日公布的《审查指南》第四部分第三章第3.1节的规定。2001年10月18日公布的《审查指南》第四部分第三章第3.1节规定:对请求人在提出无效宣告请求之日起一个月后提出的需要新的证据支持的新的无效宣告理由和提交的用于证明在提出无效宣告请求之日起一个月内未举证主张的具体事实的新证据,专利复审委员会不予考虑。本无效宣告请求的请求日为2004年8月25日,故对其自无效宣告请求之日起一个月后提出的新理由、新证据的审查适用2001年10月18日公布的《审查指南》第四部分第三章第3.1节的规定,由于韩华会社提出的新的组合方式仍是基于韩华会社在提出无效宣告请求之日起一个月内提交的证据进行的,并未要求新的证据支持,故专利复审委员会对其用新的结合方式评价创造性予以考虑,并无不当。惠德会社、夏普公司的该主张缺乏法律依据,不予支持。

2001年《专利法》第二十二条第三款规定,创造性,是指同申请日前已有的技术相比,发明具有突出的实质性特点和显著的进步。判断一项发明是否具有突出的实质性特点和显著进步,实质上是要求判断对本领域技术人员来说,要求保护的发明相对于现有技术是否显而易见。其应当遵循的一般方法为:首先要将权利要求所述的技术方案和现有技术中最接近的技术方案进行特征对比,找出二者的区别特征,确定发明实际要解决的技术问题,进而考察在现有技术中是否存在将所述区别特征引入到最接近的现有技术中以解决技术问题的启示,以此判断权利要求是否具有创造性。而本领域技术人员应知晓申请日或者优先权日之前发明所属技术领域所有的普通技术知识,能够获知该领域中所有的现有技术,并且具有应用该日期之前常规实验手段的能力,但他不具有创造能力。如果所要解决的技术问题能够促使本领域的技术人员在其他技术领域寻找技术手段,他也应具有从该其他技术领域中获知该申请日或优先权日之前的相关现有技术、普通技术知识和常规实验手段的能力。

首先,关于惠德会社、夏普公司主张专利复审委员会认定证据2中的"固化层"相当于本专利的表皮层,属于事实认定错误的问题。根据查明的事实可知证据2

中的固化层与本专利的表皮层均是由原料粒子经加热成形后冷却形成,二者并不存在实质性差异,专利复审委员会认定二者相当,并无不当。惠德会社、夏普公司的该主张缺乏事实依据,不予支持。

其次,关于权利要求1。一项发明是否具备创造性的判断主体为本领域技术人员,而本领域技术人员具备申请日或优先权日之前本领域所有的普通技术知识、本领域所有的现有技术以及应用该日期之前常规实验手段的能力。基于权利要求1相对于证据1的区别技术特征,其实际解决的技术问题为现有技术用于形成箱体、箱盖的材料比较重、不便操作、减振性不好。而证据2公开了一种发泡合成树脂成形品及其成形方法,其品质轻、容易处理,缓冲性能良好,广泛应用于各种缓冲材料、收容箱,并具体公开了用于形成该成形品的原料粒子的发泡倍率优选在3~150倍的范围内,在模内的发泡成形过程中,由原料粒子在成形品表面形成表面固化层,当使用的原料粒子的发泡倍率为30倍时,表面固化层的厚度为1mm。在证据1、2的基础上,使本专利箱体、箱盖和底件为整体泡沫聚烯烃树脂模件,使箱体壁、箱盖和底件的内侧和外侧具有比壁内中间部分较致密的表皮层且使表皮层的深度为1mm厚,对于本领域技术人员而言是容易想到的;关于权利要求限定发泡率为4~25的问题,鉴于证据2已公开发泡率优选范围为3~150,在本专利未明确记载该特定选择相对于其他发泡率数值范围会带来相应的预料不到的技术效果的情况下,专利复审委员会认定该选择属于本领域的常规选择,并无不当;关于权利要求1限定的表皮层的"致密的密度为壁内的中间部分的至少两倍"的技术特征,在证据2中已经公开了现有技术中存在表面侧密度比内侧密度高10~20倍的成形品的基础上,可以认定证据2已经给出了在可应用于缓冲材料、收容箱等的发泡合成树脂成形品中可以使用表面侧密度比内侧密度高10~20倍的成形品的技术启示,因此,本领域的技术人员在证据2给出的技术启示下,将表皮层的密度选择设定为壁内中间部分的至少2倍并不需要付出创造性的劳动。综上,专利复审委员会认定权利要求1相对于证据1的上述区别技术特征,在证据2的基础上是显而易见、常规选择,并无不当;惠德会社、夏普公司关于专利复审委员会的上述认定缺乏证据支持的主张,不予支持。

最后,关于权利要求2。权利要求2的附加技术特征为"泡沫聚烯烃树脂的体积电阻为103~1012Ω.CM",根据查明的事实可知,证据4已公开了用于玻璃搬运容器的聚烯烃系树脂的体积固有电阻为1016Ω.CM以下的技术特征,权利要求2的附加技术特征显然落入了证据4公开的技术特征的范围之内,在本专利未明确记载该特定选择相对于其他数值范围会带来相应的预料不到的技术效果的情况下,专利复审委员会认定该选择属于本领域的常规选择并无不当,应予支持。

综上,北京市第一中级人民法院依照《中华人民共和国行政诉讼法》第五十四条第(一)项之规定,判决:维持专利复审委员会做出的第15418号决定。

惠德会社和夏普公司不服原审判决,向本院提起上诉,请求撤销原审判决,撤销专利复审委员会第15418号决定。其主要上诉理由是……

专利复审委员会和韩华会社服从原审判决。

经审理查明,原审法院查明事实属实,且有本专利授权公告文本、证据1、证据2、证据4、专利复审委员会第15418号决定及当事人陈述等证据在案佐证,本院予以确认。

本院认为:原审判决引用证据2背景技术部分的内容"表面侧密度比内侧密度高10~20倍的成形品",该内容是对其他专利文献内容的描述,但该内容至少在证据2中已经公开,而且惠德会社和夏普公司在无效阶段和诉讼中均未对证据2内容的真实性提出过异议,因此惠德会社、夏普公司关于原审法院没有对证据2上述内容所涉文献组织举证质证就加以认定属于程序违法的上诉主张,缺乏依据,本院不予支持。在专利复审委员会的口头审理过程中,韩华会社增加了证据1、2与公知常识的组合的新的无效理由,并为专利复审委员会接受。根据公布2006年版《审查指南》时公布的《施行修订后审查指南的过渡办法》中的相关规定,对于在2006年7月1日之前提出的无效宣告请求,对其自无效宣告请求之日起一个月后提出的新理由、新证据的审查适用2001年10月18日公布的《审查指南》第四部分第三章第3.1节的规定。2001年10月18日公布的《审查指南》第四部分第三章第3.1节规定:对请求人在提出无效宣告请求之日起一个月后提出的需要新的证据支持的新的无效宣告理由和提交的用于证明在提出无效宣告请求之日起一个月内未举证主张的具体事实的新证据,专利复审委员会不予考虑。本无效宣告请求的请求日为2004年8月25日,故对其自无效宣告请求之日起一个月后提出的新理由、新证据的审查适用 2001 年 10 月 18 日公布的《审查指南》第四部分第三章第 3.1 节的规定。由于韩华会社提出的新的组合方式仍基于韩华会社提出无效宣告请求之日起一个月内提交的证据进行,并未要求新的证据支持,故专利复审委员会对其用新的结合方式评价创造性予以考虑,并无不当。惠德会社、夏普公司的此项上诉理由缺乏法律依据,本院不予支持。

《专利法》规定的创造性,是指同申请日前已有的技术相比,发明具有突出的实质性特点和显著的进步。

证据 1 是一种用于装载与半导体相关的罩体原板、光罩板等基板的罩体收纳容器,证据 2 是一种发泡合成树脂成形品及其成形方法,广泛应用于各种缓冲材料、收容箱,就本领域技术人员的知识和能力而言,显然能够将证据 1 和证据 2 相互结合。证据 1 是与本专利最接近的现有技术,两者相比,可得出本专利所要解决的技术问题是现有技术用于形成箱体、箱盖的材料比较重、不便操作、减振性不好。至于惠德会社、夏普公司所提到的本专利所要解决的技术问题还有因采用泡沫树脂而解决的基片温升及雾化问题和因采用致密表面得到的箱体强度改善和提高耐磨性问题,都属于采用本专利技术方案所得到的技术效果,而非其所要解决的技术问题。证据 2 中的"固化层"是原料粒子在模内发泡成形过程中在成形品表面形成的表面固化层。虽然证据 2 仅提及固化层在抗弯曲性上性能良好,但固化表面本身就具有消除灰尘和提高耐磨性的作用,而且在证据 2 已经提到现有技术可以制作表面部分的密度比内部部分的密度高出 10～20 倍的成形品的情况下,表皮固化层的致密化处理属于本领域技术人员采用常规技术手段可以实现的,因此专利复审委员会和原审法院认定证据 2 的"固化层"相当于本专利的表皮层并无不当。证据 2 公开了用于形成该成形品的原料粒子的发泡倍率优选在 3～150 倍的范围内。证据 2 可广泛用于各种收纳容器,因此根据所收纳物品的不同确定不同的发泡倍率属于本领域技术人员无须创造性劳动即可得到的内容。本专利专门用于玻璃基片的收纳和输送,本领域技术人员在证据 2 所确定的发泡倍率范围内根据其目的通过常规试验即可得到 4～25 的发泡倍率。证据 4 公开了用于玻璃搬运容器的聚烯烃系树脂的体积固有电阻为 $1016\Omega.CM$ 以下的技术特征,权利要求 2 的附加技术特征显然落入了证据 4 公开的技术特征的范围之内,在本专利未明确记载该特定选择相对于其他数值范围会带来相应的预料不到的技术效果的情况下,专利复审委员会和原审法院认定该选择属于本领域的常规选择并无不当。惠德会社和夏普公司并未提供其所主张的商业上的成功是由于本专利的技术特征所导致的证据。综上,惠德会社和夏普公司关于本专利权利要求1、2具备创造性的上诉理由均缺乏依据,本院不予支持。

综上,专利复审委员会第15418号决定和原审判决认定事实清楚,适用法律正确,程序合法,应予维持。惠德会社和夏普公司所提上诉请求及其理由缺乏依据,本院不予支持。依照《中华人民共和国行政诉讼法》第六十一条第(一)项之规定,本院判决如下:

驳回上诉,维持原判。

一、二审案件受理费各人民币一百元,均由淀川惠德株式会社和夏普公司共同负担(均已交纳)。

本判决为终审判决。

审判长 谢甄珂

代理审判员 钟 鸣

代理审判员 周 波

二〇一二年八月九日

书记员 王颖慧

【延伸阅读】

1. 郑成思:《WTO知识产权协议逐条讲解》,中国方正出版社2001年版。
2. 叶全良、王世春主编:《国际商务与知识产权保护》,人民出版社2005年版。
3. 许海峰主编:《涉外知识产权保护法律实务》,机械工业出版社2005年版。
4. 吴汉东主编:《知识产权国际保护制度研究》,水利水电出版社2007年版。
5. 唐广良、董炳和:《知识产权的国际保护》(修订版),知识产权出版社2006年版。
6. 中国知识产权研究会专利委员会、最高人民法院中国应用法学研究所编:

《专利名案解读——以16起涉外专利纠纷为视角》,知识产权出版社2010年版。

7. 程永顺主编:《专家点评与建议:涉外专利典型案例》,法律出版社2010年版。

8. 胡凤滨主编:《中国指导案例、参考案例判旨总提炼:知识产权纠纷》,法律出版社2012年版。

第二节 涉外专利权的国际条约规定

【知识背景】

一、《保护工业产权巴黎公约》

《保护工业产权巴黎公约》(以下简称《巴黎公约》)是目前工业产权保护领域最重要的多边国际公约。中国于1985年3月19日成为该公约的成员方,并声明对该公约第28条第1款提出保留,即主张成员方之间有关公约的解释或公约的适用的争议,不提交国际法院解决。公约第1条至第12条所规定的工业产权保护的原则和规则已为国际社会广泛接受,成为工业产权国际保护的基本标准。公约第1条第2款对工业产权的范围作了规定:"工业产权的保护对象有专利、实用新型、工业品外观设计、商标、服务标记、厂商名称、货源标记或原产地名称,和制止不正当竞争。"

在专利方面,公约提出了六项专门的规定,作为对各国专利保护的最低要求。

(一)专利独立性

《巴黎公约》第4条之二第1款规定:"本联盟国家的国民向本联盟各国申请的专利与在其他国家(不论是否为本联盟的成员方)就同一发明所取得的专利,是互相独立的。"这就是通常所讲的专利独立性原则。

根据公约的这项规定,发明专利的申请人在公约任一成员方内的专利申请及获准与其在其他国家的申请及获准无关,互不影响。具体来说,专利独立性原则包括以下两个方面的含义：

（1）申请人在其他国家是否获得专利，不影响他在公约成员方的专利申请。其他国家授予了该申请以专利，受理国没有义务必须授予专利；其他国家驳回了该申请，受理国也不得以此为理由驳回申请。受理申请的成员方是否授予专利，完全根据本国的法律决定，不受其他国家对该申请的处理结果的影响。

（2）申请人在各国所获专利权是完全独立的，互不影响。申请人在一个国家获得的专利由于某种原因失效，不影响他在公约成员方内获得的专利的有效性。公约任一成员方不得以申请人在其他国家的专利无效或被撤销为理由宣告本国的专利无效或被撤销。

在理解公约关于专利独立性的规定时，必须正确处理这项原则与优先权的关系。专利独立性与优先权并不矛盾。优先权只是要求成员方将在其他成员方的首次申请的日期作为申请日，与是否授予专利无关。公约第4条A小节第3款为此提供了说明。依该款规定，不论在其他成员方的申请的结局如何，各成员方应承认该申请产生优先权。

另外，根据公约的规定，享有优先权的申请获准专利之后，其保护期不包括享有优先权的期间，与被核准的没有优先权的专利权的期间相同。也就是说，享有优先权的申请所获得的专利权的保护期，不是从产生优先权的时间起算，而是从在授权国进行实际申请的时间起算。这样，不至于因享有优先权而缩短专利权的保护期，从而维护了专利权人的利益。

（二）发明人的"署名权"

《巴黎公约》第4条之三规定，发明人有权在专利证上署名。这便是人们通常所说的属于"精神权利"范畴的发明人的署名权。

发明创造是发明人智力活动的结果，作为创造者，发明人与发明创造之间的关系应得到社会的承认和尊重。因此，《巴黎公约》规定发明人有权在专利证书上署名，体现了对发明人创造性智力劳动的承认和尊重。关于公约规定的署名权，有三个问题需要特别说明：

（1）公约规定的署名权的主体只能是发明人。不论发明人是否为专利申请人或专利权人，他都有权要求在专利证书上署名。而其他人，只要不是发明人，即使是专利申请人或专利权人,都无权在专利证书上表明自己是发明人,即不享有署名权。在职务发明或雇用发明的情况下也是如此。不过,如果发明人不是专利申请人或专利权人,他对发明创造也只能享有署名权,而不享有其他权利。一般认为,发明人的署名权不能转让,而且也不受专利申请权或专利权转让的影响。

(2)公约规定的署名权不是在产品上表明自己是发明人身份的权利,而是在专利证书上表明自己是发明人身份的权利。这与版权法上的作者的署名权是完全不同的。版权法上的署名权是作者在作品(而非版权证书)上署名以表明自己的作者身份的权利。除非另有约定,发明人无权要求在专利产品或使用专利方法生产的产品上表明自己是发明人。

(3)必须将发明人的署名权与专利权人的类似权利进行区分。《巴黎公约》虽然没有规定专利权人享有何种"精神权利",但许多国家的专利法规定专利权人有权在专利产品上标明专利标记和专利号。专利权人在产品上或产品包装上标明专利标记或专利号的权利是专利权的一部分,随专利权的转让而发生转让,也随专利权的丧失而消灭,非专利权人不得享有此项权利。这项权利只适用专利产品,在非专利产品上标明"专利产品"字样或专利号是违法的行为。

(三)对驳回申请和撤销专利的限制

在什么情况下核准或驳回专利申请,以及对已经核准的专利给予撤销,本来都是属于一个国家国内专利法自主规定的范畴。《巴黎公约》尊重各成员方的这种自主权,但为了防止出现某些不合理或不公正的情况,公约对特殊情况下驳回申请和撤销专利进行了限制。

第一种特殊情况是本国法律禁止或限制某种新产品的出售。对于某些商品(如枪支、无线电通信器材、精神药物等),许多国家出于公共利益的考虑,禁止或者限制这种产品的销售。这种禁止或限制不应成为专利申请人取得和享有专利权的法律障碍,原因在于专利权并不与法律的禁止或限制销售的规定相冲突。专利权人在遵守法律的禁止性或限制性规定的情况下,将专利许可给有权制造并销售或使用的企业实施专利,并不会给公共利益产生损害。因此,《巴黎公约》第4条之四规定:"不应以专利产品的销售或依专利方法制造的产品的销售受到本国法律的限制或限定为理由,而拒绝授予专利或使专利无效。"

第二种情况是专利权人将在其他成员方内制造的物品输入到授予该物品以专利的国家。出于某种考虑,有的国家限制这种输入,或者将这种输入作为撤销已授予的专利的一个理由。《巴黎公约》对此作了限制。公约第5条A小节第1款规定:"专利权人将在本联盟任何国家内制造的物品进口到对该物品授予专利的国家的,不应导致该项专利的丧失。"该项规定的目的在于,保证专利产品的销售活动不至于影响专利本身的效力。

第三种情况是专利权人不实施或不充分实施专利。专利授予之后,专利权人有权制止未经其许可而实施专利的行为。但是,在实践中,专利权人有时出于竞争等考虑,在获得专利之后既不实施,也不许可他人实施,而是将技术垄断起来。这种情况的存在妨碍了技术的推广与应用,与专利制度的本来意义是相违背的,属于对专利权的滥用。许多国家为了防止专利权人滥用其专利权,规定了一些惩罚性的措施,如强制许可、撤销专利等。为了规范成员方在这方面的行为,充分保护专利权人的利益,《巴黎公约》第5条A小节第3款规定:"除强制许可的授予不足以防止上述滥用的情形外,不应规定专利的丧失。自授予第一个强制许可之日起两年届满前,不得提出使专利丧失或撤销专利的诉讼。"

(四)强制许可

强制许可是大多数国家专利制度中的一项重要内容。由于强制许可是在不征得专利权人同意的情况下由专利管理机关授权他人实施专利,实际上是对专利权的一项行政干预。作为防止专利权人滥用其专利权实施不正当竞争行为、妨碍技术的推广与应用的重要工具,强制许可制度有其合理的一面,但也有不合理的一面。如果强制许可的条件过宽,使用过多,则可能从根本上危及专利制度,严重影响专利权人的合法权益。因此,《巴黎公约》对各成员方实行强制许可规定了基本的条件和限制。公约第5条A小节第4款规定:"自提出专利申请之日起四年届满以前,或自授予专利之日起三年届满以前,以后满期的期间为准,不得以不实施或不充分实施为理由申请强制许可;如果专利权人的不作为有正当理由,应拒绝强制许可。这种强制许可是非独占性的,而且除与利用该许可的部分企业或商誉一起转让外,不得转让,甚至以授予分许可证的形式也在内。"

根据公约的规定,成员方以不实施或不充分实施为理由发放强制许可,需要受以下条件限制:

(1)专利权人的不实施或不充分实施没有正当理由。如果专利权人有正当理由不实施或不充分实施,各成员方不得准予强制许可。

(2)各成员方只有在专利权人从申请专利之日起满4年或授予专利之日起满3年(以后满期的期间为准)没有正当理由不实施或不充分实施专利才可以准予强制许可。

(3)强制许可只能是普通许可,而不能是独占性或排他性许可。强制许可的授予不能阻止专利权人自己实施该专利,或将专利许可他人实施。因此,在强制许可授予之后,专利权人可以自己实施专利,也可以将专利许可其他人实施。

(4)强制许可的被许可人不得授予分许可,而且,除了与利用该许可的部分企业或商誉一起转让外,也不得转让给他人。

(5)强制许可不是无偿使用,被许可人应向专利权人支付相应的许可费。

(五)专利权的例外

《巴黎公约》第5条之三规定了专利权的两项基本例外。依该规定,在成员方内,下列两种情况不应认为是侵犯专利权人权利:

(1)其他成员方的船舶暂时或偶然地进入上述成员方的领水时,在该船的船身、机器、滑车装置、传动装置及其他附件上使用构成专利主题的装置设备,但以专为该船的需要而使用这些装置设备为限;

(2)其他成员方的飞机或陆上车辆暂时或偶然地进入上述成员方时,在该飞机或陆上车辆的构造或操纵中,或者在该飞机或陆上车辆附件的构造或操纵中使用构成专利主题的装置设备。

需要注意的是,公约规定的这两项例外只适用于船舶、飞机和车辆本身或其附件所需要的装置设备,而不适用于船舶、飞机和车辆所运载的货物或货物中的装置设备。

(六)对利用进口国的专利方法制造的产品的进口权

《巴黎公约》第5条之四规定:"一种产品进口到对该产品的制造方法有专利保护的本联盟国家时,专利权人对该进口产品,应享有按照进口国法律,对在该国依照专利方法制造的产品所享有的一切权利。"据此规定,专利权人对利用进口国的专利方法制造的产品享有进口权。其他人未经专利权人许可进口用进口国专利方法制造的产品的,构成对专利权的侵犯。

进口权是专利权的一项重要权利,但有的国家只规定产品专利的专利权人的进口权,而对方法专利的进口权没有规定。为了统一各成员方的规定,保护方法专利的专利权人在进口利用专利方法制造的产品方面应享有的合法利益,《巴黎公约》专门针对利用进口国的专利方法制造的产品的进口权问题做出了明确规定。

二、《专利合作条约》及其实施细则

《巴黎公约》对各成员方的专利法提出了最低标准和要求,统一了专利国际申请和保护方面的一些基本规则,为专利申请人的专利国际申请提供了方便。为了简化专利国际申请的程序,方便申请人,在《巴黎公约》的原则指导下,一个在专利申请案的接受和初步审查方面进行国际合作的多边条约《专利合作条约》(*Patent Cooperation Treaty*,简称 PCT)于 1970 年在华盛顿召开的《巴黎公约》成员方外交会议上通过。中国于 1994 年 1 月 1 日正式成为该条约的成员方。WIPO 还为 PCT 制定了实施细则。在 PCT 程序下进行专利国际申请已成为跨国申请专利的基本模式。

(一)国际申请的程序

1. 申请人

根据 PCT 第 9 条的规定,国际申请的申请人包括:

(1)缔约国的任何居民或国民;

(2)由大会决定允许的《巴黎公约》成员方但不是本条约缔约国的居民或国民。

根据 PCT 实施细则第 2 条规则第 1 项的规定,除非特别指明或有关情况的需要,申请人应包括申请人的代理人或其他代表。

2. 国际申请文件

根据 PCT 的规定,国际申请应包括请求书、说明书、权利要求书、附图及摘要。

(1)请求书

国际申请的请求书是根据 PCT 提出的国际申请的重要文件。根据 PCT 和 PCT 实施细则的规定,请求书应包括以下内容:请求将国际申请按本条约的规定予以处理、发明的名称、关于申请人及其代理人的描述、指定国、关于发明人的描述等。如果需要,请求书还应载明以下内容:优先权要求、对任何先前的国际检索及国际式检索或其他检索的说明、某种保护方式的选择、申请人希望获得地区性专利的描述、对该发明赖以存在的先前申请或先前专利的说明、申请人对选择国际检索单位的描述等。

(2)说明书

说明书是对发明进行技术描述的重要文件,也是在专利审查中判断有关发明的创造性的重要依据。PCT 第 5 条规定,说明书应对发明做出清楚和完整的说明,足以使本技术领域的人员能实施该项发明。

(3)权利要求书

权利要求书是专利申请中最重要的法律文件,是在申请获准之后确定专利权人的权利范围的依据。PCT 第 6 条规定,权利要求书应表明要求保护的内容。这些内容就是发明的技术特征。

(4)附图

附图是用图示的方式对发明进行辅助说明的文件。根据 PCT 的规定,对了解发明有必要时,应有附图。如果无必要,但发明的性质容许用附图说明的,可以有附图。

3.申请的提出

根据 PCT 第 10 条的规定,国际申请应向受理局提出。在中国,按照 PCT 程序提出国际申请的受理局是国家知识产权局专利局。申请人将 PCT 和 PCT 实施细则所要求的文件提交受理局,即提出了国际申请。按照 PCT 实施细则的规定,申请人在提出国际申请时,应遵守以下规则:

(1)申请文件的物理要求

PCT 实施细则第 11 条规则对申请文件的物理要求作了明确的规定,涉及申请书的份数、对复制的适合性、使用的材料、各页的装订及其他、纸张的规格、边距、每页的标码、行数的标出、文本的书写、图表与公式、绘图中的文字、绘图的特别要求等诸多方面。在中国通过国家知识产权局专利局提出国际申请,应使用由国家知识产权局专利局印制的 PCT 专用表格。

(2)申请文件的语文

按照 PCT 实施细则的要求,申请文件应使用国际局与国际检索单位商定的语文。由于国家知识产权局专利局是国际专利合作联盟大会指定的国际检索单位,因此,通过国家知识产权局专利局提出的国际申请应使用中文。不过,在由国际阶段转入到国家阶段时,有关申请文件还应使用指定局所规定的语文。

4. 受理局对申请的处理

受理局应按 PCT 和 PCT 实施细则的规定对国际申请进行检查和处理。

根据 PCT 实施细则第 20 条规则的要求,国际申请的基本受理程序如下:

(1)注明日期和编号

受理局收到申请文件之后应在每份文件上注明实际收到的日期和国际申请的编号。对于收到的日期,如果申请文件不是同一天到达的,应以最后达到的日期为准;对于经受理局要求进行修改的文件,以收到修改后的日期为准。

(2)检查

受理局要检查申请是否符合 PCT 第 11 条第 1 款所规定的要求。

PCT 第 11 条第 1 款对申请的要求是:申请人并不因为居所或国籍的原因而明显缺乏向该受理局提出国际申请的权利;国际申请是用规定的语言书写;国际申请至少包括下列项目:表明作为国际申请的意图,至少指定一个缔约国,申请人的姓名符合规定,有一部分表面上看像是说明书,有一部分表面上看像是一项或几项权利要求。

(3)确定国际申请日和国际申请号

如果符合上述要求,受理局就在申请文件上加注受理局名称和"PCT 国际申请"字样,然后将国际申请号和国际申请日立即通知申请人,并将通知复制件送国际局。

按照 PCT 第 11 条第 3 款的规定,国际申请被给予国际申请日的,在每个指定国内自国际申请日起具有正规的国家申请的效力。国际申请日应认为是在每一个指定国的实际申请日。

(4) 对不符之处的处理

如果受理局发现申请不符合上述要求之一,可要求申请人限期改正。受理局以实际收到改正后的文件之日作为国际申请日。如果受理局在规定的时间内未收到答复或收到的答复仍不符合上述要求的,视为国际申请被撤回,受理局应尽快通知申请人,其申请不被作为国际申请处理,并说明理由;同时,通知国际局,其在申请文件上标记的编号未被用作国际申请号;如果国际局根据申请人按 PCT 第 25 条第 1 款所提出的请求需要申请文件的复印件并特别提出时,应向国际局提供一份复制件。

(5) 复制件的制作与文本的送交

确定了申请日之后,受理局应视情况制作复制件,包括受理本和检索本,原件作为登记本向国际局送交,同时向国际检索单位送交检索本。

如果国际局在规定的期限内没有收到登记本,国际申请应认为已经撤回。

(6) 国际局及国际检索单位的通知

国际局在收到受理局送交的登记本之后,应就收到登记本的事实和日期向申请人、受理局和国际检索单位尽快发出通知。

如果指定局要求在 PCT 第 12 条第 1 款规定的日期前将申请文件送交给它,国际局应将申请文件送交给该指定局。

国际检索单位在收到检索本之后,应就收到检索本的事实及日期尽快通知国际局、申请人和受理局。

(7) 对国际申请中的缺陷的检查

根据 PCT 第 14 条第 1 款规定,受理局应检查国际申请是否有下列缺陷:国际申请没有按 PCT 实施细则的规定签字,国际申请没有按规定载明申请人的情况,国际申请没有发明名称,国际申请没有摘要,国际申请不符合 PCT 实施细则规定的形式要求。

如果发现上述缺陷,受理局应在收到国际申请之日起 1 个月内要求申请人改正。逾期不改,则视为申请撤回。

如果国际局发现国际申请存在上述缺陷,应通知受理局。除非受理局不同意国际局的意见,否则应按 PCT 第 14 条的规定处理。

（二）国际检索

国际检索是每一国际申请都必须经过的程序，检索的目的是发现有关的现有技术。

1.国际检索单位

国际检索应由国际检索单位进行。根据 PCT 的规定，国际检索单位由专利合作联盟大会指定。目前被大会指定为国际检索单位的有以下 10 个国家或地区的专利授权机构（按英文开头字母顺序排列）：澳大利亚、奥地利、中国、日本、韩国、俄罗斯、西班牙、瑞典、美国及欧洲专利局。

2.国际检索单位的程序

国际检索依国际检索单位的程序进行。该程序应依照 PCT、PCT 实施细则以及国际局与该单位所签订的协议的规定，但协议不得违反 PCT 和 PCT 实施细则的规定。

3.国际检索报告

国际检索报告应在规定的期限内按规定的形式做出。PCT 实施细则第 42 条规则规定，检索报告或依 PCT 第 17 条第 2 款的宣告，应在收到检索本的 3 个月内，或自优先权日起 9 个月内做出，以后期满的日期为准。

国际检索报告应尽快送交申请人和国际局。申请人在收到国际检索报告后，有权享有一次机会，在规定的期限内对国际申请中的权利要求向国际局提出修改。

国际局应将国际申请连同国际检索报告按 PCT 实施细则的规定送达每一指定局。

（三）国际公布

根据 PCT 第 21 条第 1 款的规定，国际局应公布国际申请。

1.国际公布的时间

在申请人没有请求的情况下，除了有关国家按 PCT 第 64 条第 2 款规定提出保留的以外，国际公布应自该申请的优先权日起满 18 个月后迅速予以办理。

申请人可以要求国际局在上述期限届满之前的任何时候公布其国际申请，国际局应予以办理。

2.国际公布的形式

国际申请应以小册子形式公布,小册子的形式与方式的要求,由 PCT 第 58 条第 4 款规定的行政指示确定。PCT 实施细则第 48 条规则第 2 款对小册子应包括的内容作了具体规定。

3.国际公布的语文

如果申请是用中文、英文、法文、德文、日文、俄罗斯文或西班牙文提出的,应按该种语文公布国际申请。对于用上述语文之外的其他语文提出的国际申请,应翻译成英文公布。如果国际申请以英文之外的其他语文公布,国际检索报告或有关宣告、发明的名称、摘要等应以该种语文和英文公布。

4.国际公布的效力

根据 PCT 第 29 条的规定,就申请人在指定国任何权利的保护而言,国际申请的国际公布在该国的效力,除另有规定外,应与指定国的本国法对未经审查的国家申请在国内强制公布所规定的效力相同。

(四)国家处理程序

在上述程序完成之后,国际申请即进入国家处理程序。根据 PCT 和 PCT 实施细则的要求,在国家处理程序中,指定局将对转入国家处理程序的国际申请作为直接向本国提出的正规国家申请一样来处理。指定局在处理时应按照本国的法律和 PCT 及 PCT 实施细则的要求办理。

(五)国际初步审查

PCT 第 2 章对国际初步审查的有关问题进行了规定。根据 PCT 的规定,国际初步审查并不是国际申请的必经步骤,依申请人的请求而进行。

1.国际初步审查的目的

国际初步审查的目的是对发明的新颖性、创造性和工业实用性提出初步的无约束力的意见。根据 PCT 第 33 条的规定,国际初步审查在国际检索所发现的现有技术的基础上进行。凡现有技术中没有的,即认为具有新颖性;如果在规定的有关日期,对本行业技术人员不是显而易见的,即应认为具有创造性;如果可以在任何一种工业(应按《巴黎公约》作最广泛的理解)制造或使用的,即应认为具有工业实用性。

2.国际初步审查单位

国际初步审查应在国际初步审查单位进行。受理局和国际专利合作联盟大会应按照有关的国际初步审查单位与国际局之间适用的协议来确定主管初步审查的国际初步审查单位。根据 WIPO 的最新统计数据,目前负责国际初步审查的专利授权机构有:澳大利亚专利局、奥地利专利局、中国国家知识产权局专利局、日本特许厅、韩国特许厅、俄罗斯专利局、西班牙专利商标局、瑞典专利局、美国专利商标局、欧洲专利局。

3.国际初步审查的程序

国际初步审查按照国际初步审查单位的程序进行。该程序应遵守 PCT、PCT 实施细则以及国际局与该单位签订的协议。

国际初步审查单位按规定的程序进行初步审查之后,应在规定的期限内按规定的形式做出国际初步审查报告。PCT 实施细则第 70 条规则对国际初步审查报告提出了详细的要求,国际初步审查单位应按此规定办理。

国际初步审查报告,连同规定的附件,应送交申请人和国际局。国际局译成规定的语言后将国际初步审查报告及其译本递交每一选定局,申请人应按 PCT 和 PCT 实施细则的规定向每一个选定局提交国际申请的副本和译本,并缴纳国家费用,由此转入国家处理程序。

根据 PCT 第 42 条的规定,接到国际初步审查报告的选定局,不得要求申请人提供任何其他选定局对同一国际申请的审查有关的任何文件副本,或有关其内容的情报。这表明,国际初步审查报告相当于根据选定国法律规定的国内初步审查报告的效力。

PCT 自生效以来,经多年努力,成为知识产权领域国际合作的范例。目前,在 PCT 的基础上,已经形成了一个比较完整的 PCT 体系,其具体业务也成为 WIPO 的重要日常工作。PCT 对于解决多国申请专利存在的许多程序、实务和法律问题提供了良好的方法和途径,方便了专利国际申请,为专利国际保护提供了必要的保障。

【案例裁决/法律文书摘录】

伊莱利利公司与中华人民共和国国家知识产权局专利复审委员会发明专利申请驳回复审行政纠纷上诉案（节选）

北京市高级人民法院

行政判决书

[2013]高行终字第963号

上诉人（原审原告）：伊莱利利公司。

法定代表人：R.克雷格塔克，专利顾问。

法定代表人：陈安慧，亚洲地区知识产权主管。

被上诉人（原审被告）：中华人民共和国国家知识产权局专利复审委员会。

法定代表人：张茂于，副主任。

上诉人伊莱利利公司因发明专利申请驳回复审行政纠纷一案，不服中华人民共和国北京市第一中级人民法院（简称北京市第一中级人民法院）[2012]一中知行初字第1565号行政判决，向本院提起上诉。本院2013年3月28日受理后，依法组成合议庭，于2013年7月16日公开开庭审理了本案。本案现已审理终结。

伊莱利利公司系申请号为200580005788.4、名称为"5-HT2C受体激动剂的6—取代的2,3,4,5-四氢-1H-苯并[d]氮杂"的发明专利申请（简称本申请）的申请人。经实质审查，2010年2月12日，国家知识产权局驳回了本发明专利申请。伊莱利利公司不服上述驳回决定，于2010年5月27日向专利复审委员会提出了复审请求。2011年9月1日，专利复审委员会做出第35858号复审决定（简称第35858号决定），决定维持国家知识产权局对本申请做出的驳回决定。伊莱利利公司不服第35858号决定，向北京市第一中级人民法院提起行政诉讼。

北京市第一中级人民法院认为：鉴于本案属于专利驳回复审行政纠纷，本申请的申请日在2006年7月1日前，因此本案应适用2006年版审查指南进行审理。PCT外交会议记录中有关PCT第二十七条(2)(ii)的注释和脚注部分仅是用于帮助整体理解PCT条约和细则的相关规定，不影响PCT本身的条款及其细则本身的法律效力。2000年8月25日修正的《中华人民共和国专利法》(简称专利法)第二十六条第三款的规定与PCT第五条的要求实质相同,不存在其他额外要求。依据PCT第二十七条的相关规定,尤其是依据其第(2)项、第(5)项和第(6)项的相关规定可知,PCT适用于调整PCT国际申请国际阶段的审查,当PCT国际申请进入成员方国家阶段以后的审查则应适用于该成员方的专利法律法规,且成员方可以自由适用本国法提出关于现有技术的标准,以及不构成申请的形式和内容要求的其他专利条件,并可以要求申请人提供该法规定的关于专利实质条件的证据。第35858号决定并未要求伊莱利利公司提供更多的实验数据,只是质疑本领域技术人员难以根据本申请说明书记载的内容预期本申请的化合物具有本申请声称的效果。

本申请说明书有关例示化合物的记载使其指代范畴不清楚。本申请说明书公开了350多个合成中间体的制备例和689个合成本发明化合物的实施例,即使如伊莱利利公司主张"例示即举例的含义",那么,本领域技术人员根据前述主张并结合本申请说明书的记载,会将本申请的"例示化合物"与"制备例述及的350多个合成中间体和实施例述及的689个化合物"建立联系,而不是毫无疑义地将所述的"例示化合物"对应于实施例1-689的化合物。因此,伊莱利利公司有关本申请的读者能够毫无疑义地将所述的"例示化合物"对应于实施例1-689的化合物的主张缺乏事实依据。即便可以认定本申请的"例示化合物"对应于实施例1-689的化合物,本申请例示的每一种化合物亦并非均能实现本发明的技术方案。……即使考虑到现有技术,本领域技术人员也难以根据本申请说明书的记载确信这些结构差异较大的化合物均具有伊莱利利公司所声称的效果,从而使得本领域技术人员确信例示的每一种化合物都具有伊莱利利公司声称的效果。本申请也没有通过对发明技术方案的理论分析阐明其技术效果,说明其产生技术效果的机制或原理。专利复审委员会据此适用专利法第二十六条第三款审理本申请并无不妥。

综上,北京市第一中级人民法院依照《中华人民共和国行政诉讼法》第五十四条第(一)项之规定,判决:维持专利复审委员会做出的第35858号决定。

伊莱利利公司不服原审判决,向本院提起上诉,请求撤销原审判决及第35858号决定,责令专利复审委员会重新审查并依法做出复审决定。其理由为:原审判决对于说明书中"例示化合物"的解释是错误的,对于"例示化合物"与"代表性化合物"及"优选/更优选的化合物"的关系的认定是错误的,本申请已经充分公开了请求保护的化合物,并且满足了专利复审委员会的充分公开的要求。

专利复审委员会服从原审判决。

经审理查明:本申请名称为"5-HT2C 受体激动剂的 6-取代的 2,3,4,5-四氢-1H-苯并[d]氮杂",申请号为 200580005788.4,申请日为 2005 年 2 月 18 日,优先权日为 2004 年 2 月 25 日,公开日为 2007 年 3 月 21 日。

2010 年 2 月 12 日,国家知识产权局原审查部门发出驳回决定,驳回了本发明专利申请,其理由是:本申请说明书不符合专利法第二十六条第三款的规定。驳回决定所依据的文本为伊莱利利公司于 2009 年 5 月 8 日提交的权利要求第 1-14 项,2006 年 8 月 24 日进入中国国家阶段时提交的国际申请文件中文译文的说明书第 1-542 页以及说明书摘要。

驳回决定认为,本申请要求保护一种通式 I 的化合物,虽然说明书给出活性实验模型,并笼统性给出了代表性化合物的 EC50 值范围,但说明书中没有清楚记载所述实验是采用哪种或者哪些具体化合物进行的,也没有客观、清楚地描述试验结果,本领域技术人员无法确定要求保护的哪些具体化合物能够实现所述发明效果,更无法据此推测出所述通式化合物中的哪些具有所述用途,因此说明书没有对发明做出清楚、完整的说明,以至于本领域技术人员依据说明书的记载,无法实现该发明,本申请说明书公开不充分。

伊莱利利公司对上述驳回决定不服,于 2010 年 5 月 27 日向专利复审委员会提出了复审请求。伊莱利利公司认为:说明书第 536 页第 6—10 行所述的"例示化合物"是指说明书中的所有具体实施例化合物,本领域技术人员根据说明书的上述记载可以确定说明书中的所有具体实施例化合物都能实现所述发明效果。

2011 年 9 月 1 日,专利复审委员会做出第 35858 号决定,维持国家知识产权局对本申请做出的驳回决定。

本案一审审理期间,伊莱利利公司提交 5 份新证据:(1)《现代汉语辞海》相关词条的解释;(2)《韦氏词典》中相关词条的解释及其中文译文;(3)本申请部分 PCT 公开文本;(4)PCT 条约第 5 条、第 27 条和注释及其部分中文译文;(5)

TRIPS协议第27条及其部分中文译文,其中,证据1—3用以证明"示例"的中英文含义。

上述事实,有本申请审查文本、第35858号决定、当事人陈述等证据在案佐证。

本院认为:本案的核心问题在于本申请是否符合专利法第二十六第三款的规定。

《中华人民共和国立法法》(简称立法法)第八十四条规定,法律、行政法规、地方性法规、自治条例和单行条例、规章不溯及既往,但为了更好地保护公民、法人和其他组织的权利和利益而作的特别规定除外。国家知识产权局颁布的《审查指南》属于部门规章,应当适用立法法的上述规定。《审查指南》自从1993年颁布以来,先后进行多次修订,主要修订版本有2001年版、2006年版与2010年版审查指南。本申请的申请日为2005年2月18日,优先权日为2004年2月25日。根据立法法的上述规定,专利复审委员会对本申请的审查应当依据2001年颁布的《审查指南》的相关规定。

根据专利法第二十六条第三款的规定,说明书应当对发明或者实用新型做出清楚、完整的说明,以所属技术领域的技术人员能够实现为准。2001年颁布的《审查指南》第二部分第十章第4.1节"(3)化学产品的用途和使用效果的公开"规定,新的药物化合物或药物组合物,应当公开其具体医药用途、药理功效、有效量及使用方法;应当提供对于本领域技术人员来说,足以证明发明的技术方案可以达到预期要解决的技术问题或效果的实验室实验(包括动物试验)或者临床试验的定性或定量数据。有效量和使用方法或制剂方法等应当公开至该领域的技术人员能实施的程度。表示发明效果的性能数据,应当说明测定它的方法,并且应当是所属领域中通用的或标准的方法。若为特殊方法,应当加以说明,使所属领域的技术人员能实施该方法。

本申请说明书中出现"实验化合物""例示化合物""代表性化合物""优选的化合物""更优选的化合物"等多个概念。专利复审委员会认为,根据说明书记载的内容,本领域技术人员无法确定"例示化合物"与"本发明的代表性化合物"的范畴;原审法院进而认为,例示化合物与优选的化合物及更优选的化合物的判定标准明显相互矛盾,因此,伊莱利利公司有关"例示化合物"毫无疑义地对应于实施例1-689

的化合物、本申请向本领域技术人员证明了例示的每一种化合物都能实现本发明的技术方案(有效地、选择性地 5-HT2C 受体激动剂)的主张缺乏事实依据。本院均不同意上述观点。

专利法第二十六条第三款的立法本意是为了防止申请人为了尽量少公开技术方案的内容,不公开实现发明技术方案的全部内容,导致本领域技术人员仅在说明书公开的内容范围内,结合本领域技术人员所掌握的知识,无法实施技术方案。基于此,判断说明书是否公开充分的标准在于本领域技术人员是否能够根据说明书公开的内容实施专利技术方案。对于化合物专利申请,由于本领域技术人员难以预期该化合物的技术效果,因此,公开实验数据是说明书充分公开的重要要件。当然,公开的程度只要满足基本的要求即可,无须公开所有的实验数据。根据审查指南的上述规定,对于本领域技术人员来说,充分公开的最低程度为:公开了足以证明发明的技术方案可以达到预期要解决的技术问题或效果的实验室实验(包括动物试验)或者临床试验的定性或定量数据。

本申请权利要求 1 为典型的马库什权利要求,涵盖了数目巨大的具体化合物。本申请说明书公开了 689 个合成本发明化合物的实施例,伊莱利利公司根据上述诸多实施例概括出通式化合物,记载了制备方法,并记载了相关活性实验和配体结合实验及其相关试验结果的判断标准、例示化合物的实验效果等内容。就说明书,所列举的实施例均属于本申请权利要求 1 的通式化合物,本领域技术人员根据说明书所记载的内容至少可以知晓权利要求 1 的通式化合物均可以达到最低的活性要求。因此,本申请已经满足了审查指南所规定的充分公开的基本要求。原审判决及第 35858 号决定认定事实有误;伊莱利利公司关于本申请符合专利法关于充分公开要求的上诉主张具有事实和法律依据,本院予以支持。

本院也注意到,本申请说明书中出现"实验化合物""例示化合物""代表性化合物""优选的化合物""更优选的化合物"等多个概念,存在概念范围不清楚的问题。尤其需要指出的是,伊莱利利公司在说明书中并未明确指出具体实施例对应的实验数据,而是仅仅给出了不同的效果标准。这种表达方法带来的问题是,由于伊莱利利公司在本申请中并未明确具体实施例的实验数据,因此本申请权利要求不能修改到具体的实施例化合物,否则就违反了专利法第三十三条的规定。本院考虑到专利复审委员会还可以继续对本申请继续进行审查,即使授权后社会公众还可以通过无效宣告程序进行监督,因此,本院对原审判决及第35858号决定予以撤销。

据此,原审判决及第35858号决定对本申请是否符合专利法第二十六条第三款的认定有误,本院予以撤销。专利复审委员会应当在此基础上继续对本申请是否满足其他授权条件进行审查。

综上,原审判决及第35858号决定认定事实不清,适用法律错误,本院予以撤销。伊莱利利公司的上诉主张成立,对其上诉请求应予支持。依据《中华人民共和国行政诉讼法》第六十一条第(三)项、最高人民法院《关于执行〈中华人民共和国行政诉讼法〉若干问题的解释》第七十条之规定,本院判决如下:

一、撤销中华人民共和国北京市第一中级人民法院[2012]一中知行初字第1565号行政判决;

二、撤销中华人民共和国国家知识产权局专利复审委员会做出的第35858号复审决定;

三、中华人民共和国国家知识产权局专利复审委员会就申请号为200580005788.4、名称为"5-HT2C受体激动剂的6-取代的2,3,4,5-四氢-1H-苯并[d]氮杂"的发明专利申请重新做出复审决定。

一、二审案件受理费各人民币一百元,均由中华人民共和国国家知识产权局专利复审委员会负担(均于本判决生效之日起七日内交纳)。

本判决为终审判决。

审判长　岑宏宇

审判员　刘庆辉

代理审判员　焦彦

二〇一三年十二月二十日

书记员　孙鑫鑫

【延伸阅读】

1. 郑成思:《WTO 知识产权协议逐条讲解》,中国方正出版社 2001 年版。
2. 叶全良、王世春主编:《国际商务与知识产权保护》,人民出版社 2005 年版。
3. 许海峰主编:《涉外知识产权保护法律实务》,机械工业出版社 2005 年版。
4. 吴汉东主编:《知识产权国际保护制度研究》,水利水电出版社 2007 年版。
5. 唐广良、董炳和:《知识产权的国际保护》(修订版),知识产权出版社 2006 年版。
6. 中国知识产权研究会专利委员会、最高人民法院中国应用法学研究所编:《专利名案解读——以 16 起涉外专利纠纷为视角》,知识产权出版社 2010 年版。
7. 程永顺主编:《专家点评与建议:涉外专利典型案例》,法律出版社 2010 年版。
8. 胡凤滨主编:《中国指导案例、参考案例判旨总提炼:知识产权纠纷》,法律出版社 2012 年版。

第三节　涉外专利权强制许可

【知识背景】

TRIPS 允许各成员通过立法对专利实施强制许可,即允许未经专利持有人许可而就专利的内容进行其他使用,包括政府使用或经政府授权的第三方的使用,则应遵照以下规定:

(1)认可这种使用应一事一议。

(2)只有当拟使用者在使用前曾按合理的商业条款和条件请求权利人允许其使用,并在合理的时间内未得到这种允许时,才可允许这种使用。在全国处于紧急状态或其他极端紧迫状态时,或为了公共的非商业性目的而使用时,一成员可免除此要求。在全国处于紧急状态或其他极端紧迫状态时,只要合理可行,权利持有人仍应被尽快通知。在为了公共的非商业性目的而使用时,如果政府或合约方未作专利查询即知道或有明显的根据知道一有效专利正被或将要被政府或为政府使用,则权利持有人应被立即告知。

(3)这种使用的范围和期限应限于被许可的目的,若是半导体技术,则只能应用于公共的非商业性目的,或用于补救司法或行政程序确定为反竞争的做法。

(4)这种使用应是非独占性的。

(5)这种使用应是不可转让的,除非连同那部分享有这种使用的企业或信誉一起转让。

(6)任何这种使用的认可应主要为了供应该许可成员的国内市场。

(7)在充分保护被许可人合法利益的前提下,如果当导致许可这种使用的情形已不复存在且不可能再出现时,有关这种使用的许可应终止。接到有关请求后,主管当局应有权审查这些情形是否继续存在。

(8)考虑到有关许可的经济价值,在每一种情形下应支付权利持有人足够的报酬。

(9)任何有关这种使用许可的决定,其法律有效性应经过司法审议,或经过该成员内上一级有关当局的独立审议。

(10)任何有关就这种使用提供报酬的决定应经过司法审议或该成员内上一级有关当局的独立审议。

(11)如允许该使用是为了补救司法或行政程序确定为反竞争的做法,各成员没有义务适用二项和六项规定的条件。在确定这种情况下的报酬额时,可以考虑到纠正反竞争做法的需要。如果当导致该许可的条件可能再现时,主管当局有权拒绝终止许可。

(12)在符合以下条件情况下,可授权使用为允许开发一项专利(称为第二专利)不得不使用另一专利(称为第一专利)。第二专利之权利要求书所覆盖的发明,比起第一专利之权利要求书所覆盖的发明,应具有相当经济效益的重大技术进步;第一专利所有人应有权按合理条款取得第二专利所覆盖之发明的交叉使用许可证;就第一专利发出的授权使用,除与第二专利一并转让外,不得转让。

【案例裁决/法律文书摘录】

辉瑞爱尔兰药品公司(PFIZERIRELANDPHARMACEUTICALS)诉国家知识产权局专利复审委员会专利无效行政纠纷案(节选)

北京市第一中级人民法院

行政判决书

[2004]一中行初字第884号

原告:辉瑞爱尔兰药品公司(PFIZER IRELAND PHARMACEUTICALS)。

法定代表人:特伦斯·拉姆(CIARAN KEANEY),管理委员会成员。

被告:国家知识产权局专利复审委员会。

法定代表人:廖涛,副主任。

第三人:潘华平等。

原告辉瑞爱尔兰药品公司(简称辉瑞公司)不服被告中华人民共和国国家知识产权局专利复审委员会(简称专利复审委员会)做出的第6228号无效宣告请求审查决定(简称第6228号决定),在法定期限内向本院提起行政诉讼。本院于2004年10月18日受理后,依法组成合议庭。本案现已审理终结。

就潘华平等十三个无效请求人针对辉瑞公司拥有的名称为"用于治疗阳痿的吡唑并嘧啶酮类"的发明专利(简称本专利)提出的无效宣告请求,专利复审委员会做出第6228号决定,其认为:

一、潘华平关于本专利属于《中华人民共和国专利法》(简称专利法)第二十五条第一款第(三)项所规定的不授予专利权的情形的主张以及本专利不符合《中华人民共和国专利法实施细则》(简称专利法实施细则)第二十条第一款规定的主张均不能成立。潘华平等第三人关于本专利不符合专利法第三十三条规定的主张不能成立。

二、对于已知化合物的第二医药用途发明而言,如果所属领域技术人员根据说明书记载的技术内容并结合现有技术知识,依然需要花费创造性劳动方可确信所述已知化合物具有所述第二医药用途,则不能认为该说明书对于权利要求书中要求保护的技术方案的公开是充分的。在说明书中没有记载,仅由申请人或者专利权人掌握的、不属于现有技术的技术资料,不能用于证明要求保护的技术方案已充分公开……

因此,根据本专利说明书的记载,所属技术领域技术人员不花费创造性劳动,无法确信本专利化合物具有"诱发阳痿男性的阴茎勃起"的效果,在此情况下,所属技术领域技术人员不能相信本专利化合物具有治疗和预防雄性动物勃起机能障碍的效果。

综上,根据本专利说明书中记载的技术内容并结合所属领域的现有技术,所属领域技术人员不花费创造性劳动,无法确信本专利化合物能够治疗或预防雄性动物勃起机能障碍。故不能认为本专利说明书对于权利要求书中技术方案的公开是充分的,本专利不符合专利法第二十六条第三款的规定。据此,专利复审委员会做出第6228号决定,宣告本专利全部无效。

辉瑞公司不服第6228号决定,在法定期限内向本院提起行政诉讼,其诉称:一、专利复审委员会认定事实错误。本专利说明书中已经给出的具体化合物的数据或实验结果,应被认定为最高优选级别的化合物,即第五优选级别的化合物,而不是第四级化合物。二、专利复审委员会适用法律不当。1. 专利复审委员会在第6228号决定中应用了与专利法第二十六条第三款规定不同的标准。其认定本专利不符合专利法第二十六条第三款规定的唯一理由是所属领域技术人员不经过创造性劳动无法确信本专利化合物能够治疗或预防雄性动物勃起机能障碍。而根据专利法第二十六条第三款的规定,只要说明书的内容和技术人员所掌握的现有技术知识、技术常识和常规实验手段的结合提供了实现发明所需的全部必要技术手段,说明书的公开就是充分的。除此之外,任何额外要求,都是对法律的不当扩大解释和错误解释。2. 专利复审委员会混淆了药品上市的标准和专利法第二十六条第三款关于公开充分的标准。3. 专利复审委员会做出第6228号决定违反了《与贸易有关的知识产权协议》。三、专利复审委员会认定事实错误、适用法律不当导致其做出错误的行政决定。1. 专利复审委员会对本案争议焦点的认定是错误的。本案的争议焦点是所属领域技术人员能否不经过创造性劳动实现该发明,而不是技术人员是否需要花费创造性劳动方可相信本专利化合物的第二医药用途。2. 专利复审委员会对本专利说明书内容的分析及由此做出的结论是错误的。本专利说明书中给出的"特别优选的化合物"的试验数据和效果描述属于第五级化合物。普通技术人员完全能够认定属于同一优选级别的这9种化合物都具有大致相同的活性和效果,从而完全能够确信本专利的 cGMP PDEv 抑制剂具有"诱发阳痿男性的阴茎勃起"的效果,且不需要进行任何筛选。本专利说明书清楚、完整地公开了要求保护的技术方案,符合专利法第二十六条第三款的规定。四、专利复审委员会审理程序不合法。辉瑞公司在口头审理过程中曾对无效宣告请求人的代理人资格提出明确异议,但专利复审委员会未予准许,且在第6228号决定中没有述及这一重要程序问题。综上,辉瑞公司请求人民法院撤销第6228号决定,并判令专利复审委员会重新做出无效请求审查决定,维持本专利有效。

被告专利复审委员会在提交的书面答辩中除坚持其在第6228号决定中阐述的理由外,针对辉瑞公司的起诉辩称:一、专利复审委员会充分考虑了本专利说明书对相关内容的记载,但说明书中没有任何记载表明说明书给出的有限的实验数据和相关技术效果是归属于第五级化合物的,因此,辉瑞公司关于专利复审委员会认定事实错误的主张不能成立。本专利在提交申请时要求保护的是一种通式化合物(即式Ⅰ化合物)的医药用途,在接受原中华人民共和国专利局(简称原中国专利局)的实质审查时,辉瑞公司出于各种原因,将原来申请的式Ⅰ化合物的医药用途修改为要求保护其中的某个具体化合物(即本专利化合物)的医药用途。因此,无论是公开说明书还是授权的公告说明书中记载的"本发明化合物"毫无疑问应当指"式Ⅰ化合物",本专利说明书存在的几处对效果的描述也主要是针对式Ⅰ化合物。鉴于本专利说明书在描述其技术效果时有许多不确切的描述,致使说明书所述的效果缺乏明确的指向及关联,导致本专利在要求保护一个具体的化合物的医药用途时缺乏与之对应的明确的效果描述。此外,在审查本专利说明书是否充分公开其要求保护的化合物时,专利复审委员会还考虑了本专利申请日之前的现有技术状况。因此,专利复审委员会在第6228号决定中所认定事实是清楚的。二、专利复审委员会在第6228号决定中使用"确信"的表述,是对专利法第二十六条第三款的恰当的理解和适用。专利复审委员会在认定事实清楚的基础上,对法律的适用是正确的。三、从相关法律条文可以看出,专利法第二十六条第三款的规定与TRIPS协议第29条第1款的规定是一致的,对此,辉瑞公司也予以认可,其认为中国在加入WTO之后"对专利性问题适用更严格的标准"没有任何依据。专利复审委员会认为本专利不符合专利法第二十六条第三款的规定,是该法律规定在具体案件上的适用,而不是调整该法律规定本身。因此,在判断本专利是否有效时,专利复审委员会不仅正确适用了中国法律的有关规定,也完全符合TRIPS的规定。四、辉瑞公司在对无效宣告请求人的代理人资格提出异议时并没有提出用以支持其主张的法律依据,且辉瑞公司在起诉状中也未提出相关依据。鉴于没有相关法律、法规及规章禁止专利复审委员会的退休人员从事专利代理,且专利复审委员会在口头审理时已经明确对辉瑞公司的请求不予支持,故辉瑞公司以此认为专利复审委员会做出第6228号无效决定的程序不合法缺乏法律依据。综上,专利复审委员会做出第6228号决定,认定事实清楚,适用法律法规正确,审理程序合法,审查结论正确,请求人民法院维持第6228号决定。

第三人潘华平述称,一、专利复审委员会在第6228号决定中对事实认定清楚。1. 辉瑞公司在本专利说明书中将该通式化合物分为5个级别,再分级别列举其体外试验数据及相关技术效果,但其体外试验数据及相关技术效果仅仅涉及了第一级化合物的一种或几种体外对PDEv的选择性抑制剂、急性毒性和人的口服剂量,第四级化合物的一种对PDEv酶的IC_{50},对于PDEⅡ和PDEⅢ酶的IC_{50},某些第四级化合物长毒性以及第四级化合物的一种诱发了阳痿男性的阴茎勃起,但是,本专利说明书中没有明确记载包括授权化合物的五级化合物的任何效果或技术参数,也没有记载本专利保护的第二用途化合物与说明书记载的效果的任何关联。2. 本专利说明书中公开的具体化合物的效果等各种参数与所要保护的具体第二用途化合物没有明确的对应关系。辉瑞公司关于"说明书中具体列明的最后一个优选级别的具体化合物无疑是经过试验证明活性属于最高优选等级的化合物"的主张在本专利说明书中没有记载,为其主观臆测。3. 辉瑞公司提交的证据6~11在本专利说明书中没有记载,不属于现有技术,不能用于证明要求保护的技术方案已充分公开。二、专利复审委员会适用法律正确。第6228号决定中的"相信"及"确信"是专利复审委员会对专利法第二十六条第三款及《审查指南》在化合物的第二医药用途发明专利上的理解与适用,这一理解与适用是评价本专利是否满足专利法二十六条第三款的基础,低于法定标准。三、辉瑞公司提交的证据3~5、证据

12在无效程序中没有提交、第6228号决定中也没有涉及,请求人民法院不予考虑。综上所述,辉瑞公司的诉讼理由均不能成立,专利复审委员会对事实认定清楚,适用法律正确,请求人民法院维持第6228号决定。

本院经审理查明:

1994年5月13日,辉瑞研究及发展公司向原中国专利局提出名称为"用于治疗阳痿的吡唑并嘧啶酮类"的发明专利申请,该申请于2001年9月19日被授权公告,专利权人为辉瑞研究及发展公司,专利号为94192386.X。2004年1月9日,本专利专利权人由辉瑞研究及发展公司变更为辉瑞公司(即本案原告)。

本专利说明书记载:

关于男性的控制良好的临床试验报告很少,而口服药物的效力很低。虽然有很多不同的药物显示出能诱发阴茎勃起,但它们只是在直接注射到阴茎内(例如,尿道内或阴茎海绵体内注射)之后才有效,未被批准用于勃起机能障碍。现时的医疗方法是基于向阴茎海绵体内注射作用于血管的物质,据称用苯氧基苯甲胺、吩妥拉明、罂粟碱和前列腺素El(单独使用或组合使用)已获得良好结果。但是,这些药剂中有一些在用阴茎海绵体内注射法用药时会引起阴茎疼痛、异常勃起及纤维变形。钾通道开通剂(KCO)和作用于血管的肠多肽(VIP)也显示出阴茎海绵体内具有活性,但是成本和稳定性问题会限制后者的发展。替代在阴茎海绵体内用药的另一途径是对阴茎涂敷三硝酸甘油酯(GTN),它也显示出有效,但是对患者及配偶均有副作用……

2004年7月5日,专利复审委员会做出第6228号决定。该决定做出之后,潘华平与联想药业公司等其他第三人在法定期限内均未起诉。

以上事实,有本专利说明书,第6228号决定,当事人陈述等证据在案佐证。

本院认为:

一、关于程序问题

虽然在无效程序中无效请求人的代理人徐国文系专利复审委员会的退休人员,但是,现行法律、法规中对于专利复审委员会退休人员的执业问题并未做出限制性规定,因此,专利复审委员会对辉瑞公司就无效请求人代理人资格所提异议未予支持并无不当,本院对辉瑞公司关于专利复审委员会审理程序不合法的起诉理由不予支持。

二、关于本专利是否符合专利法第二十五条第一款第(三)项、专利法第三十三条、专利法实施细则第二十条第一款的规定

经本院审查,专利复审委员会在第6228号决定中就本专利不属于专利法第二十五条第一款第(三)项所规定的不授予专利权的情形以及本专利符合专利法第三十三条、专利法实施细则第二十条第一款规定的认定没有不当之处,且潘华平以及联想药业公司等其他第三人未针对专利复审委员会做出的第6228号决定提起诉讼,故本院对专利复审委员会的上述认定不持异议。

三、关于本专利是否符合专利法第二十六条第三款的规定

专利法第二十六条第三款规定,说明书应当对发明或者实用新型做出清楚、完整的说明,以所属技术领域的技术人员能够实现为准。

医药领域属于实验性科学领域,对其产生影响的因素是多方面、相互交叉、错综复杂的,仅以设计构思提出的技术方案不一定能够解决发明涉及的技术问题,而必须依靠试验数据予以说明。同时,技术效果在这类发明中占有十分突出的地位,故以试验数据定量地体现发明的效果,并将其与现有技术相比较是表明发明效果的最有效的方法之一。

从用途发明专利的特点看,用途发明是发现了产品新的性能,从而将其运用于一个新的用途,发明的重点在于应用,因此,在这类发明专利的说明书中必须明确该产品的新性能、用途、目的、适用范围、使用方式、用法及使用的条件等,同时还应当在说明书中通过试验数据的形式充分公开该产品所达到的效果,使本领域技术人员相信其能够实现发明目的,并取得较好的技术效果。从第二医药用途发明专利的特点来看,在这类发明专利说明书中,应当说明药品的有效使用量、使用方法,并通过实验室试验、动物试验或临床试验数据详细描述该药品对第二适应症的治疗效果,并证明第二适应症与已知用途之间的区别是非显而易见的。否则,如果根据说明书的内容不能确信该药品具有并可以达到说明书所述的技术效果,则从实现该药品第二医药用途的角度出发,本领域技术人员无法实现该发明。综上,专利复审委员会确定的第二医药用途发明专利说明书公开是否充分的标准是适当的,并不是对专利法第二十六条第三款的不当解释。

本专利说明书是以递进的方式分别给出了第一级至第五级化合物范围,本领域技术人员可以自然地理解所谓优选级别的确定应当是与发明目的的实现密切相关的,标准应当是一致的,也就是说特别优选的个别的本发明化合物即第五级化合物的治疗效果是最佳的。本专利说明书中记载了一种特别优选的化合物的体外试验,并发现它们是对 cGMP 有专一性的 PDEv 的很强的选择性抑制剂,同时,说明书还记载了体内临床试验结果,即一种特别优选的化合物诱发了阳痿男性的阴茎勃起。尽管此级化合物有 100 多种,而说明书在此并未明确是哪一个具体的化合物得出了上述结果,但是应当注意的是,一般情况下,说明书中给出的具体化合物的数据或试验结果是由效果较好的化合物得出的。由此可知,较优选的第四级化合物具有体外和体内活性。第五级化合物作为说明书给出的最优选级别,其中的 9 个化合物结构相似,其药理学活性应当是近似的,因此,本领域技术人员确认作为这 9 个化合物之一的本专利权利要求化合物具有说明书所述的治疗效果是合乎情理的,而无须进一步花费创造性劳动。专利复审委员会在第 6228 号决定中认为治疗效果与第五级化合物以及权利要求化合物缺乏关联,从第四级化合物中筛选和确认权利要求化合物具备治疗效果需要付出创造性劳动忽视了上述情况,理由不充分,本院不予支持,其在上述判断的基础上认为本专利不符合专利法第二十六条第三款的规定是错误的,故该决定应予撤销。

鉴于专利复审委员会对潘华平以及联想药业公司等其他第三人关于本专利不符合专利法第二十六条第四款和第二十二条第三款的无效理由未予评述,故专利复审委员会应当针对这两项理由重新做出无效宣告请求审查决定。

综上,专利复审委员会做出第 6228 号决定认定事实有误,适用法律错误,应予撤销。依照《中华人民共和国行政诉讼法》第五十四条第(二)项第 2 目之规定,本院判决如下:

一、撤销被告中华人民共和国国家知识产权局专利复审委员会做出的第 6228 号无效宣告请求审查决定;

二、被告中华人民共和国国家知识产权局专利复审委员会重新就专利号为 94192386.X 的"用于治疗阳痿的吡唑并嘧啶酮类"的发明专利权做出无效宣告请求审查决定。

案件受理费 1000 元,由被告中华人民共和国国家知识产权局专利复审委员会负担(于本判决生效之日起 7 日内交纳)。

如不服本判决,原告辉瑞爱尔兰药品公司可在本判决书送达之日起 30 日内,被告中华人民共和国国家知识产权局专利复审委员会,第三人潘华平、天津市联想药业有限公司、通化鸿淘茂药业有限公司、上海双龙高科技开发有限公司、成都华宇制药有限公司、常州天普制药有限公司、广州白云山医药科技发展有限公司、成都地奥制药集团有限公司、南京海光应用化学研究所、常州市亚邦医药研究所有限公司、重庆康尔威药业股份有限公司、吉林制药股份有限公司、合肥医工医药有限公司可在本判决书送达之日起 15 日内,向本院提交上诉状及其副本,并交纳上诉案件受理费 1000 元(开户行:中国工商银行北京分行黄楼支行;户名:北京市第一中级人民法院;账号:144537—48),上诉于中华人民共和国北京市高级人民法院。

审判长　张广良

代理审判员　仪　军

代理审判员　江建中

二〇〇六年六月二日

书记员　佟　姝

【延伸阅读】

1. 郑成思:《WTO 知识产权协议逐条讲解》,中国方正出版社 2001 年版。

2. 叶全良、王世春主编:《国际商务与知识产权保护》,人民出版社 2005 年版。

3. 许海峰主编:《涉外知识产权保护法律实务》,机械工业出版社 2005 年版。

4. 吴汉东主编:《知识产权国际保护制度研究》,水利水电出版社 2007 年版。

5. 唐广良、董炳和:《知识产权的国际保护》(修订版),知识产权出版社 2006 年版。

6. 中国知识产权研究会专利委员会、最高人民法院中国应用法学研究所编:《专利名案解读——以 16 起涉外专利纠纷为视角》,知识产权出版社 2010 年版。

7. 程永顺主编:《专家点评与建议:涉外专利典型案例》,法律出版社 2010 年版。

8. 胡凤滨主编:《中国指导案例、参考案例判旨总提炼:知识产权纠纷》,法律出版社2012年版。

第四节 对涉外专利权的限制

【知识背景】

一、一般权利限制

TRIPS第30条规定,各成员可以对专利赋予的专有权规定有限的例外,只要这种例外不会不合理地与对专利的正常利用发生冲突,也不会不合理地损害专利所有人的合法利益,同时考虑到第三方的合法利益。一般来说,前述规定分为三个要点:

(1)对权利限制的规定应当是有限的,不能超过所要求的限度限制权利;

(2)要考虑第三方的合法利益,权利的限制不能与正当的权利实施相冲突;

(3)考虑第三方合法利益的情况下,对权利的限制不能无理损害专利权人的利益。

二、对工业品外观设计的特殊规定

此外,TRIPS允许成员对工业品外观设计权给予一定限制。这种限制必须符合三个前提:

(1)它们必须是为保证第三方的合法利益不至于受到外观设计专有权不应有的影响;

(2)它们不能妨碍有关设计的正常利用,这里就包含了不能妨碍合法的被许可人的利益;

(3)它们不能超过合理限度,以致损害权利人的利益。

【案例裁决/法律文书摘录】

英国泰莱科技有限公司、美国泰莱三氯蔗糖公司诉盐城捷康三氯蔗糖制造有限公司、北京富邦信业贸易有限公司等侵犯专利权纠纷案[①]

——中国企业首次主动加入"337调查"获得胜诉案

案例要点

337调查对申请人的主要救济措施包括普遍排除令和有限排除令。本案中,普遍排除令的效力是禁止三氯蔗糖的所有进口产品进入美国市场,不区别原产地或生产商;有限排除令则只禁止被调查企业生产的三氯蔗糖侵权产品进入美国。盐城捷康三氯蔗糖制造有限公司在未被起诉的情形下,主动申请加入337调查并获得胜诉。ITC终裁认定申请人泰莱公司的4980463专利的涉案权利要求无效,并认定盐城捷康三氯蔗糖制造有限公司未侵犯泰莱公司的相关专利权。此案例为中国企业如何正确应对337调查提供了借鉴。

案例索引

裁定机构:美国国际贸易委员会(International Trade Commission,简称ITC)

行政法官:Charles E. Bullock

案号:337—TA—604

立案时间:2007年5月7日

开庭时间:2008年2月28日

初裁时间:2008年9月22日

终裁时间:2009年4月6日

当事人自然情况

申请人:

Tate & Lyle Technology limited and Tate & Lyle Sucralose, Inc.(英国泰莱科技有限公司和美国泰莱三氯蔗糖公司,合称泰莱公司)

委托代理人:

[①] 本案例转引自《专利名案解读——以16起涉外专利纠纷为视角》,知识产权出版社2010年版。

Thomas L Jarvis, Esq.; Eric J. Fues, Esq.; Paul C. Goulet, Esq.; James R. Barney, Esq.; Jennifer H. Roscetti, Esq.; Michael Kudravetz, Esq.; and Jeffrey Totten, Esq. of Finnegan, Henderson, Farabow, Garrett & Dunner, L.L.P. of Washington, D.C.

David Foster, Esq. and David Nickel, Esq. of Miller & Chevalier of Washington. D.C.

被申请人：盐城捷康三氯蔗糖制造有限公司（简称盐城捷康公司）、北京富邦信业贸易有限公司、北京富邦信业化工有限公司、广东省食品工业研究所、常州市牛塘化工有限公司、美国富邦国际公司等25家中外企业

盐城捷康公司委托代理人：

Jeffrey R Whieldon, Esq. of Fish & Richardson, P.C. of Washington, D.C.

Craig S. Smith, Esq.; Maria Hamilton, Esq.; and Thomas Brown, Esq. of Fish & Richardson, P.C. of Boston. Massachusetts

董海峰，北京市仁和律师事务所律师

当事人诉辩

申请人泰莱公司主要申请理由是：2007年4月6日，申请人泰莱公司以进口到美国本土的三氯蔗糖产品（含下游产品及中间体）侵犯了其有效专利，对美国本土相关产业造成损害为由，依据美国《1930年关税法》第337条，向ITC提起了针对五个专利的调查申请。泰莱公司涉案的五个专利为：(1)专利号：4980463（简称463专利）蔗糖-6-酯的氯化；(2)专利号：5470969（简称969专利）蔗糖-6-酯的催化工艺；(3)专利号：5034551（简称551专利）从包含"有机锡酯化物"的反应物中回收"有机锡酯化物"的工艺以及重复使用回收的"有机锡酯化物"；(4)专利号：5498709（简称709专利）无须分离三氯蔗糖-6-酯晶体的生产三氯蔗糖方法；(5)专利号：7049435（简称435专利）用于纯化三氯蔗糖的萃取方法。泰莱公司请求ITC裁定河北苏科瑞科技有限公司、北京富邦信业贸易有限公司、北京富邦信业化工有限公司、广东省食品工业研究所、常州市牛塘化工有限公司、美国富邦国际公司等25家中外企业侵权，并签发普遍排除令。具体请求包括：(1)立即开始对违反《1930年关税法》第337条的侵犯专利权行为进行立案调查；(2)对违反337条的侵权行为

举行听证;(3)签发永久性普遍排除令,阻止向美国进口侵权的三氯蔗糖、包含三氯蔗糖的甜味剂及含有上述产品的其他产品;(4)签发永久禁止令,阻止在美国有存货的进口企业继续进口、营销、宣传、展示、散发样品、存储、推销、销售、分销、许可或使用任何侵权的三氯蔗糖、包含三氯蔗糖的甜味剂以及含有上述产品的其他产品;(5)作为替代选择,申请人泰莱公司请求有限排除令,阻止所列的被诉企业向美国进口侵权的三氯蔗糖、包含三氯蔗糖的甜味剂以及含有上述产品的其他产品;(6)给予申请人泰莱公司ITC认为适当的任何其他进一步救济。

被申请人盐城捷康公司主要答辩意见是:2007年7月5日,盐城捷康公司经过对泰莱公司涉案专利以及自身工艺的评估,主动向ITC申请加入该337调查。2007年8月15日,ITC批准盐城捷康公司的申请。盐城捷康公司向ITC提出的抗辩理由包括:(1)盐城捷康公司所使用的生产工艺与泰莱公司申请保护的专利存在实质性差别,并不侵犯泰莱公司的专利权;(2)泰莱公司463专利的说明书和权利要求书表述不具有可操作性,且在美国没有与463专利对应的产业存在,故该项专利应为无效的专利;(3)ITC对551专利没有管辖权。

ITC查明事实

ITC查明:申请人泰莱科技有限公司是一家英国公司,其主要经营地在英国伦敦,是涉案专利权人。申请人泰莱三氯蔗糖有限公司是一家美国特拉华州的公司,其主要经营地在美国伊利诺伊州,是涉案专利的被许可人,在亚拉巴马州有生产三氯蔗糖的工厂。涉案专利包括以下五个:

(1)463专利。

463专利的名称为"蔗糖-6-酯的氯化",于1989年7月18申请,申请号为382147,于1990年12月25日授权。该专利的发明人为Robert E. Walkup、Juan L. Navia和Nicholas M. Vernon,受让人为Noramco公司。泰莱科技有限公司通过转让成为463专利目前的权利人。463专利有24项权利要求,涉及本案的是一项独立权利要求即权利要求1以及从属权利要求即权利要求2、3、16、17和18。

(2)969专利。

969专利的名称为"蔗糖-6-酯的催化工艺",于1994年5月2日申请,申请号为237947,于1995年11月28日授权。该专利的发明人为George H. Sankey、

Nicholas M. Vernon 和 Robert E. Wingard,Jr,受让人为 McNeil-PPC 公司。泰莱科技有限公司通过转让成为 969 专利目前的权利人。969 专利有 40 项权利要求。涉及本案的是一项独立权利要求即权利要求 20 以及从属权利要求 21～26、28 和 29。

(3)551 专利。

551 专利的名称为"从包含'有机锡酯化物'的反应物中回收'有机锡酯化物'的工艺以及重复使用回收的'有机锡酯化物'",于 1990 年 4 月 23 日申请,申请号为 512690,于 1991 年 7 月 23 日授权。发明人为 Nicholas M. Vernon 和 Robert E. Walkup,Jr,受让人为 Noramco 公司。泰莱科技有限公司通过转让成为 551 专利目前的权利人。551 专利有 30 项权利要求,涉及本案的是一项独立权利要求即权利要求 1 以及从属权利要求 2～4 和 11～22。1992 年 9 月 15 日,颁发了更正权利要求 1 中的一个拼写错误的证明。

(4)709 专利。

709 专利的名称为"无须分离三氯蔗糖-6-酯晶体的生产三氯蔗糖方法",于 1994 年 5 月 2 日申请,申请号为 448710,于 1996 年 3 月 12 日授权。发明人为 Juan L. Navia、Robert E. Walkup、Nicholas M. Vernon 和 David S. Neiditch,受让人为 McNeil-PPC 公司。泰莱科技有限公司通过转让成为 709 专利目前的权利人。709 专利有 15 项权利要求,涉及本案的是一项独立权利要求即权利要求 8 以及从属权利要求 9 和 13。

(5)435 专利。

435 专利的名称为"用于纯化三氯蔗糖的萃取方法",于 2002 年 3 月 8 日申请,申请号为 10092715,于 2006 年 5 月 23 日授权。发明人为 Steven J. Catani、Nicholas M. Vernon、David Saul Neiditch、James Edwin Wiley、Jr. 和 Edward Micins,受让人为泰莱有限责任公司。泰莱科技有限公司是 435 专利目前的权利人。435 专利有 38 项权利要求,涉及本案的是一项独立权利要求即权利要求 1。

申请人泰莱公司生产的三氯蔗糖,商标为 SPLENDA@,是一种无热量的甜味剂,销售给生产食品、饮料、药品的企业和消费者,以用做调味品。被申请人也使用各种通用名称和自有标志来销售三氯蔗糖,其中盐城捷康公司是一家中国公司,其主要经营地在中华人民共和国江苏省射阳县。申请人指控被申请人违反了第337条的规定,指控被申请人的产品侵犯了泰莱公司所有的上述五项美国专利的多项权利要求:463专利的权利要求1~3和16~18;969专利的权利要求20~26、28和29;551专利的权利要求1~4和11~22;709专利的权利要求8、9和13;435专利的权利要求1。

2008年9月22日,首席行政法官发布最终初步裁定(简称"最终初裁"),判定被申请人不违反337条款,未参加调查和缺席调查的被申请人除外。2008年10月6日,泰莱公司、三个被申请人、委员会调查律师分别申请重审。2008年11月21日,委员会发布受理通知,决定全面重审上述最终初裁,并要求各方就重审和救济事宜、公共利益和保证金提交意见书,其中包括对一些问题的回答。

在重审中,对于463专利、969专利和551专利,基于事实,并根据ITC意见中所陈述的理由,ITC认定不存在违反337条款的情形。对于969专利,被申请人上海奥锐特贸易有限公司和中津药业(香港)股份有限公司在之前被认定放弃应诉。另外,ITC认定CJ America公司已承认侵权并同意接受有关969专利的排除令。对于709专利和435专利,被申请人格莱蒙特国际贸易有限公司、河北省化学工业研究院、连云港中土物产国际贸易有限公司、南京诺朗科技有限公司和河北化学工业研究所已在之前被认定就709专利和435专利放弃应诉,而上海奥锐特贸易有限公司和中津药业(香港)股份有限公司在之前已被认定就709专利放弃应诉。除此之外,ITC认定CJ America公司已承认侵权并同意接受有关709专利的救济命令;按照ITC规则210.17,未参加调查的被申请人Vivion公司和Fortune Bridge公司受到了关于709专利和435专利的不利推断;按照委员会规则210.17,未参加调查的被申请人Nu-Scaan Nutraceuticals受到了关于709专利的不利推断。

ITC裁定结果

ITC最终裁定:

盐城捷康公司不侵犯泰莱公司所诉五件专利,泰莱公司的463专利的权利要求1~3和16~18因"缺乏实用性"等原因应为无效。

ITC决定,本次调查中恰当的救济应为有限排除令,该有限排除令将禁止以下企业未经授权将侵犯以下专利权的三氯蔗糖和含三氯蔗糖的甜味剂进口到美国:

(1)上海奥锐特贸易有限公司、中津药业(香港)股份有限公司和 CJ America 公司,侵犯 969 专利中权利要求 20、21～26、28 及 29 的一项或多项的相关产品;

(2)格莱蒙特国际贸易有限公司、河北省化学工业研究院、连云港中土物产国际贸易有限公司、河北化学工业研究所、南京诺朗科技有限公司、上海奥锐特贸易有限公司、中津药业(香港)股份有限公司、CJ America 公司、Nu—Scaan Nutraceuticals、Vivion 公司和 Fortune Bridge 公司,侵犯 709 专利中权利要求 8、9、13 的一项或多项的相关产品;

(3)格莱蒙特国际贸易有限公司、河北省化学工业研究院、连云港中土物产国际贸易有限公司、河北化学工业研究所、南京诺朗科技有限公司、Vivion 公司和 Fortune Bridge 公司,侵犯 435 专利中权利要求 1 的相关产品。

需要说明的是,本命令不适用于由被认定不侵犯本次调查所涉及专利或对其侵权指控被撤回的生产性被申请人向以上所列被申请人提供的三氯蔗糖。上述生产性被申请人为:常州市牛塘化工厂有限公司、广东省食品工业研究所和广东广业清怡食品科技有限公司、河北苏科瑞科技有限公司和盐城捷康公司。ITC 进一步决定,在 337(d)(1)、(g)(1)及 19 U.S.C.§1337(d)(1)、(g)(1)列举的公共利益因素并不妨碍 ITC 做出有限排除令。最后,ITC 决定,在总统复审期间,本有限排除令下每件进口商品的保证金将为其进口价值的 100%。ITC 的命令于发布日递交美国总统和美国贸易代表。

ITC 因此终止了本次调查。ITC 决定的依据为:经修订的美国《1930 年关税法》第 337 条(19 U.S.C.§1337)、委员会程序规则第 210.16(c)款和 210.41、42、50 等款。

代理人意见

被申请人盐城捷康公司的委托代理人董海峰认为:

综观泰莱公司向美国 ITC 提起的 337-TA-604 号 337 调查案,盐城捷康公司在整个诉讼进程中,有两个比较明显的亮点:其一,主动申请作为案件的被告,接受 ITC 的调查,以获得专利不侵权的裁决;其二,把对自己威胁较大的一项专利即 463 专利辩成了无效。当然,这两个亮点也成了案件审理的焦点。

对于盐城捷康公司提出的主动加入本次 337 调查的动议,泰莱公司表示出了强烈的抗议;因为盐城捷康公司的突然加入,不仅提升了泰莱公司的诉讼成本,而且使泰莱公司操控本次诉讼的难度也大大增加。泰莱公司的反对理由是其认为盐城捷康公司与本案没有利害关系,不具备作为被告加入诉讼的资格。实际上,依据《美国联邦民事诉讼程序规则》第24条,盐城捷康公司主动申请作为被告,共同参与本次诉讼的理由是非常充分的:其一,盐城捷康公司通过北京富邦信业贸易有限公司等中国大陆的其他被告在第一时间就知道了泰莱公司启动337调查程序的消息,并且盐城捷康公司一直在密切关注着泰莱公司的涉案专利和具体动向。在ITC决定立案后的第一时间就做好了提交参加诉讼之动议的准备,整个调查周期并没有因盐城捷康公司的加入而延长;因此,盐城捷康公司的申请符合提交动议的及时性标准。其二,泰莱公司申请调查的产品为三氯蔗糖(含中间体及其下游产品),与盐城捷康公司的经营范围相符,盐城捷康公司与调查标的存在利害关系。其三,泰莱公司申请的是普遍排除令,一旦得到批准,盐城捷康公司的产品将无法进入美国市场,这对以美国为主要销售市场的盐城捷康公司而言,无疑是一个重大损失。而且,Forbest International USA,LLC是盐城捷康公司的直接客户,普遍排除令被批准后,盐城捷康公司将失掉这些直接的和潜在的客户,直接影响盐城捷康公司的经济利益。其四,盐城捷康公司的生产工艺属于盐城捷康公司的商业秘密,现有的其他被告无从掌握盐城捷康公司的工艺信息。因此,通过其他被告的答辩活动无法使ITC确认盐城捷康公司的工艺是否侵权。

对于泰莱公司诉请保护的969、551、709、435和463五项专利,盐城捷康公司安排其技术人员在提交动议前进行了仔细的研究,把该五项专利的相关权利要求书与盐城捷康公司的生产工艺进行了详细的比对。盐城捷康公司的生产工艺与泰莱公司的前四项专利存在非常明显的区别,盐城捷康公司有把握做到证明自己不侵权。而对于463专利,尽管盐城捷康公司的工艺在反应时间、反应温度和加料顺序等方面与该项专利的权利要求之间存在区别,但这种区别是否构成技术层面上"实质性的差别"还有待于ITC的最终认定。因此,对于本次应诉而言,463专利是对最终裁决结果影响最大的一项专利,理所当然也是本次应诉的重中之重;盐城捷康公司从各个方面做了细致充分的应对准备,必要时考虑否定该专利的有效性。退一步说,如果ITC最终认定盐城捷康公司的生产工艺与463专利存在实质性相似，而该专利的有效期仅到 2009 年 7 月；所以，ITC 即使依据该项专利对盐城捷康公司签发了排除令，则该救济措施对盐城捷康公司的影响也是相对可控的。事实上，经过听证和盐城捷康公司的答辩，ITC 最终以 463 专利"缺乏实用性"和"背后没有对应的产业存在"等为由，裁决该专利无效。ITC 的该项认定对于盐城捷康公司赢得整个诉讼起了非常关键的作用。

尽管盐城捷康公司对自己的工艺不侵犯泰莱公司涉案各个专利充满了信心，但对整个应诉过程还是给予了高度的重视，不放过每一个细节，在答辩思路上体现了综合答辩的特点。在做"不侵权"答辩的同时，也辅之以"证明涉案专利无效""专利背后没有对应的产业存在""ITC 对涉案相关专利无管辖权"等答辩理由。案件的裁决结果证实，这种综合性的答辩方案是非常有效的，盐城捷康公司大部分的答辩理由都得到了 ITC 的认同。

专家意见

（中国社会科学院法学研究所研究员　张玉瑞）

《国家知识产权战略纲要》明确提出，到 2020 年，把中国建设成为知识产权创造、运用、保护和管理水平较高的国家。盐城捷康公司打赢 ITC 知识产权诉讼案的过程，生动地诠释了知识产权创造、运用、保护和管理工作对于企业的重要性。

有的国人推崇韬光养晦之术，信仰"天塌下来有高个子顶着"的哲学；但是在知识产权争端上，韬光养晦是行不通的。国际糖业第一大生产商泰莱公司以侵犯其五个专利为由，将 3 家中国主要生产三氯蔗糖的企业及其相关贸易公司共 25 家企业推上了 ITC 的 337 调查法庭。本案审理之后，ITC 裁定只有常州市牛塘化工厂有限公司、广东省食品工业研究所、河北苏科瑞科技有限公司和盐城捷康公司不侵权；裁定其他企业构成侵权的重要理由是其他企业违反诉讼程序，也就是不提交相关证据、不履行诉讼要求，甚至未参加诉讼。事实上，泰莱公司并未起诉盐城捷康公司，盐城捷康公司是主动要求参加诉讼的；而盐城捷康公司参加诉讼的考虑包括：如果盐城捷康公司不主动加入，而其他公司被裁定没有侵权，那市场就会优先选择其他公司。

做出这样判断的盐城捷康公司，于 2006 年刚刚成立，至今仍忙着扩大生产规模。主动参加此次诉讼，盐城捷康公司花费的律师费达 2000 多万元；这鲜明地诠释了应对知识产权诉讼,企业经营者必须具备何等的勇气和智慧。据盐城捷康公司提供的数据,2007年,盐城捷康公司主动应诉之时,其产品所占全球市场份额不足1%,而如今这个数字已经接近10%;而泰莱公司的市场占有率则从90%下降至75%左右。这样的数据清晰地说明,打赢一场专利诉讼,对企业有何等重要的作用。如今的商家为了赢得客户,总想为自己找多多益善的桂冠,如中国名牌、世界名牌、获奖产品、消费者满意产品,而这些名头在国际市场上的作用并不大。盐城捷康公司以大勇气和大智慧应对专利诉讼,获得的是公司产品在美国市场上的专利通行证以及确确实实的市场份额。正是有了这样的份额、资格,人们才认可了盐城捷康公司全球第二大三氯蔗糖供应商的地位,才认可了其200亿美元的市场机会。

目前,中国制造业产值在全球世界排名第4位,很快就要超越德国,直面美国和日本。标注了"Made in China"的产品遍布世界;究其原因,是具有14亿人口的中国正处于工业化、城市化进程中,而中国企业不缺乏具有一般水平的劳动者。2008年6月5日,《国家知识产权战略纲要》正式出台。中国企业及其经营者可能还没来得及了解国家知识产权战略的含义,自己就已经被卷入知识产权纠纷。产业革命使企业不但要生产产品,更要生产和保护"知识财产"。知识产权保护的滥用是造就知识产权纠纷的重要原因之一;而从中国制造发展为中国创造,中国企业必须制定、实施自己的知识产权战略。

专家评述

根据《美国法典》第19卷第1337节的规定,337调查的申请人可寻求以下四种救济措施:一是有限排除令(LE0,limited exclusion from entry order),即将被申请企业的侵权产品排除出美国市场;二是普遍排除令(GEO,general exclusion from entry order),即不区分来源地禁止所有与侵权产品同类的产品进入美国市场,并且涵盖上下游产品;三是停止令(cease and desist order),即要求侵权企业停止侵权行为;四是扣押和没收令(seizure and forfeiture order),即对于试图再次将曾发布排除令的侵权产品出口到美国市场的侵权产品予以扣押并没收。

通常,申请人首先都会选择要求ITC发布有限排除令或是普遍排除令,将被控侵权产品排除出美国市场。排除令是由美国海关执行的;实践中,一旦ITC发布一项排除令,其将立即通知美国财政部和海关。海关将立即通知其下属地区及口岸,停止进口排除令所包含的侵权产品,除非该侵权产品从专利权人那里已获得授权,或在总统审议期内进口的侵权产品已缴纳了保证金。据统计,截至2008年11月,美国海关仍在执行的排除令约有近70项,主要涉及机电、轻工、化工、生物医药等产品。

  本案中申请人泰莱公司向ITC提出的请求首先是签发永久性普遍排除令,阻止向美国进口侵权的三氯蔗糖包含三氯蔗糖的甜味剂以及含有上述产品的其他产品;同时作为替代选择申请有限排除令,阻止所列的被诉企业向美国进口侵权的三氯蔗糖、包含三氯蔗糖的甜味剂以及含有上述产品的其他产品。其中"普遍排除令"的效力是禁止三氯蔗糖这一种类的所有进口产品进入美国市场,而不区别原产地或生产商,同时还包括今后和目前尚未掌握的生产商和进口商;"有限排除令"只禁止被调查企业生产的侵权产品进入美国,但它可以适用于被调查企业现在和今后生产的存在侵权行为的所有类型的产品,而不仅仅是调查中裁定的产品类型。

  申请人泰莱公司起初并未将盐城捷康公司作为被申请人;但如果ITC就泰莱公司的申请发布普遍排除令,即意味着所有的三氯蔗糖产品不能进入美国市场,其中也包括盐城捷康公司生产的三氯蔗糖产品。因此,盐城捷康公司在得知本案调查后,即主动提出加入调查的申请。经ITC准许加入本案后,又积极准备全面抗辩主张,最终取得了胜诉的结果。

  由于337调查具有申请门槛低、制裁措施严厉、调查程序简单等特点,近年来337调查已成为阻碍对美国出口的一个主要障碍,中国的电池、木地板、电子产品、橡胶、墨盒等产品的生产企业都曾遭受337调查。虽然中国企业面临的337调查数量不断增加,但大多数企业对337调查的程序了解不多、缺乏应对经验,面对复杂的程序和高额的费用会选择消极不应诉。究其原因,一是337调查的申请人无论申请有限排除令还是普遍排除令,都只列明部分被申请人,使得不在此列的企业认为与己无关或是持有侥幸心理;二是337调查往往涉及复杂的专利技术,聘请律师等应诉费用高;三是有的企业认为337调查往往涉及一个行业,应由行业组织或是国家相关部门组织应对策略,从而导致企业不应诉。

然而根据《美国国际贸易委员会操作与程序规则》的规定,在下列情况下,美国国际贸易委员会将根据单方证据做出裁决:(1)被申请人没有正当的理由,没有在规定的时间和以规定的方式提交答辩意见,行政法官可根据单方证据做出裁决;(2)申请人申请或者行政法官依职权签发命令要求被申请人说明原因,如果被申请人没有在规定的时间说明原因,行政法官可根据单方证据做出裁决;(3)如果被申请人滥用程序在调查期间不予以合作,申请人申请或者行政法官依职权签发命令,根据单方证据裁决;(4)被申请人缺席,视为其放弃应诉的权利,放弃在调查期间答辩的权利,行政法官可缺席裁决。如果被申请人不积极应诉,行政法官就可采用缺席判决的方式,根据申请人提交的单方证据认定被申请人是否构成侵权。

因此,中国应注意加强337调查相关知识的宣传和培训,帮助企业尽快建立相应的知识产权战略,以增强应变能力,把握应对策略,提高应诉技巧;同时,还应注意充分发挥政府的协调作用与行业协会的沟通作用,大力鼓励企业创新,提升企业的自主创新能力;此外,还应注意加强对向美国或是其他国家出口产品的调查分析工作,做好专利、商标的预警和风险评估等工作。

附录

一、裁定书

原文:

UNITED STATES INTERNATIONAL TRADE COMMISSION

Washington, D. C.

In the Matter of

CERTAIN SUCRALOSE, SWEETENERS

CONTAINING SUCRALOSE, AND

RELATED INTERMEDIATE

COMPOUNDS THEREOF

Investigation N0. 337-TA-60

NOTICE OF COMMISSION ISSUANCE OF A LIMITED EXCLUSION ORDER; TERMINATION OF INVESTIGATION

AGENCY: U. S. International Trade Commission.

ACTION: Notice.

SUMMARY: Notice is hereby given that the U. S. International Trade Commission has issued a limited exclusion order against eleven respondents in the above-captioned investigation under section 337 of the Tariff Act of 1930, as amended, 19 U. S. C. § 1337("section 337"), and has terminated the investigation.

FOR FURTHER INFORMATION CONTACT: James A. Worth, Office of the General Counsel, U. S. International Trade Commission, 500 E Street, S. W., Washington, D. C. 20436, telephone (202) 205—3065. Copies of non-confidential documents filed in connection with this investigation are or will be available for inspection during official business hours(8:45 a. m. to 5:15 p. m.)in the Office of the Secretary, U. S. International Trade Commission, 500 E Street, S. W., Washington, D. C. 20436, telephone (202) 205-2000. General information concerning the Commission may also be obtained by accessing its Internet server (http://www.usitc.gov). The public record for this investigation may be viewed on the Commission's electronic docket (EDIS) at: http://edis.usitc.gov. Hearing impaired persons are advised that information on this matter can be obtained by contacting the Commission's TDD terminal on (202)205-1810.

SUPPLEMENTARY INFORMATION: The Commission instituted this investigation on May 10, 2007, based upon a complaint filed on behalf of Tate & Lyle Technology Ltd. of London, United Kingdom, and Tate & Lyle Sucralose, Inc. of Decatur Illinois(collectively, "Tate & Lyle"). The complaint alleged violations of section 337 (a) (1) (B)of the Tariff Act of 1930(19U. S. C § 1337)in the importation into the United States, the sale for importation, and the sale within the United States after importation of sucralose, sweeteners containing sucralose, and related intermediate compounds thereof by reason of infringement of various claims of United States Patent Nos. 4,980,463("the '463 patent");5,470,969("the '969 patent");5,034,551("the '551 patent");5,498,709("the '709 patent");and 7,049,435("the '435 patent"). The notice of investigation named twenty-five respondents.

On August 15, 2007, the Commission issued notice of its determination not to review an ID allowing JK Sucralese, Inc. ("JK Sucralose") to intervene as a respondent in the investigation. On August 30, 2007, the Commission issued notice of its determination not to review an ID terminating the investigation with respect to ProFood International Inc. on the basis of a consent order. On October 3, 2007, the Commission issued notice of its determination not to review an ID adding Heartland Sweeteners. LLC("Heartland Sweeteners") as a respondent in the investigation. The respondents who remain parties to the investigation are therefore: Changzhou Niutang Chemical Plant CO. ("Changzhou Niutang Chemical");Guangdong Food Industry Institute and L&P Food Ingredient CO., Ltd. ("GDFII"); Hebei Sukerui Science and Technology CO., Ltd. ("Hebei Sukerui Science"); JK Sucralose; Beijing Forbest Chemical CO., Ltd.; Beijing Forbest Trade CO., Ltd.; Forbest International USA, LLC; U.S. Niutang Chemical, Inc.; Garuda International, Inc.; Heartland Packaging Corporation; Heartland Sweeteners;MTC Industries, Inc.;Nantong Molecular Technology CO., Ltd.; AIDP, Inc.; Fortune Bridge CO., Inc. ("Fortune Bridge"); Nu-Scaan Nutraceuticals ("Nu-Scaan"); CJ America, Inc. ("CJ America"); Vivion, Inc. ("Vivion");Gremount International CO., Ltd. ("Gremount");Hebei Province Chemical Industry Academe("Hebei Academe"); Hebei Research Institute of Chemical Industry ("Hebei Research"); Lianyungang Natiprol (Int'1) CO., Ltd. ("Lianyungang Natiprol");Ruland Chemistry CO., Ltd. ("Ruland"); Shanghai Aurisco Trading CO., Ltd. ("Shanghai Aurisco"); and Zhongjin Pharmaceutical (Hong Kong) CO. ("Zhongjin"). Some of these respondents have been found in default.

On September 22,2008,the presiding administrative law judge issued a final initial determination ("final ID") finding no violation of section 337 (with the exception of certain nonparticipating and defaulted respondents). On October 6, 2008,Tate & Lyle,four sets of respondents, and the Commission investigative attorney ("IA") each flied petitions for review. On November 21,2008,the Commission issued notice of its determination to review the final ID in its entirety and requested briefing on the issues on review and on remedy,the public interest,and bonding,including responses to certain questions.

On review,the Commission found no violation on the merits with respect to the '463,'969,and'551 patents,for the reasons set forth in the Commission opinion. As to the'969 patent,respondents Shanghai Aurisco and Zhongjin were previously found to have defaulted. Additionally,the Commission found CJ America,Inc. to have admitted infringement and to have agreed to the entry of an exclusion order as to the'969 patent. As to the'709 and'435 patents,respondents Gremount, Hebei Academe, Lianyungang Natiprol,Ruland, and Hebei Research were previously found to have defaulted with respect to the'709 and'435 patents,and Shanghai Aurisco and Zhongjin were previously found to have defaulted with respect to the'709 patent. Additionally,the Commission found CJ America to have admitted infringement and to have agreed to the entry of a remedial order as to the '709 patent, that non-participating respondents Vivion and Fortune Bridge were subject to adverse inferences with respect to the'709 and'435 patents under Commission Rule 210. 17, and that non-participating respondent Nu-Scaan was subject to adverse inferences with respect to the '709 patent under Commission Rule 210. 17.

The Commission has determined that the appropriate form of relief in this investigation is a limited exclusion order prohibiting the unlicensed entry ofcertain sucralose and sweeteners containing sucralose by reason of infringement of one or more of claims 20,21-26,28, and 29 of the'969 patent by Shanghai Aurisco,Zbongjin,and CJ America; of claims 8,9, and 13 of the'709 patent by

Gremount, Hebei Academe, Lianyungang Natiprol, Hebei Research, Ruland, Shanghai Aurisco, Zhongjin, CJ America, Nu-Scaan, Vivion, and Fortune Bridge; and of claim 1 of the '435 patent by Gremount, Hebei Academe, Lianyungang Natiprol, Ruland, Hebei Research, Vivion, and Fortune Bridge, with the caveat that the order not apply to Sucralose supplied to these respondents by the manufacturing respondents who were found to either not infringe or against whom infringement allegations were withdrawn as to the patents asserted in the investigation. These manufacturing respondents are Changzhou Niutang Chemical, GDFII, Hebei Sukerui Science, and JK Sucralose. The Commission further determined that the public interest factors enumerated in section 337(d)(1),(g)(1),19 U. S. C. § 1337(d)(1),(g)(1),do not preclude issuance of the limited exclusion order. Finally, the Commission determined that the bond under the limited exclusion order during the Presidential review period shall be in the amount of 100 percent of the entered value of the imported articles. The Commission's orders were delivered to the President and the United States Trade Representative on the day of their issuance.

The Commission has therefore terminated this investigation. The authority for the Commission's determination is contained in section 337 of the Tariff Act of 1930, as amended(19 U. S. C. § 1337), and sections 210. 16(c)and 210. 41-. 42, 210. 50 of the Commission's Rules of Practice and Procedure(19 CFR § 210. 16(c)and § 210. 41-. 42,210. 50).

By order of the Commission.

Marilyn R. Abbott
Secretary to the Commission
Issued: April 6, 2009

【延伸阅读】

1. 郑成思:《WTO知识产权协议逐条讲解》,中国方正出版社2001年版。

2. 叶全良、王世春主编:《国际商务与知识产权保护》,人民出版社2005年版。

3. 许海峰主编:《涉外知识产权保护法律实务》,机械工业出版社2005年版。

4. 吴汉东主编:《知识产权国际保护制度研究》,水利水电出版社2007年版。

5. 唐广良、董炳和:《知识产权的国际保护》(修订版),知识产权出版社2006年版。

6. 中国知识产权研究会专利委员会、最高人民法院中国应用法学研究所编:《专利名案解读——以16起涉外专利纠纷为视角》,知识产权出版社2010年版。

7. 程永顺主编:《专家点评与建议:涉外专利典型案例》,法律出版社2010年版。

8. 胡凤滨主编:《中国指导案例、参考案例判旨总提炼:知识产权纠纷》,法律出版社2012年版。

第五节 中国对专利权的法律保护

【知识背景】

中国《专利法》所称的发明创造是指发明、实用新型和外观设计。

发明是指对产品、方法或者其改进所提出的新的技术方案,包括产品发明和方法发明两大类。

实用新型是指对产品的形状、构造或者其结合所提出的适于实用的新的技术方案。

外观设计是指对产品的形状、图案或者其结合以及色彩与形状、图案的结合所做出的富有美感并适于工业应用的新设计。

一、授予专利权的条件

(一)发明专利和实用新型专利的授权条件

1. 新颖性

新颖性,是指该发明或者实用新型不属于现有技术;也没有任何单位或者个人就同样的发明或者实用新型在申请日以前向国务院专利行政部门提出过申请,并记载在申请日以后公布的专利申请文件或者公告的专利文件中。

新颖性的时间标准是以申请日划定的,凡是在申请日以前已经有相同的发明创造,由他人完成并公开或者发明人自己公开,如在新闻发布会、科研鉴定会、展览会上披露了该发明创造的实质性内容都会丧失新颖性,不能再申请专利。但在申请日当天公开的技术内容不属于专利法所说的现有技术。

2. 创造性

发明专利和实用新型专利的主要区别就在于创造高度不同,专利法对发明专利和实用新型专利的创造性作了分别规定:同申请日以前的已有技术相比,对于发明专利,应具有突出的实质性特点和显著的进步;对于实用新型专利,应具有实质性特点和进步。从两种专利创造性的区别来看就在于"实质性特点"是否突出以及"进步"是否显著上。

3. 实用性

实用性,是指该发明或者实用新型能够制造或者使用,并且能够产生积极效果。通常具备工业实用性、重复再现性、有益性等条件即认为具有实用性。

(二)外观设计专利的条件

《专利法》规定,授予专利权的外观设计,应当不属于现有设计;也没有任何单位或者个人就同样的外观设计在申请日以前向国务院专利行政部门提出过申请,并记载在申请日以后公告的专利文件中。授予专利权的外观设计与现有设计或者现有设计特征的组合相比,应当具有明显区别。授予专利权的外观设计不得与他人在申请日以前已经取得的合法权利相冲突。可见,外观设计专利应具备下列条件:

(1)与现有的外观设计不相同;

(2)与现有的外观设计不相近似;

(3)不得与他人在先取得的合法权利相冲突。

(三)丧失新颖性的例外

上述三种专利新颖性均以申请日作为时间划分的标准,但专利法对有些在申请日以前公开的情况,做出了不丧失新颖性的例外规定:

(1)在中国政府主办或者承认的国际展览会上首次展出的发明创造,在展出之日起六个月内申请专利的,不丧失新颖性。

(2)在规定的学术会议或者技术会议上首次发表的发明创造,在发表后六个月内申请专利的,不丧失新颖性。

(3)他人未经申请人同意而泄露发明创造内容的,申请人于泄露之日起六个月内申请专利的,不丧失新颖性。

(四)不授予专利权的对象

《专利法》规定,对下列各项,不授予专利权:①科学发现;②智力活动的规则和方法;③疾病的诊断和治疗方法;④动物和植物品种;⑤用原子核变换方法获得的物质;⑥对平面印刷品的图案、色彩或者二者的结合做出的主要起标识作用的设计。

此外,对违反法律、社会公德或者妨害公共利益的发明创造;对违反法律、行政法规的规定获取或者利用遗传资源,并依赖该遗传资源完成的发明创造,不授予专利权。

二、专利的申请与审批

(一)发明和实用新型专利申请的基本文件

《专利法》规定,申请发明或者实用新型专利的,应当提交请求书、说明书及其摘要和权利要求书等文件。

1.请求书

请求书是申请人向专利主管部门表示请求授予其专利权愿望的文件。请求书是确定发明和实用新型专利申请的依据,最好使用国家知识产权局专利局印制的统一表格。请求书应当写明下列事项:①发明、实用新型或者外观设计的名称;②

申请人是中国单位或者个人的,其名称或者姓名、地址、邮政编码、组织机构代码或者居民身份证件号码;申请人是外国人、外国企业或者外国其他组织的,其姓名或者名称、国籍或者注册的国家或者地区;③发明人或者设计人的姓名;④申请人委托专利代理机构的,受托机构的名称、机构代码以及该机构指定的专利代理人的姓名、执业证号码、联系电话;⑤要求优先权的,申请人第一次提出专利申请(以下简称在先申请)的申请日、申请号以及原受理机构的名称;⑥申请人或者专利代理机构的签字或者盖章;⑦申请文件清单;⑧附加文件清单;⑨其他需要写明的有关事项。

2. 说明书

说明书是专利申请文件中最重要的一个部分,是对发明创造的具体内容加以阐述的文件。它起着公开发明的技术内容、支持权利要求的保护范围的作用。说明书应清楚、完整地写明发明或实用新型的内容,使所属技术领域的普通专业人员能够据此实施发明创造。说明书不能隐瞒任何实质性的技术要求。

根据《专利法实施细则》的规定,说明书应当写明发明或者实用新型的名称,该名称应当与请求书中的名称一致。说明书应当包括下列内容:①技术领域:写明要求保护的技术方案所属的技术领域;②背景技术:写明对发明或者实用新型的理解、检索、审查有用的背景技术;有可能的,并引证反映这些背景技术的文件;③发明内容:写明发明或者实用新型所要解决的技术问题及解决其技术问题采用的技术方案,并对照现有技术写明发明或者实用新型的有益效果;④附图说明:说明书有附图的,对各幅附图作简略说明;⑤具体实施方式:详细写明申请人认为实现发明或者实用新型的优选方式;必要时,举例说明;有附图的,对照附图。发明或者实用新型专利申请人应当按照前款规定的方式和顺序撰写说明书,并在说明书每一部分前面写明标题,除非其发明或者实用新型的性质用其他方式或者顺序撰写能节约说明书的篇幅并使他人能够准确理解其发明或者实用新型。发明或者实用新型说明书应当用词规范、语句清楚,并不得使用"如权利要求……所述的……"一类的引用语,也不得使用商业性宣传用语。实用新型专利申请说明书应当有表示要求保护的产品的形状、构造或者其结合的附图。

3. 权利要求书

权利要求书是确定申请人请求专利保护范围的文件,是专利权被授予后认定发明或者实用新型专利权的范围的依据,也是判定他人是否侵权的依据。权利要求书应当以说明书为依据,清楚、简要地限定要求专利保护的范围。

根据《专利法实施细则》的规定,权利要求书应当记载发明或者实用新型的技术特征。权利要求书中使用的科技术语应当与说明书中使用的科技术语一致,可以有化学式或者数学式,但是不得有插图。除绝对必要的外,不得使用"如说明书……部分所述"或者"如图……所示"的用语。权利要求书中的技术特征可以引用说明书附图中相应的标记,该标记应当放在相应的技术特征后并置于括号内,便于理解权利要求。附图标记不得解释为对权利要求的限制。

权利要求书应当有独立权利要求,也可以有从属权利要求。

独立权利要求应当从整体上反映发明或者实用新型的技术方案,记载解决技术问题的必要技术特征。独立权利要求应当包括前序部分和特征部分,按照下列规定撰写:①前序部分:写明要求保护的发明或者实用新型技术方案的主题名称和发明或者实用新型主题与最接近的现有技术共有的必要技术特征;②特征部分:使用"其特征是……"或者类似的用语,写明发明或者实用新型区别于最接近的现有技术的技术特征。这些特征和前序部分写明的特征合在一起,限定发明或者实用新型要求保护的范围。发明或者实用新型的性质不适于用前款方式表达的,独立权利要求可以用其他方式撰写。一项发明或者实用新型应当只有一个独立权利要求,并写在同一发明或者实用新型的从属权利要求之前。

从属权利要求应当用附加的技术特征,对引用的权利要求作进一步限定。从属权利要求应当包括引用部分和限定部分,按照下列规定撰写:①引用部分:写明引用的权利要求的编号及其主题名称;②限定部分:写明发明或者实用新型附加的技术特征。从属权利要求只能引用在前的权利要求。引用两项以上权利要求的多项从属权利要求,只能以择一方式引用在前的权利要求,并不得作为另一项多项从属权利要求的基础。

4. 摘要

摘要是对发明或实用新型说明书内容的简要概括。编写和公布摘要的主要目的是方便公众对专利文献进行检索,方便专业人员及时了解本行业的技术概况。摘要应当简要说明发明或者实用新型的技术要点,写明发明或者实用新型的名称和所属技术领域,并清楚地反映所要解决的技术问题、解决该问题的技术方案的要点及主要用途。

说明书摘要可以包含最能说明发明的化学式;有附图的专利申请,还应当提供一幅最能说明该发明或者实用新型技术特征的附图。附图的大小及清晰度应当保证在该图缩小到4厘米×6厘米时,仍能清晰地分辨出图中的各个细节。摘要文字部分不得超过300个字。摘要中不得使用商业性宣传用语。

(二)外观设计专利申请的基本文件

《专利法》规定,申请外观设计专利的,应当提交请求书、该外观设计的图片或者照片及对该外观设计的简要说明等文件。

1. 请求书

申请外观设计专利的请求书,在性质上与申请发明或实用新型的请求书是一样的。只不过由于许多外观设计难以命名,因而在内容方面,申请外观设计专利的请求书中只要求填写使用外观设计的产品名称以及该产品所属的类别,而不需要填写该外观设计的名称。

2. 图片或者照片

申请外观设计专利时,申请人可以就每件外观设计提交不同角度、不同侧面或不同状态的图片或者照片,以清楚地显示请求保护的对象。申请人提交的有关图片或者照片,应当清楚地显示要求专利保护的产品的外观设计。

3. 简要说明

外观设计的简要说明应当写明外观设计产品的名称、用途,外观设计的设计要点,并指定一幅最能表明设计要点的图片或者照片。省略视图或者请求保护色彩的,应当在简要说明中写明。对同一产品的多项相似外观设计提出一件外观设计专利申请的,应当在简要说明中指定其中一项作为基本设计。简要说明不得使用商业性宣传用语,也不能用来说明产品的性能。

国务院专利行政部门认为必要时,可以要求外观设计专利申请人提交使用外观设计的产品样品或者模型。样品或者模型的体积不得超过30厘米×30厘米×30厘米,重量不得超过15公斤。易腐、易损或者危险品不得作为样品或者模型提交。

(三)申请人要求优先权时应提交的文件

《专利法》规定,申请人自发明或者实用新型在外国第一次提出专利申请之日起十二个月内,或者自外观设计在外国第一次提出专利申请之日起六个月内,又在中国就相同主题提出专利申请的,依照该外国同中国签订的协议或者共同参加的国际条约,或者依照相互承认优先权的原则,可以享有优先权。申请人自发明或者实用新型在中国第一次提出专利申请之日起十二个月内,又向国务院专利行政部门就相同主题提出专利申请的,可以享有优先权。

申请人要求优先权的,应当在申请的时候提出书面声明,并且在三个月内提交第一次提出的专利申请文件的副本;未提出书面声明或者逾期未提交专利申请文件副本的,视为未要求优先权。

(四)发明专利申请的审批

1. 受理申请

专利申请的受理,是指国务院专利行政部门接收专利申请人提交的专利申请文件并发给相应凭证的活动。国务院专利行政部门收到发明专利申请的请求书、说明书和权利要求书,应当明确申请日、给予申请号,并通知申请人。

发明专利申请文件有下列情形之一的,国务院专利行政部门不予受理,并通知申请人:①发明专利申请缺少请求书、说明书或者权利要求书的;②未使用中文的;③向国务院专利行政部门邮寄有关申请或者专利权的文件,未使用挂号信函,或者使用包裹的;④请求书中缺少申请人姓名或者名称,或者缺少地址的;⑤明显不符合专利法第十八条或者第十九条第一款的规定的;⑥专利申请类别(发明、实用新型或者外观设计)不明确或者难以确定的。

2. 初步审查

初步审查是指专利主管部门对专利申请所进行的形式审查,其主要目的是查明该申请是否符合专利法关于申请形式的要求。一般来说,初步审查应当审查以下问题:(1)审查各种文件是否采用专利局制定的统一格式,申请的撰写、表格的填写或附图的画法是否符合实施细则和《专利审查指南》的规定;(2)应当提交的证明或附件是否齐备,是否具备法律效力;(3)说明书、权利要求书、附图等是否符合出版要求;(4)委托专利代理机构代理的,是否有委托书等;(5)申请费、印刷费、附加费等费用是否已按规定缴纳。

除上述形式问题之外,有些明显的实质性问题,在初步审查中往往也一并予以解决:(1)申请专利的技术方案是否属于发明范畴;(2)申请专利的发明是否明显违反国家法律、社会公德或者妨害公共利益;(3)申请专利的发明是否明显属于不授予专利权的主题;(4)申请是否明显缺乏技术内容而不能构成技术方案;(5)申请是否明显缺乏单一性;(6)申请人对该发明是否明显不具备申请专利的权利;(7)申请人是外国人时,是否有资格提出专利申请,是否委托依法设立的专利代理机构代为办理。

国务院专利行政部门应当将审查意见通知申请人,要求其在指定期限内陈述意见或者补正;申请人期满未答复的,其申请视为撤回。申请人陈述意见或者补正后,国务院专利行政部门仍然认为不符合前款所列各项规定的,应当予以驳回。

3.公布申请

国务院专利行政部门收到发明专利申请后,经初步审查认为符合本法要求的,自申请日起满十八个月,即行公布。国务院专利行政部门可以根据申请人的请求早日公布其申请。公布专利申请的方式,中国采用的是在专利公报上登载发明专利申请请求书中记载的著录事项和发明的摘要,另外还出版发明说明书和权利要求书的全文单行本。发明专利申请公布的目的,在于避免或减少相同技术的重复研究开发和重复投资以及相同发明由他人重复提出申请。

自发明专利申请公布之日起至公告授予专利权之日止,任何人均可以对不符合专利法规定的专利申请向国务院专利行政部门提出意见,并说明理由。

4.实质审查

发明专利申请自申请日起三年内,国务院专利行政部门可以根据申请人随时提出的请求,对其申请进行实质审查;申请人无正当理由逾期不请求实质审查的,该申请即被视为撤回。国务院专利行政部门认为必要的时候,可以自行对发明专利申请进行实质审查。

发明专利的申请人请求实质审查的时候,应当提交在申请日前与其发明有关的参考资料。发明专利已经在外国提出过申请的,国务院专利行政部门可以要求申请人在指定期限内提交该国为审查其申请进行检索的资料或者审查结果的资料;无正当理由逾期不提交的,该申请即被视为撤回。

实质审查的主要内容包括:①对发明主题的新颖性、创造性、实用性进行审查;②单一性审查。一件申请只允许涉及一项发明。只有在几项发明之间有一个总的发明构思相互关联的情况下才被允许合案申请。③对说明书和权利要求书的审查。说明书应当清楚完整地说明发明的主要技术特征,充分公开,使同领域的技术人员能够实施,同时,还要对权利要求书给予支持。权利要求书应当符合法律规定的撰写要求。递交修改后的文本,不得超出原始申请文件公开的范围,否则,应陈述意见,进行补正。

国务院专利行政部门对发明专利申请进行实质审查后,认为不符合本法规定的,应当通知申请人,要求其在指定的期限内陈述意见,或者对其申请进行修改;无正当理由逾期不答复的,该申请即被视为撤回。

发明专利申请经申请人陈述意见或者进行修改后,国务院专利行政部门仍然认为不符合本法规定的,应当予以驳回。

5. 授权公告

发明专利申请经实质审查没有发现驳回理由的,由国务院专利行政部门做出授予发明专利权的决定,发给发明专利证书,同时予以登记和公告。发明专利权自公告之日起生效。

6. 复审

国务院专利行政部门设立专利复审委员会。专利申请人对国务院专利行政部门驳回申请的决定不服的,可以自收到通知之日起三个月内,向专利复审委员会请求复审。专利复审委员会复审后,做出决定,并通知专利申请人。专利申请人对专利复审委员会的复审决定不服的,可以自收到通知之日起三个月内向人民法院起诉。

(五)实用新型和外观设计专利申请的审批

根究专利法的规定,中国对实用新型和外观设计专利申请采取形式审查制度。形式审查的内容与发明专利申请审查的内容大体相同。

实用新型和外观设计专利申请经初步审查没有发现驳回理由的,由国务院专利行政部门做出授予实用新型专利权或者外观设计专利权的决定,发给相应的专利证书,同时予以登记和公告。实用新型专利权和外观设计专利权自公告之日起生效。

三、专利权的行使与限制

(一)专利权人的独占实施权

专利权具有独占性,专利权人除了自己实施专利技术外,除非有法律特殊规定,有权禁止其他任何人为生产经营的目的实施其专利技术。

1. 制造权

专利权人拥有自己生产制造专利文件中记载的专利产品的权利。只要他人未经许可而生产制造的产品与专利产品相同,无论使用什么设备装置或方法,只要结果相同,即构成侵权。对于制造类似的产品,如果其技术特征落入权利要求书中划定的保护范围,尽管产品看似不完全相同,也可能构成等同侵权。

2. 使用权

使用权包括对产品专利的使用权和方法专利的使用权。

3. 许诺销售权

专利法上的许诺销售是指明确表示愿意出售一种专利产品的行为。赋予发明专利和实用新型专利的专利权人独占性的许诺销售权是中国专利法根据 TRIPS 第 28 条第 1 款的规定所作的修改补充。

4. 销售权

专利权人享有自己销售和许可他人销售其专利产品的权利。不管是专利权人自己销售,还是许可他人销售,专利产品的第一次销售行为受法律保护。在专利产品首次售出后,销售权穷竭,他人可自由使用或者转售,专利权人无权再干涉商品的流通,法律赋予专利权人的销售权一次用尽。

5. 进口权

进口权是指专利权人享有自己进口、许可他人进口或者禁止他人未经允许、为生产经营目的进口由该专利技术构成的产品或进口包含该专利技术产品或进口由专利方法直接生产的产品的权利。进口权明显体现出专利权的地域性,通常进口权可以制止平行进口。

6. 许可实施权

许可实施权是指专利权人(称许可方)通过签订合同的方式允许他人(称被许

可方)在一定条件下使用其取得专利权的发明创造的全部或者部分技术的权利。专利实施许可的种类有:独占许可、排他许可、普通许可、分许可、交叉许可、专利池许可。

7.转让权

转让权包括专利申请权的转让和专利权的转让。转让使权利主体发生了变更,从而使权利从原所有人转移到新所有人。

转让必须履行法律规定的手续,《专利法》第10条规定:"专利申请权和专利权可以转让。中国单位或者个人向外国人、外国企业或者外国其他组织转让专利申请权或者专利权的,应当依照有关法律、行政法规的规定办理手续。转让专利申请权或者专利权的,当事人应当订立书面合同,并向国务院专利行政部门登记,由国务院专利行政部门予以公告。专利申请权或者专利权的转让自登记之日起生效。"

8.标记权

标记权是指专利权人在其专利产品或者该产品的包装上标明或者不标明专利标记和专利号的权利。行使标记权,可以起到宣传作用,也可以起到警示作用。

9.质押权

《担保法》第75条规定,依法可以转让的专利权中的财产权可以质押。专利权质押是指专利权人可以以专利权出质作为担保。1996年10月1日生效的《专利质押合同登记管理暂行办法》第3条规定,以专利权出质的,出质人与质权人应当订立书面合同,并向中国专利局办理出质登记,质押合同自登记之日起生效。

(二)专利的强制许可

强制许可同自愿许可相对应,是由一定的国家行政机关在未经专利所有权人同意的情况下决定许可其他单位或个人实施该专利。

1.申请强制许可的条件

《专利法》规定,专利权人自专利权被授予之日起满三年,且自提出专利申请之日起满四年,无正当理由未实施或者未充分实施其专利的;专利权人行使专利权的行为被依法认定为垄断行为,为消除或者减少该行为对竞争产生的不利影响的,国务院专利行政部门根据具备实施条件的单位或者个人的申请,可以给予实施发明专利或者实用新型专利的强制许可。

第二章 涉外专利权的法律保护实务

在国家出现紧急状态或者非常情况时,或者为了公共利益的目的,国务院专利行政部门可以给予实施发明专利或者实用新型专利的强制许可。

为了公共健康目的,对取得专利权的药品,国务院专利行政部门可以给予制造并将其出口到符合中华人民共和国参加的有关国际条约规定的国家或者地区的强制许可。

一项取得专利权的发明或者实用新型比前已经取得专利权的发明或者实用新型具有显著经济意义的重大技术进步,其实施又有赖于前一发明或者实用新型的实施的,国务院专利行政部门根据后一专利权人的申请,可以给予实施前一发明或者实用新型的强制许可。在依照前款规定给予实施强制许可的情形下,国务院专利行政部门根据前一专利权人的申请,也可以给予实施后一发明或者实用新型的强制许可。

2.强制许可的效力

取得实施强制许可的单位或个人仅仅获得了该项发明创造的使用权,这种使用权不是独占的,专利权人有权再许可第三方使用。强制许可实施人也不享有分许可权。

强制许可是有偿的,取得实施强制许可的单位或个人应当付给专利权人合理的使用费。

四、专利权的消灭

(一)专利权的无效

1.请求宣告专利权无效的提出

自国务院专利行政部门公告授予专利权之日起,任何单位或者个人认为该专利权的授予不符合本法有关规定的,可以请求专利复审委员会宣告该专利权无效。

提出无效宣告请求应当填写无效请求书,缴纳无效宣告请求费。

专利复审委员会做出决定之前,无效宣告请求人撤回其请求或者其无效宣告请求被视为撤回的,无效宣告请求审查程序终止。但是,专利复审委员会认为根据已进行的审查工作能够做出宣告专利权无效或者部分无效的决定的,不终止审查程序。

2.请求宣告专利权无效的理由

请求宣告专利权无效的理由具体包括：①不符合专利条件的新颖性、创造性、实用性标准的；②说明书公开不充分，权利要求书得不到说明书支持的；③权利要求书没有说明发明创造的技术特征，独立权利要求没有从整体上反映发明或者实用新型的技术方案，没有记载解决技术问题的必要技术特征；④申请文件的修改超出原说明书和权利要求书记载的范围或原图片、照片表示范围的；⑤不属于专利法所称的发明创造的；⑥不符合在先申请原则的；⑦不符合单一性原则的；⑧属于《专利法》第5条、第25条规定的不授予专利权的范围的。

3.专利权无效宣告的程序

专利复审委员会对宣告专利权无效的请求应当及时审查和做出决定，并通知请求人和专利权人。在专利复审委员会就无效宣告请求做出决定之后，又以同样的理由和证据请求无效宣告的，专利复审委员会不予受理。

专利复审委员会在无效宣告程序中，仅针对当事人提出的无效宣告请求的范围、理由和提交的证据进行审查。专利复审委员会无全面审查专利有效性的义务。

根据不同的情况，专利复审委员会可以分别做出宣告专利权全部无效、宣告专利权部分无效、维持专利权有效的决定，并通知请求人和专利权人。宣告专利权无效的决定，由国务院专利行政部门登记和公告。对专利复审委员会宣告专利权无效或者维持专利权的决定不服的，可以自收到通知之日起三个月内向人民法院起诉。人民法院应当通知无效宣告请求程序的对方当事人作为第三人参加诉讼。

4.宣告专利权无效的法律效力

宣告无效的专利权视为自始即不存在。

宣告专利权无效的决定，对在宣告专利权无效前人民法院做出并已执行的专利侵权的判决、调解书，已经履行或者强制执行的专利侵权纠纷处理决定，以及已经履行的专利实施许可合同和专利权转让合同，不具有追溯力。但是因专利权人的恶意给他人造成的损失，应当给予赔偿。依照前款规定不返还专利侵权赔偿金、专利使用费、专利权转让费，明显违反公平原则的，应当全部或者部分返还。

(二)专利权的终止

专利权的终止是指因专利权期满或由于某种原因使专利权失效,主要有以下几种情况:

(1)没有按照规定缴纳年费的。缴纳年费是专利权人的义务之一,不按规定缴纳年费,即可认为专利权人基于自身经济利益的考虑,认为维持专利权已经失去了意义,专利局应当终止该专利权。不交年费也可能属于其他原因,如遗忘、不可抗力等。所以,专利法实施细则规定,专利权人在规定期满后 6 个月内还可以补交,但应缴纳应交年费的 50% 的滞纳金。专利局会在这一宽限期之前向专利权人发出缴费通知单。

(2)专利权人以书面声明放弃专利权的。放弃专利权是专利权人的一项权利,但必须有书面声明。对于已经与他人订有专利实施许可合同的专利权人,在放弃专利权时要与被许可方协商,原则上,这种情况是不能放弃专利权的。

(3)专利权期满,专利权即行终止,专利技术进入公有领域,社会上任何人都可以无偿使用。专利权的保护期是指专利权人享有权利的合法期限。《专利法》规定,发明专利权的期限为二十年,实用新型专利权和外观设计专利权的期限为十年,均自申请日起计算。

五、专利权的保护

(一)专利侵权的种类

(1)未经专利权人许可实施其专利的侵权行为。这里所说的"实施"相对于不同性质的专利含义也有所不同。对于发明和实用新型中的产品专利,是指为生产经营目的的制造、使用、许诺销售、销售和进口。对方法专利,是指对其专利方法的使用以及使用、销售、许诺销售、进口依照该专利方法直接获得的产品。对于外观设计专利,实施是指为生产经营目的制造、许诺销售、销售、进口其外观设计专利产品。这里的"产品"仅指申请外观设计时所指定的产品。

(2)假冒专利。假冒他人专利,是指在产品或者产品的包装或者产品的广告宣传材料上,加上专利权人的专利标记或者专利号,使人相信该产品是专利权人的专利产品的行为。

除了实施权以外,专利权人还享有专利标示使用权,即,专利权人有权在其专利产品或者该产品的包装上标明专利标记和专利号。因此,行为人未经许可,在其制造或者销售的产品、产品的包装上标注他人的专利号;或在广告或者其他宣传材料中使用他人的专利号,使人将所涉及的技术误认为是他人的专利技术;或在合同中使用他人的专利号,使人将合同所涉及的技术误认为是他人的专利技术;或伪造或者变造他人的专利证书、专利文件或者专利申请文件等行为均属于假冒专利权人专利的行为,侵犯了专利权人的专利权。

值得注意的是,根据中国《刑法》的规定,假冒专利的行为情节严重的可能构成犯罪,承担刑事责任。但侵犯专利实施权的行为不可能构成犯罪。

(二)不视为专利侵权的情况

不视为侵权的情况意味着任何人不通过权利人的许可,都可以使用专利产品或技术而不会构成侵权。

1. 专利权用尽后第三人的使用、许诺销售、销售、进口行为

专利权用尽,也称专利权穷竭,是指专利权人制造、进口或者经专利权人许可而制造、进口的专利产品或者依照专利方法直接获得的产品售出后,使用、许诺销售或者销售、进口该产品的,不构成侵犯专利权行为。

专利权用尽的前提是专利产品是被合法地投放市场的。

2. 先用权人的实施行为

先用权,是指某项发明创造在申请人提出专利申请以前,任何人已经制造相同产品、使用相同方法或者已经作好制造、使用该相同产品或者相同方法的必要准备的,在该发明创造授予专利权以后,有在原有范围内继续制造或者使用该项发明创造的权利。必须符合一定的条件才能享有先用权:必须有实施或者准备实施相同专利技术的行为;在先使用行为必须是善意的;制造、使用行为或者为制造、使用所作的准备工作必须在专利申请日前已经开始并且一直持续到申请日;制造、使用行为,只限于原有的范围之内。

3. 临时过境的外国运输工具上使用专利的行为

临时通过中国领陆、领水、领空的外国运输工具,依照其所属国同中国签订的协议或者共同参加的国际条约,或者依照互惠原则,为运输工具自身需要而在其装

置和设备中使用有关专利的,不视为侵犯专利权。

4.专为科学研究和实验目的使用专利的行为

根据《专利法》的规定,专为科学研究和实验而使用有关专利的,不视为侵犯专利权。

5.为提供行政审批所需要的信息,制造、使用、进口专利药品或者专利医疗器械,以及专门为其制造、进口专利药品或者专利医疗器械的行为

这是国际上通用的"药品和医疗器械实验例外"规则,该规则主要借鉴了美国的 Bolar 豁免规则。

【案例裁决/法律文书摘录】

浙江光科电器有限公司与皇家飞利浦电子股份有限公司(Koninklijke Philips Electronics N. V.)侵犯外观设计专利权纠纷上诉案(节选)

北京市高级人民法院

民事判决书

[2012]高民终字第1231号

上诉人(原审被告):浙江光科电器有限公司。

法定代表人:金永其,董事长。

被上诉人(原审原告):皇家飞利浦电子股份有限公司(Koninklijke Philips Electronics N. V.)。

授权代表:钟清明,总经理。

原审被告:蔡正荣。

上诉人浙江光科电器有限公司(简称光科公司)因侵犯外观设计专利权纠纷一案,不服中华人民共和国北京市第一中级人民法院(简称北京市第一中级人民法院)[2010]一中民初字第12783号民事判决,向本院提起上诉。本院2012年3月26日受理后,依法组成合议庭对本案进行审理。本案现已审理终结。

北京市第一中级人民法院认定:皇家飞利浦电子股份有限公司(简称飞利浦公司)系名称为"具有显示单元的三头干式剃须刀"、专利号为 ZL200630180931.0 的

外观设计专利(简称涉案专利)的权利人。2009年12月9日,飞利浦公司的委托代理人在位于北京市阜成门外大街259号北京天意新商城的北京意铭荣泰电器销售中心(简称意铭荣泰中心)柜台购买了GKE牌(型号为"RSCX-5181""RSCX-5182")剃须刀各四个共八个。北京市求是公证处就上述公证购买行为制作了[2009]京求是内民证字第5539号《公证书》(简称第5539号公证书)。上述公证书所附照片显示了型号为"RSCX-5181"和"RSCX-5182"的剃须刀的外观,产品外包装标注的厂家名称为"浙江光科电器有限公司",地址为"浙江省温州鹿城轻工业园区盛宇路22号"。2009年12月9日,飞利浦公司登录网址为http://www.guangke.com的网站,对光科公司官方网站下"产品类别"等相关网页进行证据保全。在"产品类别"栏目中,显示有型号为"RSCX-5181"和"RSCX-5182"的剃须刀图片,经对比,上述剃须刀的外观与飞利浦公司通过公证程序购买的被控侵权产品的外观相符,北京市求是公证处为此制作了[2009]京求是内民证字第5540号《公证书》(简称第5540号公证书)。

北京市第一中级人民法院认为:本案应适用修改后的专利法的相关规定。将涉案专利与被控侵权的"RSCX-5181"剃须刀相比较后可见,二者均由刀头和刀柄部分组成,刀体下端呈椭圆形,两侧和下均为圆弧过渡,整体形状相近似,均为近似楔形体。刀头及其刀柄上端三分之一处均向前倾斜约20度。刀柄正面以及侧面的区域风格近似。二者的主要区别在于刀头形状和数量不同;鬓刀位置不同;电源指示灯形状不同。二者的上述差别不足以影响到两个产品整体形状的相似性。因此,被控侵权的"RSCX-5181"剃须刀与涉案专利构成相近似的外观设计。被控侵权的"RSCX-5182"剃须刀与涉案专利同样构成相近似的外观设计。在未经飞利浦公司许可的情况下,光科公司生产、蔡正荣销售与涉案专利外观设计构成近似的被控侵权产品的行为,构成对飞利浦公司依法享有的外观设计专利权的侵犯,应当承担停止侵权、赔偿损失的民事责任。由于飞利浦公司未就其因本案侵权行为所受经济损失或光科公司因侵权行为的获利数额提供证据,故法院将综合考虑涉案权利性质、被控侵权行为的情节、持续时间以及光科公司、蔡正荣的主观过错程度等因素酌情对赔偿数额予以确定。

综上,北京市第一中级人民法院依照《中华人民共和国专利法》(简称专利法)

第十一条第二款、第五十九条第二款、第六十五条之规定,判决:一、光科公司立即停止生产、销售侵犯涉案专利权的"RSCX-5181"和"RSCX-5182"剃须刀产品的行为;二、蔡正荣立即停止销售侵犯涉案专利权的"RSCX-5181"和"RSCX-5182"剃须刀产品的行为;三、光科公司就其生产、销售"RSCX-5181"剃须刀的行为赔偿飞利浦公司经济损失人民币五万元整;四、光科公司就其生产、销售"RSCX-5182"剃须刀的行为赔偿飞利浦公司经济损失人民币五万元整;五、驳回飞利浦公司的其他诉讼请求。

光科公司不服原审判决,向本院提起上诉,请求撤销原审判决,依法改判,并由被上诉人承担本案诉讼费用。其理由为:(1)涉案产品的刀头部分与涉案专利明显不相近似,故该涉案产品并不侵权;(2)涉案产品的刀身部分与涉案专利明显不相近似,故该涉案产品并不侵权;(3)涉案产品的整体包括刀头和刀身部分与涉案专利明显不相近似,故涉案产品显然不侵权;(4)结合涉案产品的外观设计在美国取得专利权,可以进一步证明涉案产品整体与涉案专利明显不相近似。

飞利浦公司、蔡正荣服从原审判决。

经审理查明:名称为"具有显示单元的三头干式剃须刀"的外观设计专利(即涉案专利)由飞利浦公司于2006年12月8日向中华人民共和国国家知识产权局(简称国家知识产权局)提出申请,于2008年5月21日被授权公告,优先权日为2006年6月9日,专利号为ZL200630180931.0,涉案专利授权公告的视图包括主视图、后视图、左视图、右视图、俯视图、仰视图、立体图等七幅视图。

2009年12月9日,飞利浦公司的委托代理人成慧在位于北京市阜成门外大街259号北京天意新商城四层一道一号的"北京意铭荣泰电器销售中心"柜台以九十元的价格购买了GKE牌(型号为"RSCX-5181""RSCX-5182")剃须刀各四个共八个,现场付款后取得了盖有"意铭荣泰电器"字样的购货收据一张,并取得了由北京天意新商城市场有限公司开具的发票号为01833087的发票一张。北京市求是公证处的公证员对上述购买过程全程进行了公证,并进行了拍照。其后,北京市求是公证处就上述公证购买行为制作了第5539号公证书。

上述公证书所附照片显示了型号为"RSCX-5181"和"RSCX-5182"的剃须刀的外观,产品外包装标注的厂家名称为"浙江光科电器有限公司",地址为"浙江省温州鹿城轻工业园区盛宇路22号"。

2009年12月9日,飞利浦公司委托北京市求是公证处登录网址为http://www.guangke.com的网站,对光科公司官方网站下"产品类别"等相关网页进行证据保全,上述公证书所附网页打印件显示:相关网页下方显示有"浙江光科电器有限公司版权所有",地址为"浙江省温州鹿城轻工业园区盛宇路22号"。在"产品类别"栏目中,显示有型号为"RSCX-5181"和"RSCX-5182"的剃须刀图片,经对比,上述剃须刀的外观与飞利浦公司通过公证程序购买的被控侵权产品的外观相符,北京市求是公证处为此制作了第5540号公证书。

在本案一审庭审中,飞利浦公司确认"RSCX-5181"和"RSCX-5182"在刀头的设计上存在细微差别,属于两个独立的产品;光科公司和蔡正荣对飞利浦公司通过公证程序购买被控侵权产品行为的真实性无异议,光科公司确认被控侵权产品系由其生产,蔡正荣确认被控侵权产品系由其销售;光科公司和蔡正荣认为,经对比可见被控侵权产品与涉案专利在刀头、刀体、手柄的弧度等方面存在较大差别,不构成相近似的外观设计。

此外,为证明涉案专利的有效性和知名度以及飞利浦公司因光科公司和蔡正荣的被控侵权行为所遭受的实际损失,飞利浦公司提交了[2002]一中行初字第114号判决书(简称第114号判决书)复印件、第14972号无效宣告请求审查决定(第14972号决定)复印件、2007年9月24日出版的《经济观察报》刊登的广告复印件、被控侵权产品被冠以飞利浦技术销售的网页打印件等证据。在一审庭审过程中,光科公司和蔡正荣除对网页打印件的真实性不予认可外,对其他由飞利浦公司提交的证据的真实性均无异议。

上述事实有涉案专利文件、飞利浦公司提交的证据1—证据8、第5539号公证书、第5540号公证书、第14972号决定、第114号判决书及当事人陈述等证据在案佐证。

本院认为:本案的核心问题在于被控侵权产品是否与涉案专利构成相近似的外观设计。飞利浦公司系涉案专利的专利权人,有权就他人未经许可以法律禁止的方式实施其专利的行为提起诉讼。根据专利法第十一条第二款的规定,外观设计专利权被授予后,任何单位或者个人未经专利权人许可,都不得实施其专利,即不得为生产经营目的制造、许诺销售、销售、进口其外观设计产品。

将涉案专利与被控侵权的"RSCX-5181"剃须刀相比较后可见,二者的共同点为:二者均由刀头和刀柄部分组成,刀体下端呈椭圆形,两侧和下方均为圆弧过渡,整体形状相近似,均为近似楔形体。刀头及其刀柄上端三分之一处均向前倾斜约20度。刀柄正面以及侧面的区域风格近似。二者的主要区别在于:刀头形状和数量不同;鬓刀位置不同;电源指示灯形状不同。由于刀头、鬓刀等的不同主要是由于产品功能改变或选择功能元件的不同所致,而电源指示灯形状的不同也仅仅是常规设计的改变,属于细微差异,不会给产品整体外观带来显著区别,二者的上述差别不足以影响到两个产品整体形状的相似性,一般消费者不易区分。因此,被控侵权的"RSCX-5181"剃须刀与涉案专利构成相近似的外观设计。被控侵权的"RSCX-5182"剃须刀与"RSCX-5181"剃须刀的产品外观除在刀网部分的设计存在细微差别外,其他部分的设计完全相同。故被控侵权的"RSCX-5182"剃须刀与涉案专利同样构成相近似的外观设计。光科公司关于被控侵权产品与涉案专利不相近似的上诉主张不能成立。

综上,原审判决认定事实清楚,适用法律正确,程序合法,本院依法予以维持。光科公司的上诉主张不能成立,对其上诉请求本院不予支持。依照《中华人民共和国民事诉讼法》第一百五十三条第一款第(一)项之规定,本院判决如下:

驳回上诉,维持原判。

一审案件受理费人民币一万三千八百元,由皇家飞利浦电子股份有限公司负担六千元(已交纳),由浙江光科电器有限公司负担七千八百元(于本判决生效之日起七日内交纳);二审案件受理费人民币二千三百元,由浙江光科电器有限公司负担(已交纳)。

本判决为终审判决。

审判长　岑宏宇
代理审判员　刘庆辉
代理审判员　焦　彦
二〇一二年七月三十一日
书记员　孙鑫鑫

【延伸阅读】

1. 吴汉东主编:《知识产权法》,法律出版社2014年版。

2. 刘春田主编:《知识产权法》,中国人民大学出版社2014年版。

3. 李扬:《知识产权法基本原理》,中国社会科学出版社2010年版。

4. 孔祥俊:《知识产权法律适用的基本问题——司法哲学、司法政策与裁判方法》,中国法制出版社2013年版。

5. 张玉敏、张今、张平:《知识产权法》,中国人民大学出版社2009年版。

6. 张玉敏主编:《知识产权法学》,中国人民大学出版社2010年版。

7. 冯晓青、刘友华:《专利法》,法律出版社2010年版。

8. 程永顺主编:《专家点评与建议:涉外专利权典型案例》,法律出版社2010年版。

9. 胡凤滨主编:《中国指导案例、参考案例判旨总提炼:知识产权纠纷》,法律出版社2012年版。

第三章
涉外商标权的法律保护实务

【内容摘要】关于商标权,TRIPS规定能够注册的标识必须具有"识别性",即能够把一个企业的商品或服务与其他企业的商品或服务区分开。此外,TRIPS将"视觉能够识别"作为可以获得注册的条件之一,从而把"音响商标""气味商标"排除在可注册的对象之外。TRIPS一方面规定商标权人可行使的权利,另一方面强调商标权人有权制止其他人使用与其注册商标相同或近似的标记,去标示相同或类似的商品或服务。此外,TRIPS规定了驰名商标的判断标准,并明确给予驰名商标特殊保护。对商标权进行限制时,必须顾及商标所有人及第三方的合法利益。

在涉外商标权领域,主要的国际条约包括:《保护工业产权巴黎公约》,其基本目的是保证一成员方的工业产权在所有其他成员方都得到保护;《商标国际注册马德里协定》及其议定书,用于规定、规范国际商标注册。

2013年,中国对《商标法》进行了第三次修改,增加了商标审查时限的规定,完善了商标注册异议制度,厘清驰名商标的保护制度,加强商标专用权保护,禁止抢注他人商标,规范商标代理活动。显著性是商标的核心要件,此外,商标还须具有非冲突性。商标注册实行申请在先、自愿注册和优先权原则。商标权是权利人独占性使用特定商标的权利,权利内容包括专用权、禁止权、许可使用权、转让权等。注册商标无效是使因注册不当取得的商标权归于无效。侵害商标权是指未经许可在相同或类似商品上使用与他人注册商标相同或近似的商标,足以引起消费误认的行为。同时,驰名商标有其特殊保护。对商标权的法律救济包括民事救济、行政救济和刑事救济。

第一节 涉外商标保护的内容

【知识背景】

一、商标的定义

TRIPS 第 15 条规定,任何能够将一个企业的商品或服务区别于另一个企业的商品或服务的符号或符号组合都能够构成商标。这样的符号,特别是字符,包括个人姓名、字母、数字、图形要素和颜色组合及任何这些符号的组合都应能够注册为商标。作为注册的一个条件,缔约方可以要求符号是从视觉上能够辨认的。这个定义,排除了气味商标和音响商标。

此外,TRIPS 还强调了本来不具有显著性的商标可以通过使用而取得显著性从而符合注册条件,但不得将商标的实际使用作为提交注册申请的条件,不得仅因为自申请日起未满 3 年期的不主动使用而驳回注册申请。

二、《巴黎公约》第 6 条规定拒绝商标注册的理由

(1)商标具有侵犯第三人在被请求给予保护的国家的既得权利的性质;
(2)商标缺乏显著性,或者完全是由商业中用以表示商品的种类、质量、数量、用途、价值、原产地或生产时间的符号或标记所组成,或者在被请求给予保护的国家的现代语言中或在善意和公认的商务实践中已经成为惯用的;
(3)商标违反道德或公共秩序,尤其具有欺骗公众的性质。

三、商标权例外

TRIPS 第 17 条规定,缔约方可以规定对商标所赋予的权利的例外,例如善意

使用描述性词语等,其条件是这样的例外应考虑商标所有者和第三方的合法利益。这主要是由于一些描述性词语如人名、地名、动植物名、商品名称、数字等,与独创性的词汇有所不同,不能由于商标权人的注册而得到对这些词汇的垄断,但其他人使用这些描述性词汇必须限制在合理使用范围内。

【案例裁决/法律文书摘录】

(意大利)费列罗有限公司与中华人民共和国国家工商行政管理总局商标评审委员会商标行政纠纷上诉案(节选)

中华人民共和国北京市高级人民法院

行政判决书

[2008]高行终字第 28 号

上诉人(原审原告):(意大利)费列罗有限公司(FERRERO-Societàper Azioni)。

法定代表人:塞尔焦·特斯塔(SERGIO TESTA)和马斯姆·格丹诺(MASSIMO GAIDANO),授权代表。

被上诉人(原审被告):中华人民共和国国家工商行政管理总局商标评审委员会。

法定代表人:许瑞表,主任。

上诉人费列罗有限公司因商标行政纠纷一案,不服中华人民共和国北京市第一中级人民法院(简称北京市第一中级人民法院)[2007]一中行初字第 816 号行政判决,向本院提起上诉。本院 2007 年 12 月 27 日受理后,依法组成合议庭,于 2008 年 1 月 30 日公开开庭进行了审理。本案现已审理终结。

2002 年 5 月 23 日,费列罗有限公司向世界知识产权组织国际局提出"图形(三维标志)"商标(简称申请商标,见附图)注册申请,国际注册号为 G783646,并于 2002 年 8 月 8 日向世界知识产权组织国际局提出对申请商标的领土延伸保护申请,指定国家包括中国,指定使用商品为第 30 类巧克力等。2003 年 3 月 19 日,中华人民共和国国家工商行政管理总局商标局(简称商标局)以申请商标缺乏显著特征为由,驳回申请商标在所有指定商品上的领土延伸保护申请;世界知识产权组织国际局接到上述驳回通知后于2003年4月4日通知费列罗有限公司;费列罗有限公司于2003年5月6日向商标评审委员会申请复审。2006年10月9日,商标评审委员会做出商评字[2006]第3191号《关于国际注册第783646号"图形(三维标志)"商标驳回复审决定书》(简称第3191号决定),对申请商标在中国的领土延伸保护申请予以驳回。费列罗有限公司不服,向北京市第一中级人民法院提起诉讼。

北京市第一中级人民法院判决认为,申请商标作为一个三维标志,由一个透明并带有装饰带的长方体容器及其内部排列的球形物组成,虽然申请商标所指定使用的颜色具有一定的特殊性,但申请商标给消费者带来的最为显著的视觉印象仍然为一个具有内容物的透明长方体包装容器。这种容器是申请商标所指定使用的商品通常会选用的包装形式,缺乏商标所应当具有的显著性,亦无法起到商标所要实现的区分商品来源的作用。因此,商标评审委员会的第3191号决定审查程序合法,适用法律正确,应当予以维持。依照《中华人民共和国行政诉讼法》第五十四条第(一)项之规定,判决,维持商标评审委员会第3191号决定书。

费列罗有限公司不服原审判决,向本院提起上诉,请求撤销原审判决,并改判对费列罗有限公司申请的国际注册号为G783646号商标予以核准。……商标评审委员会服从原审判决。

经审理查明:2002年5月23日,费列罗有限公司向世界知识产权组织国际局提出申请商标的国际注册申请,国际注册号为G783646,并于2002年8月8日向世界知识产权组织国际局提出对申请商标的领土延伸保护申请,指定国家包括中国,指定使用商品为第30类的面包、饼干、蛋糕、糕点和糖果、冰制食品、可可制品、覆盖层和尤指巧克力覆盖层、巧克力、糖衣杏仁、用作圣诞树装饰品的巧克力制品、酒心巧克力包皮的食品、甜食、糕点、包括精细糕点和可保存较长时间的糕点、口香糖、无糖口香糖、无糖糖果。

申请商标为一个三维标志,由一个透明长方体形状的三维容器组成,该容器的正面有一条金红色条纹装饰带,在容器上方正中有一个空白椭圆形标签与装饰带相连,空白标签和装饰带之间有一个金色球状图案,透过该容器可以看到,其中有三个放置在咖啡色纸托上、包在金色纸里、上面有一个空白椭圆形标签的球状物,其中一个球状物被空白标签所遮挡。申请商标指定使用的颜色为金黄色、红色、白色、栗色和绿色。

2003年3月19日,商标局以申请商标缺乏显著特征为由,依据商标法第十一条第一款第(二)项和第(三)项,驳回了申请商标在所有指定商品上的领土延伸保护申请,并通知世界知识产权组织国际局;世界知识产权组织国际局接到该通知后于2003年4月4日通知了费列罗有限公司;费列罗有限公司于2003年5月6日向商标评审委员会申请复审。

2006年10月9日,商标评审委员会做出第3191号决定,该决定认为:申请商标由一个长方形的透明容器组成,辅以颜色和装饰。其作为立体商标,仅有指定使用商品较为常用的包装形式,难以起到区分商品来源的作用,缺乏商标应有的显著特征,已构成商标法第十一条第一款第(三)项所规定的情形,申请商标在中国的领土延伸保护申请应予以驳回。

原审诉讼中,费列罗有限公司向原审法院补充提交了16组共计79份证据用以证明其通过大量的使用行为使申请商标获得了显著特征……

本院认为,商标法第十一条规定,缺乏显著特征的标志不得作为商标注册;但经过使用取得显著特征,并便于识别的,可以作为商标注册。对于三维标志来说,仅有指定使用商品通用或者常用的包装物或者整体不能起到区分商品来源作用的,应当认定为缺乏显著特征。

本案中,申请商标的外观是一个透明的长方体容器,容器外有装饰带和标签,在未被装饰带和标签遮挡的部分能够看到容器内部排列的若干球状物。从整体上看,申请商标的透明长方体容器是一种通用的包装物,其上的装饰带在整个申请商标外观中所占比例不大,其标签也均为空白标签,虽然能够透过容器看到其中的金色球状物,但申请商标给相关公众带来的视觉效果主要还是有内容物的透明长方体容器,无法作为识别商品来源的标志,因此申请商标本身并不具有显著特征。

费列罗有限公司在原审中提交的用以证明申请商标已通过使用取得显著特征的证据并未在商标驳回复审阶段提交,费列罗有限公司也未就其没有提交上述证据的原因做出合理的解释。而且,上述证据仅有部分内容涉及申请商标在其申请日之前在中国大陆地区的使用情况,而在这部分证据中又有相当多的内容或是费列罗有限公司自行统计的数据,或是只有案外人的声明而无能够支持该声明内容真实性的证据。再者,由上述所有证据中的图片可以看出,费列罗有限公司并未实际使用过申请商标,其实际使用的是在显著位置标有"FERRERO ROCHER"字样的透明长方体容器及其装饰。综上,从上述证据提交的时间和证据的实质内容两方面进行分析,费列罗有限公司在原审中提交的上述证据均不能表明不含"FERRERO ROCHER"字样的申请商标在中国大陆地区已经通过使用取得了显著特征。

综上,申请商标缺乏便于相关公众识别商品来源的显著特征,不符合商标注册条件,费列罗有限公司关于其申请商标具有显著特征的上诉主张于法无据,本院不予支持。商标评审委员会第3191号决定和原审判决认定事实清楚,适用法律正确,应予维持。依照《中华人民共和国行政诉讼法》第六十一条第(一)项之规定,判决如下:

驳回上诉,维持原判。

一审案件受理费人民币100元,由费列罗有限公司负担(已交纳);二审案件受理费人民币100元,由费列罗有限公司负担(已交纳)。

本判决为终审判决。

审判长　张　冰
代理审判员　程　霞
代理审判员　钟　鸣
二〇〇八年三月十二日
书记员　张见秋

【延伸阅读】

1. 郑成思:《WTO知识产权协议逐条讲解》,中国方正出版社2001年版。
2. 叶全良、王世春主编:《国际商务与知识产权保护》,人民出版社2005年版。
3. 许海峰主编:《涉外知识产权保护法律实务》,机械工业出版社2005年版。
4. 吴汉东主编:《知识产权国际保护制度研究》,水利水电出版社2007年版。
5. 唐广良、董炳和:《知识产权的国际保护》(修订版),知识产权出版社2006

6.程永顺主编:《专家点评与建议:涉外商标权典型案例》,法律出版社2010年版。

7.胡凤滨主编:《中国指导案例、参考案例判旨总提炼:知识产权纠纷》,法律出版社2012年版。

第二节 涉外商标的国际条约规定

【知识背景】

一、《保护工业产权巴黎公约》

商标是《巴黎公约》规定的一项重要工业产权。《巴黎公约》专门适用于商标的规则包括:

(一)商标的独立性及其例外

《巴黎公约》第6条规定了商标独立原则。该条第1款规定:"商标的申请和注册条件,在本联盟各国由其本国法律决定。"在这个前提下,同一商标在不同成员方所受的保护是独立的。具体来说,公约规定的商标独立性表现在以下两个方面:

(1)成员方不得以其他成员方的国民未在其原属国申请、注册或续展为理由予以拒绝,也不得使注册无效。成员方在对其他成员方的国民的商标注册申请进行审查时,应按照本国法律规定的条件进行审查以决定是否核准注册,而不得以该商标未在申请人原属国申请或未获注册或未续展为理由拒绝予以注册。对于已获准注册的商标,如果所有人在原属国的商标注册失效或到期未续展,注册国不得宣布该注册无效。

(2)在一成员方内正式注册的商标,与在其他成员方家注册的商标,包括在原属国注册的商标在内,应认为是互相独立的。这表明,各成员方只按照本国的法律保护本国核准注册的商标,而不受同一商标在其他国家的保护状况的影响。如果该商标在某个国家因某种理由被撤销或失效,这种撤销或失效的效力仅及于该国,而不对在其他国家的注册产生任何影响。

商标的独立性与专利的独立性基本相同。但是,商标独立性有一个重要的例外,《巴黎公约》第 6 条之五详细规定了商标独立性的例外。

根据公约第 6 条之五 A 小节第 1 款的规定,"在原属国正规注册的每一商标,除有本条规定的保留外,本联盟其他国家应与在原属国注册那样接受申请和给予保护"。因此,"只要一个商标在原属国已经正规注册,即使它在形式上,即在它所据以构成的标记上不符合本国法律的要求,本联盟的其他各国也有义务接受并予以保护"。① 这项规定只适用于那些在原属国已进行注册的商标,如果该商标未在原属国注册,则不适用。需要说明的是,如果申请人申请注册的商标与其原属国受保护的商标的构成部分不完全相同,只要未改变其显著性,也不影响其与原属国注册的商标形式上的一致性,成员方不得仅仅以此为理由拒绝予以注册。

公约明确规定的保留情况主要有以下三种:

(1)商标具有侵犯第三人在被请求给予保护的国家的既得权利的性质的;

(2)商标缺乏显著特征,或者完全是由商业中用以表示商品的种类、质量、数量、用途、价值、原产地或生产时间的符号或标记所组成,或者在被请求给予保护的国家的现代语言中或在善意和公认的商务实践中已经成为惯用的;

(3)商标违反道德或公共秩序,尤其是具有欺骗公众的性质的。

(二)驰名商标

驰名商标的特别保护是《巴黎公约》关于商标问题的一项重要内容。公约第 6 条之二规定:

(1)本联盟各国承诺,如本国法律允许,应依职权,或依利害关系人的请求,对商标注册国或使用国主管机关认为在该国已经驰名、属于有权享受本公约利益的人所有、并且用于相同或类似商品的商标构成复制、仿制或翻译,易于产生混淆的商标,拒绝或撤销注册,并禁止使用。这些规定,在商标的主要部分构成对上述驰

---

① [奥地利]博登浩森:《保护工业产权巴黎公约指南(附英文文本)》,汤宗舜、段瑞林译,中国人民大学出版社 2003,第 74 页。

名商标的复制或仿制,易于产生混淆时,也应适用。

(2)自注册之日起至少5年的期间内,应允许提出撤销此种商标的请求。本联盟各国可以规定一个期间,在这期间内必须提出禁止使用的请求。

(3)对于依恶意取得注册或使用的商标提出撤销注册或禁止使用的请求,不应规定时间限制。

(三)不得作为商标使用的标记

各国商标法都规定了一些不得作为商标使用的标记,《巴黎公约》也规定了各成员方应拒绝给予商标注册并采取措施禁止使用的一些标记。

《巴黎公约》第6条之三第1款a项规定,本联盟各成员方同意,对未经主管机关许可,而将本联盟国家的国徽、国旗和其他国家徽记、各该国用以表明监督和保证的官方符号和检验印章以及从徽章学的观点看来的任何仿制用作商标或商标的组成部分,拒绝注册或使其注册无效,并采取适用措施禁止使用。此外,由公约一个或一个以上成员方参加的政府间国际组织的徽章、旗帜、其他徽记、缩写和名称,也适用上述禁止性规定。

公约禁止使用某些标记作为商标注册或使用的目的是为了防止发生误导,并非为了保护这些标记。因此,公约并不完全禁止使用有关标记作为商标或其构成部分,而是规定了许多例外情况。例如,公约第6条之三第2款c项规定:"本联盟任何国家无须适用上述b项规定,而损害本公约在该国生效前善意取得的权利所有人。在上述a项所指的商标的使用或注册性质上不会使公众理解为有关组织与这种徽章、旗帜、徽记、缩写和名称有联系时,或者如果这种使用或注册性质上大概不会使公众误解为使用人与该组织有联系时,本联盟国家无须适用该项规定。"

(四)商标的转让

在许多国家里,商标的转让行为受到一定的限制。有的国家规定不得将商标单独转让,只能将商标连同使用商标的营业一起转让,否则转让无效。为了便于商标所有人跨国转让商标,《巴黎公约》第6条之四第1款要求,如果商标所有人在某成员方内有营业,只要将在该成员方的营业连同商标一起转让给受让人,就应承认这种转让为有效。不过,如果受让人使用受让的商标事实上造成对使用该商标的商品的原产地、性质或重要品质发生误解的,成员方可以不承认这种转让的效力。

(五)代理人或代表人的注册

如果商标所有人的代理人或代表人未经其同意而以他们自己的名义将该商标注册,根据《巴黎公约》第6条之七的规定,该所有人有权反对所申请的注册或要求取消注册;如果核准注册的国家的法律允许,该所有人可以要求将该项注册转让给自己,除非该代理人或代表人能证明其行为是正当的。公约这项规定的目的主要是为了防止代理人或代表人在代理申请商标注册过程中将被代理人的商标占为己有,损害被代理人的利益。

(六)使用商标的商品的性质对商标注册的影响

《巴黎公约》第7条规定,使用商标的商品的性质决不应成为该商标注册的障碍。公约这样规定的目的在于使商标注册不因法律对某种商品的生产或销售的限制而受影响。

(七)集体商标

对于某些社团申请注册集体商标的问题,《巴黎公约》第7条之二规定,只要这些社团的存在不违反其原属国的法律,各成员方应受理申请,并保护属于该社团的集体商标。成员方不得因为该社团没有工商业营业所,或在本国没有营业所,或该社团不是根据本国法律所组成等为理由,拒绝对该社团的集体商标予以保护。

二、《商标国际注册马德里协定》

《商标国际注册马德里协定》(以下简称《马德里协定》)1891年4月14日签订于西班牙首都马德里,于1892年生效。中国于1989年10月4日成为该协定的成员方。《马德里协定》的签订、实施和不断修改与完善,为各成员方国民提供了一条简便的商标国际注册途径。按照《马德里协定》的规定,商标在原属国注册以后,商标注册人只需用一种语言(法语),向一个机构(国际局)提出注册申请和缴纳费用,而无须用各种不同的语言分别向各成员方的商标主管部门提出申请,也无须分别向各国商标主管部门缴纳费用,就有可能在相应的成员方获得商标保护,其保护的效果等同于该商标在相应成员方的注册。该途径具有省力、省时、省钱等优越性,在一定程度上促进了国际经济贸易的发展,是商标保护领域较为成功的国际条约之一。但其也存在着明显的局限性,以致迄今没有能把美国、日本等这样一些经济大国吸引进来,使得该协定的作用受到了限制。为此,世界知识产权组织在20世纪60年代以来进行了不懈的努力,终于在1989年6月27日,在西班牙首都马德里召开的外交大会上通过了在《马德里协定》基础上制定的《商标国际注册马德里协定有关议定书》。

三、《商标国际注册马德里协定有关议定书》

《商标国际注册马德里协定有关议定书》(以下简称《马德里议定书》)是在《马德里协定》基础上发展而来的,于1989年6月27日签订于西班牙首都马德里,于1996年4月1日生效。它在申请条件、审查周期、工作语言、收费标准和收费方式、保护期限及国际注册与基础注册的关系等方面都作了重要修改。其目的是为了使那些对国际注册体系感兴趣,但因国内法律等问题难以加入《马德里协定》的国家能够参与这一商标国际注册体系。《马德里议定书》是在《马德里协定》基础上制定的,它除保留了《马德里协定》主要优点外,还具有以下主要优点:

(1)放宽了申请商标国际注册的条件。《马德里协定》规定,申请国际注册的商标必须是在其国内已经注册的商标,在国内未经商标主管部门核准注册的商标,申请人不得将其申请国际注册。而《马德里议定书》则规定,申请人不但可以其商标在原属国的注册为依据,提出国际注册申请,而且可以以其向商标主管部门递交的国家注册申请为依据,提出国际注册申请。这对于像中国这样进行实质审查的国家的商标申请人来说,是十分有利的,不仅给商标申请人争取了申请商标国际注册的时间,而且可以使申请人享受《保护工业产权巴黎公约》规定的6个月的优先权,有助于申请人的商标权益在国外市场上能尽早获得保护。

(2)商标专用权的确立更合理。《马德里协定》规定,某一商标自国际注册之日起5年期满前,若该商标在国内因某种原因被撤销,其国际注册也要被撤销。而《马德里议定书》在基本保留这一原则的同时作了一些修改,即该商标在国内注册被撤销,其国际注册也将被撤销。但在该商标国际注册被撤销之日起3个月内,可以将该商标转换为有关国家的注册申请,并保留原国际注册日为该商标的申请日,如该商标原享有优先权日,则仍享有该商标的优先权日。根据这一程序,商标申请人可在其商标被本国商标主管部门核驳或者被撤销时,仍可继续在有关国家谋求其商标权利,且不会丧失其商标较早的申请日期。这使得商标申请人的商标权利的确立与保护较《马德里协定》更为公平、合理。

(3)延长了商标审查期限。《马德里协定》规定,商标国际注册领土延伸时,有关国家商标主管机关有权驳回的期限为1年,即实际审查时间为12个月。而《马德里议定书》则规定,各缔约国如需要,可将有权驳回时限延长至18个月。这在一定程度上缓解了与某些国家国内法在驳回时限和工作量等方面的矛盾。

(4)增加了工作语言。《马德里协定》规定其工作语言仅为法语,而《马德里议定书》的工作语言又增加了英语,各成员方商标主管部门可以在法语和英语之间进行选择,这给各成员方商标主管部门和商标申请人带来了极大方便。这也将吸引更多的《马德里协定》成员方和非《马德里协定》成员方或国际组织的加入,为国际注册体系提供了比《马德里协定》范围更广的发挥作用的天地。

(5)适应性更广。《马德里协定》规定,只有《保护工业产权巴黎公约》成员方才有资格加入,而《马德里议定书》则规定,除《保护工业产权巴黎公约》的成员方外,政府间组织也可以加入。

(6)收费标准的方式灵活。《马德里议定书》规定,对商标的附加注册费和补充注册费,允许各成员方收取"单独规费",而不必完全按照马德里联盟大会规定的固定收费标准由国际局统一收取,从而可以缓解部分成员方在办理商标注册中与其国内收费标准不一致的矛盾。另外,《马德里议定书》还规定,商标国际注册的注册费和规费可由申请人或者代理人直接缴纳给世界知识产权组织国际局。

【案例裁决/法律文书摘录】

福建永某电机(集团)有限公司与重庆神某进出口贸易有限公司

侵害商标权纠纷案(节选)

上海市第一中级人民法院

民事判决书

[2012]沪一中民五(知)终字第110号

上诉人(原审原告):福建永某电机(集团)有限公司。

法定代表人：黄某，董事长。

上诉人（原审被告）：重庆神某进出口贸易有限公司。

法定代表人：艾某，董事长。

上诉人福建永某电机（集团）有限公司（以下简称福建永某公司）、重庆神某进出口贸易有限公司（以下简称重庆神某公司）因侵害商标权纠纷一案，不服上海市浦东新区人民法院[2011]浦民三（知）初字第601号民事判决，向本院提起上诉。本院于2012年5月8日受理后，依法组成合议庭，于同年5月24日公开开庭审理了本案。本案现已审理终结。

2011年8月25日，福建永某公司以重庆神某公司未经其许可生产、销售侵权产品，侵犯了该公司的注册商标专用权，给其造成了极大的经济损失为由，诉至原审法院，请求判令：(1)确认被告生产、销售标注""商标标识的汽油发电机组等侵权产品，构成对原告""商标的侵权；(2)立即停止使用""商标、立即停止继续生产、销售与""商标相同或近似的商标及标识的侵权产品；(3)立即销毁与""商标相同或近似的侵权产品（包括但不限于被海关查扣的涉嫌侵权的产品）；(4)立即销毁为生产、销售侵权产品而制作的商品标识（包括但不限于为生产、销售上述侵权产品而印制的库存商标、标识的印版等），以及侵权产品的包装物、产品选型手册、产品介绍、产品标贴等；(5)在《中国机电经贸》杂志上刊登声明，消除影响；(6)赔偿原告经济损失人民币50万元（以下币种相同）；(7)承担原告为本案支出的调查取证等项费用10万元。

原审法院经审理查明：2011年6月8日，重庆神某公司以一般贸易方式申报出口伊拉克360台汽油发电机组，总价55645.20美元。当日，上海海关向福建永某公司发出《确认知识产权侵权状况通知书》，要求该公司确认该批货物是否侵权，并决定是否请求海关扣留货物。6月9日福建永某公司提出扣留申请，并于当日向上海海关支付抵押金10万元。7月27日上海海关向福建永某公司发出沪关知字[2011]第098号《扣留侵权嫌疑货物通知书》，告知海关已对重庆神某公司涉嫌侵犯福建永某公司的""商标专用权的360台汽油发电机组（金额55645.2美元）予以扣留。现上海海关对该案尚在处理中。涉案被扣留的发电机组及外包装盒上标有""商标。

此外,原审法院还查明:2011年1月1日,德国MATRIX有限责任公司出具《授权函》,内容为,授权重庆神某公司使用该公司许可证项下对产品的注册商标、标志和/或包装图案设计,这些产品是重庆神某公司为德国MATRIX有限责任公司或者为该公司明确指定的单位独家生产和提供的,直至德国MATRIX有限责任公司明确地书面终止。同时附上品牌名称有关的注册商标。

2011年2月24日由重庆神某公司(供应商)与德国MATRIX有限责任公司(买方)签订的MATRIX形式发票记载,订单号011—000159,品牌MATRIX……

2011年11月德国MATRIX有限责任公司出具《MATRIX有限责任公司产品运至伊拉克的说明》,称其作为发电机的购买方(采购单号011—000159),重庆神某公司严格按照其要求生产。根据授权书及合同,这些产品仅提供给德国MATRIX有限责任公司,该公司在世界很多国家都有代理商。这次其下给重庆神某公司的订单是来自德国MATRIX有限责任公司在土耳其的一个代理商,这个客户通知其将360台发电机运至伊拉克。德国MATRIX有限责任公司决定和要求重庆神某公司按指令将360台发电机运至伊拉克。

WIPO(世界知识产权组织)网站上的商标注册信息显示,""商标注册日期为2004年4月20日,注册人德国MATRIX有限责任公司,商标注册用商品国际分类第7类发电机、泵等;与《巴黎公约》所规定优先权相关的日期及其他与该商标在原产国注册相关的日期为德国2003年11月7日;《马德里议定书》第9条的指定国包括中国等国,其中未包括伊拉克;临时驳回部分保护(中国),从清单中删除包括第7类的发电机、泵。

中国商标局网站上的信息显示,""商标注册号G837565,国际分类7,申请人名称MATRIX有限责任公司,商品包括属本类的手工制作等,国际注册日期2004年4月20日,优先权日期2003年11月7日。

德国MATRIX有限责任公司出资20万欧元,于2008年6月10日在中国注册成立聚正商务咨询(上海)有限公司(以下简称聚正公司),法定代表人为Thannhuber Andreas,经营范围为商务信息咨询等。聚正公司于2011年11月8日出具《工作流程图说明》,称MATRIX有限责任公司以邮件形式下单给聚正公司,聚正公司以邮件形式发给供应商出货状态包括订单数量、型号、包装要求等信息,供应商收到信息后将签字盖章的形式发票发给聚正公司,聚正公司以邮件给德国公司盖章确认,再发回供应商处。供应商根据聚正公司提供的包装印刷稿,结合产品出货状态及合同安排生产。供应商出货后提供海运单据给MATRIX有限责任公司,聚正公司向德国申请付款,德国安排付款,订单完毕。

原审法院认为,""商标经中国商标局核准注册,核定使用商品为发电机等,福建永某公司依法取得该商标,且尚在有效期内,故福建永某公司对该注册商标享有专用权,应受法律保护。任何人未经许可,均不得擅自使用福建永某公司的注册商标。

关于重庆神某公司出口产品上使用的""商标与福建永某公司的""注册商标是否构成近似。原审法院认为,比对福建永某公司、重庆神某公司的注册商标,可以看出,福建永某公司的注册商标""是一个英文单词"MATRIX",意为"矩阵、字模"等,从该商标字形上看,仅字母"A"略有细微的变化。重庆神某公司产品上的商标是由英文单词"MATRIX""buydirect"及图形组成的图文商标,其中"MATRIX"与福建永某公司的注册商标文字、发音相同,在商标中字体较大,是整个商标的主要组成部分。特别是""商标使用在商品上后,商标中的图形已与商品或外包装装潢融合在一起,更突出了"MATRIX"文字。"buydirect"意思为直接购买,其位于"MATRIX"的下方,且字体较小。因此整个商标中"MATRIX"明显突出,"MATRIX"是消费者对该商品来源的主要判断依据,以相关消费者的一般注意力,易将""商标与福建永某公司的""注册商标混淆。因此重庆神某公司出口产品上使用的""商标与福建永某公司的""注册商标构成近似。

关于重庆神某公司接受境外商标权利人委托加工涉案产品后发往第三国的行为是否构成商标侵权。原审法院认为,《中华人民共和国商标法》(以下简称《商标法》)规定,未经商标注册人的许可,在同一种商品或者类似商品上使用与其注册商标相同或者近似的商标的,属侵犯注册商标专用权的行为。销售侵犯注册商标专用权的商品,亦构成商标侵权。

重庆神某公司辩称,涉案产品未在中国销售,未对福建永某公司造成损害,作为涉外定牌加工的受托方,其已尽到了合理的商标审查义务,故不构成侵权。原审法院认为,涉外定牌加工是指由境外委托方提供合法有效的注册商标,境内的受托方按照境外委托方的委托承揽加工产品,并将产品全部交付境外委托方的行为。

在这一行为中境内的受托方只负责加工产品而不负责产品的对外销售。重庆神某公司提供的德国 MATRIX 有限责任公司的授权书、说明等，证明重庆神某公司出口的涉案发电机由该公司委托其生产并指定发往伊拉克。重庆神某公司是一家进出口贸易公司，本身不具备生产能力，涉案产品由其委托其他公司生产后，再由重庆神某公司出口至德国 MATRIX 有限责任公司在伊拉克的客户。因此，在这一交易过程中，重庆神某公司实施了两个行为。一是重庆神某公司将境外公司委托的加工业务外发给其他生产单位加工，二是重庆神某公司为境外公司实施了向其伊拉克客户销售涉案产品的行为。重庆神某公司没有亲自加工产品，也没有将加工的产品直接交付委托方，因此重庆神某公司的上述行为已经与涉外定牌加工的行为性质不相符。注册商标的保护具有地域性，由于涉案产品是在中国国内生产并出口，故不得侵犯中国的注册商标专用权。重庆神某公司与加工单位之间就是委托加工的法律关系，该加工单位生产与福建永某公司的注册商标近似的产品的行为，属于中国《商标法》第五十二条第(一)项规定的侵犯注册商标专用权的行为。此后，重庆神某公司并没有将加工的产品交付委托方，而是出口至第三方国家，虽然该行为是根据委托方指令，但出口行为由重庆神某公司实施，该行为不得违反中国的法律规定。重庆神某公司转委托国内企业生产与福建永某公司注册商标近似的同种产品并出口至第三国的行为，直接侵害了国内注册商标权利人的利益。同时，重庆神某公司作为委托生产和出口方在此交易行为中应当承担合理的商标审查义务，审查涉案商标是否与国内注册商标相同或近似，并审查境外委托方的商标注册情况，包括查明境外委托方在其本国和指定的产品销往国是否享有合法的商标权。德国 MATRIX 有限责任公司在德国申请注册了""商标，并进行了国际注册，核定使用的范围包括第 7 类中的发电机，而该商标在中国国际注册的核定使用范围中删除了发电机，且在伊拉克也未进行注册。也就是说德国 MATRIX 有限责任公司在产品生产国和销往国均不享有涉案商标在发电机上的专用权。重庆神某公司称德国 MATRIX 有限责任公司在委托其加工之初已经向其出示了相关的商标注册信息，说明重庆神某公司在接受订单时已经知道 MATRIX 有限责任公司的上述商标注册情况。重庆神某公司明知上述情况，且未查明境外商标是否与国内的注册商标近似，仍然组织生产并向海关申报出口与福建永某公司注册商标近似的产品,具有过错。综上,重庆神某公司关于其不构成商标侵权的抗辩意见,原审法院不予采纳。

重庆神某公司未经福建永某公司许可,在同一种商品上使用与福建永某公司的""注册商标近似的标识,已构成对福建永某公司""注册商标专用权的侵犯,依法应承担停止侵权、赔偿损失的民事责任。由于本案并非确认之诉,重庆神某公司的行为是否构成侵权,原审法院已在判决理由部分进行了阐述,故在判决主文中对于确认重庆神某公司的行为侵犯福建永某公司的注册商标专用权无须予以表述。

因福建永某公司要求重庆神某公司停止使用涉案商标,立即停止继续生产、销售侵权产品的请求,已由停止侵权行为的判决所涵盖,无须另作判决。福建永某公司并无证据证明重庆神某公司尚有库存,而被海关扣押的侵权产品将由海关依法做出处理,故福建永某公司要求重庆神某公司销毁包括被海关扣留的产品在内的库存侵权产品的请求,原审法院不予支持。福建永某公司亦无证据证明重庆神某公司尚有库存商标标识以及包装物、产品选型手册、产品介绍、产品标贴等,故福建永某公司要求重庆神某公司立即销毁为生产、销售侵权产品而制作的商品标识(包括但不限于为生产、销售上述侵权产品而印制的库存商标、标识的印版等),以及侵权产品的包装物、产品选型手册、产品介绍、产品标贴等的请求,因缺乏事实依据,原审法院亦不予支持。

关于赔偿额的确定……

关于消除影响的民事责任……

据此,原审法院根据《中华人民共和国民法通则》第一百三十四条第一款第(一)项、第(七)项,《中华人民共和国商标法》第五十二条第(一)项、第(二)项,第五十六条,《最高人民法院关于审理商标民事纠纷案件适用法律若干问题的解释》。第九条,第十条,第十六条第一、二款,第十七条之规定,判决:一、重庆神某进出口贸易有限公司于判决生效之日起立即停止对福建永某电机(集团)有限公司享有的""注册商标专用权的侵害;二、重庆神某进出口贸易有限公司于判决生效之日起十日内赔偿福建永某电机(集团)有限公司经济损失人民币 70000 元,合理开支人民币 30000 元;三、驳回福建永某电机(集团)有限公司其余诉讼请求。

原审判决后,福建永某公司、重庆神某公司均不服,向本院提起上诉。

上诉人福建永某公司请求本院撤销原审判决第二、三项,改判支持其原审全部诉讼请求。其主要上诉理由是:(1)原审对经济损失及合理费用的判赔过低。福建永某公司在原审中提交的《海关出口货物报关单》足以证明其生产、销售的发电机在相关区域具有相当高的知名度;对于侵权行为赔偿数额的确定不应以是否进入流通领域为标准;原审对合理费用中律师费的确定不当。(2)原审不支持其要求重庆神某公司承担消除影响的民事责任的诉请,应属错误。重庆神某公司的侵权行为给福建永某公司造成了严重后果;涉案德国 MATRIX 有限责任公司及其在中国注册的聚正商务咨询(上海)有限公司在本案中亦构成侵权,重庆神某公司对此应承担消除影响的民事责任。(3)原审不支持销毁海关扣留的产品亦属于错误。

重庆神某公司针对福建永某公司的上诉请求答辩称:该公司的行为系涉外定牌加工行为,没有对福建永某公司的注册商标造成混淆的损害后果,也未给其商誉造成不良影响,故不应承担赔偿损失及消除影响的民事责任。

上诉人重庆神某公司请求二审法院撤销原审判决,驳回福建永某公司的原审全部诉讼请求。其主要理由是:(1)重庆神某公司因经营范围的限制,将境外公司委托加工业务转委托案外公司生产,该行为系国际贸易中的惯例,且根据境外公司的指令将货物发往境外第三国的行为并非销售行为,只是完成受委托加工业务后的交付行为,故重庆神某公司的上述行为系涉外定牌加工行为。(2)该公司在接受德国 MATRIX 有限责任公司委托加工业务时,已经对德国公司商标的注册情况进行了审查,主观上没有侵权的过错,且作为涉外定牌加工的受托方没有义务就境外商标是否与国内的注册商标构成相同或近似进行审查。(3)该公司定牌加工的商品全部出口,不在中国境内销售,不存在对福建永某公司在国内的注册商标造成相关公众的混淆、误认,故不构成侵权,不应承担民事责任。

福建永某公司针对重庆神某公司的上诉请求答辩称:(1)重庆神某公司的行为不属于定牌加工行为,而是委托案外公司生产以及将案外公司生产的产品销往境外第三国(非德国 MATRIX 有限责任公司所在地)的两个行为的结合;(2)重庆神某公司声称其审查了德国 MATRIX 有限责任公司的商标注册信息,但未对该境外商标在中国未受保护的情况引起注意,并非其所谓的已履行审慎审查的义务,其主观恶意明显;(3)重庆神某公司构成侵权,依法应当承担民事责任。

本院经审理查明：原审法院认定的事实属实，本院予以确认。

本院认为：中国《商标法》第五十二条第一项规定，未经商标注册人的许可，在同一种商品或者类似商品上使用与其注册商标相同或者近似的商标的行为，属于侵犯注册商标专用权，故"使用商标"系判定侵权与否的前提。本案中，由于重庆神某公司委托他人加工发电机，并贴附经德国 MATRIX 有限责任公司授权的""商标，与福建永某公司在发电机上贴附""注册商标构成近似，故本案的争议焦点即为重庆神某公司的上述行为，是否属于商标法意义上的使用行为。

对此，本院评判如下：

商标是一种用于商品上或者服务中的特定标记，消费者通过这种标记，识别或者确认该商品、服务的生产经营者和服务提供者。识别商品来源的功能是商标的基本功能、首要功能，也是商标权利人使用商标的本意所在。《中华人民共和国商标法实施条例》第三条规定："商标法和本条例所称商标的使用，包括将商标用于商品、商品包装或者容器以及商品交易文书上，或者将商标用于广告宣传、展览以及其他商业活动中。"结合前述商标的基本功能可见，商品的提供者使用商标的目的在于以该商标表明其商品的提供者身份，便于消费者对商品来源的识别。因此，识别功能产生于商品流通领域，识别的主体系消费者。也就是说，在商品尚未进入流通领域时，贴附在商品上的标识本身并未发挥其识别的功能。此外，商标权的地域性特点决定了中国《商标法》仅对中国境内发生的侵权行为加以制裁。

本案中，1. 从海关扣押的涉案发电机照片来看，该发电机上除""商标外，没有其他表示生产商的信息，重庆神某公司作为境内加工方在产品上贴附商标的行为形式上虽由加工方实施，但实质上商标真正的使用者仍为境外委托方，即该发电机进入流通领域后，消费者通过""商标获悉的商品提供者只能是拥有该商标的德国 MATRIX 有限责任公司，而不可能是加工方重庆神某公司。德国 MATRIX 有限责任公司因销售发电机获利，重庆神某公司获得的仅是向德国方提供加工服务的报酬。2. 由于本案发电机被查扣时尚处于加工出口环节，并未真正进入流通领域，即尚未面对发电机商品的消费者。同时，该被海关扣押的发电机销往境外，福建永某公司亦无证据证明涉案发电机在中国境内还存在销售情况，故""商标只在中国境外发挥商品来源的识别意义，并不在国内市场发挥识别功能。3. 商标权的地域性特点决定了涉案发电机商品是否因贴附""商标而在中国境外使消费者对其商品来源产生混淆或误认,并非中国《商标法》所能规制。综上所述,重庆神某公司委托他人加工、贴附经德国MATRIX有限责任公司授权使用的""商标的行为,并非商标法意义上的使用行为。重庆神某公司关于其不构成商标侵权的上诉主张,本院予以支持。

福建永某公司还认为,涉案被扣押的发电机系由受托方重庆神某公司发往第三国伊拉克,而非发往""商标的注册国(德国),且该商标在伊拉克并不具有商标权,故重庆神某公司的上述行为系销售侵犯注册商标专用权的商品的行为。对此本院认为,销售侵犯注册商标专用权的商品,首先要存在侵犯注册商标专用权的商品,其次才是销售行为。本案中,由于重庆神某公司委托他人加工、贴附""商标的行为并非商标法意义上的使用行为,未侵犯福建永某公司的注册商标专用权,故其也不存在销售侵犯注册商标专用权的商品的行为。福建永某公司的相关主张,于法无据,本院不予采信。

此外,本院注意到,德国MATRIX有限责任公司""商标国际注册日期为2004年4月20日,优先权日期为2003年11月7日,早于2004年1月28日福建永某公司注册的""商标。同时,对于该两个商标各自的知名度情况,双方当事人均未进行举证,且除本案被扣押的发电机外,亦无证据证实重庆神某公司还曾有贴附""商标的发电机申报出口的情况,故难以就此认定德国MATRIX有限责任公司存在攀附中国境内知名品牌,注册近似商标的恶意,并以此规制重庆神某公司的受托定牌加工行为。

综上所述,重庆神某公司在本案中的行为并非商标法意义上的使用行为,不构成商标侵权,对其上诉请求,本院予以支持;对福建永某公司的上诉请求,本院不予支持。据此,依照《中华人民共和国民事诉讼法》第一百五十三条第一款第(二)项、第一百五十八条的规定,判决如下:

一、撤销上海市浦东新区人民法院[2011]浦民三(知)初字第601号民事判决;
二、驳回上诉人福建永某电机(集团)有限公司的原审全部诉讼请求。

本案一审案件受理费人民币9800元,二审案件受理费人民币9800元,均由上诉人福建永某电机(集团)有限公司负担。

本判决为终审判决。

审判长　胡震远

代理审判员　徐　晨

代理审判员　桂　佳

二〇一二年十一月二十二日

书记员　谭　尚

【延伸阅读】

1. 郑成思:《WTO知识产权协议逐条讲解》,中国方正出版社2001年版。

2. 叶全良、王世春主编:《国际商务与知识产权保护》,人民出版社2005年版。

3. 许海峰主编:《涉外知识产权保护法律实务》,机械工业出版社2005年版。

4. 吴汉东主编:《知识产权国际保护制度研究》,水利水电出版社2007年版。

5. 唐广良、董炳和:《知识产权的国际保护》(修订版),知识产权出版社2006年版。

6. 程永顺主编:《专家点评与建议:涉外商标权典型案例》,法律出版社2010年版。

7. 胡凤滨主编:《中国指导案例、参考案例判旨总提炼:知识产权纠纷》,法律出版社2012年版。

第三节　涉外商标权的保护标准与限制

【知识背景】

一、最低保护标准

TRIPS对商标权构成的条件做出了明确的规定,任何能够将一个企业的商品或服务区别于另一个企业的商品或服务的符号或符号组合都能够构成商标。这样的符号,特别是字符,包括个人姓名、字母、数字、图形要素和颜色组合以及任何这些符号的组合都应能够注册为商标。如果符号本质上不能够区分出相关的商品或服务,缔约方可以根据实际使用所取得的区别程度确定其可注册性。作为注册的一个条件,缔约方可以要求符号是从视觉上能够辨认的。

TRIPS虽然未明确列举不予注册的情形,但规定申请商标的商品或服务的性质在任何情况下都不应构成对商标注册的障碍。

TRIPS明确规定,注册商标的所有者应享有一种独占权,以防止任何第三方在未经其同意的情况下,在商业中对于与已注册商标的商品或服务相同或相似的商品或服务采用有可能会导致混淆的相同或相似的符号标记。这为知识产权的保护执法提供了标准。

TRIPS规定,在确定一个商标是否为驰名商标时,应该考虑该商标在相关的公众范围内的知名度,包括在该缔约国由于对该商标的宣传而形成的知名度。对于不类似商品或服务上相同标识的使用,只要对该驰名商标产生不良影响,使商标权人的利益可能受到损害,如暗示该驰名商标的权利人与此种使用有某种联系等,就应当原则上适用巴黎公约1967年文本,对驰名商标予以保护。

对商标的注册保护期,TRIPS规定,原始注册商标和每一次续展注册商标的保护期限不得短于七年。一个商标的续展注册次数不受限制。

二、商标权的例外限制

TRIPS对商标权限制的例外规定,主要体现在该协议第17条的规定中。该条规定,缔约方可以规定对商标所赋予的权利的例外,例如善意使用描述性词语等,其条件是这样的例外应考虑商标所有者和第三方的合法利益。

商标权人在行使其权利时,往往受到一定的限制,保护商标专用权并不是没有任何限制。在商品范围上,以已注册核准的商标商品为限。在时间上,以注册的有效期为限。在地域上,以注册国的法律管辖权所及的范围为限。

【案例裁决/法律文书摘录】

微软公司诉
中华人民共和国国家工商行政管理总局商标评审委员会商标争议行政纠纷案(节选)

北京市第一中级人民法院

行政判决书

[2012]一中知行初字第899号

原告:微软公司。

授权代表:D.巴特雷·奥本瑙尔,代理助理秘书。

被告:中华人民共和国国家工商行政管理总局商标评审委员会。

法定代表人:何训班,主任。

第三人:胡铁。

原告微软公司不服被告中华人民共和国国家工商行政管理总局商标评审委员会(简称商标评审委员会)于2011年9月19日做出的商评字[2011]第21202号关于第4417052号"MSN"商标争议裁定(简称第21202号裁定),于法定期限内向本院提起行政诉讼。本院于2012年2月6日受理后,依法组成合议庭,并通知第21202号裁定的利害关系人胡铁作为本案第三人参加诉讼。

商标评审委员会在第21202号裁定中认定:微软公司称第4417052号"MSN"商标(简称争议商标)的注册违反了《中华人民共和国商标法》(简称《商标法》)第十条第一款第(八)项之规定,但上述法条所指之情形系指商标本身文字、图形或其他构成要素违反公序良俗而产生消极的、负面的影响。本案争议商标的构成要素不具有上述消极的、负面的不良影响,微软公司提交的证据也不能支持其上述主张,故不予支持。微软公司所援引的《民法通则》第四条之规定在《商标法》中已有体现,商标评审委员会将依据微软公司的具体评审理由以及案情适用相应的实体条款予以审理。结合微软公司陈述理由及事实依据,本案的争议焦点在于:争议商标是否违反《商标法》第十三条第二款的规定。

微软公司主张其第1049715号"MSN."商标(简称引证商标一)、第1955565号"MSN"商标(简称引证商标二)为驰名商标,但在本案中微软公司提交的用以证明上述引证商标知名度的证据即关于微软公司历史、经营业绩、世界500强排名等情况的报道、资料等网络打印件、微软公司在中国设立分支机构的营业执照复印件等、中国国内媒体关于微软公司"MSN"系列产品的介绍、评测、使用报告等资料打印件,国外媒体关于"MSN"产品在英国、加拿大等国家使用排名第一的报道等打印件中主要证据材料为网络信息打印件以及具体来源不明的资料打印件,仅凭这些证据不足以认定其引证商标在争议商标申请之日前已经在中国达到驰名程度。微软公司认为争议商标的注册具有恶意,极易误导公众,损害其利益,但争议商标指定注册商品为第16类纸等,与微软公司主张驰名的第38类电讯服务等服务项目不具有密切关联性,引起相关公众混淆误认的可能性较小。综上,微软公司撤销争议商标的理由缺乏事实依据,争议商标违反《商标法》第十三条第二款规定的证据不足,不能成立。

因此,依据《商标法》第四十三条的规定,商标评审委员会裁定争议商标予以维持。

原告MSN公司诉称:一、争议商标系对引证商标一、二的复制、模仿,误导公众,完全符合《商标法》第十三条第二款规定的情形,理应不予核准注册并禁止使用。二、争议商标的注册不符合《商标法》第二十八条、《商标法实施条例》第二十九条的规定,与引证商标构成使用在类似商品上的近似商标。在商标争议程序中,原告在争议申请书中已经明确载明争议商标不符合《商标法实施条例》第二十九条的规定,第21202号裁定未对此进行评审,属于漏审。三、争议商标的注册系采取不正当手段对引证商标一、二的恶意抄袭,违反《商标法》第十条第一款第(八)项、第三十一条、第四十一条第一款的规定。综上,请求人民法院依法判决撤销第21202号裁定,并重新做出争议裁定。

被告商标评审委员会辩称:第21202号裁定认定事实清楚,适用法律正确,审理程序合法,原告的诉讼请求和理由不能成立。请求人民法院依法维持第21202号裁定。

第三人胡铁未向本院提交书面意见陈述。

本院经审理查明:

微软公司于1995年12月6日向中华人民共和国国家工商行政管理总局商标

局(简称商标局)申请注册"MSN."商标(即引证商标一,见本判决附件),该商标于1997年7月7日获准注册,商标注册证号为1049715,核定使用在国际分类第38类电讯服务、即通过电子传输接收和传递电信、文件、图像和其他数据,电子邮递服务,电子公告板服务项目上。经续展,该商标的专用期至2017年7月6日。

微软公司于2000年2月23日向商标局申请注册"MSN"商标(即引证商标二,见本判决附件),该商标于2002年8月21日获准注册,商标注册证号为1955565,核定使用在国际分类第38类有线电视播放、通过电子传输来接收及发送讯息、文件、影像及其他数据、电子邮件服务等服务项目上。商标档案显示该商标的专用期至2012年8月20日。

胡铁于2004年12月15日向商标局申请注册"MSN"商标(即争议商标,见本判决附件),该商标于2008年3月21日获准注册,商标注册证号为4417052,核定使用的商品为国际分类第16类纸、复印纸(文具)、卫生纸、制图尺、包装纸、印刷品、图画、书写工具、家具除外的办公必需品、订书机。

2009年3月9日,微软公司以胡铁为被申请人,向商标评审委员会提出撤销争议商标注册的申请。微软公司提交的《注册商标争议裁定申请书》显示,微软公司在《注册商标争议裁定申请书》首部的"评审请求"部分列明了请求依据《中华人民共和国商标法实施条例》(简称《商标法实施条例》)第二十九条撤销争议商标,但申请书后续部分未对此具体进行阐述,亦没有明确其主张争议商标违反《商标法实施条例》第二十九条或《商标法》第二十八条所引证的商标。微软公司在《注册商标争议裁定申请书》评审请求部分列明了《商标法》第三十一条,但未具体说明理由。同时,微软公司向商标评审委员会提交了以下64份证据……商标评审委员会于2011年9月19日做出第21202号裁定。

在本案庭审过程中,微软公司提交了以下2份证据,并认可均未在商标争议程序中提交:(1)在百度和google中搜索"msn"的结果,用以证明"msn."的公众知晓度极高;(2)"中国商标网"2011年5月27日刊载的认定驰名商标公告,用以证明"微软MICROSOFT"被认定为驰名商标。"msn."与"微软MICROSOFT"紧密关联,"微软MICROSOFT"的知名度也辐射到"msn."商标上。

在本案庭审过程中,微软公司、商标评审委员会陈述以下意见……

本院认为：

一、关于《商标法》第二十八条

根据《商标评审规则》第二十九条的规定，商标评审委员会审理依据商标法第四十一条请求裁定撤销注册商标的案件，应当针对当事人申请和答辩的事实、理由及请求进行评审。根据查明事实，微软公司仅在《注册商标争议裁定申请书》首部的"评审请求"部分列明了请求依据《商标法实施条例》第二十九条撤销争议商标，但申请书后续部分未对此具体进行阐述，亦没有明确其主张争议商标违反《商标法实施条例》第二十九条或《商标法》第二十八条所引证的商标。故微软公司关于其曾在商标争议程序中明确提出争议商标违反《商标法》第二十八条规定的评审理由、第21202号裁定存在漏审情况的主张，缺乏事实依据，本院不予支持。因微软公司未在商标争议程序中明确提出《商标法》第二十八条的争议理由，故其在本案中所称争议商标违反了《商标法》第二十八条的规定的起诉理由不属于本案审理范围，本院对于微软公司的该项起诉理由不予审理。

二、关于《商标法》第三十一条

微软公司主张争议商标申请注册损害了微软公司的商标权，从而违反了《商标法》第三十一条的规定。对此本院认为，《商标评审规则》第二十九条规定，商标评审委员会审理依据商标法第四十一条请求裁定撤销注册商标的案件，应当针对当事人申请和答辩的事实、理由及请求进行评审。根据查明事实，微软公司仅在《注册商标争议裁定申请书》评审请求部分列明了《商标法》第三十一条，但未具体说明理由。且由于对于在先注册商标权，《商标法》已经通过其他条款进行特别保护，因此不再适用《商标法》第三十一条的规定。故本院对于微软公司的该项起诉理由不予审理。

三、关于《商标法》第十条第一款第（八）项

《商标法》第十条第一款第（八）项所指之情形系指商标本身文字、图形或其他构成要素违反公序良俗而对中国政治、经济、文化等产生消极的、负面的影响。本案争议商标的构成要素并不具有上述消极的、负面的不良影响，故第21202号裁定关于争议商标未违反《商标法》第十条第一款第（八）项规定的认定正确，本院应予支持。

四、关于《商标法》第十三条第二款

根据《商标法》第十三条第二款的规定,就不相同或者不相类似商品申请注册的商标是复制、模仿或者翻译他人已经在中国注册的驰名商标,误导公众,致使该驰名商标注册人的利益可能受到损害的,不予注册并禁止使用。该条款适用的前提是在诉争商标申请日之前,在先注册的商标已经构成驰名商标。驰名商标是指在中国为相关公众广为知晓并享有较高声誉的商标。根据《商标法》第十四条的规定,认定驰名商标应当考虑相关公众对该商标的知晓程度、该商标使用的持续时间、该商标的任何宣传工作的持续时间、程度和地理范围、该商标作为驰名商标受保护的记录及该商标驰名的其他因素。

本案中,微软公司在庭审过程中明确主张引证商标一已构成驰名商标,其应当就其主张承担举证责任。从微软公司在商标争议程序中提交的证据来看,部分证据形成时间在争议商标申请注册日之后;部分证据为微软公司的商标注册材料及投资设立分支机构材料,不能证明引证商标一的使用及宣传情况;部分证据为域外证据,不能证明引证商标一在中国大陆地区使用及宣传情况;部分证据为微软公司自行统计数据,在没有其他证据佐证的情况下其真实性无法确认;报刊的宣传内容既非报刊原件亦非复印件,均为打印页,其真实性无法确认。因此,上述证据不足以证明,在争议商标申请注册日之前,引证商标一在中国大陆已达驰名程度。另外,争议商标核定使用的商品为国际分类第16类的纸、复印纸(文具)等商品,引证商标一核定使用在国际分类第38类电讯服务、即通过电子传输接收和传递电信、文件、图像和其他数据,电子邮递服务,电子公告板服务项目上,两者行业特征区分明显,差异巨大。争议商标的注册使用,不足以导致相关公众误认为该商标与微软公司的引证商标一存在相当程度的联系,从而损害微软公司的利益。综上,商标评审委员会认定争议商标申请注册未违反《商标法》第十三条第二款的规定的结论正确,本院予以维持。

五、关于《商标法》第四十一条第一款

根据《商标法》第四十一条第一款的规定,已经注册的商标,如果是以欺骗或者其他不正当手段取得注册的,应当予以撤销。该条款所指的"以欺骗手段或者其他不正当手段取得注册",涉及的是撤销商标注册的绝对事由,一般是指损害公共秩

序或者公共利益,或者妨碍商标注册管理秩序的商标注册行为。本案中微软公司称胡铁申请注册与引证商标完全相同的争议商标恶意明显,该情形显然不属于《商标法》第四十一条第一款的调整范围。故第21202号裁定关于争议商标未违反《商标法》第四十一条第一款规定的认定正确,本院应予支持。

综上所述,微软公司的起诉理由均不能成立,商标评审委员会做出的第21202号裁定事实清楚,证据充分,适用法律正确,应予维持。依照《中华人民共和国行政诉讼法》第五十四条第(一)项之规定,本院判决如下:

维持中华人民共和国国家工商行政管理总局商标评审委员会于二〇一一年九月十九日做出的商评字[2011]第21202号关于第4417052号"MSN"商标争议裁定。

案件受理费人民币一百元,由原告微软公司负担(已交纳)。

如不服本判决,原告微软公司可在本判决书送达之日起三十日内,被告中华人民共和国国家工商行政管理总局商标评审委员会、第三人胡铁可在本判决书送达之日起十五日内,向本院提交上诉状及副本,并交纳上诉案件受理费人民币一百元,上诉于中华人民共和国北京市高级人民法院。

审判长　张晰昕

代理审判员　刘永存

人民陪审员　韩树华

二〇一二年九月十日

书记员　杨振中

【延伸阅读】

1. 郑成思:《WTO知识产权协议逐条讲解》,中国方正出版社2001年版。
2. 叶全良、王世春主编:《国际商务与知识产权保护》,人民出版社2005年版。
3. 许海峰主编:《涉外知识产权保护法律实务》,机械工业出版社2005年版。
4. 吴汉东主编:《知识产权国际保护制度研究》,水利水电出版社2007年版。
5. 唐广良、董炳和:《知识产权的国际保护》(修订版),知识产权出版社2006

年版。

6.程永顺主编:《专家点评与建议:涉外商标权典型案例》,法律出版社 2010 年版。

7.胡凤滨主编:《中国指导案例、参考案例判旨总提炼:知识产权纠纷》,法律出版社 2012 年版。

第四节 中国对商标权的法律保护

【知识背景】

一、商标权的保护要件

(一)商标的构成

商标的构成,指商标的内容必须符合商标法的规定。

中国《商标法》第 8 条规定,任何能够将自然人、法人或者其他组织的商品与他人的商品区别开的标志,包括文字、图形、字母、数字、三维标志、颜色组合和声音等,以及上述要素的组合,均可以作为商标申请注册。2013 年中国《商标法》修订后,对商标的构成突破可视性要件,将声音视为商标的构成内容之一,进一步扩大了商标构成的范围,符合商标法的本旨。

(二)显著性

商标最基本的作用是区别商品来源,保护商标的出发点在于防止混淆。因此,一个标记是否可以作为商标受到保护,其核心要件在于是否具有显著特征,便于识别。

商标标示中凡含有下列要素的,均属于缺乏显著特征,是不得注册为商标的标志:

(1)同中华人民共和国的国家名称、国旗、国徽、国歌、军旗、军徽、军歌、勋章等相同或者近似的,以及同中央国家机关的名称、标志、所在地特定地点的名称或者标志性建筑物的名称、图形相同的；

(2)同外国的国家名称、国旗、国徽、军旗等相同或者近似的,但经该国政府同意的除外；

(3)同政府间国际组织的名称、旗帜、徽记等相同或者近似的,但经该组织同意或者不易误导公众的除外；

(4)与表明实施控制、予以保证的官方标志、检验印记相同或者近似的,但经授权的除外；

(5)同"红十字""红新月"的名称、标志相同或者近似的；

(6)仅有本商品的通用名称、图形、型号的；

(7)仅直接表示商品的质量、主要原料、功能、用途、重量、数量及其他特点的；

(8)县级以上行政区划的地名或者公众知晓的外国地名,不得作为商标；

(9)以三维标志申请注册商标的,仅由商品自身的性质产生的形状、为获得技术效果而需有的商品形状或者使商品具有实质性价值的形状,不得注册。

但是,商品的通用名称、图形、型号,直接表示商品的质量、主要原料、功能、用途、重量、数量及其他特点的标志,经过使用取得显著特征,并便于识别的,可以作为商标注册。地名具有其他含义或者作为集体商标、证明商标组成部分的除外；已经注册的使用地名的商标继续有效。

(三)非冲突性

1. 不得违反公序良俗

带有民族歧视性的；带有欺骗性,容易使公众对商品的质量等特点或者产地产生误认的；有害于社会主义道德风尚或者有其他不良影响的标志不得作为商标使用。

2. 不得与在先合法权利相冲突

二、商标注册的申请与审核

(一)申请

申请商标注册,申请人应当按规定的商品分类表填报使用商标的商品类别和商品名称,按照公布的商品和服务分类表填报。每一件商标注册申请应当向商标局提交《商标注册申请书》1份、商标图样1份。此外,申请人应当提交其身份证明文件。

商标注册的申请日期以商标局收到申请文件的日期为准。

商标注册申请人自其商标在外国第一次提出商标注册申请之日起六个月内,又在中国就相同商品以同一商标提出商标注册申请的,依照该外国同中国签订的协议或者共同参加的国际条约,或者按照相互承认优先权的原则,可以享有优先权。依照前款要求优先权的,应当在提出商标注册申请的时候提出书面声明,并且在三个月内提交第一次提出的商标注册申请文件的副本;未提出书面声明或者逾期未提交商标注册申请文件副本的,视为未要求优先权。

商标在中国政府主办的或者承认的国际展览会展出的商品上首次使用的,自该商品展出之日起六个月内,该商标的注册申请人可以享有优先权。依照前款要求优先权的,应当在提出商标注册申请的时候提出书面声明,并且在三个月内提交展出其商品的展览会名称、在展出商品上使用该商标的证据、展出日期等证明文件;未提出书面声明或者逾期未提交证明文件的,视为未要求优先权。

(二)形式审查

形式审查是对商标注册申请的文件、手续是否符合法律规定的审查。商标注册申请手续齐备、按照规定填写申请文件并缴纳费用的,商标局予以受理并书面通知申请人;申请手续不齐备、未按照规定填写申请文件或者未缴纳费用的,商标局不予受理,书面通知申请人并说明理由。申请手续基本齐备或者申请文件基本符合规定,但是需要补正的,商标局通知申请人予以补正,限其自收到通知之日起30日内,按照指定内容补正并交回商标局。在规定期限内补正并交回商标局的,保留申请日期;期满未补正的或者不按照要求进行补正的,商标局不予受理并书面通知申请人。

(三)实质审查

实质审查是对商标是否具备注册条件的审查。

申请注册的商标,凡不符合商标法有关规定或者同他人在同一种商品或者类似商品上已经注册的或者初步审定的商标相同或者近似的,由商标局驳回申请,不予公告。申请商标注册不得损害他人现有的在先权利,也不得以不正当手段抢先注册他人已经使用并有一定影响的商标。

(四)初步审定和公告异议

对申请注册的商标,商标局应当自收到商标注册申请文件之日起九个月内审查完毕,符合商标法有关规定的,予以初步审定公告。两个或者两个以上的商标注册申请人,在同一种商品或者类似商品上,以相同或者近似的商标申请注册的,初步审定并公告申请在先的商标;同一天申请的,初步审定并公告使用在先的商标,驳回其他人的申请,不予公告。

对初步审定公告的商标,自公告之日起三个月内,在先权利人、利害关系人认为违反驰名商标规定、被代表人或被代理人提出异议、滥用地理标志、涉及在先商标、同时申请,以及损害在先权利的,或者任何人认为违反商标合法性、显著性和功能性的,可以向商标局提出异议。

对初步审定公告的商标提出异议的,商标局应当听取异议人和被异议人陈述事实和理由,经调查核实后,自公告期满之日起十二个月内做出是否准予注册的决定,并书面通知异议人和被异议人。有特殊情况需要延长的,经国务院工商行政管理部门批准,可以延长六个月。

(五)核准注册

初步审定的商标公告期满无人提出异议或异议不成立的,商标局予以正式核准注册,发给商标注册证。

(六)商标评审

商标评审是指由特定机构对商标争议事宜进行复审的制度,是商标审查制度的重要组成部分。国务院工商行政管理部门设立商标评审委员会,负责处理商标争议事宜。

商标评审委员会负责处理的商标争议案件包括:

(1)不服商标局驳回商标注册申请、不予公告的决定,申请复审的案件;

(2)不服商标局的异议裁定,申请复审的案件;

(3)对已经注册的商标,认为注册不当或者与在先合法权益发生冲突而请求裁定无效或撤销的案件;

(4)不服商标局宣告注册商标无效或裁定撤销注册商标的决定,申请复审的案件。

商标评审委员会做出的评审决定为行政终局决定,当事人不服的,可以自收到通知之日起 30 日内向人民法院起诉。

三、注册商标的续展、变更和无效

(一)注册商标的续展和变更

注册商标的有效期为十年,自核准注册之日起计算。在有效期内,商标注册人对该商标的利用享有排他性权利,有效期届满,商标注册人的权利即告终止。但是,续展可使商标权继续维持。商标注册人应当在期满前十二个月内按照规定办理续展手续;在此期间未能办理的,可以给予六个月的宽展期。每次续展注册的有效期为十年,自该商标上一届有效期满次日起计算。期满未办理续展手续的,注销其注册商标。

注册商标需要变更注册人的名义、地址或者其他注册事项的,应当提出变更申请。

(二)注册商标的无效

1. 因违反绝对条件的无效

已经注册的商标违反商标合法性、显著性和功能性的,或者是以欺骗手段或者其他不正当手段取得注册的,由商标局宣告该注册商标无效;其他单位或者个人可以请求商标评审委员会宣告该注册商标无效。

2. 因违反相对条件的无效

已经注册的商标侵害他人驰名商标,抢注被代理人、被代表人或其他商业伙伴在先使用商标,滥用地理标志,与已注册、初步审定或在先申请的商标混淆,以不当手段抢注他人已使用并有一定影响的商标或损害他人其他在先权利的,自商标注册之日起五年内,在先权利人或者利害关系人可以请求商标评审委员会宣告该注册商标无效。对恶意注册的,驰名商标所有人不受五年的时间限制。

3. 注册商标宣告无效的效力

宣告无效的注册商标由商标局予以公告,该注册商标专用权视为自始即不存在。宣告注册商标无效的决定或者裁定,对宣告无效前人民法院做出并已执行的商标侵权案件的判决、裁定、调解书和工商行政管理部门做出并已执行的商标侵权案件的处理决定以及已经履行的商标转让或者使用许可合同不具有追溯力。但是,因商标注册人的恶意给他人造成的损失,应当给予赔偿。依照前款规定不返还商标侵权赔偿金、商标转让费、商标使用费,明显违反公平原则的,应当全部或者部分返还。

四、商标权的利用

(一)注册商标的使用

商标的使用是指将商标用于商品、商品包装或者容器及商品交易文书上,或者将商标用于广告宣传、展览及其他商业活动中,用于识别商品来源的行为。

注册商标的使用严格限制在核准注册的商标标识和核定使用的商品或服务上。商标注册人在使用注册商标的过程中,自行改变注册商标、注册人名义、注册人地址或者其他注册事项的,由地方工商行政管理部门责令限期改正;期满不改正的,由商标局撤销其注册商标。此外,注册商标成为其核定使用的商品的通用名称或者没有正当理由连续三年不使用的,任何单位或者个人可以向商标局申请撤销该注册商标。

(二)注册商标的转让

注册商标的转让是指注册商标所有人将其所有的注册商标转让给他人所有。

转让注册商标的,转让人和受让人应当向商标局提交转让注册商标申请书。转让注册商标的,商标注册人对其在同一种商品上注册的近似的商标,或者在类似商品上注册的相同或者近似的商标,应当一并转让。对容易导致混淆或者有其他不良影响的转让,商标局不予核准,书面通知申请人并说明理由。受让人应当保证使用该注册商标的商品质量。

转让注册商标经核准后,予以公告。受让人自公告之日起享有商标专用权。

(三)注册商标的使用许可

注册商标的使用许可是指注册商标所有人允许他人在一定期限内使用其注册商标。

商标注册人可以通过签订商标使用许可合同,许可他人使用其注册商标。许可人应当监督被许可人使用其注册商标的商品质量。被许可人应当保证使用该注册商标的商品质量。经许可使用他人注册商标的,必须在使用该注册商标的商品上标明被许可人的名称和商品产地。许可他人使用其注册商标的,许可人应当将其商标使用许可报商标局备案,由商标局公告。商标使用许可未经备案不得对抗善意第三人。

五、商标权的保护

(一)商标侵权

注册商标的专用权以核准注册的商标和核定使用的商品为限。《商标法》规定,有下列行为之一的,均属侵犯注册商标专用权:

(1)未经商标注册人的许可,在同一种商品上使用与其注册商标相同的商标的;

(2)未经商标注册人的许可,在同一种商品上使用与其注册商标近似的商标,或者在类似商品上使用与其注册商标相同或者近似的商标,容易导致混淆的;

(3)销售侵犯注册商标专用权的商品的;

(4)伪造、擅自制造他人注册商标标识或者销售伪造、擅自制造的注册商标标识的;

(5)未经商标注册人同意,更换其注册商标并将该更换商标的商品又投入市场的;

(6)故意为侵犯他人商标专用权行为提供便利条件,帮助他人实施侵犯商标专用权行为的;

(7)给他人的注册商标专用权造成其他损害的。

(二)法律责任与执法措施

1. 民事责任

侵犯商标专用权的赔偿数额,按照权利人因被侵权所受到的实际损失确定;实际损失难以确定的,可以按照侵权人因侵权所获得的利益确定;权利人的损失或者侵权人获得的利益难以确定的,参照该商标许可使用费的倍数合理确定。对恶意侵犯商标专用权,情节严重的,可以在按照上述方法确定数额的一倍以上三倍以下确定赔偿数额。赔偿数额应当包括权利人为制止侵权行为所支付的合理开支。人民法院为确定赔偿数额，在权利人已经尽力举证，而与侵权行为相关的账簿、资料主要由侵权人掌握的情况下，可以责令侵权人提供与侵权行为相关的账簿、资料；侵权人不提供或者提供虚假的账簿、资料的，人民法院可以参考权利人的主张和提供的证据判定赔偿数额。权利人因被侵权所受到的实际损失、侵权人因侵权所获得的利益、注册商标许可使用费难以确定的，由人民法院根据侵权行为的情节判决给予三百万元以下的赔偿。销售不知道是侵犯注册商标专用权的商品，能证明该商品是自己合法取得并说明提供者的，不承担赔偿责任。

2.行政责任

工商行政管理部门处理时，认定侵权行为成立的，责令立即停止侵权行为，没收、销毁侵权商品和主要用于制造侵权商品、伪造注册商标标识的工具，违法经营额五万元以上的，可以处违法经营额五倍以下的罚款，没有违法经营额或者违法经营额不足五万元的，可以处二十五万元以下的罚款。对五年内实施两次以上商标侵权行为或者有其他严重情节的，应当从重处罚。销售不知道是侵犯注册商标专用权的商品，能证明该商品是自己合法取得并说明提供者的，由工商行政管理部门责令停止销售。

3.刑事责任

未经注册商标所有人许可，在同一种商品上使用与其注册商标相同的商标，情节严重的，处三年以下有期徒刑或者拘役，并处或者单处罚金；情节特别严重的，处三年以上七年以下有期徒刑，并处罚金。

销售明知是假冒注册商标的商品，销售金额数额较大的，处三年以下有期徒刑或者拘役，并处或者单处罚金；销售金额数额巨大的，处三年以上七年以下有期徒刑，并处罚金。

伪造、擅自制造他人注册商标标识或者销售伪造、擅自制造的注册商标标识，情节严重的，处三年以下有期徒刑、拘役或者管制，并处或者是单处罚金；情节特别严重的，处三年以上七年以下有期徒刑，并处罚金。

4.诉前临时措施

商标注册人或者利害关系人有证据证明他人正在实施或者即将实施侵犯其

注册商标专用权的行为,如不及时制止将会使其合法权益受到难以弥补的损害的,可以依法在起诉前向人民法院申请采取责令停止有关行为和财产保全的措施。

5. 证据保全

为制止侵权行为,在证据可能灭失或者以后难以取得的情况下,商标注册人或者利害关系人可以依法在起诉前向人民法院申请证据保全。

(三)驰名商标的特殊保护

驰名商标是指为相关公众所熟知的商标,其并非特定的商标种类。认定驰名商标的唯一要件是"为公众所熟知",并禁止生产、经营者将"驰名商标"字样用于商品、商品包装或者容器上,或者用于广告宣传、展览及其他商业活动中。

1. 认定方式

中国认定驰名商标的机关是商标局、商标评审委员会或者人民法院。根据《商标法》规定,驰名商标的认定是个案中查明事实、适用法律的前提,只有在案件需要并有当事人主张时,商标行政执法机关和人民法院才会先行做出认定。亦即在商标确权或者商标侵权纠纷发生后,当事人认为其商标构成驰名商标,并提出商标驰名的证据的,商标行政执法机关或者人民法院将依法审查认定,涉案商标被认定为驰名商标的,可给予特别保护。

2. 认定标准

《商标法》规定,驰名商标应当根据当事人的请求,作为处理涉及商标案件需要认定的事实进行认定。认定驰名商标应当考虑下列因素:(1)相关公众对该商标的知晓程度;(2)该商标使用的持续时间;(3)该商标的任何宣传工作的持续时间、程度和地理范围;(4)该商标作为驰名商标受保护的记录;(5)该商标驰名的其他因素。

3. 保护范围

驰名商标保护的特征在于特殊保护。就相同或者类似商品申请注册的商标是复制、模仿或者翻译他人未在中国注册的驰名商标,容易导致混淆的,不予注册并禁止使用。就不相同或者不相类似商品申请注册的商标是复制、模仿或者翻译他人已经在中国注册的驰名商标,误导公众,致使该驰名商标注册人的利益可能受到损害的,不予注册并禁止使用,即跨类保护。相比之下,普通商标的保护范围以核准注册的标志和核定使用的商品或服务为限。

【案例裁决/法律文书摘录】

刘国持与重光产业株式会社侵害商标权纠纷上诉案(节选)

广西壮族自治区高级人民法院

民事判决书

[2011]桂民三终字第 23 号

上诉人(一审被告):刘国持。

被上诉人(一审原告):重光产业株式会社。

法定代表人:重光克昭,董事长。

刘国持因与重光产业株式会社(以下简称重光会社)侵害商标权纠纷一案,不服南宁市中级人民法院[2011]南市民三初字第 48 号民事判决,向本院提起上诉。本院于 2011 年 9 月 2 日受理后,依法组成合议庭。本案现已审理终结。

南宁市中级人民法院审理查明:重光会社于 1997 年 7 月 28 日经中华人民共和国国家工商行政管理局商标局核准注册了"味干"文字加图形商标,商标注册证号为:第 1067522 号,注册类别为第 42 类,用于临时流动餐馆、咖啡馆、自助餐厅、餐馆、自助餐馆、快餐部、酒吧间。该注册商标于 2007 年 7 月 23 日经中华人民共和国国家工商行政管理局商标局核准续展注册,有效期至 2017 年 7 月 27 日。"味干"商标注册后,重光会社在北京、上海、南京、大连、重庆、常州等中国内地城市开设了多家"味干"拉面餐馆,经营日式拉面餐饮服务。通过其对品牌经营和广告宣传,"味干"商标有一定的市场知名度。

刘国持于 2010 年 9 月 13 日经广西壮族自治区南宁市工商行政管理局核准取得个体工商户营业执照,字号为"南宁市吉野味干拉面馆",经营场所:南宁市民族大道 49-2 号九一天地二楼;主营范围为:中型餐馆(不含凉菜、生食海产品、裱花蛋糕)。

刘国持在其经营场所制作招牌"吉野味干拉面",使用"吉野味干"字样及图形标识,在点菜单、客人结算单、充值卡及使用说明上也均使用了"吉野味干拉面""吉野味干"字样及图形标识。经比对,刘国持使用的"味干"文字与重光会社涉案注册商标的"味干"文字字形相同;所使用的图形标识与重光会社涉案注册商标的图形部分相比较,刘国持图形上的娃娃的头发上比重光会社涉案注册商标图形上的娃娃左右各多扎了一个蝴蝶结;在衣服领口和袖口上,刘国持图形上的娃娃比重光会社图形上的娃娃各多了一颗扣子;在与重光会社涉案注册商标图形上的碗口边的小装饰图案带的同一位置,刘国持以微小的连续出现的"吉野味干拉面"字样带取代;刘国持图形上的碗口上冒烟的形状与重光会社图形的碗口上冒烟的形状略微不同。两者除了上述的区别外,其余部分均相同。

一审庭审中,重光会社称目前刘国持已经拆除其经营场所招牌上"味干"文字及图形标识,仅在点菜单等上仍使用"味干"标识,工商登记中字号也仍在使用"味干"字样。

南宁市中级人民法院审理认为:重光会社依法取得了"味干"文字加图形注册商标,在商标核定使用的范围即国际商品分类第42类上对"味干"文字加图形注册商标享有专用权,受法律保护。

一、关于刘国持的行为是否构成对重光会社的"味干"文字加图形注册商标权侵权的问题。根据《中华人民共和国商标法》第五十二条第(一)项、第(五)项的规定及最高人民法院法释[2002]32号《关于审理商标民事纠纷案件适用法律若干问题的解释》第一条第(一)项的规定,任何人不经重光会社的许可,不得在相同商品或者类似商品上使用与第1067522号"味干"注册商标相同或近似的商标,也不能将与重光会社的"味干"注册商标相同或近似的文字作为企业的字号在相同或类似商品上突出使用,使相关公众产生误认。刘国持在重光会社取得"味干"注册商标之后于2010年9月13日才成立"南宁市吉野味干拉面馆"。刘国持的"南宁市吉野味干拉面馆"向社会公众提供的服务与重光会社注册商标核准的服务为同类服务。从查明的情况看,刘国持使用的"味干"文字与重光会社涉案注册商标的"味干"文字字形相同,所使用的图形标识与重光会社涉案注册商标中的图形部分存在的区别是细微的,整体高度相似,故认定刘国持使用的"味干"文字及图形标识与重光会社的"味干"文字加图形注册商标构成近似。刘国持在其经营场所和经营活动中突出使用与重光会社涉案注册商标"味干"相同的文字标识和相近似的图形标识,普通消费者施以一般的注意力,很难将两者区分开来,容易导致相关公众的误解,使消费者对于味干拉面馆的服务来源产生混淆,误以为刘国持的味干拉面馆系经过重光会社授权经营的日式拉面餐饮服务。刘国持的行为构成了对重光会社涉案注册商标专用权的侵害,应承担停止侵权、赔偿损失的法律责任。但鉴于刘国持已经拆除其经营场所招牌上的"味干"文字及图形标识,故无必要再判决刘国持拆除在其店铺门头招牌使用"味干"文字及图形标识。

二、关于赔偿数额的确定问题。依据《中华人民共和国商标法》第五十六条第一款、第二款的规定,因重光会社未提供充分证据证明其因侵权所遭受损失或刘国持侵权所获利益,故综合考量侵权时间、情节、后果、刘国持的主观过错等因素,依法酌情确定刘国持赔偿经济损失5万元。对于重光会社请求赔偿的过高部分,依法不予支持。

三、关于涉案"味干"文字加图形注册商标应否认定为驰名商标的问题。刘国持的行为构成对重光会社的注册商标专用权的侵犯。但本案在对被诉侵权行为是否成立认定时,并不以"味干"商标是否驰名为事实依据。依照最高人民法院《关于审理涉及驰名商标保护的民事纠纷案件应用法律若干问题的解释》第三条第一款第(一)项"在下列民事纠纷案件中,人民法院对于所涉商标是否驰名不予审查:(一)被诉侵犯商标权或者不正当竞争行为的成立不以商标驰名为事实根据"的规定,对重光会社的"味干"文字加图形注册商标是否为驰名商标的事实不予审查。对重光会社主张涉案"味干"文字加图形商标应认定为驰名商标的请求不予支持。

依照《中华人民共和国商标法》第三条第一款,第四条第三款,第五十二条第(一)项、第(五)项,第五十六条第一款、第二款,最高人民法院法释[2002]32号《关于审理商标民事纠纷案件适用法律若干问题的解释》第一条第(一)项,第九条,第十六条第一款、第二款,第二十一条第一款,第二十三条,最高人民法院法释[2009]3号《关于审理驰名商标保护的民事纠纷案件应用法律若干问题的解释》第三条第一款第(一)项,《中华人民共和国民事诉讼法》第一百三十条之规定,判决:一、刘国持于本判决生效之日起立即停止侵犯重光产业株式会社的第1067522号"味干"注册商标专用权的行为,即停止在经营活动中所使用的菜单、充值卡、点菜单等服务用品上使用与重光会社涉案注册商标"味干"相同的文字标识和相近似的图形标识。二、刘国持于本判决生效之日起三十日内到工商管理部门办理字号变更手续,在其字号"南宁市吉野味干拉面馆"中去除"味干"字样;三、刘国持赔偿重光产业株式会社经济损失5万元;四、驳回重光产业株式会社的其他诉讼请求。案件受理费2300元,由重光会社负担460元,刘国持负担1840元。

刘国持不服一审判决,向本院上诉称:(1)刘国持登记的字号为南宁市吉野味干拉面馆,并不是南宁市吉野味干拉面馆,一审认定刘国持为南宁市吉野味干拉面馆业主没有事实依据。(2)刘国持不是适格被告,其不是南宁市吉野味干拉面馆的实际经营者。南宁市吉野味干拉面馆原是刘国持、谭伟军、罗勇及姜欣怜四人合伙经营,但刘国持、谭伟军、罗勇三人已将股份转给了姜欣怜,南宁市吉野味干拉面馆的所有债权、债务由姜欣怜承担,与刘国持无关。(3)南宁市吉野味干拉面馆经营场所使用的文字及图形没有构成侵权,刘国持的"吉野味干拉面馆"字样是整体使用,"味干"与"味干"在读音及字形上不一样,图形也与重光会社的商标有区别,近似度不高。(4)重光会社的商标不是驰名商标,使用吉野味干拉面标识不会使相关公众产生误认。因此请求撤销一审判决,改判驳回重光会社的诉讼请求,诉讼费由重光会社负担。

重光会社答辩称:(1)关于南宁市吉野味干拉面馆字号的问题,工商局的材料登记得很清楚,刘国持的上诉理由完全不成立,且即使叫"吉野味干"也构成侵权。(2)本案侵权成立且非常严重,实际上构成刑事范围。(3)无论股权是否变化,南宁市吉野味干拉面馆是刘国持开办的,刘国持的行为均构成侵权,且工商登记材料看不出股权结构,不能产生对外效力。(4)一审判决赔偿5万元过低,地点遥远才没有上诉。请求驳回上诉,维持原判。

综合诉辩双方的意见,本院归纳本案的二审争议焦点为:1. 刘国持是否为本案一审适格被告?

2. 南宁市吉野味干拉面馆使用的文字及图形标识是否构成对重光会社第1067522号"味干"文字加图形商标的侵权?一审判决刘国持承担的民事责任是否有事实和法律依据?

......

对一审查明的事实,刘国持认为表述有错误,其字号应当为"南宁市吉野味干拉面馆",在其经营场所的招牌、点菜单、客人结算单、充值卡及使用说明上并没有使用"味干"字样,而是"味干"字样。

经核实一审确认的证据,二审另查明:刘国持经营的拉面馆的字号应为"南宁市吉野味干拉面馆",但在其经营场所的招牌、充值卡上,其用红色美术字体表述的字样,很难令消费者区分是"味干"字样还是"味干"字样,且在储值业务交易凭证单和客人结算单上,明显使用"味干"字样。一审确定刘国持经营的拉面馆的字号为"南宁市吉野味干拉面馆"有误,应当依法予以纠正。

除此,刘国持对一审查明的其他事实没有异议。重光会社对一审查明的事实没有异议,也没有新证据提交,本院对一审查明的其他事实予以确认。

本院认为:

一、关于刘国持是否为本案一审适格被告的问题……

二、关于南宁市吉野味干拉面馆使用的文字及图形标识是否构成对重光会社第1067522号"味干"文字加图形商标的侵权,一审判决刘国持承担的民事责任是否有事实和法律依据的问题。

首先,重光会社依法取得了"味干"文字加图形注册商标,商标注册证为第1067522号,为服务商标。该商标在第42类核定服务项目上(包括临时流动餐馆、咖啡馆、自助餐厅、餐馆、自助餐馆、快餐部和酒吧间)对"味干"文字加图形注册商标享有专用权,依法受法律保护。

其次,中国商标法及商标法实施条例中有关商品商标的规定,也同样适用于服务商标。判断本案是否构成服务商标侵权,一要看南宁市吉野味干拉面馆是否在其服务场所使用了与重光会社第1067522号"味干"文字加图形注册商标相同或者近似的标识;二要看涉案服务类别与重光会社第1067522号注册商标核定使用的服务类别是否相同或类似。关于第一个方面:(1)重光会社第1067522号"味干"注册商标为文字加图形商标。在文字的字体比对上,南宁市吉野味干拉面馆在其经营招牌、充值卡上用红色美术字体表述的字样,很难令消费者区分是"味干"字样还是"味干"字样,且在储值业务交易凭证单和客人结算单上,明显使用"味干"字样。在图形比对上,南宁市吉野味干拉面馆的对外经营招牌、充值卡及充值卡使用说明上的娃娃头图形在表情、动作、颜色配比上与重光会社的娃娃头图形高度近似,只是刘国持使用图形上的娃娃头的发饰、衣服领口和袖口的扣子、碗口边的小装饰图案带字样及碗口上冒烟的形状略微不同。(2)在企业名称上,尽管南宁市吉野味千拉面馆在工商登记注册的字号为"味干"字样,与"味千"读音不同,但是由于汉字笔画的特殊性,"千"与"干"字的结构是高度相似的,极易导致消费者混淆。关于第二个方面:南宁市吉野味干拉面馆与重光会社"味千"文字加图形注册商标核定的服务为类似服务。根据最高人民法院《关于审理商标民事纠纷案件适用法律若干问题的解释》第十一条第二款的规定,类似服务是指在服务的目的、内容、方式、对象等方面相同,或者相关公众一般认为其存在特定联系、容易造成混淆的服务。重光会社注册登记"味千"文字加图形商标核定使用在临时流动餐馆、咖啡馆、自助餐厅、餐馆等服务项目上,南宁市吉野味干拉面馆的经营范围为中式餐馆,二者在服务目的、内容、对象上是相同的。且由于重光会社的"味千"文字加图形商标在餐饮业有一定的市场知名度,一般消费者无法将南宁市吉野味干拉面馆使用的服务文字和图形标识与重光会社的"味千"文字加图形注册商标进行准确区分,导致消费者误认为南宁市吉野味干拉面馆的服务就是重光会社所开办餐馆的服务或者认为其来源与重光会社存在特定的联系。因此,根据《中华人民共和国商标法》第五十二条第(一)项的规定:"有下列行为之一的,均属侵犯注册商标专用权:(一)未经商标注册人的许可,在同一种商品或者类似商品上使用与其注册商标相同或者近似的商标的"和最高人民法院法释[2002]32号《关于审理商标民事纠纷案件适用法律若干问题的解释》第一条第(一)项的规定:"下列行为属于商标法第五十二条第(五)项规定的给他人注册商标专用权造成其他损害的行为:(一)将与他人注册商标相同或者相近似的文字作为企业的字号在相同或者类似商品上突出使用,容易使相关公众产生误认的",南宁市吉野味干拉面馆在经营场所使用的文字及图形标识已构成对重光会社第1067522号"味千"文字加图形商标的侵权,应当承担停止侵权、赔偿损失的民事法律责任。刘国持主张南宁市吉野味干拉面馆使用"味干"字样与重光会社的"味千"文字加图形注册商标在读音、字形上有区别因此不构成侵权、不会使相关公众产生误认的上诉理由不能成立。

最后,根据《中华人民共和国商标法》第五十六条第一、二款之规定,侵犯商标专用权的赔偿数额,为侵权人在侵权期间因侵权所获得的利益,或者被侵权人在被侵权期间因被侵权所受到的损失,包括被侵权人为制止侵权所支出的合理开支;侵权人因侵权所得利益或被侵权人因侵权所受到的损失难以确定的,由人民法院根据侵权行为的情节给予50万元以下的赔偿。重光会社在一审要求刘国持赔偿经济损失10万元,因重光会社未提供充分证据证明其因侵权所遭受损失或刘国持侵权所获利益,故一审法院综合考量侵权时间、情节、后果、刘国持的主观过错依法酌情判决刘国持赔偿经济损失5万元合理有据,符合我区的经济发展状况和群众消费水平,应当予以维持。

综上,刘国持的上诉请求没有事实和法律依据,依法应当予以驳回。一审法院判决驳回刘国持的诉讼请求程序得当、证据充分、适用法律正确,依法应当予以维持。依照《中华人民共和国民事诉讼法》第一百五十三条第一款第(一)项的规定,判决如下:

驳回上诉,维持原判。

二审案件受理费2300元(刘国持已预交),由刘国持负担。

本判决为终审判决。

审判长　韦晓云

代理审判员　周　琳

代理审判员　张　捷

二〇一一年十一月十五日

书记员　陆鹏宇

【延伸阅读】

1. 吴汉东主编:《知识产权法》,法律出版社2014年版。

2. 刘春田主编:《知识产权法》,中国人民大学出版社2014年版。

3. 李扬:《知识产权法基本原理》,中国社会科学出版社2010年版。

4. 孔祥俊:《知识产权法律适用的基本问题——司法哲学、司法政策与裁判方法》,中国法制出版社2013年版。

5. 张玉敏、张今、张平:《知识产权法》,中国人民大学出版社2009年版。

6. 张玉敏主编:《知识产权法学》,中国人民大学出版社2010年版。

7. 孔祥俊:《商标法适用的基本问题》,中国法制出版社2012年版。

8. 杜颖:《商标法》,北京大学出版社2014年版。

9. 程永顺主编:《专家点评与建议:涉外商标典型案例》,法律出版社2010年版。

10. 胡凤滨主编:《中国指导案例、参考案例判旨总提炼:知识产权纠纷》,法律出版社2012年版。

第四章
涉外著作权的法律保护实务

【内容摘要】关于著作权,TRIPS对思想、工艺、方法及概念与它们的"表达"进行了明显的区分,并且明确将精神权利排除在外。计算机程序与数据汇编将作为《伯尔尼公约》中所指的"文字作品"给予保护。TRIPS对著作权权利限制的规定强调的并不是怎样去限制对著作权的保护,而是强调权利限制不能够影响作品的正常使用,也不能不合理地损害著作权人的合法利益。此外,TRIPS对邻接权的保护进行了明确规定。

在涉外著作权领域,主要的国际条约包括:《保护文学与艺术作品伯尔尼公约》,其保护的对象主要包括文学和艺术作品,以及对原作品的翻译、改编、汇编等而产生的演绎作品;《保护表演者、录音制品制作者和广播组织公约》是第一个保护相邻权的国际公约;《保护录音制品制作者防止未经许可复制其录音制品的公约》是在《罗马公约》的基础上,进一步从复制和发行两个环节,乃至相关的国际贸易进口方面,加强协调各缔约国对录音制品制作者权利的保护;《世界知识产权组织版权条约》主要内容包括版权保护的主题、作者的权利、成员方义务与条约实施;《世界知识产权组织表演和录音制品条约》主要为解决在数字领域,特别是互联网领域更好地保护表演者和录音制品制作者的权利,实际是"邻接权"条约。

计算机软件是指计算机程序及有关文档。确定计算机软件著作权归属的一般原则是"谁开发谁享有著作权",即计算机软件著作权归属软件开发者。除上述一般原则外,中国法律还规定了软件著作权归属的几种特殊情况。软件著作权人对软件实施享有独占性权利,对其保护法律规定有明确期限。同时,中国法律对软件著作权的限制也进行了明确规定。

著作权的对象是作品。著作权法保护的作品有其特定含义,必须具有独创性的特征。作品可分为不同类型,但某些表达形式不受法律保护。著作权主体是指享有著作权的人。著作权归属是指著作权应归谁所有。著作权原则上属于作者,但特定情形下根据作品的投资、使用情况做出特别规定。著作权的内容即著作权人享有的专有权利的总和,包括著作人身权和著作财产权,是著作权法的核心部分。邻接权是作品传播者的权利的总称。中国著作权法第四章"出版、表演、录音录像、播放"所含的内容即属邻接权范畴。著作权是一种排他性权利,任何人未经权利人许可而实施了受专有权控制的行为,就属于侵害著作权。著作权是民事权利,对侵害著作权的救济以民事救济为主要方式,另有行政救济与刑事救济方式。

任何民事权利都不是绝对的,著作权也不例外。为了实现通过保护作者权益而促进作品生产和传播,推动社会文化与科技的发展的根本宗旨,著作权制度一方面赋予作者对其创作的作品享有专有权;另一方面,从社会公众的角度对权利做出限制和例外规定。

第一节 涉外著作权保护的内容

【知识背景】

一、著作权保护的原则

TRIPS规定,全体成员均应遵守《伯尔尼公约》1971年文本第1至21条及公约附录。但对于《伯尔尼公约》第6条之2规定之权利或对于从该条约引申的权利,成员应依本协议而免除权利或义务。可见,TRIPS将精神权利排除在外。

著作权保护应延伸到表达方式,但不得延伸到思想、程序、操作方法或数学概念本身。

二、对计算机程序与数据汇编的保护

TRIPS规定,全体成员都必须将计算机程序作为《伯尔尼公约》中所指的"文字作品"给予保护。数据或其他材料的汇编,无论采用机器可读形式还是其他形式,只要其内容的选择或安排构成智力创作,即应予以保护。但这种保护不涉及数据或材料本身的保护,不得损害数据或材料本身已有的著作权。

三、出租权

至少对计算机程序和电影作品,TRIPS缔约方应该规定,其作者或者合法继承人有权允许或禁止将他们具有著作权作品的原件或复制件向公众出租。

四、保护期

除摄影作品或实用艺术作品外,如果某作品的保护期并非按自然人有生之年计算,则保护期不得少于经许可而出版之年年终起50年,如果作品自完成起50年内未被许可出版,则保护期应不少于作品完成之年年终起50年。

五、著作权的限制与例外

TRIPS第13条重申了《伯尔尼公约》规定的著作权限制与例外的三步检验标准,该条要求,全体成员均应将专有权的限制或例外局限于一定特例中,该特例应不与作品的正常利用冲突,也不应不合理地损害权利持有人的合法利益。

六、对邻接权的保护

(1)表演者权利。对于在录音制品上录制表演者的表演而言,表演者应能制止未经他们同意而进行的下述行为:对他们尚未录制的表演进行录制,以及复制已录制的内容。表演者还应能够制止未经他们同意而进行的下述行为:通过无线手段进行播放,以及向公众传送他们的表演实况。

(2) 录音制作者权利。录音制品的制作者应有权同意或者禁止对其录音制品的直接或间接的复制。

(3) 广播组织权利。广播组织应有权制止未经其同意而进行的下列行为：录制、对录制品的复制、通过无线广播手段重新播放，以及通过电视播放将这样的内容传送给公众。如果缔约方不授予广播组织这样的权利，则应该根据《伯尔尼公约》(1971)的规定，让播放内容的著作权所有者能够制止上述行为。

【案例裁决/法律文书摘录】

香港商维京百代音乐事业股份有限公司台湾分公司诉
宁波公众信息产业有限公司著作权侵权纠纷案（节选）

浙江省宁波市中级人民法院

民事判决书

［2007］甬民四初字第295号

原告：香港商维京百代音乐事业股份有限公司台湾分公司。

法定代表人：陈泽杉，该公司总经理。

被告：宁波公众信息产业有限公司。

法定代表人：章健，该公司董事长。

原告香港商维京百代音乐事业股份有限公司台湾分公司（以下简称百代台湾分公司）为与被告宁波公众信息产业有限公司（以下简称公众公司）著作权侵权纠纷一案，于2007年10月23日向本院起诉，本院于同日受理后，依法组成合议庭，于2007年12月19日组织双方当事人进行了证据交换，并公开开庭进行了审理。本案现已审理终结。

原告百代台湾分公司诉称：原告系萧亚轩演唱的《第五大道》《爱的主打歌》等七张专辑共计87首歌曲的录音制作者权利人，且发现被告公众公司在其经营的网站（网址为 www.cnool.net）向公众提供该87首歌曲的在线播放服务。具体包括……

原告认为，被告的行为严重侵犯了原告的权益，并给原告造成重大经济损失，遂诉至本院,请求判令:被告立即停止对原告享有录音制作者权的音乐制品的信息网络传播权的侵害;赔偿原告经济损失人民币 435000 元,支付原告为制止被告侵权行为及诉讼支出的合理费用人民币 31000 元,合计人民币 466000 元。

被告公众公司在答辩期内未提交答辩状,在庭审中辩称:首先,原告提供的证据尚不能证明原告系本案所涉音乐制品的录音制作者权利人,其提供的 CD 未按法律规定的程序予以公证。并且,本案所涉的歌曲首先在中国台湾地区发行,原告主张其在中国内地享有录音制作者权,缺乏法律依据。其次,原告所主张的 87 首歌曲,其中有 15 首系重复,应当予以剔除。最后,被告在网络上提供在线播放服务的歌曲,系由北京巨鲸音乐网络技术有限责任公司(以下简称巨鲸公司)提供,且巨鲸公司获得了 EMI 百代公司的授权。

原告百代台湾分公司为证明其诉称主张,向本院提交如下证据:……

被告公众公司为证明其辩称主张,向本院提交如下证据:……

经审查,本院认证如下:(1)对原告提供的证据 1,该七套专辑封面已由台湾台北地方法院所属民间公证人事务所予以了公证证明,该证据真实合法,符合民事诉讼证据的形式,本院予以确认。(2)对原告提供的证据 2,本院认为该证据真实合法,且与本案存在关联,本院予以确认。(3)对原告提供的证据 3,对于律师代理费用人民币 30000 元,本院将结合案件实际审查其合理性,并酌情考虑。(4)对被告提供的证据 1,该证据证明了被告公众公司与巨鲸公司存在音乐 CP 业务合作的事实,且由巨鲸公司提供音乐曲源,但通过该协议无法确定本案所涉歌曲是否系巨鲸公司提供,故该证据与本案缺乏关联性,本院不予确认。(5)对被告提供的证据 2,因被告仅提供该证据的复印件,致本院无法将该证据的复印件与原件核对,且无其他证据相佐证,故对该证据本院不予确认。

综上,本院认定以下事实:

……

东方热线(网址为 www.cnool.net)系被告公众公司经营的网站。2007 年 5 月 24 日,上海市静安区公证处根据上海天闻律师事务所的申请,对 www.cnool.net 上在线播放、打印相关网页并使用"Total Recorder"软件对播放内容进行录音的过程进行证据保全。关于保全过程,[2007]沪静证经字第 1759 号公证书显示:

在 www.cnool.net 首页,点击"音乐",进入"东方音乐"页面。在搜索栏输入"萧亚轩",并点击"GO"进行搜索,进入搜索结果页面,出现歌手"萧亚轩"。点击"萧亚轩",进入"萧亚轩"热门歌曲及专辑页面。其中,专辑包括《萧亚轩同名专辑》《红蔷薇》《明天》《4U》《爱的主打歌》《第五大道》《首选萧亚轩·美丽的插曲》等。点击《萧亚轩同名专辑》专辑图标,进入该专辑所收录歌曲内容页面。点击歌曲列表下方的"全选",然后点击"连续播放",进入歌曲播放页面,出现播放列表,并显示歌曲在线播放。上海市静安区公证处按上述相同步骤对《红蔷薇》《明天》《4U》《爱的主打歌》《第五大道》《首选萧亚轩?美丽的插曲》等专辑收录的歌曲进行了在线播放。之后,上海市静安区公证处在歌曲列表页面,点击歌曲对应的"下载",对话框显示"本项服务只对收费用户开放"。

另查明,原告支付公证费人民币 1000 元、律师代理费人民币 30000 元。

本院认为:中国台湾是《与贸易有关的知识产权协议(TRIPS)》的成员,根据该协议规定,台湾地区创作完成的文学艺术作品自动地在中国内地享有著作权,受到《中华人民共和国著作权法》的保护。根据最高人民法院《关于审理著作权民事纠纷案件适用法律若干问题的解释》第七条第二款规定:"在作品或制品上署名的自然人、法人或者其他组织视为著作权、与著作权有关权益的权利人,但有相反证据的除外。"本案中,百代台湾分公司提供的争讼作品,即萧亚轩演唱的《萧亚轩同名专辑》《红蔷薇》《明天》《4U》《爱的主打歌》《第五大道》《首选萧亚轩?美丽的插曲》等专辑,封面上标注的录音制作者为"VIRGIN MUSIC CHINSES,EMI Group HK Ltd.,Taiwan Branch"及"香港商维京百代音乐事业股份有限公司台湾分公司",同时公众公司亦未提供相反的证据,因此应当认定百代台湾分公司依法享有上述专辑的录音制作者权。

根据《中华人民共和国著作权法》规定,未经录音录像制作者许可,复制、发行、通过信息网络向公众传播其制作的录音录像制品的,应当根据情况,承担停止侵害、消除影响、赔礼道歉、赔偿损失等民事责任。被告公众公司未经许可,将萧亚轩演唱的《萧亚轩同名专辑》《红蔷薇》《明天》《4U》《爱的主打歌》《第五大道》《首选萧亚轩?美丽的插曲》等七张专辑,72 首歌曲,以直接提供在线播放的方式向公众提供,使公众可以在其个人选定的时间和地点在线观看,造成原告权利行使的预期利益受损,构成了对原告信息网络传播权的侵犯,应承担相应的民事责任。现原、被告一致陈述,被告已停止侵权行为,故原告要求停止侵权的诉讼请求,已无事实依据,不予支持。关于本案的赔偿数额,原告未提供其实际损失及被告侵权获利的相关证据,本院根据本案的具体情况,综合考虑被告的主观过错程度、侵权行为的持续时间、网站的性质和规模,同时结合涉案歌曲的市场影响力等因素酌情确定被告公众公司赔偿原告百代台湾分公司的经济损失和因本案诉讼而支出的合理费用的数额。综上,依照《中华人民共和国著作权法》第四十七条第(四)项、第四十八条之规定,判决如下:

一、被告宁波公众信息产业有限公司自本判决生效之日起10日内赔偿原告香港商维京百代音乐事业股份有限公司台湾分公司经济损失(包括合理支出)人民币58000元;

二、驳回原告香港商维京百代音乐事业股份有限公司台湾分公司的其他诉讼请求。

如果未按本判决指定的期间履行给付金钱义务,应当依照《中华人民共和国民事诉讼法》第二百三十二条之规定,加倍支付延迟履行期间的债务利息。

本案案件受理费人民币8290元,由原告负担人民币3570元,被告负担人民币4720元。

......

审判长　王家星

审判员　王　岚

代理审判员　杜贤屹

二〇〇八年二月十六日

书记员　胡晓怡

【延伸阅读】

1. 郑成思:《WTO知识产权协议逐条讲解》,中国方正出版社2001年版。
2. 叶全良、王世春主编:《国际商务与知识产权保护》,人民出版社2005年版。
3. 许海峰主编:《涉外知识产权保护法律实务》,机械工业出版社2005年版。

4. 吴汉东主编:《知识产权国际保护制度研究》,水利水电出版社 2007 年版。

5. 唐广良、董炳和:《知识产权的国际保护》(修订版),知识产权出版社 2006 年版。

6. 程永顺主编:《专家点评与建议:涉外著作权典型案例》,法律出版社 2010 年版。

7. 胡凤滨主编:《中国指导案例、参考案例判旨总提炼:知识产权纠纷》,法律出版社 2012 年版。

第二节 涉外著作权保护的国际条约规定

【知识背景】

一、《保护文学与艺术作品伯尔尼公约》

《保护文学与艺术作品伯尔尼公约》(以下简称《伯尔尼公约》)于 1886 年签署后,经多次修改,现行的是 1971 年修改本,世界上所有国家都可以加入该公约。中国于 1992 年 10 月 15 日加入,现有成员方 130 多个。该公约保护的对象主要包括文学和艺术作品,以及对原作品的翻译、改编、汇编等而产生的演绎作品。

(一)著作权保护国际协调的基本原则

(1)国民待遇原则。即任何成员方国民的作品,或非成员方国民在任何一个成员方首次发表的作品,在其他任何成员方内将受到与该成员方给予其本国国民的作品同样保护。

(2)自动保护原则。本公约的作品作者所享受的权利及其行使,无须履行任何手续。这就是说,与取得专利、商标、原产地名称和外观设计等工业产品的保护有所不同,著作权的保护随作品的产生或首次发表同时自动获得,无须国家授予著作权证书。

(3)保护的独立原则。作者所享受的权利及其行使,应独立于该作品起源国所存在的保护。因此,除公约条款外,著作权保护的范围及其补救方式均由提供保护的国家法律予以规定。这就是说,根据伯尔尼公约的著作权保护是自动获得的,但是,这种保护的范围与方式由各成员方国内法决定。可见,与专利、商标等工业产权保护一样,著作权保护同样具有严格的地域性。

(二)著作权保护的最低限度标准

(1)在著作权保护的作品方面。《伯尔尼公约》规定,各成员方的著作权保护必须包括文学、科学和艺术领域所有的作品,不论其表现的方式或形式如何。

(2)在著作权保护的内容方面。《伯尔尼公约》规定,除了某些允许的保留、限制或除外,各成员方必须承认如下的权利为独占权:翻译权;改编权;公开演出戏剧、歌剧和音乐作品的权利;公开引用文学作品的权利;广播权;复制权;将作品作为音像制品的基础来利用的权利;署名权;维护作品完整权。

(3)在著作权保护的期限方面。规定本公约授予的保护期应该是作者的有生之年加死后的50年。但是,匿名或化名作品的情况下,著作权保护期为该作品公开后的50年,除非在这期间,作品的作者被确认,或作者披露了其真名。影视作品的保护期为自公开后的50年;应用艺术和摄影作品的保护期为创作之日起的25年。

二、《保护表演者、录音制品制作者和广播组织公约》

《保护表演者、录音制品制作者和广播组织公约》(以下简称《罗马公约》)是第一个保护相邻权的国际公约,于1961年签署,中国尚未加入该公约。公约第一条规定,根据本公约所获得的保护将不更动,也绝不影响文学与艺术作品的著作权。因此,本公约的任何条款都不得作损害这种保护的解释。因此,根据《伯尔尼公约》和其他著作权保护国际公约,保护文学与艺术作品的著作权,是保护相邻权的前提。该公约要求各成员方对其他缔约国国民所拥有的以下三种相邻权予以保护。

(一)表演者权

表演者(演员、歌唱家、音乐家、舞蹈家和其他表演文学或艺术作品的人)有权保护其表演。未经其许可,他人不能广播和公开其表演或录制其表演,或未经其许可复制原制品,或复制的目的与许可的目的相抵触。

(二)录音制品制作者权

录音制品制作者享有授予或禁止他人直接或间接地复制其录音制品的权利。录音制品特指对表演的声音或其他声音之录制,如果说表演者对其表演的权利是与被表演的作品相关的权利,那么录音制品制作者对其录音制品的权利,则是与被录音的表演相关的权利。如果为了商业目的而出版的录音制品,或复制的这种录音制品,被直接地用于广播或其他任何向公众传播的方式,则该利用者应向表演者或录音制品制作者,或同时向两者支付一次性合理报酬。

(三)广播组织权

广播组织有权授予或禁止转播、录制、复制其广播。广播组织有权授予或禁止向公众传播其电视广播,如果这种传播是在对公众开放的场所进行而无须支付入门费。公约规定,有关无线电视广播的权利保护由缔约国国内法规定权利行使的条件。

三、《保护录音制品制作者防止未经许可复制其录音制品的公约》

《保护录音制品制作者防止未经许可复制其录音制品的公约》(以下简称《日内瓦公约》)于1971年签署,对所有联合国成员方和组织开放。中国于1993年4月30日加入该公约。世界知识产权组织国际局负责该公约的执行。

该公约是在《罗马公约》的基础上,进一步从复制和发行两个环节,乃至相关的国际贸易进口方面,加强协调各缔约国对录音制品制作者权利的保护。该公约规定的复制品包括直接复制和间接地、全部或部分地复制录音制品中被录音而产生的作品,公开发行则包括直接或间接地向公众或任何一部分公众提供录音制品的复制品。从而扩大了对录音制品制作者权利的保护范围。《日内瓦公约》各缔约国所提供的保护是相互独立的,具有严格的地域限制,缔约国实施公约的方法由各国国内法规定,包括通过授予版权或其他特定权利、通过反不正当竞争法或刑事制裁进行保护。

四、《世界知识产权组织版权条约》

《世界知识产权组织版权条约》(World Intellectual Property Organization Copyright Treaty,WCT),简称《WIPO版权条约》,是1996年12月20日由世界知识产权组织主持,有120多个国家代表参加的外交会议上缔结的,主要为解决国际互联网络环境下应用数字技术而产生的版权保护新问题。中国于2007年6月9日正式成为《WIPO版权条约》的成员方。《WIPO版权条约》主要内容包括版权保护的主题、作者的权利、成员方的义务与条约的实施。

(1)版权保护的主题。《WIPO版权条约》版权保护的客体主要包括两个方面：一是计算机程序；二是数据或数据库编程。第4条规定，计算机程序将作为《伯尔尼公约》第2条范围内的文学作品，加以保护。数据或其他材料以任何形式汇编，其内容的选择与排列构成了智力创造，将得到保护。这种保护不包括数据或材料本身，也不影响其他任何利用该数据或材料的汇编之版权。

(2)作者的权利。该条约规定了三种权利：一是发行权，作者可授权他人以销售或其他所有权转让方式，使公众获得其原作品和复制品；二是出租权，即作者可授权他人向公众商业性地出租其原作品和复制品，其中包括计算机程序、影视作品和录音制品中的作品；三是传播权，作者可授权他人通过有线或无线方式，向公众传播其作品。

(3)成员方的义务。该条约要求成员方对有关技术措施和权利信息负有特别义务。第11条规定，各成员方应提供足够的法律保护和有效的法律补救，以防止作者在根据本条约和《伯尔尼公约》行使其权利时，利用有效的技术措施采取的规避行为。

(4)条约的实施。该条约第14条规定，各成员方有义务根据其法律制度，采取必要的措施，确保条约的适用，尤其是保证有效的实施程序(包括防止侵权的快速补救与组织可能侵权的各种补救)，以对付任何侵犯本条约规定之权利的行为。

五、《世界知识产权组织表演和录音制品条约》

《世界知识产权组织表演和录音制品条约》(WIPO Performances and Phonograms Treaty，WPPT)(以下简称《WIPO表演和录音制品条约》)，是1996年12月20日由世界知识产权组织主持，有120多个国家代表参加的外交会议上缔结的，主要为解决在数字领域，特别是互联网领域更好地保护表演者和录音制品制作者的权利，实际是"邻接权"条约。中国于2007年6月9日正式成为《WIPO表演和录音制品条约》的成员方，但声明不接受该条约第15条第(1)款的约束。

《WIPO 表演和录音制品条约》共分五章,由 33 条组成。其中有总则、有分别适用的条款、有共同条款。第 1~23 条(除第 21 条外)系实体条款,第 24~33 条及第 21 条系行政管理条款。此外还附有"议定声明"10 条。

(一)与《罗马公约》的关系

《WIPO 表演和录音制品条约》第 1 条规定,该条约不影响缔约方履行其根据罗马公约所负的义务。因此,可以理解《WIPO 表演和录音制品条约》与《罗马公约》是两个互不隶属、相互独立的邻接权保护国际条约。《WIPO 表演和录音制品条约》旨在巩固《罗马公约》的基础性作用,期望进一步有效地保护表演者和录音制品制作者的权利,以适应信息时代给邻接权保护带来的深刻变化。

(二)关于表演者与录音制品制作者的定义

表演者是指演员、歌唱家、舞蹈家和其他表演、演唱文学作品的人;录音制品制作者是指对表演者声音,或其他声音,或声音的表示进行首次固定和负有责任的自然人或法人。

(三)关于表演者权利

表演者对于录音制品所固定的其表演(不包括影视作品),录音制品制作者对于其录音制品享有以下经济权利:复制权、销售权、出租权和传播权。此外,《WIPO 表演和录音制品条约》还规定表演者对于其未固定的表演(即舞台上的表演)享有广播权(不包括再广播)和将表演固定的权利,以及表演者享有的道德权利。

【案例裁决/法律文书摘录】

圆谷制作株式会社(Tsuburaya Productions Co.)等

与辛波特·桑登猜(Sompote Saengduenchai)等侵害著作权纠纷申请案(节选)

最高人民法院

民事裁定书

[2011]民申字第 259 号

再审申请人(一审被告、二审被上诉人):圆谷制作株式会社(Tsuburaya Productions Co.)等。

法定代表人：大冈新一，代表取缔役社长。

再审申请人（一审被告、二审被上诉人）：上海圆谷策划有限公司。

法定代表人：森岛恒行，该公司董事长。

被申请人（一审原告、二审上诉人）：辛波特·桑登猜（Sompote Saengduenchai）。

被申请人（一审原告、二审上诉人）：采耀版权有限公司（Chaiyo Productions Co.）等。

法定代表人：彼特·桑登猜（Perasit Saengduenchai），该公司董事。

一审被告、二审被上诉人：广州购书中心有限公司。

法定代表人：沈育明，该公司董事长。

一审被告、二审被上诉人：上海音像出版社。

法定代表人：韦芝，该社社长。

圆谷制作株式会社、上海圆谷策划有限公司（简称上海圆谷公司）因与辛波特·桑登猜（简称辛波特）、采耀版权有限公司（简称采耀公司）、广州购书中心有限公司（简称广州购书中心）、上海音像出版社侵害著作权纠纷一案，不服中华人民共和国广东省高级人民法院（简称二审法院）[2010]粤高法民三终字第63号民事判决，向本院申请再审。本院依法组成合议庭对本案进行了审查，现已审查终结。

圆谷制作株式会社、上海圆谷公司申请再审称：本案争议的焦点，即《1976年合同》的真实性和有效性。二审判决认定事实不清，适用法律不当。1.在认定外国当事人英文名称时，没有以所在国政府颁发的营业执照为准错误；2.《1976年合同》的格式、签名和公章与其他事实不符。在该合同中圆谷皋的签名与其在其他合同中的签名字体、笔迹风格不同，有双方认可的圆谷皋签名可供比对，泰国警察总署的鉴定报告亦做出不是同一人签名的结论。辛波特提供的《1976年合同》上，只有圆谷企业株式会社而非著作权人圆谷制作株式会社的公章，该公章与合同签订时圆谷企业株式会社在日本政府登记的公章存在差异，圆谷制作株式会社和辛波特均在本案庭审时同意对公章进行司法鉴定，二审法院对此未作评述；3.《1976年合同》的内容中出现了无法确定的企业名称，当该企业名称与落款和签章不一致时，应以落款和签章为准，不能因合同中出现了一个"Prod"文字，就把并未签字盖章的圆谷制作株式会社当成合同的当事人,二审法院将"TSUBURAYAPROD"作为圆谷制作株式会社的简称错误,将其认定为合同当事人缺乏依据;4.《1976年合同》缺乏合同生效的条件。其中,部分作品的名称和集数与实际不符。圆谷皋虽在合同中声称已收到款项,但没有明确的金额、支付方式及支付凭证,不具备对价条款的效力;5.二审法院仅根据日期判定《致歉信》所指合同等同于诉争的《1976年合同》缺乏事实依据。《致歉信》所指的作品是两部,而《1976年合同》包含的作品是九部。《致歉信》在开头处就说明所涉合同系由圆谷企业株式会社所订,表明圆谷制作株式会社明确表示《致歉信》中所涉合同与已无关,无法判定《致歉信》是针对《1976年合同》所发,不能直接证明《1976年合同》真实有效;6.泰国警察总署的鉴定结论的证据效力的真实性和权威性理应受到重视,二审法院不采信泰国的鉴定结论,有失公允;7.广州市锐视文化传播有限公司(简称锐视公司)系辛波特、采耀公司的委托代理人,其在与圆谷制作株式会社签订的《基本合意书》中,明确了辛波特和采耀公司不具有奥特曼相关作品的权利,二审法院认为《基本合议书》不足以否定《1976年合同》的效力错误;8.根据中国与泰国关于民商事司法协助的协定,提请对涉案泰国最高法院民事判决予以承认;9.根据新证据,即2011年2月1日泰国法院刑事判决辛波特因伪造合同进行授权活动,侵害了圆谷制作株式会社奥特曼作品的著作权,已被判刑,并处罚款,该事实对本案有重要意义,可以在民事案件中加以采用;10.在泰国刑事案件中,辛波特于2010年9月15日为减轻其罪责做出声明:辛波特已将根据《1976年合同》所取得的权利,在2008年2月泰国最高法院判决《1976年合同》为伪造文件后不久,全部转让给了UM公司(该公司系日本公司)。辛波特已失去了合同当事人的身份,也失去了本案的诉讼主体资格。圆谷制作株式会社于2010年11月12日向二审法院提交经公证认证和翻译的辛波特在泰国法院的上述证言,二审法院此后还送达二审判决属于程序错误。请求撤销二审判决,维持一审判决。

辛波特、采耀公司提交意见认为:1.《1976年合同》底部有圆谷企业公司的印章、圆谷皋的汉字印章以及圆谷皋的英文签名,其真实性有《致歉信》予以印证;2.圆谷皋于1974年10月14日、1975年2月19日将属于辛波特的两部电影分别卖给台湾虎龙电影公司和香港南方公司,并分别收取3万美金和12万美金的许可费,这是签订《1976年合同》的原因;3.圆谷制作株式会社在诉北京长安商场侵害署名权纠纷案件中称其署名方式为"TSUBURAYAPORD",日本国法院也查明圆谷制作株式会社使用该简称;4.圆谷制作株式会社、上海圆谷公司申请再审所述的泰国刑事诉讼目前仅做出一审判决,且辛波特已提起上诉并在审理之中。圆谷制作株式会社、上海圆谷公司声称泰国刑事诉讼与本案存在事实方面的关联,但未说明与本案存在哪些方面的关联性,故其要求推翻二审法院查明的事实,理据不充分。请求维持二审判决。

中华人民共和国广州市中级人民法院(简称一审法院)查明:

2005年9月30日,辛波特、采耀公司以圆谷制作株式会社、上海圆谷公司、广州购书中心、上海音像出版社四被告侵害其著作权为由,向该院提起诉讼。请求判令:1.广州购书中心停止销售 ULTRAMAN(中文名"奥特曼",又称"咸蛋超人")音像制品;上海音像出版社停止出版、销售"奥特曼"音像制品并销毁相关母带、生产工具等;上海圆谷公司、圆谷制作株式会社停止在中国许可任何人出版、发行涉案作品;2.四被告不得侵害辛波特在中国享有的《巨人对詹伯A》《哈卢曼和7个奥特曼》《奥特曼1》《奥特曼2》《奥特曼赛文》《奥特曼归来》《奥特曼艾斯》《奥特曼泰罗》《詹伯格艾斯》九部作品以及延伸制作的作品的著作权;3.上述四被告在《中国知识产权报》《中国版权》杂志上公开赔礼道歉;4.广州购书中心、上海音像出版社各自向辛波特、采耀公司赔偿损失人民币10万元、30万元,上海圆谷公司、圆谷制作株式会社共同向辛波特、采耀公司赔偿损失人民币100万元。一审庭审中,辛波特和圆谷制作株式会社均确认《1976年合同》中所涉影片《巨人对詹伯A》及《哈卢曼和7个奥特曼》均在泰国首次发行、放映,其中第一部的制作时间是1973—1974年,第二部的制作时间是1974年11月;另外七部为电视剧,首次发行、放映时间分别为1966年、1966年、1967年、1971年、1972年、1973年、1973年。辛波特和圆谷制作株式会社确认合同所涉及的七部电视剧的原著作权人是圆谷制作株式会社。

(一)辛波特、采耀公司主张权利的证据

……

(二)讼争影片著作权在泰国及日本国的诉讼情况

2001年圆谷制作株式会社在日本国提起著作权确认之诉。2003年2月28

日,日本国东京地方裁判所做出判决,认定《1976年合同》真实有效,并判决:1.确认辛波特在日本国不享有附件第二目录所记载的各作品的著作权;2.确认辛波特在日本国以外的国家不享有附件第二目录所记载的各作品的著作权;3.辛波特在日本国内不得告知第三方:辛波特对于附件第二目录所记载的各作品享有在日本国外的著作权,而且,就附件第二目录所记载的各作品在日本国以外与圆谷制作株式会社交易将侵害辛波特享有的著作权;4.驳回圆谷制作株式会社的其他诉讼请求。圆谷制作株式会社提起上诉。2003年12月10日,日本国东京高等裁判所做出判决,驳回圆谷制作株式会社的上诉,确认辛波特享有在日本国以外的奥特曼作品的独占使用权。圆谷制作株式会社继续申诉。2004年4月27日,日本国最高裁判所做出判决:驳回圆谷制作株式会社的申诉,圆谷制作株式会社的申诉不予立案。

圆谷制作株式会社在泰国起诉采耀公司、辛波特等四被告侵害著作权,泰国中央知识产权和国际贸易法院2000年4月4日做出判决:认定《1976年合同》真实有效,并判决撤销圆谷制作株式会社在刑事和民事案件中的诉讼,圆谷制作株式会社须根据反索赔向辛波特赔偿。圆谷制作株式会社停止侵犯辛波特根据带有争议的合同所拥有的权利并停止再做出对辛波特的侵权行为;圆谷制作株式会社赔偿采耀公司、辛波特等四被告的律师费。圆谷制作株式会社提起上诉。泰国最高法院于2008年2月5日做出的终审判决中采信了泰国一审法院的证据鉴定报告。该鉴定由泰国警察总署证据检验处处长任命的七名文件和伪造品核查方面的专家组成的文件审核委员会对《1976年合同》原件以及辛波特和圆谷制作株式会社共同认可的由辛波特和圆谷制作株式会社签订的《赛文奥特曼》电影许可协议中的圆谷皋的签名(原件)作为检材,结合有圆谷皋签名的8份文件的复印件作为样本文件进行对比。鉴定结果和专家意见如下:经鉴定,1.把争议文件的打印纸上的蓝黑墨水的英文签名,共2处,与上面提供的样本文件中的皋圆谷(即本案中提到的圆谷皋)先生的英文签名对比后发现,写字的风格、字体的样式和字迹有差别,意见:不是同一人签名。2.争议文件的英文打印纸中的第1段第1行上的"prod. and"打印字体,与同行的其他字体对比后发现,打印的水平线不一致,意见:不是同一时间打印。3.争议文件的英文打印纸中的最后一段第3行上的"prod. and"打印字体,与同行的其他字体对比后发现,打印的水平线不一致,意见:不是同一时间打印。4.英文打印纸中的第1段第1行和最后一段第3行上的"prod. and"打印字体,与争议文件中的其他打印字体予以对比后发现,字形和规格类似,但由于没有足够明显的差异,不给予任何可以作为证据的意见。5.争议文件的英文打印纸中的第1段第1行和最后一段第3行上的"prod. and"打印字体所使用的墨水,与同份争议件中其他打印字体的墨水对比后发现,物力品质同一,意见:可能为同一墨水。

(三)辛波特与采耀公司之间的授权关系

……

(四)被诉侵权行为

……

(五)当事人一审答辩情况

……

一审法院认为,中国、泰国和日本国均为《伯尔尼保护文学艺术作品公约》(简称《伯尔尼公约》)的成员方。根据《中华人民共和国著作权法》(简称中国著作权法,2001年10月27日修改)第二条第二款规定,泰国及日本国两国作者作品的著作权均受中国著作权法保护。本案是侵害著作权纠纷,关键在于确认《1976年合同》的真伪。1.合同的签订方身份存在多处与事实不符的情况。首先,辛波特、采耀公司提交的《1976年合同》的一方当事人的名称为 Tsuburaya Prod. And Enterprises Co. Ltd.(辛波特、采耀公司提交的翻译件对应的中文名称为圆谷制作株式会社与企业有限公司)是否一个真实存在的法律实体,辛波特、采耀公司没有提出相应的合法注册资料予以证实。其次,该合同有圆谷皋的英文签名及汉字印章,以及圆谷企业株式会社的公章,但实际著作权人是圆谷制作株式会社。合同签署方对于自身名称的表述以及盖章等重大事项上存在与事实不符的情况,与常理相悖。2.从该合同的具体内容来看,该合同对包括《巨人对詹伯A》以及《哈卢曼和7个奥特曼》在内的九部影片的权利归属进行了划分。辛波特认为这两部影片实际上是其投资制作的,权利应归属于辛波特;圆谷制作株式会社经营陷入困境时,辛波特给予了圆谷制作株式会社巨大的支持;1974年、1975年圆谷制作株式会社将该两部片子许可他人播映,造成混乱,圆谷皋为了表示感恩以及理顺纠纷的情况下,签署了1976年的合同。如果诚如辛波特所述,两部电影的著作权应属于辛波特,但辛波特却在该合同中将自己享有著作权的影片供对方进行权属的区域划分,并且还向对方支付了"独占专用权金额",其主张在逻辑上存在矛盾之处。该合同仅提及圆谷皋收到了独占专用权金额,却没有关于合同的对价、付款方式、付款期限等必备条款。难以认定该合同成立且生效。3. 辛波特主张权利是在签订合同20年之后,《致歉信》也仅提及辛波特对"咸蛋超人系列"以及"詹伯特艾斯"系列的权利,并非对《1976年合同》的全面追认,且在影片名称上亦与合同中的名称不一致。在圆谷皋已去世的情况下,难以对其真实意思表示进行核实。4. 从涉案影片著作权案件在国外法院审理情况看,泰国最高法院采信的鉴定报告,是泰国警察总署做出的。该鉴定报告认为,《1976年合同》中两处的"prod. and"与同行的其他字体相比对,打印的水平线不一致,不是同一时间打印。结合前文对合同中存在诸多不符合逻辑及情理的疑点分析,该鉴定报告的结论是客观真实的,可以作为证据予以采信。《致歉信》虽然是真实的,但不足以印证《1976年合同》的客观真实性。综上所述,一审法院对《1976年合同》不予确认。鉴于辛波特、采耀公司主张著作权的作品原始著作权人并非辛波特,因此辛波特、采耀公司指控四被告构成侵权的主张缺乏事实和法律依据。根据谁主张谁举证的原则,辛波特、采耀公司应承担举证不能的法律后果。根据《中华人民共和国民事诉讼法》(简称中国民事诉讼法,2013年1月1日修改施行前)第六十四条第一款、中国《最高人民法院关于民事诉讼证据的若干规定》第六十三条的规定,一审法院于2009年9月16日做出判决:驳回辛波特、采耀公司的诉讼请求。一审案件受理费人民币17010元由辛波特、采耀公司共同负担。

辛波特、采耀公司不服一审判决,向二审法院提起上诉称……

上海圆谷公司、圆谷制作株式会社答辩……

二审法院补充查明如下事实:1. 二审中,辛波特、采耀公司与圆谷制作株式会社对辛波特在中国享有《巨人对詹伯A》《哈卢曼和7个奥特曼》两部作品的著作权均无异议。2. 辛波特、采耀公司向二审法院提交《确认函》确认:广州购书中心等四被告未在中国侵害上述两部作品的著作权,只是侵害了另外七部作品的独占使用权。3.关于上海圆谷公司、圆谷制作株式会社授权上海音像出版社出版发行情况。1996年3月19日,圆谷制作株式会社签署《授权委托书》,授权上海圆谷公司、上海市诚达律师事务所就其享有的"奥特曼"系列作品在中华人民共和国领域内许可他人使用和追究侵权责任的有关事宜。圆谷一夫还签署《申明》,申明圆谷制作株式会社是"奥特曼"系列VCD版权的拥有者,上海圆谷公司是圆谷制作株式会社在中国大陆地区设立的唯一子公司,受圆谷制作株式会社委托,在中国(除香港、澳门、台湾地区外)进行"奥特曼"系列商品包括VCD等之授权,并处理涉及著作权、商标权等有关法律问题。1998年4月17日、1998年10月8日、1999年7月28日,上海圆谷公司与上海音像出版社分别签订3份《协议书》,约定由上海圆谷公司事先录好并提供将《杰克奥特曼》《艾斯奥特曼》《宇宙英雄奥特曼》的音像制品,上海音像出版社制成VCD的小影碟、录音带发行销售。版权期限为2年,发行销售日期不超过3年,版权地区为中华人民共和国领土(港、澳、台地区除外)。2001年6月8日、2002年3月28日双方又分别签订2份《补充协议书》,就上述音像制品的出版发行销售期限延长事宜达成协议。4.2008年10月31日,锐视公司的法定代表人杨水源以锐视公司的名义与圆谷制作株式会社在日本签订《基本合意书》,锐视公司在该合意书中承认:圆谷制作株式会社在日本国内及日本国以外的全世界拥有"奥特曼系列"等由圆谷制作株式会社制作的映像作品相关的著作权、商标权、创意权等其他一切权利的唯一的合法权利人;泰国人辛波特和泰国企业采耀公司在圆谷制作株式会社未授予其合法权限的情况下,曾非法利用奥特曼;采耀公司不拥有奥特曼等相关的丝毫的正当权利。锐视公司在与圆谷制作株式会社签订著作权许可合同时应遵守:在签订许可合同的同时,锐视公司应由其自身全面负责解除与采耀公司之间缔结过的所有合同,圆谷制作株式会社对此所产生的相应的结果不负任何责任。锐视公司对于正在审理中的圆谷制作株式会社与辛波特、采耀公司之间的诉讼,作证该合意书中确认的事实是真实的。该合意书在许可合同缔结之前,当由圆谷制作株式会社或锐视公司向对方发出不能缔结许可合同时,该合意书失效。锐视公司与圆谷制作株式会社此后没有缔结与奥特曼相关的著作权许可合同。5.关于圆谷制作株式会社及圆谷企业株式会社的英文名称及简称。二审期间,双方当事人均确认圆谷制作株式会社的英文译名为"Tsuburaya Production (s)Co. Ltd."，圆谷企业株式会社的英文译名为"Tsuburaya Enterprise(s)Co. Ltd."。广东省高级人民法院于2002年11月20日做出的[2002]粤高法民三终字第84号民事判决中认定：圆谷制作株式会社的英文译名缩写为"Tsuburaya Prod"。6.中华人民共和国江苏省南京市中级人民法院于2005年1月17日受理锐视公司诉南京大洋百货有限公司侵害著作权纠纷一案，因锐视公司在该案中提交了《1976年合同》、日本国三级法院判决及泰国一审判决等证据，该院于2005年6月6日做出判决，认定《1976年合同》真实有效，并判决南京大洋百货有限公司承担停止侵权和赔偿损失的民事责任，该判决已发生法律效力。

二审法院认为，二审期间本案争议焦点为：(一)辛波特、采耀公司是否享有本案诉争的第3～9七部作品的独占使用权；(二)广州购书中心、上海音像出版社、上海圆谷公司、圆谷制作株式会社是否侵害辛波特、采耀公司上述第3～9七部作品的独占使用权；(三)关于民事责任的承担。

(一)关于辛波特、采耀公司是否在中国享有诉争的第3～9七部作品的独占使用权

1.关于《1976年合同》的效力问题。首先，中国民事诉讼法(2013年1月1日修改施行前)第六十四条规定："当事人对自己提出的主张，有责任提供证据。"中国《最高人民法院关于民事诉讼证据的若干规定》第七十二条第一款规定："一方当事人提出的证据，另一方当事人认可或者提出的相反证据不足以反驳的，人民法院可以确认其证明力。"因日本国、泰国法院判决的效力未经中国民事诉讼程序予以承认，两国判决在中国没有法律效力，不具有约束力，本案不应以日本国、泰国法院判决确认的事实作为本案认定事实的依据。至于泰国鉴定机构针对《1976年合同》做出的鉴定报告，中国对于直接认定泰国鉴定机构的鉴定结论缺乏法律依据，且泰国法院的判决在中国不具约束力，故对泰国鉴定机构做出鉴定结论不予采信。圆谷制作株式会社提交的泰国法院判决及鉴定结论，不足以反驳《1976年合同》的真实性。其次，本案双方当事人对《致歉信》的真实性均无异议，该《致歉信》显示："这封信旨在澄清根据1976年3月4日圆谷企业株式会社总裁圆谷皋和采耀电影有限公司总裁辛波特先生之间签订的《授权合约》……"而本案诉争的《1976年合同》正是圆谷皋与辛波特之间于1976年3月4日签订的合同。由于圆谷制作株式会

社未能提交圆谷皋在 1976 年 3 月 4 日与辛波特另外签订有其他合同,因此可以认定辛波特、采耀公司在本案中提交的《1976 年合同》就是圆谷一夫在《致歉信》中所提到的《授权合约》,从而得出《1976 年合同》真实存在的结论。再次,圆谷制作株式会社提出《1976 年合同》中存在诸多疑点以否定该合同的真实性问题。该合同中两次出现了签订该合同的一方当事人为 Tsuburaya Prod. And Enterprise Co. Ltd,本案双方当事人均未提交该公司的注册登记资料,无证据证明该公司真实存在。圆谷制作株式会社的英文译名缩写为 Tsuburaya Prod,认定圆谷皋将 Tsuburaya Prod. And Enterprise Co. Ltd.作为圆谷制作株式会社和圆谷企业株式会社两家公司英文名称的统称更符合常理。因圆谷皋系圆谷制作株式会社和圆谷企业株式会社两家公司的法定代表人,不排除圆谷皋将自己设立的两家公司混同的可能性。《1976 年合同》上虽仅有圆谷企业株式会社的签章,但合同的底部有圆谷皋的签名,圆谷皋的行为可以视为两家公司的公司行为,《1976 年合同》对圆谷制作株式会社发生效力。至于圆谷皋签名的真伪,因泰国的鉴定结论不具有证明力,不能作为认定本案事实的依据,在没有其他证据证明圆谷皋签名为虚假的情况下,应认定圆谷皋的签名为真实。因合同中已注明"我,圆谷皋,通过本合同宣布已经全额收到了第一条记载的所有动画片和影片的独占专权金额",足以证明该合同中具有合同对价条款,且辛波特已经支付了合同的对价。从该合同的上述内容也可看出,声称收取合同对价的系圆谷皋本人,而非著作权人圆谷制作株式会社,亦非合同抬头和最后盖章的圆谷企业株式会社,可见圆谷皋已将其本人与其设立的两个公司混同。圆谷制作株式会社主张《1976 年合同》中将原本属于辛波特的著作权的第 1、2 部作品又予以授权存在矛盾的问题,因本案诉争的第 1、2 部作品在日本国的著作权属于圆谷制作株式会社,在日本国以外区域的著作权属于辛波特,不排除圆谷皋将其混在该合同中进一步予以明确的可能性。本案诉争的《1976 年合同》签订于 30 多年前的日本,我们难以苛求作为非法律专业人士的圆谷皋在多年前所签署的授权合约为形式规范、逻辑严密的合同。尽管《1976 年合同》存在一些矛盾之处,但圆谷制作株式会社对该合同提出的种种疑点并不足以否定该合同的真实性,不能得出该合同为虚假的结论。最后,从锐视公司的法定代表人杨水源与圆谷制作株式会社签订的《基本合意书》的内容和效力看,上海圆谷公司、圆谷制作株式会社主张锐视公司在该合意书中承认辛波特、采耀公司不享有任何奥特曼的权利属于其做出了对己不利的自认。但杨水源以锐视公司的名义签订的《基本合意书》应当视为锐视公司自身的行为,不能代表辛波特、采耀公司,故锐视公司对于与《1976年合同》有关的事实的承认不属于辛波特、采耀公司的自认,对辛波特、采耀公司不发生法律效力。综上,《1976年合同》系辛波特和圆谷制作株式会社的真实意思表示,属于合法有效的合同,具有法律约束力。该认定与生效的南京市中级人民法院[2005]宁民三初字第22号民事判决对《1976年合同》真实有效的认定相一致。2.关于辛波特、采耀公司享有何种权利的问题。从《1976年合同》中两次提到独占专权和对授权事项的具体约定以及《致歉信》的内容可以看出,圆谷皋签订合同的真实意思是授予辛波特相关作品的在日本国以外区域的独占使用权,而并非著作权。鉴于辛波特、采耀公司二审期间也将其诉讼请求明确为独占使用权,可以确认双方当事人对涉案第3～9七部作品的著作权仍归圆谷制作株式会社享有没有异议。鉴于《1976年合同》中约定辛波特享有将其从《1976年合同》中获得的权利转给第三方的权利,采耀公司基于辛波特签署的《授权书》获得了涉案第4～8五部作品自《授权书》签署之日起6年内在中国的独占使用权。

(二)关于广州购书中心、上海音像出版社、上海圆谷公司、圆谷制作株式会社是否侵害辛波特、采耀公司的独占使用权

中国著作权法(2001年10月27日修改)第二条第二款规定:"外国人、无国籍人的作品根据其作者所属国或者经常居住地国同中国签订的协议或者共同参加的国际条约享有的著作权,受本法保护。"中国、日本国和泰国均为《伯尔尼公约》的成员方,涉案的奥特曼音像作品受中国著作权法的保护。辛波特、采耀公司分别基于《1976年合同》《授权书》享有的涉案作品的独占使用权受中国著作权法的保护。圆谷制作株式会社未经许可,通过上海圆谷公司授权上海音像出版社复制、出版、发行、销售涉案《奥特曼归来》(即奥特曼杰克)、《奥特曼艾斯》《奥特曼泰罗》三部作品(即涉案第6～8部作品),上海音像出版社使用该三部作品的行为,均侵害了辛波特、采耀公司享有的独占使用权;广州购书中心销售了涉案第8部作品,亦侵害了辛波特、采耀公司的独占使用权。

（三）关于民事责任的承担

根据中国著作权法（2001年10月27日修改）第四十七条、第四十八条的规定，未经著作权人许可，复制、发行其作品的，应承担停止侵害、消除影响、赔礼道歉、赔偿损失等民事责任。侵权人应当按照权利人的实际损失给予赔偿；实际损失难以计算的，可以按照侵权人的违法所得给予赔偿。赔偿数额还应当包括权利人为制止侵权行为所支付的合理开支。权利人的实际损失或者侵权人的违法所得不能确定的，由人民法院根据侵权行为的情节，判决给予50万元以下的赔偿。本案中，上海圆谷公司、圆谷制作株式会社应当承担停止侵害的民事责任，即立即停止以任何方式在中国境内许可任何人生产和销售涉案第6~8三部作品的行为。因辛波特、采耀公司对其经济损失没有提供充分的证据证明，上海圆谷公司、圆谷制作株式会社对其获利情况也没有提供证据证明。根据上海圆谷公司、圆谷制作株式会社的过错、侵权程度等因素，酌定其共同赔偿辛波特、采耀公司人民币30万元及合理开支人民币101930元。关于上海音像出版社的责任，根据中国《最高人民法院关于审理著作权民事纠纷案件适用法律若干问题的解释》第十九条的规定，出版者、制作者应当对其出版、制作有合法授权承担举证责任；出版物侵害他人著作权的，出版者应当根据其过错、侵权程度及损害后果等承担民事赔偿责任；出版者尽了合理注意义务，著作权人也无证据证明出版者应当知道其出版涉及侵权的，依据《中华人民共和国民法通则》第一百一十七条第一款的规定，由出版者承担停止侵权、返还其侵权所得利润的民事责任。本案中，因无证据证明上海音像出版社与上海圆谷公司签订合同时应当知道其出版涉及侵权，故该社已尽到合理注意义务，但应承担停止侵权、返还其侵权所得利润的民事责任。据此酌定上海音像出版社返还辛波特、采耀公司所得利润人民币10万元。广州购书中心已举证证明其销售涉案第8部奥特曼作品来源于上海音像出版社，其依法应承担停止销售该作品的民事责任，不承担赔偿责任。至于辛波特、采耀公司要求在《中国知识产权报》《中国版权》杂志上公开赔礼道歉的请求，鉴于辛波特、采耀公司享有的仅为涉案部分作品的独占使用权，是一种财产权利，并不包括著作人身权的内容，故对其该项请求不予支持。

二审法院于2010年10月25日做出判决：一、撤销一审判决。二、广州购物中心停止销售侵权产品;上海音像出版社停止生产和销售侵权产品,并销毁相关的母带、生产工具等;上海圆谷公司、圆谷制作株式会社停止以任何方式在中国许可任何人生产和销售上述三部作品的音像制品的行为。三、上海圆谷公司、圆谷制作株式会社赔偿辛波特、采耀公司人民币30万元及合理费用人民币101930元,上海音像出版社向辛波特、采耀公司返还其侵权所得利润人民币10万元。

本院经审查,一审、二审法院查明的事实基本属实。另查明:北京市第一中级人民法院做出的[2004]一中民初字第11242号民事判决及上海市第二中级人民法院做出的[2004]沪二中民五(知)初字第250号民事判决中,圆谷制作株式会社分别诉北京东安集团公司长安商场及上海烟草集团静安烟草糖酒有限公司的起诉状中称:圆谷制作株式会社是"奥特曼"影视作品的著作权人,"奥特曼"形象的署名方式为"TSUBURAYAPRODUCTIONS"或"TSUBURAYAPROD"。二审法院于2010年10月25日做出判决,2010年11月12日,圆谷制作株式会社向二审法院递交了辛波特于2010年9月15日在泰国中央知识产权及国际贸易法院的刑事案中的证人证词,辛波特称其于2008年12月24日向UM公司转让了《1976年合同》的权利。圆谷制作株式会社提交该证据用以证明辛波特不具有本案主体资格。在本案再审复查期间,圆谷制作株式会社向本院递交泰国刑事法院于2011年2月1日做出的刑事判决,该判决认定该刑事案件当事人2006年5月19日签订的《修订版许可授予合同》为伪造,圆谷制作株式会社递交该证据用以证明《1976年合同》系伪造。本案当事人确认该泰国法院刑事判决为一审判决,尚未发生法律效力。

本院认为,根据圆谷制作株式会社、上海圆谷公司申请再审的请求及理由与辛波特、采耀公司的答辩意见,现本案主要涉及两个问题:(一)二审法院是否存在程序错误;(二)圆谷制作株式会社、上海圆谷公司是否侵害辛波特、采耀公司对"奥特曼"相关作品的独占使用权。

(一)关于二审法院是否存在程序错误的问题

……

(二)关于圆谷制作株式会社、上海圆谷公司是否侵害辛波特、采耀公司对"奥特曼"相关作品的独占使用权的问题

本案中,辛波特、采耀公司主张圆谷制作株式会社、上海圆谷公司侵害其享有的

涉案奥特曼相关作品独占使用权,其首先应提供证据证明其享有该项权利,这也是认定圆谷制作株式会社、上海圆谷公司是否侵权的前提。鉴于辛波特、采耀公司为支持其主张不仅提供了《1976年合同》,而且还提供了《致歉信》予以佐证;圆谷制作株式会社、上海圆谷公司主张《1976年合同》系伪造,但未提供充分证据予以证明,且确认《致歉信》的真实性,据此,二审法院未支持圆谷制作株式会社、上海圆谷公司关于涉案合同系伪造的主张,并根据查明的事实认定圆谷制作株式会社、上海圆谷公司侵害了辛波特、采耀公司对奥特曼相关作品的独占使用权并无不当。下面主要针对圆谷制作株式会社、上海圆谷公司申请再审新提出的如下问题予以回应:

1.关于是否需要对《1976年合同》上的"公章"予以鉴定的问题

......

2.关于泰国警察总署出具的鉴定报告能否予以采信的问题

......

3.关于圆谷制作株式会社、上海圆谷公司能否向本院申请承认泰国最高法院判决的问题

......

4.关于泰国法院刑事判决对本案是否具有证明力的问题

......

综上所述,本院认为,二审判决认定事实清楚,适用法律正确,应予维持。圆谷制作株式会社、上海圆谷公司的再审申请不符合《中华人民共和国民事诉讼法》(2013年1月1日修改施行)第二百条规定的再审事由,依照该法第二百零四条第一款之规定,裁定如下:

驳回圆谷制作株式会社、上海圆谷策划有限公司的再审申请。

审判长　于晓白
审判员　骆　电
审判员　王艳芳
二〇一三年九月二十九日
书记员　王　晨

【延伸阅读】

1. 郑成思:《WTO 知识产权协议逐条讲解》,中国方正出版社 2001 年版。
2. 叶全良、王世春主编:《国际商务与知识产权保护》,人民出版社 2005 年版。
3. 许海峰主编:《涉外知识产权保护法律实务》,机械工业出版社 2005 年版。
4. 吴汉东主编:《知识产权国际保护制度研究》,水利水电出版社 2007 年版。
5. 唐广良、董炳和:《知识产权的国际保护》(修订版),知识产权出版社 2006 年版。
6. 程永顺主编:《专家点评与建议:涉外著作权典型案例》,法律出版社 2010 年版。
7. 胡凤滨主编:《中国指导案例、参考案例判旨总提炼:知识产权纠纷》,法律出版社 2012 年版。

第三节　计算机程序的法律保护

【知识背景】

软件著作权,是指软件著作权人依法对计算机软件享有的控制和使用的权利。

一、软件著作权的内容

(一)权利主体

(1)软件著作权属于软件开发者,《计算机软件保护条例》另有规定的除外。如无相反证明,在软件上署名的自然人、法人或者其他组织为开发者。

(2)由两个以上的自然人、法人或者其他组织合作开发的软件,其著作权的归属由合作开发者签订书面合同约定。无书面合同或者合同未作明确约定,合作开发的软件可以分割使用的,开发者对各自开发的部分可以单独享有著作权;但是,行使著作权时,不得扩展到合作开发的软件整体的著作权。合作开发的软件不能分割使用的,其著作权由各合作开发者共同享有,通过协商一致行使;不能协商一致,又无正当理由的,任何一方不得阻止他方行使除转让权以外的其他权利,但是所得收益应当合理分配给所有合作开发者。

(3)接受他人委托开发的软件,其著作权的归属由委托人与受托人签订书面合同约定;无书面合同或者合同未作明确约定的,其著作权由受托人享有。

(4)由国家机关下达任务开发的软件,著作权的归属与行使由项目任务书或者合同规定;项目任务书或者合同中未作明确规定的,软件著作权由接受任务的法人或者其他组织享有。

(5)自然人在法人或者其他组织中任职期间所开发的软件有下列情形之一的,该软件著作权由该法人或者其他组织享有,该法人或者其他组织可以对开发软件的自然人进行奖励:①针对本职工作中明确指定的开发目标所开发的软件;②开发的软件是从事本职工作活动所预见的结果或者自然的结果;③主要使用了法人或者其他组织的资金、专用设备、未公开的专门信息等物质技术条件所开发并由法人或者其他组织承担责任的软件。

(二)权利客体

《计算机软件保护条例》所称计算机软件,是指计算机程序及其有关文档。

计算机程序,是指为了得到某种结果而可以由计算机等具有信息处理能力的装置执行的代码化指令序列,或者可以被自动转换成代码化指令序列的符号化指令序列或者符号化语句序列。同一计算机程序的源程序和目标程序为同一作品。

文档,是指用来描述程序的内容、组成、设计、功能规格、开发情况、测试结果及使用方法的文字资料和图表等,如程序设计说明书、流程图、用户手册等。

(三)权利内容

《计算机软件保护条例》规定,软件著作权人享有下列各项权利:

(1)发表权,即决定软件是否公之于众的权利;

(2)署名权,即表明开发者身份,在软件上署名的权利;

(3)修改权,即对软件进行增补、删节,或者改变指令、语句顺序的权利;

(4)复制权,即将软件制作一份或者多份的权利;

(5)发行权,即以出售或者赠与方式向公众提供软件的原件或者复制件的权利;

(6)出租权,即有偿许可他人临时使用软件的权利,但是软件不是出租的主要标的的除外;

(7)信息网络传播权,即以有线或者无线方式向公众提供软件,使公众可以在其个人选定的时间和地点获得软件的权利;

(8)翻译权,即将原软件从一种自然语言文字转换成另一种自然语言文字的权利;

(9)应当由软件著作权人享有的其他权利。软件著作权人可以许可他人行使其软件著作权,并有权获得报酬。软件著作权人可以全部或者部分转让其软件著作权,并有权获得报酬。

(四)权利保护期限

软件著作权自软件开发完成之日起产生。自然人的软件著作权,保护期为自然人终生及其死亡后 50 年,截止于自然人死亡后第 50 年的 12 月 31 日;软件是合作开发的,截止于最后死亡的自然人死亡后第 50 年的 12 月 31 日。法人或者其他组织的软件著作权,保护期为 50 年,截止于软件首次发表后第 50 年的 12 月 31 日,但软件自开发完成之日起 50 年内未发表的,不再予以保护。

二、对软件著作权的限制

为了学习和研究软件内含的设计思想和原理,通过安装、显示、传输或者存储软件等方式使用软件的,可以不经软件著作权人许可,不向其支付报酬。

此外,软件的合法复制品所有人可不经软件著作权人的同意,行使下列权利:

(1)根据使用的需要把该软件装入计算机等具有信息处理能力的装置内;

(2)为了防止复制品损坏而制作备份复制品。这些备份复制品不得通过任何方式提供给他人使用,并在所有人丧失该合法复制品的所有权时,负责将备份复制品销毁;

(3)为了把该软件用于实际的计算机应用环境或者改进其功能、性能而进行必要的修改;但是,除合同另有约定外,未经该软件著作权人许可,不得向任何第三方提供修改后的软件。

【案例裁决/法律文书摘录】

微软公司（Microsoft Corporation）与天津市全联数码通科贸发展有限公司侵害计算机软件著作权纠纷案（节选）

天津市高级人民法院

民事判决书

[2013]津高民三终字第 16 号

上诉人（原审原告）：微软公司（Microsoft Corporation）

法定代表人：本杰明·O. 奥多夫（Benjamin O. Orndorff）

上诉人（原审被告）：天津市全联数码通科贸发展有限公司

法定代表人：刘冬英

上诉人微软公司与上诉人天津市全联数码通科贸发展有限公司（以下简称全联数码通公司）侵害计算机软件著作权纠纷一案，双方均不服中华人民共和国天津市第一中级人民法院[2011]一中民五初字第97号民事判决，向本院提起上诉。本院依法组成合议庭，公开开庭审理了本案。本案现已审理终结。

原审法院查明，微软公司开发完成的计算机软件 Microsoft Windows XP Professional 和 Microsoft Office Professional Edition2003 分别于 2001 年 10 月 25 日、2003 年 10 月 21 日在美国发表。上述计算机软件由微软公司分别于 2001 年 11 月 6 日、2003 年 12 月 9 日在美国版权局进行了登记注册，注册号分别为 TX 5-407-055、TX 5-837-617。

……

2011 年 2 月 18 日，经微软公司委托，北京必浩得知识产权代理有限公司工作人员与天津市北方公证处公证人员共同在位于天津市南开区鞍山西道 338 号的百脑汇一楼戴尔指定零售商 IC05 处，以 2350 元的价格购买型号 Inspiron Mini 10-1018 服务编码为 JG53YN1 的戴尔笔记本电脑一台；在天津市南开区鞍山西道 381 号的赛博数码广场一楼戴尔电脑金钻店 A199 处以 2400 元的价格购买型号 Inspiron Mini 10-1018 服务编码为 CRY2YN1 的戴尔笔记本电脑一台；在天津市南开区白堤路 184 号的颐高数码广场一楼戴尔电脑众海天成店 B123 处以

4300元的价格购买型号Dell vostro 1088服务编码为C0B7RN1的戴尔笔记本电脑一台,并取得了全联数码通公司出具的财务收据。在购买电脑后,对电脑进行了开机操作,上述购买电脑中,均安装了涉案软件。天津市北方公证处对购买电脑过程及开机操作过程进行了现场监督并拍照,将电脑封存后制作了[2011]津北方证经字第1134号至1139号公证书。

庭审中,微软公司提供微软(中国)有限公司盖章、微软公司授权人于维东签字的鉴定书,用以证明微软公司购买的电脑中安装的涉案软件均未经微软公司授权。经对微软公司购买的电脑进行操作,上述电脑中安装了涉案软件。全联数码通公司主张其是整机进货,涉案软件并非由其安装,但未提供证据证实。

微软公司为制止侵权行为支付了调查费6000元、公证费6300元、律师费40000元、购买涉案笔记本电脑费9050元。

原审法院认为,根据《中华人民共和国涉外民事关系法律适用法》第五十条的规定,知识产权的侵权责任,适用被请求保护地法律,当事人也可以在侵权行为发生后协议选择适用法院地法律。微软公司在中国提起诉讼,且当事人未选择适用的法律,故本案应适用中华人民共和国法律。

根据《中华人民共和国著作权法》第二条第二款、《计算机软件保护条例》第五条第三款的规定,中国和美国同为《伯尔尼公约》成员方,微软公司作为美国的公司,其对涉案计算机软件所享有的著作权受中国著作权法保护。

根据审理查明的事实,微软公司为涉案Microsoft Windows XP Professional和Microsoft Office Professional Edition 2003的著作权人,对上述软件享有计算机软件著作权。根据《计算机软件保护条例》第二十四条第一款的规定,未经软件著作权人许可,复制、发行著作权人的软件,应当根据情况,承担停止侵害、消除影响、赔偿损失等民事责任。本案中,微软公司公证购买的笔记本电脑中,安装有Microsoft Windows XP Professional和Microsoft Office Professional Edition 2003软件,且全联数码通公司既不能证明获得微软公司授权也无证据证明其销售的笔记本电脑中侵权软件的合法来源,故可以认定全联数码通公司销售的上述三台笔记本电脑中的软件为未经微软公司许可而复制的软件,侵犯了微软公司对涉案计算机软件享有的复制权、发行权。微软公司要求被告停止侵权的诉讼请求,有事实和法律依据,原审法院予以支持。

微软公司虽要求全联数码通公司承担消除影响的民事责任,但未举证证明全联数码通公司的侵权行为给其商誉造成了不良影响,故微软公司要求全联数码通公司消除影响的主张,原审法院不予支持。

关于赔偿数额,鉴于微软公司没有提供证据证明其因全联数码通公司的侵权行为遭受的实际经济损失,亦未提供证据证明全联数码通公司的违法所得,原审法院综合考虑涉案计算机软件的类型、全联数码通公司侵权情节以及微软公司为制止侵权而支出的合理费用等因素确定本案的赔偿数额。

综上,原审法院依照《中华人民共和国侵权责任法》第十五条第一款第(一)项、第(六)项、第二款,《中华人民共和国著作权法》第二条第二款、第四十九条,《计算机软件保护条例》第五条第三款、第八条第一款第(四)项、第(五)项、第二十四条第一款第(一)项、第(二)项之规定,判决:"一、本判决生效之日起,被告天津市全联数码通科贸发展有限公司立即停止侵犯原告微软公司(Microsoft Corporation)计算机软件著作权的行为;二、本判决生效之日起十日内,被告天津市全联数码通科贸发展有限公司赔偿原告微软公司(Microsoft Corporation)经济损失人民币80000元(含原告为制止侵权支出的合理费用);三、驳回原告微软公司(Microsoft Corporation)的其他诉讼请求。案件受理费8800元,由原告微软公司(Microsoft Corporation)负担2800元,被告天津市全联数码通科贸发展有限公司负担6000元。"

原审法院判决以后,双方当事人不服原审判决,均以原审判决认定事实不清,适用法律错误为由,向本院提起上诉。微软公司上诉请求:撤销原审判决书第二、三项内容,依法改判全联数码通公司赔偿微软公司经济损失及合理支出人民币30万元;依法判决全联数码通公司在《法制日报》和《中国计算机报》上刊登书面声明,消除侵权影响。微软公司的主要上诉理由为:第一,原审判决全联数码通公司承担的赔偿数额过低,不足以弥补当事人的损失,不能制止其重复性、持续性和恶意性侵权行为。由于全联数码通公司是专业计算机软硬件批发和零售商,在天津地区具有多个营销网络和店铺,其侵权后果更严重。第二,全联数码通公司在安装和复制涉案盗版软件时,破坏了权利人的软件技术保护措施,改变了涉案软件的权利管理电子信息,侵犯了微软公司对涉案软件享有的修改权和保护作品完整权等人身权,故全联数码通公司应承担消除影响的民事责任。

全联数码通公司答辩称:全联数码通公司没有实施侵权行为,故不同意微软公司的上诉,请求驳回微软公司的全部上诉请求。

全联数码通公司上诉请求:撤销原审判决,依法驳回微软公司的全部诉讼请求。全联数码通公司的主要上诉理由为:第一,本案起诉主体违反了民事诉讼法的规定,一审中罗杰律师事务所充当原告的角色,程序违法。第二,微软公司提交的公证书不能证实全联数码通公司实施了侵权行为,公证书存在很多疑点不能作为证据使用。

微软公司答辩称:第一,微软公司的法定代表人本杰明·O.奥多夫授权微软(中国)公司雇员于维东先生以微软公司的名义针对中华人民共和国境内的知识产权事宜提起、参与诉讼,并可转委托代理权限,于维东通过授权委托书的方式委托北京罗杰律师事务所律师作为微软公司的委托代理人参加本案诉讼,以上授权委托手续经相关公证机关公证,故北京罗杰律师事务所律师以微软公司委托代理人身份参加本案诉讼,程序上符合法律规定。第二,微软公司的公证行为符合法律规定,公证书可以作为认定全联数码通公司实施侵权行为事实的依据。

本院经审理查明,原审法院查明的事实无误。

二审期间,微软公司提交了[2013]津北方证经字第870~875号六份公证书。根据上述公证书记载,2013年3月1日经微软公司委托,北京必浩得知识产权代理有限公司工作人员与天津市北方公证处公证人员共同在天津市南开区鞍山西道381号赛博数码广场一楼A199商铺、天津市南开区鞍山西道338号百脑汇一楼IC05商铺、IC13商铺购买了三台戴尔笔记本电脑,并当场取得了全联数码通公司的发票。在上述购买的三台电脑中,均安装了Windows 7软件,两台安装了Office 2003软件,一台安装了Office 2007软件。此外,微软公司还提交了三份由于维东签字的鉴定书,证明上述三台计算机中安装的软件均未经微软公司授权。微软公司主张以上新证据可以证明全联数码通公司在一审判决后并未停止侵权行为,主观上具有重大过错,请求二审法院加重判决全联数码通公司的赔偿数额。

二审期间,全联数码通公司提交了三十余份内容基本相同的证明,内容为:"我公司从天津市全联数码通科贸发展有限公司购买的所有计算机产品,天津市全联数码通科贸发展有限公司从未给我公司安装过盗版软件。"全联数码通公司主张上述书面材料作为新证据证明在2011年2月份微软公司公证购买计算机前后期间内,全联数码通公司从未给三十余家公司安装过盗版软件。另外,全联数码通公司在二审期间提交了一张光盘,该光盘内容为在天津市南开区鞍山西道381号赛博数码广场一楼A199商铺内10时13分至10时54分的监控录像,证明制作[2013]津北方证经字第870~874号公证书的天津市北方公证处的公证员没有在现场监督购买,不符合公证法与公证程序规则的规定,该公证书不能作为认定事实的证据。

二审期间,全联数码通公司向本院申请司法鉴定。全联数码通公司申请对[2011]津北方证经字第1134号至1139号公证书公证购买的三台计算机中任意一台进行鉴定,以证实全联数码通公司没有实施安装涉案软件行为,不构成侵权。……

本院认为,因微软公司所诉本案侵权行为发生在中华人民共和国天津市并因此提起诉讼,故审理本案应适用中华人民共和国法律的相关规定。

涉案两个计算机软件 Microsoft Windows XP Professional 和 Microsoft Office Professional Edition 2003 均由微软公司开发并发表于美国,微软公司对上述计算机软件享有著作权。中国与美国均为《伯尔尼保护文学和艺术作品公约》的成员方,成员方作者的作品受中国法律保护,故微软公司的上述计算机软件受中国《著作权法》和《计算机软件保护条例》的保护。

第一,关于本案诉讼主体问题。……

第二,关于全联数码通公司是否实施了侵权行为问题。根据天津市北方公证处[2011]津北方正经字第1135号等公证书记载,2011年2月18日微软公司在全联数码通公司的销售商铺内购买的三台计算机中,均安装有两个涉案软件。虽然全联数码通公司主张该公证书存在疑点不能作为认定其侵权的证据使用,但根据《中华人民共和国公证法》第三十六条规定:"经公证的民事法律行为,有法律意义的事实和文书,应当作为认定事实的依据,但有相反证据足以推翻该项公证的除外。"在全联数码通公司不能提供证据并足以推翻公证书证明内容的情况下,公证书可以作为认定本案相关事实的依据。

全联数码通公司在二审期间提交了三十余份书面证人证言,但由于该证据应在一审举证期限内提交且证人未出庭作证,故上述证据材料不仅超出举证期限提交,而且与本案相关事实没有关联性,故对上述证据材料本院不予采信。

……

关于全联数码通公司提交光盘,并主张制作[2013]津北方证经字第870~875号公证书的公证人员没在现场监督,公证书错误的问题。由于该视听资料无法证明拍摄的时间、地点,也无法证明其真实性,故对全联数码通公司主张制作上述公证书的公证人员没有在现场监督的主张,本院不予支持。另外,根据《中华人民共和国公证法》第三十九条规定:"当事人、公证事项的利害关系人认为公证书有错误的,可以向出具该公证书的公证机构提出复查。"全联数码通公司如认为公证书有错误,可向公证机关申请复查。在全联数码通公司没有相反证据足以推翻公证书的情况下,本院依据公证书公证事项认定案件事实。

综上,由于全联数码通公司未能提供充分证据推翻公证书证明的事实。全联数码通公司在其销售的经公证购买的三台计算机中,既不能证明涉案软件经过微软公司的授权,也不能证明涉案软件的合法来源,故原审法院认定全联数码通公司实施了侵权行为,侵害了微软公司对计算机软件享有的复制权、发行权,并据此判决全联数码通公司承担停止侵权,赔偿损失的民事责任并无不当。

第三,关于赔偿数额问题。二审期间,根据微软公司提交的[2013]津北方证经字第870~875号公证书,可以认定全联数码通公司在其销售的经公证购买的计算机中,均安装有Windows 7简体中文旗舰版,一台安装有Office 2007简体中文专业增强版,两台计算机中安装有Office 2003简体中文专业版软件(即涉案的Microsoft Office Professional Edition 2003软件)。根据微软公司二审期间新提交的三份鉴定书,可以认定全联数码通公司安装的上述软件未经微软公司授权或同意。由于在两台计算机中,安装有涉案的Microsoft Office Professional Edition 2003软件,可以认定全联数码通公司持续实施了侵权行为。

在微软公司因全联数码通公司侵权行为造成的损失,以及全联数码通公司的违法所得均难以确定的情况下,本院根据全联数码通公司实施侵权行为的主观过错程度、侵权行为持续的时间、涉案计算机软件的知名度、市场价格、全联数码通公司的经营规模等因素,以及微软公司为制止侵权行为而支出费用的合理性及必要性,确定赔偿数额,并对原审法院判决全联数码通公司赔偿的数额,酌情予以调整。

第四,关于全联数码通公司是否应承担消除影响的民事责任问题。本案中,微软公司主张全联数码通公司应承担消除影响的侵权民事责任。由于微软公司不能证明全联数码通公司侵权行为造成的不良影响,故原审法院对微软公司关于全联数码通公司应承担消除影响的诉讼请求不予支持,并无不当。

第五,关于全联数码通公司申请司法鉴定的问题。……

综上,原审判决认定事实清楚,适用法律正确。依照《中华人民共和国民事诉讼法》第一百七十条第一款第(一)项的规定,判决如下:

一、维持天津市第一中级人民法院[2011]一中民五初字第97号民事判决第一项;

二、变更天津市第一中级人民法院[2011]一中民五初字第97号民事判决第二、三项为"本判决生效之日起十日内,天津市全联数码通科贸发展有限公司赔偿微软公司(Microsoft Corporation)经济损失人民币20万元(含微软公司为制止侵权支出的合理费用)";

三、驳回微软公司(Microsoft Corporation)的其他上诉请求;

四、驳回天津市全联数码通科贸发展有限公司的上诉请求。

如果未按本判决指定的期间履行金钱给付义务,应当依照《中华人民共和国民事诉讼法》第二百五十三条的规定,加倍支付迟延履行期间的债务利息。

一审案件受理费8800元,由微软公司(Microsoft corporation)负担1800元,天津市全联数码通科贸发展有限公司负担7000元。上诉案件受理费6400元,由微软公司(Microsoft Corporation)负担2400元,天津市全联数码通科贸发展有限公司负担4000元。

本判决为终审判决。

审判长　黄砚丽
代理审判员　刘震岩
代理审判员　向晓辉
二〇一三年六月三十日
书记员　王　斌

【延伸阅读】

1. 吴汉东主编:《知识产权法》,法律出版社 2014 年版。

2. 刘春田主编:《知识产权法》,中国人民大学出版社 2014 年版。

3. 张玉敏主编:《知识产权法学》,中国人民大学出版社 2010 年版。

4. 应明、孙彦:《计算机软件的知识产权保护》,知识产权出版社 2009 年版。

5. 程永顺主编:《专家点评与建议:涉外著作权典型案例》,法律出版社 2010 年版。

6. 胡凤滨主编:《中国指导案例、参考案例判旨总提炼:知识产权纠纷》,法律出版社 2012 年版。

第四节　对著作权保护的限制

【知识背景】

著作权法的宗旨是通过保护作者权益而促进知识产品的生产和传播。为了实现著作权法的根本宗旨,著作权法的制度设计一方面赋予作者对其创作作品享有专有权,另一方面从社会公众角度对权利做出限制和例外的规定。"保护"和"限制"两个方面构成了完整的权利体系,体现了著作权法在创作者、传播者、使用者三者之间寻求一种利益平衡的立法取向。

一、合理使用

合理使用是指在法律明文规定的范围内,无须征得著作权人的同意,不必向其支付报酬,基于正当目的而使用他人作品的合法行为。此外,合理使用人应当指明作者姓名、作品名称,并且不得侵犯著作权人依照著作权法享有的其他权利。中国《著作权法》第22条规定了合理使用的12种特定情形:

(1)为个人学习、研究或者欣赏,使用他人已经发表的作品。

(2)为介绍、评论某一作品或者说明某一问题,在作品中适当引用他人已经发表的作品。

(3)为报道时事新闻,在报纸、期刊、广播电台、电视台等媒体中不可避免地再现或者引用已经发表的作品。

(4)报纸、期刊、广播电台、电视台等媒体刊登或者播放其他报纸、期刊、广播电台、电视台等媒体已经发表的关于政治、经济、宗教问题的时事性文章,但作者声明不许刊登、播放的除外。

(5)报纸、期刊、广播电台、电视台等媒体刊登或者播放在公众集会上发表的讲话,但作者声明不许刊登、播放的除外。

(6)为学校课堂教学或者科学研究,翻译或者少量复制已经发表的作品,供教学或者科研人员使用,但不得出版发行。

(7)国家机关为执行公务在合理范围内使用已经发表的作品。

(8)图书馆、档案馆、纪念馆、博物馆、美术馆等为陈列或者保存版本的需要,复制本馆收藏的作品。

(9)免费表演已经发表的作品,该表演未向公众收取费用,也未向表演者支付报酬。

(10)对设置或者陈列在室外公共场所的艺术作品进行临摹、绘画、摄影、录像。

(11)将中国公民、法人或者其他组织已经发表的以汉语言文字创作的作品翻译成少数民族语言文字作品在国内出版发行。

(12)将已经发表的作品改成盲文出版。

上述规定适用于对出版者、表演者、录音录像制作者、广播电台、电视台的权利的限制。

二、法定许可

法定许可也称为非自愿许可,是指根据法律的规定,以特定方式使用他人已发表的作品,可以不经著作权人的许可,但应向著作权人支付使用费并尊重著作权人其他权利的制度。

中国《著作权法》规定了下列五种法定许可使用的方式:

(1)为实施九年制义务教育和国家教育规划而编写出版教科书,除作者事先声明不许使用的外,可以在教科书中汇编已经发表的作品片段或者短小的文字作品、音乐作品或者单幅的美术作品、摄影作品,但应当按照规定支付报酬,指明作者姓名、作品名称,并且不得侵犯著作权人依照本法享有的其他权利。上述规定适用于对出版者、表演者、录音录像制作者、广播电台、电视台的权利的限制。

(2)作品刊登后,除著作权人声明不得转载、摘编的外,其他报刊可以转载或者作为文摘、资料刊登,但应当按照规定向著作权人支付报酬。

(3)录音制作者使用他人已经合法录制为录音制品的音乐作品制作录音制品,可以不经著作权人许可,但应当按照规定支付报酬;著作权人声明不许使用的不得使用。

(4)广播电台、电视台播放他人已发表的作品,可以不经著作权人许可,但应当支付报酬。

(5)广播电台、电视台播放已经出版的录音制品,可以不经著作权人许可,但应当支付报酬。当事人另有约定的除外。

三、"违禁作品"的禁止出版、传播

依据第十一届全国人民代表大会常务委员会第十三次会议的决定,《著作权法》第4条(依法禁止出版、传播的作品,不受本法保护。著作权人行使著作权,不得违反宪法和法律,不得损害公共利益。)被修改为:"著作权人行使著作权,不得违反宪法和法律,不得损害公共利益。国家对作品的出版、传播依法进行监督管理。"

修改前《著作权法》第4条中"依法禁止出版、传播的作品"一般统称为"违禁作品",主要是指违反国家法律、违反社会公德的内容反动、淫秽的作品。2010年著作权法修改删去"依法禁止出版、传播的作品,不受本法保护",意味着违禁作品也受到著作权法的保护,即也可根据著作权自动产生的原理自完成之日自动产生著作权。但是根据"著作权人行使著作权,不得违反宪法和法律,不得损害公共利益",这些违禁作品是不能出版、传播的,虽然违禁作品可以获得著作权,但是其出版传播受到法律的限制或者禁止。同时,新增加的一款"国家对作品的出版、传播依法进行监督管理",强调了国家对违禁作品的监管,也重申了违禁作品的出版和传播会受到限制或者禁止。不再排除违禁作品的著作权正是著作权法第4条修改前后条文的实质性区别。

【案例裁决/法律文书摘录】

朱莉亚·班纳·亚历山大诉北京市海淀区戴尔培训学校、

北京洲际文化艺术交流有限公司

侵害著作权纠纷案(节选)

问题提示:如何正确界定著作权法规定教材的合理使用?

【要点提示】

教材的创作目的及其本身的性质并不能成为他人可以违反著作权法关于合理使用的规定而进行复制和向公众传播的理由。

【案例索引】

一审:北京市第一中级人民法院[2007]一中民初字第10169号(2007年12月24日)

二审:北京市高级人民法院[2008]高民终字第185号(2011年8月29日)

【案情】

原告:朱莉亚·班纳·亚历山大(以下简称朱莉亚·亚历山大)

被告:北京市海淀区戴尔培训学校(以下简称戴尔学校)

被告:北京洲际文化艺术交流有限公司(以下简称洲际公司)

原告朱莉亚·亚历山大诉称:原告是已故著名英语教育专家、全球公认为经典的英语学习教材——《新概念英语》(New Concept English,新版)》的作者路易·乔治·亚历山大(Louis George Alexander,以下简称路易·亚历山大)教授的遗孀,根据路易·亚历山大的遗嘱获得《新概念英语》作品的著作权。2007年初,原告发现戴尔学校面向社会销售一种名为"新概念英语1～4册下载学"的系列视频学习课件,原告购买了上述课件,并通过其指定网站将上述课件下载至计算机内。通过比较,原告发现上述学习课件,是在未经原告授权许可、未向原告支付费用的情况下,非法使用《新概念英语》第一至四册的内容制作的侵权产品。原告认为,戴尔学校未经原告许可,以营利为目的、非法使用原告享有著作权的作品内容制作网络学习课件,并通过互联网络提供上述课件的网络下载服务的行为,侵害了原告依法享有的复制权、发行权和信息网络传播权,且戴尔学校制作的网络学习课件中未指明《新概念英语》作者身份,侵犯了作者的署名利益,依法应承担侵权责任。洲际公司作为戴尔学校的举办者和相关网站的经营者,依法应与戴尔学校承担连带赔偿责任。因此,原告请求法院判令:(1)两被告立即停止使用原告《新概念英语》(共四册)作品内容制作名为"新概念英语1～4册下载学"的系列视频学习课件,停止使用上述课件并通过互联网络提供该课件的下载服务,删除并销毁其已制作的上述课件,在新浪网上向原告公开赔礼道歉,消除影响;(2)戴尔学校赔偿原告经济损失人民币80万元及原告为制止侵权行为而支付的合理费用人民币5060元,洲际公司承担连带赔偿责任。

两被告共同辩称:(1)学习课件是为了推广新概念英语的教学,作为课堂面授教学方式的补充手段,将教师课堂教学内容经过机械复制后,通过网络下载方式供学员学习使用。课件内容是对新概念英语的讲解,必然涉及新概念课文的全部内容。但课件是对老师课堂讲解新概念英语的复制,而非对新概念英语的复制。新概念英语作为学习的教材,应当允许被告聘请老师进行讲解教授,在授课中使用教材内容属于合理使用范围。被告并未复制发行新概念英语的内容,原告认为被告侵犯其著作权,缺乏事实和法律依据。(2)学习课件的制作下载不会给原告造成实际损失。学习课件作为新概念英语的一种教授手段,学员只有借助新概念英语教材才能学习使用,故课件的传播并未给原告造成损失。(3)被告并未从课件的下载中获利。该课件主要作为课堂教学的辅助手段,其核心价值在于授课老师的讲解水平,没有经过老师面授的学员通常不会直接选择下载课件的方式进行学习,而且被告采取了加密方式,下载后不会扩大传播范围。由于英语学习的特殊性,通过付费使用课件的学员并不多,被告并未获取任何利润。综上,请求法院驳回原告的诉讼请求。

北京市第一中级人民法院查明:《新概念英语》(新版)1~4册,署名亚历山大(L. G. ALEXANDER)、何其莘合作编著。北京市第一中级人民法院[2006]一中民初字第5509号民事调解书查明如下事实:路易·亚历山大系《新概念英语》英语部分的著作权人,其于2002年6月17日去世,朱莉亚·亚历山大系其遗孀。根据路易·亚历山大的遗嘱,其著作权归朱莉亚·亚历山大所有。2007年1月15~16日,朱莉亚·亚历山大的委托代理人在戴尔学校购买了"新概念英语1~4册下载学"网络课程。同年1月25日、29日,1月31日至2月11日,该委托代理人在www.dellenglish.com网站及其链接的www.dallenglish.com网站下载了"新概念英语1~4册下载学"学习软件,并随机演示部分课程,复制打印了部分网页。经勘验,戴尔学校课件中老师的讲解方式如下:第1册,单词和课文基本为逐一和逐句朗读、讲解以及页面显示,页面上同时会显示老师扩充讲解的部分内容。第2~4册中仍然会逐一和逐句地朗读和讲解单词及课文,但只有部分单词和课文中的句子在页面上显示,大部分显示的内容是老师延伸讲解的内容。

【审判】

北京市第一中级人民法院认为:《新概念英语》全四册教材是针对不同英语水平和能力的学习者编写的一套学习用书。从教材署名情况来看,除第4册中课文系引自他人外,其余的英文部分均为路易·亚历山大教授独创。故该套教材作为一个整体应为原创作品,其中英文部分与中文部分可以分割使用,路易·亚历山大教授对英文部分享有著作权。朱莉亚·亚历山大作为其继承人享有其著作权中的财产权利,受到《中华人民共和国著作权法》(简称著作权法)的保护。

涉案学习课件是以《新概念英语》为教学对象,这决定了其在指定教材时必须明确诸如作者、出版社等相关信息,必然会指明作者身份。而其在进行具体内容的讲述时,由于使用方式的特性,不可能要求其每次都须提及作者,《中华人民共和国著作权法实施条例》第十九条允许因使用方式的特性而不指明作者身份,本案属于该条款所述情形,故朱莉亚·亚历山大主张侵犯作者署名利益缺乏事实和法律依据,不予支持。

《新概念英语》从整体上是一部原创作品,但并不意味着著作权人对其中的每一部分都享有著作权。如第4册中的课文均系引自他人,著作权人即不能对该册书的每一篇课文本身主张权利。而关于生词和短语部分,朱莉亚·亚历山大显然不能针对单独的单词主张著作权,而其教材中又基本按照生词在课文中出现的顺序进行排列,在选择和编排上也不具有独立于课文之外的独创性,朱莉亚·亚历山大对其不享有著作权。故对朱莉亚·亚历山大与该部分相关的主张不予支持。

著作权法规定的复制应是通过某种手段非创造性地再现作品的内容,其表达形式与作品具有重复性。而本案中,因《新概念英语》本身即是用于英语学习的一套教材,故戴尔学校、洲际公司应有权利选择其作为教学对象,开设课堂、招收学员进行讲授,这与著作权人出版发行该作品的目的并不违背,且并不影响著作权人的利益。而语言类教学相对具有其特殊性,"听"和"读"是两种重要的语言能力,在《新概念英语》教材中亦体现出对上述能力进行训练的重要性和必要性。故老师在讲授过程中朗读课文,均是服务于其教学的目的,且并未超出该目的。随朗读出现的页面显示也是其正常的教学手段,除了第1册简单对话外,其并非全部内容显示,而是有选择地对老师认为是重点或难点的单词或句子进行显示,证明其确是为了更好地进行讲授,达到其教学的目的。而进行讲解更是课堂的主要目的和意义所在,与复制原告作品无关。上述行为与著作权法意义上的复制显然不是同一概念,其并非简单地再现《新概念英语》,其目的亦并非向相关公众提供该作品的复制件,而其学员虽然能下载其课件,但仅限于在一定期限内在固定的一台计算机终端上使用,并不能将相关内容另行下载保存,亦即不能通过此途径获得著作权人的作品。通过网络的教学虽然与传统课堂教学有所不同,但本案中戴尔学校的行为仍然是正常的教学行为,其性质未改变。故戴尔学校、洲际公司并未侵犯朱莉亚·亚历山大对作品享有的复制权。相应地,戴尔学校销售上述网络学习课件并对其学员提供下载学习服务,亦不侵犯发行权及信息网络传播权。戴尔学校的行为既不影响著作权人在现实生活中行使其权利,如许可他人出版发行其作品,亦不影响其在互联网环境下行使权利,其同样可以许可他人对其作品提供在线阅读、下载等服务,其行为并不影响其该部分利益的实现。反之,如果如朱莉亚·亚历山大所主张,戴尔学校进行相关新概念英语教学均需获得其许可,无疑使朱莉亚·亚历山大获得了可以控制哪些主体有资格开设该课程的权力,而这种权力显然并非著作权法所能赋予的,且与著作权法保护的目的并不相符合。著作权法保护著作权人的合法权利,但同时亦鼓励作品的创作和传播,以达到促进科学文化发展的目的。故从该角度,朱莉亚·亚历山大的主张亦不应得到支持。

综上所述,朱莉亚·亚历山大关于戴尔学校、洲际公司侵犯其著作权的主张不能成立,依照《中华人民共和国著作权法》第十条第一款第(五)项、第(六)项及第(十二)项以及《中华人民共和国著作权法实施条例》第十九条之规定,北京市第一中级人民法院判决:驳回朱莉亚·亚历山大的诉讼请求。

朱莉亚·亚历山大不服一审判决并提起上诉,请求撤销一审判决,依法予以改判,支持其一审诉讼请求。其上诉理由是:(1)一审判决认定戴尔学校、洲际公司使用《新概念英语》作品内容制作涉案网络课件并销售等行为,属于"正常的教学行为",显系对事实性质的错误认定。(2)一审判决适用法律错误,依法应当予以改判。(3)一审判决对《新概念英语》作品作者之署名利益问题,在认定事实和适用法律方面均存在严重错误,应予纠正。

北京市高级人民法院二审查明:《新概念英语》(新版)1~4册由外语教学与研究出版社、朗文出版亚洲有限公司联合出版,1997年10月第1版,2007年8月第70次印刷,署名亚历山大(L. G. ALEXANDER)、何其莘合作编著。《新概念英语》教材中第1册144课,第2册96课,第3册60课,第4册48课。各册安排的内容不尽相同,但基本上每一课均有课文和课文注释(第1册中复数课为练习课,除外)、生词和短语等内容,朱莉亚·亚历山大认为第1~3册中课文均为作者原创,第4册中课文均系引用他人文章或片断,课文后标注了来源。生词和短语部分把课文中新的单词和短语基本按在课文中出现的顺序进行了排列。第1册中复数课中有书面练习题,第2~4册则按其教学目的设计了如摘要写作、词汇、关键句型、难点及多项选择题等练习内容。朱莉亚·亚历山大为该公证支付公证费人民币4000元。本案审理中,朱莉亚·亚历山大认为洲际公司系戴尔学校的举办者和相关网站的经营者。对此,戴尔学校、洲际公司均未提出异议。

二审查明的其他事实与一审基本相同。

第四章 涉外著作权的法律保护实务

北京市高级人民法院认为:根据《著作权法》第二条第二款规定,外国人、无国籍人的作品根据其作者所属国或者经常居住地国同中国签订的协议或者共同参加的国际条约享有的著作权,受本法保护。上诉人朱莉亚·亚历山大所属的英国与中国同属于《伯尔尼保护文学和艺术作品公约》的成员方,故朱莉亚·亚历山大对涉案作品享有的著作权应受中国著作权法保护,其认为著作权在中国受到侵犯时,有权向中国法院提起诉讼。

涉案《新概念英语》全四册教材是一套以学习英语为目的的教材,其内容主要包括课文、生词和短语、课文释义、练习等内容。根据著作权法的相关规定,该教材应当属于文字作品。该作品第1、2、3册中的英文部分,除单词和短语部分外,均由路易·亚历山大所独立创作,路易·亚历山大作为作者享有著作权;第4册中的课文虽系引自他人作品,但其余部分除单词和短语部分外,亦均由路易·亚历山大所独立创作,其著作权也由路易·亚历山大所享有;且因第4册课文的选择和编排具有独创性,已经构成汇编作品,该汇编作品著作权亦应由路易·亚历山大享有。路易·亚历山大死亡后,朱莉亚·亚历山大作为路易·亚历山大的继承人,其依法享有对涉案作品著作权之财产权,亦有权对涉案作品著作权之人身权进行保护。

本案中,戴尔学校、洲际公司制作的网络学习课件中,授课老师讲解的方式可以分为三种:一是对每篇课文进行朗读,页面显示全部或部分课文中的句子;二是对单词和短语进行讲解,页面显示全部或部分单词和短语;三是页面显示老师扩充讲解的部分内容。对于第一种情况,老师对课文的朗读以及在页面上对作品内容的显示,是对涉案作品在网络上进行的公开传播,该传播行为,未经著作权人许可,使公众可以通过互联网在个人选定的时间和地点获得涉案作品,已经构成对朱莉亚·亚历山大享有的信息网络传播权的侵犯。对于第二种情况,是对单词和短语的显示和讲解,因这些单词和短语并非作品,且其选择、排序也不具有独立于作品的独创性,故对朱莉亚·亚历山大相关主张不予支持。关于第三种情况,是老师对作品的扩充讲解,并非是对涉案作品的使用,显然不能构成对朱莉亚·亚历山大著作权的侵犯。

戴尔学校、洲际公司是在将涉案作品进行数字化复制后,再通过互联网提供课件下载服务。该复制行为未经朱莉亚·亚历山大许可,已经构成对朱莉亚·亚历山大享有的复制权的侵犯。朱莉亚·亚历山大并未证明戴尔学校、洲际公司实施了侵犯发行权的行为,故对朱莉亚·亚历山大关于侵犯发行权的主张不予支持。

本案审理中,戴尔学校、洲际公司主张使用涉案作品属于合理使用,但并未明确相关的法律依据,故该抗辩理由于法无据,不予支持。一审法院的相关认定错误,本院予以纠正。

署名权是表明作者身份的权利,是作者享有的一项重要人身权。除非另有约定或者因使用方式的特性而无法指明作者的,应当为作者署名。本案中,在涉案课件内容中、网页页面宣传介绍以及销售课件过程中,戴尔学校均未指明《新概念英语》的作者,因此,已构成对路易·亚历山大署名权的侵犯,应承担相应的民事责任。一审法院相关认定错误,本院予以纠正。

因戴尔学校系独立的民事主体,涉案课件系其制作并提供互联网下载服务,因此,戴尔学校应对该侵权行为承担相应的停止侵权、赔礼道歉、赔偿损失等民事责任。朱莉亚·亚历山大主张洲际公司作为戴尔学校的开办者和涉案网站的开办者、经营者,应当承担连带责任的主张无事实和法律依据,不予支持。

鉴于朱莉亚·亚历山大并未举证证明戴尔学校侵权行为给其造成的实际损失以及戴尔学校的违法所得,故本院根据戴尔学校侵权的主观过错、后果,朱莉亚·亚历山大主张的侵权行为以及获得本院支持部分的比例,并参考涉案出版物价格、购买课件费用等因素,综合酌情确定赔偿数额。戴尔学校虽已构成对路易·亚历山大署名权的侵犯,但因路易·亚历山大已经去世,判决赔礼道歉的对象已不存在,故本院对朱莉亚·亚历山大关于赔礼道歉的诉讼请求不再支持。同时,基于戴尔学校侵权给朱莉亚·亚历山大造成的影响,戴尔学校应承担公开消除影响的民事责任。消除影响的具体方式根据侵权主观过错程度、侵权持续时间及范围等综合确定。此外,朱莉亚·亚历山大关于删除、销毁涉案网络课件的诉讼请求无事实和法律依据,本院不予支持。

综上,一审判决认定事实不清,适用法律不当,应予纠正。上诉人朱莉亚·亚历山大的上诉请求部分成立。依照2001年10月27日修改的《中华人民共和国著作权法》第四十六条第(十一)项、第四十七条第一款第(一)项、第四十八条第二款,《中华人民共和国民事诉讼法》第一百五十三条第一款第(二)、(三)项之规定,判决:一、撤销中华人民共和国北京市第一中级人民法院[2007]—中民初字第10169号民事判决;二、北京市海淀区戴尔培训学校自本判决生效之日起,立即停止涉案侵权行为;三、北京市海淀区戴尔培训学校自本判决生效之日起十五日内,赔偿朱莉亚·班纳·亚历山大经济损失人民币三十万元及为制止侵权而支付的合理开支人民币五千零六十元;四、北京市海淀区戴尔培训学校于本判决生效之日起十五日内,在www.dellenglish.com首页连续48小时就本案事实发表消除影响的声明(声明内容须经本院审核,逾期不履行,本院将选择一家全国发行的报纸刊登本判决的主要内容,费用由北京市海淀区戴尔培训学校承担);五、驳回朱莉亚·班纳·亚历山大的其他诉讼请求。

(一审合议庭成员:任进 董晓敏 邢军
二审合议庭成员:张雪松 李燕蓉 张冬梅)

【评析】

《著作权法》第22条第1款第(6)项规定,"为学校课堂教学或者科学研究,翻译或者少量复制已经发表的作品,供教学或者科研人员使用,但不得出版发行",属于对作品的合理使用。虽然法律规定了与教学相关的著作权合理使用制度,但在判断教学过程中对于作品,特别是对于教材的使用是否属于合理使用,应当根据具体情况进行判断,并非所有教学过程中使用教材的行为均构成合理使用。著作权合理使用制度创设的目的在于平衡保护作者利益与促进作品传播之间的关系,因此,教学过程中对于教材的合理使用同样应以既确保教学的顺利进行,又不会对教材著作权人的潜在市场价值造成损害为条件。判断教学过程中对于教材的使用是否构成合理使用,一般参考以下标准,即是否基于商业目的而使用、所使用作品的性质、使用的数量和比例、使用行为对作品的潜在市场价值是否有较大的不利影响。

就本案而言,《新概念英语》是为学习英语而创作的教材,但创作的目的以及作为教材本身的性质并不能成为他人可以违反法律关于合理使用的规定而进行复制和向公众传播的依据。戴尔学校作为营利性教学机构使用《新概念英语》的行为,显然不属于非商业使用;戴尔学校对《新概念英语》绝大部分英文内容进行了使用,而非少量使用;涉案课件的使用主体并不限于教学或科研人员,实际的使用者还包括学员,这种使用主体已经超越了《著作权法》第22条第1款第(6)项规定的"教学或者科研人员";而且,学员通过涉案网络教学中的朗读和显示,完全可以不再购买《新概念英语》而进行学习,这实际上挤占了《新概念英语》教材的市场份额,对《新概念英语》潜在的市场价值也具有较大的不利影响。因此,戴尔学校、洲际公司在本案中使用《新概念英语》教材的行为,并不符合《著作权法》第22条第1款第(6)项规定的合理使用。戴尔学校、洲际公司关于其使用涉案作品系合理使用的抗辩理由于法无据,不应予以支持。

【延伸阅读】

1. 李扬:《知识产权法基本原理》,中国社会科学出版社2010年版。
2. 孔祥俊:《知识产权法律适用的基本问题——司法哲学、司法政策与裁判方法》,中国法制出版社2013年版。
3. 张玉敏、张今、张平:《知识产权法》,中国人民大学出版社2009年版。
4. 张玉敏主编:《知识产权法学》,中国人民大学出版社2010年版。
5. 冯晓青:《著作权法》,法律出版社2010年版。
6. 汤宗舜:《著作权法原理》,知识产权出版社2005年版。
7. 程永顺主编:《专家点评与建议:涉外著作权典型案例》,法律出版社2010年版。
8. 胡凤滨主编:《中国指导案例、参考案例判旨总提炼:知识产权纠纷》,法律出版社2012年版。

第五节　中国对著作权的法律保护

【知识背景】

一、著作权的对象

著作权保护的基本对象是文学艺术和科学作品。中国《著作权法实施条例》将作品解释为:"著作权法所称作品,是指文学、艺术和科学领域内具有独创性并能以某种有形形式复制的智力成果。"因此,作品是思想或者情感的表现形式,不是思想、情感本身。

独创性是著作权保护的必要条件,但独创性标准或高度因不同文体或不同类型的作品会有所区别。独创性是著作权法的核心原则。实践中对独创性的判断是事后的、被动的和个案的。著作权产生于作品创作完成之时,无须经过审查或登记等程序,因而著作权取得之时并不发生独创性判断的问题。只有在发生著作权争议或者著作权侵权纠纷的时候,才有可能对涉案作品的独创性做出事实上的认定,以便解决因该作品而产生的著作权纠纷。

(一)作品的种类

1. 文字作品

文字作品是指小说、诗词、散文、论文等以文字形式表现的作品。

2. 口述作品

口述作品是指即兴的演说、授课、法庭辩论等以口头语言形式表现的作品。

3. 音乐、戏剧、曲艺、舞蹈、杂技艺术作品

戏剧作品是指话剧、歌剧、地方戏等供舞台演出的作品;曲艺作品是指相声、快书、大鼓、评书等以说唱为主要形式表演的作品;舞蹈作品是指通过连续的动作、姿势、表情等表现思想情感的作品;杂技艺术作品是指杂技、魔术、马戏等通过形体动作和技巧表现的作品。

4. 美术、建筑作品

美术作品是指绘画、书法、雕塑等以线条、色彩或者其他方式构成的有审美意义的平面或者立体的造型艺术作品;建筑作品,是指以建筑物或者构筑物形式表现的有审美意义的作品。

5. 摄影作品

摄影作品是指借助器械在感光材料或者其他介质上记录客观物体形象的艺术作品。

6. 电影作品和以类似摄制电影的方法创作的作品

电影作品和以类似摄制电影的方法创作的作品是指摄制在一定介质上,由一系列有伴音或者无伴音的画面组成,并且借助适当装置放映或者以其他方式传播

的作品。

7.工程设计图、产品设计图、地图、示意图等图形作品和模型作品

图形作品是指为施工、生产绘制的工程设计图、产品设计图,以及反映地理现象、说明事物原理或者结构的地图、示意图等作品;模型作品是指为展示、试验或者观测等用途,根据物体的形状和结构,按照一定比例制成的立体作品。

8.计算机软件

计算机软件是指计算机程序及其有关文档。

计算机程序是指为了得到某种结果而可以由计算机等具有信息处理能力的装置执行的代码化指令序列,或者可以被自动转换成代码化指令序列的符号化指令序列或者符号化语句序列。同一计算机程序的源程序和目标程序为同一作品。文档是指用来描述程序的内容、组成、设计、功能规格、开发情况、测试结果及使用方法的文字资料和图表等,如程序设计说明书、流程图、用户手册等。

9.民间文学艺术作品

民间文学艺术是指某一民族或者地区人民的传统艺术表达,如民间传说、民间诗歌、民间音乐、民间服饰、民间建筑等。《著作权法》规定,民间文学艺术作品的著作权保护办法由国务院另行规定。

10.法律、行政法规规定的其他作品

这是一个兜底条款。"其他作品"主要是指除上述所列作品以外的将来可能出现的新的作品形式。随着科学技术的进步和经济社会的发展,人类的创造性必将日益丰富,属于文学艺术领域或者科学领域的作品也可能以新的形式出现,有可能超出著作权法列举的作品的表现形式。因此,有必要为这类作品留有余地。

(二)著作权法不予保护的对象

根据《著作权法》的规定,下列对象不受著作权法的保护:

1.官方文件

法律、法规,国家机关的决议、决定、命令和其他具有立法、行政、司法性质的文件,及其官方正式译文不受著作权法的保护。

2.时事新闻

时事新闻是指通过报纸、期刊、广播电台、电视台等媒体报道的单纯事实消息。

3. 历法、通用数表、通用表格和公式

二、著作权主体和著作权归属

（一）著作权主体

著作权主体又称为著作权人，是指对作品享有著作权的人。《著作权法》规定，著作权人包括：作者；其他依照本法享有著作权的公民、法人或者其他组织。中国著作权法实行自动保护原则，作品一经创作完成，著作权即自动产生。因此，著作权原则上属于作者，但是著作权法另有规定的除外。

1. 作者

《著作权法》规定，创作作品的公民是作者。创作，是指直接产生文学、艺术和科学作品的智力活动。为他人创作进行组织工作，提供咨询意见、物质条件，或者进行其他辅助工作，均不视为创作。

2. 拟制作者

由法人或者其他组织主持，代表法人或者其他组织意志创作，并由法人或者其他组织承担责任的作品，法人或者其他组织视为作者。

3. 作者的推定

如无相反证明，在作品上署名的公民、法人或者其他组织为作者。

4. 非作者

除作者以外其他自然人、法人或者社会组织依法律事实也可成为著作权人。作者的继承人、作品的受让人，通过继承、转让从著作权原始主体手中取得著作权，可以成为著作权人，取得著作财产权。在特定条件下，国家也可以成为著作权人。国家享有著作权的作品的使用，由国务院著作权行政管理部门管理。

（二）著作权归属

著作权归谁所有，是著作权法的一个基本问题。中国《著作权法》对著作权的原始归属作了原则性规定之后，又具体明确了某些特殊作品的著作权归属。

1. 演绎作品

改编、翻译、注释、整理已有作品而产生的作品，其著作权由改编、翻译、注释、整理人享有，但行使著作权时不得侵犯原作品的著作权。

2. 合作作品

两人以上合作创作的作品,著作权由合作作者共同享有。没有参加创作的人,不能成为合作作者。合作作品可以分割使用的,作者对各自创作的部分可以单独享有著作权,但行使著作权时不得侵犯合作作品整体的著作权。

3. 汇编作品

汇编若干作品、作品的片段或者不构成作品的数据或者其他材料,对其内容的选择或者编排体现独创性的作品,为汇编作品,其著作权由汇编人享有,但行使著作权时,不得侵犯原作品的著作权。

4. 影视作品

电影作品和以类似摄制电影的方法创作的作品的著作权由制片者享有,但编剧、导演、摄影、作词、作曲等作者享有署名权,并有权按照与制片者签订的合同获得报酬。电影作品和以类似摄制电影的方法创作的作品中的剧本、音乐等可以单独使用的作品的作者有权单独行使其著作权。

5. 职务作品

公民为完成法人或者其他组织工作任务所创作的作品是职务作品,通常著作权由作者享有,但法人或者其他组织有权在其业务范围内优先使用。作品完成两年内,未经单位同意,作者不得许可第三人以与单位使用的相同方式使用该作品。

有下列情形之一的职务作品,作者仅享有署名权,著作权的其他权利由法人或者其他组织享有,法人或者其他组织可以给予作者奖励:①主要是利用法人或者其他组织的物质技术条件创作,并由法人或者其他组织承担责任的工程设计图、产品设计图、地图、计算机软件等职务作品;②法律、行政法规规定或者合同约定著作权由法人或者其他组织享有的职务作品。

6. 委托作品

受委托创作的作品,著作权的归属由委托人和受托人通过合同约定。合同未作明确约定或者没有订立合同的,著作权属于受托人。

7. 原件所有权转移的作品

美术等作品原件所有权的转移,不视为作品著作权的转移,但美术作品原件的展览权由原件所有人享有。

三、著作权的内容

著作权自作品创作完成之日起产生。

(一)著作人身权

著作人身权是指作者依法享有的以人身利益为内容的权利。由于具有较强的专属性,大部分情况下,著作人身权不得转让、继承或者放弃。

1. 发表权

发表权是决定作品是否公之于众的权利,即作者决定作品是否公之于众、何时何地以何种方式公之于众的权利。发表权是一次性权利,与财产权利关系密切。作者生前未发表的作品,如果作者未明确表示不发表,作者死亡后 50 年内,其发表权可由继承人或者受遗赠人行使;没有继承人又无人受遗赠的,由作品原件的所有人行使。

2. 署名权

署名权即表明作者身份、在作品上署名的权利。署名权的内容包括:决定在作品上署名的方式;主张作者身份;作者有权禁止将自己的姓名用在他人作品上。

3. 修改权

修改权即修改或者授权他人修改作品的权利。这里讲的修改是对作品内容作局部的变更以及文字、用语的修正,不同于汇编。修改权也要受到适当的限制,如著作权人许可他人将其作品摄制成电影作品和以类似摄制电影的方法创作的作品的,视为已同意对其作品进行必要的改动,但是这种改动不得歪曲篡改原作品。

4. 保护作品完整权

保护作品完整权即保护作品不受歪曲、篡改的权利,与修改权是一个问题的两个方面。

(二)著作财产权

著作财产权又称著作权中的经济权利,是指著作权人享有的以特定方式使用其作品并获得经济利益的权利。著作财产权以作品为对象,与各种使用方式相联系。著作权人可以许可他人行使或者转让著作财产权,并依照约定或者法律规定获得报酬。

1. 复制权

复制权即以印刷、复印、拓印、录音、录像、翻录、翻拍等方式将作品制作一份或者多份的权利。复制的基本含义是重复、再现,并且是"非创造性"的。

2. 发行权

发行权即以出售或者赠与方式向公众提供作品的原件或者复制件的权利。发行权一次用尽。发行权赋予著作权人对首次发行享有控制权,也被称为"首次销售"原则,即为了避免发行权对正常交易活动的影响,首次发行之后,作品复制品的进一步流通不应受著作权的控制。对第三人而言,只要合法取得了作品复制品,而后的进一步转售、出借、赠与,都不会侵犯发行权。

3. 出租权

出租权即有偿许可他人临时使用电影作品和以类似摄制电影的方法创作的作品、计算机软件的权利,计算机软件不是出租的主要标的的除外。

4. 展览权

展览权即公开陈列美术作品、摄影作品的原件或者复制件的权利。《著作权法》规定,美术等作品原件所有权的转移,不视为作品著作权的转移,但美术作品原件的展览权由原件所有人享有。这既是对原件转移的作品著作权的规定,也是对展览权例外的规定。

5. 表演权

表演权即公开表演作品,以及用各种手段公开播送作品的表演的权利。"公开表演作品"也被称为活表演、现场表演或者直接表演。"用各种手段公开播送作品的表演"指的是机械表演,也称间接表演。

6. 放映权

放映权即通过放映机、幻灯机等技术设备公开再现美术、摄影、电影和以类似摄制电影的方法创作的作品等的权利。

7. 广播权

广播权即以无线方式公开广播或者传播作品,以有线传播或者转播的方式向公众传播广播的作品,以及通过扩音器或者其他传送符号、声音、图像的类似工具向公众传播广播的作品的权利。设定播放权的目的是让作者有权控制针对作品的以下行为:无线广播;有线转播;公开播放接收到的广播。

8.信息网络传播权

信息网络传播权即以有线或者无线方式向公众提供作品,使公众可以在其个人选定的时间和地点获得作品的权利。鉴于互联网对作品的创作和传播产生的重要影响,为了进一步规范信息网络空间作品的传播和利用,国务院制定了《信息网络传播权保护条例》并于 2006 年 7 月实施。

9.摄制权

摄制权即以摄制电影或者以类似摄制电影的方法将作品固定在载体上的权利。

10.改编权

改编权即改变作品,创做出具有独创性的新作品的权利。

11.翻译权

翻译权即将作品从一种语言文字转换成另一种语言文字的权利。

12.汇编权

汇编权即将作品或者作品的片段通过选择或者编排,汇集成新作品的权利。

13.应当由著作权人享有的其他权利

这一规定是著作权人享有权利的兜底条款,实践中包括注释权、整理权等。

(三)权利的保护期限

作者的署名权、修改权、保护作品完整权的保护期不受限制。

公民的作品,其发表权、著作财产权的保护期为作者终生及其死亡后五十年,截止于作者死亡后第五十年的 12 月 31 日;如果是合作作品,截止于最后死亡的作者死亡后第五十年的 12 月 31 日。法人或者其他组织的作品、著作权(署名权除外)由法人或者其他组织享有的职务作品,其发表权、著作财产权的保护期为五十年,截止于作品首次发表后第五十年的 12 月 31 日,但作品自创作完成后五十年内未发表的,本法不再保护。

电影作品和以类似摄制电影的方法创作的作品、摄影作品,其发表权、著作财产权的保护期为五十年,截止于作品首次发表后第五十年的 12 月 31 日,但作品自创作完成后五十年内未发表的,著作权法不再保护。

作者身份不明的作品,其著作财产权的保护期截止于作品首次发表后第50年的12月31日。作者身份确定后,适用前述权利保护期限的规定。

四、邻接权

邻接权是作品的传播者对其传播作品的成果和投资享有的专有权利的总和。与著作权基于作品的创作不同,邻接权的产生基于对作品的传播。中国《著作权法》保护的邻接权包括:

(一)表演者权

表演者权的主体是表演者。表演者,是指演员、演出单位或者其他表演文学、艺术作品的人。不管被表演的作品仍享有著作权还是已进入公有领域,表演者都因表演而享有表演者权。相反,未表演著作权意义上作品的人,如体育运动员,就不属于表演者。

1.表演者权的内容

表演者对其表演享有下列权利:①表明表演者身份;②保护表演形象不受歪曲;③许可他人从现场直播和公开传送其现场表演,并获得报酬;④许可他人录音录像,并获得报酬;⑤许可他人复制、发行录有其表演的录音录像制品,并获得报酬;⑥许可他人通过信息网络向公众传播其表演,并获得报酬。第(1)项、第(2)项规定的权利的保护期不受限制。第(3)项至第(6)项规定的权利的保护期为五十年,截止于该表演发生后第五十年的12月31日。

2.表演者的义务

使用他人作品演出,表演者(演员、演出单位)应当取得著作权人许可,并支付报酬。演出组织者组织演出,由该组织者取得著作权人许可,并支付报酬。使用改编、翻译、注释、整理已有作品而产生的作品进行演出,应当取得改编、翻译、注释、整理作品的著作权人和原作品的著作权人许可,并支付报酬。

(二)录音录像制作者权

录音录像制作者权简称录制者权,是指录制者对其录音录像制品所享有的权利。

1. 录音录像制作者权的内容

录音录像制作者对其制作的录音录像制品,享有许可他人复制、发行、出租、通过信息网络向公众传播并获得报酬的权利;权利的保护期为五十年,截止于该制品首次制作完成后第五十年的12月31日。

2. 录音录像制作者的义务

录音录像制作者使用他人作品制作录音录像制品,应当取得著作权人许可,并支付报酬。录音录像制作者使用改编、翻译、注释、整理已有作品而产生的作品,应当取得改编、翻译、注释、整理作品的著作权人和原作品著作权人许可,并支付报酬。录音制作者使用他人已经合法录制为录音制品的音乐作品制作录音制品,可以不经著作权人许可,但应当按照规定支付报酬;著作权人声明不许使用的不得使用。录音录像制作者制作录音录像制品,应当同表演者订立合同,并支付报酬。

(三)广播组织权

广播组织权是指广播组织对编排的广播节目所享有的权利,其保护对象是广播组织播放的节目信号。

1. 广播组织权的内容

广播电台、电视台有权禁止未经其许可的下列行为:①将其播放的广播、电视转播;②将其播放的广播、电视录制在音像载体上以及复制音像载体。

广播组织权的保护期为五十年,截止于该广播、电视首次播放后第五十年的12月31日。

2. 广播组织的义务

广播电台、电视台播放他人未发表的作品,应当取得著作权人许可,并支付报酬;播放他人已发表的作品,可以不经著作权人许可,但应当支付报酬。

广播电台、电视台播放已经出版的录音制品,可以不经著作权人许可,但应当支付报酬。当事人另有约定的除外。电视台播放他人的电影作品和以类似摄制电影的方法创作的作品、录像制品,应当取得制片者或者录像制作者许可,并支付报酬;播放他人的录像制品,还应当取得著作权人许可,并支付报酬。

(四)版式设计权

版式设计权是指出版者对于图书、期刊的版式设计享有的专有权,其有权禁止或者许可他人使用该版式设计,而不论出版的作品本身是否享有著作权。版式设计权的保护期为十年,截止于使用该版式设计的图书、期刊首次出版后第十年的12月31日。

五、侵害著作权的行为与法律责任

(1)有下列侵权行为的,应当根据情况,承担停止侵害、消除影响、赔礼道歉、赔偿损失等民事责任:

①未经著作权人许可,发表其作品的;

②未经合作作者许可,将与他人合作创作的作品当作自己单独创作的作品发表的;

③没有参加创作,为谋取个人名利,在他人作品上署名的;

④歪曲、篡改他人作品的;

⑤剽窃他人作品的;

⑥未经著作权人许可,以展览、摄制电影和以类似摄制电影的方法使用作品,或者以改编、翻译、注释等方式使用作品的,本法另有规定的除外;

⑦使用他人作品,应当支付报酬而未支付的;

⑧未经电影作品和以类似摄制电影的方法创作的作品、计算机软件、录音录像制品的著作权人或者与著作权有关的权利人许可,出租其作品或者录音录像制品的,本法另有规定的除外;

⑨未经出版者许可,使用其出版的图书、期刊的版式设计的;

⑩未经表演者许可,从现场直播或者公开传送其现场表演,或者录制其表演的;

⑪其他侵犯著作权以及与著作权有关的权益的行为。

(2)有下列侵权行为的,应当根据情况,承担停止侵害、消除影响、赔礼道歉、赔偿损失等民事责任;同时损害公共利益的,可以由著作权行政管理部门责令停止侵权行为,没收违法所得,没收、销毁侵权复制品,并可处以罚款;情节严重的,著作权行政管理部门还可以没收主要用于制作侵权复制品的材料、工具、设备等;构成犯罪的,依法追究刑事责任:

①未经著作权人许可,复制、发行、表演、放映、广播、汇编、通过信息网络向公

众传播其作品的,本法另有规定的除外;

②出版他人享有专有出版权的图书的;

③未经表演者许可,复制、发行录有其表演的录音录像制品,或者通过信息网络向公众传播其表演的,本法另有规定的除外;

④未经录音录像制作者许可,复制、发行、通过信息网络向公众传播其制作的录音录像制品的,本法另有规定的除外;

⑤未经许可,播放或者复制广播、电视的,本法另有规定的除外;

⑥未经著作权人或者与著作权有关的权利人许可,故意避开或者破坏权利人为其作品、录音录像制品等采取的保护著作权或者与著作权有关的权利的技术措施的,法律、行政法规另有规定的除外;

⑦未经著作权人或者与著作权有关的权利人许可,故意删除或者改变作品、录音录像制品等的权利管理电子信息的,法律、行政法规另有规定的除外;

⑧制作、出售假冒他人署名的作品的。

(3)赔偿标准。侵犯著作权或者与著作权有关的权利的,侵权人应当按照权利人的实际损失给予赔偿;实际损失难以计算的,可以按照侵权人的违法所得给予赔偿。赔偿数额还应当包括权利人为制止侵权行为所支付的合理开支。权利人的实际损失或者侵权人的违法所得不能确定的,由人民法院根据侵权行为的情节,判决给予五十万元以下的赔偿。

【案例裁决/法律文书摘录】

青岛埃诺克化工有限公司与阿联酋国家石油有限公司
[英文名称 EMIRATES NATIONAL OIL CO. LTD. (ENOC)—L. L. C.]
侵犯著作权纠纷上诉案(节选)
山东省高级人民法院
民事判决书
[2010]鲁民三终字第 22 号

上诉人(原审被告):青岛埃诺克化工有限公司。

法定代表人：黄秀贤，执行董事。

被上诉人（原审原告）：阿联酋国家石油有限公司[英文名称 EMIRATES NATIONAL OIL CO. LTD.（ENOC)-L. L. C.]。

法定代表人：Saeed Abdulla Khoory，集团执行官。

上诉人青岛埃诺克化工有限公司（以下简称"青岛埃诺克公司"）因与被上诉人阿联酋国家石油有限公司（以下简称"阿联酋石油公司"）侵犯著作权纠纷一案，不服山东省青岛市中级人民法院[2009]青民三初字第58号民事判决，向本院提起上诉。本院依法组成合议庭，公开开庭审理了本案。本案现已审理终结。

阿联酋石油公司在原审中诉称，阿联酋石油公司成立于1993年，是阿联酋最大的石油公司之一，英文名称 Emirates National Oil Company L. L. C，简称为 ENOC，属于迪拜市政府所有，其产品远销包括中国在内的世界各地，阿联酋石油公司是"蓝白红火焰图案及字"的著作权人，该图案被广泛用于各种宣传品，阿联酋石油公司的储油罐、印章、标识，该公司的注册商标也包含此图形。其下属有 ENOC 国际销售有限公司，英文名称为 ENOC international sales L. L. C，专门从事国际润滑油销售业务。2003年9月，青岛埃诺克公司的大股东、前法定代表人黄志宝曾经代表青岛欧希尔国际贸易公司和爱诺克国际销售有限公司签订润滑油销售合同，ENOC 国际销售有限公司将润滑油产品销售给青岛欧希尔国际贸易有限公司，在该销售合同中，阿联酋石油公司下属 ENOC 国际销售有限公司印章中即包含上述火焰图形标志。黄志宝曾经在2003年签署保证书，保证尊重 ENOC 国际公司的所有知识产权。2008年10月，阿联酋石油公司经过调查发现，青岛埃诺克公司未经许可，将上述火焰用于其宣传册、网站内容、商品包装之中。阿拉伯联合酋长国2004年7月成为《保护文学艺术作品伯尔尼公约》的成员方，中华人民共和国1992年10月15日成为该公约成员方，根据国际条约的规定，中国法律对阿拉伯联合酋长国公民、法人的著作权作品予以保护。青岛埃诺克公司未经阿联酋石油公司同意，擅自将阿联酋石油公司的火焰图形用于自己的商业活动，其行为已经构成对阿联酋石油公司著作权的侵犯，请求判决1.青岛埃诺克公司立即停止对阿联酋石油公司享有的火焰图形及美术字著作权的侵犯；2.青岛埃诺克公司在《青岛日报》赔礼道歉；3.青岛埃诺克公司承担本案诉讼费。

第四章 涉外著作权的法律保护实务

原审法院经审理查明……

阿联酋石油公司主张享有著作权的作品由下列部分构成:(1)圆形图案,圆形中左侧为绿色、右侧为红色、中间为两道白色,三种颜色共同组成以绿、红两色为左右底色的白色火焰图形;(2)圆形图案下方分别是阿拉伯文表述的"ENOC"和英文"ENOC"(以下简称 ENOC 火焰图形)。

2000 年 4 月 4 日,阿联酋石油公司将 ENOC 火焰图形向阿联酋经济部申请将 ENOC 火焰图形注册为商标,该注册申请已经获得批准。2003 年、2009 年阿联酋石油公司出版的《视野》(*insights*)杂志中,其封面上方右侧均带有 ENOC 火焰图形的标记。

阿联酋石油公司下属的爱诺克国际销售有限公司(ENOC International sales L. L. C.)于 2003 年 9 月 16 日、2004 年 3 月 1 日与青岛益佳通商进出口有限公司、欧希尔公司分别签订合同两份,其主要内容为阿联酋石油公司向两公司出售汽车润滑油。黄志宝在上述 2003 年合同上签字并于 2003 年向阿联酋石油公司出具同意尊重阿联酋石油公司知识产权的保证,2004 年黄志宝亦向阿联酋石油公司出具同样内容的保证。2003 年 11 月 6 日,该公司还与广州畜产番禺进出口公司签订润滑油销售合同一份。

2006 年 10 月 10 日,阿联酋石油公司代理人马东晓向青岛市第二公证处对域名为 www.enoc.cn 网站进行了浏览并对网页进行公证,该网站显示的网名为埃诺克润滑油,页面上方左侧均标有 ENOC 火焰图形,联系信息中显示的联系人为阿诺克(中国)化工有限公司。2006 年 10 月 12 日,该公证处与阿联酋石油公司代理人马东晓来到网站记载的地址,购买了润滑油两桶,润滑油包装桶上标有"ENOC""埃诺克润滑油"及埃诺克(中国)石油化工有限公司字样,收款收据上加盖的公章为"青岛阿诺克化工产品有限公司财务专用章"。阿联酋石油公司在本案受理前以青岛阿诺克化工产品有限公司为青岛埃诺克公司提出侵犯著作权的诉讼,后以被诉公司已经注销为由申请撤回起诉。

2008 年 10 月 30 日,申请人上海大邦律师事务所申请上海市东方公证处对域名为 www.enoc.cn 网站进行了浏览并对所浏览网页进行公证:该网站显示的名称为青岛埃诺克化工有限公司;公证所浏览该网站的所有页面上方左侧均有

ENOC 火焰图形标记图标,下方有"埃诺克润滑油、埃诺克版权所有"的字样;网站设有"首页""走进 ENOC""产品 & 采购""服务 & 支持""新闻动态""经销商社区""人力资源""联系我们"等多个栏目,新闻动态、产品采购等栏目存在多个新闻或产品介绍;"联系我们"栏目中记载的联系人为青岛埃诺克化工有限公司,地址为青岛市闽江路 2 号 B 座 19 层,电话为 0532-80690606、80690808,网站为 http://www.enoc.cn;"走进 ENOC"有"ENOC 在中国——青岛埃诺克化工有限公司"的文章,文章称:"青岛埃诺克化工有限公司秉承 ENOC 专业理念,开始国内建立完善的销售网络,并取得了良好的业绩。"

青岛埃诺克公司于 2007 年 7 月 18 日被核准经营,经营范围包括生产、销售润滑油、润滑脂、润滑油化学添加剂等范围,其登记的住所地为青岛市市南区闽江路 2 号 1 单元 1903 户,原法定代表人为黄志宝,拥有该公司的股份,现法定代表人为黄秀贤。本案在诉讼过程中,该公司于 2009 年 7 月 16 日申请青岛市市中公证处对域名为 www.enoc.cn 网站进行浏览,结果为"网站拒绝显示此网页"。

原审法院认为,由于青岛埃诺克公司对阿联酋石油公司能否提出本案诉讼的资格提出了异议,因此应对阿联酋石油公司提交的相关主体资格、授权文件进行审查。……

阿联酋石油公司系在阿联酋登记成立的公司,中国与阿联酋均为《伯尔尼保护文学和艺术作品公约》成员方,依照该公约第三条 1(a) 的规定,作者为本同盟任何成员方的国民者,其作品无论是否已经出版,都受到保护;第五条 2. 规定,"享有和行使这些权利不需要履行任何手续,也不论作品起源国是否存在保护",因此,阿联酋石油公司在中国享有国民待遇,阿联酋石油公司有权依照《中华人民共和国著作权法》(以下简称"著作权法")及相关法律规定在中国针对侵犯其享有著作权作品的行为提出起诉并获得救济。青岛埃诺克公司以阿联酋石油公司作品必须在阿联酋进行登记才能获得保护的抗辩理由不能成立,原审法院不予支持。

《最高人民法院关于审理著作权民事纠纷案件适用法律若干问题的解释》第七条规定:"当事人提供的涉及著作权的底稿、原件、合法出版物、著作权登记证书、认证机构出具的证明、取得权利的合同等,可以作为证据。在作品或者制品上署名的自然人、法人或者其他组织视为著作权、与著作权有关权益的权利人,但有相反证明的除外。"本案中,阿联酋石油公司于 2000 年向阿联酋经济部申请注册的商标即为本案争议的 ENOC 火焰图形,其于 2003 年出版的《视野》杂志封面亦带有该标记,同时,该标记下方英文"ENOC"与阿联酋石油公司被阿联酋核准的英文名称"EMIRATES NATIONAL OIL CO. LTD.（ENOC)-L.L.C."首字字母和简称均相同,该英文简称系阿联酋石油公司特有简称,综合上述因素,在青岛埃诺克公司未能提出相反证据的情况下,原审法院认为,阿联酋石油公司系 ENOC 火焰图形的著作权人,未经阿联酋石油公司许可,任何人不得擅自使用该作品。青岛埃诺克公司提出阿联酋石油公司应证明该作品尚在法律保护期内,原审法院认为,如青岛埃诺克公司认为该作品已经进入公有领域应当提交相应证据,未能举证的,对该理由不予采信。

阿联酋石油公司指控青岛埃诺克公司销售的产品中使用了 ENOC 火焰图形,由于阿联酋石油公司未能证明所提供的产品系青岛埃诺克公司销售,故对于该请求原审法院不予支持;阿联酋石油公司还指控青岛埃诺克公司在其网站上使用了 ENOC 火焰图形,从查明的事实看,域名为 www.enoc.cn 的该网站页面上方左侧均带有 ENOC 火焰图形,故该使用行为已经构成对阿联酋石油公司著作权的侵犯,但青岛埃诺克公司否认该网站为其所有,故该网站是否为青岛埃诺克公司所有是确定其是否实施了侵权行为的关键。对此原审法院认为,由于域名注册并不要求域名实际使用人本人注册,所以在青岛埃诺克公司否认网站归属其所有的情况下,应当根据网站的存续时间、网站显示的所有人、网站显示的内容以及网站的实际受益人等多方面进行综合判定:首先,关于域名为 www.enoc.cn 网站的存续时间,2006 年该网站即能够被访问、其显示的所有人为阿诺克(中国)化工有限公司所有,2008 年青岛埃诺克公司成立之后,该网站显示所有人为青岛埃诺克公司,在本案已经进入诉讼程序的 2009 年 7 月,该网站显示无法访问,在近三年的时间中,该网站始终在互联网上存在;其次,该网站名称在 2006 年为"埃诺克润滑油",2008年,该网站在青岛埃诺克公司成立之后所有人亦变更为青岛埃诺克公司;最后,该网站中联系人为青岛埃诺克公司,其记载的传真、电话、地址等信息经原审法院要求其落实是否为青岛埃诺克公司所有,青岛埃诺克公司未予答复,故原审法院认为上述信息均系青岛埃诺克公司所有。综合上述因素,原审法院认为,该网站作为在互联网上长期公开存在的网站,其显示的内容均表明网站为青岛埃诺克公司所有,所记载的信息亦是为青岛埃诺克公司的经营进行宣传与推广,在电子商务日益普及的当今时代,青岛埃诺克公司对该网站的存在应当是明知的,青岛埃诺克公司仅仅否认该网站非其所有的抗辩理由不足,法院不予支持,原审法院认定青岛埃诺克公司系域名为 www.enoc.cn 网站的所有人。对于该网站上存在的侵权行为,依照著作权法第四十七条的规定青岛埃诺克公司应当承担停止侵害、消除影响、赔礼道歉、赔偿损失的民事责任。

关于青岛埃诺克公司所应承担的具体责任方式,原审法院认为,青岛埃诺克公司在网站上擅自复制阿联酋石油公司作品的行为,由于该网站已经无法访问,其侵权行为已经停止,故阿联酋石油公司要求停止侵权的诉讼请求原审法院不再予以支持,但青岛埃诺克公司擅自复制阿联酋石油公司作品时未表明作者身份,其行为构成了对阿联酋石油公司著作权中人身权的侵犯,故阿联酋石油公司请求青岛埃诺克公司承担赔礼道歉民事责任的诉讼请求原审法院予以支持,具体方式为在《青岛日报》上刊登赔礼道歉的声明。综上,依照《中华人民共和国著作权法》第二条、第四十七条,《最高人民法院关于审理著作权民事纠纷案件适用法律若干问题的解释》第七条的规定,判决:一、青岛埃诺克化工有限公司于本判决生效之日起十日内就该侵权行为在《青岛日报》上刊登声明向阿联酋国家石油有限公司赔礼道歉,《声明》内容须经原审法院审核;逾期不刊登的,原审法院将在《青岛日报》上刊登本判决书的主要内容,有关费用由青岛埃诺克化工有限公司承担。二、驳回阿联酋国家石油有限公司的其他诉讼请求。案件受理费人民币1000元,由青岛埃诺克化工有限公司承担,阿联酋国家石油有限公司已预交、青岛埃诺克化工有限公司于本判决生效之日起十日内直接向阿联酋国家石油有限公司给付。

青岛埃诺克公司不服一审判决向本院提起上诉称:1.一审法院程序违法。阿联酋石油公司主体资格证据未经公证,涉外证据未经公证无效;阿联酋石油公司代理人无权代理起诉,起诉时代理人提交的授权委托书虚假。2.原审判决查明事实错误,适用法律不正确。阿联酋石油公司未证明其享有"火焰图形及美术字"著作权,未能证明该图形作品在法定保护期间内。3.青岛埃诺克公司不存在侵犯阿联酋石油公司著作权的行为。综上,请求撤销原审判决第一项、改判驳回阿联酋石油公司的起诉或发回重审,一、二审诉讼费用由阿联酋石油公司承担。

阿联酋石油公司答辩称,其在华诉讼的主体资格经过了合法认证,代理人亦有明确的授权,一审程序符合民诉法规定。根据国际公约和中华人民共和国法律,阿联酋石油公司已经举证证明其是涉案火焰图形及美术字的著作权人,青岛埃诺克公司否认这一事实和抗辩该权利超出保护期,应对此承担举证责任。一审阿联酋石油公司的证据已经形成证据链证明青岛埃诺克公司是 www.enoc.cn 网站的实际使用和受益人,青岛埃诺克公司侵权的主观故意和客观行为均明显,侵犯著作权行为成立,依法应承担民事责任。阿联酋石油公司起诉青岛阿诺克化工产品有限公司不影响对本案中青岛埃诺克公司侵权行为的认定,不属于重复诉讼,前案在程序上不构成对本案任何限制性影响。

本院查明事实与原审法院查明事实一致。

本案双方当事人的争议焦点主要集中在以下三点:一是阿联酋石油公司关于域外证据的证明手续是否符合法律规定,是否影响阿联酋石油公司在本案中诉讼主体资格认定;二是阿联酋石油公司对涉案"火焰"图案是否享有著作权,是否受中国著作权法保护;三是青岛埃诺克公司是不是 www.enoc.cn 网站经营者,是不是被诉侵权行为的实施者与责任承担者。

关于第一个焦点问题:阿联酋石油公司关于域外证据的证明手续是否符合法律规定,是否影响阿联酋石油公司在本案中的诉讼主体资格认定。

……

关于第二个焦点问题:阿联酋石油公司对涉案"火焰"图案是否享有著作权,是否受中国著作权法保护。

本院认为,阿联酋石油公司系在阿联酋登记成立的公司,中国与阿联酋均为《伯尔尼保护文学和艺术作品公约》成员方,依照该公约第三条1(a)的规定,作者为本同盟任何成员方的国民者,其作品无论是否已经出版,都受到保护。因此,阿联酋石油公司在中国享有国民待遇。《最高人民法院关于审理著作权民事纠纷案件适用法律若干问题的解释》第七条规定:"当事人提供的涉及著作权的底稿、原件、合法出版物、著作权登记证书、认证机构出具的证明、取得权利的合同等,可以作为证据。在作品或者制品上署名的自然人、法人或者其他组织视为著作权、与著作权有关权益的权利人,但有相反证明的除外。"上述规定是本案认定著作权的归属的主要法律依据。

本案中,对于著作权的权属,阿联酋石油公司提交了其图形文稿、商标注册证,《视野》杂志及上述证据的证明手续,三份证据内容亦相互印证。其中,该商标注册证表明,阿联酋石油公司于2000年申请注册的商标即为涉案"ENOC火焰"图案。该公司2003年出版《视野》杂志,将涉案"ENOC火焰"图案在本公司刊物上作为封面使用,该标记下方英文"ENOC"与阿联酋石油公司被阿联酋核准的英文名称"EMIRATES NATIONAL OIL CO. LTD.（ENOC)-L.L.C."首字字母和简称均相同,系阿联酋石油公司特有简称。上述行为涉及图案均指向同一的涉案"ENOC火焰"图案,应视为阿联酋石油公司在"ENOC火焰"图案作品上的署名行为,而青岛埃诺克公司无相反证据予以推翻,根据中国法律规定,可以证明阿联酋石油公司对"ENOC火焰"图案享有著作权。

青岛埃诺克公司主张"ENOC火焰"图案著作权可能已进入"公有领域"不应保护的问题,本院认为,中国著作权法第二十一条第二款规定:"法人或者其他组织的作品、著作权(署名权除外)由法人或者其他组织享有的职务作品,其发表权、本法第十条第一款第(五)项至第(十七)项规定的权利的保护期为五十年,截止于作品首次发表后第五十年的12月31日,但作品自创作完成后五十年内未发表的,本法不再保护。"现证据表明,该公司"商业授权许可"于1993年4月12日签发,现尚无证据表明该公司"ENOC火焰"图案著作权已超过著作权法保护期限或存在可能已进入"公有领域"的其他事由,青岛埃诺克公司也未就此提供相反证据。故,青岛埃诺克公司关于"ENOC火焰"图案著作权不应受保护的主张不能成立。

关于第三个焦点问题:青岛埃诺克公司是不是www.enoc.cn网站经营者,是不是被诉侵权行为的实施者与责任承担者。

本院认为,本案关于青岛埃诺克公司在网站上使用"火焰"图案的被诉侵权行为发生在网络环境下,网站备案登记信息具有可随意输入的特点,对于涉案侵权行为实施者的认定应按照中国民诉法关于证据规则的规定,从网络特点出发,对涉及网站显示的相关信息综合认定。其一,考虑www.enoc.cn网站内容信息指向。涉案网站记载的信息是针对青岛埃诺克公司经营活动进行宣传与推广,与该公司存在明显内容与利益指向，该公司是上述宣传信息的利益承担者；同时，该网站中联系人传真、电话、地址等信息也直接指向"青岛埃诺克公司"。上述证据可以相互印证，对于上述存在的内容指向，青岛埃诺克公司也未能做出合理解释，未提供相反证据。其二，考虑信息指向已存在较长时间。根据阿联酋石油公司提交的公证书查明，2006年该网站即能够被访问、其显示的所有人为阿诺克（中国）化工有限公司所有，2008年青岛埃诺克公司成立之后，该网站显示所有人为青岛埃诺克公司，在本案已经进入诉讼程序的2009年7月，该网站显示无法访问。上述事实表明，在近三年的时间中，该网站始终在互联网上存在。综合考虑该网站内容利益指向、网站存续时间以及各项证据之间的相互印证，本院认为，阿联酋石油公司提交的证据已形成较强证明优势，对于待证事实举证责任已转移至青岛埃诺克公司。青岛埃诺克公司提出异议，但未提供证据证明。根据目前证据情况，可以据此认定青岛埃诺克公司是www.enoc.cn网站经营者，是被诉侵权行为的实施者与责任承担者。

此外，阿联酋石油公司曾经在原审法院起诉青岛阿诺克化工产品有限公司后又撤回起诉，由于阿联酋石油公司并未起诉本案青岛埃诺克公司且前案属于阿联酋石油公司主动撤诉，故，本案阿联酋石油公司起诉青岛埃诺克公司行为不构成重复诉讼。

综上，原审法院认定事实清楚，适用法律正确，本院予以维持。青岛埃诺克公司的上诉理由，缺乏事实与法律依据，本院予以驳回。依据《中华人民共和国民事诉讼法》第一百五十三条第一款一项之规定，判决如下：

驳回上诉，维持原判。

二审案件受理费1000元，由青岛埃诺克化工有限公司承担。

本判决为终审判决。

审判长　徐清霜
代理审判员　刘晓梅
代理审判员　于志涛
二〇一〇年四月十四日
书记员　石　青

【延伸阅读】

1. 李扬:《知识产权法基本原理》,中国社会科学出版社2010年版。

2. 孔祥俊:《知识产权法律适用的基本问题——司法哲学、司法政策与裁判方法》,中国法制出版社2013年版。

3. 张玉敏、张今、张平:《知识产权法》,中国人民大学出版社2009年版。

4. 张玉敏主编:《知识产权法学》,中国人民大学出版社2010年版。

5. 冯晓青:《著作权法》,法律出版社2010年版。

6. 汤宗舜:《著作权法原理》,知识产权出版社2005年版。

7. 程永顺主编:《专家点评与建议:涉外著作权典型案例》,法律出版社2010年版。

8. 胡凤滨主编:《中国指导案例、参考案例判旨总提炼:知识产权纠纷》,法律出版社2012年版。

第五章
集成电路与数据库的法律保护实务

【内容摘要】集成电路及数据库是信息产业发展的重要基础,对集成电路及数据库进行知识产权保护已经成为各国共识。从集成电路布图设计及数据库保护国际公约、中国对其的法律保护其实证分析,探讨对其进行著作权法保护、专利法保护、专有权利保护等模式,分析对集成电路布图设计及数据库法律保护的最佳途径。

软件技术和硬件技术是现代计算机技术的重要组成部分。在硬件技术中,集成电路技术是硬件技术的重要组成部分,而数据库则是软件技术的核心内容。集成电路和数据库作为工业产品应当受到相关知识产权法的保护,但传统的知识产权法律均难以给予其适当的保护。集成电路和数据库的保护问题,是知识产权法律体系领域内备受关注的热点。集成电路和数据库产业的健康发展需要法律提供有效的保障,应当采用哪种法律进行保护,既关系到集成电路和数据库投资者的回报收益问题,也关系到广大用户的信息公平问题。

第一节　集成电路及布图设计国际保护

【知识背景】

一、集成电路保护国际公约的规定

自1958年世界上第一块集成电路问世以来,集成电路技术已成为当今世界上发展最快、最富有活力的新兴技术领域之一,并产生了巨大的经济效益。集成电路又称为半导体芯片、半导体集成电路、电路布图(拓扑图)等,一种具有高科技智力创造性成果,应该给予足够的重视。

1984年美国首先制定了《半导体芯片保护法》,接着日本、德国、法国等15个国家通过了各自的专项立法,对集成电路提供法律保护。世界知识产权组织草拟并经过外交会议修改,于1989年5月26日在华盛顿通过了《集成电路知识产权公约》,目前已有埃及、意大利等8个国家签字,中国政府代表于1990年5月1日签署了该条约。但西方一些发达国家因对该条约关于保护标准的规定不满意,很多国家没有签署该条约。根据该条约第16条规定,条约在5个国家批准、接受或认可后生效,但目前只有一个国家批准,未达到条约的要求,所以该条约至今没有生效。

但是,TRIPS第35条规定,世界贸易组织成员同意依照《集成电路知识产权条约》第2条至第7条(其中第6条第3款除外)、第12条及第16条第3款,为集成电路布图设计提供保护,因此,虽然条约尚未生效,但对世界贸易组织的成员来说,这个条约由于TRIPS的要求而在其域内生效一样已经实施了。中国虽没有批准该条约,但加入世界贸易组织后,也同样负有遵守该条约的义务。

二、集成电路知识产权条约的主要内容

(一)集成电路的定义

条约第 2 条对集成电路和布图设计定义如下:集成电路是指一种产品,在它的最终形态或中间形态,是将多个元件,其中至少有一个是有源元件,和部分或全部互连集成在一块材料之中或/和之上,以执行某种电子功能。布图设计是指集成电路中多个元件,其中至少有一个是有源元件,和其部分或全部集成电路互连的三维配置,或者是指为集成电路的制造而准备的这样的三维配置。

(二)保护义务

条约第 3 条规定,保护布图设计(拓扑图)的义务为:

(1)每一缔约方有义务保证在其领土内按照本条约对布图设计(拓扑图)给予知识产权保护。它尤其应当采取适当的措施以保证防止行为,并在发生这些行为时采取适当的法律补救办法。

(2)无论集成电路是否被结合在一件产品中,该集成电路的权利持有人的权利均适用。

(3)虽有第 2 条(1)款的规定,但任何缔约方,其法律把对布图设计(拓扑图)的保护限定在半导体集成电路的布图设计(拓扑图)范围内的,只要其法律包括有这类限定,均应有适用这类限定的自由。

(三)保护范围

条约第 6 条对集成电路布图设计的保护范围规定了最低标准,要求各缔约方在法律上认定以下行为需要取得权利持有人许可:

(1)复制受保护的布图设计(拓扑图)的全部或其任何部分,无论是否将其结合到集成电路中,但复制不符合第 3 条(2)款所述原创性要求的任何部分布图设计除外。

(2)为商业目的进口、销售或者以其他方式供销受保护的布图设计(拓扑图)或者其中含有受保护的布图设计(拓扑图)的集成电路。

(四)权利的限制

条约第 6 条第 2 款规定了一些不需要权利持有人许可的行为:

(1)第三者为了私人的目的或者单纯为了评价、分析、研究或者教学的目的,未经权利持有人许可而进行复制行为。

(2)第三者在评价或分析受保护的布图设计("第一布图设计")的基础上,创作符合关于原创性条件的布图设计("第二布图设计")的,该第三者可以在集成电路中采用第二布图设计(拓扑图),或者对第二布图设计(拓扑图)进行复制、为商业目的的进口、销售或者以其他方式供销受保护的布图设计或者其中含有受保护的布图设计的集成电路的行为,不视为侵犯第一布图设计权利持有人的权利。

(3)对于由第三者独立创做出的相同的原创性布图设计(拓扑图),权利持有人不得行使其权利。

(4)善意获得侵权的集成电路的销售和供销。虽然有为商业目的的进口、销售或者以其他方式供销受保护的布图设计或者其中含有受保护的布图设计的集成电路的行为,如果进行或者指示进行该行为的人在获得该集成电路时不知道或者没有合理的依据知道该集成电路包含有非法复制的布图设计(拓扑图),任何缔约方没有义务认为上述行为是非法行为。需要注意的是,TRIPS对此又作了增订:在上述行为人收悉该布图设计原系非法复制的明确通知后,仍可以就其事先的库存或预购的物品,从事上述活动,当应有责任向权利持有人支付报酬,支付额应相当于自由谈判签订的有关该布图设计的使用许可证合同支付的使用费。

(5)权利的用尽。任何缔约方可以认为,对由权利持有人或者经其同意投放市场的受保护的布图设计(拓扑图)或者采用该布图设计(拓扑图)的集成电路,未经权利持有人的许可而进行该款所述的任何行为是合法行为。

(6)非自愿许可。条约允许各缔约方在其立法中做出明确规定,授权行政或者司法机关在非通常的情况下,对于按商业惯例经过努力而未能取得权利持有人许可的第三人授予非独占许可(非自愿许可),允许第三人不经权利人许可而进行复制、为商业目的的进口、销售或者以其他方式供销受保护的布图设计或者其中含有受保护的布图设计的集成电路的行为,只要该行政或司法机关认为授予非自愿许可对于维护其视为重大的国家利益是必要的;并且自愿许可仅限于在该国的领土上实施并应以第三人向权利持有人支付的公平的补偿费条件。值得注意的是,非自愿许可虽然是条约的规定,但 TRIPS 并不要求世界贸易组织的成员遵守这一规定。同时 TRIPS 第 37 条第 2 款还规定,由该布图设计的任何非自愿许可,或政府使用的或为政府而使用的、未经权利持有人授权的活动,原则上应适用专利的强制许可的有关规定。

(五)保护的获得

条约没有对布图设计获得保护的起始时间做出明确的规定,只是规定在布图设计(拓扑图)在世界某地已单独地或作为某集成电路的组成部分进入普通商业实施以前,任何缔约方均有不保护该布图设计(拓扑图)的自由。布图设计(拓扑图)成为以正当方式向主管机关提出登记申请的内容或者登记的内容以前,任何缔约方均有不保护该布图设计(拓扑图)的自由,对于登记申请,可以要求其附具该布图设计(拓扑图)的副本或图样,当该集成电路已商业实施时,可以要求其提交该集成电路的样品并附具确定该集成电路旨在执行的电子功能的定义材料;但是,申请人在其提交的材料足以确认该布图设计(拓扑图)时,可免交副本或图样中与该集成电路的制造方式有关的部分。

对于提交申请的,任何缔约方均可要求该申请在自权利持有人在世界任何地方首次商业实施集成电路的布图设计(拓扑图)之日起一定期限内提出。此期限不应少于自该日期起两年。

(六)保护的期限

条约规定保护期限至少应为八年。但 TRIPS 已要求保护期为 10 年,并且在要求将注册作为保护条件的成员中,布图设计保护期不得少于从注册申请提交日起,或从该设计于世界任何地方首次付诸商业利用起 10 年。在不要求将注册作为保护条件的成员中,布图设计保护期不得少于从该设计于世界任何地方首次付诸商业利用起 10 年,但成员可以将保护期限规定为布图设计创作完成起 15 年。

(七)追溯力保护效力

对于条约生效时已经存在的布图设计,条约允许任何缔约方做出规定不适用条约,从而对这种已经存在的布图设计不提供保护,但前提是这种规定不影响该布图设计在该缔约方的领土内在当时根据条约以外的国际义务或该国的立法所可能享受的保护为限。

(八)争议的解决

(1)关于对本条约的解释或者实施出现的任何问题,一缔约方可以将其提请另一缔约方注意并要求与其协商。

(2)接到协商要求的缔约方应迅速提供适当机会进行协商。

(3)进行协商的缔约各方应力图在合理期限内互相满意地解决争议。

(4)其他解决方式。如通过上述的协商在合理的期间内没有得到互相满意的解决,争议各方可以同意旨在达成友好解决争议的其他办法,比如斡旋、互让、调解和仲裁。

(5)专门小组。如果通过上述的方式没有被采用或者在合理的期间内没有得到友好解决,大会根据争议的任何一方的书面请求,应召集专门小组研究该问题。除争议各方另有协议外,专门小组的成员不应从争议的任何一方中产生。这些成员应从大会指定的政府专家名单中挑选。专门小组的职权范围由争议各方协议确定。三个月内没有达成上述协议的,大会应在同争议各方和专门小组成员协商后定出专门小组的职权范围。专门小组应给争议各方和任何其他有关缔约方以充分的机会向小组陈述各自的观点。应争议双方的请求,专门小组应停止其活动。

大会应通过关于建立上述专家名单的规则,关于从缔约方政府专家中挑选专门小组成员的办法,以及关于专门小组的活动的组织,包括保证其活动的保密性以及由活动参加人确定任何保密材料的保密性的规则。

除非争议各方在专门小组进行审议前达成协议,否则专门小组应迅速准备书面报告,并将其交给争议各方检查。争议各方应有一段合理的期限向专门小组提出对报告的意见,期限长短由专门小组确定,但各缔约方为了达成对争议的相互满意而同意更长的期限例外。专门小组应考虑这些意见并应迅速向大会递交报告,该报告中应有解决争议的事实和建议并附上争议各方的意见(如有的话)。

三、中国对集成电路的法律保护

中国作为《集成电路知识产权条约》和 TRIPS 的签署国,都有义务为集成电路布图设计提供法律保护。中国制定并颁布了《集成电路布图设计保护条例》,并于 2001 年 10 月 1 日起施行。该条例的主要内容有:

(一)保护的主体

中国自然人、法人或者其他组织创作的布图设计,依照本条例享有布图设计专有权。外国人创作的布图设计首先在中国境内投入商业利用的,依照本条例享有布图设计专有权。外国人创作的布图设计,其创作者所属国同中国签订有关布图设计保护协议或者与中国共同参加有关布图设计保护国际条约的,依照本条例享有布图设计专有权。

布图设计专有权经国务院知识产权行政部门登记产生。未经登记的布图设计不受本条例保护。布图设计专有权属于布图设计创作者,本条例另有规定的除外。由法人或者其他组织主持,依据法人或者其他组织的意志而创作,并由法人或者其他组织承担责任的布图设计,该法人或者其他组织是创作者。由自然人创作的布图设计,该自然人是创作者。两个以上自然人、法人或者其他组织合作创作的布图设计,其专有权的归属由合作者约定;未作约定或者约定不明的,其专有权由合作者共同享有。受委托创作的布图设计,其专有权的归属由委托人和受托人双方约定;未作约定或者约定不明的,其专有权由受托人享有。

(二)布图设计保护的范围

受保护的布图设计应当具有独创性,即该布图设计是创作者自己的智力劳动成果,并且在其创作时该布图设计在布图设计创作者和集成电路制造者中不是公认的常规设计。受保护的由常规设计组成的布图设计,其组合作为整体应当符合前款规定的条件。本条例对布图设计的保护,不延及思想、处理过程、操作方法或者数学概念等。

布图设计权利人享有下列专有权:

(1)对受保护的布图设计的全部或者其中任何具有独创性的部分进行复制;

(2)将受保护的布图设计、含有该布图设计的集成电路或者含有该集成电路的物品投入商业利用。

(三)布图设计保护的期限

布图设计专有权的保护期为10年,自布图设计登记申请之日或者在世界任何地方首次投入商业利用之日起计算,以较前日期为准。但是,无论是否登记或者投入商业利用,布图设计自创作完成之日起15年后,不再受本条例保护。

布图设计专有权属于自然人的,该自然人死亡后,其专有权在本条例规定的保护期内依照继承法的规定转移。布图设计专有权属于法人或者其他组织的,法人或者其他组织变更、终止后,其专有权在本条例规定的保护期内由承继其权利、义务的法人或者其他组织享有;没有承继其权利、义务的法人或者其他组织的,该布图设计进入公有领域。

(四)布图设计的登记

国务院知识产权行政部门负责布图设计登记工作,受理布图设计登记申请。申请登记的布图设计涉及国家安全或者重大利益,需要保密的,按照国家有关规定办理。布图设计自其在世界任何地方首次商业利用之日起2年内,未向国务院知识产权行政部门提出登记申请的,国务院知识产权行政部门不再予以登记。布图设计登记申请经初步审查,未发现驳回理由的,由国务院知识产权行政部门予以登记,发给登记证明文件,并予以公告。

布图设计登记申请人对国务院知识产权行政部门驳回其登记申请的决定不服的,可以自收到通知之日起3个月内,向国务院知识产权行政部门请求复审。国务院知识产权行政部门复审后,做出决定,并通知布图设计登记申请人。布图设计登记申请人对国务院知识产权行政部门的复审决定仍不服的,可以自收到通知之日起3个月内向人民法院起诉。

布图设计获准登记后,国务院知识产权行政部门发现该登记不符合本条例规定的,应当予以撤销,通知布图设计权利人,并予以公告。布图设计权利人对国务院知识产权行政部门撤销布图设计登记的决定不服的,可以自收到通知之日起3个月内向人民法院起诉。

(五)布图设计专有权的行使

布图设计权利人可以将其专有权转让或者许可他人使用其布图设计。转让布图设计专有权的,当事人应当订立书面合同,并向国务院知识产权行政部门登记,由国务院知识产权行政部门予以公告。布图设计专有权的转让自登记之日起生效。许可他人使用其布图设计的,当事人应当订立书面合同。

下列行为可以不经布图设计权利人许可,不向其支付报酬:

(1)为个人目的或者单纯为评价、分析、研究、教学等目的而复制受保护的布图

设计的;

（2）在依据前项评价、分析受保护的布图设计的基础上,创做出具有独创性的布图设计的;

（3）对自己独立创作的与他人相同的布图设计进行复制或者将其投入商业利用的。

受保护的布图设计、含有该布图设计的集成电路或者含有该集成电路的物品,由布图设计权利人或者经其许可投放市场后,他人再次商业利用的,可以不经布图设计权利人许可,并不向其支付报酬。

在国家出现紧急状态或者非常情况时,或者为了公共利益的目的,或者经人民法院、不正当竞争行为监督检查部门依法认定布图设计权利人有不正当竞争行为而需要给予补救时,国务院知识产权行政部门可以给予使用其布图设计的非自愿许可。

取得使用布图设计非自愿许可的自然人、法人或者其他组织不享有独占的使用权,并且无权允许他人使用。取得使用布图设计非自愿许可的自然人、法人或者其他组织应当向布图设计权利人支付合理的报酬,其数额由双方协商;双方不能达成协议的,由国务院知识产权行政部门裁决。

布图设计权利人对国务院知识产权行政部门关于使用布图设计非自愿许可的决定不服的,布图设计权利人和取得非自愿许可的自然人、法人或者其他组织对国务院知识产权行政部门关于使用布图设计非自愿许可的报酬的裁决不服的,可以自收到通知之日起3个月内向人民法院起诉。

（六）侵犯布图设计权的法律责任

未经布图设计权利人许可,有下列行为之一的,行为人必须立即停止侵权行为,并承担赔偿责任:

（1）复制受保护的布图设计的全部或者其中任何具有独创性的部分的;

（2）为商业目的进口、销售或者以其他方式提供受保护的布图设计、含有该布图设计的集成电路或者含有该集成电路的物品的。

侵犯布图设计专有权的赔偿数额,为侵权人所获得的利益或者被侵权人所受到的损失,包括被侵权人为制止侵权行为所支付的合理开支。未经布图设计权利人许可,使用其布图设计,即侵犯其布图设计专有权,引起纠纷的由当事人协商解决;不愿协商或者协商不成的,布图设计权利人或者利害关系人可以向人民法院起诉,也可以请求国务院知识产权行政部门处理。国务院知识产权行政部门处理时,认定侵权行为成立的,可以责令侵权人立即停止侵权行为,没收、销毁侵权产品或者物品。当事人不服的,可以自收到处理通知之日起15日内依照《行政诉讼法》向人民法院起诉;侵权期满不起诉又不停止侵权行为的,国务院知识产权行政部门可以请求人民法院强制执行。应当事人的请求,国务院知识产权行政部门可以就侵犯布图设计专有权的赔偿数额进行调解;调解不成的,当事人可以依照《民事诉讼法》向人民法院起诉。

布图设计权利人或者利害关系人有证据证明他人正在实施或者即将实施侵犯其专有权的行为,如不及时制止将会使其合法权益受到难以弥补的损害的,可以在起诉前依法向人民法院申请采取责令停止有关行为和财产保全的措施。

在获得含有受保护的布图设计的集成电路或者含有该集成电路的物品时,不知道也没有合理理由应当知道其中含有非法复制的布图设计,而将其投入商业利用的,不视为侵权。行为人得到其中含有非法复制的布图设计的明确通知后,可以继续将现有的存货或者此前的订货投入商业利用,但应当向布图设计权利人支付合理的。

【案例裁决】

美国沃东特·迪斯尼公司诉北京出版社等侵犯著作权纠纷案

原告:美国沃东特·迪斯尼公司

被告:北京出版社

被告:北京少年儿童出版社

被告:新华书店总店北京发行所

一、案件事实

原告美国沃东特·迪斯尼公司(以下简称迪斯尼公司)诉称,米奇老鼠、灰姑娘、彼得·潘、白雪公主等卡通人物形象是迪斯尼公司创作的艺术作品,并在美国进行了版权登记,被告北京出版社、北京少年儿童出版社(以下简称少儿出版社)、新华书店北京发行所(以下简称北京发行所)未经原告许可,出版、发行、销售的《班比交朋友》《小飞侠的胜利》等9本《迪斯尼的品德故事丛书》(以下简称《丛书》)中复制迪斯尼公司的卡通形象,侵犯了迪斯尼公司的版权,请求法院判令被告立即停止出版、发行、销售上述《丛书》,书面保证不再侵犯原告的版权,并在中国出版国内外发行的报纸上公开赔礼道歉,赔偿原告的经济损失177万余元人民币。

被告北京出版社和少儿出版社辩称,我社1991年8月开始出版的《丛书》中涉及的卡通形象,已通过与麦克斯威尔通讯有限公司(以下简称麦克斯威尔公司)签订《关于转让迪斯尼儿童读物中文简体本出版合同》(以下简称《转让简体本合同》)而获得了使用权,同时根据我社与大世界出版有限公司(以下简称大世界公司)的协议,大世界公司负责提供外方确认《丛书》版权的证明,我社没有义务与外方单独联系版权事宜,由于大世界公司未尽到提供外方授权的义务,而造成对迪斯尼公司版权的侵犯,责任完全在大世界公司,应追加大世界公司为被告。

被告北京发行所辩称,我所作为经销部门,没有义务审查图书的版权合法性,目前有关法律及国际公约也未规定经销部门应承担侵权责任,同时我所与北京出版社有约在先,发生侵权纠纷应由北京出版社负责。

第三人大世界公司述称,我公司仅仅是根据麦克斯威尔公司的要求,代为联系国内出版单位转让版权,并非转让版权的当事者,我公司与北京出版社签订的合同仅限于购买软片和转付版权费,且该合同是在《中华人民共和国政府与美利坚合众国政府关于保护知识产权的谅解备忘录》(以下简称《中美备忘录》)生效前1年签订的,此后北京出版社从未向我公司索要过任何证明,我公司也根本不知道他们在《中美备忘录》生效后继续出版发行的情况,故我公司不应承担侵权责任。

北京市第一中级人民法院经审理查明:

少儿出版社对外是北京出版社的复牌,实际是北京出版社的编辑部,负责发行少儿类图书,并非独立法人。麦克斯威尔公司是在香港地区注册的公司,于1993年7月破产。麦克斯威尔公司与世界知识出版社北京宣武咨询服务部于1990年2月合资成立了大世界公司,现麦克斯威尔公司的股权已转让给美国宁时律师事务所。

涉外知识产权法律实务

《一本关于善良的书》《一本关于助人的书》《一本关于勇敢的书》于1987年11月30日在美国进行了版权登记,米奇老鼠形象于1987年9月2日在美国办理了版权登记手续,版权属于迪斯尼公司。

北京出版社分别于1991年8月、1992年11月和1993年11月3次印刷出版的《善良的灰姑娘》《白雪公主的新家》《小飞侠的胜利》《班比交朋友》《小飞象的成功之路》《白花狗脱险记》《爱丽丝梦游奇境》《忠实的莱蒂》《王子勇救睡美人》中的卡通形象与原告提供的英文原本完全相同,在9本《丛书》的封面上均有米奇老鼠的形象,并标有《迪斯尼的品德故事丛书》字样,每本定价人民币2元。

迪斯尼公司与麦克斯威尔公司于1987年8月19日签订协议,约定:"迪斯尼公司仅授予麦克斯威尔公司出版汉语出版物的非独占性权利,只能在中国出售以迪斯尼乐园角色为体裁的故事书,本协议所给予的许可权不得以被许可方的任何行为或通过法律程序进行转让,合同期限自1987年10月1日至1990年9月30日,自期满日后有180天的全部售完期限。"经大世界公司介绍,麦克斯威尔公司与少儿出版社于1991年3月21日签订了《转让简体本合同》,约定:"麦克斯威尔公司经迪斯尼公司授权,拥有迪斯尼儿童读物中文的专有出版权,并有权代理该读物的版权贸易业务,麦克斯威尔公司将迪斯尼公司经迪斯尼公司授权,拥有迪斯尼儿童读物中文的专有出版权,并有权代理该读物的版权贸易业务,麦克斯威尔公司将迪斯尼公司的授权转让给少儿出版社。"当天,少儿出版社与大世界公司为落实转让简体本合同》签订了协议书,约定少儿出版社委托大世界公司将迪斯尼儿童读物文字进行定稿、发排、制版,大世界公司保证提供合格的中文简体字彩色版制成软片,大世界公司负责向少儿出版社提供外方确认迪斯尼丛书的版权合同书,作为少儿出版社在中国境内享有版权的合法依据。之后,大世界公司获得《丛书》软片费人民币69750元,支出成本59312.4元,获利10437.6元。

少儿出版社曾于1992年3月11日将《转让简体本合同》送北京市版权局审核,由于未出具迪斯尼公司的授权书,该局未予办理登记手续,后来少儿出版社也未补办登记手续。另查,北京出版社与北京发行所于1991年2月1日签订了一个工作协议,约定:"属于包销图书,出版社要在版权页上注明'新华书店经销'字样。"此外还约定:"出版国外作品或图书,出版社要与版权所有者签订出版合同,并将合同报版权管理机关审核登记,获登后再交北京发行所征订和安排出版,否则出现出版、发行、经销的一切涉外版权纠纷一律由出版社负责。"《丛书》的版权页上虽然写着,"新华书店北京发行所发行",但实际应写为"北京出版社总发行","新华书店经销"。

在审理过程中,该院委托北京天正会计师事务所对北京出版社和北京发行所的出版、发行《丛书》的营利状况进行了审计,情况如下:

1992年3月7日《中美备忘录》生效后,北京出版社出版《丛书》118200册,其中,自己发行41779册,库存33341册,委托北京发行所发行43080册。北京出版社生产成本人民币116353.86元,税金6679.01元,实际亏损40197.50元;北京发行所发行总收入人民币62850.17元,发行进价56112.60元,纳税738.53元,毛利5999.04元。对上述审计情况,北京发行所提出异议,认为确定发行毛利,应当扣除发行费用,而审计未将发行费用扣除。

迪斯尼公司为本诉讼向北京和美国等地的律师事务所总计支付律师费869564.8元人民币。另支出翻译费1280元人民币,交通费1216.6元人民币。

以上事实,有出版社登记证、少儿出版社情况说明、国家工商行政管理局企业登记司便函、版权登记表、原版图书、《丛书》《迪斯尼公司与麦克斯威尔公司协议书》《转让简体本合同》《大世界公司与少儿出版社协议书》、大世界公司发行要北京市版权局证明、国家版权局证明、《出版、发行工作协议》北京市出版社证明、审计报告、收费单据等书证及当事人陈述在案佐证。

二、法院审理和判决

(一)一审法院审理和判决

北京市第一中级人民法院认为:

北京出版社以营利为目的3次出版的《丛书》,属于对美国作品的"商业规模的使用"。由于北京出版社第一次出版行为发生于《中美备忘录》生效日之前,故不予追究。北京出版社的第二次和第三次出版行为均发生于《中美备忘录》生效日之后,其行为属于《著作权法》第四十六条第(二)项规定的"未经著作权人许可,以营利为目的,复制发行其作品"和第(三)项"出版他人享有专有出版权的图书的"侵权行为,已构成侵权,应当承担侵权责任。

北京发行所参与了北京出版社第二次和第三次出版的《丛书》的销售。根据《中华人民共和国著作权法实施条例》第五条第(五)项的规定,销售属于发行的一种方式,至于该销售行为是属于"包销"还是属于"经销",这是经营方式问题,对于在法律上是否构成侵权并不能产生影响。作为发行人,对其所经营的标的物在法律上是否有瑕疵,负有注意的义务。北京发行所与北京出版社签订的工作协议规定,出版外国作品或图书,出版社要与版权所有者签订出版合同,并将合同报版权管理机关审核登记,获登记号后再交北京发行所安排征订和出版,否则出现出版、发行、经销的一切涉外版权纠纷一律由出版社负责。而实际上,北京发行所对北京出版社是否获得了版权管理机关的登记号并未审查,这说明北京发行所在签订协议时注意到了国家有关部门的规定,但却未实际执行,应当认定北京发行所在主观上是有过错的,依照《民法通则》第一百零六条第二款的规定,对其发行侵权图书的行为应当承担侵权责任。北京出版社对北京发行所的非法销售行为负连带侵权责任。鉴于"工作协议"中已约定一切涉外版权纠纷一律由出版社负责,且北京出版社已在本案中成为被告,故北京发行所的侵权赔偿责任由北京出版社一并承担,但这并不能免除其停止侵权的责任,其因侵权所获不法利益也应予收缴。北京发行所提出的应在毛利中扣除发行费用一节,因发行费用是在侵权过程中产生的,故其对审计结论的异议不能成立。

大世界公司在与少儿出版社签订的协议书中规定,大世界公司负责向北京出版社提供外方确认迪斯尼丛书的版权合同书,作为少儿出版社在中国境内享有版权的合法依据。这里所谓的"外方确认",本院采信大世界公司的解释,即指麦克斯威尔公司的确认。既然协议约定了大世界公司的保证责任,大世界公司就应认真审查"外方即麦克斯威尔公司确认"是否合法有效;少儿出版社与麦克斯威尔公司签约一事大世界公司作为中介方,这对麦克斯威尔公司的欺诈能够得逞起到了重要的作用。大世界公司称其仅是介绍人,并不负保证责任的辩解不予采纳。虽然没有证据证明大世界公司与麦克斯威尔公司有恶意串通,但大世界公司未尽保证人应尽之审查义务,这一主观过错确是事实。依照《民法通则》第一百零六条第二款的规定,大世界公司应对在这一侵权事件中北京出版社因承担赔偿责任所发生的经济损失承担一部分责任,其所获的不法利益也应予以收缴。迪斯尼公司对上述被告的侵权指控成立,予以支持。但其所提损害赔偿数额及理由有不合理之处。10万美元保底版税,是根据其与中国香港、台湾地区签订的版权贸易协议中的约定,而中国大陆的经济状况与前两地区相比差别较大,且保底版税是由当事人约定的,法院只能参考,不能作为判决依据。

故对此法院不予采纳。其所提律师费的索赔数额,其中有一部分并非属于代理本诉讼的费用,该部分不予考虑。对于用作代理本诉讼的律师费,法院只能参照有关部门的规定由被告承担。鉴于迪斯尼公司提出的"令被告书面保证不再侵犯原告版权"请求并非法定的民事责任方式,不予支持。据此,北京市第一中级人民法院于1995年5月18日,判决如下:

1. 北京出版社和新华书店北京发行所于本判决生效之日起立即停止出版、发行《迪斯尼的品德故事丛书》。

2. 北京出版社于本判决生效之日起60日内在一家中国出版的、全国发行的报纸上向原告沃尔特·迪斯尼公司公开赔礼道歉。

3. 北京出版社于本判决生效之日起15日内向原告美国沃尔特·迪斯尼公司一次性支付赔偿费人民币227094.14元。

4. 大世界出版有限公司于本判决生效之日起15日内向北京出版社支付赔偿费人民币90837.66元。

5. 驳回原告沃尔特·迪斯尼公司的其他诉讼请求。

(二)二审法院审理和判决

大世界公司不服北京市第一中级人民法院一审判决,向北京市高级人民法院提起上诉。其上诉理由是:

1. 大世界公司与少儿出版社签订的协议和麦克斯威尔公司与少儿出版社签订的合同,均是在《中美备忘录》生效之前的行为。原审法院追究大世界公司在《中美备忘录》生效之前的行为是错误的。

2. 大世界公司向少儿出版社提供软片是在1991年8月1日之前,这一行为发生后两年内没有任何人或单位提出过异议。少儿出版社在本案审理中要求追加大世界公司为被告是在1994年7月,此时已过诉讼时效。原审法院不顾这一事实,将大世界公司追加为本案第三人,并判决大世界公司向北京出版社支付赔偿金是缺乏法律依据的。

3. 本案的侵权事实是北京出版社在《中美备忘录》生效之后，第二次和第三次出版《丛书》。自《中美备忘录》生效之日起，正在进行的对美国作品商业规模的使用应当自动终止，以前的合同应终止履行。少儿出版社曾将其与麦克斯威尔公司签订的《转让简体本合同》送北京市版权局审核被拒绝登记，这已表明该合同是无效的，就不应履行。但少儿出版社在明知履行该合同必定会构成对迪斯尼公司作品的侵权，且会受到法律追究的情况下，尤其是在《中美备忘录》生效之后，不顾法律后果，又两次出版《丛书》，这是少儿出版社自身独立的故意侵权行为，该侵权责任理应由其自行承担。一审法院判决大世界公司对少儿出版社的侵权行为承担一部分赔偿责任是不公正的。故大世界公司请求北京市高级人民法院撤销一审判决第四项，诉讼费由北京出版社承担。迪斯尼公司、北京出版社、新华书店总店北京发行所服从一审判决。

北京市高级人民法院经审理后认为，自《中美备忘录》生效之日起，美国公民的作品受中国法律保护。任何未经迪斯尼公司授权进行商业性使用该公司享有版权的本案涉及的美术作品的行为均属侵权行为。少儿出版社在未审查麦克斯威尔公司是否有权转让迪斯尼公司作品出版权的情况下与该公司享有的本案涉及的美术作品的行为均属侵权行为。少儿出版社在未审查麦克斯威尔公司是否有权转让迪斯尼公司作品出版权的情况下与该公司签订合同，对该无效合同少儿出版社应承担一定责任。少儿出版社在因无版权证明遭到北京市版权局拒绝对该合同登记后，已明知该合同不应履行，但其仍既不作审查，又不补办有关登记手续，对含有迪斯尼公司卡通形象的《丛书》擅自出版发行。尤其在《中美备忘录》生效之后，少儿出版社不顾侵犯迪斯尼公司版权的法律后果，又以营利为目的两次出版《丛书》，其存在有明显的主观过错。由于上述侵权行为使迪斯尼公司遭受的经济损失，应当由少儿出版社负责赔偿。由于少儿出版社系非独立法人，不具备民事主体资格，故其侵权责任由其上级主管部门北京出版社承担。

北京发行所在未审查北京出版社出版的《丛书》是否合法的情况下，为北京出版社发行该《丛书》，构成了对迪斯尼公司版权的侵犯。鉴于北京出版社与北京发行所所签工作协议已约定一切涉外版权纠纷一律由出版社负责，故北京发行所的侵权赔偿责任由北京出版社承担。北京发行所在发行《丛书》中所获非法利益应予以收缴。

大世界公司与少儿出版社为落实少儿出版社与麦克斯威尔公司签订的《转让简体本合同》于1991年3月21日订立的合同,履行期限为3年。在履行此合同期间,大世界公司没有依照合同的约定向少儿出版社提供外方确认的迪斯尼丛书版权合同书,作为少儿出版社在中国境内享有版权的合法依据。1992年3月17日《中美备忘录》生效,美国国民的作品自1992年3月17日起将受中国法律保护。在此情况下,大世界公司本应对其不能履行合同约定的向少儿出版社提供麦克斯威尔公司确认迪斯尼版权合同书之义务主动与少儿出版社协商,对双方所签合同采取必要的补救措施或解除,以避免继续履行而发生对迪斯尼公司的侵权。但大世界公司的不作为,放任了侵权结果的发生,应当对北京出版社的侵权后果承担部分经济责任。大世界公司与少儿出版社于1991年3月21日签订的合同的履行期限为3年,一审法院依该合同将大世界公司追加为本案第三人,并未超过诉讼时效。

故大世界公司所提上诉理由不能全部支持。综上,一审判决认定北京出版社、北京发行所侵权事实清楚,收缴北京发行所和大世界公司非法所得正确,应予维持。但认定大世界公司对少儿出版社应负保证责任这一事实有误,且基于这一错误认定而判决大世界公司对北京出版社所负赔偿责任明显过重,应予纠正。据此,依照《中华人民共和国民事诉讼法》第一百五十三条第一款第(三)项之规定,该院于1995年12月19日判决如下:

1. 维持北京市第一中级人民法院[1994]中经知初字第141号民事判决第一、二、三、五项。

2. 撤销北京市第一中级人民法院[1994]中经知初字第141号民事判决第四项。

3. 大世界出版有限公司于本判决生效之日起15日内向北京出版社支付赔偿费45418.83元。

三、法理分析

根据《中美备忘录》的规定,美国国民的作品自1992年3月17日起,受中国法律的保护。迪斯尼公司对本案所涉及的卡通形象米奇老鼠、灰姑娘、白雪公主、小飞侠、班比、小飞象、白花狗、爱丽丝、莱蒂等美术作品享有版权,未经该公司授权,对上述卡通形象的商业性使用,属于侵权行为。

《中美备忘录》第三条第七项规定:"……(一)对在中国和美国建立双边版权关系之前发生的对美国的原始作品或作品复制本的商业规模的使用将不追究责任。(二)对在建立双边版权关系后发生的这种使用,法律和条例的条款将充分适用。……"

迪斯尼公司虽曾许可麦克斯威尔公司在中国出版发行含有迪斯尼公司的卡通形象的画册,但并未授权麦克斯威尔公司将该作品的出版权和发行权转让他人,所以麦克斯威尔公司在其最后销售期限即将届满之时将迪斯尼公司的作品的出版权和发行权转让给少儿出版社的行为,一方面侵犯了迪斯尼公司的权益,另一方面是对少儿出版社的欺诈,该合同在法律上属无效合同。

从法律上看,麦克斯威尔公司用欺骗的手段与少儿出版社签订《转让简体本合同》是发生这一侵权事件的主要原因,因此麦克斯威尔公司是主要责任人。鉴于迪斯尼公司未对麦克斯威尔公司提起诉讼,且麦克斯威尔公司已于1993年7月破产,故对麦克斯威尔公司在本案中的责任不予追究,但考虑到本案侵权责任系多因一果关系,因此,应相应减轻本案各被告人的赔偿数额。

少儿出版社在未审查麦克斯威尔公司是否有权转让迪斯尼公司作品的出版权的情况下,就与之订立出版合同,过于轻率。根据国家版权局[90]权字第3号文件《关于认真执行对台、港、澳版权贸易有关规定》中的规定:"1988年3月1日以后,任何单位、个人签订的对台、港、澳版权贸易合同,不论是向外转让版权或授权使用还是受让或接受授权的合同,必须送版权管理机关审核登记。未经审查登记的,应当在1990年3月1日以前按规定补办审核登记手续。未经审核登记的合同一律无效。"少儿出版社在无合法版权证明,且被国家版权主管机关拒绝对该合同进行登记后,仍不作审查,未按国家有关规定补办登记手续,就出版发行了含有迪斯尼公司卡通形象的画册,其主观过错是显而易见的。由于少儿出版社并非独立法人,其责任应由北京出版社承担。

【延伸阅读】

1. 郑胜利:《集成电路布图设计保护法比较研究》,中国法制出版社 2002 年版。
2. 丁丽瑛:《知识产权法》,厦门大学出版社 2002 年版。
3. 蒋虹:《数字技术的知识产权保护》,知识产权出版社 2002 年版。
4. 曹阳:《国际知识产权制度:冲突、融合与反思》,法律出版社 2006 年版。
5. C Fink, "*Intellectual Property and Development: Lessons from Recent Economic Research*", New York: Oxford University Press, 2005.

第二节 数据库的法律保护

【知识背景】

一、数据库的定义

"数据库"是一个技术性概念,是在电子计算机技术的推广和更新进步下而产生的。为了迅速、准确地从大量相关数据中提取所需要的信息,计算机界发展出一系列"数据管理"模式,即人工管理、文件管理和数据库系统。①技术层次上的定义有:数据库是指"为满足某一部门中多个用户多种应用的需要,按照一定的数据模型在计算机系统中组织、存储和使用的互相联系的数据集合";数据库是指有规则地存储在一起的、相关的、可以供多用户共享的数据的集合。②美国 H. R. 3531 法案对数据库的定义是:"'数据库'是指经系统或有序安排的、以现有的或未来开发的任何形式或介质体现的作品、数据或其他材料的集合、汇集或汇编。"

二、数据库的特征

如前所述,尽管外国及国际法律文件中对数据库的法律概念在表述的术语上有所不同,但其含义还是基本一致的。概括起来,数据库的特征具体如下:

(一)数据库是信息的集合,是一个系统

在一切通信系统中,信息是一种普遍联系的形式。在认识和改造世界的过程中,人们之所以能够对各种事物进行分类,是因为对纷繁复杂的各式信息的集合。数据库必须是由大量用户可以单独访问的作品、数据或其他材料组成的一个集合体。数据库可以由享有著作权的文字、口述、美术、摄影等作品构成,也可以由不享有著作权的其他作品或者材料构成。但这并不意味着,一切信息的集合都是数据库。数据库必须是由多个作品或其他信息材料集合而成,单个的、浑然一体的作品、数据都不能称之为数据库。比如一部20万字的长篇小说、一部由10000个画面组成的电影,就不能称为数据库。

(二)数据库是信息的有序的集合

数据库并不是毫无次序的整合,而是按照某种既定形式的顺序、结构等,将其组成材料加以有序地安排,组成的一个有机统一体,从而合理地方便用户快捷地进行访问。杂乱无序的材料也可以组成一个"库",但并不是法律所要求的数据库。

(三)数据库具有可访问性的特征

系统具有目的性(或预决性,finality)的特征,系统的发展方向不但取决于实际的状态(偶然性),而且还取决于一种对未来的预测(必然性),二者的统一就是所谓的预决性。对于用户来说,他们可以通过电子或者其他手段单独获取所访问的数据库中所需要的作品、数据或其他材料等,这是基本性的也是最重要的要求。尽管数据库有电子与非电子数据库之分,并且二者在构成元素方面存在差异性,但是,二者在目的性方面却是一致的,即必须让用户能够通过一定的手段单独加以访问。

(四)信息容量的庞大性和信息传输的交互性

这是电子数据库的独有特征。电子数据库不仅储存着相当繁多的信息,而且能够更加快捷地方便用户之间的沟通与合作。对于非电子数据库而言,用户只能作为被动的接受者,只能在既定的选择圈内进行有限度的选择,基本上没有自由性可言。而对于电子数据库,由于现今信息技术的高速发展以及网络技术的渐趋成熟,搜索手段也日趋多样化,用户完全可以以符合自身利益的标准来尽可能多地筛选信息。对整个人类社会而言,这是一个"双赢"的局面,不仅会保护制作者的相关权益,从而增强其投身数据库产业的积极性,而且会给使用者提供极大的方便,带来整个社会的全面发展。

正是由于具备了上述特征,使得数据库摆脱了单个数据本身,构成了一个具有"有机关联性"的整体性的系统,使其具有了不同于各个构成元素的新的价值与功能。可以说,数据库已经成为开发全球信息的基础设施的关键因素,被认为是促进经济发展、文化进步及技术更新的重要工具。

三、数据库的分类

依据不同的标准可以对数据库进行不同的分类。例如,依据数据模型可分为:关系型、层次型、网状型;依据用途可分为:信息型、应用系统型;依据管理维护方式可分为:开放型、封闭型;依据数据类型可分为:文献型、非文献型;等等。但这些分类从法律角度上来说意义并不大。对确定数据库法律保护模式有较大影响的主要是精选型数据库和大全型数据库、独创性数据库和非独创性数据库及电子数据库和非电子数据库这三种分类。

(一)精选型数据库和大全型数据库

这是按照组成材料的选取标准进行的分类。精选型数据库是指对收集的材料信息依特定的标准选择和编排而建立的数据库。制作者可以充分地将自身的个人因素寓于材料信息的筛选汇编过程之中,从而该类型数据库往往体现出制作者某种程度的创作性。而大全型数据库则追求的是相关领域内信息的全面性,仅以穷尽有关数据信息为目标,强调从多角度、多方位搜集信息,因而该类型数据库往往缺乏精选型数据库所包含的那种独创性。

(二)独创性数据库和非独创性数据库

这是根据对数据库内容的选择或编排是否具有独创性为标准进行的分类。独创性数据库是指对数据库材料的选择或编排体现了制作者的创作性的数据库,该类型数据库是可以受到版权法的保护,如《唐诗三百首》《中国现代文学作品》等。而非独创性数据库则没有体现出相应的独创性,只是穷尽了某类事实、数据或者其他材料,并按传统的、常规的或不可避免的方式进行编排的数据库,如电话号码簿、工商企业名录等。该类型数据库不具备作品的构成要件,不能成为著作权法所保护的客体,只能从其他法律或救济措施中寻求救济。

(三)电子数据库和非电子数据库

这是依据数据库的表现形式为标准进行的分类。电子数据库是指以电子化形式在计算机系统中储存的数据集合;而非电子数据库通常是指传统的纸介质的数据库。电子数据库除了具有所有数据库的共性之外,还具有传统数据库不具备的特点:存储量巨大;检索方便、快捷、形式多样;易于传播和实现资源共享。电子数据库是随着计算机技术的不断推广而逐渐诞生并发展的,可以预见,在未来高度信息化的社会中,电子数据库将作为数据库的主流方式存在。但是,非电子数据库以其独有的功能与价值,也同样是日常生活中人类社会所不可或缺的。所以,不管是电子数据库,还是非电子数据库,都同样应当受到法律的保护。

四、数据库保护模式的争论

鉴于数据库的重要性,国际社会都赞成通过法律对其进行强有力的保护。但是,由于各国在具体国情、历史传统及人文因素等方面存在差异性,因此,对于究竟应当为数据库提供什么样的法律保护模式、提供什么程度的法律保护、是在现有法律资源的范畴内进行保护还是通过专门的立法程序制定新的专门法律进行保护等问题,都存在很大的分歧。综观这些分歧意见,主要包括如下几种观点:

(一)著作权保护论

这种观点认为,著作权法已经赋予数据库制作者对其制作的独创性数据库享有著作权,因此没有必要再予以扩大。否则,将会使著作权法的保护水平扩大到没有任何独创性的数据库内容上,从而背离著作权法的"独创性"标准。这样,不仅会混淆独创性及非独创性,将二者等同起来,更严重的是,将会打乱现今的保护体系,不利于数据库产业的健康、有序运行。版权保护论者认为,只对独创性提供保护,有利于维护信息自由的局面,会激发人们的制作热情,进而会不断带动智力成果的研发,从而推动人类社会智力文明的进步。版权保护论者反对特殊权利保护,认为该保护违背了"创造性"的基本要件,将造成信息的垄断,不仅不利于信息的自由流通,还会加重信息垄断者的内心欲望,从而使信息只掌握在社会上极少数人的手中,最终会阻碍社会的发展进步。

(二)反不正当竞争保护论

这种观点认为,对数据库的危害主要来自于市场中的不正当竞争行为。因此,在对独创性数据库进行保护的前提下,再辅之以反不正当竞争法即可构成比较完善的数据库法律保护体系。该支持者认为,反不正当竞争法与著作权法是一种补充与被补充的关系,版权法不能给予非独创性数据库以法律保护,而反不正当竞争法则以其特有的功能弥补该项弊端,很大程度上起到了一种"兜底"的保护作用。反不正当竞争保护论者反对在现有的法律资源之外为数据库设定特殊权利保护,否则,将会把打击面扩大到社会一般公众利用数据库的行为,将过分危害社会公众的利益。

(三)合同保护论

这种观点认为,合同最大的优点在于其任意性。私法自治与契约自由已经给予数据库制作者极大的自由裁量权与自主权,制作者完全可以通过"拆封合同"(Shrink-wrap Contract)或其他格式合同(Form Contracts)的形式来保护自己的数据库。通过合同,数据库制作者可以对使用者进行一定程度的限制,比如限制使用数据库的条件、期限、地域等。合同保护论者认为,在那些既没有制定反不正当竞争法等强行法,又没有制定版权法或特殊权利保护法的国家,合同法几乎成了数据库唯一的保护手段。合同保护论者反对在现有的法律资源之外,通过专门的立法程序设置特殊权利保护,这不仅不利于信息的自由流通与传播,还会造成数据库市场的垄断,打乱现有的市场竞争秩序。

(四)技术措施保护论

这种观点认为,作为一种自力救济手段,技术措施完全以技术作为基础。技术措施保护论者认为,在信息化高度发达的互联网时代,网络服务提供者向用户提供的内容服务在大多数情况下都是以数据库的形式出现的。通过设置技术措施,不仅能够给予数据库以相当的保护,而且会规范数据库的访问、使用等,会取得"双赢"的局面。

(五)特殊权利保护论

这是目前比较流行的一种观点,并且已经在欧盟境内变成了一种法律现实,具体体现即是欧洲议会和欧盟理事会于1996年3月颁布的《欧盟指令》。这种观点认为,前述几种模式都存在某种程度的缺陷性,所以必须构建一种新的权利,即特殊权利。特殊权利保护论者认为,传统的法律保护模式只限于结构,而对其内容则完全不予考虑。只有给予数据库制作者特殊权利保护,才能提供足够的经济刺激,激发民众对数据库制作的热情与信心,对整个社会信息产业的促进作用将是不言而喻的。

【案例裁决】

一、基本案情

原告是(美国)泰勒中国有限公司,它是一家从事信息服务的投资咨询公司。1998年5月8日,原告拟建立"中国拟建和在建项目库",为此原告制作了项目资料表,要求项目业主填写。在下发的项目资料表中,详细列明了需要填写的内容,项目业主或主管单位只需在相应的栏目里选择即可。其中包括:项目名称、项目所在地、主管单位、项目性质、项目所有制、投资总额、项目资金、审批机关、项目关键设备来源、计划建设期、项目进展阶段、项目所需关键设备、项目简介、主要投资者简介、项目负责人资料等。

1998年9月,原告建立并向社会推出"中国拟建和在建项目库",有偿向公众提供全国各地区、各行业投资额在一千万元以上的拟建和在建项目详细资料,每月15日更新项目资料。其提供的项目资料包括上述项目资料表所列。其提供的项目资料均来自各项目业主和建设单位填报的内容。用户购买"中国拟建和在建项目库"后,可以通过三种方式取得项目库资料,其一为网上下载安装程序及更新数据;其二为邮寄安装程序,网上下载更新数据;其三为安装程序和更新数据均采用特快专递邮寄软盘。

1999年3月15日,被告蓝光有限公司购买了"中国拟建和在建项目库",随后在其旗下的月刊《招标与市场》的"商务机会"栏目中,提供"国内招标(采购)工程项目预告",其形式为"单位投资、万元拟采购、设备、联系地址、邮编、电话、传真"。1999年6月,被告将招标信息单独分列出来,并以《招标与市场》副刊"中国项目专刊"的形式出版。"中国项目专刊"为活页月刊,专门报道中国境内的一般工程建设项目、法律规定必须招标的项目、国家重点技术改造及装备国产化项目的信息,所刊登的信息内容包括:项目名称及采购概述、项目实施范围、采购设备范围、投资金额、采购方式(是否招标)、项目建设单位、通信地址、邮政编码、电话、传真。"中国项目专刊"为有偿服务。

原告、被告双方就原告指控的1999年7月起,被告发布的"中国项目专刊"与原告的"中国拟建和在建项目库"进行了对比。在被告发布的"中国项目专刊"中,被告的信息内容与原告的雷同比例为90%。

对于双方信息有所雷同,被告表示认可,但其认为,原告的"中国拟建和在建项目库"信息仅为其发布的"中国项目专刊"信息的部分来源,其系对来自不同渠道的信息进行修订和补充,并按照被告的标准,以自己的体例发布。

二、法院的判决

本案经过一审和二审,两审法院认为:

中国著作权法规定,著作权法所称的作品,是指文学、艺术和科学领域内,具有独创性并能以某种有形形式复制的智力创作成果。原告自行采集、编辑的"中国拟建和在建项目库",将投资额在1000万元以上的全国拟建和在建的项目,按照项目名称、建设单位、建设地点、投资总额、建设期限、建设阶段、建设内容、责任人的类别予以汇编,并以电子数据的形式存储和发布,在本质上应属于电子数据库,其发布的项目是经过国家规划的、客观存在的项目,属于公知的信息,其采用将项目信息按照项目名称、建设单位、建设地点、投资总额、建设期限、建设项目的常用划分方法,故该项目库的内容及体例都不是原告独创的,不具备著作权法对作品独创性的要求,因此,"中国拟建和在建项目库"不构成著作权法意义上的作品,不能受到著作权法的保护。故原告主张被告侵犯其著作权的请求,本院不予支持。

原告向社会公众发布的"中国拟建和在建项目库"的特点在于,其所发布的项目信息都是通过往来信函,直接与项目单位取得联系,并经过项目业主和建设单位审核填报的,原告为此付出的劳务,可以通过向社会有偿提供该项目库的方式获得补偿并获取收益。在目前中国尚无专门的法律对不具有独创性的电子数据库提供明确的法律保护的状况下,原告对其经过劳动形成的"中国拟建和在建项目库",尚不拥有专有的权利,对于该项目库中的信息内容,更不拥有禁止他人利用的权利。

只有在原告、被告形成竞争关系,被告的行为确实给原告造成实际损害后果的情形下,才考虑适用诚实信用原则加以调整。

在本案中,被告发布的"中国项目专刊"是以报道中国境内的一般工程建设项目、法律规定必须招标的项目、国家重点技术改造及装备国产化项目的信息为内容的活页月刊,所刊登的信息内容包括:项目名称及采购概述、项目实施范围、采购设备范围、投资金额、采购方式(是否招标)、项目建设单位、通信地址、邮政编码、电话、传真。被告早在1997年第6期的《招标与市场》就已经形成了"单位投资、万元拟采购、设备、联系地址、邮编、电话、传真"的招标信息发布体例。1999年6月后,其发布信息的体例变更为:项目名称及采购概述、项目实施范围、采购设备范围、投资金额、采购方式(是否招标)、项目建设单位、通信地址、邮政编码、电话、传真。该体例与原告"中国拟建和在建项目库"的体例并不相同。虽然在被告发布的"中国项目专刊"中,部分信息与原告发布的"中国拟建和在建项目库"中的信息内容雷同,但这些内容均是对项目情况的客观反映,在原告对此不享有专有权利的情况下,被告对这些内容的使用没有侵犯原告的权利。

被告购买"中国拟建和在建项目库"后,按照其发布招标采购信息的需要进行选择、摘编、修订、补充,以期刊形式及自己的体例对外发布信息,与原告的电子数据库的形式亦不相同,不是对原告电子数据库的复制。并且,原告不能举证证明,在被告的客户名单中,有原为原告的客户。同时,被告信息的发布时间又晚于原告,其所发布的信息的范围又远远小于原告的信息范围,并未挤占原告的客户市场,故原告、被告之间并未形成实际的竞争关系,被告未给原告的实际经济利益造成损失。原告主张被告发布"中国项目专刊"的行为构成不正当竞争,没有事实和法律依据,法院不予支持。

三、对本案判决的评析

本案判决在事实认定及法律适用方面均存在错误。

(一)认定本案数据库作为电子数据库不具有独创性,不构成著作权法意义上的作品,缺乏依据。

第一,判决混淆了项目和项目信息。判决认定原告发布的项目是经过国家规划的、客观存在的项目,属于公知的信息。从语文的角度分析,这里认定的是"项目是公知的信息"。判决没有依据认定"项目信息"是"公知的",相反,判决认定项目信息是"原告自行采集、编辑的",从而否定了"项目信息是公知的",但在随后的判断中,判决直接认定"故该项目库的内容及体例都不是原告独创的",明显缺乏证据。

第二,关于项目库的体例,判决认定不具有独创性,但判决书的论述自相矛盾。一会儿说原告的项目库体例的划分方法是"一般建设项目的常用划分方法",因而不具有独创性,一会儿又认定被告"在 1997 年第 6 期《招标与市场》就已经形成了招标信息发布体例",随后又认定被告"于 1999 年 6 月后发布信息的体例作了变更"。既然原告的体例是"一般建设项目的常用划分方法",被告的体例与原告的体例比较更加简单,何谈被告"自己的体例"。需要强调的是,被告 1999 年 6 月变更体例,是在其购买原告的项目库之后。判决对体例的认定前后矛盾,反证了原告的项目库的体例是独创的。

第三,判决认定由于"项目"是"公知的",所以不具有独创性是没有法律依据的。著作权保护不以是否"公知"为条件。比如新闻事件是公知的,但记者就该新闻事件所做的新闻报道稿件是受著作权法保护的。

第四,判决未就原告项目库与同类别的其他项目库进行比较,也未与被告 1999 年 6 月以前的体例进行比较,即认定没有独创性,没有任何说服力。

第五,著作权所要保护的是作品的表现形式,而不是内容。而判决认定"故该项目库的内容及体例"都不是原告独创的,从而把项目库排除在著作权保护之外,也明显不是认定作品属性的方法和标准。

(二)认定原告的项目库不拥有专有的权利,对于项目库中的信息内容,更不拥有禁止他人利用的权利。这一认定不符合《反不正当竞争法》的规定,适用法律错误。

《反不正当竞争法》第一条规定立法目的为"为保障社会主义市场经济健康发展,鼓励和保护公平竞争,制止不正当竞争行为,保护经营者和消费者的合法权益",第二条第二款规定"本法所称的不正当竞争,是指经营者违反本法规定,损害其他经营者的合法权益,扰乱社会经济秩序的行为"。《反不正当竞争法》要保护的不仅是"权利",而且保护经营者和消费者的"利益",统称"权益",只要其他经营者侵犯了合法经营者的合法"利益",合法经营者当然拥有禁止他人利用的权利,此处权利指的是对权利和利益保护的手段和方法。将原告是否拥有"专有权"作为是否予以保护的前提是错误的,更为错误的是,判决在没有依《反不正当竞争法》对原告是否就其项目库拥有利益、被告是否侵犯了这种利益进行认定的情况下,直接认定原告"对于项目库中的信息内容,更不拥有禁止他人利用的权利",这种认定明显缺乏法律基础和事实基础。

(三)认定原告和被告没有竞争关系的理由不成立,没有考虑正常的商业运作方式,逻辑关系颠倒。

1. 判决认定被告购买原告的项目库后,按照自己的需要进行选择、摘编、修订、补充,以期刊形式及自己的体例对外发布信息,与原告的电子数据库的形式亦不相同,不是对原告电子数据库的复制。这里有两个错误:一是竞争关系的存在与不正当竞争经营者采用的是纸介方式还是电子方式无关。在以《不正当竞争法》确认被告是否侵犯了原告的利益时,原告所要保护的不是数据库,而是信息本身,那么信息的载体是纸介还是电子方式与对方是否存在竞争关系无关。因为信息的价值体现在信息本身,信息的使用者无论从哪种方式获得信息,都不再会购买内容相同而只是载体不同的信息。二是被告是否对原告电子数据库复制与双方是否存在竞争关系没有关系。是否复制,被告是否存在不正当竞争的行为及行为的性质,与双方是否存在竞争关系是相互独立的。而且竞争关系的存在是竞争行为存在的前提,现在一审法院用不是复制(行为)来说明不存在竞争关系显然本末倒置,因果关系颠倒。

2. 认定被告的客户名单中没有原为原告的客户,以此作为双方不存在竞争关系的理由。这种推断违背了正常的逻辑。客户减少或客户转移购买是不正当竞争行为造成的损害后果之一种,而且客户转移购买不是确定双方是否存在竞争关系的必要条件,更不是充分条件。用是否存在损害后果的一种作为双方是存在竞争关系的理由,逻辑不成立。

3. 认定被告信息的发布时间晚于原告,所发布信息的范围又远远小于原告信息范围,并未挤占原告的客户空间。这种认定明显不了解不正当竞争行为的特点。不正当竞争行为的特点是"不正当","不正当行为"相对于"正当"行为而言,具有依赖性,现实生活中肯定是正当经营行为在先,不正当竞争行为在后。如果"不正当竞争行为"在先,从逻辑上肯定没有办法证明该行为是"不正当竞争行为"。同理,由于不正当竞争行为的依赖性,不正当竞争行为的信息发布范围一般是小于其侵害的经营者的正当经营行为。

另一方面,发布时间晚和发布范围小属于不正当竞争行为的情节、后果、损害大小,只能说明被告不正当竞争行为的竞争力弱,对原告造成的损失相对会小。但竞争力弱、损害后果小、情节较轻不但不能证明双方不存在竞争关系,相反,恰恰证明了双方存在竞争关系。

(四)判决回避了对被告使用原告项目库行为的认定。

判决认定,被告购买"中国拟建和在建项目库"后,按照其发布招标采购信息的需要进行选择、摘编、修订、补充,以期刊形式及自己的体例对外发布信息。那么这种使用行为是什么性质,是否合法使用?是否正当使用?按照信息服务的商业惯例,信息的购买者均系最终用户,从被告的经营行为看,其购买的目的不是作为最终用户使用,而是去从事侵权及不正当竞争的行为,主观恶意十分明显。从行为上看,判决也已认定被告根据需要进行了使用,这种使用既违反约定,违反了公平、诚实信用的原则,也违背了公认的商业道德,损害了原告的合法权益,根据《反不正当竞争法》第二条的规定,被告应承担法律责任。

综上,笔者认为,判决认定本案数据库不构成著作权法意义上的作品是错误的。认定双方不存在竞争关系的理由不成立,实际上双方经营的信息种类、信息内容基本一致,竞争关系客观存在。即使按照判决的逻辑,将本案数据库排除在著作权法保护之外,只要认定竞争关系的存在,被告的行为也已构成不正当竞争。

四、数据库保护的几个问题

(一)数据库的版权属性

顾名思义,数据库是一定数据的汇编物,其内容是表现为文字、数字、符号、表格、图形等形式的信息数据材料。目前法律界将数据本身受版权保护的数据库归入汇编作品,汇编作品作为作品(中国著作权法定义为编辑作品)已为《伯尔尼公约》、TRIPS及世界各国普遍接受。本文将只讨论数据本身不受版权保护的数据库,这种数据库系信息材料的组合,在信息社会大量存在,具有典型性。

国际上对于数据库是否给予保护经历了思想的转变:《伯尔尼公约》只规定构成素材本身具有版权作品的汇编作品,只有在其内容的选择与编排构成智力创作时才受版权法保护。

TRIPS规定,数据或其他材料的汇编,无论采用机器可读形式还是其他形式,只要其内容的选择或编排构成智力创作,应予以保护。这类保护不延及数据或材料本身,不得损害数据或材料本身已有的版权。TRIPS实际上直接将数据库纳入作品范畴加以版权保护。

《世界知识产权公约组织版权条约(WCT1996)》规定:"数据或其他材料的汇编,无论采用任何形式,只要其内容的选择或编排构成智力创作,其本身即受到保护。这类保护不延及数据或材料本身,亦不损害数据或材料本身已存在的任何版权。"

尽管《中华人民共和国著作权法》仅规定编辑作品,未将由本身不构成作品的素材构成的数据库纳入保护范围。但中国加入国际公约后,为适应国际保护要求,于《实施国际著作权条约的规定》第八条规定:"外国作品是由不受保护的材料编辑而成,但是在材料的选取或者编排上有独创性的,依照著作权法第14条的规定予以保护。此种保护不排斥他人利用同样的材料进行编辑。"将外国人的数据库纳入中国版权法保护。

判断数据库是否应受版权保护的法律障碍正在逐渐消失,随着国民待遇的落实及《著作权法》的修改,给予外国作品的超国民待遇必将给予中国作品。现在面临的只是如何确定数据库的独创性的认定标准及方法。

由于数据库的价值在于信息内容,给予其版权保护只是法律保护的一种选择。那么对于其智力创作上独创性的要求,应当低于对其他作品的要求。一般来讲,只要数据的选择、编排方式上不是采用机械的或一般人所惯用的,只要是独立完成的,并体现出最低限度的创造性即可。依照这个标准,笔者认为认定独创性可以采用下述原则和方法:①应进行个案认定。②将受害人数据库与现有的或受害人数据库产生之前的同类别数据库进行比较,从数据的选择及编排上进行对比,并考虑数据选择量的大小,编排体例的类别和量的多少。③原告的数据库的材料或编排上是否存在独创的表现形式。④被控侵权数据库是否抄袭,甚至是否抄袭了原告的错误部分。

上述案件中,判决在认定项目库不具有版权属性时没有采用对比的方式,甚至没有将原告、被告双方的数据库进行对比,并且未对原告数据库中独创的编排类别加以认定即判决数据库不属著作权法意义上的作品,是不科学的,也是不严肃的。

(二)竞争关系的确立、市场与利益

目前,由于中国未将中国数据库纳入版权保护,比较现实的是用《反不正当竞争法》对数据库进行保护。确认双方存在竞争关系是认定构成不正当竞争的前提。

不正当竞争行为侵害的是对方的市场占有空间。因此存在竞争关系的首要条件是双方的经营范围相同或近似。由于目前存在大量超范围经营的问题,如果双方的经营范围不相同或不近似,也可以双方争议的数据库的性质、类别、行业等条件是否相同或近似认定。

认定是否存在竞争关系时,应将情节、后果、竞争力等因素排除在外,因为竞争关系是逻辑关系的前提,这些因素是逻辑关系的结果。另外,信息载体也不应成为判决是否存在竞争关系的因素。

不正当竞争行为从形式上看侵害的是对方的市场占有空间,实质上侵害的是财产权益。《反不正当竞争法》的立法宗旨是在知识产权保护的法定权利(如著作权、专利权、商标权)之外,对于经营者和消费者的合法"权益"进行保护。所以,该法规定了市场中常见的大量不正当竞争行为,目的是保护合法经营者的潜在市场利益及已形成的市场份额。在这个意义上,不正当竞争侵害的对象很大部分是利益,具有财产价值的利益。

(三)如何认定构成不正当竞争

第一,应当明确,只有不正当竞争行为而没有损害后果,足以认定构成不正当竞争。比如擅自使用知名商品特有的装潢,即使尚未投入市场,未对被侵害者造成实际损害,被侵害人可以依法制止该行为。

第二,在认定时,应将加害方"接触"或者可能接触受害人数据库作为认定的一个原则。接触包括购买、借用、盗用、破译等方式。如果不能证明加害人接触受害人的数据库,在认定时应慎重。只有在双方的内容及体例完全相同或十分近似的情况下才可以认定。

第三,考虑加害方在进行不正当竞争行为时,使用的信息的量(比例)、抄袭的情节、是否将错误一起抄袭。

第四,在运用《反不正当竞争法》保护数据库内容时,所要保护的是信息内容并非表现形式,因此,不应局限于数据库的概念。着眼点应在于信息本身。

(四)关于垄断与竞争

在认定知识产权侵权时,尤其在处理新型案件时,审判机关特别注重争议双方利益的平衡、权利主体与公共利益的平衡,笔者认为可从以下方面衡量保护权利人是否意味着造成垄断。

1. 从受害人的身份看

受害人发布的数据库资料应当是自己从各个合法渠道采集的,其编制、销售数据库的行为系企业行为,而非行政行为。受害人应具备相应的资料采集、录入、项目跟踪人员及经营条件。

2. 从保护知识产权的目的看

根据反不正当竞争法和知识产权法的保护精神,只要是合法的竞争,不存在垄断问题;即使有这种所谓"垄断",也是国家鼓励和保护的,比如国家授予发明人的专利权,就是给予发明人一定期限的市场占有权(垄断),目的是鼓励科技的创新和发展。受害人通过自己的努力,其数据库产生了较好的经济效益,同时也产生了很好的社会效益,扩大了信息流通。保护受害人的权益,鼓励受害人提供更好、更全面的信息,实际上是保证社会能够持续享有这种信息并使用这种信息。

笔者认为,制止侵权产品,使得受害人的市场份额得以保持甚至扩大,符合信息产业发展的趋势和潮流。

3. 从加害人购买并使用受害人数据库的行为看

加害人购买受害人的数据库,是否以最终用户的身份,其目的是否合法地使用信息,是否利用信息本身的价值经营信息,是否违背了信息使用的约定和商业惯例,以此确定加害人使用受害人信息营利的行为是否恶意。

(五)数据库保护的政策取向

(1)电子通信业成为国民经济的第一支柱产业,法律保护成为必要。

(2)我们面临加入WTO,相对于国外发达的数据库产业,我们的民族产业较弱,不保护数据库产业短期看来有利,实际上,不保护所面临的压力和对本民族产业的发展所带来的潜在风险不可忽视。设想,如果国内同行都去免费享用别人的数据库并获得"巨大"利益而自己开发的数据库又不受保护时,谁还有动力去开发自己的数据库? 同时这种开发又需要那么大的成本投入。举例说,目前万方公司作为著名数据库开发商其一个数据库售价2万多,如不予保护,免费复制并销售将会使得其很快破产。可以说,不保护导致我们在白吃国外开发商提供免费午餐的同时国内已没有下一顿午餐可吃。

(3)如不保护从短期和表面看,有利于信息的传播和使用,但是源头将会缺水,当没有人再投放资金去开发的时候,也正是加害人库中无水的时候,社会上将不会再享有这些信息。我们认为保护应当及时并适当提前,因为技术和信息产业的发展超过我们想象,一旦明确需要保护的时候,也许为时已晚。

【延伸阅读】

1. [澳]马克·维森特著,朱理译:《数据库的法律保护》,北京大学出版社2007年版。

2. 高富平:《信息财产——数字内容产业的法律基础》,法律出版社2009年版。

3. 许春明:《数据库的知识产权保护》,法律出版社2007年版。

4. 李扬:《数据库法律保护研究》,知识产权出版社2004年版。

5. 郑成思:《知识产权论》,法律出版社2003年版。

第六章
涉外植物新品种的法律保护实务

【内容摘要】植物新品种权作为知识产权的一种,知识产权应该具有的专有性、地域性、时间性等特征,植物新品种权都有,但作为一种独立的新型知识产权,必然有其区别于其他知识产权的特征。通过对植物新品种保护的范围和条件的阐述,以及国际保护和中国法律保护的实证分析,明确涉外植物新品种的法律保护措施。

植物新品种是知识产权领域的一类新型客体,它是指经过人工培育或者对发现的野生植物加以开发,使其在栽培学上与原品种发生形态、生理、细胞学或其他变异,并且这种变异具有一致性和稳定遗传性的植物品种。植物新品种权则是该新型客体权利化的产物。植物新品种权法律保护模式研究不仅具有战略必要性、现实迫切性,对于理论的充实也是极具积极意义的。

第一节　涉外植物新品种保护的范围和条件

【知识背景】

一、植物新品种保护概述

（一）植物新品种的定义

所谓植物新品种，是指经过人工培育的或者对发现的野生植物加以开发，具备新颖性、特异性、一致性和稳定性并有适当命名的植物品种。植物新品种保护是指对植物育种人权利的保护，保护的对象不是植物品种本身，而是植物育种者应当享有的权利。这种权利是由政府授予植物育种者利用其品种排他的独占权利。未经育种者的许可，任何人、任何组织都无权利用育种者培育的、已授予品种权的品种从事商业活动。

目前，中国对植物品种权的保护仅限于植物品种的繁殖材料。也就是说，只有品种权所有者有权出售品种的繁殖材料，或者以销售为目的而生产这种繁殖材料。其他任何组织和个人只在品种权人的授权下才能这样做。所谓繁殖材料，对于林业植物而言，是指整株植物（包括苗木）、种子（包括根、茎、叶、花、果实等）及构成植物体的任何部分（包括组织、细胞）。对于农业植物而言，是指可繁殖植物的种子和植物体的其他部分。

（二）植物新品种保护的范围

中国植物新品种保护工作是由国家林业局和农业部两个部门来进行的。根据两部门在植物新品种保护工作上的分工，国家林业局负责林木、竹、木质藤本、木本观赏植物（包括木本花卉）、果树（干果部分）及木本油料、饮料、调料、木本药材等植物新品种保护工作。国家农业部负责粮食、棉花、油料、麻类、糖料、蔬菜（含西甜瓜）、烟草、桑树、茶树、果树（干果除外）、观赏植物（木本除外）、草类、绿肥、草本药材等植物以及橡胶等热带作物、食用菌的新品种保护工作。

(三)申请保护的植物品种的条件

一个获得保护的植物品种,必须是经过人工培育的或者对发现的野生植物加以开发的品种,这样的品种应当具备以下几个条件:新颖性、特异性、一致性、稳定性及合适的名称。

(四)植物新品种权的归属

(1)个人执行其单位的任务或主要是利用其单位的物质条件,包括资金、设备、场地、繁殖材料及技术资料等所完成的育种属于职务育种,品种权属于其单位。非职务育种的品种权属于完成育种的个人。执行本单位的任务所完成的职务育种是指:在本职工作中完成的育种;履行本单位交付的本职工作之外的任务所完成的育种;退职、退休或者调动工作后,3年内完成的与其在原单位承担的工作或者原单位分配的任务有关的育种。本单位的物质条件是指本单位的资金、仪器设备、试验场地以及单位所有或者持有的尚未允许公开的育种材料和技术资料等。

(2)委托育种的品种权的归属由委托方与受委托方的合同确定,如没有合同约定,其品种权属于受委托方。也就是说,不直接从事育种工作的单位或个人也可以通过委托育种的形式获得品种权,由此获得经济效益。

(3)合作育种的品种权属于共同完成育种工作的单位和个人。

(4)两个以上的申请人分别就一个植物新品种申请品种权时,品种权授予最先申请的人;同时申请的,品种权授予最先完成的人。

(5)植物新品种的申请权和品种权可以依法转让。

(五)植物新品种保护的期限

植物新品种保护的期限依培育植物品种所需的时间长短而定。一般地说,木本植物培育的时间较长,因此保护的期限也较长。中国规定:藤本植物、林木、果树和观赏树木的品种权保护期限为20年,其他植物为15年。

(六)植物新品种保护的例外

下列情况下使用授权品种的,可以不经品种权人许可,不向其支付使用费,但是不得侵犯品种权人依照本条例享有的其他权利:

1.利用授权品种进行育种及其他科研活动

任何组织和个人均可利用授权品种进行育种及其他科研活动。也就是说,可以将授权品种的繁殖材料用于培育新的品种,也可以将授权品种的繁殖材料用于其他科研活动。育种者的权利不涵盖上述两个领域。

2.农民自繁自用授权品种的繁殖材料

农民有权把授权品种的收获材料作为在自己土地上使用的繁殖材料。也就是说,农民有权利用授权品种自繁自用授权品种的繁殖材料。

二、植物新品种法律保护基本原则

植物新品种法律保护的内涵广泛,调整和规范对象复杂,主要包括国家、育种者、农民及社会公众四个主体。因此,植物新品种法律保护制度的构建应当遵循以下基本原则:

(一)维护社会公益原则

当我们在探讨保护植物新品种的必要性时,不能不注意到这样一个问题:植物新品种的开发和应用在为人类带来福音的同时,也可能会造成生态环境污染,甚至威胁人类的生存。以转基因植物为例,转基因大豆所含的对调节心血管系统有重要作用的植物雌激素比自然大豆少了12%～14%,植入BT基因的玉米花粉因含有毒素而使"帝王蝴蝶"绝种,从而严重破坏了生态平衡。因此,植物新品种的保护是一个广泛涉及生态健康和伦理因素的社会问题。我们在运用法律制度来保护植物新品种时,应当综合考虑伦理、健康、环境、科技等各方面因素。建立植物新品种保护制度不能以牺牲社会公益为代价,应当既对那些对人类带来福音的植物新品种给予法律的保护,又借助于法律的规制维护好社会公共利益。

(二)平衡各方利益原则

"新知识产权"时代已经来临,片面地强调创造或片面地强调利益保护的做法都是不可取的,我们应当将目标更多地转向各方利益的协调,使得知识产权的保护与发展进入良性循环。植物新品种对农业生产有着十分重要的作用,就植物新品种保护制度而言,育种者与社会公众(包括广大农民)是最主要的利益主体,分处在法律天平的两端,强调一方的利益同时必然要对另一方的利益进行限制。这也正是立法机关不得不考虑的现实:过低的植物新品种保护水平不利于充分调动本国育种者的科研积极性,也不利于引进国外先进的植物品种与农业技术,甚至有可能使国家在国际农业知识产权领域丧失竞争力;而不顾国内农业发展水平,制定过高的植物新品种保护制度也会产生种种弊端,一方面会增加本国农民的负担,另一方面会限制本国农业的发展,有可能因此危及国家安全。所以,中国建立植物新品种法律保护制度,应当遵循利益平衡的基本原则,探寻到育种者与广大农民之间的利益平衡点,这也是中国植物新品种法律保护制度所要努力的方向。

(三)适应本国国情原则

发达国家作为这一领域的先行者,其植物品种法律保护制度经历了一个动态调整过程:从当初的"选择保护"到现在的"全部保护",从之前的"弱保护"到之后的"强保护"。这一动态调整过程说明一个国家在确立其知识产权保护制度时应根据现实发展状况和未来发展需要做出合理安排。中国作为发展中的农业大国,必须全面考虑农业经营模式、农业科技发展水平、农民群体及社会公众的利益等深刻的政治经济问题;还应当考虑到中国农业发展的需要、农业结构的变化趋势,以此选择最适合中国的保护模式。这样才能有效鼓励植物品种创新,实现农民利益、育种者利益、国家利益的最大化。

【案例裁决】

一、案情介绍

案涉"优沃188"水稻新品种于2005年6月22日被农业部受理,同年9月1日经初审合格并公告,2010年1月1日被授予植物新品种权。(英国)润德种业中国有限公司(简称润德公司)与某市农业科学研究院为该植物新品种的共同权利人。2005年6月20日,某市农业科学研究院授权润德公司在全国范围内独家生产、经营"优沃188"水稻种子,处理维权事宜。

丰奎种业有限公司(简称丰奎公司)系从事杂交水稻种子的生产及主要农作物种子及非主要农作物种子销售的有限责任公司。2006年,丰奎公司向安县种子管理站提出备案申请,申请生产"优沃188"水稻种子500亩。2009年,安县植保植检站为丰奎公司开具"优沃188"水稻种子产地检疫证,共计数量14505公斤。润德公司以其发现丰奎公司未经同意,擅自生产、销售"优沃188"水稻种子,侵犯其合法权益,给其造成经济损失为由,诉至法院,请求判令:丰奎公司立即停止生产、销售侵权产品并赔偿润德公司经济损失 168 万元。

二、法院裁判

法院经审理认为:润德公司为"优沃 188"植物新品种的共同权利人,依法享有植物新品种权。丰奎公司在向"优沃 188"品种权利人交纳了 5 万元许可使用费,四川省农业厅向其颁发了有效期至 2005 年 12 月 31 日的《主要农作物种子生产许可证》后,其于有效期前生产、销售"优沃 188"水稻种子的行为合法。但丰奎公司无其他证据证明在有效期之后生产、销售"优沃 188"水稻种子的行为得到了润德公司的授权许可,且四川省农业厅也未再为其办理新的生产许可证。因此,2005 年 12 月 31 日之后,丰奎公司在既无生产许可证,又无证据证明得到了润德公司授权许可的情况下,以营利为目的生产、销售"优沃 188"水稻种子的行为违法,同时该行为也侵犯了润德公司依法享有的"优沃 188"植物新品种权。根据本案的实际情况,综合考虑丰奎公司侵权行为的性质、情节、后果、侵权行为的时间、范围、主观故意和过错的明显程度、该公司拟定于 2006 年生产"优沃 188"水稻种子 500 亩向安县种子站的备案申请、2009 年安县植保植检站为该公司开具的当年生产 14505 公斤"优沃 188"水稻种子产地检疫证的种子数量以及丰奎公司从 2006 年至今现仍在生产、销售"优沃 188"水稻种子,实施侵权行为等因素,依法酌定赔偿数额 40 万元。

三、案情评析

"优沃 188"是目前我省主要水稻品种,质优价廉,深受广大农民群众欢迎,占有很大的市场份额。侵权人未经权利人授权与许可,擅自生产、销售将从中获取相当可观的利润,必将给品种权利人及广大农民种植户造成很大的损失,也将扰乱社会经济秩序。为保护植物新品种权利人的合法权利,加大知识产权保护力度,本案在确认侵权人超过行政许可期限,又未得到品种权利人进一步授权的情况下,认定丰奎公司以营利为目的生产、销售"优沃 188"的行为构成侵权,并综合考虑其侵权行为的性质、情节、后果、侵权行为的时间、范围、主观故意和过错的明显程度,将一审判决确定的赔偿金额从 10 万元提高到了 40 万元。判决后,双方当事人息诉服判,并已按生效判决执行完毕,起到了较好的法律和社会效果。

【延伸阅读】

1. 徐汉卿:《植物学》,中国农业出版社 2004 年版。

2. 张晓都:《生物技术发明的可专利性及日本与中国的实践》,知识产权文丛(第六卷),中国政法大学出版社 2001 年版。

3. Chorik. SunK. Park J,"Seed Certification System and Operation of USA. RDA",journal of Crop Science,1997.

4. 彼得·德霍斯:《知识财产法哲学》,商务印书馆,2008 年版。

5. 吴汉东:《知识产权法》,法律出版社 2007 年版。

第二节 植物新品种的国际保护

【知识背景】

一、植物新品种国际保护的基本状况

现代社会,提高农业产量和质量的迫切要求,促使植物新品种不断出现,而培育新的植物品种需要大量资金、技术投入和相当长的周期。有资料统计,一个农作物新品种的培育一般需要 3～5 年,每年需花费 3 万～5 万元;一个林木新品种最快需要 15～20 年,最少需要花费 15 万～20 万元。这其中还不包括在培育新品种过程中的市场风险和自然灾害风险。由于育种者自己无法防止他人无偿繁育自己培育的新品种,也不能制止那些不经育种者同意就以商业规模出售其品种的活动,致使其付出的辛勤劳动有得不到应有报酬之虞。有鉴于此,一些发达国家率先制定了相关法律制度,并不断加以完善。1961 年 2 月,欧美一些国家在巴黎签订保护植物新品种国际公约,对植物新品种保护范围的起点、保护时间、保护的范围等方面做出规定,并在此基础上成立了国际植物新品种保护联盟(UPOV)。截止到 1999 年 12 月,该联盟已有 44 个成员方。中国于 1999 年 4 月 23 日加入 UPOV 1978 年文本,成为该联盟第 39 个成员方。

植物新品种保护的法律规范,旨在保护育种者的权益,其核心内容是授予育种者对其育成的品种有排他的独占权,他人在将该品种作为商品使用时,需要向育种者交纳一定的费用,借此鼓励育种者对新品种进行研究开发、投资的积极性,促进农业、园艺和林业的发展。育种者的这项权利与专利权、著作权、商标权等知识产权相比较,其权利内容不同,但是都具有某些共同的特性,都属于知识产权的范畴。

从目前国际上立法状况看,涉及植物新品种保护的立法模式主要有专利法和植物专门法。虽然对生产植物品种的方法各国均给予专利保护,但是对于植物品种本身,多数国家或者国际组织采用植物专门法的形式给予保护,例如中国、德国、澳大利亚、欧盟等;少数国家以专利法来保护,例如日本、法国、丹麦;极少数国家采用专利法和专门法共同进行保护,例如美国。20世纪30年代,美国颁布《植物专利法》,宣布对无性繁殖的植物授予专利权。该法后来纳入美国专利法第161条至第164条。第161条将植物专利规定为:无论谁发明或者发现无性繁殖任何独特的和新颖的植物品种,包括培育的变种、异种、胚种和新发现的秧苗,而非试管培植的植物或者在未培育状况下的发现,均可依据本法之条件要求取得专利。1970年,美国颁布《植物品种法》,对有性繁殖产生的植物品种提供类似于专利的保护。这种保护由美国农业部植物品种保护办公室负责审查并颁发植物品种保护证书。由此可见,美国对植物品种的保护并行采用植物专利、普通专利、品种保护证书三种方式的"多轨制"的全面保护。

1957年2月22日,法国外交部邀请12个国家和保护知识产权联合国际局、联合国粮农组织、欧洲经济合作组织,参加同年5月7日至11日在法国召开的第一次植物新品种保护外交大会,形成会议决议。在此基础上,拟定《国际植物新品种保护公约》(UPOV公约),并于1961年在巴黎讨论通过了该公约。1968年8月10日该公约正式生效。以后该公约又经过1972年、1978年和1991年三次修改。

UPOV公约旨在确认和保护植物新品种育种者的权利,并由公约缔约国组成植物新品种保护联盟,从而形成当代国际植物知识产权体系的基础,为国际开展优良品种的研究、开发、技术转让、合作交流及新产品贸易提供了法律框架。根据UPOV要求,个别成员方给予植物新品种的保护方式可以采用公约规定的专门方式,也可以采用专利的方式。

根据 UPOV 公约规定,育种者权利的核心内容是享有为商业目的生产、销售其品种的繁殖材料的专有权,包括:①以商业目的而繁殖、销售受保护的植物品种;②在观赏植物或者插花生产中作为繁殖材料用于商业目的时,保护范围扩大到以正常销售为目的而非繁殖用的观赏植物部分植株;③为开发其他品种而将受保护品种商业性地反复使用。UPOV 公约 1991 年文本将育种者的权利扩大到禁止侵权品种进口。在强调保护育种者权利的同时,UPOV 公约对育种者的权利也有所限制,如出于公共利益考虑或者为了推广新品种,可以不经过育种者同意而使用、繁殖其新品种。1991 年文本对育种者权利的限制则更为具体,规定育种者的权利不适用于:①私人的非商业活动;②试验性活动;③培育其他新品种活动,但培育派生品种及需要反复利用受保护品种进行繁育品种的除外。

此外,UPOV 公约还仿照《保护工业产权的巴黎公约》规定了国民待遇原则、优先权、品种权独立等原则。

二、国际植物新品种保护形式

当前,国际社会对植物新品种的保护主要包括以下形式:

(一)专利制度保护形式

没有制定专门的植物新品种保护法律法规,植物新品种的保护只是通过专利保护而实现的。如意大利、匈牙利、新西兰等。但这种模式究其内容而言是符合 UPOV 公约的规定的,在某些程序和行政事务方面与专利保持不同程度的联系,有时称为"由专利衍生的专门方式的保护"。

(二)专门制度保护形式

1. UPOV

国际植物新品种保护 UPOV 制度是植物新品种保护的专门制度。越来越多的国家通过专门的立法,并加入 UPOV 对植物新品种进行保护。

2. 区域性组织

除 UPOV 外,世界区域性植物品种新保护组织也在不断地发展,如欧盟(CPVO)和非洲知识产权组织(OAPI)等建立了独自的植物品种保护统一机制。

3.专利与专门制度的双重保护形式

专利和专门方式两者并存。在同一国家内,针对不同植物新品种的繁殖方式采取了由专利局和农业部的混合管理。如美国:《植物品种保护法》对有性繁殖的植物新品种保护;《植物专利法》和《实用专利法》对无性繁殖的植物新品种保护。

三、有关植物新品种保护的国际公约

目前,在植物新品种保护领域起作用的国际公约主要有四个,即《国际植物新品种保护公约》《与贸易有关的知识产权协议》《生物多样性公约》《粮食和农业植物遗传资源国际条约》。其中,后两者是为了有效保护遗传资源、规制遗传资源利用而缔结的关于遗传资源获取与惠益共享的公约,对植物新品种进行保护的主要国际条约是《国际植物新品种保护公约》和《与贸易有关的知识产权协议》。

(一)《国际植物新品种保护公约》

1957年5月,法国外交部组织并发起了世界上第一次关于植物新品种保护的外交大会,根据会议决议拟定了《国际植物新品种保护公约》。1961年,欧洲六国在巴黎签署了《国际植物新品种保护公约》,并于第二年建立了植物新品种保护联盟(UPOV),《植物新品种保护公约》也因此称为 UPOV 公约。1968年8月10日 UPOV 公约正式生效,并在1972年、1978年与1991年经历了三次修订。

其中,1978年及1991年版本的影响较大,由此形成了 UPOV1978 和 UPOV1991 两个文本。1999年4月23日,中国正式加入 UPOV1978 年文本,成为 UPOV 第39个成员方。截至2012年12月5日,该公约共有71个成员方。

UPOV 公约1978年文本第1条对植物新品种的保护方式做出了规定:公约国可以选择专门方式或专利方式进行保护,但这两种方式不能兼用,只能选择其中一种。而新修改的1991年文本同意成员方对植物品种提供双轨制的保护方式,这实际上取消了上一个文本对同一植物品种只能提供一种保护方式的限制,为两种方式同时运用提供了自由。1991年文本和1978年文本在育种者权利、农民特权、植物新品种保护的范围、被保护品种的数量、保护方式和保护期限等方面均有较大区别,但总体上都加强了植物育种者权的保护力度。

(二)《与贸易有关的知识产权协议》

1994年缔结的《与贸易有关的知识产权协议》(TRIPS),它规定了各成员方对知识产权保护的最低标准,是全球贸易体制的基石之一。根据TRIPS协议第27.3(b)项可知,TRIPS协议承继了UPOV公约的保护方式,允许成员方采用专利法的方式,或专门法的方式,或两者并用的双轨制保护方式。这也表明经济全球化需要对植物新品种给予更充分有效的保护。TRIPS协议作为WTO一揽子协议的一部分,是所有WTO成员方必须遵守的准则,为国际植物新品种保护营造了良好的法律环境。

(三)《生物多样性公约》

1992年举行的联合国环发大会上,《生物多样性公约》(简称CBD)向各国开放签字。它的保护范围由植物扩大到了所有生物,是目前生物多样性保护与可持续发展方面取得的最卓越的成果。根据CBD公约,当一国在使用来源于他国的生物资源时,应遵循知情同意原则、主权原则、惠益分享原则,其中,惠益分享原则是CBD核心原则。该公约改变了遗传资源"人类共同遗产可无偿利用"的观念,为发展中国家打破不公平的利益分配格局、保护本国生物遗传资源提供了解决思路与对策。CBD公约在世界范围内获得了广泛的承认,目前其缔约国已达到193个。但美国作为生物资源及技术转让的最大既得利益者,却迟迟没有加入该公约。

(四)《粮食和农业植物遗传资源国际条约》

《粮食和农业植物遗传资源国际条约》(简称ITPGR),是联合国粮农组织(FAO)通过的一个具有国际法效力的规范。目前共有127个国家加入该条约,其主要成员为亚、非、拉等发展中国家。ITPGR条约在继承CBD公约关于保护生物遗传资源这一宗旨的前提下,明确提出了农民权。它认为农民在保护和持续利用生物多样性资源方面做出了贡献,他们的权利理应得到保障。因此,对农民权做了扩大解释,具体包括保护传统知识的权利、参与决策权及利益分享权。此外,该条约还制定了获取粮食和农业植物遗传资源的具体规则、国际基因库的新规则和多边系统的利益分享制度,这意味着一旦加入该公约,就有义务向国际多边系统提供本国的遗传资源。中国不是该条约的缔约国,但目前正在考虑加入。

四、世界上主要国家关于植物新品种保护的立法实践

由于植物新品种自身的特殊性导致了其在立法技术上具有复杂性,世界各国在如何协调植物品种保护的问题上始终存在争议。目前,国际上对植物新品种的保护主要有三种立法模式:一是专门法保护,如瑞士、加拿大及中国;二是专门法与专利法保护相结合,如美国、日本;三是专利法保护,如意大利、匈牙利、新西兰。下面介绍比较有特色的四个国家或地区关于植物新品种法律保护的立法实践。

(一)美国——植物专利、实用专利、品种权并存

美国是世界上最早将植物新品种纳入法律保护的国家,与其他国家相比,美国的植物新品种保护制度相对成熟,也很有特点。美国的植物新品种保护实行的是植物专利、实用专利与品种权三种方式相结合的立法模式,保护方式灵活、保护对象全面,其保护水平无疑走在世界前列。其立法实践有以下特点:

1. 先进的立法模式

美国深受实用主义哲学思想的影响,在逐步建立和完善植物新品种保护制度的过程中一直比较开明,在制度适用方面也比较灵活。18世纪,美国通过了《专利法》,但不保护植物新品种。20世纪30年代,美国的《植物专利法》(后并入《美国专利法》第161～164条)诞生,但植物专利只能保护那些通过无性繁殖方法培育而成的植物品种。70年代,美国又制定了《植物新品种保护法》,对通过有性繁殖方法培育而成的植物品种进行保护。美国在植物新品种保护方面多部法律多管齐下,形成了较为严密的保护体系。根据美国法律的规定,对于一项植物新品种,申请人可以根据不同情况做出不同的选择,可以选择申请实用专利,也可以选择申请植物专利,还可以选择申请品种权保护,具有较大的选择自由,体现了美国完备的植物新品种保护制度。

2. 开明的保护态度

美国对于植物品种一直持开明的态度,这一点从美国的多轨制立法保护模式就可以看出,但美国对于植物品种开明的保护态度还体现在转基因植物品种的专利保护方面。美国对转基因植物进行专利保护源于20世纪80年代的一个判例。此后,在美国转基因植物专利保护30多年的发展过程中,也遇到很多阻碍与纠纷。

2010年6月,美国最高法院以7票对1票的结果推翻了一项加州地方法院的禁令。该禁令禁止美国各地种植孟山都公司的抗农达(农达是孟山都公司20世纪70年代发明的除草剂)转基因紫花苜蓿,这是美国最高法院第一次就转基因作物问题做出裁决。2013年上半年,美国最高法院在全球转基因农业巨头孟山都公司与一位印第安纳农民之间的诉讼中裁定农民侵犯了孟山都的种子专利权。从以上事实与判例可以看出,美国法院对转基因总体上持支持态度。

(二)欧洲——实践中的专利法保护

欧洲国家对植物新品种法律保护的探索普遍较早,在立法和实践上有着丰富的经验。1994年7月,欧盟颁布了《共同体植物新品种的保护规则》,五年后,《欧盟植物新品种条约》诞生。

1. 理论上进行专门法保护

根据欧洲专利法传统理论,运用专利法保护植物新品种的障碍无法克服。因此,《欧洲专利公约》明确将植物新品种排除在专利保护范围之外,植物新品种在大多数欧洲国家不具有可专利性,而是制定专门法给予保护。UPOV公约生效后,公约的参加国纷纷以其为蓝本制定本国的植物新品种保护法。即通过制定专门法来保护品种权,同时又在本国专利法中明确将植物新品种排除在专利保护范围之外。

2. 实践中存在专利法保护

1998年,欧洲议会和理事会颁布了《关于对生物技术发明法律保护的指令》(以下简称《指令》)。《指令》中明确指出:转基因植物是可专利的。虽然《指令》依然把植物品种作为不可专利的主题,但是对"植物品种"这个术语做了缩小解释,使它不包括大多数的转基因植物。不仅如此,欧洲的判例法认为:只要不直接以"植物品种"为主题申请专利,转基因植物同样可以获得欧洲专利法保护。在Transgenic Plant/Novartis T1054/96(EPO OJ 1998,511)一案中,欧洲专利局扩大委员会明确指出:转基因植物若符合一般的可专利性条件均可获得专利保护。在实行UPOV1978年文本的比利时、法国、意大利等国家,除列入品种权保护目录的新品种之外的其他品种,若满足专利申请要件,也可获得专利保护。

(三)日本专门法与专利法双重保护

在亚洲国家中,日本最早开始植物新品种保护的立法实践。1982年,日本加入UPOV1978年文本,《种苗法》是日本植物新品种保护制度的主要法律。1998年,日本以UPOV1991年文本为范本修订《种苗法》,于同年加入UPOV1991年文本。日本作为亚洲唯一经历UPOV1978年文本向UPOV1991年文本转变的国家,其植物新品种保护制度的发展历程值得深入研究,其经验值得中国借鉴。日本的植物新品种保护的立法实践有以下特点:

1. 植物品种未被排除在可专利主题之外

一般来说,植物品种由《种苗法》进行保护,但与《欧洲专利公约》不同的是,日本《专利法》并没有把植物新品种从可专利主题中排除。因此,同一植物品种既可以申请《专利法》保护,又可以申请《种苗法》保护,但两者在保护对象和保护力度上有所差异。此外,在转基因植物品种方面,日本《专利法》虽然没有明确规定其具有可专利性,但是根据审查指南的解释,只要转基因植物满足植物领域发明的条件,完全可以授予专利。

2. 农民特权的弱化

所谓农民特权是指农民自繁自用的权利。《种苗法》几经修改,在农民特权方面进行了激烈的讨论,最终讨论结果为:2005年最新修订的《种苗法》基本上认可了农民特权,但同时也对农民特权进行了严格的限制。享有农民特权必须具备以下几个条件:一是农民身份的法定性;二是品种来源的法定性;三是适用范围的限制性;四是所涉品种的有限性。农民特权仅适用于有性繁殖的植物品种和极少数无性繁殖的植物品种。农林水产省对属无性繁殖植物种和属的品种作了相应的规定,指定了81个种或属不适用农民特权。

(四)印度——UPOV公约外独特的模式

由于其农业大国与人口大国的国情,印度至今未加入UPOV公约。印度农业部于1993年起草了《植物新品种保护与农民权利法》,通过授予品种权对植物新品种进行保护,该法于2001年正式生效。这部法律的出台使印度成为世界上第一个正式规定农民权利的国家,并将农民权益与植物新品种置于相同高度进行保护,在UPOV模式之外开辟了一种独特的保护模式。该模式的特点主要体现在以下几个方面：

1. 强化农民权利

农民权利是《植物新品种保护与农民权利法》中的重要内容。UPOV公约1978年文本只是在界定育种者权利时，有限制地给予"农民特权"。但印度专门针对农民权利做出了规定，体现在《植物新品种保护与农民权利法》第39条规定中。该法赋予了农民较为广泛的权利，包括留种、进行种子交换、出售或分享农产品等，其保护范围与保护力度在发展中国家排在前列。

2. 相对完善的遗传资源获取及惠益分享机制

印度建立了相对完善的遗传资源获取及惠益分享机制。根据《植物新品种保护与农民权利法》规定，育种者被授予品种权后，应当向"国家基因基金"中存储一定金额的资金。任何符合条件的个人、社区或团体，都可以提出利益分享的请求。此外，印度还颁布了《生物多样性法》，规定：非本国公民获取本国境内遗传资源及传统知识，必须经印度生物多样性总局批准；未获得批准，禁止将在其境内获得的遗传资源的研究成果转让给非本国公民。

（五）评价与分析

从以上四个国家及地区的立法实践来看，美国无疑是走在植物新品种法律保护的最前列；欧盟虽然遵从传统的专利法理论，但实践中对转基因植物品种授予专利保护；日本没有明确将植物品种排除在可专利主题之外，而对其进行专门法与专利法的双重保护，在亚洲国家中首屈一指；印度根据自身国情，在UPOV公约外开辟了新天地。

植物新品种保护的立法是各国经济、技术、国际贸易等多个因素影响的结果，不同国家依据本国国情做出了不同的选择。多数发展中国家由于整体经济水平比较落后，农业研究力量尚为薄弱，农业市场动力不足，农产品主要依靠政府投入和分配。若实行较强的知识产权保护，只会增加政府对农业的投入成本，并增加农民负担，因此这些国家对农业知识产权保护采取消极的态度；相反，多数发达国家经济实力强大，拥有世界领先的生物育种技术、一流的育种研发队伍，为了激励创新及获得经济利益，这些国家纷纷开始注重农业知识产权的保护并不断呼吁提高植物新品种国际保护水平。可以说，各国农林业现代化水平、农业科学技术和相关资源的不平衡,直接决定了其在农业知识产权保护中的态度。虽然关于品种权的国内立法千差万别,但在整体水平上,发达国家在对品种权的保护力度上普遍高于发展中国家,发展中国家在对品种权的限制上普遍严于发达国家。

【案例裁决】

1993年欧洲发生的Plant Genetic System案改变了转基因植物品种可以获得欧洲专利的做法。在该案中,申请人就一种经过基因改造,具有抗除草剂特性的植物及其细胞种子提出专利申请。欧洲专利局技术上诉委员会(EPO Technical Board Appeal)在T356/93号决定中认为:该转基因植物至少拥有一种区别于其他植物的特征,而且还能在繁殖时保持一致性和稳定性,属于植物新品种,因此利用基因移植技术在某一植物体内植入一特殊基因所获得的新型植物品种应受到其国内的《植物新品种保护法》保护,而不能受到《专利法》的保护可以看出,尽管欧盟倾向于对转基因植物授予专利,但T356/93决定等于彻底排除了转基因植物获得欧洲专利保护的可能性。

在1999年发生的Novartis AG案中,欧洲专利局扩大上诉委员会(EPO Enlarged Board of Appeal)做出的G1/98号决定成为欧洲植物新品种法律保护机制的重大转折。该案的起因和Plant Genetic System案非常相似,申请人也是就一种含有抗病特点的转基因植物提出专利申请(但并未以一种植物新品种的名义提出申请)。欧洲专利局上诉委员会坚持其在T356/93号决定中的意见。认为只要发明潜在地体现了一个植物品种,该发明就不具有可专利性;因为如果批准包含了植物品种的专利申请,则权利请求书范围内的一切将成为保护对象,请求中所包含的植物品种也将因此而受到保护,这不符合《欧洲专利公约》的规定。而扩大上诉委员会指出:以单个重组DNA顺序界定的植物不是一种单一的植物群,并不是"品种"的定义所能容纳的。此案中的转基因植物究竟属于植物界传统分类法中哪一个类别并不确定,更不用说还需要考察它在特定种属内是否作为品种具有基因上的一致性和稳定性。因此,被申请的发明并不明确或暗示地界定了一个单一植物品种。扩大上诉委员会最后做出的结论是:一项申请如果并未就一种植物品种单独提出申请,就不能根据《欧洲专利公约》第 53 条(b)项排除在可专利性的范围之外,即使它可能包括植物品种。

显然,扩大上诉委员会 G1/98 号决定推翻了上诉委员会 T356/93 号决定,重新使转基因植物有可能获得欧洲专利保护。这意味着欧盟对植物发明的保护将大大加强。但是,G1/98 号决定也并未解决欧洲保护植物发明体制中的全部问题。原因在于:扩大上诉委员会是在坚持"植物品种不能被授予专利"的前提下,仅仅将申请主题不是某一植物品种本身的转基因植物发明纳入专利保护范围的。而专利局要准确地判断一项转基因植物发明是否构成植物品种,本身就是一件非常棘手的工作。因为正如扩大上诉委员会自己所指出的,转基因工程既可能改变用于定义某一植物品种的全部基因,也可能只改变其中的一个基因片断。在现代生物技术越来越发达的今天,专利局要清楚地划分两者的界限并不容易。而且这对申请人来说也构成了额外的负担,因为其必须正确地选择申请专利权或植物品种权,如选择错误不但得不到保护,还会浪费大量精力和财力。此外,这一做法实际上鼓励发明人尽量避免培育一个特定植物品种,或在申请时竭力扩大申请范围,以使申请"包含"植物品种,而不局限于某一植物品种,以获得专利保护。可以说,G1/98 决定是在《欧洲专利公约》明确将植物新品种排除出专利保护范围的情况下,为了尽量扩大对植物新品种的保护而采取的不得已的变通手段。

很明显,欧洲对植物品种的保护采取了与美国截然不同的政策,即对某一特定的植物品种,法律保护方法是唯一确定的。申请人只可能按照法律规定,依其发明的性质申请专利权或品种权,而不可能在专利保护和品种权保护两种法律保护手段之间自行选择。这种拒绝"双重保护"的做法显然会使申请和审批的成本上升,不利于对植物新品种进行灵活、充分的法律保护。

【延伸阅读】

1. 阳平:《论侵害知识产权的民事责任》,中国人民大学出版社 2005 年版。
2. 张玉敏:《知识产权保护与实务》,法律出版社 2003 年版。
3. 王泽鉴:《侵权行为法》,中国政法大学出版社 2001 年版。
4. 魏衍亮:《生物技术的专利保护研究》,人民法院出版社 2004 年版。

5.国家科学技术委员会农村科技司:《国际植物新品种保护联盟地区研讨会》,中国农业科技出版社1994年版。

第三节　中国植物新品种的法律保护

【知识背景】

中国幅员辽阔,气候类型多样,植物品种资源非常丰富。经过育种工作者多年来的不懈努力,已经培育出大量的优良品种。为扩大中国丰富的植物品种资源和植物新品种优势,保护育种者的合法权益,进一步提高农业和林业生产的科技含量与技术水平,有必要根据中国实际国情,建立并完善符合国际条约规定的植物新品种保护的法律体系,为促进中国农业、林业的可持续发展提供有力的保障。此外,作为UPOV成员方,中国也应当承担相关国际条约规定的义务,将植物新品种权规定为知识产权的一种,并建立相应的法律制度予以保护。

一、中国的相关法律规定

《与贸易有关的知识产权协议》第27条规定:给予植物新品种以专利制度或者有效的专门制度,或者以任何组合制度的保护。中国自20世纪80年代中期开始保护生物技术知识产权,1985年4月1日起施行的《专利法》保护生物技术方法发明,包括获得动物和植物品种的生产方法和药品的生产方法发明。1993年1月1日起经过修改的专利法将大部分涉及生物技术产品和物质纳入专利法的保护范围,但是,专利法第25条第4项规定,对"动物和植物品种"仍然不授予专利权。结合中国立法状况和国家经济发展水平,同时为承担中国参加的国际条约义务,也为中国加入世界贸易组织履行成员方义务作好积极准备,中国于1997年4月30日公布《中华人民共和国植物新品种保护条例》(以下简称《保护条例》),对植物新品种采用专门法进行保护的法律制度。

1997年10月1日起施行的《保护条例》,标志着中国植物新品种保护的法律体系框架已基本建立。与之配套的《中华人民共和国植物新品种保护条例实施细则》(以下简称《实施细则》),农业部分于1999年6月16日发布,林业部分于1999年8月10日发布)也已经实施,使得这一法律制度日臻完善。中国依照1978年文本加入UPOV公约。该文本规定,自公约在本国生效之日起应至少对5个属或者种给予保护,3年内保护不少于24个属或者种。根据中国实际国情,已将水稻、玉米、菊属等列入植物新品种保护范围,不属于该保护范围的植物新品种不能申请品种权。UPOV公约1991年文本与1978年文本相比,对植物新品种的保护水平高、范围更宽,参加该联盟的条件也更严格。

《保护条例》共8章46条,内容包括:植物新品种权的内容和归属、授予品种权的条件、品种权的申请和受理、品种权的审查和批准、品种权的期限、终止和无效、侵犯品种权的法律责任。按照《保护条例》和实施细则的规定,申请植物新品种应具备四性,即新颖性、特异性、一致性和稳定性。所谓新颖性,是指申请品种权的植物新品种在申请日前其繁殖材料未被销售,或者经育种者许可在中国境内销售该品种繁殖材料未超过1年;在中国境外销售藤本植物、林木、果树和观赏树木品种繁殖材料未超过6年,销售其他植物品种繁殖材料未超过4年(《保护条例》第14条)。所谓特异性,是指申请品种权的植物新品种应当明显区别于在递交申请以前已知的植物品种(《保护条例》第15条)。所谓一致性,是指申请品种权的植物新品种经过繁殖,除可以预见的变异外,其相关的特征或者特性一致(《保护条例》第16条)。所谓稳定性,是指申请品种权的植物新品种经过反复繁殖后或者在特定繁殖周期结束时,其相关的特征或者特性保持不变(《保护条例》第17条)。

《保护条例》确认完成育种的单位或者个人对其授权的品种所享有的民事权益,即享有排他的独占权。任何单位或者个人,未经品种权所有人许可,不得以商业目的生产或者销售该授权品种的繁殖材料,不得为商业目的将该授权品种的繁殖材料重复使用于生产另一品种的繁殖材料(《保护条例》第6条)。《保护条例》规定,植物新品种的申请权和品种权可以依法转让,并规定了依法转让的条件(《保护条例》第9条)。按照《保护条例》规定植物新品种的保护期限是自授权之日起,藤本植物、林木、果树和观赏树木为20年,其他植物为15年(《保护条例》第34条)。

《保护条例》授权国务院农业、林业行政管理部门按照职责分工共同负责植物新品种权申请的受理和审查,并对符合《保护条例》规定的植物新品种授予植物新新品种权(《保护条例》第3条)。《保护条例》规定,为了国家利益或者公共利益,审批机关可以做出实施植物新品种强制许可的决定,并由审批机关在取得强制许可的单位或者个人与品种权人就有关合理的使用费不能达成协议的情况下,进行裁决(《保护条例》第11条)。此外,《保护条例》规定了违反该条例所应承担的民事、行政责任等内容。

二、最高人民法院审理植物新品种纠纷案件的解释

2000年12月25日,最高人民法院审判委员会第1154次会议通过了《最高人民法院关于审理植物新品种纠纷案件若干问题的解释》,并自2001年2月14日起施行。主要内容如下:

(一)人民法院受理的植物新品种纠纷的种类

(1)是否应当授予植物新品种权纠纷案件;

(2)宣告授予的植物新品种权无效或者维持植物新品种权的纠纷案件;

(3)授予品种权的植物新品种更名的纠纷案件;

(4)实施强制许可的纠纷案件;

(5)实施强制许可使用费的纠纷案件;

(6)植物新品种申请权纠纷案件;

(7)植物新品种权权利归属纠纷案件;

(8)转让植物新品种申请权和转让植物新品种权的纠纷案件;

(9)侵犯植物新品种权的纠纷案件;

(10)不服省级以上农业、林业行政管理部门依据职权对侵犯植物新品种权处罚的纠纷案件;

(11)不服县级以上农业、林业行政管理部门依据职权对假冒授权品种处罚的纠纷案件。

(二)受理法院的特殊规定

上述所列第(1)至(5)类案件,由北京市第二中级人民法院作为第一审人民法院审理;第(6)至(11)类案件,由各省、自治区、直辖市人民政府所在地和最高人民

法院指定的中级人民法院作为第一审人民法院审理。

以侵权行为地确定人民法院管辖的侵犯植物新品种权的民事案件,其所称的侵权行为地,是指未经品种权所有人许可,以商业目的生产、销售该授权植物新品种的繁殖材料的所在地,或者将该授权品种的繁殖材料重复使用于生产另一品种的繁殖材料的所在地。

(三)案件被告的确定

关于是否应当授予植物新品种权的纠纷案件、宣告授予的植物新品种权无效或者维持植物新品种权的纠纷案件、授予品种权的植物新品种更名的纠纷案件,应当以行政主管机关植物新品种复审委员会为被告;关于实施强制许可的纠纷案件,应当以植物新品种审批机关为被告;关于强制许可使用费纠纷案件,应当根据原告所请求的事项和所起诉的当事人确定被告。人民法院审理侵犯植物新品种权纠纷案件,被告在答辩期间内向行政主管机关植物新品种复审委员会请求宣告该植物新品种权无效的,人民法院一般不中止诉讼。

【案例裁决】

"红肉蜜柚"植物新品种权属案

福建省高级人民法院[2010]闽民终字第436号民事判决书

一、案情摘要

原告林金山以其应为被告福建省农业科学院果树所(以下简称果树所)、陆修闽、卢新坤所获"红肉蜜柚"植物新品种权的权利人之一为由,向福建省福州市中级人民法院提起诉讼,请求判令其为该品种权的品种权人。

一审法院认为,林金山发现了可培育"红肉蜜柚"植物新品种的种源,为后续培育新品种做出了重大贡献,同时林金山成功地对该变异品种进行了嫁接、培育。为保护农民育种的合法权利和研究人员育种的积极性,林金山亦应享有"红肉蜜柚"新品种权。遂判决林金山享有"红肉蜜柚"植物新品种权,驳回林金山的其他诉讼请求。果树所、陆修闽不服该判决,上诉至福建省高级人民法院。

二审法院认为,林金山在其生产果园发现可用于培育"红肉蜜柚"植物新品种的种源,为此后"红肉蜜柚"品种选育、品种权申请,以及最终取得"红肉蜜柚"品种权做出了应有的贡献。在果树所与案外人签订的《科技合作协议》以及向福建省非主要农作物品种认定委员会提交的《福建省非主要农作物品种认定申请书》中,均将林金山列为育种人之一。由此可见,在本案"红肉蜜柚"的育种过程中,果树所始终将林金山视为共同育种人。植物新品种保护条例规定,委托育种或者合作育种,品种权的归属由当事人在合同中约定;没有合同约定的,品种权属于受委托完成或者共同完成育种的单位或者个人,林金山作为"红肉蜜柚"的共同育种人,亦应享有该品种权。遂判决驳回上诉,维持原判。

二、案例评析

本案涉及植物新品种权属纠纷中较为普遍的问题,社会关注度高。本案判决对于育种活动中,如何依法合理保护种源发现者、实质参与者的合法利益,具有重要意义。

【延伸阅读】

1. 孟广良:《知识产权侵权民事救济》,法律出版社2003年版。

2. 侯仰坤:《植物新品种权保护问题研究》,水利水电出版社2007年版。

3. 张玉敏:《知识产权法学》,中国人民大学出版社2010年版。

4. 孔祥俊:《知识产权法律适用的基本问题——司法哲学、司法政策与裁判方法》,中国法制出版社2013年版。

5. 吴汉东:《知识产权法》,法律出版社2014年版。

6. 刘春田:《知识产权法》,中国人民大学出版社2014年版。

第七章
涉外地理标志的法律保护实务

【内容摘要】地理标志是WTO的TRIPS协议使用的与商品地理来源有关的法律术语。由于WTO的巨大影响力,地理标志这一概念逐渐取代了过去曾使用的与商品地理来源标志有关的概念。在地理标志法律保护制度建立之初,世界各国是根据其国内法对地理标志进行保护的,但后来逐渐被《巴黎公约》等国际条约纳入,《马德里协定》(产地)、《里斯本协定》都是《巴黎公约》体系内与地理标志保护有关的国际公约。而TRIPS协议作为在知识产权保护方面最有影响力的国际条约,地理标志是TRIPS协议的保护对象之一。中国目前对地理标志的保护已经形成了以《商标法》《地理标志产品保护规定》和《农产品地理标志管理办法》为基础的三驾马车模式。

第一节 地理标志及其历史发展概述

【知识背景】

一、地理标志的概念与特征

(一)地理标志的概念

地理标志这一术语最早被用在WIPO主办的国际谈判中,既包括货源标记,也包括原产地名称。对地理标志这一概念做出最新、最有影响力的界定是 TRIPS 协议第 22 条第 1 款的规定。TRIPS 协议第 22 条第 1 款规定:"本协议所称的地理标志是识别一种原产于一成员方境内或境内某一区域或某一地区的商品的标志,而该商品特定的质量、声誉或其他特性基本上可归因于它的地理来源。"由于 WTO 在全球的巨大影响,随着地理标志这一概念的出现,过去曾使用的与商品地理来源标志有关的概念被地理标志所取代。根据 2013 年第三次修改后的《中华人民共和国商标法》(以下简称 2013 年《商标法》)第 16 条第 2 款的规定,地理标志是指标示某商品来源于某地区,该商品的特定质量、信誉或者其他特征,主要由该地区的自然因素或者人文因素所决定的标志。

(二)地理标志的特征

根据 TRIPS 协议第 22 条第 1 款和中国 2013 年《商标法》第 16 条第 2 款的规定,地理标志有以下四个特征:

1. 地理标志是用于标示商品地理来源的标志

区别性是地理标志与其他商品标志所共有的特征。由于地理标志将来源于特定地域的商品与其他地区的同种商品区分开来,使得用户和消费者在购买商品时有了识别和选择商品的依据,但地理标志的区分功能比较抽象,用户和消费者根据地理标志只能识别该产品来源于哪一个国家、地区或地方,不可能仅凭商品上的地理标志确定该商品是由哪个厂商生产制造的。因此,地理标志只能表明商品来源于何地而不能表明商品来源于何人。

2. 地理标志中的地理名称可以是现实的地理名称,也可以是识别商品来源地的标记、符号或者"非直接的地理名称"

在地理标志的构成要素中,地理名称可以是用来识别商品来源地的国家、地区或地方的现实的地理名称,可以是用来识别商品来源地的标记或符号,也可以是用来识别商品来源地的"非直接的地理名称"的其他名称。如"泰国香米"中的"泰国"、"帕尔玛火腿"中的"帕尔玛"、"苏格兰威士忌"中的"苏格兰"等都是用识别商品来源地的现实地理名称标示商品来源的;如果用埃菲尔铁塔图案表示法国货、用自由女神图案表示美国货,就是用识别商品来源地的标记或符号标示商品来源的;Basmaiti 稻米中的"Basmaiti"就是用识别商品来源地的"非直接的地理名称"标示商品来源的。①

3. 地理标志是用于标示商品具有特定质量、信誉或者其他特征的标志

地理标志商品必须具有特定的质量、信誉或其他特征。地理标志商品的内在品质必须具有其自身特有的属性,不同于其他地域的同种商品。如北京烤鸭皮脆肉肥,油而不腻;绍兴黄酒温和醇厚,回味悠长;新疆葡萄比其他地区的葡萄糖分高。TRIPS协议第22条第1款并未要求商品的质量、信誉或者其他特征达到一定高度,只要该商品具有不同于其他商品的质量、信誉或特征,从而使该地的商品与其他地区的同种商品区别开来即可。

4. 地理标志是表明商品的特定质量、信誉或其他特征与其地理来源具有关联性的标志

地理标志商品的特定质量、信誉或其他特征必须与其地理来源的地理因素(包括该地区的自然因素和人文因素)相关联。自然因素主要是指土壤、气候、天然物种、水质等;人文因素主要是指生产技术、程序、配方等。如枸杞作为一种名贵中药和滋补营养佳品驰名中外,然而只有宁夏中宁县所产的枸杞堪称枸杞中的极品。宁夏中宁枸杞的特定品质主要取决于宁夏中宁县的土壤、气候、温度、湿度、日照时间、果农精湛的技艺和丰富的经验等,使宁夏中宁枸杞集天时地利人和于一身而位居榜首。

TRIPS协议没有要求商品地理来源的自然和人文因素共同作用形成商品的独特之处,而是仅要求商品的特定质量、信誉或者其他特征与其地理来源相关联。关于商品的特定质量、信誉或者其他特征与其地理来源的关联性,TRIPS协议要求"商品的特定质量、信誉或其他特征,主要与地理来源相关联",《里斯本协定》要求商品的"质量或特征完全或主要取决于地理环境,包括自然和人为因素",有些国家的法律要求"商品的特定质量、信誉或其他特征主要归因于地理来源"或"商品的特定质量、信誉或其他特征取决于地理来源",有些国家的法律没有规定任何因果联系条件。对于商品的生产过程与该地区关联的程度各国有不同的要求,一些国家仅陈述了总的要求,即商品应在特定地域内生产或者生产者应位于该地域内。

---

① 王肃、李尊然主编:《国际知识产权法》,武汉大学出版社2012年版,第150页。

有些国家的要求比较具体,如有的国家要求所有生产过程(原材料、生产和配制)应在指定区域内;有的国家要求原材料(如葡萄)应产自该地区(在特殊情况下,允许一小部分原材料来自其他地区),有的国家要求赋予产品(如烈性酒)以显著特征的生产过程必须在该地域内,有的国家要求至少有一道工序必须在该地域内。

(三)地理标志与货源标记、原产地名称的关系

根据地理标志、货源标记和原产地名称的概念,货源标记的外延最大,既不限制所使用的标记的类型,也没有对产品的特征、条件做出任何要求,涵盖了地理标志和原产地名称。原产地名称的外延最小,原产地名称的概念将其限定在地理名称的范围之内,且对产品的质量和特征有一定的要求。地理标志的外延比原产地名称的外延大、比货源标记的外延小,其范围介于原产地名称和货源标记之间。因此,所有的原产地名称都是地理标志,但并不是所有的地理标志都是原产地名称;所有的地理标志都是货源标记,但并不是所有的货源标记都是地理标志。

二、地理标志国际保护的产生与发展

19世纪末期以前,地理标志是根据国内法在一国领土范围内受到保护,其中以法国的地理标志保护制度最为详尽。但是一国范围内的保护显然远远不够,因为假冒地理标志的现象常常发生在地理标志原属国领土之外。19世纪末期以后,随着贸易全球化,一些欧洲国家开始认识到地理标志作为国家遗产的重要性,它们以《巴黎公约》的有关规定为基础,建立了一个有关地理标志保护的体系。《巴黎公约》第1条第2款将货源标记和原产地名称纳入了工业产权的保护对象,并在第10条中规定缔约国有义务采取措施制止直接或间接使用虚伪商品原产地的行为。这表明欧洲国家开始加强地理标志的保护力度。[①] 另外,贸易的全球化也使发展中国家(部分还是欧洲国家的前殖民地)开始意识到保护地理标志的重要性并提高了对地理标志价值的认识。

《巴黎公约》对地理标志的保护并不十分具体和充分,而1891年的《制止商品

[①] See Luis de Javier, Appellations of Origin in the viticultural Sector: the Vision of the Wine Producers, p. 3.

来源虚假或欺骗性标记马德里协定》[以下简称《马德里协定》(产地)]则是《巴黎公约》体系内第一个针对虚假或欺骗性货源标记问题做出专门规定的多边协定。《马德里协定》(产地)将地理标志保护范围扩大,把进口扣押等措施的适用范围从虚假标记扩大到了"虚假或欺骗性标记",以及"可能使公众误认商品来源的任何标记"等,并第一次对通用名称和葡萄产品的地名问题做出特别规定。但是,与《巴黎公约》相比,《马德里协定》(产地)并没有显著提高地理标志的保护水平,且成员方数量太少,影响力降低。1951年《关于奶酪原产地名称和命名之使用的国际公约》(又称《史特蕾莎公约》)签订,这是一部专门针对奶酪原产地名称和命名之使用问题做出规定的条约,该条约缔约国多为欧共体成员方。随着欧共体有关地理标志保护制度和措施的实施,特别是在《欧洲理事会关于农产品和食品地理标志和原产地名称的(ECC)第2081/92号条例》生效后,《史特蕾莎公约》的效力日渐消失。1958年《保护原产地名称及其国际注册里斯本协定》(以下简称《里斯本协定》)作为《巴黎公约》体系内第一部专门规定原产地名称保护的国际条约签订。根据《里斯本协定》的规定,协定成员方在保护工业产权联盟内成立一个特别联盟,以实施本协定规定的原产地名称保护和国际注册。《里斯本协定》对原产地名称的保护简易而且强硬,但是到目前为止该协定只有20个成员方,这使它的实际效果大打折扣。从1974年开始,WIPO为了制定新的原产地名称和货源标记保护多边条约做出了多次尝试。1975年制定了《WIPO地理标志保护条约草案》《发展中国家原产地名称和地理标志示范法》,同时启动了对《巴黎公约》第10条之四的修订草案,这些方案至今处于草案阶段。1990年,WIPO发布了一份备忘录,提出了制定地理标志国际保护条约的必要性,WIPO地理标志国际保护委员会开始考虑制定一部新的有关地理标志的国际公约。最终,委员会没有就有关问题达成一致意见。

  1994年,一个有别于其他知识产权国际条约的TRIPS协议签订,该协定的第二部分规定了七种类别的知识产权,该部分第三节专门规定了"地理标志"这一知识产权,将地理标志与版权、商标、专利等传统种类的知识产权并列,作为独立的知识产权加以保护。① 至此,地理标志国际制度完成了从附属到独立的质的飞跃。

三、中国法律对地理标志保护的历史发展

中国地理标志保护起步较晚。虽然,在实践中对于特定的地理区域能否作为商标注册,国家层面一直持否定态度,但是,直到 1985 年 3 月 19 日《巴黎公约》对中国正式生效后,地理标志(即公约中的原产地名称)问题开始才正式进入中国法律调整的视野。1986 年 11 月,国家工商行政管理局商标局在《关于县级以上行政区划名称作商标等问题的复函》中,具体指出了不能使用县级以上行政区划名称作商标的原因。这些原因其中之一就是"与保护原产地名称产生矛盾"。这份文件,虽然没有明确指出地理标志,但实际上表明地理标志作为一种与商标不同的标志,在中国客观上是受保护的。②

1989 年 10 月 26 日,针对中国市场"香槟、Champagne"原产地名称保护问题,国家工商行政管理局发布了《关于停止在酒类商品上使用香槟或 Champagne 字样的通知》。该通知实际上对"Champagne"或"香槟"这一著名的原产地名称给予了类似地理标志的保护。1996 年 7 月 29 日,国家工商行政管理局商标局针对四川省工商行政管理局的《关于对用"香槟"作酒类商品名称行为处罚适用何依据的请示》(川工商[1996]86 号)做出了《关于依法制止在酒类商品上使用"香槟"或"Champagne"字样行为的批复》,再次明确指出了 1989 年该通知的有效性,并进一步指出,如果企业违反上述规定,继续在酒类商品上使用"香槟"或"Champagne"字样,应被认为违反了《商标法》第 8 条第 2 款的规定,应当依照《商标法》第 34 条第 2 项及《商标法实施细则》第 32 条的有关规定予以查处。

在商标法方面,中国 1982 年《商标法》及当年的《商标法实施细则》均没有涉及地理标志保护的相关规定。1988 年《商标法实施细则》中规定"县级以上行政区划

---

① 王笑冰:《论地理标志的法律保护》,中国人民大学出版社 2006 年版,第 17~45 页。
② 姜琳:《地理标志国际保护问题研究——利益纷争及中国制度选择》,哈尔滨工业大学出版社 2013 年版,第 89 页。

的名称和公众知晓的外国地名不得作为商标"。二次修订后的1993年《商标法》规定:"县级以上行政区划的地名或者公众知晓的外国地名,不得作为商标,但是,地名具有其他含义的除外;已经注册的使用地名的商标继续有效。"该规定虽然没有直接对地理标志问题作规定,却在某种程度上对地理标志起到了间接性保护的效果。国家工商行政管理局1994年发布了《集体商标、证明商标注册和管理办法》。1995年再次修订《商标法实施细则》,增加了集体商标和证明商标注册和保护的规定。为了履行WTO所确定的知识产权保护义务,在2001年中国《商标法》进行了修订,在商标法中增加了关于地理标志的规定,并给出了地理标志的具体界定。

同时,为了有效地保护中国的原产地域产品,规范原产地域产品专用标志的使用,保证原产地域产品的质量和特色,1999年8月,原国家质量监督局发布了《原产地域产品保护规定》,第一次界定了原产地域产品。作为中国首部专项规定地理标志保护的相关文件,这标志着中国地理标志专门法律规定的出台。2000年1月,政府批准了第一项(也是当年唯一一项)原产地域产品即绍兴酒作为试点。2001年起,这项制度开始全面推行,并成长迅速。2005年6月,国家质量监督检验检疫总局出台了《地理标志产品保护规定》,同年7月正式施行并代替了《原产地域产品保护规定》,后者被废止。但质检总局的该规章的保护范围仅限于经过加工制作的产品。

为了规范初级农产品地理标志的使用,保证地理标志农产品的品质,提升农产品市场竞争力,2007年12月,中华人民共和国农业部通过了《农产品地理标志管理办法》,又使中国地理标志的法律法规增添了新成员。该办法只是针对农产品地理标志而言,但农产品地理标志是中国地理标志成员中的绝大部分,故该办法也是地理标志相关法规中十分重要的规定。

由此,中国关于地理标志保护的国内立法,已经形成了以《商标法》《地理标志产品保护规定》《农产品地理标志管理办法》为核心的三驾马车模式。相应也形成了三套并存的多元地理标志保护行政管理体制,见表7.1。

表 7.1

行政机关	法律依据	确权形态
国家工商行政管理总局	《中华人民共和国商标法》《中华人民共和国商标法实施条例》《集体商标、证明商标注册和管理办法》	批准作为集体商标、证明商标注册的地理标志
国家质量监督检验检疫总局	《中华人民共和国产品质量法》《中华人民共和国标准化法》《中华人民共和国进出口商品检验法》《地理标志产品保护规定》	批准实施保护的地理标志产品
中华人民共和国农业部	《中华人民共和国农业法》《中华人民共和国农产品质量安全法》《农产品地理标志管理办法》	批准登记为农产品地理标志

【案例裁决/法律文书摘录】

一、国家工商行政管理局关于保护香槟原产地名称法律文书两份

国家工商行政管理局

关于停止在酒类商品上使用香槟或 Champagne 字样的通知

工商标字[1989]296 号

省、自治区、直辖市及计划单列市工商行政管理局：

香槟是法文"Champagne"的译音，指产于法国 Champagne 省的一种起泡白葡萄酒。它不是酒的通用名称，是原产地名称。

近年来，中国一些企业将香槟或 Champagne 作为酒名使用。这不仅是误用，而且侵犯了他人的原产地名称权。

原产地名称是工业产权保护的内容之一。《保护工业产权巴黎公约》明确规定各成员方有义务保护原产地名称。中国是巴黎公约的成员方，有保护原产地名称的义务。为此，特通知如下：中国企业、事业单位和个体工商户以及在中国的外国（法国除外）企业不得在酒类商品上使用"Champagne"或"香槟"（包括大香槟、小香槟、女士香槟）字样。对现有商品上使用上述字样的，要限期使用，逾期不得再用。

请各地向有关企业进行说明,作好商标、原产地名称等工业产权法律的宣传工作。

一九八九年十月二十六日

国家工商行政管理局商标局

关于依法制止在酒类商品上使用"香槟"或"Champagne"字样行为的批复

四川省工商行政管理局:

你局《关于对用"香槟"作酒类商品名称行为进行处罚适用何依据的请示》(川工商[1996]86号)收悉。现批复如下:

香槟是法文"Champagne"的译音,指产于法国Champagne省的一种起泡白葡萄酒,既属于原产地名称,又属于公众知晓的外国地名。1989年,国家工商行政管理局曾发出《关于停止在酒类商品上使用香槟或Champagne字样的通知》(工商标字[1989]第296号),要求停止在酒类商品上非法使用"Champagne"或"香槟"字样,以履行《保护工业产权巴黎公约》所规定的义务,保护原产地名称。

目前,一些企业违反上述规定,继续在酒类商品上使用"香槟"或"Champagne"字样,我局认为,已构成违反《商标法》第八条第二款规定的行为,应当依照《商标法》第三十四条第二项以及《商标法实施细则》第三十二条的有关规定予以查处。

一九九六年七月二十九日

二、国营如皋酒厂诉如皋市白蒲镇巨龙黄酒厂地名商标侵权纠纷案

原告国营如皋酒厂(以下简称如皋酒厂)地处如皋市如城镇,于早年公私合营时成立,成立时不生产黄酒。20世纪60年代初,如皋酒厂接管如皋白蒲油米厂(地处如皋白蒲镇、当时生产黄酒)成为其黄酒加工场。1981年10月如皋酒厂申请注册了"水明楼"文字加图形商标,核准使用于黄酒等商品上。如皋酒厂生产的"水明楼牌白蒲黄酒"被国家轻工业部评为轻工业部优质产品、1995年4月荣获1995国际食品及加工技术博览会金奖,以后还获得多项国家级、省级大奖。1995年3月,为理顺产权关系,如皋酒厂出资并利用原黄酒加工场成立了有独立法人资格的国营如皋白蒲黄酒厂(以下简称白蒲酒厂)。

1997年,如皋酒厂又申请注册了"白蒲"外加菱形方框的组合商标,用于酒精饮料产品的商标。同年,原告如皋酒厂与白蒲酒厂签订了商标许可使用合同,许可

白蒲酒厂使用该厂注册的"水明楼"及"白蒲"两商标。白蒲酒厂将"白蒲"商标用于坛装黄酒,将"水明楼"商标主要用于软包装黄酒,并在黄酒软包装袋的中间标有醒目的、字体大小相同的"白蒲黄酒"四个大字。

被告如皋市白蒲镇巨龙黄酒厂(以下简称巨龙酒厂)成立于2000年9月,经营范围为黄酒酿造,2001年5月开始生产软包装黄酒,使用未经注册的"驰龙"文字加图形的组合商标,软包装袋的中间同样标有醒目的、字体大小相同的"白蒲正宗黄酒"六个字。该产品于2001年7月被江苏省南通技术监督局评为"南通市质量信得过产品"。

原告如皋酒厂于2001年7月诉至江苏省南通市中级人民法院,如皋酒厂认为被告巨龙酒厂在其生产的黄酒软包装上使用"白蒲"二字,侵犯了原告拥有的"白蒲"商标专用权,故要求被告巨龙酒厂停止侵害、赔礼道歉并赔偿经济损失5万元。而被告巨龙酒厂辩称:被告巨龙酒厂事实上位于如皋市白蒲镇,在其生产的黄酒软包装上标明"白蒲正宗黄酒"字样,本意是表明该黄酒产于白蒲镇,且已通过南通市技术监督局的质量评定,是正宗合格的白蒲黄酒。被告巨龙酒厂并未侵犯原告的商标专用权,原告的主张缺乏法律依据,请求法院驳回原告如皋酒厂的诉讼请求。

南通市中级人民法院审理后认为:

1.黄酒系白蒲地区的特产,具有独特的风味,有较长的生产历史。白蒲黄酒使用传统工艺酿制而成,这种工艺在原告接管原白蒲油米厂之前即已存在,并非原告如皋酒厂所独设,也并非仅为原告所掌握,应属于白蒲地区人们共有的无形财产,故被告在黄酒软包装袋子上标明"白蒲正宗黄酒"是合法使用。被告使用"白蒲"二字仅是表明黄酒的产地来源,并未侵犯原告的注册商标专用权。

2."白蒲"系地名,具有公用性特点,没有识别商品的显著性,原告的"白蒲"文字加图形的组合商标虽被核准注册,但原告不能阻止他人对"白蒲"这一地名的正当使用。被告巨龙酒厂亦未在其生产的同类商品黄酒上使用或近似使用该商标,而仅在生产的黄酒软包装标有"白蒲"字样。虽然与原告注册的"白蒲"商标的文字相同,但被告实际地处如皋市白蒲镇,有权标明其产品的地理来源;同时,被告也未将"白蒲"二字特定化,消费者不会因此而与原告的产品及其"白蒲"注册商标发生混淆。

据上述理由,南通市中级人民法院认为,被告巨龙酒厂在其生产的黄酒软包装上使用"白蒲"二字不构成对原告如皋酒厂的商标侵权。依照《中华人民共和国商标法》第三十八条之规定,判决驳回如皋酒厂的诉讼请求。双方当事人均未提出上诉,该判决现已发生法律效力。

【延伸阅读】

一、案例

1. 绍兴黄酒案,http://www.tech-food.com/news/2006-5-2/n0058284.htm。

2. Institute National Des Appellation vs. Brown-Forman Crop. See Tunisia L. Staten, GIs Protection under the TRIPS Agreement: Uniformity Not Extension, 87 J. PAT. & TRADEMARK OFF. SO'Y (2005). pp. 221-232.

二、学术论文和专著

1. 田芙蓉:《地理标志法律保护制度研究》,知识产权出版社2009年版。

2. 王笑冰:《论地理标志的法律保护》,中国人民大学出版社2006年版。

3. 赵小平:《地理标志的法律保护研究》,法律出版社2007年版。

4. 李祖明:《地理标志的保护与管理》,知识产权出版社2009年版。

5. Justin Hughes, "Champagne, Feta, and Bourbon: The Spirited Debate about Geographical Indications", Hastings Law Journal, 58(2006).

三、网络链接

1. 对如皋"白蒲"黄酒地名商标侵权纠纷案的思考,http://www.chinacourt.org/article/detail/2003/07/id/68870.shtml。

2. 第一次全国地理标志调研报告,http://www.hndlbz.org.cn/nny.asp?typeID=22&NewsID=596。

3. 第二次全国地理标志调研报告,http://county.aweb.com.cn/2011/1/17/480201101170927300.html。

4. Geographical indications: An Introduction, http://www.wipo.int/export/sites/www/freepublications/en/geographical/952/wipo_pub_952.pdf.

5. About Geographical Indications, http://www.wipo.int/geo_indications/en/about.html.

第二节 相关国际公约对地理标志保护的具体规定

【知识背景】

一、《巴黎公约》对货源标记的保护

《巴黎公约》第1条第2款规定,工业产权的保护对象有专利、实用新型、外观设计、商标、服务标记、厂商名称、货源标记或原产地名称和制止不正当竞争。《巴黎公约》对货源标记的保护措施如下:

(一)扣押使用虚伪货源标记的商品

根据《巴黎公约》第9条的规定,一切非法标有商标或厂商名称的商品,在输入到该项商标或厂商名称有权受到法律保护的本联盟国家时,应予以扣押;在发生非法粘贴上述标记的国家或在该商品已输入进去的国家,扣押应同样予以执行;扣押应依检察官或其他主管机关或有关当事人(无论为自然人或法人)的请求,按照各国本国法的规定进行;各国对于过境商品没有执行扣押的义务;如果一个国家法律不准许在输入时扣押,应代之以禁止输入或在国内扣押;如果一个国家法律既不准许在输入时扣押,也不准许禁止输入或在国内扣押,则在法律做出相应修改以前,应代之以该国国民在此种情况下按照该国法律可以采取的诉讼和救济手段。

根据《巴黎公约》第10条的规定,第9条各款的规定应适用于直接或间接使用虚伪的货源标记、生产者、制造者或商人标记的情况。凡从事此项商品的生产、制造或销售的生产者、制造者或商人,无论为自然人或法人,其营业所设在被虚伪标

为货源的地方、该地方所在的地区,或在虚伪标为货源的国家,或在使用该虚伪货源标记的国家者,无论如何均应视为有关当事人。

(二)禁止利用货源标记进行不正当竞争

《巴黎公约》第10条之二规定,本联盟国家有义务对各该国国民保证给予制止不正当竞争的有效保护。凡在工商业事务中违反诚实的习惯做法的竞争行为均构成不正当竞争的行为。下列各项特别应予禁止:第一,具有不择手段地对竞争者的营业所、商品或工商业活动造成混乱性质的一切行为;第二,在经营商业中,具有损害竞争者的营业所、商品或工商业活动商誉性质的虚伪说法;第三,在经营商业中使用会使公众对商品的性质、制造方法、特点、用途或数量易于产生误解的表示或说法。

(三)赋予联合会和社团向法庭或有关行政机关控告的权利

《巴黎公约》第10条之三规定,本同盟成员方约定,对本同盟其他成员方国民,保证其可以采取适当的法律补救措施,以有效地防止第9条、第10条和第10条之二中的一切行为。它们并约定采取措施,准许其成立并不违反各该国法律的、代表有关的工业家、生产者或商人的联合会和社团,在向之请求保护的国家法律允许该国的联合会和社团可以采取同样行为的范围内,向法庭或有关行政机关控告,要求制止第9条、第10条和第10条之二中的行为。

二、《马德里协定》(产地)对商品产地标记的保护

《马德里协定》(产地)是《巴黎公约》体系内第一个规制虚假或欺骗性商品产地标记的多边协定。《马德里协定》(产地)对商品产地标记的保护措施如下:

(一)扣押或者禁止进口使用虚假或欺骗性商品产地标记的商品

凡带有虚假或欺骗性标记的商品,其标志系将《马德里协定》(产地)所适用的国家之一或其中一国的某地直接或间接地标作原产国或原产地的,上述各国应在进口时予以扣押。在使用虚假或欺骗性产地标记的国家或者在已进口带有虚假或欺骗性产地标记的商品的国家也应实行扣押。如果某国法律不允许进口时扣押,应代之以禁止进口。

(二)赋予利害关系人向法院或有关行政机关请求救济的权利

如果《马德里协定》(产地)的成员方法律既不允许进口时扣押带有虚假或欺骗性标记的商品,也不禁止进口带有虚假或欺骗性标记的商品,也不允许在国内扣押带有虚假或欺骗性标记的商品,则在法律做出相应修改之前,代之以该国法律在相同情况下给予其国民的诉讼权利和救济手段。

(三)对使用虚假或欺骗性商品产地标记行为的制裁

如果《马德里协定》(产地)的成员对制止虚假或欺骗性产地标记未设专门的制裁,则应适用有关商标或厂商名称的法律条款规定的制裁。

(四)禁止在商业活动中使用可能使公众误认商品来源的任何标志

《马德里协定》(产地)的成员方承诺,在销售、陈列和推销商品时,禁止在招牌、广告、发票、葡萄酒单、商业信函或票据及其他任何商业信息传递中使用具有广告性质并且可能使公众误认商品来源的任何标志。

(五)商品产地标记保护的例外及其限制

《马德里协定》(产地)第4条规定,各成员方法院应确定由于其通用性质而不适用该协定条款的名称。葡萄产品的地区性产地名称不在本条款特别保留之限。

《马德里协定》(产地)第4条的规定有以下两层含义:第一,该条规定了商品产地标记保护的例外。具有通用名称性质的商品产地标记不受《马德里协定》(产地)的保护,某一商品产地标记是否具有通用性质,应当由提供保护的国家的法院决定。第二,对商品产地标记保护的例外进行了限制。葡萄产品的地区性产地名称不适用商品产地标记保护例外的规定,即各国法院不得判决葡萄产品的地区性产地名称为通用名称。

三、《里斯本协定》对原产地名称的保护

《里斯本协定》是《巴黎公约》体系内专门规定原产地名称保护的国际公约。《里斯本协定》的主要内容如下:

(一)原产地名称及其原属国的概念

原产地名称是指一个国家、地区或地方的地理名称,用于指示一项产品来源于

该地,其质量或特征完全或主要取决于地理环境,包括自然和人为因素。原产地名称原属国是指其名称构成原产地名称而赋予产品以声誉的国家或者地区或地方所在的国家。

(二)禁止不正当使用原产地名称

《里斯本协定》不仅禁止使用虚假的和引入误解的原产地名称,而且还禁止其他不正当使用原产地名称的行为:禁止使用任何假冒、仿冒的原产地名称,禁止使用虽然标明产品真实产地但引人误解的产地名称,禁止以翻译的形式使用原产地名称,禁止在原产地名称中附加"类""式""样""仿"字样或使用类似的名称。例如,英国 Cambridge(剑桥)的陶瓷商品在新西兰有一定的知名度,这时美国波士顿 Cambridge 的一家陶瓷商品生产商就把自己生产的标有 Cambridge 的陶瓷商品销往新西兰。尽管 Cambridge 的确是美国波士顿地区的一个地方,但美国波士顿该生产商在其陶瓷商品的包装上标明 Cambridge,显然会使新西兰的用户和消费者误认为该陶瓷商品来源于英国剑桥。因此,美国波士顿 Cambridge 陶瓷商品生产商使用商品产地的行为属于《里斯本协定》第 3 条禁止的行为。

(三)原产地名称不能成为通用名称的条件

根据第 5 条规定的程序,一个在《里斯本协定》成员方受到保护的原产地名称,要在原属国作为原产地名称受到保护,就不能在该国视为已成为普通名称。

(四)原产地名称的国际注册

1.原产地名称国际注册的条件和程序

《里斯本协定》的成员方承诺,依照该协定的规定,在其领土内保护其他成员方产品的原产地名称,该原属国承认并保护的并在建立世界知识产权组织公约所指的保护知识产权国际局(以下简称"国际局")注册的名称。

原产地名称的国际注册,应经《里斯本协定》成员方主管机关请求,以按照所在国法律已取得此种名称使用权的自然人或法人(国有或私营业企业)的名义,在国际局办理注册。国际局应立即将该项注册通知《里斯本协定》其他成员方的主管机关并在期刊上公告。《里斯本协定》各成员方主管机关可以在收到注册通知之日起 1 年之内声明对通知注册的某个原产地名称不予保护,但应说明理由。国际局应及时将《里斯本协定》某一成员方主管机关提出的不予保护声明通知原属国。原属国主管机关将《里斯本协定》其他成员方的声明通知有关当事人后,当事人可以在声明不予保护的国家采取其国民享有的任何法律或行政补救手段。根据国际注册通知,一个原产地名称已在《里斯本协定》的某一成员方取得保护,如果该名称在通知前已为第三方当事人在该国使用,这个国家的主管部门有权给予该当事人在不超过两年的使用期限,但必须在收到注册通知之日起1年的期限届满后3个月内通知国际局。

2.原产地名称国际注册的有效期限

一个在《里斯本协定》成员方受到保护的原产地名称,只要在原属国作为原产地名称受到保护,就不能在该国视为已成为普通名称。在国际局办理的注册,不经续展,在前条所指的整个期间受到保护。

(五)维权诉讼

为保护原产地名称的必要诉讼,可以在《里斯本协定》的各成员方根据该国法律进行。

四、TRIPS 协议对地理标志的保护

TRIPS 协议是目前已签署的在知识产权保护方面最有影响力的国际条约。但是,TRIPS 协议并没有把所有的知识产权都作为其保护对象,而是仅规定了"与贸易有关"的七种知识产权。地理标志是 TRIPS 协议的保护对象之一。

(一)地理标志的概念

TRIPS 协议第 22 条第 1 款规定:"本协议所称的地理标志是识别一种原产于一成员方境内或境内某一区域或某一地区的商品的标志,而该商品特定的质量、声誉或其他特性主要可归因于它的地理来源。"

TRIPS 协议中的地理标志既可以是地理名称,也可以是符号、徽记、非直接的地理名称等其他标志。地理标志所标示的商品来源地既可以是国家,也可以是地区或地区内的更小的地方。使用地理标志的商品的特定质量、信誉或其他特征主要与地理来源相关联,并不要求商品的特定质量、信誉或其他特征完全或主要取决于其地理环境。

(二)禁止不正当使用地理标志

1.禁止使用虚假的或者引人误解的地理标志

在商品的称谓或表达上,明确或暗示有关商品来源于并非其真正来源地,足以使公众对该商品来源产生误认的,成员应提供法律措施以使利害关系人阻止上述行为。如果某地理标志虽然逐字真实指明商品之来源地域、地区或地方,但仍误导公众以为该商品来源于另一地域的,成员应提供法律措施以使利害关系人阻止上述行为。

2.禁止利用地理标志进行不正当竞争

根据 TRIPS 协议第 22 条第 2 款(b)项的规定,依照《巴黎公约》第 10 条之二构成不正当竞争的,成员应提供法律措施以使利害关系人阻止上述行为。

3.禁止将虚假的或者误导公众的地理标志作为商标使用或者申请商标注册,撤销已注册的含有虚假或者误导公众的地理标志的商标

如果某商标中包含有或组合有某商品的地理标志,而该商品并非来源于该标志所标示的地域,于是在该商标中使用该标志来标示商品,该成员地域内即具有误导公众不能认明真正来源地的性质,则如果立法允许,该成员应依职权驳回该商标注册申请或撤销已注册的商标,或者依一方利害关系人的请求驳回该商标注册申请或撤销已注册的商标。如果某地理标志虽然逐字真实指明商品之来源地域、地区或地方,但仍误导公众以为该商品来源于另一地域的,成员应提供法律措施以使利害关系人阻止上述行为;如果立法允许,该成员应依职权驳回含有或组合有该地理标志的商标注册申请或撤销已注册的商标,或者依一方利害关系人的请求驳回该商标注册申请或撤销已注册的商标。

(三)对葡萄酒和白酒地理标志的特殊保护

1.禁止使用虚假的或者引人误解的葡萄酒和白酒地理标志

各成员均应为利害关系人提供法律措施,以制止用地理标志去标示并非来源于该标志所指的地方的葡萄酒或白酒,即使在这种场合也同时标出了商品的真正来源地,即使该地理标志使用的是翻译文字,或即使伴有某某"种"、某某"型"、某某"式"、某某"类",或相同的表达方式,也均在制止之列。如果某葡萄酒或白酒的地理标志虽然逐字真实指明商品之来源地域、地区或地方,但仍误导公众以为该商品

来源于另一地域的,成员应提供法律措施以使利害关系人阻止上述行为。在遵守第 22 条第 4 款的前提下,如果诸多葡萄酒使用多音字或同形字的地理标志,则保护应及于每一标志。各成员均应顾及确保给有关生产者以平等待遇而且不误导消费者的情况下,确定将有关同音字或同形字的地理标志之间区别开的实际条件。

2.禁止将虚假的或者误导公众的葡萄酒或白酒地理标志申请商标注册,撤销已注册的含有虚假的或者误导公众的葡萄酒或白酒地理标志的商标

根据 TRIPS 协议第 23 条第 2 款的规定,如果某葡萄酒或白酒的商标中含有或组合有标示该酒的地理标志,则对于所标示者并非该酒之来源地的商标,如果域内立法允许,成员应依职权驳回该商标注册申请或撤销已注册的商标,或者应根据一方利害关系人的请求驳回该商标注册申请或撤销已注册的商标。

3.建议建立葡萄酒地理标志通告及注册的多边体系

为有利葡萄酒地理标志的保护,应在"与贸易有关的知识产权理事会"中举行谈判,以建立葡萄酒地理标志通告及注册的多边体系,使加入该体系的成员在保护地理标志方面可利用该体系。

(四)地理标志保护的例外

1.在先使用或者在先善意使用的例外

如果某成员方国民或居民在乌拉圭回合谈判结束之前,连续在该成员地域内在相同或有关的葡萄酒或白酒商品或服务上使用了另一成员用于标示有关商品或服务的地理标志 10 年以上(含 10 年),或者在乌拉圭回合谈判结束之日以前在该成员地域内在相同或有关的葡萄酒或白酒商品或服务上善意使用了另一成员用于标示有关商品或服务的地理标志的,该地理标志的使用人可以继续以同样方式使用该地理标志。

2.在先善意申请商标注册或者在先善意取得商标注册、获得商标权的例外

在 TRIPS 协议第六部分所规定的三种不同类型成员(发达成员、发展中成员和不发达成员)适用 TRIPS 协议的过渡期之前,或者在某个地理标志的来源国开始保护该地理标志之前,与某地理标志相同或近似的商标已被善意申请注册的,不影响该商标获得注册。在 TRIPS 协议第六部分所规定的三种不同类型

成员适用 TRIPS 协议的过渡期之前,或者在某个地理标志的来源国开始保护该地理标志之前,与某地理标志相同或近似的商标已经善意获得注册或者已经通过善意使用获得商标权的,不得因该商标与某地理标志相同或近似而损害该商标注册的利益或效力,不得因该商标与某地理标志相同或近似而损害该商标的使用权。

3. 通用名称的例外

如果某成员在其地域内的商品或服务上以惯用的通常语文作为通常名称使用时,与其他成员地理标志相同,不要求该成员适用 TRIPS 协议保护地理标志的规定。如果在《建立世界贸易组织协定》生效之日,某成员地域内已有的葡萄品种的惯用名称与其他成员葡萄酒产品之地理标志相同,不要求该成员适用 TRIPS 协议保护葡萄酒产品地理标志的规定。

4. 禁止将受保护的地理标志作为商标使用或者申请商标注册的例外

只有不是出于恶意,自然人、法人或者其他组织可以在受保护的地理标志不被作为地理标志使用在该成员地域已经为人所共知之后的 5 年内(如果该商标在注册之日已被公布且公布之日早于上述"人所共知"之日的,则须在该商标注册后 5 年内),请求有关行政当局允许其把该地理标志作为商标使用或者以该地理标志作为商标获得注册。

5. 在先名称权的例外及其限制

TRIPS 协议关于保护地理标志的规定不得损害任何人在贸易活动中对其姓名或其继用之营业名称的使用权。但以误导公众的方式使用其名称的除外。

6. 地理标志在来源国已不受保护、中止保护或已经废止使用的例外

TRIPS 协议对下列地理标志不予保护:第一,对于在其来源国已不受保护的地理标志;第二,对于在其来源国已中止保护的地理标志;第三,在来源国已废止使用的地理标志。

【案例裁决/法律文书摘录】
WTO首例地理标志保护争端：美国诉欧盟 DS174[①]

一、案件背景

美国在1999年对其特别301条款的审议结论中，决定对欧盟的地理标志保护制度启动WTO争端解决机制。根据DSU和TRIPS协议的有关规定，1999年6月1日美国要求与欧盟就EEC2081/92条例及其修订进行磋商，后磋商未果。美国又于2003年4月4日，要求与欧盟就农产品和食品的商标与地理标志保护问题进行额外磋商。这次磋商又以失败告终。于是，美国于2003年8月18日要求争端解决机构(DBS)成立专家组对此案进行审理。[②]

美国主要针对欧盟EEC2081/92条例对第三国申请的非国民待遇，以及对商标保护的不力两个方面提请WTO专家组裁决。此外，美国还认为EEC2081/92条例在保护的取得、申请和异议程序，以及条例的实施上违反了TRIPS协议和GATT1994规定的最惠国待遇，并就地理标志保护的最低标准、TRIPS协议的第三部分、第1条第1款、第65条第1款等问题提出了请求。

2003年10月2日，DSB根据美国的要求成立了单一专家组。2004年2月13日，美国要求总干事根据DSU第8条第7段决定专家组的成员。2004年2月23日总干事指定了专家组成员。阿根廷、澳大利亚、巴西、加拿大、中国、哥伦比亚、危地马拉、印度、墨西哥、新西兰、土耳其等要求作为第三方参加。专家组先于2004年11月16日向当事人提交了一份中期报告，后于当年的12月21日向当事人提交了最终报告。2005年3月15日，WTO公布了专家组对美国诉欧盟地理标志纠纷案所作的报告。因双方均未上诉，2005年4月20日，DSB通过了专家组的报

[①] European Communities—Protection of Trademarks and Geographical Indications for Agricultural Products and Foodstuffs (Complainant: United States), http://www.wto.org/english/tratop_e/dispu_e/cases_e/ds174_e.htm.

[②] 2003年，澳大利亚也提出与欧盟就农产品和食品的商标与地理标志问题进行磋商。其后与美国在同一天，也要求DSB成立一个专家组(案号为DS290)。此后该案程序与DS174案一致，在诉求内容上略有不同。但在国民待遇和商标与地理标志关系问题上，美国和澳大利亚在两案中的主张基本一致。

告。专家组的最终裁决在国民待遇问题上支持了美国的诉求,但在商标保护方面做出了有利于欧盟的裁决。基于该WTO裁决的实施截止期限是2006年4月3日,欧盟已于2006年3月20日废止了争议的EEC2081/92条例,颁布了新条例EEC510/2006,在新条例中尤其对第三国申请进行了符合国民待遇原则的规定,并于2006年4月3日开始正式受理第三国的申请。

二、双方争议焦点及专家组裁决

美国主张主要与两个问题相关,一是国民待遇问题。美国认为EEC2081/92条例(以下简称EC条例)在保护的取得、申请程序、异议程序、检测机构和标签要求等五个方面违反了TRIPS协议和GATT1994规定的国民待遇原则;二是商标与地理标志的冲突问题。美国认为EC条例第14条违反了TRIPS协议有关商标和地理标志保护例外的规定;根据该条款规定,商标所有人对于其已经注册的商标,不能阻止其后相似地理标志的注册,从而导致混淆。美国提出的请求主要是关于EC条例本身,而非某个具体的申请个案。欧盟对此进行了抗辩,要求专家组驳回美国的所有请求。以下内容是这两个问题的主要争议焦点及专家组的裁决意见。

(一)关于国民待遇问题

双方主要围绕一个核心问题——第三国在欧盟获得地理标志保护的适用条件,即EC条例第12条第1款所规定的条件是否适用于WTO成员展开了争论。EC条例第12条第1款规定,在没有歧视国际协议的情况下,本条例适用来源于第三国的农产品和食品,但该第三国需要满足以下条件:一是该第三国能够提供与本条例第4条相同或等同的保证;二是该第三国应有与本条例规定等同的检测制度和异议权;三是该第三国准备为来源于欧盟的农产品和食品提供与其在欧盟所获得的保护等同的保护。

美国认为EC条例第12条第1款规定适用于非属欧盟成员的WTO成员。美国认为该条款所规定的条件,是要求欧盟以外的WTO成员只有满足这些条件,即采用等同于EC的地理标志保护制度,并对来自欧盟的产品提供互惠保护,才能够根据该条例注册其地理标志。美国认为该条例第12条和第12a条规定的这些条件显然是针对所有第三国,包括WTO成员的地理标志注册而设立的一个要求。

第七章 涉外地理标志的法律保护实务

第12条第1款并不能表明该条款是将WTO成员排除在该条件之外,而且条例第12a条对于非欧盟的地理标志规定了单独的程序。如果第12条第1款规定的条件不适用于WTO成员,就不能根据第12条第3款认定地理标志,第12a条的程序也就不适用。而且美国认为欧盟在此之前的一些公开声明已表明该条件适用于WTO成员。而欧盟在2003年4月的条例修订中也未修订该条件以使其不适用于WTO成员。美国认为,"没有歧视国际协议"只是为了保留灵活性,即可以通过双边协议保护特殊的非欧盟地理标志。因而,美国认为该条例对保护的取得施加等同和互惠条件,与TRIPS协议第3条第1款和《巴黎公约》(1967)第2条第1款即纳入TRIPS。协议第2条第1款的规定不一致,即违反了国民待遇原则。国民待遇原则不允许一个成员要求其他成员用特殊的标准或程序规则作为保护其国民知识产权的条件。

欧盟认为第12条第1款规定只适用于WTO成员之外的第三国;欧盟认为第12条第1款规定的条件并不适用于WTO成员内的地理区域。"国际协议"包括WTO协议。根据TRIPS协议的总条款和基本原则,以及第二部分第三节的规定,WTO成员有义务保护地理标志。因此,第12条第1款和第12条第3款不适用于WTO成员。来自其他WTO成员的地理标志与来自欧盟的地理标志在注册时遵从同样的条件。欧盟认为条例第12a条的程序并不限于第12条第3款的情况。自第12条到第12d条中的"第三国"是否包括WTO成员,取决于每个特殊条款的文字、范围和目的。欧盟认为美国所提供的先前欧盟官方声明的证据与欧盟在该专家组程序中的解释并不矛盾。欧洲委员会代表的声明只是承诺和保证,其意并不是在共同体法律中创立一个新的法律义务,而且他们代表整个欧盟而不仅仅是委员会。欧盟认为必须在尽可能的范围内,以与国际法律一致的方式来解释共同体法律,特别是对于那些会对欧盟参加国际协议有影响的条款,如果对"没有歧视国际协议"的解释限于双边协议,将会大大丧失其使用价值。

此外,双方还围绕EC条例的其他有关规定,包括申请程序中由政府审查并提交申请、异议程序中由政府批准并递交异议,申请中要求政府参与的检测机构,以及标签要求等方面进行了辩论。

由于仅仅是关于条例本身的请求,不涉及实际申请的案例,因此,双方当事人争论的焦点集中在欧盟对其自身措施的解释是否正确。为此,专家组主要针对EC条例在取得条件方面是否违反TRIPS协议和GATT规定的国民待遇原则进行了详细审查,此外,专家组还针对EC条例规定的申请程序、异议程序、检测机构和标签要求等其他方面进行了分析。最后专家组做出了裁决。

首先,针对地理标志保护的取得条件问题,专家组支持了美国的主张。认为美国初步证明了EC条例第12条第1款的规定与TRIPS协议第3条第1款和GATT1994的第Ⅲ:4条的规定不符,其规定的等同和互惠条件适用于包括WTO成员在内的所有位于第三国的地理标志保护的取得。换言之,第12a条和第12b条规定的注册程序不适用于那些不满足第12条第1款条件的WTO成员。专家组在评估了欧盟对等同和互惠条件的适用性后,发现这些解释并没有反映在该条例的文本中。因而专家组认为,欧盟没有成功地予以反驳。如果这些解释已反映在该条例的文本中,专家组会得出不同的结论,那么继续审查那些条件与所覆盖的协议规定是否一致也就成为不必要。

其次,专家组在EC条例申请程序、异议程序、检测机构和标签要求等问题上部分支持了美国的请求,认为EC条例的以下规定与TRIPS协议第3条第1款的规定不一致:即申请程序中要求由政府来审查并递交申请;异议程序中要求由政府批准并递交异议;第10条要求政府参与检测机构,以及第12a(2)(b)条由政府声明的规定。而且EC条例的以下规定与GATT1994的第Ⅲ:4条也不符:一是申请程序中,要求通过政府对申请予以审查并转交申请。根据GATT1994的第XX(d)条规定这些要求是不公平的;二是条例第10条要求政府参与检测机构,第12a(2)(b)条要求由政府来声明,根据GATT1994的第XX(d)条规定这些要求是不公平的。

但对美国提出的其他请求,如EC条例的对等和互惠条件适用于异议;EC条例对异议的有效要求;EC条例中检测机构的其他要求;EC条例的标签要求等与TRIPS协议第3条第1款和GATT1994的第Ⅲ:4条不符的主张,专家组均未予以支持。

(二)关于商标与地理标志的冲突问题

对于地理标志与商标的冲突问题,美国首先强调他们的主张只与有效的在先

第七章 涉外地理标志的法律保护实务

商标有关,不包括那些因缺乏显著性或使消费者对原产地产生误导而容易导致无效的商标。美国认为 EC 条例第 14 条第 3 款的规定与 TRIPS 协议第 16 条第 1 款的规定不符,理由是 TRIPS 协议第 16 条第 1 款赋予了商标所有人一个排他性的绝对权利,而 EC 条例第 14 条第 3 款允许地理标志与商标共存的规定则限制了该商标排他的范围。该规定不能确保商标所有人阻止那些与在先商标可能混淆的地理标志的注册与使用。欧盟认为这些主张没有依据,理由如下:一是条例第 14 条第 3 款实际上已阻止了那些会与在先商标产生混淆可能的地理标志的注册;二是 TRIPS 协议第 24 条第 5 款规定了地理标志与在先商标的共存;三是 TRIPS 协议第 24 条第 3 款允许欧盟维持这种"共存";四是根据 TRIPS 协议第 17 条的规定,在任何情况下,EC 条例第 14 条第 2 款规定作为一个有限例外都是合理的。

专家组在审查中,首先基于 TRIPS 协议第 24 条第 3 款适用于 1995 年 1 月 1 日之前注册的地理标志,而美国和欧盟在该日期之前都没有注册的地理标志,因此排除了该条款的适用。其次,基于 TRIPS 协议第 24 条第 5 款是有关限制地理标志权利的规定,而非限制商标权的规定,因而亦将该规定排除在本案适用条款之外。进而着重分析了 EC 条例第 14 条第 2 款是否违反了 TRIPS 协议第 16 条第 1 款的规定,以及是否属于欧盟所主张的第 17 条的例外规定。专家组在对 EC 条例是否违反了 TRIPS 协议第 16 条第 1 款的判断上,支持了美国的看法,认为 EC 条例第 14 条第 2 款违反了 TRIPS 协议第 16 条第 1 款的规定。由于欧盟并未就其有关 EC 条例第 14 条第 2 款作为 TRIPS 协议第 17 条规定的一个有限例外进行举证,因此,专家组重点分析了第 17 条的规定。首先,专家组认为第 17 条中的"有限例外"必须满足这样一个要求,即"这一例外应考虑到商标所有人和第三方的合法利益"。其次,专家组认为必须明确"合法利益"的含义。对此,专家组援引了加拿大药品专利案中的解释,即合法利益"必须以一种法律通常使用的方式来定义,即作为一个基准,请求保护的利益在公共政策或其他社会规范认可的意义上应当是公平的"。基于上述分析,专家组认为,商标权人的合法利益应包括以下内容:一是保持其商标显著性以发挥其识别功能,二是商标所有人从其声誉和产品质量中获得的经济价值。进而认为 EC 条例规定不仅考虑了商标所有人的利益,也考虑了其他人的利益,因而是公平的。最后专家组认为,虽然 EC 条例第 14 条第 2 款允许地理标志与在先商标可以并存的规定与 TRIPS 协议第 16 条第 1 款的规定不符,但根据 TRIPS 第 17 条的例外规定是合理的。因此,专家组分析第 17 条后得出的结论实质上是支持了欧盟的抗辩。

【延伸阅读】

一、案例

1. European Communities — Protection of Trademarks and Geographical Indications for Agricultural Products and Foodstuffs（Complainant：Australia）,DS290,http://www.wto.org/english/tratop_e/dispu_e/cases_e/ds290_e.htm.

2. Australia — Certain Measures Concerning Trademarks, Geographical Indications and Other Plain Packaging Requirements Applicable to Tobacco Products and Packaging（Complainant：Dominican Republic）,DS441,http://www.wto.org/english/tratop_e/dispu_e/cases_e/ds441_e.htm.

3. Australia — Certain Measures Concerning Trademarks, Geographical Indications and Other Plain Packaging Requirements Applicable to Tobacco Products and Packaging（Complainant：Cuba）,DS458,http://www.wto.org/english/tratop_e/dispu_e/cases_e/ds458_e.htm.

4. Australia — Certain Measures Concerning Trademarks, Geographical Indications and Other Plain Packaging Requirements Applicable to Tobacco Products and Packaging（Complainant：Indonesia）,DS467,http://www.wto.org/english/tratop_e/dispu_e/cases_e/ds467_e.htm.

二、学术论文和专著

1. 冯寿波:《论地理标志的国际法律保护:以 TRIPS 协议为视角》,北京大学出版社 2008 年版。

2. 姜琳:《地理标志国际保护问题研究——利益纷争及中国制度选择》,哈尔滨工业大学出版社 2013 年版。

3. 王笑冰:《地理标志法律保护新论——以中欧比较为视角》,中国政法大学出版社 2013 年版。

4. G. E. Evans & Michael Blakeney, The Protection of Geographical Indications after Doha: Quo Vadis? *Journal of International Economic Law*, Vol. 9, No. 3, 2006.

5. 王志本:《地理标志保护的国际格局、争端案例及中国的取向》,载《知识产权》2005 年第 2 期。

6. 王笑冰、万怡挺:《中国参加 WTO 地理标志谈判的立场和对策》,载《知识产权》2010 年第 1 期。

7. 张欣欣:《地理标志经济效益——基于 TRIPS 框架下的研究》,中央编译出版社 2012 年版。

三、网络链接

1.《保护原产地名称及其国际注册里斯本协定》,http://www.wipo.int/treaties/zh/registration/lisbon/。

2. The Lisbon System, http://www.wipo.int/export/sites/www/freepublications/en/geographical/942/wipo_pub_942.pdf.

3.《制止商品来源虚假或欺骗性标记马德里协定》,http://www.wipo.int/treaties/zh/ip/madrid/。

4. Symposium on the International Protection of Geographical Indications in the Worldwide Context, http://www.wipo.int/export/sites/www/freepublications/en/geographical/760/wipo_pub_760.pdf.

5. Worldwide Symposium on Geographical Indications Lima, June 22-24, 2011, http://www.wipo.int/export/sites/www/freepublications/en/geographical/798/wipo_pub_798.pdf.

第三节　中国法律对地理标志保护的规定

【知识背景】

一、证明商标、集体商标保护

中国《商标法》原先没有对证明商标和集体商标做出规定，直到1993年对《商标法实施细则》进行修改时，第一次对集体商标和证明商标作了规定："经商标局核准注册的集体商标、证明商标受法律保护"，"集体商标、证明商标注册和管理办法，由国家工商行政管理局会同国务院有关部门另行制定。"按照这一要求，1994年国家工商局制定了《集体商标、证明商标注册和管理办法》。该办法第2条规定证明商标可以用来证明商品或服务的原产地，使地理标志在中国第一次可以作为证明商标受到保护。2001年修订后的《商标法》规定了地理标志的定义，正式确立了对地理标志的证明商标和集体商标保护。结合《商标法》的修改，2002年国务院颁布新的《商标法实施条例》，2003年国家工商局又颁布新的《集体商标、证明商标注册和管理办法》，对地理标志的证明商标、集体商标注册和保护作了充实和完善。

（一）地理标志的定义和适用范围

《商标法》第16条第2款规定，地理标志"是指标示某商品来源于某地区，该商品的特定质量、信誉或者其他特征，主要由该地区的自然因素或者人文因素所决定的标志"。这一定义与TRIPS协定第22条第1款的规定大体相似，所不同者，是该定义强调了商品来源地的"自然因素或者人文因素"。

根据《商标法》第4条的规定，《商标法》保护的商标包括了商品商标和服务商标。但是根据《商标法》第16条第2款的地理标志定义，地理标志仅适用于"商品"，这意味着《商标法》对地理标志的保护仅限于商品，服务不受地理标志的保护。至于商品的范围不受限制，不论是农产品还是工业产品，成品还是原材料，对地理标志保护都没有影响。

(二)地理标志的证明商标和集体商标注册

《商标法》为地理标志提供证明商标和集体商标保护。《商标法实施条例》第6条规定:"商标法第十六条规定的地理标志,可以依照商标法和本条例的规定,作为证明商标或者集体商标申请注册。"《商标法》第3条规定,证明商标是指"由对某种商品或者服务具有监督能力的组织所控制,而由该组织以外的单位或者个人使用于其商品或者服务,用以证明该商品或者服务的原产地、原料、制造方法、质量或者其他特定品质的标志";集体商标是指"以团体、协会或者其他组织名义注册,供该组织成员在商事活动中使用,以表明使用者在该组织中的成员资格的标志"。

作为集体商标、证明商标申请注册的地理标志,可以是该地理标志所标示的地区的名称,也可以是能够标示某商品来源的该地区的其他可视性标志,而地区名称无须与该地区的现行行政区划名称、范围完全一致。但是,《商标法》第16条规定:"商标中有商品的地理标志,而该商品并非来源于该标志所标示的地区,误导公众的,不予注册并禁止使用;但是已经善意取得注册的继续有效。"这里的不予注册当然也包括不得作为集体商标或证明商标注册。

根据2004年12月7日国家工商行政管理局和农业部联合发布的《关于加强农产品地理标志保护与商标注册工作的通知》第5条的规定,农产品行业协会、农技推广机构、农民专业合作组织可以作为农产品地理标志或商标的申请主体。获得注册后,注册人依法享有对地理标志使用的管理权,承担对地理标志农产品的生产指导和质量管理的责任。

申请地理标志集体商标、证明商标注册的,除了应当附送主体资格证明文件并详细说明其所具有的或者其委托的机构具有的专业技术人员、专业检测设备等情况,以表明其具有监督使用该地理标志商品之特定品质的能力之外,还应当附送管辖该地理标志所标示地区的人民政府或行业主管部门的批准文件,[①]并在申请书文件中说明下列内容:①该地理标志所标示的商品的特定质量、信誉或者其他特征;②该商品的特定质量、信誉或者其他特征与该地理标志所标示的地区的自然因

---

① 《集体商标、证明商标注册和管理办法》第5、6条。

素和人文因素的关系;③该地理标志所标示的地区的范围。①

外国人或者外国企业申请以地理标志作为集体商标、证明商标注册的,申请人还应当提供该地理标志以其名义在其原属国受法律保护的证明。②

(三)地理标志商标的使用和保护

以地理标志作为证明商标注册的,其商品符合使用该地理标志条件的自然人、法人或其他组织可以要求使用该证明商标,控制该证明商标的组织应当允许。以地理标志作为集体商标注册的,其商品符合使用该地理标志条件的自然人、法人或其他组织,可以要求参加以该地理标志作为集体商标注册的团体、协会或其他组织,该团体、协会或其他组织应当依据其章程接纳为会员;不要求参加以该地理标志作为集体商标注册的团体、协会或其他组织的,也可以正当使用该地理标志,该团体、协会或其他组织无权禁止。③ 被注册为证明商标或集体商标的地理标志受到商标专用权的保护。

(四)葡萄酒和烈性酒地理标志的强保护

为履行 TRIPS 协议关于葡萄酒和烈性酒地理标志特殊保护的规定,《集体商标、证明商标注册和管理办法》对葡萄酒和烈性酒地理标志的强保护作了特别规定。该管理办法第 12 条规定,对于"使用他人作为集体商标、证明商标注册的葡萄酒、烈性酒地理标志标示并非来源于该地理标志所标示地区的葡萄酒、烈性酒,即使同时标出了商品的真正来源地,或者使用的是翻译文字,或者伴有诸如某某'种'、某某'型'、某某'式'、某某'类'等表述的"行为,应当予以禁止。此外,第 9 条规定:"多个葡萄酒地理标志构成同音字或者同形字的,在这些地理标志能够彼此区分且不误导公众的情况下,每个地理标志都可以作为集体商标或者证明商标申请注册。"

总之,中国的商标法律制度从法律、法规和规章三个层面对地理标志的保护作了比较全面的规定,已经基本适应了 TRIPS 协议的要求。

---

① 《集体商标、证明商标注册和管理办法》第 7 条。
② 《集体商标、证明商标注册和管理办法》第 6 条第 2 款。
③ 《商标法实施条例》第 6 条第 2 款。

二、地理标志产品保护

早在1999年,原国家质量技术监督局就发布了《原产地域产品保护规定》,这是中国第一部专门规定地理标志制度的部门规章,此规章一度和2001年修订后的《商标法》并存,形成了地理标志保护的两种并行模式。2005年国家质量监督检验检疫总局颁布了《地理标志产品保护规定》,废止了《原产地域产品保护规定》。其内容沿袭了《原产地域产品保护规定》的基本框架,原先的原产地域产品保护体制实际上基本被沿承下来。

(一)地理标志产品的定义和范围

《地理标志产品保护规定》采用了"地理标志产品"的用语,其第2条规定,所谓地理标志产品,是指"产自特定地域,所具有的质量、声誉或其他特性本质上取决于该产地的自然因素和人文因素,经审核批准以地理名称进行命名的产品"。从这一定义可以看出,地理标志产品仅限于"以地理名称命名的产品",即直接地理标志,不包括非地理名称的间接地理标志,这是地理标志产品与《商标法》及TRIPS协议地理标志概念的不同之处。地理标志产品包括两类:一类是来自本地区的种植、养殖产品;另一类是原材料全部来自本地区或部分来自其他地区,并在本地区按照特定工艺生产和加工的产品。①

(二)保护注册和使用注册程序

根据《地理标志产品保护规定》,国家质量监督检验总局是地理标志产品保护工作的主管部门,各地出入境检验检疫局和质量技术监督局依照职能开展地理标志产品保护工作。②

地理标志产品的保护和使用都必须经过申请和注册,也就是说,凡是申请地理标志产品保护的,必须依照《地理标志产品保护规定》提出保护申请并经审核批准;任何单位和个人要使用获得注册的地理标志产品专用标志,也必须依照该规定提出使用申请并注册登记,这就是双重申请程序,即保护申请注册程序和使用申请注

---

① 《地理标志产品保护规定》第2条。
② 《地理标志产品保护规定》第4条。

册程序。另外,不论保护申请还是使用申请都实行两级审查,即先由地方质检部门对申请进行初审,然后再由国家质检总局进行审查。这就形成了地理标志产品特有的"双重申请＋两级审查"体制,下面就保护注册和使用注册程序分别进行介绍。

1. 保护注册程序

地理标志产品的保护申请,由当地县级以上人民政府指定的地理标志产品保护申请机构或人民政府认定的协会和企业作为申请人提出,并征求相关部门的意见。申请保护的产品在县域范围内的,由县级人民政府提出产地范围的建议;跨县域范围的,由地市级人民政府提出产地范围的建议;跨地市范围的,由省级人民政府提出产地范围的建议。

申请人申请地理标志产品保护,应按照以下规则分别向地方出入境检验检疫机构或质量技术监督机构提出申请:出口企业的地理标志产品保护申请应向本辖区内出入境检验检疫部门提出;按地域提出的地理标志产品保护申请和其他地理标志产品保护申请应当向当地(县级或县级以上)质量技术监督部门提出。[①] 申请人应提交以下资料:①有关地方政府关于划定地理标志产品产地范围的建议;②有关地方政府成立申请机构或认定协会、企业作为申请人的文件;③地理标志产品的证明材料,包括:地理标志产品保护申请书,产品名称、类别、产地范围及地理特征的说明,产品的理化、感官等质量特色及其与产地的自然因素和人文因素之间关系的说明,产品生产技术规范(包括产品加工工艺、安全卫生要求、加工设备的技术要求等),产品的知名度,产品生产、销售情况及历史渊源的说明;④拟申请的地理标志产品的技术标准。[②]

省级质量技术监督局和直属出入境检验检疫局按照各自分工,分别负责对地理标志产品保护申请提出初审意见,并将相关文件、资料上报国家质检总局。国家质检总局对收到的申请进行形式审查,审查合格的,由国家质检总局在国家质检总局公报、政府网站等媒体上向社会发布受理公告;审查不合格的,书面告知申请人。有关单位和个人对申请有异议的,可以在公告后2个月内向国家质检总局提出。

---

① 《地理标志产品保护规定》第11条。
② 《地理标志产品保护规定》第10条。

对于没有异议或者有异议但被驳回的申请,国家质检总局组织专家审查委员会进行技术审查,审查合格的,由国家质检总局发布批准该产品获得地理标志产品保护的公告。

《地理标志产品保护规定》第26条规定:"国家质检总局接受国外地理标志产品在中华人民共和国的注册并实施保护。具体办法另外规定。"此具体办法迄今尚未出台。

2.使用注册程序

只有地理标志产品产地范围内的生产者才有资格使用地理标志产品专用标志,而且生产者要使用地理标志产品专用标志,必须向当地质量技术监督局或出入境检验检疫局提出申请,并提交以下资料:①地理标志产品专用标志使用申请书;②由当地政府主管部门出具的产品产自特定地域的证明;③有关产品质量检验机构出具的检验报告。[1]

当地质量技术监督局或出入境检验检疫局对生产者提出的申请进行审核,并经国家质检总局审查合格后,予以注册登记并发布公告,生产者即可在其产品上使用地理标志产品专用标志,获得地理标志产品保护。

(三)地理标志产品的保护与监督

对于擅自使用或伪造地理标志名称及专用标志的,不符合地理标志产品标准和管理规范要求而使用该地理标志产品名称的,或者使用与专用标志相近、易产生误解的名称或标识及可能误导消费者的文字或图案标志,使消费者将该产品误认为地理标志保护产品的行为,质量技术监督部门和出入境检验检疫部门将依法查处。[2]

《地理标志产品保护规定》还对地理标志产品的监督作了规定:各地质检机构对地理标志产品的产地范围,产品名称,原材料,生产技术工艺,质量特色,质量等级、数量、包装、标识,产品专用标志的印刷、发放、数量、使用情况,产品生产环境、生产设备,产品的标准符合性等方面进行日常监督管理。获得使用地理标志产品

---

[1] 《地理标志产品保护规定》第20条。
[2] 《地理标志产品保护规定》第21条。

专用标志资格的生产者未按照相应标准和管理规范组织生产的,或者在 2 年内未在受保护的地理标志产品上使用专用标志的,国家质检总局将注销其地理标志产品专用标志使用注册登记,停止其使用地理标志产品专用标志并对外公告。①

三、农产品地理标志保护

2007 年农业部发布的《农产品地理标志管理办法》是中国第二部专门规定地理标志保护制度的部门规章。为了配合《农产品地理标志管理办法》的实施,农业部在 2008 年发布了《农产品地理标志登记程序》和《农产品地理标志使用规范》。

(一)农产品地理标志的定义及适用范围

《农产品地理标志管理办法》第 2 条第 2 款规定:"本办法所称农产品地理标志,是指标示农产品来源于特定地域,产品品质和相关特征主要取决于自然生态环境和历史人文因素,并以地域名称冠名的特有农产品标志。"根据这一定义,农产品地理标志必须是直接地理标志,不包括非地名的间接地理标志,这一点与地理标志产品一致。另外该定义仅适用于农产品,即来源于农业的初级产品,不包括经过工业加工的产品。

(二)农产品地理标志的登记程序

《农产品地理标志管理办法》第 4 条规定:"农业部负责全国农产品地理标志的登记工作,农业部农产品质量安全中心负责农产品地理标志登记的审查和专家评审工作。省级人民政府农业行政主管部门负责本行政区域内农产品地理标志登记申请的受理和初审工作。农业部设立的农产品地理标志登记专家评审委员会,负责专家评审。农产品地理标志登记专家评审委员会由种植业、畜牧业、渔业和农产品质量安全等方面的专家组成。"

关于登记申请人的条件,按照该办法第 8 条规定,农产品地理标志登记申请人为县级以上地方人民政府根据下列条件择优确定的农民专业合作经济组织、行业协会等组织:①具有监督和管理农产品地理标志及其产品的能力;②具有为地理标志农产品生产、加工、营销提供指导服务的能力;③具有独立承担民事责任的能力。

---

① 《地理标志产品保护规定》第 22、23 条。

第七章　涉外地理标志的法律保护实务

申请地理标志登记的农产品,应当符合下列条件:①称谓由地理区域名称和农产品通用名称构成;②产品有独特的品质特性或特定的生产方式;③产品品质和特色主要取决于独特的自然生态环境和人文历史因素;④产品有限定的生产区域范围;⑤产地环境、产品质量符合国家强制性技术规范要求。①

申请人不能直接向农业部提交申请,必须先向省级人民政府农业行政主管部门提出登记申请,并提交下列申请材料:①登记申请书;②申请人资质证明;③产品典型特征特性描述和相应产品品质鉴定报告;④产地环境条件、生产技术规范和产品质量安全技术规范;⑤地域范围确定性文件和生产地域分布图;⑥产品实物样品或者样品图片;⑦其他必要的说明性或证明性材料。②

省级人民政府农业行政主管部门自受理农产品地理标志登记申请之日起,应在45个工作日内完成申请材料的初审和现场核查,并提出初审意见。符合条件的,将申请材料和初审意见报送农业部农产品质量安全中心;不符合条件的,应在提出初审意见之日起10个工作日内将相关意见和建议通知申请人。

农业部农产品质量安全中心应当在收到申请材料和初审意见之日起20个工作日内,对申请材料进行审查,提出审查意见,并组织专家评审。经专家评审通过的,由农业部农产品质量安全中心代表农业部对社会公示。

有关单位和个人有异议的,应当自公示截止日期20日内向农业部农产品质量安全中心提出。公示无异议的,由农业部做出登记决定并公告,颁发《中华人民共和国农产品地理标志登记证书》,公布登记产品相关技术规范和标准。该登记证书长期有效。

农业部接受国外农产品地理标志的登记并提供保护,具体办法另行规定。③到目前为止此具体办法尚未出台。

(三)农产品地理标志的使用及监督保护

符合下列条件的单位和个人,可以向登记证书持有人申请使用农产品地理标

---

① 《农产品地理标志管理办法》第7条。
② 《农产品地理标志管理办法》第9条。
③ 《农产品地理标志管理办法》第24条。

志：①生产经营的农产品产自登记确定的地域范围；②已取得登记农产品相关的生产经营资质；③能够严格按照规定的质量技术规范组织开展生产经营活动；④具有地理标志农产品市场开发经营能力。

使用农产品地理标志，应当按照生产经营年度与登记证书持有人签订农产品地理标志使用协议，在协议中载明使用的数量、范围及相关的责任义务。农产品地理标志登记证书持有人不得向农产品地理标志使用人收取使用费。①

农产品地理标志使用人享有以下权利：①可以在产品及其包装上使用农产品地理标志；②可以使用登记的农产品地理标志进行宣传和参加展览、展示及展销。②

就农产品地理标志的监督保护而言，县级以上人民政府农业行政主管部门应加强农产品地理标志监督管理工作，定期对登记的地理标志农产品的地域范围、标志使用等进行监督检查。地理标志农产品的生产经营者，应当建立质量控制追溯体系。农产品地理标志登记证书持有人和标志使用人，对地理标志农产品的质量和信誉负责，任何单位和个人不得伪造、冒用农产品地理标志和登记证书。③

【案例裁决/法律文书摘录】

浙江省食品有限公司诉上海市泰康食品有限公司、浙江永康四路火腿一厂商标侵权纠纷案

上海市第二中级人民法院民事判决书[2003]沪二中民五(知)初字第239号

一、案件概况及主要问题

1979年10月，浙江省浦江县食品公司在第33类商品（火腿）上申请注册了商标，后该商品使用类别转为商品国际分类第29类。商标注册证记载"商标金华牌"。1983年3月14日，该商标经核准转让给浙江省食品公司。2000年10月7日，商标注册人变更为浙江省食品有限公司（以下简称"原告"）。1986年，浙江省

---

① 《农产品地理标志管理办法》第15条。
② 《农产品地理标志管理办法》第16条。
③ 《农产品地理标志管理办法》第18～20条。

食品公司在向国家商标局《关于"金华"火腿商标事宜的请示》(以下简称《请示》)中提出,"今后凡印制有'金华'火腿商标的火腿包装物、产品合格证等,以及'金华'火腿商标的宣传、广告,除去掉'发展经济、保障供给'、'浦江县食品公司'部分外,均按照注册证核准的'金华'火腿商标标识使用,并标明'注册商标'或注册标记;由于工艺上的特点,在火腿上直接印盖的'金华火腿'的字体与排列位置,仍按照历史沿用的样式使用,但是,不标明'注册商标'或者注册标记,以此区别于注册核准证的注册标识。"同年9月,国家商标局《关于"金华"火腿商标使用问题的复函》(以下简称《复函》)同意请示的使用方法。2004年,国家商标局《关于"金华火腿"字样正当使用问题的批复》(以下简称《批复》)认为,使用在商标注册用商品和服务国际分类第29类火腿商品上的"金华火腿"商标,是原告的注册商标;"金华特色火腿"等属于《商标法实施条例》第49条所述的正当使用方式。

2002年8月28日,国家质检局发布2002年第84号公告,批准在公告日起对金华火腿实施原产地地域产品保护。2003年9月24日,国家质检局发布2003年第87号公告,通过了对浙江省常山县火腿公司、被告浙江永康四路火腿一厂(以下简称"永康火腿厂")等55家企业提出的金华火腿原产地域产品专用标志使用申请的审核,并给予注册登记。

2003年7月,原告在上海市南京东路776号的被告上海市泰康食品有限公司(以下简称"泰康公司")发现销售的火腿使用了原告的注册商标"金华火腿",原告遂发函给泰康公司,要求其停止销售侵权产品。同年9月,原告在泰康公司再次发现其销售的火腿上印有"金华火腿"字样,该火腿的生产单位是永康火腿厂。另永康火腿厂产品外包装上注册商标为"真方宗"。

原告认为,其从未许可永康火腿厂使用"金华火腿"商标,因此,永康火腿厂擅自在火腿表皮上使用"金华火腿"字样,侵犯了原告的注册商标专用权。被告泰康公司明知销售的系侵犯他人注册商标专有权的商品,也构成对原告注册商标专用权的侵犯。故请求法院判令:1.泰康公司立即停止销售侵权商品,公开向原告赔礼道歉;2.永康火腿厂停止生产与原告注册商标相同或近似的侵权商品,公开向原告赔礼道歉;3.永康火腿厂在30日内消除其生产的火腿上与原告注册商标相同或近似的标识,收缴其擅自制作的"金华火腿"皮印;4.两被告共同赔偿原告人民币

50000元，两被告承担连带责任；5.两被告共同赔偿原告公证费用人民币2000元、公证时购买侵权火腿费用人民币165元以及律师费人民币10000元。

"金华火腿案"最终的判决结果明确了处理类似争议的原则，即权利人的注册商标专用权与地理标志属于平行的知识产权，中国均平等受到法律保护。注册商标权人无权禁止他人正当使用地理标志，但相关方在使用地理标志时也应规范使用，避免与注册商标发生冲突。

二、法院判决

上海市第二中级人民法院认为：

（一）关于原告浙食公司注册商标的专用权保护范围的问题

原告浙食公司认为：原告注册商标的专用权保护范围是"金华火腿"。"金华牌"是对该注册商标的称呼。根据注册证右下角的标注内容，排除"发展经济、保障供给"、企业名称及装潢内容，原告注册商标专用权保护范围是"金华火腿"。国家商标局在《复函》中，已经同意原告对其注册商标在火腿表皮的具体使用样式做适当改变，该《复函》具有与注册商标同等的法律证明力。同时，国家商标局的《批复》以及浙江省著名商标证，也均明确原告商标为"金华火腿"商标。被告泰康公司、永康火腿厂认为：原告注册商标专用权保护范围为"金华"，并非"金华火腿"。原告商标注册证上写明原告的商标为"金华牌"。浙江省食品公司在《请示》中，也称自己的商标是"金华"火腿商标。浙江省食品公司的部分荣誉证书、原告自己的网站资料以及相关的法院判决中，也称原告商标为"金华牌"或"金华"商标。

首先，根据《中华人民共和国民法通则》和《中华人民共和国商标法》（以下简称商标法）规定，公民、法人和其他组织的注册商标专用权受中国法律保护。注册商标的专用权，以商标行政管理部门核准注册的商标和核定使用的商品为限。原告浙食公司注册证号为第130131号注册商标经商标行政部门注册并经续展目前仍然有效，该注册商标的商标专用权受中国法律保护。

其次，关于原告浙食公司注册商标的专用权保护范围，应当根据商标当时注册的历史背景以及商标注册证上记载的内容确定。原告商标注册证是一个完整的整体，该商标注册于20世纪70年代末，那时注册商标的形式、商标注册证等，与目前有明显的不同，但是这并不改变商标专用权的保护范围。原告商标注册证右下角注中明确注明将"'发展经济、保障供给'、企业名称及装潢内容"排除在专用范围外,国家商标局作为中国商标注册和管理工作的主管部门也在其批复中明确,浙食公司的注册商标为"金华火腿"商标。

综上,原告注册商标专用权保护范围的核心是"金华火腿"。被告永康火腿厂称原告注册商标的专用权保护范围仅仅为"金华"的观点,与事实不符,本院不予支持。

(二)关于被告泰康公司、永康火腿厂行为是否侵犯原告浙食公司注册商标专用权的问题

原告浙食公司认为:原告在其生产火腿上加盖"金华火腿"皮印,是对其注册商标的延伸使用,与注册商标具有同等的法律效力。被告永康火腿厂在皮印上使用"金华火腿"不具有合法性。被告抗辩的原产地域产品保护不能对抗原告注册商标专用权。《原产地域产品保护规定》属于国家规章,不能与商标法的规定相抵触。根据火腿产品特殊的销售方式以及被告销售侵权产品的时间,被告主观上具有侵害原告注册商标权的故意。民族品牌的保护需要以商标保护为核心,只有依靠法律制度的保障才能促进民族品牌的有序发展。被告泰康公司认为:在销售前已经尽到了对商品的审查义务。外包装上"真方宗"商标是永康火腿厂的注册商标,使用的原产地域名称经国家职能部门审批。被告销售的"金华火腿"产自金华地区,不会误导消费者,不会对原告注册商标造成侵害。永康火腿厂认为:被告依照原产地域产品保护的规定使用"金华火腿",未侵犯原告的注册商标专用权。"金华"是行政地域名称,"火腿"是产品的通用名称,被告使用"金华"属于合理使用。"金华火腿"同时也是知名商品特有的名称。"金华火腿"具有一千两百多年的历史,仅允许原告一家使用"金华火腿"是不公平的。被告主观上没有侵害原告注册商标的任何故意。

原产地域产品,即地理标志,是指其标示出某商品来源于该地域中的某地区或某地方,该商品的特定质量、信誉或其他特征,主要与该地理来源相关联。中国已经参加的《与贸易有关的知识产权协议》第三节对各成员方地理标志的保护作了专门的规定。中国加入世界贸易组织时承诺遵守《与贸易有关的知识产权协议》关于地理标志的有关条款。商标法第十六条专门增加了对地理标志的保护规定。该条

规定:"商标中有商品的地理标志,而该商品并非来源于该标志所标示的地区,误导公众的,不予注册并禁止使用;但是,已经善意取得注册的继续有效。前款所称地理标志,是指标示某商品来源于某地区,该商品的特定质量、信誉或者其他特征,主要由该地区的自然因素或者人文因素所决定的标志。"之后颁布的实施条例第六条规定,地理标志可以通过申请证明商标和集体商标予以保护。2005年6月7日,国家质检局发布第78号令,公布了《地理标志产品保护规定》。

长期以来,中国重视对原产地域产品的保护工作。为了有效保护中国的原产地域产品,规范原产地域产品专业标志的使用,保护原产地域产品的质量和特色,1999年以来,国家质量技术监督局制定了《原产地域产品保护规定》和《原产地域产品通用要求》等规定,对原产地域产品的定义、申报机构、申报材料、审批管理部门、保护范围和专用标志的使用等做出了规定。上述一系列的规定,构成了中国对原产地域产品实施保护的法律体系。因此,原产地域产品与其他知识产权一样,在中国受法律保护。

被告永康火腿厂有权依法使用原产地域产品名称及专用标志。国家质检局批准了对"金华火腿"实施原产地域产品保护,同意包括永康火腿厂在内的55家企业使用"金华火腿"原产地域产品专用标志。因此,永康火腿厂有权依照国家的相关规定在其生产、销售的火腿产品外包装、标签等处标注"金华火腿"原产地域产品名称及原产地域产品专用标记。

根据本案的案情分析,首先,被告永康火腿厂在其火腿外包装显著位置标明了自己的注册商标"真方宗",同时也标明了企业名称、厂址、联系方式等信息。其次,永康火腿厂在火腿表皮上标注的"金华火腿"字样下端标明了"原产地管委会认定",在火腿表皮上端还标有"真方宗"注册商标。因此,从上述使用方式可以认定,永康火腿厂标注"金华火腿"目的是表明原产地域产品。故永康火腿厂上述使用"金华火腿"原产地域产品名称行为,不构成对原告注册商标专用权的侵害。

对于本案争议的商标权与原产地域产品冲突,应按照诚实信用、尊重历史以及权利与义务平衡的原则予以解决。从"金华火腿"历史发展来看,"金华火腿"有着悠久的历史,品牌的形成凝聚着金华地区以及相关地区几十代人的心血和智慧。原告成为商标注册人以后,对提升商标知名度做了大量的工作。原告的商标多次获浙江省著名商标、国家技术监督局金质奖及浙江省名牌产品等荣誉称号。原告的注册商标应当受到法律的保护。但是,另一方面,原告作为注册商标的专用权人,无权禁止他人正当使用。实施条例第四十九条规定:"注册商标中含有的本商品的通用名称、图形、型号,或者直接表示商品的质量、主要原料、功能、用途、重量、数量及其他特点,或者含有地名,注册商标专用权人无权禁止他人正当使用。"在中国,权利人的注册商标专用权与原产地域产品均受到法律保护,只要权利人依照相关规定使用均属合法、合理。在本案中,被告永康火腿厂经国家质检局审核批准使用原产地域产品名称和专用标志受法律保护,永康火腿厂的使用行为不构成对原告商标权的侵害。被告泰康公司是金华火腿的销售商,鉴于生产商永康火腿厂的行为不构成对原告商标专用权侵害,故泰康公司的销售行为也不构成对原告商标权的侵害。因此,原告要求两被告承担相关民事责任的请求,不予支持。

综上,对于本案争议的处理,既要严格依照现有的法律法规,又要尊重历史,促进权利义务的平衡。原告浙食公司注册商标专用权保护范围的核心是"金华火腿",其专用权受法律保护。任何侵犯原告注册商标专用权行为,应依法承担责任。但原告无权禁止他人正当使用。"金华火腿"经国家质检局批准实施原产地域产品保护,被告永康火腿厂获准使用"金华火腿"原产地域专用标志,因此,永康火腿厂上述行为属于正当使用。永康火腿厂今后应当规范使用原产地域产品。原、被告之间均应相互尊重对方的知识产权,依法行使自己的权利。原告认为两被告侵犯其注册商标专用权的依据不足,不予支持。

据此,上海市第二中级人民法院于 2005 年 8 月 25 日判决:

驳回原告的诉讼请求。

案件受理费人民币 2375 元,由原告浙江省食品有限公司负担。

判决后,双方当事人在法定的上诉期内均没有上诉。

【延伸阅读】

一、案例

1. "东阿阿胶"原产地标记申请案,载《地理标志法律保护新论——以中欧比较为视角》,中国政法大学出版社 2013 年版,第 218 页。

2. 正道油业公司诉平顶山市新华区工商分局案("国家地理标志保护产品第一案"),http://news.sina.com.cn/s/sd/2011-02-22/120521994398.shtml。

二、学术论文和专著

1. 董炳和:《地理标志知识产权制度研究:构建以利益分享为基础的权利体系》,中国政法大学出版社 2005 年版。

2. 赵小平:《中国农产品地理标志法律保护研究》,山西人民出版社 2012 年版。

3. 董景山:《农产品地理标志保护制度研究》,知识产权出版社 2013 年版。

4. 蔡宝刚:《强化地理标志法律保护的法理分析》,载《法学杂志》2003 年第 7 期。

5. 刘亚军:《完善中国地理标志法律保护实证分析》,载《当代法学》2004 年第 2 期。

6. 张玉敏:《中国地理标志法律保护的制度选择》,载《知识产权》2005 年第 1 期。

7. 赵小平:《地理标识的延伸保护探析》,载《法学家》2005 年第 6 期。

8. 陈昭华:《地理标示保护之研究》,载《辅仁法学》2003 年第 25 期。

9. 李亮:《论商标权与地理标志权冲突的危害、成因与对策》,载《法律适用》2008 年第 10 期。

10. 王笑冰:《地理标志保护模式选择的几个问题》,载《电子知识产权》2007 年第 2 期。

三、网络链接

1.《地理标志产品保护规定》,http://kjs.aqsiq.gov.cn/dlbzcpbhwz/zcfg/

flfgwx/200610/t20061023_1793.htm。

2.《地理标志产品保护规定实施细则(暂行)》,http://www.chinapgi.org/regulations/11.html。

3.《农产品地理标志管理办法》,http://www.gov.cn/flfg/2008-01/10/content_855116.htm。

4.《集体商标、证明商标注册和管理办法》,http://sbj.saic.gov.cn/flfg1/sbxzgz/200906/t20090603_60312.html。

5.中国地理标志产品服务中心,http://www.chinapgi.org/。

6.中国地理标志和农产品推介,http://gi.nc.mofcom.gov.cn/。

7.地理标志——国家工商行政管理总局,http://www.saic.gov.cn/fwfz/dlbz/。

第八章
涉外商业秘密的法律保护实务

【内容摘要】涉外商业秘密作为企业的一种无形资产,越来越受到广大企业的重视。从掌握涉外商业秘密法律保护的构成要件、范围入手,采用案例分析与理论研究相结合的方法,对大陆法系和英美法系商业秘密保护法律制度进行比较分析,找出中国商业秘密法律保护领域的差距,从比对中得到有用的借鉴,并在研究过程中结合商业秘密保护理论,运用涉外商业秘密法律保护典型案例进行实证研究。

经济领域是侵犯商业秘密行为的多发地带,尤其以竞争行业为多,因此,各国立法都要通过《反不正当竞争法》《企业秘密法》《民法》《刑法》或《商法》等对侵犯者加以制裁。涉外商业秘密的法律保护是中国法学界和司法实践中一个重要课题,涉外商业秘密作为企业的一种无形资产,越来越受到广大企业的重视。商业秘密是权利人获得经济效益与竞争优势的保证。

第八章 涉外商业秘密的法律保护实务

第一节 商业秘密法律保护概述

【知识背景】

一、商业秘密法律保护概述

(一)商业秘密的概念

商业秘密的概念本身涉及两个方面的内容,一是商业秘密的保护范围,二是商业秘密的构成要件。各国的法律和国际公约之所以定义商业秘密的形式有所不同,主要是基于对这两方面内容的不同规定。

(二)商业秘密的保护范围

无论是中国的商业秘密法律保护还是商业秘密的国际法律保护,在这个问题上都经历了一个保护范围不断扩大的过程。

从商业秘密法律保护看,商业秘密作为一个法律用语最早出现在1991年4月9日颁布的《民事诉讼法》中,这就在程序法中确立了对商业秘密的保护,而后最高人民法院在司法解释中规定商业秘密主要指技术秘密、商业情报及信息等,如生产工艺、配方、贸易联系、购销渠道等当事人不愿公开的工商业秘密。而此前的技术引进合同管理条例及其实施细则对专有技术的概念作了界定,技术合同法对技术秘密形式在计算机数据库或网络传输中存在,因而商业秘密的法律保护也就必须抽象到其最根本的形式——信息。中国现行法律关于商业秘密的表述虽与 TRIPS 的文字表述不完全一致,但其内涵和外延基本与之一致,体现了广泛性的要求。

二、商业秘密的构成要件

TRIPS 第 39 条第 2 款规定了商业秘密的构成要件,包括其在某种意义上属于秘密,即其整体或者内容的确切体现或组合,未被通常从事有关信息工作的人普遍所知或者容易获得；由于是秘密而具有商业价值；合法控制该信息的人，为保密已经根据有关情况采取了合理措施。从构成要件看，各国的法律规定包括中国在内与TRIPS的规定都较为近似，都强调商业秘密的"三性"：

一是创新性，是指该商业秘密事实上未被公众了解或没有进入公共领域，具有一定的创造性和新颖性；

二是价值性，是指该商业秘密能为权利人带来利益，具有经济上的价值；

三是秘密性，是指该商业秘密的权利人已采取了相应的保密措施。保密措施可有多种表现形式，如严格限定知悉商业秘密的人员名单，缩小知密范围；制定企业保密规则，或在员工守则中规定保密条款；或是由企业与职工签订保密协议；或是严格限制非有关人员出入具有商业秘密的场所、加强门卫和监控措施等，这些都是通常情况下权利人所采取的保密措施。

随着网络技术的发展，电子商务蓬勃发展起来，使得通过网络传输商业秘密成为可能，同时网络开放的信息环境也给商业间谍提供了更为直接地窃取商业秘密的机会和可能。如何保护网络传输中的甚至存储于商家、科研机构电脑中的商业秘密，无疑首先应当从技术手段入手，即通过运用技术手段保守商业秘密。如运用网络安全技术和密码技术、密钥管理、数字签名、认证技术、智能卡技术、访问控制、防火墙技术等，从技术手段或措施上实现对商业秘密的保护。

然而，迄今为止，尚没有不能被反向工程或其他方法所解密的信息，这便使得一些商业秘密权利人在网络面前望而却步，退而求其次地固守传统的保密方式，从而丧失了许多贸易机会。可见，仅有技术手段保护商业秘密是远远不够的，除采取上述技术加密措施外，还应通过法律手段加以保护。譬如，法律应明确规定在网络上采取何种程度的加密措施即为商业秘密的权利人已采取了保密措施，已符合商业秘密的构成要件，商业秘密权利人被侵权后，可以获得何种法律救济、如何寻求救济，等等。只有将技术手段和法律手段结合起来加以运用，才能加强在新技术环境下对商业秘密的法律保护。

【案例裁决】

利用网络泄露软件源代码被判侵犯商业秘密罪案

被告人项某、孙某均系新加坡商人投资的某信息技术(上海)有限公司的软件工程师。2000年4月,项某被公司派往马来西亚ARL公司进行门户网站建设。期间,ARL公司曾以高薪邀项某加盟,但因故未果。因两家公司合作关系破裂,项某被本公司招回。项因其个人要求未得到满足,对公司不满,遂积极拉拢孙某一起离开某公司,加盟ARL公司。两人商定,孙将其编制的软件源代码交给项,由项转交ARL公司并作演示,借此向对方推荐孙。

同年11月初,项某前往马来西亚的ARL公司,通过新浪网的个人信箱下载了孙从国内发出的软件源代码,并将源代码安装到ARL公司服务器上进行演示。此事被某公司发觉后,向警方报案,遂案发。一审法院经审理后认为,被告人项某、孙某违反公司有关保守商业秘密约定和要求,披露所掌握的软件源代码的商业秘密,给商业秘密权利人造成特别严重的后果,其行为已构成侵犯商业秘密罪,遂依法分别判处项某、孙某有期徒刑三年六个月和有期徒刑二年六个月,并处罚金。

项、孙不服,分别提起上诉,均认为源代码不属商业秘密,且无证据证明项将源代码安装到ARL公司服务器上,两人的行为未造成某公司特别严重损失,故其行为不构成侵犯商业秘密罪。市检一分院出庭意见认为,两人的行为构成侵犯商业秘密罪,且后果特别严重,两人上诉理由没有事实和法律依据,建议二审驳回两人的上诉。二审法院认为,按照有关法律规定,本案所涉软件源代码符合商业秘密的构成要件,遂维持原判。

【延伸阅读】

1.唐青林、黄民欣:《商业秘密保护实务精解与百案评析》,中国法制出版社2011年版。

2.郑璇玉:《商业秘密的法律保护》,中国政法大学出版社2009年版。

3.孔祥俊主编:《商业秘密司法保护实务》,中国法制出版社2012年版。

4.张玉瑞:《商业秘密的法律保护》,专利文献出版社1994年版。

5.商业秘密法制丛书编辑委员会:《商业秘密法制现状分析及案例》,中国法制出版社1995年版。

第二节 商业秘密的国际保护现状

【知识背景】

一、英美法系国家的商业秘密法律保护

(一)英国的商业秘密保护

英国对于商业秘密的法律保护虽然没有美国那么发达,但已有约两百年的历史,通常认为,早在19世纪或更早的时候,英国就曾经出现关于商业秘密的诉讼,目前学者认为可能带有商业秘密保护含义的判例是1813年的Perceval v. Phipps案以及1817年的Newberry v. James案。英国一直是通过判例法对商业秘密进行保护的,至今仍未颁布过内容系统的专门用以调整商业秘密的制定法。

但值得注意的是,英国于1980年拟成了一部《信任违反法的草案》,该草案的内容包括:第一章,序言,说明立法目的及调整对象;第二章,产生保密义务的情事;第三章,保密义务的内容及保密义务的终止;第四章,违反保密义务的诉讼;第五章,秘密权利遭受侵害后的救济;第六章,本法对于合同诉讼的适用;第七章,最后条款,包括对术语的解释、过渡性条款、本法的生效与适用范围等。该法草案对商业秘密的保护进行了归纳总结。

(二)美国的商业秘密保护

美国保护商业秘密的模式是对19世纪英国立法模式的继承,即遵循以往的判例,但随着商业秘密所涉及社会现象的多样化和复杂化,判例形式的法律保护发展十分缓慢,且具有不确定性。如什么是商业秘密,如何认定保密义务,商业秘密是否具有财产性等都无明确的概念,而法官对于商业秘密保护案件的处理具有极大的灵活性和随意性,渐渐地无法满足现实的需求和提供足够完善的支撑,于是美国

开始寻求制定商业秘密保护的成文法,迄今为止,先后制定了三个重要的法案:

一是1939年美国法律协会出版《侵权行为法第一次重述》,第一次以成文法的形式对商业秘密的保护作了规定。1978年出版的《侵权行为法第二次重述》,将商业秘密的有关规定全部删除,是出于法律体系上的考虑。《侵权行为法第一次重述》对商业秘密的保护进行规定,是因为当时学界认为,商业秘密属于"交易实务"的范畴,宜由"不公平竞争及交易规范"进行调整,在早期法律体系的划分上这属于侵权行为法的延伸。而到了《侵权行为法第二次重述》的时期,不公平竞争及交易规范已经发展成为独立的法律体系而独立于侵权行为法。20世纪60年代后期美国律师协会提出制定统一商业秘密法的建议后,经过十余年的酝酿,商业秘密的统一立法已经形成较为完备的草案,因此客观上也没有必要在《侵权行为法第二次重述》中保留这部分的内容。

二是美国统一州法全国委员会1979年出台的《统一商业秘密法》(Uniform Trade Secrets Act,简称 UTSA),共12个条款,内容包括商业秘密的定义、禁令救济方式、侵权赔偿、律师费、诉讼中的保密措施、诉讼时效等。1985年修订过一次,但大体上并没有太大的改变。到2002年底,《统一商业秘密法》得到了美国43个州和哥伦比亚华盛顿特区的接受,目前已经成为美国商业秘密法律保护的基石。

三是1996年通过的美国《经济间谍法案》。该法案是美国国会首次通过的以公权力介入的方式对商业秘密进行保护的联邦法律,它开创了以刑事手段对商业秘密进行救济的先河,但对于民事赔偿部分仍然需要在各州的司法系统中寻求救济。

因此就美国而言,商业秘密的法律保护体系以《统一商业秘密法》《侵权行为法第一次重述》《经济间谍法案》三个成文法案构成,并辅以判例法进行补充。

二、大陆法系国家的商业秘密法律保护制度观察

(一)德国的商业秘密保护

德国对于商业秘密的保护起源于第一次世界大战,作为大陆法系国家的代表,与英美法系国家以判例形成的商业秘密法律保护不同,德国对商业秘密的保护主要体现于《不正当竞争防止法》。德国现行的刑法典对于侵犯商业秘密的行为规定

处以三至五年的监禁处罚,而对侵犯商业秘密提起的刑事诉讼,与美国的《经济间谍法案》有很大区别,美国不允许商业秘密的权利人提起刑事诉讼,必须从国家利益或者国防利益的角度,由检察官提起;而德国规定必须由权利人提起,且告诉才处理,更体现了意思自治的原则,也更符合一贯的知识产权私权理论特性。

除了《不正当竞争防止法》,德国的学界认为,商业秘密属于企业权之一。企业权,又称营业权,是企业所有人根据法律赋予的一定法律地位,从事营业的权利。对企业权的不法侵害,即侵害德国民法典第八二三条第一款所称之"其他权利",企业所有人可以依据德国民法典的有关规定,有权要求侵权人停止侵害、赔偿损失。

(二)日本的商业秘密保护

日本的商业秘密保护,是以修正《不正当竞争防止法》为重要分界点。1990年之前,法院对于侵犯商业秘密的行为,主要是根据当事人之间的"保密契约书"的约定,以契约义务违反的违约责任,以及民法上的侵权责任进行裁判;1990年,修正的《不正当竞争防止法》中增加了保护商业秘密的有关条文,对商业秘密做出定义并列举了侵犯商业秘密的情形,规定了救济方式和诉讼时效,从而使得日本进入到对商业秘密专门立法的国家行列。

(三)法国的商业秘密保护

法国是对商业秘密保护采取法律保护措施较早的国家,法国将商业秘密分为工业性商业秘密以及商业性商业秘密。产品制造和设备设计方面的秘密属于工业性商业秘密,而商业性商业秘密主要是指合同、业务、财务等方面的保密信息。工业性商业秘密的保护主要依据的是《法国民法典》;而对商业性商业秘密的保护主要是从过往的法院判决中寻找依据,起诉的案由也是违约或者侵权之诉。

在刑事处罚方面,《法国刑法典》规定:"由于地位或职业,或者因职务或临时性任务,受委托保管机密性情报资料的人泄露此种情报的,处一年监禁并科以十万法郎罚金。"此外,在司法实践中还可以比照刑法盗窃罪、滥用他人信任罪进行定罪量刑。

三、国际组织及公约的商业秘密保护制度观察

(一)《北美自由贸易协定》关于商业秘密的保护规定

在明确规定保护商业秘密的国际公约中,《北美自由贸易协定》属于较早的一个。《北美自由贸易协定》(North American Free Trade Agreement,简称NAFTA)是美国、加拿大、墨西哥于1993年12月8日签订的,该协定第一七一一条明确规定成员方有义务保护商业秘密,该条的第一款的内容与TRIPS的内容非常相似。《北美自由贸易协定》有关商业秘密的规定较为特殊之处在于:①商业秘密权利人如要获得保护,必须提出文件、电磁方法、光盘、微缩胶片、影片或者其他类似工具,以证明商业秘密的存在;②为排除妨碍商业秘密授权情形的发生,协定禁止缔约国对商业秘密授权附加不适当的限制;③协定关于化学医药品和农用化工产品商业秘密的规定。

(二)TRIPS关于商业秘密的保护规定

TRIPS把包括商业秘密在内的未经公开的信息正式列为与贸易有关的知识产权中的一项,在协议第七节"未经公开的信息的保护"中的第39条做出专门规定。第39条是专门关于未披露信息的法律保护,这里的未披露信息就是指商业秘密。第39条第2款规定:"各缔约国应有可能防止他们所控制的信息在没有得到他们同意的条件下,被别人以违反诚实商业惯例的方式泄露、被获得或使用。"其中"违背诚实商业惯例的方式"应包括"违反合同、违反信任而泄露或者诱使他人泄密"和"明知或因疏忽而未知存在以上方式的第三方,获取该商业秘密"。综上,TRIPS所规定的与贸易有关的知识产权相关保护措施,均适用于对商业秘密的保护。

TRIPS中规定对商业秘密的保护,对于国际知识产权保护领域而言是非常重要的一次变革,在国际范围内第一次明确地将商业秘密的保护纳入到知识产权领域,并规定了保护的基本标准及保护知识产权的措施对商业秘密的适用。为履行TRIPS中对商业秘密保护所规定的义务,各缔约国就必须遵守TRIPS有关商业秘密保护标准的规定而修改本国立法特别是与竞争相关的法律。

四、商业秘密的保护模式

与传统的知识产权,如专利权、商标权、版权相比,商业秘密的法律保护在绝大多数国家中受保护的程度要差得多。从各国的司法实践看,大多数国家尚未制定保护商业秘密的专门性法律,对商业秘密的保护还很不充分、很不完善。目前各国主要通过合同法、侵权法、反不正当竞争法及刑法中的有关规定对商业秘密实施间接保护,但以民事保护为主,刑事只是作为一种补充性保护手段。也有的国家采用专门立法的形式保护商业秘密。尽管各国对商业秘密的保护方式不尽相同,但大体可分为以下类型:

(一)通过民法、刑法或其他法律保护商业秘密

世界上大多数国家采用此种立法模式,如美国1939年侵权行为以侵权法保护商业秘密;日本、韩国则将商业秘密纳入不正当竞争的轨道予以保护;墨西哥、巴西则是通过工业产权法来保护商业秘密。从各国的实践看,实施反不正当竞争法及刑法保护是一种较为有效的保护方式。需要说明的是,美国法学会编制的《侵权行为法重述》本身虽不是法律,但它论述了美国侵权法的情况,对商业秘密的保护也有所论述。在司法过程中,大部分州法院在判例法不清楚或找不到相应判例的时候,会参考《侵权行为法重述》来保护商业秘密。因此,该文件应是美国非正式意义上的法律渊源。

(二)通过专门立法保护商业秘密

随着信息技术的发展,商业秘密越来越重要,许多国家建议单独立法保护商业秘密。如1981年英国授权的法律委员会将其九年的研究成果长达十五万字的《关于"保护秘密权利"立法报告》提交立法会,提出对商业秘密的专门保护问题;加拿大法学研究与改革会也提出了商业秘密法的立法建议;瑞典法律委员会1983年也提出应制定专门的商业秘密法,使商业秘密得到充分保护。此后,瑞典制定了《商业秘密法》。据世界知识产权组织1994年的统计,这是当时世界上唯一有单行商业秘密法的国家。虽然美国"国家统一州法委员会"1979年编制了《统一商业秘密法》,美国律师协会建议美国各州采纳这个法律,但至今只有9个州未加变动地接受此法律,另外两个州采纳时作了一些修改,其他州未作反应,对未加采纳的州而言,该法仅具有示范法性质。

(三)国际条约的立法保护

巴黎公约没有明文规定提出保护商业秘密,只是要求成员方有义务对给该成员方保证给予制止不正当竞争的有效保护,并指出凡在工商业事务中违反诚实的习惯做法的竞争行为构成不正当竞争行为。

TRIPS 第 39 条将商业秘密称为未泄漏的信息,要求成员在保证按照巴黎公约 1967 年文本第 10 条之 2 的规定为反不正当竞争提供有效保护的过程中,保护商业秘密。对商业秘密的保护内容,规定权利人可以禁止他人未经许可而以违背诚实商业行为的方式,披露、获得或使用处于其合法控制下的该信息。

各国法律对商业秘密保护在保护依据、程度及方式等方面差异较大,不利于国际贸易的发展。为缩小这种差别,多年来一些国际组织一直在努力,试图在世界范围统一保护商业秘密的基本原则。如国际商会 1961 年制定了《有关保护 know—how 的标准条款》;联合国 1974 年制定《联合国国际技术转让行动守则草案》;欧共体也在统一保护商业秘密规则方面做出种种努力,并多次制定和修订有关专有技术许可证协议的条例。巴黎公约 1967 年斯德哥尔摩文本第 10 条之二对不正当竞争行为作了原则性规定,即凡在工商业活动中违反诚实的惯例的竞争即构成不正当竞争行为,应取缔不正当竞争;TRIPS 第 39 条要求成员在依巴黎公约为反不正当竞争提供有效保护的过程中,应保护未披露信息和向政府或政府的代理机构提交的数据,并规定了未披露信息的构成要件、侵犯未披露信息的行为等方面的内容。但 TRIPS 未涉及网络传输给商业秘密保护带来的新问题。在现代高度发达的电子信息环境下,保护商业秘密问题尤为突出。世界知识产权组织 1996 年推出的两个新公约《世界知识产权组织版权条约》和《世界知识产权组织表演和唱片条约》中也针对网络传输规定了公众传播权。

【案例裁决】

北京实华开电子商务有限公司与尼斯·彼得·罗森侵犯商业秘密纠纷案

一、基本案情

原告:北京实华开电子商务有限公司

被告:尼斯·彼得·罗森(以下简称罗森)

原告实华开商务公司成立于1996年,其经营范围囊括了开发、生产包括电子商务软件在内的计算机软件、数据库、计算机网络系统产品以及经营在线交易业务、提供电子商务等事项;被告罗森是丹麦王国公民,于2001年10月15日与原告的母公司即实华开公司签订了《劳动合同》。在该《劳动合同》约定的聘用期内,被告一直在原告处工作,担任原告的国际业务管理总监,负责原告与海外客户的联络、谈判等工作。在为期一年的聘用期限届满后,即2002年10月15日以后,被告继续在原告处工作。2003年1月1日,被告与原告母公司的另一子公司香港实华开电子商务有限公司签订《专业服务合同》,约定被告的职责是从事专业市场研究,并在正在进行的基础上形成和更新目标客户名单等事项,服务期限为一年。双方同时约定了保密义务、费用及其他事项。此后,被告仍在原告处工作,直至2003年2月底离开。

二、案件审理

(一)原告诉求

被告罗森于2001年10月15日受原告的母公司即实华开公司聘用,在一年的聘用期内,被告一直在原告处工作。2003年1月1日,被告与实华开公司的另一子公司香港实华开电子商务有限公司签订《专业服务合同》,但仍在原告处工作。被告在为原告工作期间,作为原告的高层管理人员,负责原告与海外客户的联络、谈判等项工作,直接接触并实际掌握原告的经营模式、软件平台、客户资源、销售网络等核心商业秘密。自2002年1月起,原告及母公司与丹麦王国的马士基(中国)航运有限公司(以下简称马士基公司)就投资入股、建立战略联盟关系的商业计划进行谈判,被告作为该项目的主要负责人参与了谈判的全过程。在谈判过程中,被告为牟取不正当利益,诱导马士基公司改变投资计划,进而与被告及其他几位原告的外籍雇员一起,着手在中国投资设立一家与原告有直接竞争关系的电子商务企业,最终致使马士基公司投资入股实华开公司的计划被取消。同时,被告还利用职务之便掌握原告的客户资源,误导客户,致使原告的正常商业交易不成。原告认为,被告的行为违反了其与实华开公司签订的聘用合同及服务协议中有关竞业禁止及保密义务的约定,侵犯了原告的商业秘密,损害了原告的合法利益。故请求法院判令被告立即停止侵害、在公开媒体上向原告赔礼道歉、赔偿原告经济损失人民币 207 万元并承担原告在本案中支出的合理费用。

(二) 被告抗辩

原告不是《劳动合同》及《专业服务合同》的签订方,因此原告无权以此为依据对被告提起诉讼。竞业禁止与侵犯商业秘密是两个不同的诉,原告没有说明其主张的商业秘密是什么,被告也从未实施过侵害原告商业秘密及违反竞业禁止义务的行为。

被告指出,原告所主张的上述经营信息均不构成商业秘密。因为,原告客户名单中的部分信息已为公众知悉,客户信息的准确性及实用性无法确定,有些信息是原告的预测或估计,缺少事实基础,且原告没有证据证明与这些客户之间确实建立并维持着客户关系;原告提交的商业模式简化版中的内容已为公众知悉,其中的"价值建议"及"提供的服务"已通过原告自己的宣传资料公开,"一次性利润""进展中的利润"仅是商业目的和商业预测,原告没有证据证明这些目的和预测具有实用性且能带来经济利益。关于原告与马士基公司进行业务谈判一事,被告对原告证据的真实性提出异议,并提供了证据用以证明原告仅是与马士基公司的关联公司建立了松散型的合作关系,原告的管理人员曾有与马士基公司合作的意向,但马士基公司予以拒绝。

此外,被告对原告证据的真实性及合法来源提出异议,并提出原告提供的部分电子邮件的内容经过改动及编辑,另有部分电子邮件因时间相隔较长当事人已无法确定具体内容。被告否认原告的上述指控,并提供北京市公证处[2003]京证经字第 10572 号公证书,用以证明原告提供的电子邮件的真实性值得怀疑。被告还提出,原告的部分商务信息是通过正常的业务关系流传到马士基公司的;被告作为原告的高级雇员,在履行职责的同时掌握了原告的部分经营信息是由其特定的工作职位和工作内容所决定的,具有合法的前提和基础;被告从未披露、使用或允许他人使用其所掌握的经营信息,也没有任何对原告构成竞业禁止的行为。因此,原告的指控没有事实依据,不同意原告的诉讼请求。

(三) 法院审理

根据原告、被告的诉辩意见,法院将本案事实部分的争议焦点归纳为:

1. 原告是否享有其主张的商业秘密

商业秘密,是指不为公众所知悉、能为权利人带来经济利益、具有实用性并经权利人采取保密措施的技术信息和经营信息。商业秘密应当具有秘密性、新颖性、实用性及价值性。

原告对其商业信息是否采取了保密措施是确定原告是否享有商业秘密的一个重要前提。权利人采取保密措施的方式可以是直接的方式,亦可是间接的方式,只要该措施具有可操作性,能够直接作用于需要保密的商业信息及责任承担者本人,并且该保密措施只需在合理的范围内即可使相应的信息具有保密性。本案中,原告的母公司与被告签订的《劳动合同》中对被告的职责及商业秘密的范畴进行了明确的限定,被告接受原告母公司的指派担任原告的高级管理职员,据此可知,原告是通过其母公司与雇员签订合同的方式保护属于本公司的商业秘密。因此,可以认定原告对涉案经营信息采取了适当的保密措施。商业秘密的新颖性是指其不能是本行业内普通水平的信息,其必须与普通水平的信息保持最低限度的不相同性。商业秘密的实用性在于其本身应具有确定性,应构成完整的可应用的方案,而不应仅是抽象的原理或概念。商业秘密的价值性指其现在或将来的运用,会给权利人带来现实或潜在的竞争优势。

本案中,原告向法庭提交的"主要客户关系名单"中包括了数十家外国企业的名称、联络方式以及交易过程中形成的各种信息及统计数据。该客户名单不是单纯的企业名称的罗列,其中包含了原告在经营过程中形成的多项经营信息,这些信息对于企业的经营发展具有较高的价值,被告提供的证据不能说明这些经营信息已为不特定的公众所知悉,亦不能证明该客户名单作为一个整体可以从公开渠道获得。因此,本院确认原告提交的"主要客户关系名单"属于其商业秘密。

原告提交的"商业模式简化版"是关于经营电子商务企业的原则及方法,其中部分内容如服务模式的名称等作为单纯的营销学中的概念属于公知的范畴,但一次性的利润、进展中的利润等属于原告在电子商务实践中总结出的数据,其作为一种经营过程中形成的信息对原告而言具有实用性,对原告的营销工作具有一定的价值,且被告亦未提供证据证明这些信息已为公众所知悉,因此上述相关信息亦属于原告的商业秘密。

关于原告主张其与马士基公司就业务合作及融资事宜进行谈判的内容为其商业秘密一节,鉴于原告没有提供相关证据原件、被告对证据的真实性提出质疑、且原告未能提供其他证据予以佐证,因此该证据不具有证明力,原告的相应主张证据不足,本院不予支持。

2. 被告是否对原告承担保护商业秘密及竞业禁止的义务

本案中,原告的母公司与被告签订的《劳动合同》对于被告的职责、特定的服务内容、商业秘密的范畴以及竞业禁止均进行了明确的限定。原告的母公司按照《劳动合同》的约定指派被告到原告处工作,被告在聘用期满后继续在原告处任职,并且被告在与原告母公司的另一子公司签订的《专业服务合同》中亦约定了被告的职责及保密义务,依据诚实信用的基本商业准则,被告作为原告的高级管理职员应当对其在履行职责过程中接触到的各种商业信息向原告承担保密的义务,并在聘用终止后承担竞业禁止的义务。

3. 被告是否实施了侵害原告商业秘密的行为

本案被告作为原告的高级管理职员,负责原告与海外客户的联络、谈判等工作,其在履行职责的过程中必然接触、使用原告的各种经营信息,包括本案中原告主张的"主要客户关系名单"及"商业模式简化版",这是由被告特定的工作职位和工作内容所决定的,不构成对原告商业秘密的侵害。原告指控被告在履行职务的过程中实施了披露、允许他人使用商业秘密并损害原告利益的行为,但原告未能提供充分的证据予以证明,因此其提出的被告违反约定、侵犯其商业秘密的主张,事实依据不足,本院不予支持。关于原告所诉被告诱导马士基公司改变投资计划并违反竞业禁止约定一事,由于原告对此亦未能提供证据予以证实,本院对其该项主张亦不予支持。

综上,原告实华开商务公司主张被告罗森侵害其商业秘密,要求被告停止侵害、赔礼道歉并赔偿经济损失的诉讼请求缺乏事实及法律依据,本院不予支持。依据《中华人民共和国反不正当竞争法》第十条第一款第(三)项、第二款、第三款的规定,判决驳回原告北京实华开电子商务有限公司的诉讼请求。

【延伸阅读】

1. Gina White,"Intellectual Property-Trade Secret Law-Is the Arkansas Supreme Court Following Other Jurisdictions Down the Wrong Road in Analyzing Combination Trade Secrets ?", University of Arkansas at Little Rock Law Review , 25 U. Ark. Little Rock L. Rev. 407,2003.

2. Jerry Cohen and Alan S. Gutter man,"Trade Secrets Protection and Exploitation",Washington, the Bureau of National Affairs, Inc. , 1998.

3. Eleanore R. Godfrey,"Inevitable Disclosure of Trade Secrets：Employee Mobility v. Employer's Rights", Journal of High Technology Law, 3 J. High Tech. L. 161,2004.

4. 唐海滨:《美国是如何保护商业秘密的》,法律出版社 1999 年版。

5. 倪才龙:《商业秘密保护法》,上海大学出版社 2005 年版。

第三节　中国对商业秘密的法律保护

【知识背景】

从国内立法上看,1987 年实施的《技术合同法》是中国第一部直接有关商业秘密的法律,规定了技术秘密的合同债权;1991 年施行的《民事诉讼法》第一次出现了商业秘密的概念,规定了涉及商业秘密案件的不公开审理问题;1993 年实施的《反不正当竞争法》正式确立了中国的商业秘密法律保护制度。从中国签署的相关国际协定来看,1992 年中美两国政府签署的关于保护知识产权的谅解备忘录中,也有关于商业秘密保护问题的规定。

一、《反不正当竞争法》出台前的中国商业秘密相关立法

在《反不正当竞争法》出台之前,中国最早出现对技术秘密做出保护性规定的是 1985 年颁布的《技术引进合同管理条例》,其中第 7 条的规定是："受方应当按照

双方商定的范围和期限,对供方提供的技术中尚未公开的秘密部分,承担保密义务。"1987年1月1日施行的《民法通则》从立法上肯定了知识产权的地位,将其规定在民事权利当中。《民法通则》第97条第2款规定了"公民对自己的发明或者其他科技成果,有权申请领取荣誉证书、奖金或者其他奖励",第118条规定:"公民、法人的著作权(版权)、专利权、商标专用权、发现权、发明权和其他科技成果权受到剽窃、篡改、假冒等侵害的,有权要求停止侵害,消除影响,赔偿损失。"上述民法通则的条文虽然没有出现"商业秘密"的概念,但"其他科技成果"被认为可以包含商业秘密中的专有技术问题,司法实践中曾出现过依据《民法通则》对专有技术进行保护的案例,但终究很难覆盖和全面保护商业秘密。

而1987年11月1日实施的《中华人民共和国技术合同法》,是中国首部由全国人大常委会制定,直接涉及商业秘密保护问题的法律。该法明确了技术秘密的债权(合同)合法性,第15条就把对技术情报和资料的保密内容规定为技术合同的必备条款。1989年3月15日由国务院发布施行的《技术合同法实施条例》中进一步对侵犯技术秘密应进行赔偿的问题做出了规定。

除了《民法通则》和《技术合同法》之外,中国还曾经出台了一些针对科技人员流动中应保守技术秘密的规定,如1986年国务院发布的《关于促进科技人员合理流动的通知》,1988年国家科学技术委员会制定、由国务院批准的《关于科技人员业余兼职若干问题的意见》,等等。

"商业秘密"一词第一次作为正式法律用语出现,是在1991年4月19日修订并施行的《民事诉讼法》中,该法第66条规定"证据应当在法庭上出示,并由当事人相互质证。对涉及国家机密、商业秘密和个人隐私的证据应当保密,需要在法庭出示的,不得在公开开庭时出示",第120条第2款规定"涉及商业秘密的案件,当事人申请不公开审理的,可以不公开审理"。这虽然是中国的法律条文中首次出现"商业秘密"的字样,但该法并未对商业秘密进行界定。而立法机关有关部门的解释是,"商业秘密一般涉及企业以及经济部门的技术诀窍、商业情报等"。最高人民法院"关于适用《中华人民共和国民事诉讼法》若干问题的意见"第154条的规定是"民事诉讼法第六十六条、第一百二十条所指的商业秘密,主要是指技术秘密、商业情报及信息等,如生产工艺、配方、贸易联系、购销渠道等当事人不愿公开的工商业秘密"。该解释对商业秘密概念的界定将其外延扩大到了经营方面的信息，已经相比之前的法律法规更进一步，但依然未能将商业秘密的本质加以系统总结。

二、《反不正当竞争法》出台后的中国商业秘密相关立法

1993年12月1日实施的《反不正当竞争法》，正式确立了中国的商业秘密法律保护制度，该法第10条体现了中国对商业秘密进行法律保护的几个特征：①对商业秘密进行系统的定义，该条第3款规定："商业秘密，是指不为公众所知悉、能为权利人代来经济利益、具有实用性并经权利人采取保密措施的技术信息和经营信息。"采取了国际通行的定义方式，将秘密性、价值性和采取保密措施作为商业秘密的构成要件，同时克服了过去仅对技术秘密进行保护的局限，将经营信息正式纳入到法律保护的范畴中来。②列举了侵犯商业秘密的几种方式，该条第1款和第2款规定："经营者不得采用下列手段侵犯商业秘密：(1)以盗窃、利诱、胁迫或者其他不正当手段获取权利人的商业秘密；(2)披露、使用或者允许他人使用以前项手段获取的权利人的商业秘密；(3)违反约定或者违反权利人有关保守商业秘密的要求，披露、使用或者允许他人使用其所掌握的商业秘密。第三人明知或者应知前款所列违法行为，获取、使用或者披露他人的商业秘密，视为侵犯商业秘密。"1995年11月23日，国家工商行政管理局颁布实施《关于禁止侵犯商业秘密行为的若干规定》(1998年12月3日修正)，对商业秘密构成要件的界定、技术信息和经营信息及权利人的定义等进一步做出规定，与此同时大部分的省、自治区、直辖市都以地方性法规的方式对《反不正当竞争法》中有关商业秘密法律保护问题进行了细化规定。

1994年颁布的《劳动法》第22条对劳动关系中的商业秘密保护进行了原则性的规定："劳动合同当事人可以在劳动合同中约定保守用人单位商业秘密的有关事项。"

2007年颁布的《劳动合同法》第23条第2款还特别规定："对负有保密义务的劳动者，用人单位可以在劳动合同或者保密协议中与劳动者约定竞业限制条款，并约定在解除或者终止劳动合同后，在竞业限制期限内按月给予劳动者经济补偿。

劳动者违反竞业限制约定的,应当按照约定向用人单位支付违约金。"该条款加入了用人单位和劳动者可以约定竞业限制的条款,明确用人单位在竞业限制期限内的经济补偿义务,以及劳动者违反竞业限制约定须支付违约金的内容,对于劳动关系中形成的商业秘密保护义务进行了更进一步的阐述和规范。1996年劳动部《关于企业职工流动若干问题的通知》、国家科学技术委员会1997年发布的《关于加强科技人员流动中技术秘密管理的若干意见》中都对人才流动中的商业秘密保护做出专门规定。

1997年3月14日修订的《刑法》第219条第一次规定了侵犯商业秘密罪,该刑法条文对商业秘密的界定以及行为类型的规定与《反不正当竞争法》完全一致,刑法条文的增加,为严厉制裁侵犯商业秘密行为加大了支持和保护力度。1999年颁布的《合同法》,吸收了原技术合同法中对商业秘密保护的相关内容,该法第60条、第92条和第十八章技术合同中都规定了合同当事人的保密义务,并在第43条做出这样的规定:"当事人在订立合同过程中知悉的商业秘密,无论合同是否成立,不得泄露或者不正当地使用。泄露或者不正当地使用该商业秘密给对方造成损失的,应当承担损害赔偿责任。"第350条规定:"在技术秘密转让合同中,技术秘密转让合同的受让人应当按照约定的范围和期限,对让与人提供的技术中尚未公开的秘密部分,承担保密义务。"

2010年国务院国有资产监督管理委员会发布《中央企业商业秘密保护暂行规定》,对中央企业的商业秘密的保护范围、密级、保密期限、保护措施以及奖励与惩处等进行了细化规定。

三、中国签署的商业秘密保护的国际协定

中美两国政府1991年签订的《关于延长和修改两国政府科学技术合作协定的协议》和1992年签署的《关于保护知识产权的谅解备忘录》中,都有关于商业秘密保护问题的规定。更值得一提的是,1994年4月15日关贸总协定乌拉圭回合谈判通过了《马拉喀什宣言》,中国政府代表在乌拉圭回合的最后文件上签字。最后文件包括《与贸易(包括假冒商品贸易)有关的知识产权的协议》(TRIPS),该协议第39条规定的是对商业秘密的保护。2001年底,中国已经正式加入了世界贸易

组织(前身为关贸总协定),TRIPS 对中国生效,表明中国在保护商业秘密方面必须承担相关的国际义务。

四、最高人民法院有关商业秘密的司法解释及地方高级人民法院的司法指导意见

《最高人民法院关于正确处理科技纠纷案件的若干问题的意见》(1995 年 4 月 2 日发布,2000 年 7 月 25 日废止),该意见第 51 条至第 53 条对非专利技术成果的构成要件、非专利技术成果合同约定的保密义务以及非专利技术成果使用权、转让权的侵害情形等做出了规定。

《最高人民法院关于审理技术合同纠纷案件适用法律若干问题的解释》(2004 年 11 月 30 日通过,2005 年 1 月 1 日起施行)对技术秘密的定义,对侵害他人技术秘密的技术合同的处理,技术开发合同中技术秘密成果的使用和处分,技术秘密的转让和许可等问题进行了规定。

《最高人民法院关于审理不正当竞争民事案件应用法律若干问题的解释》(2006 年 12 月 30 日通过,2007 年 2 月 1 日起施行)对商业秘密的法定构成要件、关于侵犯商业秘密的抗辩、关于客户名单的规定、关于侵犯商业秘密案件的举证、关于商业秘密侵权案件的适格原告以及侵犯商业秘密的民事责任都进行了明确的规定。

此外,有些地方的高级人民法院以会议纪要或者指导意见等形式以指导意见或会议纪要等形式来指导下级法院对商业秘密侵权案件的审理,如江苏省高级人民法院 2004 年 2 月印发《江苏省高级人民法院关于审理商业秘密案件有关问题的意见》,河南省高级人民法院 2005 年 3 月印发《河南省高级人民法院商业秘密侵权纠纷案件审理的若干指导意见(试行)》,天津市高级人民法院 2007 年 4 月印发《审理侵犯商业秘密纠纷案件研讨会纪要》,北京市高级人民法院《关于审理反不正当竞争案件几个问题的解答》《关于审理知识产权纠纷案件若干问题的解答》等。

第八章　涉外商业秘密的法律保护实务

【案例裁决】

杰事杰公司诉日之升公司等侵犯商业秘密违反竞业禁止案

一、案件事实

杰事杰公司是中国科学院化学研究所于1992年成立的研究开发系列工程塑料新材料及其制品的高科技企业，由中国科学院认定为"工程塑料国家工程研究中心"上海基地。1994年起，杰事杰公司研究开发了"空调器贯流风叶专用玻纤增强AS合金材料等系列工程塑料新材料"，均通过科技成果鉴定，获得各种科技奖励。中国科学院化学研究所还将其研究开发的部分系列工程塑料技术成果投资入股至杰事杰公司处。

辛某、陈某、余某曾分别担任杰事杰公司主管研究、营销的副总经理、营销人员、工艺员。1995年12月，辛某、陈某与杰事杰公司另一职员董某（辛某之妻）申请注册成立上海日之升新技术发展有限公司（以下简称"日之升公司"）。苏州市日之升工程塑料研究所（以下简称"日之升研究所"）成立于1997年4月。辛某于1996年1月获准辞职，同年3月陈某自动离职，余某获准辞职。

三人从杰事杰公司处辞职后即在日之升公司任职，辛某后又同时在日之升研究所任职。日之升公司租用江苏省宜兴市淀粉降解树脂厂（以下简称"宜兴厂"）及虹利公司场地、设施和人员，使用相关科研技术成果，生产GFRArn-D20、GFRAS-D30、PP4、PP9、HPFPP-1五种产品。日之升研究所亦使用相关技术成果生产上述产品。

1997年底，杰事杰公司以侵犯商业秘密、违反竞业禁止为由对日之升公司、日之升研究所、虹利公司、辛某、陈某、余某提起诉讼，上海市第二中级人民法院依法受理。

二、庭审过程

（一）原告诉求

1.原告系中国科学院化学研究所于1992年成立的研究开发系列工程塑料新材料及其制品的高科技企业，由中国科学院认定为"工程塑料国家工程研究中心"上海基地。1994年起，原告研究开发了"空调器贯流风叶专用玻纤增强AS合金材料"等系列工程塑料新材料,均通过科技成果鉴定,获得各种科技奖励。中国科学院化学研究所还将其研究开发的部分系列工程塑料技术成果投资入股至原告处。原告对自行研究开发和中国科学院化学研究所投资入股的技术成果依法享有科技成果权。上述系列工程塑料技术成果中的 GFRAm-D20（玻纤增强 ABS）、GFRAS-D30（玻纤增强 AS）、PP4（耐热氧老化的聚丙烯）、PP9（耐老化玻纤增强聚丙烯）、HPFPP-1（替代 ABS 专用料）、PP5（汽车 PP 专用料）、PP6（汽车 PP 专用料）、STPP-1（汽车保险杠专用料）、GFRPP-1（玻纤增强聚丙烯）、HTPP-1（透明材料）共 10 种技术配方和生产工艺系原告的商业秘密。

2. 被告辛某、陈某、余某曾分别担任原告主管研究、营销的副总经理、营销人员、工艺员,均接触、掌握原告的上述商业秘密。1995 年 12 月,辛某、陈某与原告另一职员董某（辛某之妻）背着原告申请注册成立日之升公司,并将原告的"空调器贯流风叶专用玻纤增强 AS 合金材料"等获奖证书作为其申请文件。虽然辛某、陈某此时仍在原告处任职,但已蓄意披露原告的商业秘密。

3. 日之升公司印制、散发的公司简介和辛某起草的有关合同等证明,辛某、陈某、余某向日之升公司、日之升研究所披露了原告的商业秘密;日之升公司、日之升研究所以不正当手段获取了原告的商业秘密。

4. 日之升公司租用江苏省宜兴市淀粉降解树脂厂（以下简称宜兴厂）及虹利公司场地、设施和人员,使用原告的商业秘密,生产 GFRAm-D20、GFRAS-D30、PP4、PP9、HPFPP-1 五种产品。日之升研究所亦使用原告的商业秘密生产上述产品。虹利公司应当知道辛某、陈某和日之升公司的行为侵犯原告的商业秘密权,仍积极参与,构成共同侵权。

5. 以日之升公司、日之升研究所销售侵权产品的数量乘以原告生产同类产品的利润计算,原告由此遭受的经济损失共计 360 余万元。

6. 陈某和余某曾与原告签订劳动合同,约定两被告在 5 年内承担竞业限制义务。但两被告辞职后,即加入日之升公司,同原告同业竞争,违反了竞业限制的约定。

原告据此认为,辛某、陈某、余某披露原告商业秘密,日之升公司、日之升研究所以不正当手段获取并与虹利公司使用原告商业秘密生产产品,六被告的行为共

同侵犯了原告的商业秘密权,陈某和余某的行为还违反了竞业限制的约定。据此请求法院判决:

(1)确认六被告进行不正当竞争,侵犯了原告的商业秘密权;

(2)六被告停止侵权并承担保密责任;

(3)六被告在《新民晚报》《苏州日报》上公开赔礼道歉、消除影响;

(4)六被告共同赔偿原告经济损失180万元;

(5)六被告承担原告为调查、制止被告的不正当竞争行为而支付的合理调查费用2万元;

(6)被告陈某、余某承担合同约定的竞业限制义务,3年内不得在日之升公司或其他单位从事与原告正在进行的项目相同或近似的工作;

(7)六被告承担本案诉讼费。

原告为证明其主张的事实,向本院递交了与其起诉意见相对应证据。

(二)被告抗辩

被告日之升公司、日之升研究所、辛某、陈某、余某在答辩中均否认实施了侵权行为,辩称:

1. 原告诉称的10种技术配方和生产工艺并非商业秘密,而是公知技术;技术秘密应当是覆盖在具体产品下的技术要点、配方、工艺线路,而不是产品本身,本案涉及的产品案外人也有能力生产。

2. 辛某、陈某、余某在原告处任职期间,原告尚不拥有GFRAm-D20、GFRAS430技术配方,原告实际生产的技术配方与递交法院鉴定的技术配方不一致。

3. 辛某、陈某、余某没有向日之升公司、日之升研究所披露原告的技术配方和生产工艺;辛某、陈某在日之升公司的开业申请材料中使用原告部分获奖证书只是为了说明本人曾经获得的荣誉。

4. 宜兴厂关于辛某、陈某租用其场地、设施和人员生产HPFPP-1等产品的证明不是事实。

5. 日之升公司只销售过虹利公司生产的GFRAm-D20、GFRAS-D30、PP4、PP9产品和苏州塑料一厂生产的HPFPP-1产品。日之升公司购买上述产品后,再以自己的品牌销售。其中,生产 GFRAS430 的主料由虹利公司提供,辅料由日之升公司提供和掌握。

6. 日之升公司掌握的 GFRAm-D20、GFRAS-D30、PP4、PP9、HPFPP-1 技术的来源合法,且与原告的生产技术并不相同。其中,PP4、PP9 系根据当时已经公开的文献自行研制而成,GFRAm-D20、GFRAS-D30 系通过委托上海实华催化工程技术开发公司开发及自行完善而成。

被告余某还辩称:其并非原告的工艺员,不掌握原告的技术配方和生产工艺。其在原告和日之升公司处都从事清洁工作。即使在原告处工作时领取过原告的技术配方和生产工艺,由于本人文化程度不高,根本看不懂,也不可能泄露。

被告虹利公司未向本院递交书面答辩状,其委托代理人仲某在庭审中辩称,虹利公司向日之升公司、日之升研究所销售 GFRAm-D20、GFRAS-D30、PPKPP9 等产品,属于供销关系。其中生产 GFRAS-D30 的主料由虹利公司提供,辅料由日之升公司提供和掌握。虹利公司无侵权故意,也未实施侵权行为。

六被告据此认为,原告的起诉没有事实依据和法律依据,请求法院驳回原告的诉讼请求。为了证明其主张的事实,六被告共同向本院递交了相关证据。

(三)法院审理

根据原告、被告的诉辩意见,法院将本案事实部分的争议焦点归纳为:

1. 原告主张商业秘密权的 10 种技术配方和生产工艺是否不为公众所知悉;

2. 日之升公司是否生产过 GFRAm-D20、GFRAm-D30、PP4、PP9、HPFPP-1 五种产品;

3. 日之升公司、日之升研究所生产 GFRAm-D20、GFRASJ30、PP4、PP9、HPFPP-1 五种产品的技术及其掌握的 PP5、PP6、STPP-1、GFRPP-1、HTPP-1 五种技术是否与原告的技术相同;日之升公司、日之升研究所如何取得 10 种生产技术。此外,原告请求被告赔偿经济损失 180 万元有无依据?虽然各被告在答辩意见中没有直接涉及,但该事实无疑也是原、被告的争议焦点。

经原告申请,法院对日之升公司、日之升研究所和虹利公司处的相关证据和财产予以保全。期间,法院委托上海市科学技术委员会对有关技术问题进行技术鉴定。

第八章 涉外商业秘密的法律保护实务

本院在证据保全中收集的证据有：日之升公司的科研人员名单，部分技术配方，客户名单，账册和销售凭证，日之升公司与青岛海尔集团洽谈时制作的公司简介，虹利公司法定代表人王海金的陈述笔录。

本院在审理过程中收集的证据有：上海市科学技术委员会《关于上海杰事杰材料新技术公司与上海日之升新技术发展有限公司的有关技术配方和生产工艺等技术鉴定的意见》，宜兴厂法定代表人杨永平的陈述笔录。

针对上述事实部分的争议焦点，法院根据原、被告所递交的证据，法院证据保全和审理过程中收集的证据，结合原、被告对上述证据的质证意见，做出如下确认：

1. 原告主张商业秘密权的 10 种技术配方均由相应的组分和配比条件（含量）构成，生产工艺由共混温度和主机转速构成。原告递交的《科学技术成果鉴定证书》确认，这些技术已达到国际先进水平，填补国内空白，具有创新性。原告产品销售后，获得良好的经济效益。原告对其技术配方和生产工艺采取了制定《配方管理条例》以及与员工签订《保密合同》等一系列保密措施。

对比原告 10 种技术配方、生产工艺与各被告递交的 83 份公开文献，两者之间具有显而易见的不相同性。具体反映在：

（1）公开文献只是简略地提及或描绘某一种不完整的技术配方的大概范围，或是阐述某一种技术配方可以包含的某种组分，或是阐述了某一项组分在某一种技术配方中可能产生的作用。而原告的技术配方和生产工艺作为一个整体，其各个组分之间的完整组合，含量的具体数据，以及组分与含量之间的确切配比没有公开；

（2）公开文献主要侧重于对某一种技术配方性能、作用的阐述，表现为学术性、原理性的文字论述。原告的技术配方和生产工艺则应用于实际生产，表现为组分名称、配比条件（含量）和工艺方法；

（3）公开文献仅仅提到部分生产工艺的名词，未涉及与原告生产工艺相同的内容。

2. 日之升公司在印制、散发的公司简介中列举的相关产品的性能、规格等指标与原告在先印制的产品介绍资料中的相关指标基本相同。该公司简介中称，该公司质保部负责人为仲某，该公司主要科研人员是辛某、陈某。1995 年 12 月，还在原告处任职的辛某以日之升公司名义与宜兴厂洽谈合作事项。辛某书写的《联合组建宜兴顺豪——日之升工程塑料有限公司合同》草案中称,日之升公司以 PP 工程塑料生产技术(共 3 大类 9 个牌号)及商标使用权、300 吨销售市场作为软件投入,占 30％股份。宜兴厂证明,上述 3 大类 9 个牌号的工程塑料生产技术是成熟的、立即可以实施的技术配方和生产工艺。其中部分技术配方和生产工艺当时即在宜兴厂投入使用,生产产品。

期间,辛某代表日之升公司与宜兴厂约定,日之升公司租用宜兴厂场地、设备、人员和流动资金,使用日之升公司掌握的技术配方和生产工艺,生产系列工程塑料制品。1996 年 3 月至 4 月,日之升公司采取上述方法,在宜兴厂生产 HPFPP-1 产品 5.5 吨。辛某、陈某在技术和销售上采取封闭绝密的手法,生产时将技术配方的成分名称、性能、型号等全部去掉,换上日之升公司的编号,工艺由辛某亲自掌握,营销由陈某负责。同年 4 月 16 日起,日之升公司与宜兴厂结束合作关系。

1996 年 4 月至 1997 年 12 月,日之升公司租用虹利公司场地、设备和人员,使用日之升公司掌握的技术配方和生产工艺,生产 GFRAm-D20、GFRAS-30、PP4、PP9、HPFPP-1 产品合计 254.85 吨。虹利公司按照日之升公司生产计划进行生产,每吨收取 2500 元加工费,生产中的具体要求由日之升公司安排,整个生产过程由辛某负责。

审理期间,针对被告关于日之升公司采购虹利公司生产的产品再予销售的辩解,本院于 1999 年 6 月 1 日在虹利公司生产场地进行证据保全,要求虹利公司当即提供其生产 GFRAm-D20、GFRAS-D30、PP4、PP9、HPFPP-1 产品的技术配方、生产工艺和生产记录等原始资料。虹利公司均不能当即提供。

1997 年 4 月至同年 12 月,由日之升公司提供技术配方和生产工艺,日之升研究所生产 GFRAm-D20、GFRAS-D30、PP4、PP9 产品合计 269.405 吨。

还查明,余某系原告工程塑料部工艺员。辛某之妻董某曾在原告处任职。

3. 上海市科学技术委员会经鉴定做出如下鉴定意见:原告和日之升公司相同的 4 个产品(即 GFRAm-D20、GFRAS-D30、PP4、PP9)其技术配方的设计思路和研制方法是相似的,但其中某些技术配方日之升公司具有自己一定的特色。

本院还对比了原告与日之升公司、日之升研究所掌握的 PP5 技术配方,认定两者在技术特征、研制方法和设计思路上是相似的。

4. 日之升公司在宜兴厂生产 HPFPP-1 产品 5.5 吨,在虹利公司生产 GFRAm-D20 产品13.7吨、GFRAS-30 产品 132 吨、PP4 产品43.9吨、PP9 产品9.75吨、HPFPP-1 产品55.5吨,合计生产 260.35 吨。日之升研究所采用日之升公司提供的生产技术,在虹利公司生产 GFRAm-D20 产品 49.25 吨、GFRAS-30 产品 178.1 吨、PP4 产品 35.855 吨、PP9 产品 6.2 吨,合计生产 269.405 吨。原告生产、销售上述 5 种产品的每吨平均利润分别为 6000 元、6000 元、7000 元、5000 元、7500 元。

(四)法院判决

被告日之升公司、日之升研究所、虹利公司、辛某、陈某、余某的行为共同侵犯了原告的商业秘密权,构成不正当竞争行为。

自本判决生效之日起至原告拥有的 GFRAm-D20、GFBRAS-D30、PP4、PP9、HPFPP-1、PP5、PP6、STPP-1、GFRPP-1、HTPP-1 这 10 种技术配方和生产工艺成为公知技术之日止,日之升公司、日之升研究所停止使用原告的商业秘密生产、销售同类产品,停止使用在原告商业秘密基础上作任何添加或修改的技术配方和生产工艺生产、销售同类产品。虹利公司停止与日之升公司、日之升研究所共同使用原告的商业秘密。日之升公司、辛某、陈某、余某停止披露原告的商业秘密。自判决生效之日起至原告拥有的商业秘密成为公知技术之日止,日之升公司、日之升研究所、辛某、陈某、余某负有不得披露原告商业秘密的保密义务。

日之升公司、日之升研究所、虹利公司、辛某、陈某、余某于判决生效之日起三十日内,在《新民晚报》《苏州日报》上刊登致歉声明,向原告赔礼道歉,消除影响。

日之升公司赔偿原告经济损失人民币 90 万元。日之升公司、日之升研究所共同赔偿原告经济损失人民币 90 万元。虹利公司、辛某、陈某、余某对上述两项赔偿承担连带赔偿责任。日之升公司、日之升研究所、虹利公司、辛某、陈某、余某共同赔偿原告因调查被告侵害其合法权益的不正当竞争行为所支付的合理费用 2 万元。原告的其他诉讼请求不予支持。案件受理费人民币 19110 元,财产保全费人民币 8020 元,技术鉴定费人民币 15000 元,合计人民币 42130 元,由六被告共同负担。

三、法理分析

商业秘密是指不为公众所知悉，能为权利人带来经济利益、具有实用性并经权利人采取保密措施的技术信息和经营信息。技术信息和经营信息，包括设计、程序、产品配方、制作工艺、制作方法、管理诀窍、客户名单、货源情报、产销策略、招投标中的标底及标书内容等信息。中国《反不正当竞争法》第10条第2款对商业秘密所下的定义为：商业秘密是指不为公众所知悉、能为权利人带来经济利益、具有实用性并经权利人采取保密措施的技术信息和经营信息。同时商业秘密应具备以下三个主要特征：

一是秘密性，商业秘密主要以秘密状态维持其经济价值，是不为公众所知悉的，也即不能从公开渠道直接获取的。这使商业秘密区别于专利、商标、版权等知识产权，后者须通过公开，牺牲其秘密性以换取法律的直接硬性保护。

二是保密性，即权利人须对商业秘密采取保密措施，如订立保密协议，建立保密制度及采取其他合理的保密措施。未经保密的、在社会公众中广为传播的信息，就不具有秘密性，不再是商业秘密。

三是实用性，商业秘密应具有确定的可应用性，能为权利人带来现实的或者潜在的经济利益或者竞争优势，一般称其为无形财产权。商业秘密着眼于经济利益，这是其与政治秘密、个人隐私的根本区别。

依照《民法通则》第四条"民事活动应当遵循自愿、公平、等价有偿、诚实信用的原则"，第一百一十八条"公民、法人的著作权、专利权、商标专用权、发现权、发明权和其他科技成果权受到剽窃、篡改、假冒等侵害的，有权要求停止侵害、消除影响、赔偿损失"，第一百三十四条第一款第（一）项、第（七）项、第（九）项、第（十）项"承担民事责任的方式主要有：（一）停止侵害；……（七）赔偿损失；……（九）消除影响、恢复名誉；……（十）赔礼道歉"；

《反不正当竞争法》第十条"经营者不得采用下列手段侵犯商业秘密：（一）以盗窃、利诱、胁迫或者其他不正当手段获取权利人的商业秘密；（二）披露、使用或者允许他人使用以前项手段获取的权利人的商业秘密；（三）违反约定或者违反权利人有关保守商业秘密的要求，披露、使用或者允许他人使用其所掌握的商业秘密。第三人明知或者应知前款所列违法行为，获取、使用或者披露他人的商业秘密，视为侵犯商业秘密。本条所称的商业秘密是指不为公众所知悉、能为权利人带来经济利益、具有实用性以及经权利人采取了保密措施的技术信息和经营信息",第二十条第一款"经营者违反本法规定,给被侵害的经营者造成损害的,应当承担损害赔偿责任,被侵害的经营者的损失难以计算的,赔偿额为侵权人在侵权期间因侵权所获得的利润;并应当承担被侵害的经营者因调查该经营者侵害其合法权益的不正当竞争行为所支付的合理费用";

国家工商行政管理局《关于禁止侵犯商业秘密行为的若干规定》第三条第一款第(四)项之规定"禁止下列侵犯商业秘密的行为:……(四)权利人的职工违反合同约定或者违反权利人保守商业秘密的要求,披露、实用或者允许他人使用其所占有的权利人的商业秘密"。

据此,法院做出了上述判决。

【延伸阅读】

1. 齐爱民、李仪:《商业秘密保护法体系化判解研究》,武汉大学出版社 2008 年版。

2. 戴永盛:《商业秘密法比较研究》,华东师范大学出版社 2005 年版。

3. 吴汉东:《中国知识产权制度评价与立法建议》,知识产权出版社 2008 年版。

4. 张耕:《商业秘密法律保护研究》,重庆出版社 2002 年版。

5. 孙祥俊:《商业秘密保护法原理》,中国法制出版社 1999 年版。

第九章
生物技术与基因技术国际保护制度实务

【内容摘要】随着现代生物技术的快速发展,生物技术与基因领域的发明创造的保护问题早已引起世界各国的高度重视,《生物多样性公约》、TRIPS、《卡塔赫纳生物安全议定书》和各国国内法都规定了对于生物技术的保护。在众多立法中,知识产权的有关保护是重中之重的,其中又以专利法保护为主,生物技术要受到专利法的保护,要成为专利法保护的客体,一定要具有可专利性的"三性"要求,即具有创造性、新颖性和工业实用性。生物技术的专利保护包括生物技术专利保护范围及对于生物技术专利创造性和实用性的审查。

生物技术与基因技术可以随心所欲地改变自然生态中生物的遗传特征乃至物种,因此生物技术与基因技术将直接影响人们对生命的伦理道德观念。这种影响在一定意义上可以分为两类:一是生物技术与基因技术可能为人类带来福音,如对疾病特征基因的修正使人的生命延长、为不育夫妇延续后代等,这就要求人们转变传统的道德观念。二是人们无不担心因基因技术的滥用造成自然生态的破坏及伦理道德的混乱,如绝大多数政府对克隆人所持的反对态度,这就要求人们应用法律规则对生物技术与基因技术加以规范。

第一节　生物技术国际保护制度

【知识背景】

一、生物技术的概念

生物技术这个词最初是由匈牙利工程师 Karl Ere 于 1917 年提出的。实际上生物技术的发展和应用可以追溯到 1000 多年以前,而人类有意识地利用酵母进行大规模发酵生产是在 19 世纪。《生物多样性公约》第 2 条规定"生物技术"是指使用生物系统、生物体或其衍生物的任何技术应用,以制作或改进特定用途的产品或工艺过程。1982 年国际合作及发展组织对生物技术定义为:生物技术是应用自然科学及工程学的原理,依靠微生物、动物、植物作为反应器将物料进行加工以提供产品来为社会服务的技术。目前,生物技术逐步成为与微生物学、生物化学、化学工程等多学科密切相关的交叉性学科。

二、生物技术的知识产权保护形式

现代生物技术产业涉及的知识产权保护范围很广,包括专利、商标、版权(著作权)、工业品外观设计、商业秘密和反不正当竞争等。其中最具生物技术特色也最为重要的保护就是专利权的保护。因此主要介绍生物技术的专利保护问题,并对其他形式的保护略加介绍。

(一)生物技术的专利保护

1. 生物技术专利保护范围

依据当今生物技术的发展所揭示的生命物质的层次,将专利法可能涉及的生命物质大致分为五类,分别为分子、细胞、器官、胚胎和个体,这些物质基本构成了生命物质的全部内容,但仅有这些还是不够的,还需要加上一些针对上述五个层次的生命物质的操作方法,如合成、复制、序列分析、培养、转化、转染、融合、移植、克隆等。

专利主题必须具有可专利性(patentability)，照国际上基本一致的要求，这主要指发明要具有创造性、新颖性与工业实用性。如《欧洲专利公约》(*European Patent Convention*, EPC)在其第二部分(实体专利法)第一章(可专利性)中就明确规定了可专利的发明应具有创造性(inventive step)、新颖性(novelty)和工业实用性(industrial application)，国际公约也是如此，如 TRIPS 第 27 条第 1 款就做了与 EPC 几乎一致的规定，既强调了专利主题物质应具有的"三性"，还强调了发明不得因发明地点和技术领域等而受歧视。

生命物质的专利保护应受到道德伦理与公共秩序的制约，此即所谓的"道德条款"。为适应和促进生物技术产业的发展，专利法已在有关生物技术发明的可专利性上做出了相当的让步。主要体现在对"三性"标准要求的宽泛解释上，与以前相比已有很大的变通性。如对于"创造性"的判断，不再仅以自然界已存在该生命物质为排除理由，即使某种物质存在于自然界(如人体中)，但在其自然状态下却不可能为人们所利用，那么关于该生命物质的发明则不应因其已在自然界中存在而被排除其可专利性(如通过基因工程方法生产胰岛素)。同样"工业实用性"也已获得较为宽泛的解释。由此可见，专利法的调整已基本使生命物质的可专利性问题得到解决，但不可避免地还保留着许多限制。这些限制基本上是出自于道德伦理方面的考虑。如 TRIPS 第 27 条第 2 款规定成员方在认为有必要保护其"公共秩序或道德"时排除发明的可专利性，并进一步把保护"公共秩序或道德"解释为"保护人类、动物或植物的生命或健康，或避免对环境的严重危害"。简言之，专利法和相关法律中的这些"道德条款"，排除了某些有可能危及人类的道德伦理和尊严的生命物质或方法的可专利性，从而筑起一道保护屏障。可以看出，随着生物技术的发展而不断调整的专利法，已逐渐敞开了对生命物质进行专利保护的大门。虽然出于道德伦理与公共秩序的考虑排除了一些特殊生命物质和方法的可专利性，但就总体而言，对生命物质的专利保护已经是不可逆转的世界潮流了，这对生命科学界、生物产业界及整个知识产权界的意义是不言而喻的。

中国专利法先后经过了三次的修改和完善，逐步扩大和完善了生物领域专利保护的范围，对更好地保护生物领域的发明创造提供了法律保障。中国生物领域的专利保护具体包括：动物和植物品种、微生物菌种和遗传物质、生物制品、疾病的诊断和治疗方法四个方面。

2. 对于生物技术专利创造性和实用性的审查

授予专利权的发明和实用新型应当具有新颖性、创造性和实用性，其目的是避免对基础研究授予专利。生物技术的新颖性审查相对较为简单，目前的问题主要集中在创造性和实用性审查规定上。

(1) 生物技术专利实用性审查。所谓实用性，指能够制造或者使用，并且能够产生积极的效果，但如何判断该"能够"和该"积极效果"。其可信与可行间存在很大的操作弹性。各国专利法都有规定，授予专利权的发明应当具有新颖性、创造性和实用性，但是其中具有很大的模糊性，美国专利局曾经采取过严格的审查态度，要求必须清楚地指出申请专利的实际产业应用，据此驳回了一系列生物技术发明和化学物质发明的专利申请。但在1995年以后，新的实用性审查指南出台，认为只要一项生物技术领域发明方案在本领域普通技术人员看来是可信的或者其实用性是显而易见的，就算满足了实用性的要求。

(2) 生物技术专利创造性审查。专利法中的创造性是指与现有技术相比，该发明具有突出的实质性特点和显著的进步，该实用新型具有实质性特点和进步。所谓发明具有突出的实质性特点，是指对所述技术领域的技术人员来说，发明相对于现有技术是非常显而易见的。发明有显著的进步，是指发明与现有技术相比能够产生有益的技术效果。当前很多国家有关微生物、基因、重组载体、转化体、融合细胞、单壳隆抗体等具体发明的创造性判断标准的技术判断细则既笼统又要求过高，已成为生物技术特别是遗传资源获得专利权的屏障。由于生物技术所涉及的领域很多属于遗传资源领域，其所涉及的知识十分高深复杂，客观上使人们难以判断一项生物技术是否具有创造性。

(二) 其他形式的知识产权保护

生物技术产业界与其他产业界一样，要想有一个良好的运营秩序并能健康发展，就一定要有其他多种形式的知识产权保护，如通过版权(著作权)进行保护，这主要是对数据库(database)的保护，如DNA序列与蛋白质序列的大量测定、对各种遗传性疾病的分析所产生数据(库)。如果一项开发中的生物技术不适合申请专利(或者说用技术秘密的形式可以得到更好的保护)或者尚不到申请专利的时机,那么就应该采取商业秘密的保护方式。TRIPS(第39条)对此有规定。当然,对于企业间侵犯相关生物技术的不正当竞争行为,受害者可依据相关的国际公约以及各国国内反不正当竞争法提起诉讼以求得补偿。

三、生物技术的国际法律保护

《生物多样性公约》是一项保护地球生物资源的国际性公约,于1992年6月1日由联合国环境规划署发起的政府间谈判委员会第七次会议在内罗毕通过,1992年6月5日,由签约国在巴西里约热内卢举行的联合国环境与发展大会上签署。公约于1993年12月29日正式生效。公约规定,发达国家将以赠送或转让的方式向发展中国家提供新的补充资金以补偿他们为保护生物资源而日益增加的费用,应以更实惠的方式向发展中国家转让技术,从而为保护世界上的生物资源提供便利。同时,使用另一个国家自然资源的国家要与那个国家分享研究成果、盈利和技术。

1994年通过的TRIPS也对成员方明确提出应当用专利或用有效的专门制度或两者结合对植物品种进行保护。早在1983年,巴黎公约国际联盟第14次会议就提出建议,要求世界知识产权组织(WIPO)研究利用专利和其他形式在各国和国际上有效地保护生物技术发明创造。为此,世界知识产权组织成立了专门委员会进行调查研究并多次召开专家会议对利用专利保护生物技术的各种法律问题进行了广泛的研究探讨,以期寻求各国及国际组织对生物技术知识产权保护的共同原则和通行做法。通过十几年来的努力探索和实践,各国间共识增加,协调增进,对国际经济技术贸易交流起到了积极的推动作用。

《卡塔赫纳生物安全议定书》(简称《生物安全议定书》),其具体侧重点应为凭借现代生物技术获得的、可能对生物多样性的保护和可持续使用产生不利影响的任何改性活生物体的越境转移问题,特别是着手拟定适宜的提前知情同意程序,以供审议,重申《关于环境与发展的里约宣言》原则15中所规定的预先防范办法,意识到现代生物技术扩展迅速,公众亦日益关切此种技术可能会对生物多样性产生不利影响,同时还需顾及对人类健康构成的风险,认识到如能在开发和利用现代生物技术的同时亦采取旨在确保环境和人类健康的妥善安全措施,则此种技术可使人类受益无穷,亦认识到起源中心和遗传多样性中心对于人类极为重要,考虑到许多国家,特别是发展中国家此方面能力有限,难以应付改性活生物体所涉及的已知和潜在风险的性质和规模,认识到贸易协定与环境协定应相辅相成,以期实现可持续发展。

【案例裁决】

一、Chakrabarty案的基本案情

Ananda M Chakrabarty("查氏")出生在印度,在印度获得生物化学博士学位后去美国从事博士后研究,曾受雇为美国通用电气公司(General Electric co. GE)的研究人员,后来成为美国伊利诺斯大学医学院(University of Illinois College of Medicine at Chicago)的微生物学和免疫学系教授。20世纪60年代末科学家已经发现某些假单胞菌(pseudomonas)能够分解多碳化合物,这种性质是由细菌中的质粒(plaseudomonas)决定。质粒是细菌染色体外的一种遗传物质。

20世纪70年代初正是环保事业开始兴起之时。查氏在GE工作时,在从事公司研究任务的同时也一直研究利用假单胞菌的这种性质分解石油。他发现一种假单胞菌只能分解少数几种碳氢化合物,但石油中的碳氢化合物种类繁多,因此只得使用多种细菌混合培养才能分解,但混合培养的结果却是优势菌株大量繁殖而排斥其他菌株生长。查氏尝试使用质粒重组和结合等方法把不能在一种细菌中存在的不相容质粒结合在一起,然后把多种相容质粒转移到一种假单胞菌株中,使之成为能够分解多种石油碳氢化合物的"超级细菌",用以消除环境中的石油污染。

GE对查氏的发明很感兴趣,就由发明人查氏于1972年向USPTO提交的专利申请,并把权利转让给GE。该发明的主题是"一种来自假单胞菌属的细菌,至少含有两个稳定的产能(energy-generating)质粒,每个质粒都能提供一种单独的碳氢化合物分解途径"。围绕该主题共有36个权利要求,分别涉及三类请求保护的主题:第一是生产该细菌的方法;第二是接种物(inoculum),用来承载细菌和水上漂浮物,用途是给细菌在清除水上石油污染时提供附着物;第三是这种新细菌本身。

专利审查员认可前两类主题,但驳回了针对第三类主题即细菌本身的权利要求,审查员的驳回理由是:第一,微生物是自然的产物(products of nature);第二,在《美国专利法》第101条下有生命的物体是不可专利的主题。案件上诉至USPTO的申诉委员会(Patent Office Board of Appeals),委员会认为该细菌不是自然的产物,因为它含有两个或多个产能质粒,这并不是自然发生的。申诉委员会分析了美国专利法的立法历史,认为美国国会在1930年通过《植物专利法》把专利保护延伸至无性繁殖植物,这已表明《美国专利法》第101条不覆盖活生物体,如在实验室中创造的微生物,因此委员会认可了审查员的第二项驳回理由,维持其驳回决定。

案件再上诉至当时管辖专利上诉案件的关税与专利上诉法院(Count of Customs and Patent Appeals, CCPA)。CCPA是现在的美国巡回上诉法院(CAFC)的前身。CCPA曾于1977年在In. re. Bergy案中判决认为微生物是活的对于专利法而言并不具有显著的法律意义,即具有活性的微生物并不影响专利法的相关判断。在Bergy案件中,Bergy的发明涉及一种微生物维洛链霉菌(Streptomycin villous)的纯化培养物,该放线菌能够用于生产林可霉素(1incomycin)。但在对查氏上诉案的判决中,CCPA却推翻了他自己在Bergy案中的认定。

案件最后上诉至美国最高法院。最高法院于1978年撤销CCPA判决,发回CCPA要求依据最高法院审理的Parker v. Flook(437 U.S 584,1978)案进行重审。CCPA于1979年重审后,重又回到Bergy案的结论上来,认为经查氏改造后的细菌是美国专利法第101条下的可专利主题。USPTO局长Diamond又针对此判决结论上诉至最高法院,最高法院最后以5:4的比例维持CCPA判决。首席大法官Burger主笔出具判决意见。

二、美国最高法院对Chakrabarty案的判决

最高法院认为,本案并不涉及新颖性和创造性的判断问题,而主要涉及判断查氏通过生物工程途径发明的假单胞菌是否属于美国专利法第101条规定的"产品"(manufacture)或"物质组成"(composition of matter)。法院试图对该法条给出一

第九章 生物技术与基因技术国际保护制度实务

般解释,也因而得出本案的结论。它重申最高法院此前确定的法律解释准则:法律解释应使用法律的语言;除非明确申明,文字意义应理解为它的普通、现代和通常的意义;不应试图理解立法机构没有明确表达的限制和条件。

最高法院考察了法院此前在 American Fruit Growers Inc. v. Brogdex Co. 案和 Shell Development Co. v. Watson 案件中对产品和物质组成的解释,认为立法者选择含义如此广泛的词语,并用"任何"作修饰语,显然是希望专利法有广泛的视角。法院考察了美国专利法的立法历史,也得出相同结论。托马斯·杰弗逊起草的 1793 年美国专利法中规定的专利权客体是"任何新的和有用的技艺、机器、产品或物质组成,或其任何新的或有用的改拼"(Act of Feb. 21. 1793,1,1 Stat. 319);其后 1836 年、1870 年和 1874 年的美国专利法也使用了同样宽泛的语言;1952 年美国专利法修改时,国会用"方法"(process)代替了"技艺"(art),国会在委员会报告中告知人们国会意欲使专利主题"包括太阳下人造的任何事物"。

但法院也强调,美国专利法第 101 条并非没有限制,它并不能够包括所有发现,如自然规律、物理现象和抽象概念都不是可专利的主题,因此无论是发现了一种新矿石还是发现了一种新的野生植物都不可申请专利。爱因斯坦的质能方程($E=MC^2$)和牛顿的引力定律等也不能申请专利,这些发现仅是自然的展现,不能被任何人独占。

基于这些理由,法院认为,在一般的意义上来说(plainly),查氏的微生物有资格作为可专利的主题。因为他主张的不是一种未知的自然现象,而是一种非自然发生的产品或物质组成,它是一种人类聪明才智的成果,有自己独特的名称、特征和用途。这与 Hartranft v. Wiegmann 案(12I U.S 609,1887)中涉及的自然根瘤菌不同,这些根瘤菌与其自然状态下功能一致,它们独立地完成其自然功能而无须申请人的努力,与之相比较,查氏的假单胞菌显示了与自然状态不同的特征,并可有潜在的巨大用途,因此其发明不是自然的工艺,而是发明者自己的杰作。因此,查氏的细菌是美国专利法第 101 条下的可专利主题。

上诉人 USPTO 局长 Diamond 有两个重要主张。第一个主张是希望最高法院澄清专利法第 101 条下的"产品"或"物质组成"概念是否包括活生物体在内。Diamond 主张,美国于 1930 年通过《植物专利法》(*Plant Patent Act*,PPA)保护无性繁殖植物，于 1970 年通过《植物品种保护法》(Plant Variety Protection Act，PVPA)保护有性繁殖植物但却同时排除对细菌的保护，这表明依据国会的理解，"产品"或"物质组成"不包括有生命的物体在内，否则 PPA 和 PVPA 就没有通过的必要。最高法院通过分析 PPA、PVPA 和专利法等反驳了此主张。

法院认为，在 1930 年之前，有两个因素阻碍了对植物的专利保护：第一个因素是当时认为在专利法下植物是自然的物品而不是可专利的主题，即使那些人工培育的植物也是如此，这反映在 1889 年的 Expaarte Lattmer 案中；第二个因素是人们认为植物不能满足专利法要求的"书面描述"标准，因为新植物与原来的植物可能仅在颜色或气味上有所差别，这些差异不太可能用文字给予清楚描述。在 1930 年 PPA 立法时国会就解决了这两个问题：首先，国会解释植物育种者在自然的帮助下所完成的成果是可专利的主题；其次，PPA 仅要求对植物的书面描述应"尽可能合理的完整"。在此过程中，国会议员或法律委员会并没有表示"产品"或"物质组成"应把活生物体排除在外。

法院发现，仅有的证据是当时的农业部长 Hyde 在给众议院和参议院委员会主席的信中提到当时的专利法被理解为仅涉及没有生命的发明或发现，但是农业部长的意见并没有法律效力，并不能用于解释可专利主题的范围，因为这已超出了他作为农业部长的权限。并且即使是在当时，众议院和参议院报告也表明其并不认为农业部长的二分法具有说服力：在一种植物新品种和一种无生命的物体如矿石之间有清楚的和具有逻辑的区别，矿石完全是由自然创造，没有人类参与，而人工培育的植物新品种却是唯一的、单独的、自然界不可重复的和没有人类帮助也不可能生产的。国会因此认识到区分有无可专利性的界限不是看主题有无生命，而是看它是否属人为的发明。

通过对专利法立法历史的回顾与解释，美国最高法院就确定了美国国会对可专利性界限的划分原则，即它不是位于有生命的和无生命的物体之间，而是位于自然的物品(不管是否有生命)和人为的发明之间。法院以此认为查氏的微生物是人类聪明才智和研究的结果，它不是自然的产物，而是人为的发明。因此最高法院认为上诉人 Diamond 的第一个主张并没有得到国会于 1930 年通过的 PPA 的支持。通过进一步分析，最高法院也认为上诉人的本主张不能得到国会于 1970 年通过

PPVA 的支持,即使 PPVA 明确排除了对某些微生物的保护。

上诉人 Diamond 的第二个主张是,除非国会明确授权,否则微生物不能作为合格的可专利主题。他认为,在国会创设专利法第 101 条时还不能预见到基因工程的出现,因此像查氏微生物这样的发明能否被授予专利应交给国会决定,从立法程序才可最好地平衡经济、社会和科学方面的考虑,从而决定是否应授予活生物体专利。上诉人在此还引用最高法院在 1978 年刚刚判决的案件 Parker v. Flook 中的陈述,即当司法机构被请求把专利权延伸至国会未曾预见的领域时一定要小心行事。

对此最高法院论述到,的确是国会而非法院来决定可专利性的界限,但一旦国会通过了立法,解释法律是什么将是司法机构的权力范畴和责任。这是 1803 年著名的 Marbury v. Madison 案确定的重要原则。因此在专利法中确定什么是可专利主题是国会的宪法职责,而法院的职责是依据其理解来解释国会的用语,在出现模糊时,法院将以立法历史和立法目的作为指导。为促进"科学和有用技艺之进步"的宪法目标和专利法目标,以保证实现杰弗逊憧憬的社会和经济利益,专利法第 101 条使用了非常宽泛的用语以定义可专利主题,但一般性的宽泛用语并不一定就是不确定的,尤其当国会的目标就需要宽泛的用语时,因此在专利法第 101 条中没有模糊性。至于 Flook 案,该案涉及一种新的计算方法,依据先例,它不是《美国专利法》第 101 条下的可专利主题。最高法院一直强调对法律的理解不应局限于立法者预期的特别应用,对于专利法尤应如此,不然就可能与专利法的中心概念"预见性削弱可专利性"(anticipation undermines patentability) 相冲突。因为按照上诉者的逻辑,凡是国会未能预见的发明种类就不能获得专利权保护,其实正因为发明经常是不可预见的,专利法第 10I 条使用的词汇才是宽泛的。

最高法院还列举了历史上曾获得专利保护的一些重要发明,如莫尔斯的电报(美国专利号 USP 1647)、贝尔的电话(USP 174465)、爱迪生的电灯(USP 223898)、莱特兄弟的飞机(USP 821393)、Bardeen 与 Brattain 的晶体管(USP 2524035)、费米和 Szilard 的中子反应堆(USP 2708656)、Schawlow 和 Townes 的激光(USP 2929922),以此说明发明的不可预见性、不可预见的发明对于社会的重要意义以及给不可预见的发明授予专利权的必要性。

Diamond 为支持其上诉,还引用了专家证词,其中包括一些诺贝尔奖获得者,试图说明遗传工程研究的严重后果,如对人种的威胁、污染环境、传播疾病、造成生物多样性减少、降低人类生活的价值等。最高法院说,这些强有力的、富有激情的论证提醒他们,人类的聪明才智似乎已经不能完全控制它所创造的力量,就像哈姆雷特,有时忍受着病痛比飞向未知更好。上诉者还认为,法院在决定查氏的微生物是否属于可专利主题时应衡量可能的危险,最高法院不同意这种说法,认为是否授予微生物专利都不太可能影响基因研究的命运,因为人们在尚不知晓能否获得专利保护时就已进行了很多研究。这表明立法者或司法者的决定都不足以阻止人们对未知世界的科学探知,因此,查氏微生物是否可被授予专利可能会影响研究的加速(出于对经济奖赏的期望)或减缓(缺乏激励机制),但也仅是如此而已,不会涉及更多方面。至于本话题涉及的其他多种社会利益方面,包括对社会利益的平衡,那是立法者或行政管理机构的事情,法院对此无能为力,既不能斥之为对未知的恐惧性空想,也不能奉此行事,并且立法者和管理者也都针对此话题实施了相应措施。

最高法院总结说,法院的任务是依据法律的用语解释法律,一旦完成,法院的权力就用尽了;立法者可以任意修改法律以明确排除通过基因工程方法生产的生物体的可专利性;但在国会采取这样的行动前,法院必须按照专利法第101条的规定解释法律;而按照该法条的规定,查氏发明的微生物包括在内,属可专利的主题,因此维持 CCPA 的判决。

美国最高法院在查氏案中的判决使该案成为现代生物技术专利的里程碑案件,从此开启生物技术专利保护的序幕,也推动了生物技术产业的飞速发展。但该案的判决也引发了很多争论,即使在最高法院内部,也有四名大法官不同意法院的判决意见,并出具了不同意见。但支持者积极评价此案,如有人曾认为美国最高法院对此案的判决是"知识和权力新星出现的象征"。

三、USPTO 对 Chakrabarty 案的总结

查氏案件的判决对美国专利法的影响是巨大的,这种影响主要体现在对可专利主题的判断上。从最高法院的判决中总结出来的可专利主题现已被纳入 USPTO 的专利审查手册中。根据 USPTO 的总结,最高法院在查氏案的判决中有如下认定:

第一，遵照法律解释原则，法院要求应按照字典定义理解美国专利法第101条中的"产品"概念，即"通过手工或机器赋予原材料新的形式、质量、品质或其结合且为使用目的而制造的产品"。

第二，国会选择如"产品"和"物质组成"这样的宽泛概念，并用"任何"加以修饰，明显地期望专利法的范围是宽泛的。

第三，美国专利法体现了托马斯·杰弗逊的哲学"聪明才智应得到慷慨的奖励"，美国历史上的几次专利法修改都使用了宽泛的概念，在1952年的专利法修改说明中，国会明确申明其立法目的是让美国专利法保护"太阳下人造的任何事物"。

第四，专利法第101条并非没有限制，它也不能包含每种发明，如自然规律、物理现象和抽象概念都是不可专利的。

第五，一种新发现的矿石、野生植物或科学理论都是不可专利的主题。

第六，查氏的权利主张不是指向一种自然现象，而是指向一种非自然发生的产品或物质组成，即一种由人类才智创造的产品，它有自己的名称、特征和用途。

第七，国会认可的可专利性界限不是在有生命和没有生命的物体之间，而是在自然的产品（不管有无生命）和人为的发明之间。

第八，查氏的微生物是人类才智和研究的成果，它显然不同于已在自然中发现的任何微生物，它有显著的潜在用途；他的发明不是自然的创造，而是他自己的发明，因此落入专利法第101条定义的可专利性主题中。

USPTO的归纳可作为对本案的一个总结。USPTO根据美国最高法院的解释和对查氏案的判决意见，认定以下三个方面是重要的：①最高法院并没有把判决限制于基因工程改造的活生物体，因此非基因工程改造的人为的活生物体也属可专利的范畴；②法院对专利法第101条中的"产品"和"物质组成"给予了非常宽泛的解释；③法院给出了几个测试方法以帮助确定某发明是否为专利法下的可专利主题，其中心论点是，是否可专利的界限不是在有生命和没有生命之间，而是在自然的产品（不管有无生命）和人为的发明之间。

具体测试方法包括：

第一，自然规律、物理现象和抽象概念是不可专利的主题。

第二，作为人类聪明才智的产品，一种具有独特名字、特征和用途的非自然存在的产品或物质组成是可专利的主题。

第三,新发现的矿石或野生植物,或者爱因斯坦的质能方程 $E=MC^2$,或牛顿的引力定律,都是不可专利的主题,这些发现是自然的展示,应为所有人使用,不应为任何人独占;

第四,通过手工或机器赋予原材料新的形式、质量、性质或其结合且为使用目的而制造的产品,属美国专利法第101条之下的产品。

若希望用一句话来概括查氏案的结论,那就可表达为"非自然发生的产品或物质组成是美国专利法下的可专利主题"。当然。这些测试标准仍相对抽象,仍需结合具体案件进行具体分析,USPTO强调审查员应视个案需要分别适用以上的测试标准,并特别指出,试图对于所有专利申请都事先给出精确的审查标准是不合适的。

USPTO还强调,尽管查氏案在一定程度上扩展了美国专利法的可专利主题,但这并不代表可专利性标准降低了或不存在了。事实上,美国专利法第102条、第103条和第112条等规定的条件仍然适用,仍需得到满足才可能最终获得专利授权。

四、生物技术可专利主题的发展

可以说,Chakrabarty案至今仍是生物技术专利领域最重要的案件之一,在此后至今约四分之一世纪的时间里,它不仅直接影响了美国专利法的适用,也影响了欧洲、日本和其他多个国家的专利法改革。查氏案奠定了美国生物技术可专利主题的基础,在其后的年代里,USPTO按照最高法院在查氏案中确立的原则,主动扩展了生物技术领域中的可专利主题。

【延伸阅读】

1. 刘银良:《生物技术的知识产权保护》,知识产权出版社2009年版。

2. 瞿礼嘉、顾红雅、胡苹、陈章良:《现代生物技术》,高等教育出版社2005年版。

3. 郑思成:《知识产权法》,法律出版社2003年版。

4. 张晓都:《专利实质条件》,法律出版社2002年版。

5.尹新天:《专利权的保护》,知识产权出版社2005年版。

第二节 基因技术国际保护制度

【知识背景】

一、基因技术的概念

自20世纪70年代初期诞生以来,基因技术领域的研究和开发实现了若干重大突破,也引起了科技界、法律界有识之士的高度重视,但并没有一个统一的、公认的概念。国外有学者给出了一个相对比较全面的定义:基因技术,起源于分子生物学,是为科学研究、环境保护,以及工业、农业和医药开发目的,运用分子生物学和其他学科方法,通过对遗传物质进行分离、鉴定和重组并将该遗传物质植入新的活细胞等手段,选择并改善生物体遗传性状的技术。国内专利法学界则将基因技术较为精练地概括为:按照人们的需要,改变生物个体或细胞基因组的方法和技术。

二、基因技术成果的保护模式

作为一种智力劳动成果,基因技术属于知识产权一类应无疑义。中国学者一般均接受大陆法系关于广义财产权的概念,将知识产权、商业秘密等视为无体的财产权,因此基因技术并不适用物权的保护方式。下面就商业秘密、著作权、专利权等方面对基因技术保护加以分析,以期能找出较为适合的保护模式。

(一)商业秘密保护模式

商业秘密属于商业信息的一种,其基本属性在于保持秘密状态。商业秘密新颖性最低限度的要求仅是有关信息不能是行业内现成的普遍信息,由于无须被登记保护,因此不能排除行业内他人的自行开发来保有此类信息。基于商业秘密的秘密性,此类信息只要不能从公开渠道获得并且能产生某种经济优势即可。因此,对商业秘密的保护一般采用侵权责任及不正当竞争责任来加以规范。那么基因技术的商业秘密保护模式的缺失在哪里呢？笔者认为主要有以下几点：a. 商业秘密的秘密性要求权利人采取合理的保密措施，因为一旦此秘密进入公有领域中会导致权利人丧失商业秘密权。虽也有主张由于意外事件等原因不应该导致商业秘密权的丧失，但实际上一项秘密一旦公开是无法控制他人使用的。b. 秘密性要求使基因技术不能对外公开，一方面会阻碍社会对该技术的广泛运用；另一方面可能导致社会成员的重复劳动，造成社会资源的浪费。c. 商业秘密并不能拒斥他人基于合法行为获得，如运用独立开发、反向工程等手段。d. 从侵权法保护层面看，侵权法并不禁止合法取得商业秘密；从反不正当竞争法层面看，中国现行法律仅将经营者作为商业秘密权的主体，因此这种保护是不周延的。上述分析说明以商业秘密保护手段来保护基因技术是不妥当的，仅能将其作为一种补充保护手段。

（二）著作权保护模式

按世界版权公约的规定，受保护的作品是指文学、艺术和科学领域的智力劳动成果，因此以著作权法模式保护基因技术似乎是可行的。作品只有通过传播才能为公众所知悉，从而取得其社会价值，在这一点上著作权法保护模式克服了商业秘密保护模式中阻碍社会发展、造成社会资源浪费的弊端，但总体上这种模式也存在其自身的缺陷：a. 著作权的一个显著特点是只保护作品的表现形式，而不保护作品的思想与内容，即内容相同但表现形式各异的作品均受著作权法的保护。基因技术真正要保护的是其内容而非表现形式，如何解决这一致命缺陷呢？b. 保护期过长。著作权的保护期是作者有生之年加上死后若干年，在现代科技迅速发展的今天，一项新技术很快会成为过时的技术，这样的保护期显得毫无必要。c. 作品的著作权依创作完成而自动产生，无须经过登记程序。如果有在相近时间段内各自独立完成某项内容相同的基因技术成果的权利人存在，基因技术的归属较难确定。基于上述分析，笔者认为用著作权法对基因技术的保护亦非最佳途径。

（三）专利权保护模式

对基因技术给予专利权的保护的争论一直在延续。持反对意见的人士认为主要是由于要为专利支付更多的费用，使研究基因技术的能力下降。如果将专利成本划入到价格中，对消费者的利益和市场的拓展并不有利。同时专利权对基因技术的垄断，会阻碍利用基因技术开发第二代基因产品。事实上某些西方国家已开始实施基因技术的专利保护。

首先应阐明专利权保护的几个问题：a.发明与发现的问题。据韦氏辞典的解释，发明指的是设计和制造前所未闻的东西。发现则是揭示出已有的但人们尚不知的东西。基因技术中常以某个基因片段序列制作基因探针，用于发掘含有该基因片段的基因，这是一种基因技术工具或方法，属于研究者的发明，利用专利权保护应无太大问题。专利权对发现是不提供保护的，基因技术研究从本质上讲是生物基因序列的发现，这意味着基因技术不应受专利权保护。幸好人类的观念是随情势变化而改变的，现在的认识是单纯的基因序列是一种发现，而将基因序列分离出来是一种发明。因此从某种意义而言，是对研究人员分离方法的保护，从而促进后续相关产业的发展。b.专利权的创造性。这一问题与上述发明和发现问题相关。发现基因序列不具有创造性，是因为未在现有技术上有创新之举；而分离基因序列的创造性在于一种方法、工艺上的创新，可受专利权的保护。同时，转基因动植物品种，是将其他物种的一段基因植入另一物种体内产生的新物种，属于创造物种的工作，可受专利权的保护（对动植物新品种的保护各国多采取特别的保护方式，即使美国为动植物新品种提供专利保护，也仅限于品种和单个植株，这里涉及双重保护问题，内含产业政策利益导向）。c.滥用专利权的问题。在美国滥用专利权的范围要宽于反垄断法的范围，其对基因技术独占使用的规制较为合理。

综上所述，基因技术的专利权保护因其能够实质地保护技术的内容即基因的分离技术，因此是较为合适的保护模式。同时可以考虑利用著作权保护方式对基因技术的表现形式即基因序列进行保护，再辅之以商业秘密的保护模式，形成基因技术多重保护体系。笔者认为在对某一技术保护的同时，也是在对这一技术的发展进行规范，对于基因技术这种关涉到人类未来前途的新兴技术尤为重要。

三、基因技术及基因资源的权属问题

权利的分配牵涉到利益的分配，因此基因技术权利人注重的不仅是这项权利的人身权，更重要的是其中的财产权利。在专利权保护领域，权利归专利持有人所有是无疑义的。笔者在此主要探讨的是基因资源的权属及基因技术运用后的延伸权利如农民特权等问题。

(一)基因资源的权属

所谓基因资源主要是指动植物细胞染色体中所包含的遗传基因信息。基因资源存在于生物物种体内,是基因技术研究、开发的源头。正是由于发展中国家的基因资源被发达国家大量掠夺,致使基因资源保护的问题日益引起关注。如不久前美国有人将中国的几种野生大豆的基因序列申请了大豆新品种专利,这意味着将来中国对这些野生大豆物种培育的大豆新品种的利用及相关后续产业都会受到一定程度的制约。因此发展中国家参与基因成果利益分享需要有相应的制度加以保障,否则将极大地阻碍本国的社会经济发展。从动植物基因资源层面而言,动植物本身不可能是权利主体。虽然生物资源从广义上讲是属于全人类的财产,但这样的认识明显不利于技术相对落后国家的开发利用,"生物海盗"的说法由此产生。解决这一问题的根本办法是由国家成为生物资源的权利人。从人体基因资源层面而言,这种资源是否属于民法意义上的物权尚有争议。以人体器官为例,如果承认其属于物权的客体,那么权利人可以按自己的意愿自由处分,这将导致人体器官商业活动的大量增加,并且这种买卖器官的行为也是不道德的。如果不承认人体器官属于物权的客体,那么他人就可以随意侵犯人身,这显然也不足取。因此,人体基因资源应被承认为一种物权,并且在一定程度上加以限制,如通过立法对人体基因的采集、买卖等活动附加一定的程序。人体基因资源权利人可以在拒绝、无偿提供、有偿提供之间自由选择,由国家在道德风险上加以调控,这样才能在社会资源使用与利益分配上较为公平合理。

(二)农民特权

农民特权是指农民不经品种权人许可也无须支付使用费的自繁自用授权品种的繁殖材料的权利,《中华人民共和国植物新品种保护条例》第10条就有规定。这种权利是基于农民的利益考虑,如果这种特权不复存在,农民将承受自繁自用品种的专利成本付出,对中国这样一个农业大国极为不利。换一个角度,农民对他人的专利产品的改良品种是否享有权利呢?这实质上属于改进发明的范畴。在现有的技术基础上,在保有其独特性质的条件下,如果能够产生新的技术效果,改进发明是可获得专利的发明。对农民改进发明的保护,无疑会调动社会资源的最有效利用,激励社会成员的技术创新。

四、基因资源提供者的隐私权问题

一般而言,基因资源提供者的隐私权内容主要是权利人有权被告知关于基因研究、开发、利用的相关情况及权利人的同意使用,否则将侵犯基因资源提供者的在先权。波斯纳认为隐私权是财产权法的一个分支,因此这种隐私权实质上是资源在先权与专利权人的财产利益分配权利,即间接地利用资源对后续技术的控制。如脐带血的提供者,可以未经同意为由申请宣告基因技术专利无效,从而达到与专利权人分享利益的目的。基因资源所有权人所享有的所有权和隐私权,从不同的侧面对基因技术提供保护。前者依物权的特性直接保护权利,后者依无体的财产权的特性间接地提供保护。具体如何保护提供者的权利,一方面可以由权利人自由选择,另一方面是否应特别规定基因资源的保护方式?这方面有待理论界做出更详尽的分析,但无论如何这都将有助于权利人主张的获得。

目前,中国国家知识产权局新颁布的《专利审查指南》对涉及DNA片段、基因以及多肽和蛋白质的基因技术提出了具体的实用性要求,如申请者应通过生物学实验证明后提出该基因序列切实可行的产业应用方案,具有可实施性,该基因序列的实用性会为社会带来积极的效果或产生积极效果的可能;必须可以重复实施,具有再现性。具体表现为:①强调申请人须提供实验数据,且实验中所采用的有效量和使用方法或制剂等应当公开到该领域技术人员能够实施的程度,即发明所描述的用途必须是实际存在的而不是预期的。②对于基因技术发明的用途。申请人必须用自己的数据来加以证明,而难以用其他参考文献等来证明。

【案例裁决】

雅博诉美华侵犯基因技术商业秘密案

一、基本案情

原告:广州雅博基因芯片有限责任公司(以下简称雅博公司)

被告:东莞美华基因芯片技术有限公司(以下简称美华公司)

被告：史蒂芬·韦恩（以下简称韦恩）

2001年3月20日，原告雅博公司与被告美华公司签订一份《"肝炎基因芯片制造技术"技术转让合同》，该合同约定，技术秘密转让的内容为该诊断芯片技术，其可用于诊断系列肝炎，如乙肝、丙肝，乙肝丙肝的分型及耐药性检测。原告应于合同生效之日起三十日内将"肝炎基因芯片制造技术"的文本资料交于被告美华公司，使用该合同项下转让技术秘密的范围由被告美华公司确定。该合同项下转让技术的金额共计人民币2000万元。

2001年被告美华公司向中国药品生物制品检定所（以下简称药检所）提出"乙、丙型肝炎双检基因（诊断）芯片"（以下简称双检基因芯片）的检验申请。嗣后，被告美华公司于2002年1月8日就双检基因芯片向国家药品监督管理局药品审评中心（以下简称药品审评中心）申请生物制品证书及生产许可，被告韦恩系该新药申报资料的整理负责人。2002年3月1日，药品审评中心就双检基因芯片申报项目向被告美华公司发出《补充申报资料通知》，该通知认为被告美华公司双检基因芯片申报资料尚不完全符合《新生物制品审批办法》的规定，需补充资料。该通知要求被告美华公司在2002年9月1日前补齐相关资料，逾期未报按退审处理。嗣后，被告美华公司未能按照该通知要求补充相关申报资料。

被告美华公司与原告雅博公司因在履行《"肝炎基因芯片制造技术"技术转让合同》时发生争议，于2003年3月17日向广州仲裁委员会申请仲裁。2004年2月26日，广州仲裁委员会做出裁决。该裁决书以原告未全面履行技术转让合同的约定，致使被告美华公司无法实现合同目的为由，裁决原告返还被告美华公司技术转让费人民币2000万元，向被告美华公司支付违约金人民币100万元，并承担仲裁费用人民币154800元。嗣后，原告向上海市第一中级人民法院申请撤销上述仲裁裁决。2004年5月12日，上海市第一中级人民法院驳回原告上述撤销仲裁裁决的申请。同月26日，原告以被告美华公司侵犯其"肝炎基因芯片制造技术"中的技术秘密为由，向本院提起诉讼。

二、案件审理

（一）原告雅博公司的诉求

原告的"肝炎基因芯片制造技术"系其成立时由原告股东广州雷森基因开发有

限公司(以下简称雷森公司)作为技术出资投入的一种先进技术。该技术中的非专利技术部分,是原告予以重点保密的技术秘密,并采取了相应的保密措施。2001年4月16日,被告丹麦公民韦恩从原告处取得包括上述技术在内的技术资料,并未经许可将该部分技术资料披露给被告美华公司。被告美华公司明知该技术系原告技术秘密,仍于2001年7月16日就该技术成立项目组,组织实施原告的技术秘密,被告韦恩并担任了该项目的技术总监。现被告美华公司将其使用原告技术秘密研制的双检基因芯片向药品审评中心申报新药,并将其使用原告技术秘密生产的双检基因芯片、"迈科锐乙型肝炎病毒突变检测基因芯片"(以下简称:迈科锐芯片)投入市场销售,被告美华公司的上述行为严重侵犯了原告对涉案技术秘密享有的权利,给原告造成了重大经济损失。原告故诉至本院,请求判令:①被告美华公司停止使用"肝炎基因芯片制造技术",并禁止被告美华公司销售依该技术制造的肝炎诊断基因芯片产品;②被告韦恩停止披露、使用原告的技术秘密;③被告美华公司赔偿原告经济损失人民币 200 万元。

(二)被告美华公司的抗辩

第一,原告雅博公司并非是"肝炎基因芯片制造技术"中的已申请专利技术的权利人,故原告对"肝炎基因芯片制造技术"中的非专利技术部分亦不享有所有权;第二,原告与被告美华公司之间就涉案"肝炎基因芯片制造技术"曾签订一份技术转让协议,根据该协议被告美华公司从原告处获得了涉案"肝炎基因芯片制造技术"的部分技术资料,并使用该部分技术资料向药品审评中心申报了双检基因芯片新药。因此,被告美华公司使用涉案"肝炎基因芯片制造技术"的部分技术资料申报双检基因芯片的行为,系合法使用原告诉称的技术秘密,并未构成侵权;第三,原告并未完全履行上述转让协议,未向被告美华公司递交完整的技术资料,亦未根据约定辅导被告美华公司掌握"肝炎基因芯片制造技术",据此广州仲裁委员会做出原告返还技术转让费的裁决。因此,被告美华公司从未生产、销售过原告所称的双检基因芯片、迈科锐芯片。综上,被告美华公司并未侵犯原告的技术秘密,故请求法院驳回原告的诉讼请求。

(三)被告韦恩的抗辩

其系"肝炎基因芯片制造技术"课题组成员之一,其将"肝炎基因芯片制造技术"的相关资料交给被告美华公司,得到了原告雅博公司与被告美华公司的认可。

(四)法院审理

法院认为:

第一,涉案"肝炎基因芯片制造技术"中的非公知技术信息是原告雅博公司的涉案商业秘密。

商业秘密是指不为公众所知悉,能为权利人带来经济利益、具有实用性并经权利人采取保密措施的技术信息和经营信息。在本案中,首先,根据原告与雷森公司于2000年10月9日做出的《基因芯片技术无形资产移交声明》,可以认为"基因芯片技术包"中的非专利技术部分已经归原告所有。被告美华公司对此有异议,但并未提供相反证据。其次,各方当事人对本院聘请的技术专家确定的涉案"肝炎基因芯片制造技术"中非公知技术信息的内容均无异议。再次,原告向本院提供的《文件保密细则规定》,"肝炎基因芯片制造技术"资料盖有的"机密"印章,及被告韦恩关于其知道原告《文件保密细则规定》的陈述,可以证明原告对上述非公知技术信息采取了相关的保密措施。涉案"肝炎基因芯片制造技术"亦能为权利人带来经济利益,具有实用性。故本院认为,涉案"肝炎基因芯片制造技术"中的非公知技术信息系原告的商业秘密。

第二,被告美华公司在向药品审评中心申报双检基因芯片生物制品证书及生产许可的过程中,使用涉案"肝炎基因芯片制造技术"中的非公知技术信息,属于合法使用,并未侵害原告雅博公司的涉案商业秘密。

本院聘请的技术专家已确认涉案"肝炎基因芯片制造技术"是《"肝炎基因芯片制造技术"技术转让合同》中合同内容的一部分。原告对上述技术转让合同及专家咨询意见并无异议。被告美华公司亦表示是根据上述技术转让合同,获取了部分涉案"肝炎基因芯片制造技术"信息,并使用该部分信息向药品审评中心申请双检基因芯片的生物制品证书及生产许可。上述技术转让合同中明确合同项下技术秘密的使用范围由被告美华公司确定。且被告美华公司在向药品审评中心申报双检基因芯片时,尚未就上述技术转让合同与原告产生争议。故本院认为,被告美华公司基于上述技术转让合同合法获得了原告的涉案非公知技术信息。被告美华公司在向药品审评中心申报双检基因芯片生物制品证书及生产许可的过程中,使用原告的涉案非公知技术信息的行为,属于合法使用,并未侵害原告的涉案商业秘密。

第三,原告雅博公司向本院提供的证据尚不足以证明被告美华公司使用原告涉案商业秘密生产了迈科锐芯片和双检基因芯片,并对外进行了销售。

本院认为:首先,迈科锐芯片与双检基因芯片系不同的产品,因此,仅凭迈科锐芯片广告既无法证明迈科锐芯片系使用涉案商业秘密生产,又无法证明被告美华公司确实销售了上述产品。被告韦恩关于迈科锐芯片使用了涉案商业秘密并对外销售的陈述,并无相关证据予以印证。故本院对于原告关于被告美华公司使用涉案商业秘密生产迈科锐芯片,并对外销售的诉讼主张,难以采信。

其次,被告韦恩关于被告美华公司生产双检基因芯片向药检所申请检测的陈述,与广州仲裁委员会裁决书中查明的被告美华公司于2001年向药检所提出双检基因芯片检验申请的事实相吻合。而向药检所申请进行双检基因芯片的检测,是被告美华公司向药品审评中心申请生物制品证书及生产许可的必备步骤。故本院认为,被告韦恩所称的被告美华公司生产双检基因芯片的行为,是被告美华公司为双检基因芯片的新药申请,进行的试制行为。被告美华公司在试制过程中即使使用了涉案商业秘密,亦是基于其与原告之间的《"肝炎基因芯片制造技术"技术转让合同》合法使用涉案商业秘密,并未侵害原告的涉案商业秘密。而原告提供的双检基因芯片广告、BH芯片项目立项申请均无法证明被告美华公司确实生产、销售了双检基因芯片。本院所保全的双检基因芯片亦确实存在被告美华公司陈述的试验剩余物品的可能。被告韦恩关于被告美华公司对外销售双检基因芯片的陈述,前后不一致,亦无其他证据印证,故本院不予采信。且根据有关法律规定,被告美华公司对双检基因芯片的生产和销售,应当在获得药品审评中心的生物制品证书及生产许可后方可进行。因此,本院认为,原告提供的证据尚不足以证明被告美华公司使用原告的涉案商业秘密生产了双检基因芯片,并对外进行了销售。

第四,被告韦恩在被告美华公司处整理双检基因芯片申报材料,使用原告雅博公司涉案商业秘密的行为,得到了原告的授权及许可,并未侵害原告的涉案商业秘密。

被告韦恩系原告派至被告美华公司处的技术人员,其从原告处获取涉案"肝炎基因芯片制造技术"资料,并在被告美华公司处整理双检基因芯片申报材料,使用原告涉案商业秘密的行为,系履行原告与被告美华公司之间《"肝炎基因芯片制造技术"技术转让合同》的行为。因此,本院认为,被告韦恩的上述行为已经得到了原告的授权及许可,并未侵害原告的涉案商业秘密。

综上,本院认为,原告雅博公司关于被告美华公司在向药品审评中心申报双检基因芯片生物制品证书及生产许可的过程中使用涉案商业秘密,在生产迈科锐芯片、双检基因芯片过程中使用涉案商业秘密,被告韦恩未经许可披露、使用涉案商业秘密,两被告的行为侵害了原告涉案商业秘密的诉讼主张不成立。故本院对原告的诉讼请求难以支持。据此,依照《中华人民共和国反不正当竞争法》第十条之规定,判决如下:对原告广州雅博基因芯片有限责任公司的诉讼请求不予支持。

【延伸阅读】

1. 吴汉东、胡开忠等:《走向知识经济时代的知识产权法》,法律出版社2000年版。

2. 贺林:《解码生命——人类基因组计划和后基因组计划》,科学出版社2000年版。

3. 杰里米里夫金著,付立杰、陈克昌、昌增益译:《生物技术世纪——用基因重塑世界》,上海科技教育出版社2000年版。

4. 周蓻文:《基因和转基因资源专利保护战略研究》,知识产权出版社2012年版。

5. 王震:《基因专利研究》,知识产权出版社2008年版。

第十章
涉外传统知识、遗传资源及民间文艺的法律保护实务

【内容摘要】 传统知识、遗传资源及民间文艺属于发展中国家极为关注的群体性权利范畴。广义的传统知识包括与生产实践相关的技术性传统知识、非技术性的民间文学艺术和传统识别性标记在内;而狭义的传统知识仅指与生产实践相关的技术性传统知识。传统知识具有集体起源并维系、代代相传、体现一定地域的土著社群文化特质、不断发展等基本属性,能够创造经济价值和精神价值。遗传资源是指具有实际经济价值的动植物和微生物种及种以下的分类单位及其遗传材料的所有生物遗传单位。民间文艺通常是指由一国的传统社群或是能体现该社群特色诉求的个人所发展和保持、代代相传、具有传统文化艺术遗产特征的智力成果。目前,在联合国环境规划署、世界知识产权组织等国际组织以及众多发展中国家的努力下,国际社会已经推出了若干已生效国际立法、软性示范法以及工作指导文件,成效卓著。但由于发达国家的僵化立场,该领域的国际法律制度总体上仍然处于发展之中。

传统知识、遗传资源及民间文艺是知识产权法一个比较特殊的领域,其涉及的法律主体、权利义务及保护方式均明显不同于专利权、著作权、商标权等传统知识产权类型,相关法律制度无论在国家层面还是国际层面尚处于动态发展之中,尚未

成熟。这三类主题经常被人们合并讨论,有学者指出这是基于这三个主题具有内在属性上的关联性。① 20世纪后半叶以来,这三类议题得到广大发展中国家越来越积极的关注,因为它们拥有非常丰富的传统知识、遗传资源及民间文艺的资源,国内相关特殊群体亟待权利保护与惠益分享,由此也成为推动这一领域国际规则制定进程的主力军。相反,发达国家出于自身需要在该领域态度僵硬保守,成为该领域国际规则制定的主要障碍。

晚近,传统知识、遗传资源及民间文艺在世界知识产权组织(以下简称WIPO)的工作中已经成为一并推动的主题,该组织于2000年成立了"知识产权与遗传资源、传统知识及民间文艺政府间委员会"(Intergovernmental Committee on Intellectual Property and Genetic Resources, Traditional Knowledge and Folklore,以下简称WIPO-IGC)。此外,其他国际组织如联合国环境规划署、世界贸易组织等也进行了大量工作,形成了若干具有法律约束力的公约和尚处讨论过程中的成果。

第一节 传统知识的国际保护工作

【知识背景】

一、传统知识的概念和性质

(一)传统知识的概念

"传统知识"译自英文traditional knowledge,在国际组织文件中常被简称为TK。该词通常指出自土著和地方社群的知识、技能或实践。与此相关的英文表达还有 indigenous knowledge(土著知识)、indigenous heritage(土著遗产)、

---

① 参见唐广良:《遗传资源、传统知识及民间文学艺术表达国际保护概述》,载郑成思主编:《知识产权文丛》(第八卷),中国方正出版社2002年版,第15~18页。

intangible heritage(非物质遗产)等。但目前由于 WIPO 以及其他联合国专门机构的广泛使用,traditional knowledge 已经成为该领域运用最广泛的词语。

然而,"传统知识"的概念并不是非常明确。一般认为,对传统知识存在广义和狭义的两种理解。广义的传统知识,包括特定的文化社群在长期历史过程中所创造和积累的各种知识,这些知识包括与生产实践相关的技术性传统知识、非技术性的民间文学艺术和传统识别性标记在内。① 这三类范畴分别与传统知识产权中的专利权、著作权和商标权具有相当程度的相似性。按照这种广义理解的传统知识,事实上涵盖了遗传资源、民间文学艺术等范畴在内。而狭义的传统知识,仅指与生产实践相关的技术性传统知识,在 WIPO 等国际组织的工作文件中常与遗传资源、民间文学艺术并列为发展中国家尤为关心的三类主题,中国 2008 年《国家知识产权战略纲要》也持这一态度。

按照 WIPO-IGC 大会 2008 年有关文件的归纳,传统知识的属性包括:在传统背景中产生、维系和传播;与代代相传的传统文化或社群存在特殊联系;与被承认持有该知识的土著或传统的社群或个人的文化特质相一致,这种一致性通过照管、监护、集体所有或文化责任等形式体现,并正式或非正式地表现为习惯或传统的惯例、礼仪或法则。② 2011 年,WIPO-IGC 通过的《关于保护传统知识的条款草案》给出的定义为:传统知识是指因传统范畴的智力活动而产生的知识,其中包括构成[土著人民或当地社区]传统知识体系一部分的诀窍、技能、创新、做法和学问。③相关备选条款表述为:传统知识充满活力,不断发展。它是各种传统范畴内智力活动的结果,其中包括[土著人民和当地社区]集体框架中的知识、技能、创新、做法和教导;传统知识属于集体性、祖传性、地域性、精神性、文化性、智力性和物质性遗产的一部分;传统知识代代相传,形式各异,不可剥夺,不可分割,没有时效;传统知识与生物多样性有天然联系,维持着传统生活方式所体现的文化、社会和人类多

---

① 参见丁丽瑛:《传统知识保护的权利设计与制度构建》,法律出版社 2009 年版,第 31 页。
② See WIPO, Reproduction of Document WIPO/GRTKF/IC/9/5 "The Protection of Traditional Knowledge: Revised Objectives and Principles", WIPO/GRTKF/IC/12/5(C), Annex, 2008.
③ 按照惯例,国际组织准立法文件中的方括号,表明有关条款是备选性的。

样性。

关于传统知识的可知识产权性,发达国家由于本土传统知识相对贫乏,对发展中国家的传统知识资源的开发利用甚多,因而历来对此持质疑甚至反对态度。但是,随着广大发展中国家自身利益维护的意识觉醒和不懈努力,传统知识的可知识产权性已经成为世界范围内的共识。[①]

二、传统知识的现有国际制度

(一)主要国际公约、国际文件关于传统知识的概念

在国际社会,迄今有三个重要的国际组织的工作涉及传统知识,分别为联合国环境规划署(以下称 UNEP)及其所主持的《生物多样性公约》(以下简称 CBD)、WIPO 及其相关工作文件、世界贸易组织(以下简称 WTO)及其《与贸易有关的知识产权协议》。但它们所主持的公约或文件对于传统知识的理解和界定互有出入,其中有一些提法事实上属于广义的传统知识概念,与生物遗传资源、民间文学艺术等范畴存在交叉。

1.《生物多样性公约》

CBD 在其序言中提及:"认识到许多体现传统生活方式的土著和地方社群与生物资源存在密切和传统的依存关系,应公平分享源自利用与保护生物资源及持续利用其组成部分有关的传统知识、创新和实践而产生的惠益。"此外,CBD 第 8 条 j 款规定:"缔约国应尽可能并酌情依照国家立法,尊重、保存和维持土著和地方社群体现传统生活方式而与生物多样性的保护与持续利用相关的知识、创新和实践并促进其广泛应用,由此等知识、创新和实践的拥有者认可和参与下,并鼓励公平分享因利用此等知识、创新和做法而获得的惠益。"

从以上条文来看,CBD 作为一个立足于保护生物多样性的公约,十分注重与生物遗传资源紧密联系的那些传统知识,例如农林渔业、畜牧业、园艺、医药、环境等领域的知识、技术、方法和实践。

---

① 详细阐述参见古祖雪:《论传统知识的可知识产权性》,载《厦门大学学报(哲学社会科学版)》2006 年第 2 期,第 11~17 页。

2. WIPO《保护传统知识的政策目标和核心原则草案摘要》

作为世界上最权威的关于知识产权保护的政府间国际组织,WIPO 关于传统知识的工作可谓举足轻重。2004 年,WIPO-IGC 通过了《保护传统知识的政策目标和核心原则草案摘要》,其对传统知识定义为:指因传统范畴的知识活动和见识(insight)而产生的知识内容或实质性要素,其中包括构成传统知识体系的诀窍、技能、创新、做法和学问,并包括体现在某社区或民族的传统生活方式中的知识,或存在于经整理的世代相传的知识体系中的知识。该术语不局限于任何具体技术领域,可包括农业、环境和医学知识,以及与遗传资源有关的知识。[①] 另外,按照国内部分学者的评述,WIPO 所理解的传统知识与遗传资源、民间文学艺术的范畴都存在交叉,传统知识可包括农业知识、科学知识、技术知识、生态知识、医药知识、生物多样性知识、民间文学艺术表达、语言元素(如名称、地理标志和符号等)以及其他未固定的文化财产,其范围很广,除了与生物资源相关,还包括传统的文学艺术和商标、地理标志等,传统文化的内涵意蕴更为浓厚。[②]

3. WTO 的 TRIPS

WTO 的 TRIPS 代表了迄今知识产权国际保护的最高水平。TRIPS 第四节"专利"的第 27 条是关于可授予专利的客体。第 1 款规定:专利应可授予所有技术领域的任何发明,无论是产品还是方法,只要它们具有新颖性、涉及发明性的步骤,并可进行工业应用。关于对这些发明的专利的授予和专利权的享受不应因发明地点、技术领域、产品是进口的还是当地生产的而有差别。第 2 款规定:各成员可不授予下述发明专利权,如果在其境内阻止对这些发明的商业性利用对维护公共秩序或道德,包括保护人类、动物或植物的生命或健康或避免严重损害环境是必要的。第 3 款规定:各成员也可不对以下发明授予专利权:(a)人体或动物体的诊断、治疗和外科手术方法。(b)除微生物外的植物和动物,以及除了非生物和微生物

---

① See WIPO, Protection of Traditional Knowledge: Overview of Policy Objectives and Core Principles, Annex I, WIPO/GRTKF/IC/7/5, 2004.

② 参见薛达元等著:《遗传资源、传统知识与知识产权》,中国环境科学出版社 2009 年版,第 8 页。

工艺之外的产生植物或动物的、基本上属于生物过程的生物工艺。但是，各成员方内立法应运用专利或一种专门有效的制度或通过这两者的综合运用来保护植物品种。

从以上现有条文的表面来看，似乎协定并未直接涉及传统知识。但第 27 条第 3 款关注了生物材料的可专利性问题，规定植物品种权应受保护，微生物以及微生物和非生物工艺应受保护。与此直接相关的问题就是在这类专利申请中是否需要公开所涉遗传资源及相关传统知识的来源，这种公开要求是否具有专利法上影响专利有效性的强制力，以及相关的惠益分享安排问题。自 2004 年以来，许多发展中国家纷纷提出，在申请与生物材料相关的专利时，可能涉及传统知识的运用，应当要求当事人必须披露其在发明中所使用的生物遗传资源和传统知识的来源和来源国，提供有关来源国政府主管机关已经事先知情同意并且已经达成惠益公平分享安排的证据。由此可见，TRIPS 事实上也涉及传统知识议题，但主要涉及与生物遗传资源相关的传统知识，与 CBD 项下的传统知识概念比较接近。

(二)晚近传统知识国际保护工作的进展

1. 晚近传统知识保护的国际格局

由于发达国家在关贸总协定乌拉圭回合上的软硬兼施，TRIPS 得以通过并成为 WTO 一揽子协定的组成部分。这一协定在很多方面确立了发达国家所欢迎的知识产权国际保护的高标准，但对于经济社会发展比较滞后的发展中国家则不啻为沉重的负担，颇有陷入圈套之感。乌拉圭回合之后，人们普遍认为 TRIPS 所确立的保护义务对于发展中国家在很多方面过于超前，且过于强调知识产权权利人的利益维护，而没有考虑发展中国家的社会公共利益。在发展中国家的努力之下，《关于知识产权协定与公共健康的部长级宣言》及实施专利药品强制许可制度成为对 TRIPS 的重大修改，有利于发展中国家开展重大传染疾病的防控和治疗工作。而后，传统知识议题逐渐成为 TRIPS 知识产权规则修改的讨论前沿。

传统知识资源分布的现实决定了发达国家和发展中国家在这一议题上拥有不同利益。发展中国家拥有极其丰富的传统知识资源，从而强烈要求保存并维护传统知识的多样性，要求在专利权等知识产权申请时应当获得相关传统知识的来源披露，反对对传统知识资源未经事前知情同意的盗用，主张专利权人与传统知识持

第十章 涉外传统知识、遗传资源及民间文艺的法律保护实务

有群体及来源国之间应达成公平合理的惠益分享安排。发达国家则拥有先进技术和强大创新能力,但传统知识资源相对贫乏,在进行技术创新时经常需要借助来自发展中国家的传统知识。作为传统知识的强势利用者,发达国家希望尽可能低成本地利用发展中国家的传统知识资源,并经技术创新转化成具有垄断性质的知识产权,从而保障它们的技术优势和垄断利润,由此决定了发达国家对传统知识保护议题必然兴趣不高。它们反对在 TRIPS 等国际公约中确立普遍的来源披露、事前知情同意以及公平惠益分享的明确要求,多主张采用契约方式由当事人与传统知识群体持有者达成惠益分享安排,同时反对将 WTO 的 TRIPS 理事会作为传统知识议题的谈判平台,主张 WIPO 才是更合适的场所,因 WIPO 项下各公约并无强制性的争端解决机制。

实践表明,TRIPS 所确立的知识产权规则及其确立的知识产权类型体现的是西方发达国家的保护需求和保护水平,而不足以对发展中国家极为关注的传统知识提供充分的保护。发展中国家在自己的传统知识遭遇盗用等侵害时,无法利用现有的 TRIPS 规则维护自身利益。因此,发展中国家在自身力量日益壮大之际,必然形成团队力量对发达国家施加影响,提出对现行知识产权国际规则的变革要求。但这种影响是否足以迫使发达国家接受保护主张,前景尚不明朗。

目前值得注意的是,在 WTO 各项规则谈判陷于僵持的背景下,美国正在积极推进其对外自由贸易区(FTA)谈判,并且已经形成了带有明显自身风格的美国范式。[①] 在双边 FTA 中,美国利用其优势谈判力量不遗余力地将知识产权保护议题纳入其中,强调高水平的保护标准。但在涉及传统知识时,美国又极力推行其"契约"模式,在双边 FTA 中确立两个原则:一是通过由遗传资源或传统知识的使用者与提供者订立反映双方意愿的合同,解决此类资源或知识的获取及惠益分享问题;二是将传统知识保护与专利法脱钩,免除发明人在专利申请过程中披露传统知识来源、提供事先知情同意和保障惠益分享的证据的义务。[②] 发展中国家面临着

---

① 参见陈咏梅:《美国 FTA 范式探略》,载《现代法学》2012 年第 5 期。
② 参见魏艳茹:《晚近美式自由贸易协定中的传统知识保护研究》,载《知识产权》2007 年第 2 期。

艰巨的规则制定主导权的争夺。

2.晚近各国际组织传统知识保护工作的进展

目前,在 UNEP、WIPO、WTO 等重要国际组织中,加强对传统知识的保护已经成为国际共识潮流。但由于发达国家的顽固阻力,这些国际组织尽管做出了多方努力和大量讨论,但尚未形成具有法律约束力的成果。

(1)CBD 相关工作进展

如前所述,CBD 关于传统知识的条款体现在序言及其第 8 条(j)款。1998 年,公约全体成员方会议成立了关于第 8 条(j)款的"无限期非会议期间工作组",由该工作组专门负责关于实施第 8 条(j)款的工作计划,并对该条款的进一步阐释和明确提出建议。1999 年,在该工作组会议上,关于资源获取及惠益分享的问题以及 CBD 与知识产权及 TRIPS 之间的关系得以讨论,工作组认为需要确保 CBD 与 TRIPS 之间的相互支持,关于第 8 条(j)款的工作应当引起 WIPO 与 WTO 的重视。2004 年,UNEP 与 WIPO 发表了联合研究报告,申明两者将在执行 CBD 有关条款方面展开合作。由于 CBD 主要涉及与遗传资源有关的生物传统知识,相关内容将在本章第二节加以介绍。

总体而言,CBD 在传统知识国际保护领域已经迈出重要步伐,为各国开展相关工作提供了初步依据。但 CBD 关于传统知识保护的条款仅仅是纲领性的,缺乏可操作性和执行性,存在若干不足,例如缺乏解决具体争端的程序性规则;惠益分享仅为鼓励性质,缺乏强制性要求,其用途仅限于用于保护生物多样性的投资,而不是对传统社群群体的直接补偿;过于强调国家拥有的权利,而忽略传统社群群体的权利;将传统知识视为物质资源而不是知识产品,未直接承认传统知识作为知识产品应带来的精神权利和经济权利等积极利益,等等。①

(2)WIPO 相关工作进展

WIPO-IGC 成立以来,一直致力于传统知识保护的讨论工作,其关注的问题包括传统知识的定义、传统知识与现行知识产权的关系、保护的目标和原则、保护的模式、保护的实体条款、获取和惠益分享方案、传统知识的现状调查及文献化等。

---

① 参见严永和:《论传统知识的知识产权保护》,法律出版社 2006 年版,第 113~114 页。

美国等发达国家一向主张传统知识保护问题不宜在WTO的TRIPS理事会中讨论，WIPO才是更适宜的讨论场所，然而在WIPO-IGC的讨论工作中，发达国家却又主张为传统知识保护进行专门的国际立法并无明显必要。印度、巴西、非洲国家及其他发展中国家强烈主张采用强制约束性质的国际公约模式对传统知识进行保护，强调在"国家主权""事前知情同意""惠益分享"三原则基础上构建有关国际制度。由于双方立场相持不下，迄今WIPO-IGC尚未能够产生关于传统知识保护的有约束力的成果。

WIPO-IGC于2004年第7次大会出台了《传统知识保护的政策目标及核心原则》。这份文件是讨论传统知识保护的阶段性成果，基本反映了各方在这个领域的基本立场和主张。文件共分为三个部分，分别是政策目标、总指导原则和实体条款。后来，第八次大会对该文件作了修改和调整，第10次大会继续将该文件作为参考资料。①

文件将政策目标归纳为：承认价值、促进尊重、满足传统知识持有人的实际需要、促进传统知识的保存和保护、对传统知识持有人授权并承认传统知识体系的独特属性、支持传统知识体系、致力于传统知识的保障、遏制不正当和不公平利用、尊重相关国际协议和进程并与之协作、促进革新和创造、确保事先知情同意及基于双方同意的条件的交换、促进公平惠益分享、促进社群发展及合法贸易活动、杜绝向未经认可主体的不当知识产权授权、增强透明度及相互信任、补充对传统文化表达（TCE）的保护。

总指导原则归纳为：回应传统知识持有人需求及企盼原则、权利承认原则、保护的有效性和可及性原则、灵活性与广泛性原则、公平和利益共享原则、与规范相关遗传资源获取的现有法律制度相一致原则、尊重其他国际及地区性文书与进程，以及与这些文书与进程相合作原则、尊重传统知识的惯例使用和传播原则、承认传统知识专门特征原则、针对传统知识持有人的需要提供援助原则。

实体条款部分的内容相当丰富。第1条是"对抗不当利用的保护"。任何通过

---

① See WIPO，WIPO/GRTKF/IC/7/5，2004；WIPO/GRTKF/IC/8/5，2005；WIPO/GRTKF/IC/10/5，2006.

不公平或违法手段取得、占有或利用传统知识构成不当利用行为。不当利用也包括从取得、占有或利用的传统知识中获取商业利益,只要使用该知识的人知道或由于疏忽而未能知道该知识是通过不公平手段取得或占有的;以及其他从传统知识中取得了不公正收益的有悖于诚信惯例的商业活动。传统知识持有者也应被有效保护以对抗其他不正当竞争行为,包括对生产或提供的产品或服务虚假或误导性声称有传统知识持有者的参与或得到其同意,或虚假或误导性声称对该产品或服务的商业性开发将使传统知识持有者受益。也包括具有引起传统知识持有者产品或服务混淆的性质的行为;以及在交易期间败坏传统知识持有人的产品或服务名声的虚假主张。针对传统知识不当利用的保护的应用、解释和执行,包括对惠益公平分享和分配的确定,均应尽可能并适当地以尊重传统知识持有人的习惯惯例、规范、法律的理解,包括涉及传统知识传统起源的精神、宗教或形式特征为导向。

第2条是"保护的法律形式"。针对不当利用的传统知识保护可通过一系列法律措施来实现,包括传统知识特别法、知识产权法——包括反不正当竞争法和不当得利法,合同法,民事责任法——包括侵权法、赔偿债务法,刑法,原住民利益法,渔业法和环境法,获取和利益分配制度,或任何其他法或上述各种法的任何综合。

第3条是"主题的一般范围"。文件强调了前述原则的适用范围,指出此种保护不限于传统框架,对传统知识应从动态和发展的角度进行解释和应用。文件指出,术语"传统知识"指传统背景下作为智力活动成果的知识的内容或实体,包括构成传统知识体系组成部分的技术诀窍、技能、革新、实践和学问,以及体现本土和当地社群传统生活方式的,或者包含与编辑成典、世代相传的知识体系中的知识。传统知识不限于任何特定的技术领域,可能包括农业、环境和医学知识,以及与遗传资源有关的知识。

第4条是"保护的资格"。保护应至少延及以下传统知识:在传统或世代相传背景下产生、保存和传递的;与世代保存和传递传统知识的传统或当地社群、居民有特殊联系;与被承认通过照管关系、监护关系、集体所有或文化责任等形式持有该知识的当地或传统社群、居民的文化特性相一致。该关系可以正式或非正式地表现为习惯的或传统的惯例、礼仪或法律。

第5条是"保护的受益者"。保护工作应有益于持有传统知识的当地和传统社群,以及这些社群和居民中被认可的个人。从保护所得利益的分配,应当尽可能和合理地考虑这些社群和居民的习惯方式、理解、法律以及实践。

第6条是"公正和公平的惠益分享与对传统知识持有人的承认"。持有人因传统知识保护所能获得的利益包括对该传统知识商业或产业应用所得惠益公正和公平的分享。对传统知识的非商业利用只发生非金钱惠益,诸如来源社群对研究结果的获得和对研究和教育活动的参与。在其传统环境之外使用传统知识的人应说明其来源,承认其持有人是传统知识的来源,以尊重其持有人的文化价值的方式对其进行使用。在公正和公平的惠益分享未实现时,或当传统知识持有人未被得到承认时,应当有法律手段提供补救。

第7条是"事先知情同意原则"。除相关国内法另有规定外,所有从传统知识的持有人处获取传统知识的行为应遵循事先知情同意原则,或者依照适用的国内法允许合适的国家机关授予这种同意。这里存在相关国内法的例外,明显是考虑到各国分歧的一种妥协性条款。

第8条是"例外和限制"。对传统知识保护的应用和实施不得对以下活动有负面影响:为传统知识持有者履行传统知识的习惯实践、交换、利用和传递而进行的传统知识持续提供;对于传统知识为家庭目的的使用、在政府和医院的使用,或为其他公共健康目的的使用。此外,如果合理使用普通公众易得的特殊传统知识,如果使用者为其工商业使用进行了公平补偿,国家主管机关可以不要求适用事先知情同意原则。

第9条是"保护期限"。只要符合受保护的适格标准,对抗不当利用的传统知识保护就应持续。这表明了传统知识保护不同于一般知识产权的长期持续性。但如果主管机关通过国家或地区措施对传统知识提供与现有原则相比额外的或更为广泛的保护,则该法或措施应指明其保护期限。

第10、11、12、13、14条分别是关于过渡性措施、传统知识形式、对与生物遗传资源有关的传统知识的利用、保护措施的管理和实施、国际保护和国民待遇等问题。

总体而言,文件的确内容相当丰富,且部分条款颇具可操作性。但在后面的WIPO-IGC会议上,由于各国分歧依然严重,该文件虽历经修订,但并未上升为有效的国际立法,仅作为参考资料。有学者认为,该文件本身也还存在一些不足,例如没有直接为传统知识设定排他性财产权,保护客体上遗漏了传统知识商誉,救济措施的规定尚不完善,等等。① 这些都表明,传统知识的国际保护规则的形成和成熟尚待时日。

近年来,WIPO-IGC 对传统知识保护的目标与原则文本经历了多次更新,最新文件为 2011 年 WIPO-IGC 第 18 次大会通过的《保护传统知识:经修订的目标与原则》。与最初的 2004 年、2005 年文本相比,2011 年文本的政策目标、总指导原则部分变化不大,而实质条款的结构变化较大,外观更加接近于一部示范法,但各国对条款附带的大量评注意见依然表明分歧明显。

结合以上关于目标与原则的系列文件,WIPO-IGC 晚近历次大会又推出了两个条款草案系列文件,分别是《关于保护传统知识的条款草案》《保护传统文化表现形式:条款草案》,几乎每一次大会都要推出新的文本,最新版本为 2014 年第 28 次大会通过的文本。② 从这两个文件的总体结构与具体条款来看,各自几乎都等同于一部独立的传统知识保护示范法。但文本中依然充斥着大量的方括号,表明各国的分歧很大,短期内尚难成为正式成果。

(3) WTO 相关工作进展

基于发展中国家的呼声,WTO《多哈部长级会议宣言》第 19 条对 TRIPS 理事会做出工作指示,为在 TRIPS 框架下制定发展关于传统知识的保护规则提供了谈判授权,遂确立了以 TRIPS 理事会为工作平台的"TRIPS 框架下对传统知识与民俗的保护"这一议题。而在 TRIPS 理事会的工作中,如前所述,不少发展中国家严重质疑 TRIPS 第 27 条第 3 款在关注生物材料可专利性的同时并未提及申请人是否应披露相关遗传资源及传统知识来源并提供事前获得许可及惠益公平分享的证据,他们根据 TRIPS 第 71 条"审议和修正"的规定要求对本协定进行修订。

然而,自 2001 年多哈部长级会议以来,各国只是陆续向 TRIPS 理事会提交了

---

① 参见严永和:《WIPO-IGC 第十次会议传统知识保护实体条款的不足与完善》,载《电子知识产权》2008 年第 2 期。

② See WIPO, WIPO/GRTKF/IC/28/5, WIPO/GRTKF/IC/28/6, 2014.

关于各自立场和主张的种种意见文本,并未就这一议题展开有针对性的实质性讨论,这表明各国的分歧十分严重。发达国家依然秉持"顾左右而言他"的谈判策略,或者反对 WTO 及 TRIPS 理事会处理传统知识议题,主张契约模式是解决问题的有效手段,或者虽然表面上不反对建立传统知识保护的国际规则,但认为 WTO 及 TRIPS 理事会并非处理这一议题的最佳场所,WIPO 及 CBD 才是更好的处理平台。而发展中国家虽然在传统知识纳入国际保护这一点上态度鲜明,但对于 TRIPS 与 CBD 之间的关系以及 TRIPS 协定如何处理传统知识保护等问题尚缺乏系统的思路框架,未能形成有效合力。从迄今动态来看,WTO 及 TRIPS 理事会要在这方面的工作上取得突破,形成具有强制约束力的有效立法成果,前景并不乐观。

【延伸阅读】

丁丽瑛著:《传统知识保护的权利设计与制度构建》,法律出版社 2009 年版。

第二节 遗传资源的国际保护制度

【知识背景】

一、遗传资源的概念和范畴

(一)遗传资源的概念

遗传资源是发展中国家极为关心的又一新兴知识产权概念。按照 CBD 第 2 条关于用语的解释,"遗传资源"是指具有实际或潜在价值的遗传材料,而"遗传材料"是指来自动物、植物、微生物或其他来源的任何含有遗传功能单位的材料。此外,CBD 第 2 条还规定了一系列与遗传资源相关的重要概念。"遗传资源的原产国"是指拥有处于原产境地的遗传资源的国家。"提供遗传资源的国家"是指供应遗传资源的国家,此种遗传资源可能是取自原地来源,包括野生物种和驯化物种的群体,或取自移地保护来源,不论是否原产于该国。"生境"是指生物体或生物群体自然分布的地方或地点。"原地条件"是指遗传资源生存于生态系统和自然生境之内的条件;对于驯化或培殖的物种而言,其环境是指它们在其中发展出其明显特性的环境。"就地保护"是指保护生态系统和自然生境以及维护和恢复物种在其自然环境中有生存力的群体;对于驯化和培殖物种而言,其环境是指它们在其中发展出其明显特性的环境。"移地保护"是指将生物多样性的组成部分移到它们的自然环境之外进行保护。

根据以上用语给出的意义,国内有学者指出,遗传资源的概念包括了广义和狭义两个层面。考虑到潜在价值的不确定性和编目的可行性,广义的遗传资源是指具有实际经济价值(也可能包括其他诸如社会、文化、环境等方面的价值)的动植物和微生物种及种以下的分类单位及其遗传材料(包括组织、细胞、染色体、基因和DNA片段等)的所有生物遗传单位,包含物种和基因两个层次。有时为了与人类遗传资源相区别,又将其称为"生物遗传资源"。而狭义的遗传资源是指栽培作物品种和家养畜、禽、鱼品种的生物资源,主要指种以下的分类单位,但也包括部分种。[①] 由于广义的遗传资源覆盖了相关的各种概念和范畴,更有利于开展各项遗传资源的管理和保护工作,目前对遗传资源的理解一般是从广义角度出发的,可以分为动物遗传资源、植物遗传资源、微生物遗传资源三类。

(二)遗传资源的范畴

目前,对于人类具有经济价值或潜在经济价值的遗传资源大致包括以下范畴:①动物遗传资源,包括野生经济动物资源、半驯化经济动物资源、家养动物资源、渔业生物资源等。②植物遗传资源,包括野生经济植物资源、栽培农作物种质资源、野生和栽培经济林木资源、野生和栽培药材与花卉植物资源等。③微生物遗传资源,包括农业微生物菌种资源、工业微生物菌种资源、医学和药用(含兽医药)微生物菌种资源、普通微生物菌种资源等。

由以上范畴可见,可供人类利用的自然界生物遗传资源的种类极为多样化。

---

① 参见薛达元等著:《遗传资源、传统知识与知识产权》,中国环境科学出版社2009年版,第1~2页。

世界上有一些国家由于地域辽阔或所处地理与生态环境较为特殊,其生物遗传资源尤其丰富,极富生物多样性,其中大多为发展中国家。在 CBD 规则谈判和制定的过程中,有 17 个国家集合在一起组成了"观点相似的生物多样性特别丰富国家集团"(Like-Mind Mega-biodiversity Countries,简称 LMMC),其中有亚洲的中国、印度、印度尼西亚等国、非洲的南非、肯尼亚、马达加斯加等国、南美洲的巴西、哥伦比亚等国、中美洲的墨西哥、哥斯达黎加、厄瓜多尔等国。发展中国家的这种集团化力量在生物遗传资源的国际规则制定工作中发挥了至关重要的作用。

二、关于遗传资源保护的国际公约

目前与遗传资源保护直接相关的已生效国际立法主要有 CBD 及其后续的《波恩准则》《名古屋议定书》,还有《粮食和农业植物遗传资源国际条约》及其后续的《材料转让协定》,以及《保护植物新品种国际公约》《濒危野生动植物种国际贸易公约》等。WIPO-IGC 于 2004 年的第 7 次大会通过了《遗传资源:关于获取和公平惠益分享问题的知识产权指导方针草案》,2010 年的第 17 次大会又通过了草案更新版,2011 年的第 18 次大会通过了《涉及知识产权与遗传资源的目标与原则草案》,内容丰富,进展引人注目,但其仅属于不具法律约束力的指导性条款。[①] 本节仅介绍已生效国际公约。

(一)《生物多样性公约》

1992 年在联合国环境与发展大会上,《生物多样性公约》(CBD)开放签署。1993 年年底,CBD 正式生效,迄今有将近 200 个国家和地区成为该公约的缔约方,中国也是其中之一。这使得 CBD 成为目前国际社会成员资格最广泛的国际环境公约。然而该公约的意义又不仅限于环境保护,其涉及生物遗传资源的条款又使它对于遗传资源等知识产权领域产生了重要影响。

1. 三大目标

CBD 第 1 条"目标"指出:"本公约的目标是按照本公约有关条款从事保护生

---

① See WIPO, WIPO/GRTKF/IC/7/9, 2004; WIPO/GRTKF/IC/17/INF/12, 2010.

物多样性、持久使用其组成部分以及公平合理分享由利用遗传资源而产生的惠益;实现手段包括遗传资源的适当取得及有关技术的适当转让,但需顾及对这些资源和技术的一切权利,以及提供适当资金。"由此可以概括出公约的三大目标:保护生物多样性、持续利用生物多样性的组成部分、实现由利用遗传资源所产生惠益的公平合理分享。

2. 公约与遗传资源相关的主要原则

经过发展中国家的长期不懈努力和斗争,公约在与遗传资源相关的条款中清晰确立了以下重要原则,基本反映了发展中国家的正当要求和主张。

(1)国家主权原则

公约序言指出:"缔约国……重申各国对它自己的生物资源拥有主权权利,也重申各国有责任保护它自己的生物多样性并以可持久的方式使用它自己的生物资源。"第15条"遗传资源的取得"第1款规定:"确认各国对其自然资源拥有的主权权利,因而可否取得遗传资源的决定权属于国家政府,并依照国家法律行使。"可见,公约强调遗传资源属于各国自然资源的范畴,遗传资源国家主权原则实质上是国际法上自然资源永久主权原则的体现和延续,这对于国际经济与社会秩序无疑具有重大的法律意义。

(2)事前知情同意原则

尽管强调遗传资源的国家主权属性,但为了促进人类对生物遗传资源的更有效利用,公约第15条第2款规定:"每一缔约国应致力创造条件,便利其他缔约国取得遗传资源用于无害环境的用途,不对这种取得施加违背本公约目标的限制。"第3款规定:"为本公约的目的,本条以及第十六和十九条所指缔约国提供的遗传资源仅限于这种资源原产国的缔约国或按照本公约取得该资源的缔约国所提供的遗传资源。"第4款规定:"取得经批准后,应按照共同商定的条件并遵照本条的规定进行。"这一方面强调,其他缔约国可以获取原产国的遗传资源,成为遗传资源提供国,另一方面又强调这种获取需服从一定条件。

最关键的条款是该条第5款,其规定:"遗传资源的取得须经提供这种资源的缔约国事先知情同意,除非该缔约国另有决定。"这是事前知情同意原则最直接的法律依据,充分保障了遗传资源原产国的利益。

第十章 涉外传统知识、遗传资源及民间文艺的法律保护实务

(3) 公平合理分享惠益原则

获取与惠益分享问题在各种专业场合通常简称 ABS (access and benefit-sharing)。CBD 本身已经对 ABS 问题作了规定。第 15 条第 6 款规定："每一缔约国使用其他缔约国提供的遗传资源从事开发和进行科学研究时,应力求这些缔约国充分参与,并于可能时在这些缔约国境内进行。"第 7 款规定："每一缔约国应按照第十六和十九条,并于必要时利用第二十和二十一条设立的财务机制,酌情采取立法、行政或政策性措施,以期与提供遗传资源的缔约国公平分享研究和开发此种资源的成果以及商业和其他方面利用此种资源所获的惠益。这种分享应按照共同商定的条件。"公约第 16 条是关于生物技术的取得和转让问题,第 19 条是关于生物技术的处理及其惠益的分配问题,均与惠益分享具体安排有关。

此外,公约第 8 条"就地保护"的 j 项规定："每一缔约国应尽可能并酌情……依照国家立法,尊重、保存和维持土著和地方社群体现传统生活方式而与生物多样性的保护和持久使用相关的知识、创新和做法并促进其广泛应用,由此等知识、创新和做法的拥有者认可和参与其事并鼓励公平地分享因利用此等知识、创新和做法而获得的惠益。"这是关于与遗传资源相关传统知识的条款,也涉及 ABS 问题。

但是,鉴于 CBD 关于 ABS 的条款仍然不够详尽充分,不能满足该项工作全球层面开展的实际需要,CBD 关于 ABS 的专门工作从第四次缔约方大会开始。而后,缔约方大会先后通过了关于 ABS 的《波恩准则》及《名古屋议定书》,进一步完善了这方面的规则。

(4) 妥善处理知识产权与遗传资源获取及惠益分享的关系原则

该原则关注现有知识产权对相关生物技术取得和转让的限制。利用遗传资源需要一定的相关技术,但作为遗传资源原生国的发展中国家往往技术落后或缺乏技术,而这些技术可能已经受到作为遗传资源利用方的发达国家的专利法及其他知识产权法的保护,那么两者应达成适当安排,由遗传资源利用国向遗传资源原生国在合理条件下提供技术,从而便于遗传资源的获取与惠益分享。

公约第 16 条涉及"技术的取得和转让",规定遗传资源利用技术的取得和向发展中国家的转让,应按公平和最有利条件提供便利,包括共同商定时按减让和优惠条件提供便利,并于必要时按照第 20 和 21 条设立的财务机制。由于技术获取和

转让往往涉及私营企业的行为,第4款规定缔约国应酌情采取立法、行政或政策措施,以期私营部门为技术的取得、共同开发和转让提供便利,以惠益于发展中国家的政府机构和私营部门。缔约国应在这方面遵照国家立法和国际法进行合作,以确保知识产权权利有助于而不违反本公约的目标。

公约第19条标题为"生物技术的处理及其惠益的分配",进一步重申了生物技术的研发和运用以及相关成果的惠益分享问题,规定应让提供遗传资源用于生物技术研究的缔约国特别是发展中国家切实参与此种研究活动,研究活动在可行时应尽量在此类发展中缔约国境内进行。该条强调发展中国家应有权获得技术发展机会,并基于其所提供的生物资源获得优先分享所得惠益的权利。

总体而言,尽管CBD本质上是一个国际环境保护公约,并非专门关于遗传资源的知识产权公约,但通过确认以上重要原则,CBD事实上已经扮演了遗传资源利用及其惠益分享领域的国际规则制定者的角色,而且是先行者。

(二)《波恩准则》

由于遗传资源获取与惠益分享问题涉及各国之间的有关自然人、法人之间的具体安排,而CBD在这方面的条款仍然显得不够具体深入,在CBD生效之后,缔约方大会经过深入讨论又于2002年通过了《关于获取遗传资源并公正和公平分享通过其利用所产生惠益的波恩准则》(以下简称准则)。该准则旨在为各国自然人、法人之间协商遗传资源ABS协议提供具有可操作性的参考条款,同时保留一定的灵活性。但准则本身的性质只是一个供各国及当事人自愿采用的示范性文件,并不具备法律强制约束力。

准则主要内容大致如下:

(1)强调利益相关者参与的重要性。准则第三部分指出:必须使利益相关者进行参与,才能确保适宜地制定和执行获取和惠益分享安排。然而,由于利益相关者的多样性且其利益各不相同,他们的适当参与只能依具体情况确定。在整个过程的每一步骤中都应征求利益相关者的意见并将这些意见考虑在内,这些步骤包括:①就获取问题做出决定、举行谈判和执行共同商定条件,以及分享惠益;②制定关于获取和惠益分享的国家战略、政策或制度。为帮助利益相关者,包括地方社群和土著社群进行参与,应建立由利益相关者的代表组成的适当的协商机构,例如国家协商委员会。准则认为,应通过提供信息、帮助进行能力建设等办法促进利益相关者的参与。

(2)进一步丰富了事前知情同意的程序与具体要求。准则第四部分"获取和惠益分享过程中的步骤"的 C 节指出,事先知情同意制度的基本组成部分可包括:①给予事先知情同意或提供证据的主管部门;②时间规定和截止日期;③关于用途的具体说明;④获得事先知情同意的程序;⑤同所涉利益相关者进行协商的机制;⑥程序。

(3)对 CBD 第 15 条第 7 款的"共同商定条件"加以具体化,开列具体指导性清单,对惠益分享问题的许多方面也作了说明。准则第四部分"获取和惠益分享过程中的步骤"的 D 节是关于"共同商定条件"与惠益分享问题的专门条款。

关于共同商定条件,下列内容可以作为合同中的指导性因素,也可以作为关于共同商定条件的基本规定:①管理对资源的使用,以便考虑到某些有关的缔约方和利益相关者、特别是土著社群和地方社群在道德方面的关注因素;②在规定中保证继续按照习惯方式利用遗传资源和相关的知识;③对知识产权的使用做出的规定,包括规定:进行联合研究、有义务实施对所获得的发明享有的任何权利,或提供共同同意的使用许可;④根据贡献的程度共同拥有知识产权的可能性。尤其值得注意的是,准则给出了一个指示性清单,罗列了各种典型的"共同商定条件"。

关于惠益分享问题,准则指出:共同商定条件将规定拟议分享的惠益的条件、义务、程序、类型、时间性以及分配办法和机制。对公正和公平的解释依具体情况而异,因此,这些规定也将各有不同。关于惠益的类型,准则附件一给出了关于货币和非货币惠益各种具体类型的实例。关于惠益的时间性,准则指出应考虑近期、中期和长期的惠益,例如一次性付款、阶段性付款和使用费方式。分享惠益的时间表应明确规定下来。

(4)引入了缔约国监督与报告制度。缔约国应监督遗传资源的使用活动是否符合国家法律法规及相关协议安排,以及有关技术研发的进展状况、与所提供生物材料有关的知识产权申请等。在这些过程中,有关利益相关方特别是土著与当地社群应有权在各个阶段协助国家监督协议执行情况。

准则注意到其他国际制度与准则的关系问题,特别提及:准则的适用应当与其他国际协定和国际机构尤其是知识产权国际组织正在进行的工作保持协调一致或相互补充。准则不影响《粮食和农业植物遗传资源国际条约》有关 ABS 问题的规定精神。

总体来看,准则既在部分问题上设计了明确的可操作性参考条款,又有多处指出有关问题应根据具体情况而定。客观而论,各国经济、社会、文化等方面存在明显的状况差异,在遗传资源 ABS 问题上很难达成统一的模式,由于这种"一衣不可适众体"的现实障碍,准则以示范性条款的形式问世自有其存在根据。但准则也存在一定的局限性。首先,作为示范性文件,它相比部分发展中国家强烈要求制定具有法律约束力的国际规则的要求自然还有较大距离。其次,准则专注于各国特定的自然人、法人之间的关系,但事实上遗传资源及其相关传统知识往往属于特定土著人民或当地社群所持有,有的遗传资源甚至还涉及跨越多国国境的土著或当地社群,这就给界定明确的自然人、法人等权利主体带来难度。这是有待各国谈判智慧去解决的重要问题。

(三)《名古屋议定书》

由于《波恩准则》只是一个自愿性指南,发展中国家对此很不满意,要求建立一项具有法律约束力的关于遗传资源及相关传统知识 ABS 的国际制度。而另一方面,CBD 通过后不久,国际社会很快发现其第三项目标——公正公平地分享利用遗传资源所产生惠益——在具体实施上存在很多困难,只有少数国家确立了 ABS 制度,许多国家仍然没有任何具体的法律条款、管理措施或行政程序,其组织行动与知识技能等能力也存在欠缺。提供方和使用方因为不熟悉相关规定以及 ABS 实施情况的变化多端也使得他们无所适从。① 这些都表明 ABS 问题急需进一步明确的国际规则。2010 年 10 月,在日本名古屋召开的 CBD 第 10 次缔约方大会经过艰苦的谈判拉锯战,终于通过了《〈生物多样性公约〉关于获取遗传资源和公正公平分享其利用所产生惠益的名古屋议定书》。只有成为 CBD 的缔约方才能成为该议定书的缔约方。该议定书是 CBD 的后续补充协议,从而与 CBD 一样具有强

---

① 参见[德国]Thomas Greiber 等著:《遗传资源获取与惠益分享的〈名古屋议定书〉诠释》,薛达元、林燕梅校译,中国环境出版社 2013 年版,第 17~22 页。

第十章 涉外传统知识、遗传资源及民间文艺的法律保护实务

制法律约束力,标志着 CBD 的具体实施工作向前迈了一大步。它确立了遗传资源 ABS 问题的国际规则,从而构成全球多边知识产权公约之一。

1. 目标与范围

议定书第 1 条"目标"规定:"本议定书的目标是,公正和公平地分享利用遗传资源所产生的惠益,包括通过适当获取遗传资源和适当转让相关的技术,同时亦顾及对于这些资源和技术的所有权利,并提供适当的资金,从而对保护生物多样性和可持续地利用其组成部分做出贡献。"第 3 条"范围"规定:"本议定书适用于《公约》第 15 条范围内的遗传资源和利用此种资源所产生的惠益。本议定书还适用于与《公约》范围内的与遗传资源相关的传统知识和利用此种知识所产生的惠益。"① 国外有学者指出,第 3 条必须与议定书其他条款放在一起理解,例如第 2 条、第 10 条等。② 例如第 2 条表明即使不具备遗传功能的"衍生物"也属于议定书所指的生物技术范围内。③

2. 遗传资源的获取

这是议定书的核心内容之一,主要内容规定在第 6 条"遗传资源的获取"和第 7 条"与遗传资源相关的传统知识的获取",此外第 8 条、第 13 条、第 14 条也有一定关联。

第 6 条第 1 款强调国家对遗传资源的主权权力及资源提供国的事先知情同意权,第 2 款强调土著和地方社群的事先知情同意权和参与权。第 3 款规定,前述要求事先知情同意的缔约方应酌情采取必要的立法、行政或政策措施,以期达到若干目标,如监管立法的确定性、明晰性和透明性、获取遗传资源的公平性和非任意性、就申请事先知情同意的途径提供信息、国家主管当局应在合理时间内以高效方式

---

① CBD 第 15 条就遗传资源的范围规定:"1.确认各国对其自然资源拥有的主权权利……3.为本公约的目的,本条以及第十六和第十九条所指缔约国提供的遗传资源仅限于这种资源原产国的缔约国或按照本公约取得该资源的缔约国所提供的遗传资源。"

② 参见[德国]Thomas Greiber 等著:《遗传资源获取与惠益分享的〈名古屋议定书〉诠释》,薛达元、林燕梅校译,中国环境出版社 2013 年版,第 29~30 页。

③ 议定书第 2 条(e)款规定:"衍生物"是指由生物或遗传资源的遗传表达或新陈代谢产生的、自然生成的生物化学化合物,即使其不具备遗传功能单元。

做出明确透明的书面决定的义务、签发获取许可证书或等同文件的义务、确保土著和地方社群的事先知情同意权和参与权的标准和程序、关于书面形式的共同商定条件的明确规则和程序等。

第7条是关于与遗传资源相关的传统知识的获取,规定各缔约方应确保获取由土著和地方社群所持有的与遗传资源相关的传统知识得到了这些土著和地方社群的事先知情同意和参与并订立了共同商定条件。该条事实上呼应了CBD第8条(j)款的精神。

第8条要求缔约方在制定和执行ABS制度时对有关公共利益问题予以关注,例如在人类、动植物健康受威胁和损害的各种紧急情况下,考虑是否需要迅速地获取遗传资源和公正公平分享利用相关惠益,让有需要的国家特别是发展中国家获得有支付能力的治疗;考虑遗传资源对于粮食安全的特殊重要性,等等。第13条则要求缔约方设立国家联络点和国家主管当局。

3. 公平公正的惠益分享

这方面的条款主要体现在议定书第5条"公正和公平的惠益分享"。但第9、10、19、20条等条款也关系到这方面一些具体问题。

第5条重申了CBD第15条第3款和第7款的有关精神,第1款规定:遗传资源利用方应与提供遗传资源的缔约方分享利用遗传资源以及嗣后的应用和商业化所产生的惠益,分享一方只能是此种资源的原产国或根据CBD已获得遗传资源的缔约方,以公正和公平的方式分享时应遵循共同商定条件。第2款再次提及土著和地方社群的相关权利。第3款规定,为落实第1款内容,各缔约方应酌情采取立法、行政或政策措施。第4款指出惠益可以包括货币和非货币形式,包括但不仅限于附件所列惠益。

第9条涉及利用遗传资源所产生惠益的用途,要求缔约方鼓励遗传资源的使用者与提供者将有关惠益用于保护生物多样性和可持续利用其组成部分。第10条则考虑到ABS要求无法通过国家间双边安排得到满足的三种情况——有关生物遗传资源的分布跨越国界,或无法给予事前知情同意和无法获取事前知情同意,为未来各国谈判全球多边惠益分享机制提供了法律基础,并规定使用者所分享的相关惠益应用于有关遗传资源的保护和持续利用。第19条与第20条都着眼于在

ABS 问题上确立惯常性行为规范。第 19 条要求各缔约方应酌情鼓励就共同商定条件制定、更新和使用部门和跨部门的示范合同条款,缔约方大会应定期审查这些示范合同条款的使用情况;第 20 条要求各缔约方应酌情鼓励制定、更新和使用 ABS 方面的自愿行为守则、准则以及最佳做法、标准,缔约方大会应定期审查这些自愿性规范的使用情况,并考虑制定具体的此类自愿性规范。

4. 遵约机制

议定书的第 15~18 条设置了促进缔约方通过国内层面行动遵守议定书义务的机制,并为 ABS 的提供方与使用方之间提供了出现纠纷时的法律救济途径。明确的法律救济手段标志着法律条款效力上了一个台阶,可以说这是名古屋议定书取得成功的关键机制。

第 15 条标题为"遵守获取和惠益分享的国家立法或监管要求",关注缔约方对议定书的执行问题,缔约方应采取适当、有效的措施,处理不遵守国内立法和监管要求的情况,并尽可能酌情合作处理。第 16 条关注与遗传资源相关的传统知识以及相关的土著和地方社群的权利,其具体内容和要求与第 15 条几乎一样。

第 17 条标题为"监测遗传资源的利用"。为支持遵约,各缔约方应监测遗传资源的利用情况并提高遗传资源利用的透明度,指定有效的检查点负责收集或接收信息;各缔约方应要求遗传资源的使用者在指定的检查点提供上述信息,采取适当有效的措施处理不履约情况;鼓励遗传资源的使用者和提供者在共同商定条件中列入有关条款,以分享执行这些共同商定条件的信息。议定书引入了"国际公认的遵守证书"这一重要机制。第 17 条第 2 款规定:"依照第 6 条第 3 款(e)项的规定颁发并提供给获取和惠益分享信息交换所的许可证或等同文件应成为国际公认的遵守证书。"遵守证书应可用来证明,其所涵盖的遗传资源是按照事先知情同意获得并订立了共同商定条件,以符合提供事先知情同意的缔约方的获取和惠益分享国内立法或监管要求。第 4 款规定了国际公认的遵守证书在不涉密前提下所应包括的若干具体的基本信息。

第 18 条则关注另一方面的问题,即如何确保 ABS 安排中提供方与使用方之间遵守共同商定条件,旨在支持合同义务得到遵守。第 18 条规定:在执行第 6 条第 3 款(g)(i)项和第 7 条时,各缔约方应鼓励遗传资源及相关传统知识的提供者和使用者在共同商定条件中写入争端解决条款,内容包括争端所涉管辖权、所适用的法律、可选择的其他争端解决方法,例如调解或仲裁等。各缔约方在当事人就共同商定条件出现争端时,应确保在其法律制度下存在权利追索的机会。各缔约方应采取有效措施,便利当事人诉诸司法途径和利用相互承认和执行外国判决和仲裁裁决的机制。在国际法上,与许多国际投资条约提供的争端解决机制相类似,议定书这些条款意味着为当事人所确立法律义务的可司法化,将当事人法律义务纳入了国际法可执行的轨道,是议定书法律效力大大强化的显著标志。

5. 实施机制

议定书设立了多样化的实施机制。除第19条的示范合同条款、第20条的行为守则、准则与最佳做法、标准之外,第21~24条设置了一系列软性条款,范围涉及提高认识、能力建设、技术转让合作、鼓励非缔约方遵守议定书等内容,尤其关注最不发达国家、小岛屿发展中国家以及经济转型国家缔约方的利益,殊值肯定。第25条规定了执行议定书的财务资源和财务机制。最后值得注意的是,第30条"促进遵守本议定书的程序和机制"与CBD第27条类似,也是关注缔约方政府之间在履行议定书过程中可能产生的争端,但鉴于议定书这方面的争端解决机制尚未建立,第30条旨在为日后出台这样一个机制提供法律授权。

最后值得注意的是,《名古屋议定书》关于缔约方行动的诸多条款都出现"酌情"字眼,这种情况在《粮食和农业植物遗传资源国际条约》等国际公约中也多处出现,表明该领域各国国情的复杂性和不一致性。

(四)其他国际公约关于遗传资源的内容及其谈判

1.《粮食和农业植物遗传资源国际条约》

《粮食和农业植物遗传资源国际条约》(ITPGRFA)是联合国粮农组织(FAO)旗下关于粮食和农业领域遗传资源可持续利用与保护的重要国际条约,于2001年11月通过并于2004年6月正式生效。中国尚未加入该公约。在ITPGRFA问世之前,FAO在粮食和农业领域遗传资源可持续利用与保护领域的规则框架由包括1983年《关于植物遗传资源的国际约定》(以下简称《国际约定》)在内的四个决议组成。《国际约定》旨在保证具有经济与社会价值的粮农植物遗传资源可以为培育和科研目标而被国际社会以协调一致的方式勘查、保存、提供与获取。但在CBD

第十章　涉外传统知识、遗传资源及民间文艺的法律保护实务

确立了遗传资源国家主权原则之后,FAO意识到必须修改《国际约定》以适应CBD的规则。这便是ITPGRFA的问世由来。

ITPGRFA的内容共35条,包括序言加上七个部分的正文,此外还有两个附件,分别是ABS多边系统所包括的作物清单与争端解决机制。ITPGRFA的宗旨与《生物多样性公约》相一致,即为可持续农业和粮食安全而保存并可持续地利用粮食和农业植物遗传资源,以及公平合理地分享利用这些资源而产生的利益。

ITPGRFA的主要内容有:①粮农植物遗传资源保护和可持续利用的基本规则,包括粮农植物遗传资源的保存、考察、收集、特性鉴定、评价和编目,以及关于粮农植物遗传资源可持续利用的各种措施;②农民权利,即农民根据国家法律酌情保存、利用、交换和出售农场保存的种子和繁殖材料的任何权利,包括保护与粮食和农业植物遗传资源有关的传统知识、公平参与分享因利用粮食和农业植物遗传资源而产生的利益的权利、参与在国家一级就粮食和农业植物遗传资源保存及可持续利用有关事项决策的权利;③在承认遗传资源国家主权原则的同时,建立一套ABS多边系统,被纳入该系统的遗传资源能够被各缔约方以及管辖范围内的自然人或法人在一定条件下方便地获取。这是ITPGRFA极为重要的一个核心内容,一方面是从人类粮食和农业需求出发保证全球共同发展利益,但另一方面无可否认也构成了发达国家借以制约发展中国家遗传资源主权主张的一种策略。[①] 多边系统应包括受缔约方管理和控制以及属于公共领域的附件1列出的所有粮农植物遗传资源,各缔约方还同意鼓励在其管辖下持有附件1所列粮农植物遗传资源的自然人和法人将这些遗传资源纳入多边系统。多边系统只为粮食和农业研究、育种和培训而利用及保存提供获取机会,而不包括化学、药用或其他非食用(饲用)的工业用途。获取者不得已从多边系统获得的粮农植物遗传资源或其遗传部分或成分的形态,提出限制方便获取的任何知识产权和其他权利的要求。对于正在培育的粮食和农业植物遗传资源,包括农民正在培育的材料,在培育期间由培育者自行决定是否提供。在惠益分享方面,缔约方承认方便获取多边系统中的粮农植物遗

[①] 参见薛达元等著:《遗传资源、传统知识与知识产权》,中国环境科学出版社2009年版,第92页。

传资源本身即为多边系统的一项主要利益,并同意由此产生的利益应公平合理地分享。此种利益首先应流向保存并持续利用粮农植物遗传资源的各国农民,尤其是发展中国家和经济转型国家的农民。

尤其值得一提的是,关于商业化所得货币收益和其他利益的分享,ITPGRFA 的第 12 条第 4 款规定,多边体系中材料的获取和惠益分享安排将按照专门的《标准材料转让协定》进行。《标准材料转让协定》将由 ITPGRFA 的管理机构通过。为此 ITPGRFA 第 13 条第 2 款 d 项(ii)规定,未来的《标准材料转让协定》将包含以下要求:获取方因利用从多边系统获得的粮农植物遗传资源而研发出的产品商业化后获得惠益,应向管理机构设立的有关国际基金支付此种惠益的合理份额。如果获取方限制他人对研发出的产品作进一步的研究和育种,则上述惠益分享金的支付义务是强制性要求;如果获取方没有做出上述限制,则无义务支付惠益分享金,但 ITPGRFA 在道义上鼓励获取方支付。ITPGRFA 管理机构可针对将这类产品商业化的不同类别的获取者,制定不同的付款水平,还可决定是否需要免除发展中国家和经济转型国家小农的这类付款。管理机构可随时审议付款水平,以便公平合理地分享利益。

2.《材料转让协定》

根据 ITPGRFA 第 12 条第 4 款的授权,ITPGRFA 管理机构经过一系列的磋商工作,于 2006 年 6 月通过了《材料转让协定》(即前文的《标准材料转让协定》,简称 SMTA)。SMTA 包括序言、10 个条文和 4 个附件,它确立了多边体系中一个可操作的遗传材料 ABS 机制,其核心内容包括提供方的权利和义务、接受方的权利和义务以及监督实施和争端解决机制。SMTA 在许多方面重申了 ITPGRFA 的条款精神,同时也有一些新推出的特色条款。从 2007 年开始,SMTA 迅速在全球范围内得以推广运作,标志着粮农植物遗传资源 ABS 多边体系的有效建立。

SMTA 首先对若干术语下了定义。"遗传材料"系指含有遗传功能单位的任何植物源材料,包括有性和无性繁殖材料。"产品"系指整合了该材料或其准备商业化的任何遗传部分或成分的粮食和农业植物遗传资源,不包括商品及用于粮食、饲料和加工的其他产品。"销售额"系指接受方、其附属机构、承包人、许可证获得者和承租人从产品商业化所得到的毛收入。对销售额的这一定义表明产品商业化包含了多种运作途径,均需按比例分享惠益,这体现了众多发展中国家的立场。

提供方的主要权利和义务包括:①迅速提供获取机会,并应免费提供;如收取费用,则不得超过所涉最低成本;②在提供粮食和农业植物遗传资源时,应依法同时提供全部非机密性的资料和信息;③对于正在培育的粮食和农业植物遗传资源,包括农民正在培育的材料,在培育期间由培育者自行决定是否提供;④获取受知识产权和其他产权保护的粮食和农业植物遗传资源,应符合相关的国际协定和有关国家法律;⑤按照管理机构确定的时间表,定期向管理机构通报签订的材料转让协定情况。

接受方主要的权利和义务包括:①保证材料的使用或保存仅以粮食和农业的研究、育种和培训为目的,而不包括化学、药物或其他非食品/饲料工业用途;②不应提出任何知识产权或其他权利要求,限制他人方便获取按本协定所提供的材料或以从多边系统收到的形态呈现的其遗传部分或组成部分,只有利用遗传资源材料形成的产品可以申请知识产权;③如果接受方保存所提供的材料,应使用SMTA向多边系统提供该材料所有非机密的相关信息;④如果接受方向其他第三方提供材料,仍应按照SMTA的条款和条件签订转让协议,并通知ITPGRFA管理机构。遵守上述规定之后,接受方对后续接受方的行动应无任何进一步的义务;⑤接受方如果限制他人对研发出的产品作进一步的研究和育种,则其因利用从多边系统获得的粮农植物遗传资源而研发出的产品商业化后获得的惠益,必须向ITPGRFA管理机构设立的有关信托基金机制支付此种惠益的合理份额。接受方可按照附件3(协定第6.11款中备选付款计划的条款和条件)、附件4(协定第6.11款备选付款计划中以作物为基础的付款备选方案)选择备选付款方式;⑥接受方应通过ITPGRFA规定的信息系统,向多边系统提供通过对材料的研究和开发而获得的所有非保密信息,鼓励接受方通过多边系统分享ITPGRFA明确规定的从研究和开发中获得的非货币利益;⑦当整合了材料的产品超过或放弃知识产权保护期限之后,协定鼓励接受方将该产品的一份样品存入多边系统中供研究和育种之用;⑧凡获得从多边系统得到的材料或其组成部分培育的任何产品的知识产权,并将这种知识产权给予第三方的接受方,应向该第三方转让本协定的惠益分享义务;⑨在每年12月31日之后的60天内,向ITPGRFA管理机构提交年度报告,说明接受方及其相关当事方的销售额情况。

3. 其他国际公约

(1)《保护植物新品种国际公约》

植物新品种权是20世纪以来随着植物育种技术的发展而逐渐兴起的知识产权类型。植物新品种保护的法律规范旨在保护育种者的权益,其核心内容是授予育种者对其育成的品种有排他的独占权,他人在将该品种作为商品使用时,需要向育种者交纳一定的费用,借此鼓励育种者对新品种进行研究开发、投资的积极性,促进农业、园艺和林业的发展。① 二战后,欧洲的德国、荷兰等国家先后建立起现代意义的植物新品种保护制度,但与其他类型的知识产权一样,在经济全球化条件下仅仅依靠个别国家的国内法保护显然是不够的,传统的知识产权地域性原则亟待突破。在德国、荷兰等国的努力推动下,《保护植物新品种国际公约》(以下简称UPOV公约)于1961年应运而生。该公约于1972年、1978年、1991年历经三次修改,以1978年文本和1991年文本为主流。中国目前是1978年文本的成员方。

关于UPOV公约1978年文本和1991年文本的详细内容及其主要区别,可参见本书第七章。就与植物遗传资源的相关性而言,以1991年文本为例,UPOV公约确立的植物新品种权意味着,植物新品种受保护所需的实质性要件为:新颖性、特异性、一致性、稳定性。未经权利人事先同意,他人不得生产、销售受保护品种的繁殖材料及其收获材料、核心衍生品种,但存在育种者豁免、农民特权、政府强制许可、权利用尽等例外情况。其中,农民特权这一内容与前述ITPGRFA等公约的有关农民权利的规定形成明显呼应。

(2)《濒危野生动植物种国际贸易公约》

1972年6月,联合国人类与环境大会在斯德哥尔摩召开。大会专门讨论全球环境问题,特别是濒危野生动植物保护问题,并提议签署一项关于濒危野生动植物种保护的国际贸易公约。1973年3月,《濒危野生动植物种国际贸易公约》(以下

---

① 参见中国国家知识产权局网站:《植物新品种的国际保护》,at http://www.sipo.gov.cn/mtjj/2006/200804/t20080401_361997.html,2014年6月3日访问。

简称 CITES)于华盛顿签署,1975 年 7 月,CITES 正式生效。

目前 CITES 的成员方范围覆盖了世界上包括中国在内的大多数国家,且公约实施效果上佳,成为最成功的多边环境公约之一。CITES 的成功得益于其建立的严格的许可证制度及相关的专门机构设置。它将受管制的物种分为三个附件,每个附件范围内的物种的进出口活动需要严格符合不同的许可证要求。进出口的具体动植物对象被称为"标本",包括任何活的或死的动植物,许可证须对交易标本及其类型和数量、收发货人等信息详细记载以供各国海关查验。相应地,各缔约国需要指定或建立专门的管理机构负责许可证签发以及对外联络,还需指定科学机构为相关物种状况提供咨询意见。

就与生物遗传资源的相关性而言,CITES 的管制对象既针对濒危物种,还包括这些物种的"可辨认部分或其衍生物"。对"可辨认部分或其衍生物"一词,缔约国大会有关决议作了解释,衍生物既包括由物种加工成的各种产品,还包括物种的细胞、组织样品、DNA 等各种遗传物质,可在其随行文件、包装、标记、标签上确认信息。由于 CITES 问世于 20 世纪 70 年代,生物技术和遗传工程尚未全方位兴起,因此 CITES 原本只是针对濒危野生动植物种的国际贸易活动,并不直接涉及遗传资源的管理以及 ABS 等问题。但晚近以来,随着生物技术迅猛发展,遗传资源的重要性日益凸显,部分发展中国家注意到 CITES 与 CBD 等公约的潜在关联性,要求发展两者之间的协作议题。尤其是 CITES 赖以成功的证书管理制度,可以为建立国际公认的遗传资源 ABS 遵守证书体系提供行之有效的经验,让人们对此寄予厚望。CITES 缔约方大会以及秘书处为此已经展开相关研讨,并就与 CBD 的协作问题出台了若干指导意见。

【延伸阅读】

1. 薛达元等著:《遗传资源、传统知识与知识产权》,中国环境科学出版社 2009 年版。

2. [德国]Thomas Greiber 等著:《遗传资源获取与惠益分享的〈名古屋议定书〉诠释》,薛达元、林燕梅校译,中国环境出版社 2013 年版。

第三节　民间文艺的国际保护制度

【知识背景】

一、民间文艺的概念辨析

民间文艺，全称即民间文学和艺术。目前在国际社会与中文的"民间文艺"相对应的英文词汇是 folklore，目前已经作为约定俗成的术语与中文的"民间文艺"基本对应，2000 年成立的 WIPO-IGC 就使用 folklore 来自我命名。此外，在一些国际文件或国内立法中还有"民间文艺表达""土著文化表达"等用语，尽管加上"表达"二字的本意常常是为了凸显其与版权法中"作品"的概念有别，对其应适用不同于一般版权法的特别保护制度，但在实践中这些用语通常指称的实际对象与"民间文艺"并无本质差别。本章统一使用"民间文艺"一词。

从字面上看，现代知识产权制度与民间文学艺术最具相关度的自然是版权法。但依照现代版权法的基本原理，大多产自古代的民间文艺通常属于可自由使用的公共领域，并不受版权法的保护。然而，现代文学艺术作品的创作素材和灵感来源相当一部分得益于民间文艺，音像、广播、影视业的技术发展和商业化活动进一步加剧了对民间文艺的滥用，但相关来源社群的经济利益和精神文化利益却得不到尊重。中国观众必须为观看美国动画电影《花木兰》付费，就是一个明显例子。对于许多历史悠久的发展中国家及其古老社群而言，民间文艺往往代表了它们赖以自我表达的文化身份，它们维护自身利益的意识日益觉醒。二战之后，不少发展中国家在其国内立法上确立了民间文艺的保护规则，而在它们的努力推动与 WIPO 以及 UNESCO（联合国教科文组织）等重要国际组织的大量工作下，若干重要的国际公约和示范性国际文件也逐渐出现，标志着关于民间文艺的国际规则得以建立起来。

关于民间文艺的概念表述，在国际公约与国际文件层面，1999 年非洲知识产

第十章 涉外传统知识、遗传资源及民间文艺的法律保护实务

权组织《班吉协定》修订版附件七第 2 条认为：民间文艺表达指由某社群或是被该社群认可为体现其传统诉求的个人所发展和传承的、由传统艺术遗产的特色要素所构成的成果，包括民间传说、民间诗歌、民间歌曲及器乐、民间舞蹈、宗教庆典仪式中的艺术表达及民间艺术成果等。《班吉协定》对非洲国家产生了显著影响。WIPO-UNESCO1982 年《国家保护民间文艺表达免受不当利用及其他损害行为的示范条款》第 2 条规定："民间文艺表达是指由一国的某社群或是能体现该社群传统艺术诉求的个人所发展和保持的、由传统艺术遗产的特征性因素所构成的成果。"该文件将民间文艺表达主要分为四种表达形式：语言表达（例如民间传说和诗歌等）、音乐表达（例如民间歌曲及器乐等）、行为表达（民间舞蹈、游戏、仪式等）、有形表达（图画、雕刻、木艺等艺术作品、乐器、建筑样式等）。其中，前三种形式不论是否固定于有形载体均受保护。WIPO-IGC 于 2005 年通过的指导性文件《民间文艺保护的政策目标与核心原则》也有相似界定。

国内法层面，明确设置民间文艺法律制度的多为发展中国家。其中，非洲国家在民间文艺保护方面分外活跃。突尼斯《文学与艺术财产保护法》由于其是全球范围内最早保护民间文艺的国内法，在该领域具有突出的重要地位。该法 1994 年修订版第 7 条规定：民间文艺指由祖辈遗留下来并通过习俗、传统维系的艺术遗产以及民间创作的任何方面，例如民间故事、写作、音乐舞蹈等。多哥 1991 年《版权、民间文艺及邻接权保护法》第 66 条规定：民间文艺是本国遗产的独创性合成。本法所称的民间文艺，包括一切多哥人或多哥部族共同体的匿名、不知名或姓名被遗忘之作者，在中国地域内创作的、代代相传的、构成中国文化遗产基本内容之一的那些文学与艺术作品。总体上看，新老《班吉协定》与 WIPO-UNESCO1982 年示范条款对这些非洲国家的相关立法有明显的影响。此外，拉丁美洲的墨西哥、南太平洋地区的巴布亚新几内亚、瓦努阿图、亚洲的越南、阿塞拜疆等国均有关于民间文艺保护的国内立法。

从以上立法例来看，关于民间文艺的规则既有纳入传统版权法体系的模式，也有采用专门特别制度加以保护的模式。应看到，民间文艺与现代版权法中的普通作品一方面既存在部分相同之处或紧密联系，但另一方面也的确存在明显区别。根据有关学者的归纳，这种区别至少有：①主体不同。普通作品的权利主体是完成

作品创作的作者或依法享有版权的自然人、法人或其他组织；而民间文艺具有集体创作、集体流传的特点，权利主体具有集体性，甚至不易具体确定。②客体不同。普通作品仅为文学、艺术和科学作品，而民间文艺除了文学和艺术外，还包括生活方式、价值观体系、传统和信仰等因素（对民间文艺的这种理解实际上已经接近广义的传统知识）。③保护期限不同。各国版权法上普通作品的保护期限多为作者生前加上死后50年，而民间文艺的保护不受时间限制。① 另外，版权法通常都要求作品固定在有形载体上，并能以有形形式加以复制，而民间文艺常常不符合这个条件。因为从保护对象范畴来看，民间文艺的保护对象既包括"表达"范畴（例如有形的文学作品），又包括"思想"范畴（例如特定的艺术风格或无形的仪式传统），这明显不同于普通版权法对作品所保护的是"表达"。

在学术界，有学者认为，民间文艺是指由特定地域的社会群体或个人创作，体现该群体特定品质或文化遗产要素，代代相传并处于不断发展中的各种传统的创造性文学或艺术成果。② 该定义强调了民间文艺虽产自传统，但仍可以处在不断发展的状态。还有学者认为，民间文艺是由特定群体（族群、社群或民族）的具体身份不明确的成员在群体发展历史中共同创作或传承的、反映群体共同特征的、经过代代相传的文学、艺术及相关领域的无形智力成果，无论其是否已公开，也无论是否固定于有形载体。③ 这一表述比较全面地概括了民间文艺的概念特征。

二、关于民间文艺的现行国际公约

民间文艺也属于文化财产、文化产品。关于文化财产、文化产品的保护，1954年UNESCO《关于武装冲突情况下保护文化财产的海牙公约》与1970年UNESCO《关于采取措施禁止和预防非法进口文化财产和所有权非法转让的公约》被认为分别代表了国际主义和民族主义两种倾向。前者推崇文化财产属于全人类的理念，反对肆意破坏文化财产，后者则视文化财产为民族的灵魂与象征，维

---

① 参见黄玉烨著：《民间文学艺术的法律保护》，知识产权出版社2008年版，第30页。
② 张耕著：《民间文学艺术的知识产权保护研究》，法律出版社2007年版，第18页。
③ 杨鸿著：《民间文艺的特别知识产权保护》，法律出版社2011年版，第31页。

系着民族的历史文化、宗教信仰等特殊情感。① 就民间文艺而言,从晚近以来的国际公约、国际示范文件以及各国国内法来看,其动向倾向于民族主义,这是发展中国家对其民族文化遗产日益珍视、反对文化掠夺立场的重要体现。

(一)1971年《伯尔尼公约》修订版

《保护文学艺术作品的伯尔尼公约》是知识产权国际保护的著名公约之一,但该公约作为近代以来西方知识产权制度的组成部分,系针对传统版权法上的普通作品,一开始并没有涉及民间文艺。1971年,在印度等发展中国家的倡议下,《伯尔尼公约》作了修订,专门增加了现在的第15条第4款,规定:"对作者身份不明但有充分理由推定该作者是本同盟某一成员方国民的未出版作品,该国法律得指定主管当局代表该作者并有权维护和行使作者在本同盟成员方内的权利。"从该条内容来看,没有明确指明与民间文艺有关。民间文艺可能属于"作者身份不明但有充分理由推定该作者是本同盟某一成员方国民的未出版作品",但后者的外延范畴显然要大于民间文艺,还可以包括一部分普通作品在内。但是,这种间接的、有限的版权模式保护,仍然在国际层面上为成员方民间文艺开多边保护之先河,在传统知识产权国际公约体系中具有开创性的重要意义。

(二)1977年《班吉协定》

非洲知识产权组织最初是由法语非洲国家组成的保护知识产权的一个区域性国际组织,目前拥有17个成员方。1977年,《建立非洲知识产权组织的班吉协定》(以下简称《班吉协定》)在中非共和国的首都班吉签署,于1982年2月8日生效。后来为了与WTO的TRIPS保持一致,班吉协定于1999年作了修订。

《班吉协定》的附件7标题为"版权与文化遗产",明确涉及民间文艺保护问题,从而使《班吉协定》成为迄今国际社会为数不多的具有法律强制效力的多边公约。附件7分为两编,第1编"版权"与第2编"文化遗产的保护与促进"分别界定了不同范围的民间文艺,通过不同的规则提供法律保护。

附件7第1编属于特殊的版权条款。根据第8条第2款,民间文艺指由成员方的国家族群创作、代代相传的文学、艺术或科学作品。采用"作品"的措辞,表明其属

---

① 参见黄玉烨著:《民间文学艺术的法律保护》,知识产权出版社2008年版,第79~82页。

于版权法范畴,但"族群创作、代代相传"又表明其不同于普通作品。第8条第4款规定,对民间文艺的改编或对源自民间文艺的元素的使用行为均须通知相应的国家版权管理机构或版权人集体管理机构。第36条规定,使用民间文艺以及公有领域作品的当事人须向国家主管机构支付版权使用费,其数额根据使用所得收益计算,但这种使用仅需付费而并不需要事先许可,类似于版权法中的公有领域付费制度。第39条是程序条款,规定了相关法律救济手段,包括了各种民事救济措施。总体上看,附件7第1编虽有民间文艺的保护内容,但对民间文艺的使用并无限制,仅需对国家主管机构事先通知并支付费用,并无明确字眼提及民间文艺享有"版权"权利,国家主管机构亦无许可权利。因此,该编虽名为"版权",但涉及民间文艺的保护规则是相当初步的,也很难认为其对民间文艺真正确立了类似版权的保护制度。

  附件7第2编涉及文化遗产的保护规则。尽管该编系针对文化遗产,但第46条指出民间文艺属于该编所保护的文化遗产的类型之一。根据第46条,民间文艺被界定为由社群创作并代代相传的文学、艺术、科学、技术及其他领域的传统或成果。"传统或成果"的表述明显大于第1编的"作品",既可以包含有形的"表达",也可以包含无形的"思想"。第50条规定,对未归类的文化财产的营利性复制行为须获得相关国家主管机构的特别许可。相应地,第74条规定了违反第50条的各种法律责任,其中包括罚款等行政责任与监禁等刑事责任,且这些行政与刑事责任不影响损害赔偿的民事责任。第57条规定,对于被成员方归入文化遗产目录的文化财产,国家主管机构有权反对任何损害文化财产完整性的作品。这种反对损害完整性的权利尽管宗旨在于保护文化遗产,但确与普通版权法中反对歪曲作品的精神权利相似。相应地,第73条规定了违反第57条的法律责任,不但包括了当事人的行政责任与民事损害赔偿责任,还明确赋予主管机构关于上述反对权利的诉权。总体上看,第2编涉及民间文艺的上述规则,既含有要求营利性复制行为须经事前许可的财产性权利,也含有反对损害文化财产(涉及民间文艺的)完整性的类精神性权利。而主管机构享有的许可权利与反对权利,也表明主管机构在这里是以私法主体的角色出现的,系代表有关古老社群维护和行使私权的主体。该编还明确设置了法律责任等程序性条款。因此,尽管与版权制度仍有明显区别,但该编的确设置了一种类似于版权的特别保护制度。

第十章 涉外传统知识、遗传资源及民间文艺的法律保护实务

综上所述,1977年《班吉协定》对包括民间文艺在内的民族文化财产保护设计了不少条款,为民间文艺的国际保护迈出了极为可贵的第一步。但作为初次尝试,协定关于民间文艺的保护规则仍然显得比较单薄,且具体操作性不强,不少问题尚待明确,尤其是传统族群的权利主体地位未得到确认。

(三)1999年《班吉协定》修订版

1995年WTO正式成立,其包含的TRIPS是一个全新的高水平知识产权国际公约。为适应TRIPS,非洲知识产权组织于1999年对原《班吉协定》作了大幅修订,修订版《班吉协定》(以下称为新《班吉协定》)得到大多数成员方的加入和批准,于2002年生效。

新《班吉协定》继续保持了原《班吉协定》附件7的两编通过特别版权与文化财产权两种模式保护民间文艺的做法,但标题改为"文学与艺术财产权"。在保护对象方面,第1编的特别版权规则采用了"民间文艺表达",而第2编的文化财产权规则采用了"民间文艺"的措辞。第一编加上"表达"二字,强调规则保护的是"表达"而非"思想",但鉴于民间文艺不同于普通作品的特征,未采用"作品"措辞。民间文艺表达除了可来源于传统社群之外,还可来源于被认可为符合社群传统诉求的个人,有关动词被称为"发展或传承",而不是"创作"。这表明第一编是将民间文艺表达纳入版权保护的范畴之内,但这是一种有别于普通作品保护的特别版权制度。而第二编仍然是关于文化遗产的保护与促进,指出文化遗产指具有民族特征的有形或无形成果,同时民间文艺属于文化遗产的其中一种,仍然是1977年原《班吉协定》所称的"传统与成果"。这里很明显,第二编所保护的文化遗产范围大于民间文艺,同时包括了无形成果和有形成果(例如物品和文物遗址等),而无形成果既包括"表达",也包括普通版权法不保护的"思想"。

就附件7第1编而言,总体上仍然继续沿袭原《班吉协定》该部分的公有领域付费制度。修改之处在于,民间文艺表达的使用者不再负有事先通知义务,但民间文艺表达仍然不享受普通作品的各种专有权保护,例如复制、发行、演绎等行为并不需要征得同意,仅需付费。在程序规则方面,"国家集体权利管理机构"不但负责向使用者收取费用,而且明确可以主张关于法律救济措施的权利。事先通知义务的取消,可能不利于民间文艺表达的保护,有待商榷。

就附件7第2编而言,仍然是原《班吉协定》该部分的文化遗产保护与促进制度。民间文艺属于文化遗产的三种类型之一,享有该编确立的文化财产权。这种文化财产权仍然要求对民间文艺的经济性利用需要取得主管机构的事先许可,也存在原先包括民事责任在内的程序性权利救济条款。修改之处主要在于,原《班吉协定》规定对"未归类"文化财产的营利性复制活动须取得主管机构的事先许可,而在新《班吉协定》中,"未归类"的限定被取消,各类文化财产均受保护,而且受事先许可要求控制的营利性行为除了复制行为之外,出版、发行、公开表演、有线或无线传输以及其他任何向公众传播的行为均在其列,有关受控制行为的范围大大扩展。另一方面,也存在上述权利的例外情形(即不须取得主管机构的事先许可),包括:为教学目的使用、在独创作品中合理引用和借鉴,以及附件7第1编关于版权经济权利的限制制度。与原《班吉协定》相似,主管机构依然拥有反对损害文化财产完整性的行为的权利。

新《班吉协定》总体上进一步适应了 TRIPS 等新生国际规则的要求,而且在文化财产权方面的规则明显受到 WIPO-UNESCO1982 年《保护民间文艺表达示范条款》的影响,其知识产权保护的特征更加突出,被列为当代重要的知识产权国际公约之一当无异议。

(四)《保护非物质文化遗产公约》

"非物质文化遗产"与"世界文化和自然遗产"一样,是 UNESCO 正式推出的法律概念。2003 年,UNESCO 第 32 届大会通过了《保护非物质文化遗产公约》(以下简称公约),并设立"人类非物质文化遗产代表作名录"。公约于 2006 年正式生效,中国于 2004 年加入。公约与先前 1972 年《保护世界文化和自然遗产公约》相辅相成,后者关注保护人类有形的历史文化遗产,而非物质文化遗产则主要以无形为特征,但也不排除相关的有形要素。

关于公约对非物质文化遗产的定义及其具体形式的界定,本章第一节已作介绍,兹不赘述。从中可以看出,非物质文化遗产与民间文艺是有联系但也有区别的概念。非物质文化遗产概念也强调创作主体的群体性和"代代相传"的特征,但其内容十分广泛,已经超出"文学艺术"的范围(例如有关自然界和宇宙的知识和实践),实际上更接近广义的传统知识。但相对于传统知识概念,非物质文化遗产还

第十章 涉外传统知识、遗传资源及民间文艺的法律保护实务

包括了"相关的工具、实物、手工艺品和文化场所"这些以有形实物存在于世的范畴。另外,相对于传统知识和民间文艺,非物质文化遗产的具体指称对象往往比较宏观,例如中国的昆曲艺术于2001年被评选为"世界非物质文化遗产",而昆曲"牡丹亭"的具体唱腔片段则属于民间文艺的范畴,如果发生"滥用"或"不当利用"之说,通常是针对具体唱腔片段而不是指整个昆曲艺术。尽管存在上述区别,但仍可以说,民间文艺属于非物质文化遗产的重要组成部分。

公约宗旨是:保护非物质文化遗产;尊重有关社区、群体和个人的非物质文化遗产;在地方、国家和国际一级提高对非物质文化遗产及其相互欣赏的重要性的意识;开展国际合作及提供国际援助。保护措施包括确保非物质文化遗产生命力的各种措施,包括这种遗产各个方面的确认、立档、研究、保存、保护、宣传、弘扬、传承(特别是通过正规和非正规教育)和振兴。

在不违背国家法律规定及其习惯法和习俗的情况下,缔约国承认保护非物质文化遗产符合人类的整体利益,保证为此目的在双边、分地区、地区和国际各级开展合作。国际合作主要是交流信息和经验,采取共同行动,以及建立援助缔约国保护非物质文化遗产工作的机制。国际援助的形式包括:对保护这种遗产的各个方面进行研究;提供专家和专业人员;培训各类所需人员;制定准则性措施或其他措施;基础设施的建立和营运;提供设备和技能;其他财政和技术援助形式,包括在必要时提供低息贷款和捐助。各缔约国可向UNESCO设立的政府间保护非物质文化遗产委员会递交国际援助的申请,以保护在其领土上的非物质文化遗产。此类申请亦可由两个或数个缔约国共同提出。

公约决定建立一项"保护非物质文化遗产基金",其性质为信托基金。基金的资金来源包括:缔约国的缴付款项;UNESCO大会为此所拨资金;其他国家、联合国系统各组织和各署(特别是联合国开发计划署)以及其他国际组织、公营或私营机构和个人可能提供的捐款、赠款或遗赠;基金的资金所得的利息;为本基金募集的资金和开展活动之所得;政府间保护非物质文化遗产委员会制定的基金条例所许可的所有其他资金。

但应当看到,公约是采取行政手段保护非物质文化遗产,要求各缔约国政府展开行动,属于公法性质的管理范畴。它与民间文艺及广义上的传统知识保护确有

紧密关联,但严格地讲不属于知识产权性质的私法制度体系。

三、关于民间文艺的国际示范法

由于民间文艺从属于广义的传统知识范畴,在发展中国家与发达国家之间存在巨大分歧,很难达成全球性多边国际规则。众多发展中国家仍然在不懈努力,WIPO 以及 UNESCO 等国际组织也在它们推动之下持续进行相关工作。而民间文艺由于在很多方面与版权法中的作品存在相似性,相比遗传资源等议题,更容易纳入知识产权制度体系中。于是,若干国际示范性立法条款得以产生,尽管不具有强制性法律约束力,但它们对关于民间文艺的各国国内立法以及国际立法工作产生了不可忽视的显著影响。

(一)《突尼斯版权示范法》

1976 年,突尼斯政府在 WIPO、UNESCO 等国际组织的协助下,通过了《突尼斯发展中国家版权示范法》(Tunis model law on copyright for developing countries,以下简称示范法)。该示范法涉及民间文艺的部分是一种特殊的版权规则,条款全面深入,保护水平很高,对其他非洲发展中国家乃至 1977 年《班吉协定》有重要影响,许多国家都采纳了该范本。

由于立足于版权制度,示范法第 1 条规定了保护客体为独创性"作品"。其第 3 款规定:国家民间文艺作品的保护适用第 6 条。第 5 款是备选条款,规定民间文艺作品无须固定于有形载体。第 18 条第 4 款规定了民间文艺作品的概念,其指创作于一国领土并由推定为该国国民的作者或由其传统族群创作的、代代相传且构成传统文化遗产基本组成要素的一切文学、艺术与科学作品。

第 6 条标题为"国家民间文艺作品",是关于民间文艺作品的具体保护规则。依据该条,民间文艺作品也同样享有普通作品下各种经济权利与精神权利的保护,但这些权利由政府指定人员组成的主管机构行使。第 6 条第 1 款之二是备选条款,表明上述权利的例外:如果民间文艺作品由公共实体以非商业目的使用,则不受上述权利的限制。第 7 条标题为"合理使用",是关于版权权利的各种典型限制情形,当然也适用于民间文艺作品。但将第 6 条第 1 款之二与第 7 条相对照,可看出前者是专门针对民间文艺作品。此外,民间文艺作品的保护不受时间限制。未取得立法国主管机构的许可,不得进口、发行在境外制作的该国民间文艺作品及其各种演绎作品的复制件。

示范法第 15 条是程序性救济条款,侵犯作品版权权利引起的民事侵权责任、行政责任、刑事责任条款也适用于民间文艺作品。第 16 条涉及域外作品的保护,基于国际法义务对外国作者的作品或在外国出版的作品进行保护,同样也适用于域外民间文艺作品。第 17 条是公有领域付费制度,使用或改编包括民间文艺作品在内的公有领域作品,虽然无须获得事先许可,但使用者仍应向主管机构支付由此种使用所得收入的一定百分比,此款项应用于特定目的,或支持为作者及表演者利益而建立的机构,或保护和推广国家民间文艺。虽然这种公有领域付费制度在普通的版权法中相对少见,但对于民间文艺作品则无疑具有重要意义。

(二)WIPO-UNESCO《保护民间文艺表达示范条款》

自 20 世纪 60 年代以来,《伯尔尼公约》纳入了间接的有限保护条款,突尼斯政府又出台了示范法。随着国际层面对民间文艺保护工作的形势发展,发展中国家将期待集中于 WIPO、UNESCO 等国际组织。1981 年,WIPO 与 UNESCO 共同成立了"关于保护民间文艺表达的知识产权问题的政府间专家委员会",在该委员会主持下,1982 年《保护民间文艺表达免受非法利用和其他损害行为的国家法律示范条款》(以下简称示范条款)得以通过,共 14 条。这是政府间国际组织在民间文艺保护领域的第一个重要成果。

示范条款所确立的保护对象是"民间文艺表达",关于其定义及具体范围,本章本节第一部分"对民间文艺概念的辨析"已作介绍。可以看出,示范条款使用的"表达"不同于"作品","发展和保持"也不同于"创作",这些都表明示范条款意图为民间文艺确立一种新型的特别知识产权制度。

具体权利内容规定于示范条款第 3、4、5、10 条。根据第 3 条,对民间文艺表达的公开、复制、发行、公开表演、有线或无线传输以及任何其他向公众传播的行为,如果出于营利目的且在其传统或习惯环境之外进行,则必须取得有关主管机构或相关社群的事先许可。第 10 条规定,在上述需要获得事先许可的情形下,使用者应向主管机构或相关社群提交书面申请,后者在许可的同时可收取一定费用,此费用应当用来促进与维护国家文化或民间文艺。第 4 条是关于权利限制,为教学目的使用、独创性作品中为说明问题的合理引用、为创作独创性作品进行的借鉴以及对民间文艺表达的附带性使用属于第3条的例外情形。第5条规定，对于任何可辨认的民间文艺表达，在任何涉及向公众传播的行为中均须以适当方式指明其社群和地理位置的来源，但上述第4条的例外情形仍然不在其限。

程序性权利救济条款规定于第6、7、8条。第6条列出了四类违法行为及其相应的行政与刑事责任，都包含主观过错为条件。尤其值得注意的是该条第4款：任何公开使用民间文艺表达的当事人如果以损害相关社群文化利益的方式故意歪曲民间文艺表达，则应受国家的处罚制裁，按照示范法的精神，具体处罚制裁措施由相关国家自行选择。第7、8条规定了包括扣押强制措施及损害赔偿等民事责任条款。行政与刑事责任不影响可能存在的民事责任的适用。

第12条专门指出与其他立法保护模式的关系，规定不影响版权法、邻接权法、工业产权法及其他法律以及立法国作为缔约国的国际条约为民间文艺表达提供的保护。第14条也规定了域外效力的问题，在外国发展或保持的民间文艺表达根据互惠原则或国际条约、协定也受到保护。

按照WIPO、UNESCO的官方观点，1982年示范条款不同于版权法制度，而是一种特别的（*sui generis*）保护制度。所谓特别的保护制度，是指所确立的权利类型不同于版权、专利权、商标权等传统类型，类似于地理标志、植物新品种权一样，是一种独立的新型权利。

（三）太平洋共同体《保护传统知识和文化表达示范法》

WIPO-UNESCO1982年《保护民间文艺表达示范条款》采用知识产权新型权利保护的做法，影响了南太平洋岛国国家。这些国家也拥有非常丰富的传统知识和民间文艺资源，亟待保护。2002年，太平洋共同体在UNESCO的协助下推出了《保护传统知识和文化表达区域框架》（*Regional framework for the protection of traditional knowledge and expressions of culture*，以下简称《框架》），《框架》中包含了一部《保护传统知识和文化表达示范法》（以下简称太平洋示范法）。太平洋共同体是一个政府间国际组织，其前身是"南太平洋委员会"，于1947年由当时在南太平洋地区有属地和托管地的美国、英国、法国、澳大利亚、新西兰和荷兰六国宣布成立，总部设在新喀里多尼亚首府努美阿，1998年10月起改名为太平洋共同体。

第十章 涉外传统知识、遗传资源及民间文艺的法律保护实务

现成员方主要包括上述原宗主国和南太平洋几乎所有岛国,但《框架》及太平洋示范法无疑反映了这些岛国国家的立场。

太平洋示范法共有 8 个部分,计 39 条,分别涉及首部条款、传统文化权、精神权利、事先明示许可、实施条款、过渡性安排、文化主管机构、杂项条款。如其名称,太平洋示范法针对两类保护对象:传统知识和文化表达。根据第 4 条的定义,传统知识同时包括了四个要素:①其创作、获取或灵感启迪系为传统的经济、精神、仪式、记叙、装饰或娱乐目的;②代代相传;③被视为与[立法国]特定的传统群体、氏族或社区人民相关;④系群体性起源并持有。文化表达意指传统知识所呈现或展示的任何方式,而不论其内容、品质或目标,也不论其为有形或无形,包括且不限于:①口头记述的名称、故事、咏唱调、谜语、历史与歌曲;②艺术与手工艺品、乐器、雕塑雕刻、绘画、陶艺、镶嵌图案、木艺、金属制品、首饰饰物、编织艺、缝纫、贝壳工艺、地毯、服装与纺织品;③音乐、舞蹈、戏剧、文学、典礼、仪式表演与文化活动;④图案与视觉作品的描画形式、部分及细节;⑤建筑样式。可见,太平洋示范法所针对的"传统知识"及"文化表达"与民间文艺的概念在内涵与外延上均十分接近。

示范法确立了一种新型权利:传统文化权。传统所有权人(traditional owners)可以是传统群体、氏族或社区人民,也可以是前者依照习惯法或习惯实践承认为受托照管与保护传统知识与文化表达的个人。对传统知识与文化表达进行的十种类型行为,具体包括对其复制、出版、公开表演或展示、播送、翻译、改编、整理、修改、固定、传输、创作演绎作品,以及制造、使用、许诺销售、销售或进出口相关产品等行为,如果属于"非习惯性使用"(习惯性使用指根据传统所有权人的习惯法与习惯实践进行的使用),则不论其是否具有商业性质,均须获得传统所有权人的事先明示许可。上述传统文化权享受永久性保护且不得转让,同时也存在教学活动、评论、新闻报道、司法程序、附带性使用等五类限制情形。

在传统文化权之外,太平洋示范法独立规定了精神权利(moral rights),传统所有权人有权将与其有关的传统知识与文化表达归属于自身,不对错误归属于自身的传统知识与文化表达拥有权利,反对对其拥有的传统知识与文化表达进行歪曲、割裂、损害声誉、破坏完整性等贬损行为。精神性权利独立于上述传统文化权存在,且享受永久保护,不得转让或放弃。

此外,太平洋示范法也规定了包括民事责任、行政责任和刑事责任在内的法律责任条款,提供相应的权利救济手段。在互惠原则下,源自其他国家的传统知识与文化表达也可以享受立法国的同等保护。

(四)WIPO"保护民间文艺条款草案"

在 WIPO 体制下,WIPO-IGC 第八次会议首次通过了《传统文化表达/民间文艺表达保护:经修订目标与原则》,其附件给出了"传统文化表达/民间文艺表达保护修订条款草案"(以下简称 2005 年草案)。[①] 2005 年草案的"实体条款"部分系统设计了建议法条,虽然并未明确冠以示范法的名称,但它代表了 WIPO 在历年讨论工作中的若干代表性观点,其作用接近于指导意义的示范法。

关于 2005 年草案对民间文艺表达的概念界定,本章本节第一部分已经作了介绍,兹不赘述。该草案"实体条款"最大的特色在于,对民间文艺区分不同的类型,并分别规定不同的保护制度。根据第 3 条,第一类为对于传统群体具有特别重要的文化与精神价值的民间文艺,第二类为未通知或注册的一般民间文艺,第三类为处于保密状态的民间文艺。

第一类民间文艺保护程度最高,此类民间文艺经向国家通知或注册之后,未经相关传统群体的事先明示许可,他人不得从事复制、出版、发行、出租改编、广播、公开表演、网络传播、摄影等固定活动以及其他向公众传播的行为,不得在使用中不以适当方式指明相关群体来源,不得对民间文艺进行歪曲、割裂或其他贬损行为,不得针对民间文艺及其衍生成果取得或行使知识产权。尤其是与民间文艺相关的名称、标志等,如果有关使用行为向社会公众误导性地表明其与传统群体的联系或损害其声誉,则该群体亦享有上述事先许可权以阻止此类行为。此类民间文艺的保护期限为保持通知或注册状态的时间。

第二类民间文艺保护程度次之,他人在使用民间文艺及其改编作品时应指明其群体来源,不得对民间文艺进行歪曲、割裂或其他贬损行为,不得在产品或服务涉及民间文艺时做出将产品或服务与特定传统群体相联系、足以引起社会公众混淆的误导性表述,此外对民间文艺作营利性使用应支付合理报酬或提供利益分享,

---

① WIPO,WIPO/GRTKF/IC/8/4,2005,Annex.

具体安排由传统群体的代表机构与使用者协商决定。此类民间文艺的保护期限为满足法定保护要求的时间。

第三类民间文艺由于系采用保密手段保持未公开状态,保护程度较低,相关传统群体有权阻止他人擅自公开或对其取得或行使知识产权。此类民间文艺的保护期限即其保持不公开状态的时间。

此外,草案也包括了权利限制情形、法律责任与救济手段以及国民待遇等条款。总体上,草案将民间文艺分门别类的做法反映了各国在 WIPO-IGC 的讨论工作中所持的各种观点,尤其是根据是否注册、是否公开采取不同的保护规则的做法,明显体现出传统知识产权制度的若干色彩,一定程度上暴露出发达国家与发展中国家的观点分歧。

之后,随着 WIPO-IGC 历次大会的召开,该草案实体条款又历经修订,最新版本为 2010 年第 17 次大会所通过,对"民间文艺表达"的界定也有了一定发展和变化,总体上越来越趋于严谨精细。[①] 然而,对民间文艺做出以上三种类型的区分并分别设置不同保护制度的基本做法一直未变,构成 WIPO 该草案实体条款的一大特征。

【延伸阅读】

杨鸿:《民间文艺的特别知识产权保护》,法律出版社 2011 年版。

第四节 中国对传统知识、遗传资源及民间文艺的法律保护

【知识背景】

2008 年国务院发布的《国家知识产权战略纲要》在"战略目标"部分明确指出

---

① See WIPO,WIPO/GRTKF/17/4,2010,Annex.

要达到对传统知识、遗传资源及民间文艺的有效保护与合理利用,适时做好相关立法工作。如前所述,中国也是众多相关国际公约的缔约国,并积极参与了 WIPO、WTO、UNESCO 等重要国际组织的讨论工作。但目前,中国对传统知识、遗传资源及民间文艺的国内法律保护制度还显得较为分散杂乱,缺乏系统性,现有制度也尚不完备。大体上,相关法律制度就其性质可以分为三个方面:一是在现行知识产权法律法规框架内与上述三者有关的法律条款及制度;二是与上述三者的具体领域直接相关的行政法规和地方性法规;三是虽不属于知识产权法律制度,但与上述三者具有关联性的相关管理类立法。

第一类法律制度主要包括:中国现行《著作权法》《商标法》《专利法》及其《实施条例》《反不正当竞争法》《植物新品种保护条例》等。2010 年新修订《著作权法》第 6 条保留了原来的条款:"民间文学艺术作品的著作权保护办法由国务院另行规定。"但迄今尚无此类保护办法出台。现行《商标法》可以为传统标记提供注册商标、集体商标、证明商标、地理标志的保护。现行《专利法》可以为微生物资源与基因资源、与遗传资源相关的专利技术提供保护。根据 2008 年新修订《专利法》,对违反法律、行政法规的规定获取或者利用遗传资源,并依赖该遗传资源完成的发明创造,不授予专利权;依赖遗传资源完成的发明创造,申请人应当在专利申请文件中说明该遗传资源的直接来源和原始来源;申请人无法说明原始来源的,应当陈述理由。处于保密状态的传统知识可以通过《反不正当竞争法》得到保护。《植物新品种保护条例》符合 UPOV 公约的精神,创设了新型的植物新品种权。地理标志及原产地标记制度主要有农业部、国家质检总局、国家工商行政管理总局等若干部门的管理办法和保护规定等。

第二类法律制度主要包括:农作物遗传资源领域,有农业部的《农作物遗传资源管理办法》等。传统医药领域,有国务院发布的《中药品种保护条例》《中医药条例》《野生药材资源保护管理条例》以及各地方制定的地方性法规,《中医药传统知识保护条例》正由国家中医药管理局等部门主持制定中;传统工艺美术领域,有国务院《传统工艺美术保护条例》以及各地方制定的地方性法规;民族民间传统文化领域,有各地方制定的民族民间传统文化保护条例或非物质文化遗产保护条例等。

第三类法律制度范围较广,多为国家行政管理类法律法规,典型者例如:《文物

第十章 涉外传统知识、遗传资源及民间文艺的法律保护实务

保护法》《非物质文化遗产保护法》《环境保护法》《渔业法》《畜牧法》《种子法》《自然保护区条例》《野生动物保护法》《野生植物保护条例》《濒危野生动植物进出口管理条例》《农业转基因生物安全管理条例》等。

总结中国以上现行法律制度，可以看出主要存在以下问题：一是现行知识产权制度尚不完备，不足以为上述三者提供有效且到位的保护；二是缺乏基本法律层面高位阶的专门立法，相关制度显得分散杂乱，且法出多门；三是管理类公法规范较多，真正的知识产权性质的私法规范不足；四是法律规范的具体条款中，有关概念及具体权利义务的界定尚不清晰，立法技术有待严谨精确化。这种立法滞后状况与中国经济科技实力的快速发展显得不相适应，甚至落后于非洲等地区的一些发展中国家。在经济全球化的当代，主要发达国家还在继续利用其技术优势扩大对发展中国家传统知识、遗传资源、民间文艺资源的滥用乃至掠夺，包括中国在内的广大发展中国家面临着严峻挑战。有学者指出，在这方面的国际立法短期内较难形成实质性成果的局势下，作为广义传统知识资源大国的中国有必要进行先行于国际立法的国内立法，因为中国目前在世界经济、政治、文化等诸多领域的重要地位，决定了中国在此类立法上的积极推动和制度创新将影响全球性国际规则的调整和改革，有助于为中国争取制定国际规则更多的话语权。[①] 该观点精辟指出了中国目前在该领域的紧迫任务和广阔前景。

【案例裁决摘录】

饶河县四排赫哲族乡政府诉郭颂等侵犯民间文学艺术作品著作权纠纷案[②]

原告：黑龙江省饶河县四排赫哲族乡人民政府。

法定代表人：傅刚，该乡乡长。

被告：郭颂。

被告：中央电视台。

[①] 参见丁丽瑛：《传统知识保护的权利设计与制度构建》，法律出版社2009年版，第205~206页。

[②] 本裁决书摘录来自"北大法宝"数据库，法宝引证码：CLI.C.67342。

法定代表人:赵化勇,该台台长。

被告:北京北辰购物中心。

法定代表人:刘铁林,该中心总经理。

原告黑龙江省饶河县四排赫哲族乡人民政府(以下简称赫哲族乡政府)因与被告郭颂、中央电视台、北京北辰购物中心(以下简称北辰购物中心)发生民间文学艺术作品著作权纠纷,向北京市第二中级人民法院提起诉讼。

原告诉称:《乌苏里船歌》是赫哲族民歌,属于中国著作权法保护的民间文学艺术作品,赫哲族人民依法应享有署名权等精神权利和获得报酬权等经济权利。1999年11月12日,在"南宁国际民歌艺术节"晚会上,中央电视台称《乌苏里船歌》系汪云才、郭颂创作而非赫哲族民歌,侵害了原告的权利。此后,该晚会被录制成VCD向全国发行,使侵权行为的影响进一步扩大。北辰购物中心销售了含有原告享有著作权的《乌苏里船歌》的侵权CD、图书和磁带,亦侵犯著作权,请求判令:(1)在中央电视台播放《乌苏里船歌》数次,说明其为赫哲族民歌,并对其侵犯行为做出道歉;(2)赔偿原告经济损失人民币40万元,精神损失人民币10万元;(3)承担本案诉讼费以及因诉讼支出的费用8305.43元。

在庭审过程中,原告明确指控被告对《乌苏里船歌》曲调的著作权侵权,而不涉及该音乐作品的歌词部分。

被告郭颂辩称:目前在全国赫哲族民族乡有三个,原告只是其中之一,不能代表全体赫哲族人提起诉讼。以《想情郎》为代表的赫哲族民间传统曲调,只是一首古老的四句萧曲,没有歌词,而《乌苏里船歌》既有新创作的曲子又有歌词,是他与胡小石、汪云才借鉴西洋音乐的创作手法共同创作的。原告虽提出侵权指控,却未明确他侵犯了何种权利,也未具体指出如何侵权,故不同意其诉讼请求。

被告中央电视台辩称:原告没有证据证明其有权代表所有赫哲族人民就有关民间文学艺术作品主张权利;对于民间文学艺术作品的保护,中国著作权法只做出了原则性的规定,缺乏具体的内容,迄今国务院尚未出台相关法规,因此,著作权法有关著作权人及其权利归属等相关规定并不适用于民间文学艺术作品。中央电视台播出的节目中有关《乌苏里船歌》的署名完全是在尊重历史事实的基础上,经多方查阅资料而得出的结论,迄今未发现与该署名相抵触的权威性资料,作为播出单

第十章 涉外传统知识、遗传资源及民间文艺的法律保护实务

位其已经尽到了审查义务。晚会主持人表述只是议论客观事实,并未侵犯原告的著作权。原告诉称该晚会节目被录制成 VCD 向全国发行没有任何证据,因为该艺术节组委会录制的 VCD 数量仅有 8000 套,且不公开发行,只是作为资料和礼品赠送,并没有以此进行营利活动。

被告北辰购物中心辩称:我中心销售的商品有合法、严格的进货渠道和合同,但对于商品的知识产权问题,我中心并无审查义务,不应成为本案的被告。

在本案审理过程中,汪云才书面表示,郭颂有权代表其处理与该音乐作品有关的事项。

庭审质证中,三被告对原告提供证据的真实性不持异议,但表示原告无权主张权利;原告有关诉讼支出方面的票据缺乏合理性,不应由被告负担。原告对三被告提交证据的真实性不持异议,但认为郭颂提供的证据不能证明其主张,反而证明郭颂对侵权的事实和状态是明知的,同时也证明歌曲《乌苏里船歌》是以赫哲族民歌为基础进行改编而成的。

根据双方当事人的申请,北京市第二中级人民法院委托中国音乐著作权协会对音乐作品《乌苏里船歌》与《想情郎》等曲调进行鉴定。中国音乐著作权协会从双方当事人认可的 10 名候选人中,确定了 3 位专家作为鉴定人进行了鉴定。鉴定结论认为:《乌苏里船歌》是在《想情郎》等赫哲族民歌的曲调基础上编曲或改编而成。鉴定结论送达给双方当事人后,赫哲族乡政府同意该鉴定结论。郭颂认为 3 位鉴定人将作品肢解分析背离了客观事实,致使鉴定意见的结论片面而不具权威性。郭颂的委托代理人请求由 10 名鉴定人参加,重新进行鉴定,并从学术方面提出了异议。中央电视台认为 3 位鉴定人各自的意见与整体鉴定结论有区别,鉴定结论只能代表两个人的意见,对其权威性有质疑;《狩猎的哥哥回来了》有明确的作者,不应该归入民间文学艺术作品的范畴,不应作为鉴定对比素材;鉴定结论中基本概念不清。针对被告在质证中提出的异议,中国音乐著作权协会与鉴定人又向法院提交了书面质询意见,内容为:(1)鉴定人是根据原始材料进行客观分析比较的;(2)无论是"单乐段加引子""尾声的结构",还是"单三段体结构"的表述均不影响到对其重要部分(带有三段歌词的主体部分)进行的技术性比较和客观分析;(3)《乌苏里船歌》歌曲的主体部分与《想情郎》均为典型的"起、承、转、合"结构,《乌苏里船

歌》歌曲的主体部分在四句式的完整结构后,在一、二段加了一个小的带副词的补充句,而在第三段是没有补充句的;(4)鉴定人完全同意中国音乐著作权协会做出的简明的鉴定报告,认可《乌苏里船歌》是在《想情郎》等赫哲族民歌的曲调基础上编曲或改编而成的结论。鉴于被告没有充分证据证明鉴定在程序上和结论上存在瑕疵,北京市第二中级人民法院对该鉴定结论予以确认。此外,北京市第二中级人民法院还依职权向中央人民广播电台调取了该台在1963年第一次录制《乌苏里船歌》的原始记录。

北京市第二中级人民法院查明:

赫哲族是一个世代生息繁衍在中国东北地区的少数民族。《想情郎》是一首流传在乌苏里江流域赫哲族中最具代表性的民间曲调,该曲为只有四句曲调的萧曲,现已无法考证该曲调的最初形成时间和创作人,第一次被记录下来是20世纪50年代末。1962年,郭颂、汪云才、胡小石到乌苏里江流域的赫哲族聚居区进行采风,收集到了包括《想情郎》等在内的赫哲族民间曲调。在此基础上,郭颂、汪云才、胡小石共同创作完成了《乌苏里船歌》音乐作品。中国音乐著作权协会对其的鉴定结论为:"1.《乌苏里船歌》的主部即中部主题曲调与《想情郎》《狩猎的哥哥回来了》的曲调基本相同,《乌苏里船歌》的引子及尾声为创作;2.《乌苏里船歌》是在《想情郎》《狩猎的哥哥回来了》原主题曲调的基础上改编完成的,应属改编或编曲,而不是作曲。"1963年,该音乐作品首次在中央人民广播电台进行了录制。在中央人民广播电台的录制记录上载明:"录制:(19)63年12月28日;名称:《乌苏里船歌》;时间:3分20秒;作者:东北赫哲族民歌;演播:黑龙江歌舞团郭颂;伴奏:武汉歌舞剧院乐队。"1964年10月,百花文艺出版社出版的《红色的歌》第6期刊载了歌曲《乌苏里船歌》,在署名时注明为赫哲族民歌,汪云才、郭颂编曲。

1999年11月12日,中央电视台与南宁市人民政府共同主办了"南宁国际民歌艺术节"开幕式晚会。在郭颂演唱完《乌苏里船歌》后,中央电视台节目主持人说:"刚才郭颂老师演唱的《乌苏里船歌》明明是一首创作歌曲,但我们一直以为它是赫哲族人的传统民歌。"南宁国际民歌艺术节组委会将此次开幕式晚会录制成VCD光盘,中央电视台认可共复制8000套作为礼品赠送。原告没有证据证明主办者进行了商业销售。

第十章 涉外传统知识、遗传资源及民间文艺的法律保护实务

另查明,北辰购物中心销售的刊载《乌苏里船歌》音乐作品的各类出版物上,署名方式均为"作曲:汪云才、郭颂",其中包括郭颂演唱的民歌专集录音带《世纪中华歌坛名人百集珍藏版·郭颂》、郭颂向法院提交的《〈歌声中的 20 世纪〉——一百年中国歌曲精选》及 1979 年以来刊登《乌苏里船歌》的部分刊物,署名方式也均为:"作曲:汪云才、郭颂"。原告用于本案诉讼的合理支出为 3000 元。

北京市第二中级人民法院认为:

本案争议的焦点问题是:(1)原告赫哲族乡政府是否有权以自己的名义提起对赫哲族民间音乐作品保护的诉讼?(2)《乌苏里船歌》音乐作品的曲调是否根据赫哲族民间曲调改编?

关于原告赫哲族乡政府是否有权以自己的名义提起对赫哲族民间音乐作品保护的诉讼问题。民间文学艺术是指某一区域内的群体在长期生产、生活中,直接创作并广泛流传的、反映该区域群体的历史渊源、生活习俗、生产方式、心理特征、宗教信仰且不断演绎的民间文化表现形式的总称。由于民间文学艺术具有创作主体不确定和表达形式在传承中不断演绎的特点,因此,民间文学艺术作品的权利归属具有特殊性。一方面它进入公有领域,另一方面它又与某一区域内的群体有无法分割的历史和心理联系。赫哲族世代传承的民间曲调,是赫哲族民间文学艺术的组成部分,也是赫哲族群体共同创作和每一个成员享有的精神文化财富。它不归属于赫哲族的某一成员,但又与每一个赫哲族成员的权益有关。因此,该民族中的每一个群体、每一个成员都有维护本民族民间文学艺术不受侵害的权利。原告作为依照宪法和法律在少数民族聚居区内设立的乡级地方国家政权,既是赫哲族部分群体的政治代表,也是赫哲族部分群体公共利益的代表。在赫哲族民间文学艺术可能受到侵害时,鉴于权利主体状态的特殊性,为维护本区域内赫哲族公众的利益,原告以自己的名义提起诉讼,符合宪法和法律确立的民族区域自治法律制度,且不违反法律的禁止性规定。被告关于原告不具有诉讼主体资格的抗辩主张,不予采纳。

关于《乌苏里船歌》音乐作品的曲调是不是根据赫哲族民间曲调改编的问题。《乌苏里船歌》音乐作品是郭颂等人在赫哲族世代流传的民间曲调的基础上,运用现代音乐创作手法再度创作完成的。郭颂作为该作品的合作作者之一,享有《乌苏

里船歌》音乐作品的著作权。但是其在《乌苏里船歌》创作中吸收了《想情郎》等最具代表性的赫哲族传统民间曲调。被告郭颂也并不否认在创作《乌苏里船歌》主曲调时使用了部分《想情郎》曲调,中国音乐著作权协会所作鉴定结论也表明该音乐作品主部即中部主题曲调与《想情郎》《狩猎的哥哥回来了》的曲调基本相同。因此,应认定《乌苏里船歌》主曲调是郭颂等人在赫哲族民间音乐曲调《想情郎》的基础上,进行了艺术再创作,改编完成的作品。郭颂、中央电视台关于《乌苏里船歌》属原创作品的主张,不予采纳。

以《想情郎》为代表,世代在赫哲族中流传的民间音乐曲调,属于赫哲族传统的民间文学艺术作品。民间文学艺术作品的著作权受法律保护。对于民间文学艺术保护,在禁止歪曲和商业滥用的前提下,鼓励对其进行合理开发及利用,使其发扬光大,不断传承发展。但是利用民间文学艺术作品进行再创作,应当说明所创作的新作品的出处。这是中国民法通则中的公平原则和著作权法中保护民间文学艺术作品的法律原则的具体体现和最低要求。1990年《中华人民共和国著作权法》第十二条规定:"改编、翻译、注释、整理已有作品而产生的作品,其著作权由改编、翻译、注释、整理人享有,但行使著作权时,不得侵犯原作品的著作权。"因此,郭颂等人在使用音乐作品《乌苏里船歌》时,应客观地注明该歌曲曲调是源于赫哲族传统民间曲调改编的作品。

郭颂在"南宁国际民歌艺术节"开幕式晚会的演出中对主持人意为《乌苏里船歌》系郭颂原创作品的失当的"更正性说明"未做解释,同时对相关出版物中所标注的不当署名方式予以认可,其行为是有过错的。在中央电视台主办的"南宁国际民歌艺术节"开幕式晚会上,主持人发表的陈述与事实不符,中央电视台作为演出组织者,对其工作人员就未经核实的问题,过于轻率地发表议论的不当行为,应采取适当的方式消除影响。被告北辰购物中心销售了载有未注明改编出处的《乌苏里船歌》音乐作品的出版物,应停止销售行为。但北辰购物中心能够提供涉案出版物的合法来源,主观上没有过错,不应承担赔偿责任。鉴于民间文学艺术作品具有其特殊性,且原告未举证证明被告的行为造成其经济损失,故原告依据中国著作权法的规定,请求法院判令郭颂、中央电视台、北辰购物中心承担公开赔礼道歉、赔偿经济损失和精神损失的主张,缺乏事实根据和法律依据,不予支持,但应根据案件的

第十章 涉外传统知识、遗传资源及民间文艺的法律保护实务

具体情况消除影响,还应承担原告因诉讼而支出的合理费用。

据此,北京市第二中级人民法院依照《中华人民共和国民法通则》第四条、第一百三十四条第一款第(九)项和修正前的《中华人民共和国著作权法》第十二条之规定,判决:

一、郭颂、中央电视台以任何方式再使用音乐作品《乌苏里船歌》时,应当注明"根据赫哲族民间曲调改编";

二、郭颂、中央电视台于本判决生效之日起三十日内在《法制日报》上发表音乐作品《乌苏里船歌》系根据赫哲族民间曲调改编的声明;

三、北京北辰购物中心立即停止销售任何刊载未注明改编出处的音乐作品《乌苏里船歌》的出版物;

四、郭颂、中央电视台于本判决生效之日起 30 日内各给付黑龙江省饶河县四排赫哲族乡人民政府因本案诉讼而支出的合理费用 1500 元;

五、驳回黑龙江省饶河县四排赫哲族乡人民政府的其他诉讼请求。

一审宣判后,郭颂、中央电视台不服,向北京市高级人民法院提起上诉。

郭颂上诉的理由是:(1)赫哲族乡政府不具备原告的主体资格;(2)一审判决存在"判非所诉"的问题;(3)中国音乐著作权协会所作的鉴定在程序和实体方面均存在问题;(4)一审判决适用法律错误。

中央电视台上诉的理由除与郭颂的(1)、(2)部分相同外,还认为已经尽到了合理的审查义务,不构成侵权行为。如《乌苏里船歌》的署名确有不当,将停止传播错误的信息,但不应承担刊登声明、支付原告诉讼费用等侵权法律责任。

赫哲族乡政府、北辰购物中心服从一审判决。

北京市高级人民法院经过审理,确认了一审法院查明的事实。

二审期间,郭颂为了证明中国音乐著作权协会在鉴定人员的推荐及鉴定结论的最终形成等方面存在程序上的问题,提供了郭颂的代理律师对中国音乐著作权协会名誉会长吴祖强的调查笔录以及该协会常务理事徐沛东、赵季平、张丕基出具的书面证言。4 位证人表示不知道 3 位鉴定人的推荐及最终确定以及讨论鉴定结论的事宜。郭颂还提交了 2003 年 1 月 26 日由中国轻音乐协会和黑龙江省音乐家协会主办的《继承发展民族民间音乐创作研讨会》上的专家论证意见,以证明音乐

界权威专家与鉴定结论持有截然相反的看法。赫哲族乡政府同时提交1个新的证据以证明鉴定结论是正确的。该证据是黑龙江省电视台播放的电视节目VCD复制品,节目包括对《乌苏里船歌》的曲作者之一汪云才的采访,汪云才在接受采访时表示,歌曲的序唱是赫哲族的原始资料、原始唱法,是赫哲族吴进才唱的伊玛堪;歌曲创作源于赫哲族民歌《想情郎》;《乌苏里船歌》是赫哲族歌曲,是赫哲族音乐。郭颂也向法院提交了汪云才的书面申明意见,以证明上述VCD中涉及汪云才被采访的部分内容是不真实的。

北京市高级人民法院认为:

世代在赫哲族中流传、以《想情郎》为代表的音乐曲调,属于民间文学艺术作品,应当受到法律保护。涉案的赫哲族民间文学艺术作品是赫哲族成员共同创作并拥有的精神文化财富。它不归属于赫哲族某一成员,但又与每一个赫哲族成员的权益有关。该民族中的任何群体、任何成员都有维护本民族民间文学艺术作品不受侵害的权利。赫哲族乡政府是依据中国宪法和法律的规定在少数民族聚居区内设立的乡级地方国家政权,可以作为赫哲族部分群体公共利益的代表。故在符合中国宪法规定的基本原则、不违反法律禁止性规定的前提下,赫哲族乡政府为维护本区域内的赫哲族公众的权益,可以以自己的名义对侵犯赫哲族民间文学艺术作品合法权益的行为提起诉讼。郭颂、中央电视台关于赫哲族乡政府不具备原告诉讼主体资格的上诉理由不能成立。

因本案一审中赫哲族乡政府将诉讼请求变更为确认《乌苏里船歌》乐曲属于改编作品,且郭颂也对此进行了答辩,故一审法院根据当事人变更的诉讼请求对《乌苏里船歌》乐曲是否属于改编作品进行了审理,符合法律规定。一审法院判决未明确赫哲族乡政府当庭变更了诉讼请求一节,有不妥之处,但并不属于上诉人郭颂、中央电视台所称的"判非所诉"。

本案二审期间郭颂提供的四位证人的书面证言,其内容并不能证明中国音乐著作权协会所作的鉴定在程序上存在问题,故不予采信。一审中虽然鉴定人员未出庭接受质询,但经过法院准许,以书面形式答复了当事人的质询,并不属于程序不当,故对郭颂关于中国音乐著作权协会所作的鉴定在程序方面存在问题的上诉理由,不予支持。

第十章 涉外传统知识、遗传资源及民间文艺的法律保护实务

著作权法所指的改编,是指在原有作品的基础上,通过改变作品的表现形式或者用途,创做出具有独创性的新作品。改编作为一种再创作,应主要是利用了已有作品中的独创部分。对音乐作品的改编而言,改编作品应是使用了原音乐作品的基本内容或重要内容,应对原作的旋律作了创造性修改,却又没有使原有旋律消失。在本案中,根据鉴定人关于《乌苏里船歌》的中部乐曲的主题曲调与《想情郎》和《狩猎的哥哥回来了》的曲调基本相同的鉴定结论,以及《乌苏里船歌》的乐曲中部与《想情郎》和《狩猎的哥哥回来了》相比又有不同之处和创新之处的事实,《乌苏里船歌》的乐曲中部应系根据《想情郎》和《狩猎的哥哥回来了》的基本曲调改编而成。《乌苏里船歌》乐曲的中部是展示歌词的部分,且在整首乐曲中反复三次,虽然《乌苏里船歌》的首部和尾部均为新创作的内容,且达到了极高的艺术水平,但就《乌苏里船歌》乐曲整体而言,如果舍去中间部分,整首乐曲也将失去根本,因此可以认定《乌苏里船歌》的中部乐曲系整首乐曲的主要部分。在《乌苏里船歌》的乐曲中部系改编而成、中部又构成整首乐曲的主部的情况下,《乌苏里船歌》的整首乐曲应为改编作品。郭颂关于《乌苏里船歌》与《想情郎》《狩猎的哥哥回来了》的乐曲存在不同之处和创新之处且在表达上已发生了质的变化的上诉理由,并不能否定《乌苏里船歌》的乐曲基本保留了赫哲族民歌基本曲调的事实,郭颂在上诉中认为中国音乐著作权协会所做的鉴定与事实不符和关于《乌苏里船歌》全曲不应认定为改编作品的上诉理由不能成立,不予支持。

中央电视台主持人的陈述虽然已经表明《乌苏里船歌》系根据赫哲族音乐元素创作的歌曲,但主持人陈述的本意仍为《乌苏里船歌》系郭颂原创与事实不符。中央电视台对其工作人员所发表的与事实不符的评论,应当采取适当的方式消除影响,原审法院判决中央电视台在《法制日报》上发表更正声明并无不当。

综上,北京市高级人民法院依照《中华人民共和国民事诉讼法》第一百五十三条第一款第(一)项之规定,于2003年12月17日判决:

驳回上诉,维持原判。

【延伸阅读】

丁丽瑛:《传统知识保护的权利设计与制度构建》,法律出版社2009年版。

第十一章
涉外知识产权反不正当竞争法律保护实务

【内容摘要】《保护工业产权巴黎公约》是第一个将不正当竞争纳入了知识产权国际条约,之后的《建立世界知识产权组织公约》《与贸易有关的知识产权协议》也进一步明确提出了反不正当竞争保护的要求。WIPO《关于反不正当竞争保护的示范法条》还把与知识产权保护有关的不正当竞争行为进行了归纳,作为各国立法的参考。虽然知识产权与反不正当竞争有着密切的关系,但并非所有的不正当竞争都和知识产权相关。总体而言,反不正当竞争法对知识产权的保护起着补充性作用。中国《反不正当竞争法》列举的不正当竞争行为中,仿冒他人注册商标、仿冒知名商品特有的名称、包装、装潢、擅自使用他人的企业名称或者姓名、恶意使用地理标志、侵犯商业秘密等几种都与知识产权保护有关。

第一节　与知识产权有关的反不正当竞争的国际法律制度

【知识背景】

19世纪的欧洲,盗用他人商标、专利及假冒行为等侵权行为越来越严重地损害了合法经营者的利益,为了加强对诚实守信的经营者的保护以及维护市场中有序的竞争秩序,针对1804年《拿破仑民法典》中的有关制止经济生活中不正当行为的规定,法官们对此进行了创新,使上述一般规定逐渐发展成为一项新兴的法律制度。于是,这就成了反不正当竞争法律制度最初的起源。19世纪中期,针对许多的擅自使用他人商业名称和产品、服务标记等方面的案件,英国法院也进行了处理。因此,学界普遍认为,现代意义上的反不正当竞争法就是从上述仿冒诉讼的判例所确立的一些原则以及19世纪中期法国民法典中的规定中发展而来的。其中最早出现了关于不正当竞争和不正当竞争行为的概念,是1850年法国法院根据民法典1382条对某些案件所作的判决,该判决认为虽然某些商业活动并没有侵犯工业产权,但是其中有许多应当承担责任的行为已经构成了不正当竞争行为,例如,引人误解、欺诈等行为。而相关的反不正当竞争的法律制度也立即体现在了相关国际公约之中。

一、《保护工业产权巴黎公约》的相关规定

1883年,《保护工业产权巴黎公约》(以下简称《巴黎公约》)诞生。该公约使国民的智力创造能在所有成员方得到同样保护,这也是世界范围内第一部为此专门作了规定的国际条约。该公约的内容在后来历次的修约会议上不断得到充实。

第一次将反不正当竞争纳入公约的范围内发生于1900年12月,即我们通常所说的布鲁塞尔修订文本。1967年,斯德哥尔摩修订文本中对不正当竞争的内涵进行了界定,认为不正当竞争行为是由一切在商业竞争中违反诚实信用原则的不

正当竞争行为所构成的,该修订文本对《巴黎公约》的内容作了进一步的修改和扩充。此外,还特别对贬损行为、混淆行为,以及引人误解的行为专门作了列举性规定,对上述三种主要的不正当竞争行为也明文加以禁止。

目前《巴黎公约》对反不正当竞争的规定主要有以下一些方面:

首先,《巴黎公约》明确把反不正当竞争纳入工业产权的保护范围。该公约第1条第2款明确规定:"工业产权的保护对象有专利、实用新型、外观设计、商标、服务标记、厂商、名称、货源标记或原产地名称和制止不正当竞争。"

第二,明确了各国的反不正当竞争的义务。第10条之二第1款规定:"该公约本联盟国家有义务对各该国国民保证给予制止不正当竞争的有效保护。"

第三,界定了不正当竞争的内涵。第10条之二第2款规定:"凡在工商业事务中违反诚实的习惯做法的竞争行为构成不正当竞争的行为。"

第四,采用列举的方式特别禁止了三种典型的不正当竞争行为。第10条之二第3款规定:"下列各项特别应予以禁止:1.具有不择手段地对竞争者的营业所、商品或工商业活动造成混乱性质的一切行为;2.在经营商业中,具有损害竞争者的营业所、商品或工商业活动商誉性质的虚伪说法;3.在经营商业中使用会使公众对商品的性质、制造方法、特点、用途或数量易于产生误解的表示或说法。"

第五,明确了各成员为反不正当竞争提供救济途径。公约第10条之三规定:"(1)本联盟国家承诺保证本联盟其他国家的国民获得有效地制止第九条、第十条和第十条之二所述一切行为的适当的法律上救济手段。(2)本联盟国家并承诺规定措施,准许不违反其本国法律而存在的联合会和社团,代表有利害关系的工业家、生产者或商人,在被请求给予保护的国家法律允许该国的联合会和社团提出控诉的范围内,为了制止第九条、第十条和第十条之二所述的行为,向法院或行政机关提出控诉。"

二、《建立世界知识产权组织公约》的相关规定

1970年生效的《建立世界知识产权组织公约》也对制止不正当竞争行为做了规定,将有关不正当竞争的规定列到有关知识产权保护的内容中。该公约对知识产权所作的解释中明确规定其包括了有关禁止不正当竞争的权利。公约第2条

"定义"第8款明确规定:"'知识产权'包括有关下列项目的权利:文学、艺术和科学作品,表演艺术家的表演以及唱片和广播节目,人类一切活动领域内的发明,科学发现,工业品外观设计,商标、服务标记以及商业名称和标志,制止不正当竞争,以及在工业、科学、文学或艺术领域内由于智力活动而产生的一切其他权利。"

三、《与贸易有关的知识产权协议》的相关规定

世界贸易组织一揽子协议之一的《与贸易有关的知识产权协议》(以下简称TRIPS协议)是当今世界对知识产权保护力度最高的国际条约,其对《巴黎公约》中有关不正当竞争的规定予以肯定,同时对地理标志、未披露的商业秘密等知识产权也明确提出了反不正当竞争保护的要求。

TRIPS协议第二条"知识产权公约"规定,各成员应遵守《巴黎公约》(1967)第1至12条和第19条的规定。

TRIPS协议第二十二条"地理标记的保护"第2款第(2)项规定,在地理标记方面,各成员应为有利益关系的各方提供法律手段以阻止"任何构成《巴黎公约》(1967)10条之二意义下不公平竞争行为的使用"。

TRIPS协议第七节"对未公开信息的保护"规定的实际上就是中国法律中"商业秘密"的保护。第39条第1款规定:"在有效防范《巴黎公约》(1967)第10条之二所规定的不公平竞争行为过程中,各成员应根据第2款规定对未公开信息和根据第3款规定对提交给政府或政府机构的数据提供保护。"

第39条第2款规定:"自然人和法人应有权阻止其合法控制的信息在未经其同意的情况下,被以违反诚实商业做法的方式泄露给他人、被他人获得或使用,只要该信息是保密的,即无论作为一个整体还是就其各部分准确的排列和组合而言,该信息尚不为通常处理该信息的人所普遍知晓,或不易被他们获得;因为保密而具有商业价值;并且由该信息的合法控制人在当时的情况下采取了合理的步骤以保持其秘密性。"

对于其中的"违反诚实商业做法的方式",TRIPS协议还具体解释为至少包括"违反合同,违背信任和违约意向,并包括第三方获得未公开信息而该第三方知道或因严重疏忽尚未能知道这种获得是通过这些做法实现的"。

第39条第3款规定:"各成员如要求提交需相当努力才可获取的未公开的试验数据或其他数据作为批准销售使用了新型化学成分而制造的药品或农业化学品的条件,应对该类数据提供保护,以防止被不正当地投入商业应用。此外,各成员应保护这些数据免遭公开,除非为保护公众的需要,或除非已采取措施确保该数据不被不正当地投入商业应用。"

四、《关于反不正当竞争保护的示范法条》的相关规定

《关于反不正当竞争保护的示范法条》是世界知识产权组织(WIPO)于1996年公布的,该示范法把与知识产权保护有关的不正当竞争行为进行了归纳,主要包括:混淆行为、诋毁行为、误导公众、损誉行为以及有关秘密信息的不正当竞争行为。

该示范法第1条首先原则性规定,除了条款中规定的混淆行为、诋毁行为、混同行为、损誉行为以及侵犯秘密信息行为之外,在工商业活动中违反诚实行为的任何行为或者做法,均构成不正当竞争行为;因不正当竞争行为遭受或可能遭受损失的任何自然人或者法人,有权获得相应的救济。接下来第1条第2款还规定除保护发明、工业设计、商标、文学和艺术作品以及其他知识产权的任何规定外,该示范法中关于反不正当竞争的保护,应独立地适用于这些对象。

该示范法第2条规定的是混淆行为。其规定:"在工商业活动中,与他人的企业或者其活动,尤其是该企业提供的产品或服务,产生或者可能产生混淆的任何行为或做法,构成不正当竞争行为。"具体列举的常见的混淆行为包括:商标(不论是否注册)、商号、商标或者商号以外的商业标示、产品的外观、商品或者服务的表述、知名人士或者众所周知的虚构形象。

该示范法第3条规定的是诋毁行为。其规定:"在工商业活动中,损害或者可能损害其他企业的信誉或者名声的任何行为或者做法,不论是否引起混淆,构成不正当竞争行为。"而诋毁行为特别发生于上述第2条列举的各项标记、外观、表述、形象的有关信誉或者名声的"淡化"。而"信誉或者名声的淡化"的定义是"商标、商号或者其他商业标示、产品的外观、商品或者服务的表述、知名人士或者众所周知的虚构形象的区别性特征和广告价值的减损。"

该示范法第 4 条规定的是误导公众。其规定："工商业活动中,对某个企业或者其活动,尤其是其所提供的产品或服务的误导或者可能误导公众的任何行为或做法,构成不正当竞争行为。"误导可能产生于广告或者促销活动,尤其是有关产品的制造过程、产品或者服务对特定目的的适合性、产品或者服务的质量、数量或其他特性、产品或者服务的地理来源、对产品或者服务所承诺或提供的条件、产品或者服务的价格或者价格的计算方法。

该示范法第 5 条规定了损害其他企业或者其活动的信誉的行为。其规定："在工商业活动中,任何虚假的或者不合理的陈述,损害或者可能损害其他企业或其活动的信誉,特别是损害此类企业提供的商品或者服务的信誉,构成不正当竞争行为。这种损害信誉的行为特别容易发生于上述第四条的各种情形。

该示范法第 6 条规定了有关秘密信息的不正当竞争。其规定："在工商业活动中,未经合法占有秘密信息的人同意以及以有悖诚实商业行为的方式,导致秘密信息的披露、获得或被他人使用的任何行为或做法,构成不正当竞争行为。"而这种行为尤其产生于:"①工业的或者商业的间谍;②违反合同;③违反信任;④引诱违反①—③中的任何一种行为;⑤第三人知道或因重大过失不知存在①—④中的行为而取得秘密信息。"其还规定了秘密信息的三个构成要件,即秘密性、实用性和保密性。第 6 条还规定了提交批准上市程序的秘密信息的使用或者披露中两种不正当竞争行为:一是,对秘密试验数据或者其他数据的不正当商业使用,而该数据的原创活动包含了相当的努力,并为使采用新化学成分的医药用或者农业用化工产品获得上市批准而已经提交给主管当局;二是对此为数据的披露,除非为保护公众所必要,或者采取了确保该数据不受不正当商业使用和侵害的措施。

【案例裁决/法律文书摘录】

上海晨铉智能科技发展有限公司诉宝洁公司不正当竞争纠纷案
上海市高级人民法院民事判决书[2001]沪高知终字第 4 号

一、案件概况及主要问题

本案上诉人(原审被告)上海晨铉智能科技发展有限公司,被上诉人(原审原告）普罗克特和甘布尔公司（The Procter & Gamble Company）（以下简称宝洁公司）。上诉人上海晨铉智能科技发展有限公司（以下简称晨铉公司）因不正当竞争纠纷一案，不服上海市第二中级人民法院[2000]沪二中知初字第23号民事判决，向本院提起上诉。在本案中原告在中国注册了"SAFEGUARD""舒肤佳""safeguard"及其组合的多个商标。在国际上，原告宝洁公司自1962年起在美国、德国、日本、法国和澳大利亚等多个国家和地区注册了"safeguard"商标。宝洁公司在大陆利用多种媒体对使用"safeguard""舒肤佳"及"safeguard\舒肤佳"注册商标的商品进行了广告宣传，投入了大量的广告费。"舒肤佳"香皂在国内也多次获奖，市场占有率极高。被告晨铉公司是中国安全防范产品行业协会的会员，其经营范围包括"弱电系统及安防系统工程的设计安装维修"等。原告宝洁公司起诉要求撤销被告的域名注册。本案涉及的问题是：原告的商标是否构成驰名商标？被告注册"safeguard.com.cn"的域名是否构成了不正当竞争？是否应该撤销该域名注册？

二、法院判决要点

原审法院认为：在市场竞争中，经营者应当遵守诚实信用原则和公认的商业道德。原告宝洁公司系"SAFEGUARD""舒肤佳"及"safeguard\舒肤佳"等系列注册商标的权利人。原告"SAFEGUARD"商标在世界上多个国家和地区注册。原告为宣传"safeguard\舒肤佳"注册商标商品投入了巨额的广告费。原告"safeguard\舒肤佳"注册商标商品在同类商品中拥有较高的市场占有率、市场销售份额和市场覆盖面。原告"safeguard\舒肤佳"注册商标在消费者中认知率高，声誉良好。并且，原告的"safeguard\舒肤佳"注册商标已被国家工商行政管理局列为重点保护商标。所以，原告"safeguard"注册商标应当被认定为在市场上享有较高声誉并为相关公众所熟知的注册商标。被告晨铉公司在申请注册"safeguard"为其三级域名前，对"safeguard"本身并不享有任何合法的权利和利益，相反，被告应当知道原告"safeguard"注册商标在市场上享有的优良信誉和广泛知名度。被告仍然实施该注册行为，阻止了原告将其"safeguard"注册商标在".com.cn"中注册为三级域名的可能。应当认定被告晨铉公司的"safeguard.com.cn"域名注册行为属恶意注册。被告晨铉公司的域名注册行为损害了"safeguard"注册商标权人的利益，构成

第十一章 涉外知识产权反不正当竞争法律保护实务

了不正当竞争。原审法院依照《保护工业产权巴黎公约》第十条之二(1)、(2),《中华人民共和国民法通则》第四条,《中华人民共和国反不正当竞争法》第二条第一款之规定,判决:被告晨铉公司注册的"safeguard.com.cn"域名无效,被告晨铉公司应立即停止使用并于判决生效之日起十五日内撤销该域名。

晨铉公司不服原审判决,向本院提起上诉。上诉理由是:(一)"safeguard"具有"保卫、保护"的含义,它与上诉人的经营范围和产品"安防系统工程的设计安装维修"的意思吻合,因此上诉人将 safeguard 注册为三级域名并无不当,该域名与被上诉人 safeguard 商标相同是一种巧合,上诉人注册域名的行为不构成恶意抢先注册。(二)上诉人因变更名称而再次在中国互联网络信息中心注册系争域名。上诉人两次注册系争域名均很顺利,说明被上诉人的 safeguard 商标知名度并不高,连中国互联网络信息中心也不知道 safeguard 是被上诉人的商标,同时说明上诉人的域名注册行为不存在恶意。(三)给予被上诉人的 safeguard 商标以驰名商标的待遇没有事实和法律依据。(四)认定上诉人的域名注册行为构成不正当竞争没有法律依据。上诉人请求撤销原判,发回重审或者依法改判。

被上诉人在庭审中辩称,驰名商标是某个商标在特定时期所处的事实状态,被上诉人的 safeguard 等商标已经构成驰名商标。根据《保护工业产权巴黎公约》关于保护驰名商标的规定,被上诉人的 safeguard 等商标应当被作为驰名商标予以保护,并且国家工商行政管理局已经禁止他人在非类似商品上注册与 safeguard 商标相近似的商标。上诉人的公司名称、商标及其他标识均与 safeguard 没有联系,因此上诉人将被上诉人 safeguard 商标注册为域名的行为构成恶意抢注。上诉人的域名注册行为违反了中国民法通则和反不正当竞争法关于诚实信用原则的规定,构成对被上诉人的不正当竞争。

本院认为:

(一)上诉人注册的三级域名与被上诉人的 SAFEGUARD 英文商标、safeguard 英文和图形组合商标及 safeguard\舒肤佳文字和图形组合商标中的英文字母相同。因此,上诉人的域名注册行为足以造成公众对双方当事人关系的误认。

(二)上诉人在注册系争域名前对 safeguard 本身不享有正当的权利或合法利益。上诉人诉称,safeguard 与其经营范围和产品"安防系统工程的设计安装维修"

的意思相吻合，因此上诉人将 safeguard 注册为域名并无不当。本院认为，上诉人的企业名称、商标等商业标志均与 safeguard 一词没有联系。虽然上诉人的经营范围和产品与 safeguard 的意思有关，但是这不能证明在系争域名注册前，上诉人对 safeguard 本身享有正当的权利或合法利益，也不能证明上诉人系正当注册系争域名。可见，上诉人在注册系争域名前对 safeguard 本身不享有正当的权利或合法利益。

（三）上诉人注册系争域名具有明显过错。

首先，被上诉人使用在香皂商品上的 safeguard\舒肤佳文字和图形组合商标构成驰名商标。上诉人诉称，给予被上诉人的 safeguard 商标以驰名商标的待遇没有事实和法律依据。本院认为，商标的驰名程度是一个客观事实。根据被上诉人 SAFEGUARD 英文商标、safeguard 英文和图形组合商标及 safeguard\舒肤佳文字和图形组合商标在中国的注册情况、使用情况、广告宣传情况、在公众中的认知情况，以及国家工商行政管理局、国家技术监督局等行政部门对上述商标及使用上述商标的商品的保护情况等事实，可以认定上述商标在中国具有较高声誉和知名度，其中被上诉人使用在香皂商品上的 safeguard\舒肤佳文字和图形组合商标已构成驰名商标。上诉人应当知道被上诉人的上述驰名商标。尤其是上诉人在因变更企业名称而再次注册系争域名前，经被上诉人书面通知，上诉人已经知道其原来注册的三级域名与被上诉人驰名商标中的 safeguard 相同，上诉人仍然再次将 safeguard 注册为域名，可见上诉人将 safeguard 注册为域名绝不是巧合，上诉人在注册系争域名时主观上具有明显过错。

其次，上诉人在域名注册前应当进行而没有进行必要的商标查询。上诉人诉称，其两次在中国互联网络信息中心顺利注册系争域名，以此证明中国互联网络信息中心也不知道 safeguard 商标，说明该商标的知名度不高以及其注册域名不存在恶意。本院认为，国务院信息化工作领导小组办公室 1997 年 5 月发布的《中国互联网络域名注册暂行管理办法》第十一条对"三级以下（含三级）域名命名的限制原则"作了规定，该条第（五）项规定："不得使用他人已在中国注册过的企业名称或者商标名称"，该办法第二十三条规定，"各级域名管理单位不负责向国家工商行政管理部门及商标管理部门查询用户域名是否与注册商标或者企业名称相冲突，是

第十一章 涉外知识产权反不正当竞争法律保护实务

否侵害了第三者的权益。任何因这类冲突引起的纠纷,由申请人自己负责处理并承担法律责任。"因此,虽然进行商标查询不是域名注册的前提条件,但是,为避免注册的域名与他人商标相冲突,上诉人仍有义务进行必要的商标查询,以确定注册 safeguard 为域名是否与他人的商标相冲突,然而上诉人没有进行必要的商标查询就将被上诉人驰名商标中的 safeguard 注册为域名,可见上诉人注册系争域名具有过错。同时,中国互联网络信息中心作为域名注册管理机构,其在行使域名注册管理职能时没有进行商标查询的职责,并且中国互联网络信息中心是否准许域名注册不是判定商标知名度的标准,也不是判定域名注册人在注册域名时是否具有过错的标准。

(四)上诉人的域名注册行为违反了有关法律的规定。上诉人诉称,认定其域名注册行为构成不正当竞争没有法律依据。本院认为,公民、法人、其他组织申请注册域名应当遵循诚实信用的原则和公认的商业道德,不得通过注册域名造成公众对域名持有人与其他经营者及其提供的商品或服务的混淆和误认,不得通过注册域名无偿利用他人的商业信誉、损害他人合法权益。上诉人的域名注册行为违反了下列法律的规定:《保护工业产权巴黎公约》第六条之二关于保护驰名商标的规定;该条约第十条之二(2)的规定,"凡在工商业事务中违反诚实的习惯做法的竞争行为构成不正当竞争的行为";《中华人民共和国民法通则》第四条的规定,"民事活动应当遵循诚实信用的原则";《中华人民共和国反不正当竞争法》第二条第一款的规定,"经营者在市场交易中,应当遵循诚实信用的原则,遵守公认的商业道德"。

综上,被上诉人使用在香皂商品上的 safeguard 舒肤佳文字和图形组合商标系驰名商标。上诉人在注册系争域名前对 safeguard 本身不享有正当权利或合法利益。上诉人在第一次注册系争域名前应当知道、在第二次注册前已经知道 safeguard 与被上诉人驰名商标中的 safeguard 相同,上诉人仍然注册系争域名。上诉人的域名注册行为不仅在主观上具有过错,而且在客观上足以导致公众对双方当事人关系的误认,使上诉人网站可以利用被上诉人的驰名商标及企业的商业信誉来提高其知名度,增加其点击率。因此,上诉人的域名注册行为违反了诚实信用的原则和公认的商业道德,不正当地利用了被上诉人的商业信誉,损害了被上诉人的商业利益,构成对被上诉人的不正当竞争,应承担相应的民事责任。

【延伸阅读】

一、案例

1. 宜家与国网公司不正当竞争纠纷案：北京市第二中级人民法院[1999]二中知初字第 86 号民事判决以及北京市高级人民法院[2000]高知终字第 76 号民事判决，http://china.findlaw.cn/jingjifa/fldf/fanwen/pjs/02026500.html。

2. 宝洁公司诉北京市天地电子集团商标侵权及不正当竞争案，载吕明瑜：《竞争法教程》，中国人民大学出版社 2008 年版，第 291 页。

3. China—Measures Affecting Financial Information Services and Foreign Financial Information Suppliers，WTO，DS372，http://www.wto.org/english/tratop_e/dispu_e/cases_e/ds372_e.htm。

二、学术论文和专著

1. 韦之：《试论巴黎公约与制止不正当竞争》，载《知识产权》1992 年第 4 期。

2. 郑成思：《反不正当竞争——国际法与国内法》，《国际贸易》1993 年第 7 期。

3. 郑友德、田志龙：《反不正当竞争法世界现状分析》，载《知识产权》1994 年第 4 期。

4. 孔祥俊：《反不正当竞争示范法及其注释》，载《工商行政管理》1998 年第 10 期。

5. 郑友德、焦洪涛：《反不正当竞争的国际通则——WIPO〈反不正当竞争示范条款〉述要》，载《知识产权》1999 年第 2 期。

6. 郑友德、焦洪涛：《反不正当竞争的国际通则——WIPO〈反不正当竞争示范条款〉述要（续）》，载《知识产权》1999 年第 3 期。

7. 褚童：《TRIPS 未披露试验数据的反不正当竞争保护——以 TRIPS 与〈巴黎公约〉相关条款为中心》，载《兰州大学学报（社会科学版）》2013 年第 6 期。

三、网络链接

1.《保护工业产权巴黎公约》，http://www.wipo.int/treaties/zh/ip/paris/。

2.《建立世界知识产权组织公约》,http://www.wipo.int/treaties/zh/convention/。

3.《与贸易有关的知识产权协议》,http://www.wto.org/english/docs_e/legal_e/27-trips_01_e.htm。

第二节 反不正当竞争法与其他法律之间的关系

【知识背景】

一、有关反不正当竞争法与知识产权法之关系的主要观点

对于反不正当竞争法与知识产权法的关系,学术界主要有三种观点:

第一种观点认为反不正当竞争法属于知识产权法的一部分。这一观点主要依据了规范现实与制度起源,从规范现实来看,"这已经在有关知识产权的多个国际公约中得到确认,也得到世界上大多数国家和地区的承认"。从制度起源来看,反不正当竞争"起源于对专利法、商标法的补充和完善"。① 这种观点虽有一定的道理,但存在两点不足:①规范现实不能代替理论逻辑,不能直接用国际公约的规定来约束法理,现实中大量存在不合乎法理的规范。②尽管反不正当竞争在起源时与知识产权关系密切,但不正当竞争行为的发展早已超出了知识产权范畴,随着现实的变化,法学理论应当作相应的修正。虽然世界知识产权组织的若干公约规定了反不正当竞争,但世界知识产权组织国际局也承认,"发明或标记未取得专利权或商标权保护的情况下,反不公平竞争起到了有效地补充对工业产权如专利和注册商标保护的作用。当然,对于其他不公平竞争案例,如《巴黎公约》第10条之二第(3)款第2项中阐述的关于在经营中损害竞争者信誉的虚假陈述的情况,反不公

---

① 李顺德:"试论反不正当竞争法的客体和法律属性",载唐广良主编:《知识产权研究》第8卷。

平竞争法并没有发挥这种补充功能"。①

第二种观点认为知识产权法属于广义的反不正当竞争法的范畴。这种观点以制度目标为根据,认为"无论是商标法、专利法还是著作权法,可以说都是通过禁止不正当竞争行为来实现对合法权利的保护的"。② 尤其是商标法,西方学理通常认为它是反不正当竞争法的一部分。这种观点所称的"广义的反不正当竞争法"不是严格的法律概念,泛指所有具备制止恶意竞争功能的法律,因此与本书界定的"反不正当竞争法"存在差异。可以肯定,全部知识产权制度中都隐含了制止不正当竞争的理念基础,但此处的"不正当竞争"是经济学意义上的概念。法律意义上的"不正当竞争"必须结合历史起源和制度功能来理解,它超越了字面意义。作为独立法律部门的"反不正当竞争法"已经不再是抽象的法律理念,而是与知识产权设权规则并立的具体制度,所以不宜认为知识产权法属于反不正当竞争法。③

第三种观点认为只有一部分不正当竞争与知识产权有关,知识产权法应当研究"与知识产权有关的不正当竞争"。该观点认为,不正当竞争包括所有违反诚实商业习惯的竞争行为,其中大量的行为(如虚假广告、低价倾销等)与知识产权毫无关联,笼统地说反不正当竞争法属于知识产权法,与事实不符。④ 我们认为,第三种观点比较准确地说明了反不正当竞争法与知识产权法的关系。

二、制止不正当竞争与知识产权的历史联系

从历史来看,"不正当竞争行为概念最早出现时,仅指侵犯工业产权的行为"。⑤ 最常见的不正当竞争是仿冒行为与恶意获取商业秘密,这些行为所涉及的对象是商业标记和智力成果,与知识产权设权规则保护的对象在财产形态上相同。即使在今天,恶意利用他人商业标记和智力成果的行为仍然是最典型的不正当竞

---

① 世界知识产权组织国际局:"世界反不公平竞争法的新进展",载漆多俊主编:《经济法论丛》第1卷。
② 刘春田主编:《知识产权法》,中国人民大学出版社2000年版,第315页。
③ 刘春田主编:《知识产权法》,高等教育出版社,北京大学出版社2000年版,第363页。
④ 李琛:《论知识产权的体系化》,北京大学出版社2005年版,第171页。
⑤ 刘春田主编:《知识产权法》,中国人民大学出版社2000年版,第171页。

争。因此,人们很容易把制止不正当竞争与知识产权联系在一起。

19世纪时,"工业产权"这一概念的出现用于描述商业标记权和技术性智力成果权的共性,因为这些权利的对象是以物质消费为目的的知识产品,主要在工商业活动中实现其价值。由于不正当竞争行为发生于工商业领域,因此,在1900年修订《巴黎公约》时将反不正当竞争纳入了公约。有专家指出,"(工业产权)这个词是不精确的,因为'工业产权'只是普通财产的一种类比;其次,因为它包括的范围不限于工业上的对象;最后,因为制止不正当行为的规则不一定与财产相关"。[①] 可见,"工业产权"一词是一个非常不精确的概念。

由于《巴黎公约》同盟国际局和《伯尔尼公约》同盟国际局后来合并为"世界知识产权组织",这两个公约又分别属于工业产权公约和著作权公约,《成立世界知识产权组织公约》很自然地列举知识产权范围时将工业产权与著作权归并于一处。受此影响,法学理论也通常把知识产权分为工业产权和著作权,于是反不正当竞争法通过"工业产权"这一逻辑中介,被当作知识产权法的组成部分。

通过上述历史分析,我们可以理解,为何一些学者将与人类精神创作无关的竞争性规则纳入知识产权的范围。但是这种学理观点存在严重缺陷,最大问题在于容易造成法律体系上的混乱,使得防止不正当竞争的规范一方面属于知识产权法的范围,另一方面又属于竞争法的一部分。

由此可见,"反不正当竞争法属于知识产权法"是一个历史性的观点,国际公约的影响是促成此观点的重要历史因素。随着不正当竞争行为的增加,这一观点已经与事实不符。反不正当竞争法所保护的一部分利益是以商业标记和智力成果为对象的。只有这一部分内容与知识产权相关。

三、反不正当竞争法与著作权法、商标法、专利法的联系

(一)反不正当竞争法与著作权法

著作权法保护的对象是作品,作品是具有独创性的表达。有些表达的形成需

---

① [奥]博登浩森:《保护工业产权巴黎公约指南》,中国人民大学出版社2003年版,第202页。

要付出相当的资本与劳力,但不具有独创性。这些表达不能获得著作权法的保护,原则上处于公有领域,可以自由利用。但在特定情况下,对非独创性表达的利用如果违反诚实商业习惯,可能构成不正当竞争。例如,按照时间顺序编排的电视节目表因缺乏独创性不构成作品,由于专门的广播电视报社是通过向电视台付费才预先知道一周节目安排,按照商业惯例,其他报纸通常只转载两天以内的节目预告,为电视报留下适当的市场空间,使其投资得到回报,如果其他报纸转载一周的预告,虽不构成著作权之侵害,但构成不正当竞争。①

作品的标题多为简短的词汇,通常无法体现独创性,因此标题本身不是作品。即使标题不是常见的语汇,但语言本身是发展的,让新语汇进入公用的语言库,对著作权人的利益影响不大,也有利于文化的发展,因此很多国家倾向于用反不正当竞争法保护标题,而不适著作权法,恶意使用他人作品标题、有意引起混淆的行为,构成不正当竞争。有的国家把作品标题视为商业标记,如《德国商标法》第5条规定:"公司标志和作品标题应被作为商业标志保护。"因为绝大多数的作品标题属于未注册商业标志,主要靠反不正当竞争法保护。

反不正当竞争与邻接权之间也有密切的关系。某些由反不正当竞争法保护的非独创性智力成果,后来发展为邻接权的对象。邻接权制度建立之前,有的国家用反不正当竞争理论保护录音制作者的利益。即使录音制作者没有绝对权,但翻录他人的录音制品,免除了给付表演者的报酬和编排录制的费用,以低廉的价格占据竞争优势,显然是不公正的。《保护录音制品日内瓦公约》允许缔约国在下列四种保护模式中任选一种:著作权模式、邻接权模式、反不正当竞争模式、刑法保护模式。非独创性数据库的保护也与反不正当竞争有关。著作权法保护的汇编作品必须满足作品的构成要件,选择编排本身要具备独创性,因此没有独创性的数据库只能受到反不正当竞争法的保护。但是,某些利益的重要性达到一定程度之后,法律有可能以更为明确的设权模式进行保护。例如欧盟对非独创性数据库赋予一种短期的绝对权,在性质上类似于邻接权。②

---

① 《最高人民法院公报》1996年第1期。
② 刘春田主编:《知识产权法》,高等教育出版社,北京大学出版社2000年版,第367页。

(二)反不正当竞争法与商标法

在市场竞争中,商标是最普遍的竞争工具。商标权是知识产权中与反不正当竞争关系最密切的绝对权类型。中国《反不正当竞争法》将假冒他人注册商标列为不正当竞争行为之首,加拿大《商标和反不正当竞争法》则把商标法和反不正当竞争法合为一体。

与著作权法、专利法相比,商标法的构造中吸收了较多的竞争法模式。商标法的特色之一,就是赋予商标权的禁用权大于使用权,这与一般的设权模式是冲突的。设权的目的之一,是让第三人知晓权利的范围,以确保自己的行为不会侵越他人权利。因此,权利的积极效力范围与禁止效力范围应当是相等的。但是,在相同商品上使用近似商标、在类似商品上使用相同商标,或在类似商品上使用近似商标都有可能引起消费者的误认,如果将禁止权的范围限于权利人注册或使用的商标形式与商品类别,他人很容易规避法律。因此,扩大禁用权范围的技术已经借鉴了竞争法模式。

对驰名商标进行扩大保护,已经成为各国普遍采纳的制度。驰名商标无论是否注册都应该得到保护,禁止效力可以扩张到非类似商品上,显然超越了设权模式。这种保护的基础是反不正当竞争。驰名,意味着他人的使用往往是恶意的。注册无非是一种权利公示程序,所谓权利的公示,是指以法律规定的方式向公众宣示权利的存在与变动。商标虽然没有注册,但驰名本身就起到了公示的效果。所以驰名商标未注册,并不妨碍第三人恶意的成立。第三人在非类似商品上使用驰名商标,也可能引起混淆,该第三人往往有借用他人声誉的意图。因此,驰名商标的"驰名",为扩大保护提供了依据,它是第三人"违反诚实商业习惯"的证据之一。

驰名商标制度的目的不是为了创设一种新的商标权,而是在设权之外增加一种保护手段。驰名商标的概念——"具有高度的市场信誉、为相关公众所熟知的商标",具有很大的不确定性,这与"不正当竞争"概念的弹性如出一辙,意在弥补设权模式的不足。有的国家把驰名商标的保护规定在反不正当竞争法中,也有的规定在商标法中,中国实行后一种体例。无论立法上如何安排,不妨碍我们在理论上探讨驰名商标制度的基础。

商标法基本上是根据设权模式构建的,即赋予主体以商标权,并确定商标权的范围。商标权的取得与范围确定有两种体例：注册主义和使用主义。尽管使用主义更接近实质公正，但不利于权利的公示，容易滋生争端，不利于交易安全，因此越来越多的国家采用或适当吸收注册主义。但是，注册主义在加强权利安定性的同时也造成了不公正的后果，如恶意抢注。稳定与僵化伴生，此时有必要用反不正当竞争制度和原理予以弥补。中国《商标法》在许多地方吸收了反不正当竞争原理。如第15条禁止"代理人或者代表人未经授权，以自己的名义将被代理人或者代表人的商标进行注册"；第32条禁止"以不正当手段抢先注册他人已经使用并具有一定影响的商标"。

（三）反不正当竞争法与专利法

专利法的主要保护对象之一是具备新颖性、创造性和实用性的技术方案。但是，一项技术方案欲获得专利保护，必须公开。"以授权换公开"，是专利法的制度原理之一。由于技术被公开，在专利权期限届满之后，公众可以自由利用。有些技术的持有人权衡之下，认为保密更符合自己的利益，可以不受期限的限制，如可口可乐的配方就一直处于保密状态。这种技术秘密得不到绝对权的保护，如果第三人研制出了相同的技术，技术秘密持有人不能禁止他人使用。但是，如果第三人以不正当的手段窃取技术秘密，则构成了不正当竞争。因此，在保护技术方面，反不正当竞争法与专利法相互配合。

此外，商品的包装与装潢如果满足专利法条件的，可以申请外观设计专利；如果没有申请外观设计，则可以受到反不正当竞争法的保护。通说认为，外观设计权涉及的产品范围，只能限于在外观设计分类表中、与外观设计产品同属于一个小类的产品。如果第三人的产品与权利人的产品不属同一小类，但两种产品在市场中有某种关联，第三人恶意模仿权利人的外观、可能导致消费者误认的，构成不正当竞争。[1]

---

[1] 刘春田主编：《知识产权法》，高等教育出版社，北京大学出版社2000年版，第368页。

【案例裁决/法律文书摘录】
德国慕尼黑高等法院第 29 U 5712/07 号判决

一、案件概况和主要问题

原告是一家生产调味品和食品配料的中国企业。原告在其产品上使用一个带有武士头像和文字"王致和"及其拼音"WANGZHIHE"的文字图形商标。第一被告是一家在德国慕尼黑核准登记的有限公司,第二被告为该公司的负责人。自2003年起,第一被告在德国销售原告的带有上述商标的产品。2005年11月21日,未经原告同意,第一被告在德国专利商标局就第29类和第30类商品以及第35类服务提出了一个文字图形商标注册申请,该商标与原告的商标完全相同。2006年2月16日,该申请注册的商标被予以注册(注册号为30570147号)。原告认为,被告的行为侵害了自己的著作权、商标权和标志,违反了公平竞争原则。于是,这家中国企业将该公司及其负责人告到德国慕尼黑第一地区法院。原告的诉讼请求主要是要求被告不得使用原告的上述商标和标志、撤销该注册商标以及赔偿损失。被告则要求驳回原告的诉讼请求。

本案突出地显示了反不正当竞争法对知识产权保护的补充作用。在本案中,二审法院判决撤销被告就第29类和第30类商品所注册的商标,依据的不是《德国商标法》,而是《德国反不正当竞争法》。根据《德国反不正当竞争法》,二审法院将被告就第29类和第30类商品注册商标的行为认定为不正当竞争行为,即有目的阻碍竞争对手的行为。这样,原告可依据该法第8条享有排除妨碍请求权,即有权要求撤销被告就第29类和第30类商品所注册的商标。二审判决中提到的针对被告在第29类和第30类商品所注册的商标的撤销请求权实际上是以这种排除妨碍请求权为基础的,相反,如果适用《德国商标法》,则面临许多困难。例如,原告的商标未在德国注册,不能获得该法对普通注册商标的保护,如要获得驰名商标保护,《德国商标法》的适用远不如《德国反不正当竞争法》的适用那样简洁。但反不正当竞争法的适用也是受到一定限制的,在本案中,原告不能依据《德国反不正当竞争法》请求跨类保护,因为跨类排除了原告与被告之间的竞争关系。而竞争关系的存在,是《德国反不正当竞争法》适用的前提条件。

二、法院判决要点

一审法院判决被告不得使用原告的标志,并同意撤销被告的注册商标,但驳回了原告要求赔偿的诉讼请求。

二审法院部分维持了一审法院的判决,即,针对第29类和第30类商品,被告不得使用原告的商标,被告已经在第29类和第30类商品注册的商标应予撤销。但同时二审法院认为,原告不能依据相关的法律享有撤销被告在德国专利商标局就第35类服务("王致和"商标并不涉及在该类服务上使用)所注册的文字图形商标的请求权,也不能阻止该标志在第35类服务上使用。针对原告的商标可以在第29类和第30类商品上得到保护,二审法院的理由如下:

(一)针对被告在第29类和第30类商品所注册商标的撤销请求权

二审法院认为,根据《德国反不正当竞争法》第8条第1款和第3款第(1)项以及第3条和第4条第(10)项,原告享有撤销第一被告在德国专利商标局就第29类和第30类商品所注册的第30570174号文字图形商标的权利。依据上述法律规定,原告要撤销第一被告在德国专利商标局注册的商标,必须满足两个条件:

首先,原告必须是被告的竞争者。《德国反不正当竞争法》第3条是关于不正当竞争禁止的概括性规定。该条规定,明显地损害竞争并不利于竞争者、消费者或其他市场参加者的不正当竞争行为应被禁止。该法第8条涉及的是排除妨碍请求权和不作为请求权。第8条第1款规定,行为人违反本法第3条规定的,可以请求其排除妨碍,存在再次侵害危险的,可以请求不作为。如存在侵害威胁,亦可请求不作为。该法第8条第3款第(1)项规定,任何竞争者都享有第1款规定的请求权。原告是否享有这些请求权,要根据该法的规定看其是否属于第一被告的竞争者。该法第2条第1款第(3)项对"竞争者"做出界定:"本法意义上的竞争者是指作为商品或服务的提供者或需求者而同一个或多个经营者处于一个具体的竞争关系中的任何经营者。"按照这一规定,只要原告与被告之间存在一个具体的竞争关系,原告就会成为被告的竞争者。根据法院的认定,原告在2005年11月21日(第30570174号文字图形商标申请注册日)之前已经在德国境内销售红豆沙、芝麻酱、各种腐乳等产品,而被告在第29类和第30类商品所注册的第30570174文字图形商标同样涉及这类商品,这样在原告与被告之间存在一个属于该法第2条第1款第(3)项意义上的具体的竞争关系。因此,原告是被告的竞争者。

其次,被告实施了不利于原告的不正当竞争行为,即对原告实施了有目的的阻碍行为。《德国反不正当竞争法》第3条是关于不正当竞争禁止的概括性规定,而第4条则对若干典型不正当竞争行为进行了列举。其中第4条第(10)项规定,行为人有明确目的阻碍竞争者,构成本法第3条意义上的不正当竞争行为。该规定涉及一种典型的不正当竞争行为,即有目的的阻碍竞争对手行为。有目的阻碍竞争对手行为的表现形式有多种,主要可以分为销售阻碍和经营阻碍两大类。就本案来说,如果被告对第29类和第30类商品所注册的第30570174号文字图形商标是对原告有目的的阻碍,那么,被告的行为就是不正当的。如何认定被告的行为属于对原告有目的的阻碍?二审法院认为,仅确认申请人知道竞争对手在国内对于同样商品使用或想使用相关标记并且还没有获得形式上的标记保护,还不能认定申请行为是不正当的。对此,还需要考虑相关的特殊情况。以下情况就属于这样的特殊情况:标记的申请人以这样的目的而采取行动,即以标记注册而依商标法产生的并在竞争法上对自己没有疑问的阻却作用作为对外竞争的手段。在本案中,可以确认的是:被告申请注册的文字图形商标与原告在先使用的文字图形商标相一致;原告在该商标申请时仍然是相关文字图形商标在中华人民共和国和在欧洲以外其他国家的所有人;第一被告作为原告产品的进口商知道原告所使用的标记是没有疑问的。那么,被告的行为是否属于有目的的行动?二审法院同意一审法院的观点,第一被告通过该商标的申请和注册首先是为了确保第一被告作为原告食品的独家进口商地位并对可能出现的原告食品不再被供应做出预防。而这正是对外竞争手段的利用。因此,被告在第29类和第30类商品上注册第30570174号文字图形商标的行为是不正当的。

由于满足了这两个条件,原告可以请求撤销第一被告在德国专利商标局就第29类和第30类商品所注册的第30570174号文字图形商标。

(二)原告的不作为请求权

一审法院判决,被告不得使用原告标志,包括全部或部分使用标志中的头像、中文和字母"WANGZHIHE",除非该标志被用来标识原告的商品。这里涉及的是不作为请求权。

对此,二审法院认为,这样的不作为请求权过于宽泛,并且没有阐述理由。该请求不仅涉及商业领域的使用,也涉及非商业领域的使用。就商业领域的使用来说,该请求不仅涉及该标志在第29、30和35类商品和服务上的商标式使用,而且涉及该标志在其他所有类商品和服务上的商标式的使用。除了商标式的使用,还涉及非商标式的使用。

因此,二审法院同样认为,该请求只能限制该标志在第29类和第30类商品上的使用,而不能限制该标志在第35类商品和服务上的使用。在这里,不作为请求权的基础仍然是《德国反不正当竞争法》。

【延伸阅读】

一、案例

1. 德国联邦最高普通法院第一民事审判庭199/06号判决,载《中外反不正当竞争法经典案例》,知识产权出版社2010年版,第16页。

2. 欧共体法院大法庭Celine SARL诉Celine SA案,载《中外反不正当竞争法经典案例》,知识产权出版社2010年版,第118页。

二、学术论文和专著

1. 杨明:《知识产权请求权研究:兼以反不正当竞争为考察对象》,北京大学出版社2005年版。

2. 马特斯尔斯·W. 斯达切尔:《网络广告:互联网上的不正当竞争和商标》,中国政法大学出版社2004年版。

3. 童凌、张永志:《试论反不正当竞争法在知识产权保护中的地位与作用》,载《知识产权》1996年第6期。

4. 郑成思:《反不正当竞争与知识产权》,载《法学》1997年第6期。

5. 韦之:《论不正当竞争法与知识产权法的关系》,载《北京大学学报(哲学社会科学版)》1999年第6期。

6. 杨明:《试论反不正当竞争法对知识产权的兜底保护》,载《法商研究》2003

7. 郑成思:《反不正当竞争——知识产权的附加保护》,载《知识产权》2003年第5期。

8. 郑友德、万志前:《论商标法和反不正当竞争法对商标权益的平行保护》,载《法商研究》2009年第6期。

9. 袁荷刚:《知识产权法与反不正当竞争法关系之检讨——以知识产权法定主义为视角》,载《法律适用》2011年第4期。

10. Ralph S. Brown, Robert C. Denicola, Copyright, Unfair Competition, and Related Topics Bearing on the Protection of Works of Authorship, Foundation Press.

三、网络链接

1. The Anti-Unfair Competition Law and "Packaging or Decoration Unique to Well-known Products", http://www.kingandwood.com/article.aspx?id=IPBulletin081127-03&language=en.

2. Trademarks and Unfair Competition, http://www.google.com.tw/books?id=zwO3AAAAIAAJ&q=common+law&dq=related:UOM39015000134430&hl=zh-CN&rview=1&source=gbs_word_cloud_r&output=html_text.

第三节 中国反不正当竞争法对知识产权的保护

【知识背景】

一、仿冒他人注册商标

中国《反不正当竞争法》第5条第1项明确规定经营者不得采用假冒他人的注册商标的不正当手段从事市场交易,损害竞争对手。

注册商标是指商标使用者依法在国家商标局登记注册并被授予商标专用权的商标。根据中国《商标法》的有关规定,假冒他人注册商标的行为包括:①未经注册商标所有人的许可,在同一种商品或同类商品上使用与他人注册商标相同或相近似的商标;②销售明知是假冒注册商标的商品;③伪造、擅自制造他人注册商标标识,等等。《商标法》规定的相应的侵犯注册商标专用权的行为都属于中国《反不正当竞争法》第5条第1款规定的假冒注册商标的行为。同时《反不正当竞争法》第21条也明确规定了经营者假冒他人的注册商标,依照《商标法》的规定处理。同一行为之所以由两法同时调整,是因为一种侵权行为引起了两种法律后果。一方面,注册商标所有权人对其注册商标享有专用权,《商标法》从保护注册商标专用权的角度,对侵犯他人商标专用权的行为做出了规定。另一方面,从市场竞争的角度看,由于商标是区别商品来源的标识,假冒他人的注册商标,势必引起别人误认、误购,从而影响注册商标所有人的商品销售,这样就造成对商标权人的私人利益和社会公众利益的损害,破坏市场竞争的公平性,所以《反不正当竞争法》从维护公平竞争、制止市场混乱的角度,对假冒他人注册商标的行为也作了禁止性规定。

但是,两法对此同一行为调整的意义是不同的,《商标法》主要是从民事侵权的角度维护商标权利人的财产权和人身权,而《反不正当竞争法》把假冒注册行为作为不正当竞争行为则主要是从维护市场秩序和公众利益的角度出发。因此,只要对注册商标权利人的利益和市场秩序造成损害即可认定其为假冒注册商标行为,即便在不同种或不同类的商品上使用他人注册商标,如若造成消费者的误解和市场秩序混乱的,也被认定为是非法的。而商标法中规定的假冒注册商标行为是被限定在同种或同类商品上使用他人注册商标的行为。由此可见,《反不正当竞争法》所规范的假冒注册商标行为要比《商标法》宽泛得多。

二、仿冒知名商品特有的名称、包装、装潢

中国《反不正当竞争法》第5条第2项明确规定经营者不得擅自使用知名商品特有的名称、包装、装潢,或者使用与知名商品近似的名称、包装、装潢,造成和他人的知名商品相混淆,使购买者误认为是该知名商品。《关于审理不正当竞争民事案件应用法律若干问题的解释》第3条还规定:"由经营者营业场所的装饰、营业用具

的式样、营业人员的服饰等构成的具有独特风格的整体营业形象,可以认定为反不正当竞争法第五条第二项规定的'装潢'。"通过这一扩大解释,使营业外观也可以得到保护。

知名商品的名称、包装、装潢不但起到区别商品制造者的作用,同时也在一定程度上反映了商品生产者、经营者的商业信誉和商品声誉,直接影响到商品在市场上受欢迎的程度。因此,有些经营者在自己商品缺乏知名度及销路的情况下,就采用仿冒知名商品的名称、包装、装潢的方法来实现其进入市场或增加收入的目的。反不正当竞争法将这种行为进行规范的意义重大,因为有不少企业的无形财产并不都能依据商标法、专利法等取得专有的权利,当能给企业带来利益的名称、包装、装潢等受到侵害而依据商标法、专利法又得不到应有的保护时,《反不正当竞争法》正好能从规制不正当竞争行为的角度提供更为充分的保护。

从《反不正当竞争法》第5条第2项的规定看,构成仿冒知名商品特有的名称、包装、装潢的不正当竞争行为,必须同时具备以下条件:

第一,被仿冒的商品必须是"知名商品"。根据有关规定,知名商品是指在市场上具有一定知名度,为相关公众所熟悉的商品。《关于审理不正当竞争民事案件应用法律若干问题的解释》第1条对"知名商品"的认定标准,基本上参照了驰名商标的认定标准,只是将"商标"替换为"商品"而已。国家工商行政管理总局《关于禁止仿冒知名商品特有的名称、包装、装潢的不正当竞争行为的若干规定》第3条第1款规定,知名商品是"市场上具有一定知名度,为相关公众所知悉的商品"。这一定义与驰名商标的定义也极为类似。实践中对知名商品的判断,不可能有一个固定不变的统一标准,只能通过综合考察商品的销售地区、数量、时间、产品质量、售后服务、广告宣传、获奖情况等因素予以分析认定。但是,商品名称、包装、装潢的知名,不一定要达到驰名商标的高度,在一定市场范围的知名,也可以满足受保护的条件,只要足以证明正常的竞争者"不可能不知"且足以引起混淆即可。

第二,被仿冒的商品名称、包装、装潢必须为知名商品所"特有"。根据《关于审理不正当竞争民事案件应用法律若干问题的解释》第2条的解释,特有名称、包装与装潢是指"具有区别商品来源的显著特征的商品的名称、包装、装潢"。这种具有显著的区别性特征的名称、包装、装潢显然非为相关商品所通用。它们通常为经营者首先在广告宣传或市场交易中使用,具有一定的独创性,能起到与其他相同商品相区别的作用,如具有特殊的字形或独创性的排列,或图形与色彩的独特配合,或独创性的外部包装等。

第三,经营者的手段必须是"擅自使用"。所谓"擅自使用",是指经营者未经他人同意而使用其知名商品特有的名称、包装、装潢。在中国,知名商品特有名称、包装、装潢可以转让或许可他人使用。这些转让或使用许可应有书面合同作依据,并遵守有关法律的规定。由于这种合法使用知名商品特有的名称、包装、装潢的行为征得了有关权利人的同意,有关法律或合同中对受让人或被许可使用人经营商品的质量有严格的要求和约束,因而一般不会损害消费者的利益,不会破坏公平竞争秩序。而未经权利人同意擅自使用知名商品特有的名称、包装、装潢则是违背权利人意志,盗用他人商品声誉、损害消费者利益的不正当竞争行为,应受到法律的禁止。

第四,经营者的行为"造成和他人的知名商品相混淆"。这类仿冒行为有两种表现形式。第一种是对他人知名商品特有的名称、包装、装潢,擅自作相同使用,表现为将自己的商品名称、包装、装潢与他人知名商品特有的名称、包装、装潢的文字、图形、色彩及其组合设计得完全一样。如果不借助仪器检查或特殊手段很难发现其虚假性。第二种是擅自使用与知名商品特有的名称、包装、装潢相近似的名称、包装、装潢。所谓近似,是指仿冒行为使用的商品名称、包装、装潢与知名商品特有的名称、包装、装潢的主要部分和整体印象相近,一般购买者以普通注意力会发生误认或混淆的后果。

三、擅自使用他人的企业名称或者姓名

中国《反不正当竞争法》第 5 条第 3 项规定擅自使用他人的企业名称或者姓名,引人误认为是他人的商品,也是一种不正当竞争行为。

依照中国《民法通则》第 99 条的规定,公民享有姓名权,法人、个体工商户和个人合伙享有名称权。企业名称由行政区划、字号、行业或经营特点、组织形式构成,其中的字号部分即商号,它是经营者在商业活动中表明主体身份的符号,是区别不同企业的主要标志。如果交易者是自然人,其姓名可以起到商号的作用。《关于审理不正当竞争民事案件应用法律若干问题的解释》第 6 条规定:"在商品经营中使

用的自然人的姓名,应当认定为反不正当竞争法第五条第三项规定的'姓名'。具有一定的市场知名度、为相关公众所知悉的自然人的笔名、艺名等,可以认定为反不正当竞争法第五条第三项规定的'姓名'。"可见,反不正当竞争法对姓名的保护,不是人格权意义上的保护,而是将姓名作为商业标记保护。

尽管企业名称是企业名称权的对象,由于中国的企业名称登记实行分级管理,企业名称权只有在一定的行政区划内是排他的。《企业名称登记管理规定》要求,"在登记主管机关辖区内不得与已登记注册的同行业企业名称相同或近似"。因此,在不同管辖区域内恶意使用他人企业名称,只能依靠反不正当竞争法来禁止。当自然人的姓名既是人格权的对象,又是商业标记时,属于人格权法与知识财产法上的请求权竞合,受害人可以择一行使。中国《著作权法》第48条第8项规定的"制作、出售假冒他人署名的作品"的行为,既侵犯了姓名权,又构成不正当竞争。如果他人恶意使用与该自然人姓名近似的符号、可能引起混淆的,则不宜根据姓名权寻求救济,因为姓名权的效力并不禁止他人使用与姓名近似的符号,以主张反不正当竞争为宜。

现实中,常见的擅自使用他人企业名称或者姓名的情形包括:将他人的商号或姓名用作自己的商号,将他人的商号用作自己的商标或者商标的组成部分。国家工商行政管理总局曾于1999年发布了《关于解决商标与企业名称若干问题的意见》,第2条明确规定:"商标专用权和企业名称权的取得,应当遵循《民法通则》和《反不正当竞争法》中的诚实信用原则,不得利用他人商标和企业名称的信誉进行不正当竞争。"第4条规定:"商标中的文字和企业名称中的字号相同或近似,使他人对市场主体及其商品或服务的来源产生混淆,从而构成不正当竞争的,应当依法予以制止。"

四、恶意使用地理标志

地理标志是用以指明产品出产于某地区,且该产品的特质完全由该地区的自然因素或人文因素决定的标记。地理标志不同于产地标记,产地标记仅标示商品来源于某一地域,而该地域与商品特有的质量、声誉或其他特点不一定有直接的关联。如瓷器上标注的"北京制造"属产地标记,"景德镇瓷器"则属地理标志。因此,地理标志不仅有指明出产地的功能,而且还具有品质保证功能。

在指示来源、保证品质方面,地理标志与商标有类似之处。与普通商标不同的是,地理标志不是某一个企业的信誉标记,而是代表了某个地域特定行业经营者的集体信誉。地理标志所体现的自然因素与人文因素是不可分离的。正由于地理标志也具有信誉指代的功能,它仍然属于私权的对象(只不过利益归属于多主体)。

中国目前对地理标志的保护采取的是《商标法》《地理标志产品保护规定》《农产品地理标志管理办法》为核心的三驾马车保护模式。《商标法》规定地理标志可以注册为集体商标或证明商标;《地理标志产品保护规定》实行所谓的"地理标志产品"的注册登记制度;《农产品地理标志管理办法》则对不属于《产品质量法》规定"产品"的初级农产品的地理标志进行管理。但是,无论行政机关颁布什么样的规定,某地名是否成为地理标志,这是一种客观的事实,当地经营者通过自然赐予与人为努力世代累积的集体信誉是他们应当共享的财富,不是行政机关授予的特权,任何形式的注册登记都只是一种事实确认而已。他人恶意注册或使用未注册的地理标志,构成不正当竞争。中国《反不正当竞争法》第 5 条第 4 项禁止"伪造产地,对商品质量作引误解的宣传",虽然地理标志与产地的含义并不完全一样,但在一定范围内,该条也可以作为保护地理标志的依据。

五、侵犯商业秘密

(一)商业秘密的概念

根据《反不正当竞争法》第 10 条第 3 款的规定,商业秘密是指不为公众所知悉、能为权利人带来经济利益、具有实用性并经权利人采取保密措施的技术信息和经营信息。商业秘密不仅包括那些凭技能或经验产生的技术信息,如技术秘诀、设计图纸、工艺流程、化学配方等,还包括经营管理方法及与经营管理方法密切相关的经营信息,如管理方法、产销策略、客户名单、货源情报等。

(二)商业秘密的构成要件

1.秘密性

秘密性的基本含义是指商业秘密是不为公众所知悉、从公开渠道无法获得的资讯。所谓"公众",在法律上是指不特定多数人。不为公众所知悉,不等于任何人都不知。一定范围的特定人知悉,不影响资讯的秘密性。例如,企业雇员在履行职务过程中为实施商业秘密而知悉,企业许可他人利用技术秘密、并与之订立保密协议,参加成果鉴定被鉴定专家知悉等,均不丧失秘密性。《关于审理不正当竞争民事案件应用法律若干问题的解释》第9条规定,下列信息不具备秘密性:该信息为其所属技术或者经济领域的人的一般常识或者行业惯例;该信息仅涉及产品的尺寸、结构、材料、部件的简单组合等内容,进入市场后相关公众通过观察产品即可直接获得;该信息已经在公开出版物或者其他媒体公开披露;该信息已通过公开的报告会、展览等方式公开;该信息从其他公开渠道可以获得;该信息无须付出一定的代价而容易获得。

2. 保密性

这是指商业秘密所有人采取了合理的保密措施,其行为已足以使他人了解其具有将该知识作为秘密加以保守的意思。保密措施包括技术手段和制度手段,前者如设定密码、设置保险柜、进行电脑复制与打印监控等;后者如订立保密协议、建立保密制度等。《关于审理不正当竞争民事案件应用法律若干问题的解释》第11条规定,法院应根据所涉信息载体的特性、所有人保密的意愿、保密措施的可识别程度、他人通过正当方式获得的难易程度等因素,认定所有人是否采取了保密措施。有下列情形之一,在正常情况下足以防止涉密信息泄露的,应当认定权利人采取了保密措施:限定涉密信息的知悉范围,只对必须知悉的相关人员告知其内容;对于涉密信息载体采取加锁等防范措施;对于涉密信息采用密码或者代码等;签订保密协议;对于涉密的机器、厂房、车间等场所限制来访者或者提出保密要求;确保信息秘密的其他合理措施。

3. 实用性

这是指商业秘密应具有商业价值。《关于审理不正当竞争民事案件应用法律若干问题的解释》第10条规定,有关资讯具有现实的或者潜在的商业价值,能为权利人带来竞争优势的,应认为符合《反不正当竞争法》第10条第3款所称的"能为权利人带来经济利益,具有实用性"。各种商业秘密,如产品配方、制作方法、管理诀窍、客户名单、货源情报、招标的标底和标书等,都具有现实或潜在的商业价值。价值性是指资讯具有客观的商业价值,不能以"所有人是否自认为有价值"的主观判断为标准。在一起美国案例中,某教堂宣扬一种教义,并对教义材料采取了保密措施。被告曾是该教堂的合作人之一,接触过教义材料,后自己新建了一个教堂,并传授相同的教义。巡回法院认为,宗教教义仅具有精神价值,不具有商业价值,因此不属于商业秘密。

(三)侵犯商业秘密的主要行为类型

1. 恶意获取商业秘密

中国《反不正当竞争法》第10条规定,侵害商业秘密的行为之一是:以盗窃、利诱、胁迫或其他不正当手段获取他人商业秘密。这里的其他不正当方法包括欺诈、雇佣商业间谍刺探、暗中安装监控设备等立法难以穷尽的手段。

独立开发与反向工程不属于恶意获取。独立开发者如果研制出与商业秘密相同的智力成果,属于善意偶合。反向工程是指第三人以合法手段取得附有商业秘密的载体,对其进行检验、分析、拆卸,从而还原出商业秘密。《关于审理不正当竞争民事案件应用法律若干问题的解释》第12条明确规定:通过自行开发研制或者反向工程等方式获得商业秘密,不构成不正当竞争。该条所称的"反向工程"是指"通过技术手段对从公开渠道取得的产品进行拆卸、测绘、分析等而获得该产品的有关技术信息"。

2. 披露、使用或者允许他人使用以不正当手段获得的商业秘密

这是不正当地获取商业秘密之后,进一步扩散商业秘密的行为,其方式包括向他人披露商业秘密、自己使用商业秘密、允许他人使用商业秘密。

3. 违反保密义务,披露、使用或允许他人使用商业秘密

这种情况与上述两种情况的主要区别在于,商业秘密的获取本身是合法的,如侵权人原本是商业秘密所有人的员工或合作单位。但披露、使用、允许他人使用商业秘密是非法的,已经违反了保密义务。

4. 第三人明知或应知商业秘密是不正当获取或不正当披露的,仍然获取、使用或披露该商业秘密

第三人尽管与商业秘密所有人没有劳动合同关系或保密合同关系,没有约定的保密义务,但其明知或应知商业秘密是窃取得来,或他人违反保密义务披露的,仍然利用之,在主观上显然具有过错,虽然不承担违约责任,但应该承担侵权责任。

因为商业秘密不具公示性,如果对他人的注意义务要求过高,会过度影响知识交易的安全。故此处的"应知",学理上一般解释为"有重大过失而不知"。如果第三人取得商业秘密时为善意,所有人发现后通知其停止使用,第三人若继续使用或披露,也属于"明知"。需要注意的是,只有当商业秘密在先获取或披露未达到公知程度时,第三人的获取、使用或继续披露才构成侵权。如果在先的披露已经达到公开的程度,则商业秘密的秘密性丧失,不再具备商业秘密的属性,第三人即使明知原商业秘密被非法披露,也可以使用。

为正当的非商业目的之所需,在特殊情况下披露商业秘密不具违法性。例如,为司法程序之所需而披露,为公共健康与安全而披露等。

六、其他与知识产权有关的不正当竞争行为

根据中国《反不正当竞争法》的规定,反不正当竞争行为不限于该法所罗列的11种具体的不正当竞争行为。经营者在市场交易中,如果违反诚实信用的原则,违背公认的商业道德,损害其他经营者的合法权益,扰乱社会经济秩序,都可以被认定为不正当竞争行为。因此,除了上述《反不正当竞争法》所列举的行为之外,还有许多其他与知识产权相关,可以适用《反不正当竞争法》处理的不正当竞争行为。

比如,关于未注册的驰名商标的保护。中国《商标法》第13条第2款规定:"就相同或者类似商品申请注册的商标是复制、模仿或者翻译他人未在中国注册的驰名商标,容易导致混淆的,不予注册并禁止使用。"《商标法》这一规定为未注册的驰名商标提供了一定的保护,但是如果未注册的驰名商标使用人如需要请求损害赔偿,则可以根据《反不正当竞争法》的一般条款请求救济。

又如,恶意将他人商标用作商号的行为。《商标法》第58条明确规定:"将他人注册商标、未注册的驰名商标作为企业名称中的字号使用,误导公众,构成不正当竞争行为的,依照《中华人民共和国反不正当竞争法》处理。"

再如,恶意将他人商标注册为域名的行为。最高人民法院《关于审理商标民事纠纷案件适用法律若干问题的解释》第1条第3项规定"将与他人注册商标相同或者相近似的文字注册为域名,并且通过该域名进行相关商品交易的电子商务,容易使相关公众产生误认的",构成商标权之侵害。但是,如果被告使用域名的经营范

475

围与商标权人的经营范围不相同也不相类似,根据最高人民法院《关于审理涉及计算机网络域名民事纠纷案件适用法律若干问题的解释》第4条和第7条的规定,则构成不正当竞争。该解释第5条还列举了可以认定恶意的几种情况:为商业目的将他人驰名商标注册为域名的;为商业目的注册、使用与原告的注册商标、域名等相同或近似的域名,故意造成与原告提供的产品、服务或者原告网站的混淆,误导网络用户访问其网站或其他在线站点的;曾要约高价出售、出租或者以其他方式转让该域名获取不正当利益的;注册域名后自己并不使用也未准备使用,而有意阻止权利人注册该域名的;具有其他恶意情形的。

【案例裁决/法律文书摘录】

费列罗公司诉蒙特莎公司、正元公司仿冒知名商品的包装及装潢与不正当竞争案[①]

一、案情概况与主要问题

本案再审申请人(一审被告、二审被上诉人)为蒙特莎(张家港)食品有限公司(以下简称蒙特莎公司),再审被申请人(一审原告、二审上诉人)为意大利费列罗公司(FERRERO S. P. A)(以下简称费列罗公司),一审被告还有天津经济技术开发区正元行销有限公司(以下简称正元公司)。一审被告蒙特莎公司的金莎 TRESOR DORE 巧克力多年一直仿冒、擅自使用与一审原告费列罗公司知名商品 FERRERO ROCHER 巧克力特有的包装、装潢相近似的包装、装潢,误导消费者,使消费者产生混淆。而且,费列罗公司一推出新产品或时节性产品马上就遭到蒙特莎公司的仿冒,甚至在欧洲推出的新产品尚未进入中国市场即遭仿冒。蒙特莎公司的上述行为及被告正元公司销售仿冒产品的行为给原告的生产和销售造成了恶劣影响,并侵害了广大消费者的合法利益,造成原告重大经济损失。又因费列罗公司在中国内地并没有注册"金莎"巧克力商标,其仅于1986年在中国核准注册了

[①] 中华人民共和国最高人民法院于2008年3月24日做出终审判决,案号:[2006]民三提字第3号,案由:不正当竞争。天津市第二中级人民法院于2005年2月7日做出一审判决,案号:[2003]津二民三初字第63号。天津市高级人民法院于2006年1月9日做出二审判决,案号为:[2005]津高民三终字第36号。案例来源:中国法院网。

"FERRERO ROCHER"商标。故此,根据《中华人民共和国反不正当竞争法》(以下简称《反不正当竞争法》)第5条第2项的规定,费列罗公司于2003年7月向天津市第二中级人民法院起诉,诉请法院判令蒙特莎公司不得生产、销售,正元公司不得销售与费列罗公司巧克力产品特有的任意一项或者几项组合的包装、装潢的产品相似的足以引起消费者误认的巧克力产品,并赔礼道歉、消除影响、承担诉讼费用,并要求蒙特莎公司赔偿经济损失人民币300万元。

蒙特莎公司在一审答辩意见中认为,其生产的金莎TRESOR DORE巧克力产品在中国境内消费者中享有很高的知名度,多次获奖,属于知名商品,费列罗公司诉请中要求保护的F-RRERO ROCHER巧克力的包装、装潢是国内外同类巧克力产品的通用包装、装潢,不具有独创性和特异性,因此,蒙特莎公司尚未仿冒费列罗公司知名商品的包装、装潢。费列罗公司认为自己产品的包装涵盖了商标、外观设计、著作权等多项知识产权,但未明确指出被控侵权产品的包装、装潢具体侵犯了其何种权利,其起诉要求保护的客体模糊不清。故其起诉无事实和法律依据,请求法院驳回费列罗公司的诉讼请求。一审被告正元公司未答辩亦未提供证据。

2005年2月7日,天津市第二中级人民法院做出一审判决:驳回费列罗公司对蒙特莎公司、正元公司的诉讼请求。费列罗公司对一审判决不服,提起上诉。2006年1月9日,天津市高级人民法院撤销一审判决,另行改判蒙特莎公司的行为构成不正当竞争,责令蒙特沙公司立即停止侵权行为并赔偿损失。蒙特莎公司不服天津市高级人民法院[2005]津高民三终字第36号民事判决,向中华人民共和国最高人民法院申请再审。最高人民法院经审查后,于2006年5月10日以[2006]民三监字第4号民事裁定提审本案,并于2008年3月24日做出[2006]民三提字第3号终审判决。至此,蒙特莎公司与费列罗公司之间的不正当竞争纠纷得到最终解决。

本案的主要问题是,在自由竞争市场上,在消费者群体中得到广泛认可的商标或者具有独特设计、包装、装潢的知名商品,容易遭受假冒、仿冒,引起消费者的混淆和误认,损害合法经营者的利益,扰乱健康的市场秩序,应该如何确立"知名商品"的标准及在先知名权?如何认定知名商品的包装、装潢是否具有特有性?如何认定在相关市场上与知名商品相近似包装、装潢混淆的标准?怎样把握仿冒知名商品的包装、装潢引起的混淆行为,以及能否构成不正当竞争的行为?一旦认定了相关产品的生产者构成了不正当竞争,在司法实践中应如何确定公平合理的损害赔偿金额?对此,最高人民法院在其判决中做出了明确阐述。

本案是一个标志性的判决,经过两审终审和最高人民法院的提审,历时五年,最终解决了蒙特莎公司与费列罗公司之间是否存在仿冒商品的包装、装潢,以及此仿冒行为是否构成了不正当竞争的问题。在案件审理过程中,最高人民法院于2007年1月12日公布了《关于审理不正当竞争民事案件应用法律若干问题的解释》。该司法解释的出台,为司法实践中判决此类案件提供了一个相对统一的认定和判决标准。在此背景下,最高人民法院民三庭在审理过程中应该也参考了这一司法解释,形成了一个对全国法院系统都具有重要指导意义的案例。

二、法院判决

2005年2月7日,天津市第二中级人民法院一审判决:驳回费列罗公司对蒙特莎公司、正元公司的诉讼请求。其判决理由认为:采用金色锡箔纸包裹球状巧克力,使用透明塑料外包装,呈现巧克力内包装,属通用包装,不属于费列罗公司特有。但是,FERRERO ROCHER巧克力的装潢是费列罗公司在1984年前进入国内市场即已使用,具有识别和美化商品、区别商品来源的显著特征,构成其特有的装潢。蒙特莎公司生产、销售的金莎巧克力最早使用该装潢是在1990年,晚于费列罗公司。金莎巧克力自张家港市乳品一厂于1990年推出以来,市场占有率在巧克力产品中名列前茅,并多次获得国家政府部门和相关协会的褒奖,成为在中国知名度较高的商品。从双方巧克力商品知名的时间分析,FERRERO ROCHER巧克力知名的时间要晚于蒙特莎公司生产的金莎巧克力。就双方巧克力商品的知名度而言,蒙特莎公司的金莎巧克力知名度明显高于FERRERO ROCHER巧克力。由于费列罗公司和蒙特莎公司对各自产品的商标及产地来源极为注重,因产品的质量、价格、口味及消费层次的不同需要而拥有各自的消费群,尽管二者产品装潢近似,亦不足以使消费者产生误认,混淆二者的产品。因此,蒙特莎公司生产的金莎巧克力使用的包装、装潢不构成对费列罗公司的不正当竞争,正元公司销售金莎巧克力的行为亦不构成侵权。

二审法院天津市高级人民法院经审理,认为费列罗公司的FERRERO

ROCHER 巧克力在中国市场上属于知名商品的时间早于蒙特莎公司的金莎巧克力产品,同时,FERRERO ROCHER 巧克力的包装、装潢具有显著的视觉特征和效果,表达了特定的含义,形成特有的包装、装潢形式。蒙特莎公司不能证明系自己独立设计或者在先使用,而长期使用与费列罗公司的 FERRERO ROCHER 巧克力近似的包装、装潢,应认定其擅自使用了 FERRERO ROCHER 巧克力特有的包装、装潢,构成导致消费者混淆的不正当竞争行为。一审法院以蒙特莎公司生产的金莎 TRESOR DORE 巧克力现在在中国的市场知名度高于 FERRERO ROCHER 巧克力的知名度为由,驳回费列罗公司的诉讼请求,实际上是维持了本案不正当竞争的后果,应予纠正。因此,二审法院于 2006 年 1 月 9 日做出判决:(1)撤销一审判决;(2)蒙特莎公司立即停止使用金莎 TRESOR DORE 系列巧克力侵权包装、装潢;(3)蒙特莎公司赔偿费列罗公司人民币 700000 元,于本判决生效后十五日内给付;(4)责令正元公司立即停止销售使用侵权包装、装潢的金莎 TRESOR DORE 系列巧克力;(5)驳回费列罗公司其他诉讼请求。一审案件受理费 25010 元,由蒙特莎公司承担 20000 元,费列罗公司负担 5010 元;二审案件受理费 25010 元,由蒙特莎公司承担 20000 元,费列罗公司负担 5010 元。

蒙特莎公司不服二审判决,向最高人民法院申请再审。最高人民法院根据双方提交的再审申请书和答辩状,并对双方提交的新证据进行质证和辩论,经过两次开庭审理,于 2008 年 3 月 24 日做出如下判决:(1)维持天津市高级人民法院[2005]津高民三终字第 36 号民事判决第 1 项、第 5 项;(2)变更天津市高级人民法院[2005]津高民三终字第 36 号民事判决第 2 项为:蒙特莎(张家港)食品有限公司立即停止在本案金莎 TRESOR DORE 系列巧克力商品上使用与意大利费列罗公司的 FERRERO ROCHER 系列巧克力商品的特有包装、装潢相近似的包装、装潢的不正当竞争行为;(3)变更天津市高级人民法院[2005]津高民三终字第 36 号民事判决第 3 项为:蒙特莎(张家港)食品有限公司自本判决送达后十五日内,赔偿意大利费列罗公司(FERRERO S. P. A)人民币 500000 元。逾期支付,按照《中华人民共和国民事诉讼法》第 232 条之规定,加倍支付迟延履行期间的债务利息;(4)变更天津市高级人民法院[2005]津高民三终字第 36 号民事判决第 4 项为:责令天津经济技术开发区正元行销有限公司立即停止销售上述金莎 TRESOR DORE 系列巧克力商品。案件受理费用的判决与二审法院判决相同。

最高人民法院的判决理由是：

(1) 关于 FERRERO ROCHFR 巧克力是否为在先知名商品。根据 FERRERO ROCHER 巧克力进入中国市场的时间、销售情况以及费列罗公司进行的多种宣传活动，认定其属于在中国境内的相关市场中具有较高知名度的知名商品，其享有知名商品的时间应该早于金莎 TRESOR DORE 巧克力。

(2) 关于 FERRERO ROCHER 巧克力使用的包装、装潢是否具有特有性。锡纸、纸托、塑料盒等包装材质与形状、颜色的排列组合有很大的选择空间；将商标标签附加在包装上，该标签的尺寸、图案、构图方法等亦有很大的设计自由度。FERRERO ROCHER 巧克力所使用的包装、装潢因其构成要素在文字、图形、色彩、形状、大小等方面的排列组合具有独特性，形成了显著的整体形象，且与商品的功能性无关，经过长时间使用和大量宣传，已足以使相关公众将上述包装、装潢的整体形象与费列罗公司的 FERRERO ROCHER 巧克力商品联系起来，具有识明其商品来源的作用，应当属于《反不正当竞争法》第5条第2项所保护的特有的包装、装潢。此外，费列罗公司 FERRERO ROCHER 巧克力的包装、装潢使用在先，蒙特莎公司主张其使用的涉案包装、装潢为自主开发设计缺乏充分证据支持。

(3) 关于相关公众是否容易对 FERRERO ROCHER 巧克力与金莎 TRESOR DORE 巧克力引起混淆、误认。中国《反不正当竞争法》中规定的混淆、误认，是指足以使相关公众对商品的来源产生误认，包括误认为与知名商品的经营者具有许可使用、关联企业关系等特定联系。本案中，由于 FERRERO ROCHER 巧克力使用的包装、装潢的整体形象具有区别商品来源的显著特征，蒙特莎公司在其巧克力商品上使用的包装、装潢与 FERRERO ROCHER 巧克力特有包装、装潢又达到在视觉上非常近似的程度，即使双方商品存在价格、质量、口味、消费层次等方面的差异和厂商名称、商标不同等因素，仍不免使相关公众易于误认金莎 TRESOR DORE 巧克力与 FERRERO ROCHER 巧克力存在某种经济上的联系。

(4) 关于二审判决是否超越当事人诉讼请求以及判决赔偿数额是否适当。一审程序中，费列罗公司虽然未明确列举对蒙特莎公司生产的 T12、T36、T42、T45 以及纸盒包装的4粒、8粒、16粒等7种巧克力商品的侵权指控，但在费列罗公司的起诉状中,请求判令不得生产、销售任何与 FERRERO ROCHER 巧克力特有包装、装潢相似的足以引起消费者误认的产品。蒙特莎公司生产的上述另外7种巧克力也均采用了与 FERRERO ROCHER 巧克力近似的包装、装潢。二审判令蒙特莎公司立即停止使用金莎 TRESOR DORE 系列巧克力侵权包装、装潢并未超出费列罗公司的诉讼请求。

知名商品的特有包装、装潢属于商业标识的范畴,确定《反不正当竞争法》第5条第2项规定的不正当竞争行为的损害赔偿额,可以参照确定侵犯注册商标专用权的损害赔偿额的方法,二审法院判令蒙特莎公司赔偿费列罗公司人民币70万元于法无据。最高人民法院综合考虑 FERRERO ROCHER 巧克力的知名度、蒙特莎公司实施不正当竞争行为的时间、规模等因素,根据《商标法》第56条第2款的规定酌情确定蒙特莎公司赔偿费列罗公司人民币50万元的经济损失。

【延伸阅读】

一、案例

1."索爱"商标争议行政纠纷案——索尼爱立信移动通信产品中国有限公司诉国家工商行政管理总局商标评审委员会、刘建佳,载《知识产权经典判例7(商标、反不正当竞争卷)》,知识产权出版社2013年版,案例2。

2.法国皇家宠物食品有限公司计算机网络域名纠纷案——法国皇家宠物食品有限公司诉刘唯泽,载《知识产权经典判例7(商标、反不正当竞争卷)》,知识产权出版社2013年版,案例3。

3."SWAROVSKI"和"施华洛世奇"商标侵权及不正当竞争纠纷案——施华洛世奇有限公司诉北京施华洛婚纱摄影有限公司,载《知识产权经典判例7(商标、反不正当竞争卷)》,知识产权出版社2013年版,案例4。

4.擅自使用"谷歌"企业名称不正当竞争纠纷案——北京谷歌科技有限公司诉谷歌信息技术中国有限公司,载《知识产权经典判例7(商标、反不正当竞争卷)》,知识产权出版社2013年版,案例14。

5.擅自使用"妮维雅"特有装潢纠纷案——妮维雅上海有限公司诉东阳市英姿

化妆品有限公司、孙淑红,载《知识产权经典判例7(商标、反不正当竞争卷)》,知识产权出版社2013年版,案例30。

二、学术论文和专著

1. 冯晓青:《不正当竞争及其他知识产权侵权专题判解与学理研究》,中国大百科全书出版社2010年版。

2. 北京市高级人民法院知识产权庭:《知识产权经典判例7(商标、反不正当竞争卷)》,知识产权出版社2013年版。

3. 韩赤风等:《中外反不正当竞争法经典案例》,知识产权出版社2010年版。

4. 孔祥俊:《反不正当竞争法的创新性适用》,中国法制出版社2014年版。

5. 刘蓉:《试论中国〈反不正当竞争法〉对知识产权的保护与完善》,载《政治与法律》2006年第6期。

6. 王先林:《试论诚实信用原则与反不正当竞争法——兼论中国〈反不正当竞争法〉封闭性之克服》,载《政法论坛》1996年第1期。

7. 王先林:《论反不正当竞争法调整范围的扩展——中国〈反不正当竞争法〉第2条的完善》,载《中国社会科学院研究生院学报》2010年第6期。

8. 郑友德、范长军:《反不正当竞争法一般条款具体化研究——兼论〈中华人民共和国反不正当竞争法〉的完善》,载《法商研究》2005年第5期。

9. 王赫:《论反不正当竞争法对地理标志的保护作用》,载《甘肃政法学院学报》2005年第1期。

10. 郑成思:《浅议〈反不正当竞争法〉与〈商标法〉的交叉与重叠》,载《知识产权》1998年第4期。

11. 邵建东:《论中国反不正当竞争法保护"经营性成果"的条件——对若干起典型案例的分析》,载《南京大学学报(哲学人文科学社会科学版)》2006年第1期。

三、网络链接

1.《中华人民共和国反不正当竞争法》,http://www.gov.cn/banshi/2005-08/31/content_68766.htm。

2.《关于审理不正当竞争民事案件应用法律若干问题的解释》,http://www.0816lawyer.com/ShowArticle.shtml? ID=20076201418275099.htm。

3.《关于审理不正当竞争民事案件应用法律若干问题的解释》的理解与适用,http://gzzy.chinacourt.org/public/detail.php? id=11226。

4.《关于审理涉及计算机网络域名民事纠纷案件适用法律若干问题的解释》,http://www.chinaacc.com/new/63/73/132/2006/4/ma3911243454144600216660-0.htm。

第十二章
涉外知识产权的争端解决实务

【内容摘要】涉外知识产权保护，涉及不同国家的知识产权法律制度，具有严格的地域性。知识产权保护的争端解决可以通过国内诉讼、国际诉讼、调解和仲裁等途径解决，涉外知识产权可以通过世界知识产权组织进行仲裁和调解，还可以通过WTO争端解决机制加以解决。通过结合典型案例对知识产权组织仲裁和调解的程序和内容、WTO有关知识产权争端解决机制进行分析和研究，掌握涉外知识产权保护争端解决机制的内容。

随着中国融入全球经济一体化进程的加快，中国不仅输入外国的知识产品，而且中国的知识产品也有进入国际市场，特别是广大发展中国家市场。因此，涉外知识产权案件也越来越多。主要有：外国人之间就中国知识产权产生纠纷；中国人就中国的知识产权与外国人之间产生纠纷。随着这种涉外知识产权纠纷增加，迫切需要我们学习和了解争端解决机制。涉外知识产权保护可以通过世界知识产权组织的仲裁与调解实现，与贸易有关的知识产权争端可以通过WTO争端解决中心解决，还可以通过国际谈判、国内诉讼等方式解决。

第十二章 涉外知识产权的争端解决实务

第一节 世界知识产权组织的仲裁与调解

【知识背景】

一、涉外知识产权争端解决途径

涉外知识产权保护,涉及不同国家的知识产权法律制度,具有严格的地域性。专利、商标是通过一定的国内法程序取得的,任何专利和商标都是属于一个国家的,不存在国际性的专利和商标类别,即使该商标是通过国际条约有关规定取得的。所以对知识产权争端的解决,也具有一定的地域限制。因此,知识产权保护争端的解决,一般通过以下不同途径:

一是国内诉讼。特别是一个国家内部的知识产权争端根据该国国内法的规定,通过有管辖权的国家司法机关进行调解或诉讼,具有方便快捷的特点。

二是国际诉讼。国家间的知识产权争端,可以通过联合国国际法院以诉讼方式解决。《巴黎公约》和《伯尔尼公约》对此均有规定。

三是国际谈判。国家间,或私人与国家间的知识产权保护争端,一般由政府代表通过双边谈判协商解决。

四是国际仲裁和调解。无论是私人间、国家间、私人与国家间的知识产权保护争端,都可以由一定的国际仲裁和调解组织或第三国,通过一定的仲裁和调解程序解决。其中包括传统的国际商事仲裁机构解决和近年来新成立的国际知识产权仲裁机构,如世界知识产权组织(WIPO)仲裁与调解中心,根据特定程序解决。

五是国际争端解决。与世界知识产权组织解决私人间知识产权纠纷的仲裁机制不同,世界贸易组织(WTO)争端局在解决国家或地区间非私人性、与贸易相关的知识产权争端时,采取的是类似于司法解决的程序。WTO成员方在发生知识产权争端后,首先应由争端双方协商解决,协商解决不了,则由世界贸易组织的成员多边协商解决,这与《巴黎公约》规定的由国际法院解决不同。根据 TRIPS 第

64条的规定,有关本协议内容的协商和争端的解决适用 GATT 第22条和第23条的规定,以及根据 GATT 这两条所订立的《关于争端解决的规则与程序的谅解》。可见,知识产权的争端解决机制规定于不同的协议中,但其核心就是《关于争端解决的规则与程序的谅解》所规定的一套详尽的规则与程序。

二、世界知识产权组织的仲裁与调解

(一)WIPO 仲裁与调解中心

1993年9月 WIPO 大会决定建立仲裁与调解中心,并于1994年10月开始运行。该中心设在日内瓦,主要为私人间涉及知识产权的国际商事纠纷提供仲裁与调解服务。该中心的争端解决可通过两种方式提出,一是根据当事人之间事先达成的合同仲裁条款,二是根据当事人达成的仲裁或调解解决争端的协议。其中包括四种争端解决程序:

(1)调解,非具约束力的程序,由中立的调解员帮助争端当事人达成互相满意的争端解决;

(2)仲裁,将争端交由一位仲裁员,或数位仲裁员组成的仲裁庭解决,仲裁的决定对双方当事人具有约束力;

(3)简易仲裁,这是在较短的时间内进行仲裁,并做出裁决的程序,费用较低;

(4)调解与仲裁的结合,即当事人同意的时间内未能通过调解程序解决纠纷,然后便进入仲裁程序。

(二)WIPO 仲裁规则的主要内容

1994年10月1日生效的 WIPO 仲裁规则,共有8章78条。第一章是总则,共5条,涉及规则中使用的缩略语的意义,规则的适用范围,通知与期限,向中心申请时的文件要求;第二章是仲裁的提起,共8条,包括仲裁的要求,对要求的答复,当事人的代表;第三章是仲裁庭的组成与成立,共23条,包括仲裁员人数、仲裁员的任命、仲裁员的国籍、当事人与仲裁员候选人之间的联系,仲裁员的公正性,仲裁员的改变等;第四章是仲裁的进行,共21条,包括案卷移送仲裁庭,仲裁庭的基本职权,仲裁的地点、语言,诉求书与答辩书,当事人与仲裁员的联系,保全措施,预备会议,证据,实验和实地考察,商业秘密的披露与其他保密问题,开庭,询问证人,仲裁庭选择的专家,闭庭与裁决等;第五章是裁决与其他决定,共 8 条,包括适用于争端实体问题与仲裁及仲裁协议的法律,货币与利率,决定的做出,裁决的形式,最后裁决的送达期限,裁决的效力,其他争端解决的结果等;第六章是费用,共 6 条,涉及交给中心和仲裁员的费用、定金等;第七章是保密,共 4 条,包括与仲裁本身的一系列保密问题;第八章是其他规定。

(三)仲裁的提起

根据 WIPO 仲裁规则第 9 条,请求仲裁的一方当事人应以书面形式,向 WIPO 仲裁与调解中心提起仲裁,请求书包括:

(1)根据 WIPO 仲裁规则,由仲裁员解决争端;

(2)双方当事人及其代表的姓名、地址及通信号码;

(3)仲裁协议复本和任何可适用的法律选择条款;

(4)争端的性质、情况等简要说明,包括争端所涉及的权利、财产、技术特性等;

(5)争端解决的具体说明;

(6)仲裁员的提名。

同时,请求人应将请求书给对方当事人。规则第 11 条规定,对方当事人在收到请求书后的 30 天内,向 WIPO 争端与调解中心和请求人提交答辩书。请求仲裁的日期为 WIPO 争端与调解中心收到请求书之日。

(四)仲裁庭的组建

仲裁庭可由一位或三位仲裁员组成,仲裁庭的人数由双方当事人协议决定,如果当事人不能达成协议,仲裁庭应由一位仲裁员组成,除非中心根据情况需要,决定由三位仲裁员组成。仲裁庭的组建程序由当事人商定,如果在商定期限内,仲裁庭未能组建,WIPO 争端与调解中心将根据仲裁员的缺任程序,在仲裁提出之后的 45 天内组建仲裁庭。

规则第 33 条规定,如必须改换仲裁员,应根据选任仲裁员的程序进行,如某一方当事人选任的仲裁员因质疑而卸任,或者,因该当事人提出或该仲裁员自己提出而卸任,中心可决定是否再由该当事人选任仲裁员;在改换期间,仲裁暂停。如果仲裁庭由三位仲裁员组成,其中一位无故缺席,除非当事人根据选任程序再选一位仲裁员,否则其他两位仲裁员可以决定继续进行仲裁,并做出裁决。

(五)仲裁的程序

(1)陈述与答辩。规定第41条规定,除非仲裁请求书中附有请求陈述,请求人应在收到仲裁庭组建的通知后30天内,向仲裁庭和另一方当事人递交请求陈述,其中包括完整的事实陈述和论证其请求的法律依据,寻求的补救,尽可能多的证据文件及目录或进一步查阅的索引。规则第42条规定,另一方当事人应在收到该请求陈述或者在收到仲裁庭已组建的通知后30天内,向请求人和仲裁庭递交答辩陈述。任何反请求或不同意仲裁的请求,均应包括在答辩陈述内。

(2)开庭。规则第53条规定,仲裁庭可以应任何一方当事人的要求,或自行决定开庭,听取证人证言,或双方当事人口头辩论。如果仲裁过程中不开庭,仲裁将根据书面文件和其他材料进行。仲裁庭应将开庭过程和方式记录在卷。在仲裁过程中,商业秘密和其他信息的保密对当事人是十分必要的。规则第52条规定,需要保密的信息是指当事人掌握的,不对公众公开的,具有商业、金融或工业意义的,并被该当事人保密的信息。当事人向仲裁庭提出有关信息保密的书面申请,仲裁庭将决定有关信息是否属于保密范畴。

在开庭之前,仲裁庭将要求双方当事人递交可能询问的材料及其作证问题的通知,并有权决定限制或拒绝有关证人作证。证人作证时,在仲裁庭的主持下,当事人可以询问证人,证人可提供书面证言,而不论是否签字。当事人对自己要求的证人的出庭安排、费用等负责。仲裁庭经与双方当事人商量,可聘请独立的专家,对特定问题进行作证。双方当事人充分表达意见和举证后,仲裁庭可决定结束开庭,或在必要时,应一方当事人的申请或自己决定结束开庭。

(3)裁决。在结束开庭后,仲裁庭将根据法律适应原则,做出裁决。裁决书由独任仲裁员,或由多数意见的仲裁员,或在缺少多数意见时,由首席仲裁员制作。规则第63条规定,仲裁期限为在收到答辩陈述或在仲裁庭组建后的9个月内,指出应宣告结束,在此后的3个月内,仲裁庭应做出最后裁决。

(六)裁决的效力

规定第64条规定,当事人同意根据本规则进行仲裁,意味着应及时执行裁决,并且放弃任何上诉或诉诸司法解决的权利,只要这种放弃不违反应适用的法律。中心向当事人送达裁决之日,即为裁决生效并对当事人具有约束力之时。

在裁决之前的适当时候,仲裁庭可以建议当事人达成调解。如果当事人达成调解,仲裁庭将终止仲裁,经双方当事人要求,可制作协议裁决。

(七)裁决的执行

WIPO裁决的执行,有两种方式,一是根据当事人自觉地执行裁决;二是要求执行裁决的一方当事人根据1958年《承认及执行外国仲裁裁决公约》申请执行。当事人需向某缔约国权威机构(一般为法院)申请执行裁决,并提交裁决原本,以及必要的该缔约国官方语言译文本。该权威机构有权决定是否受理执行该裁决。该机构可要求执行裁决的当事人提出答辩,如仲裁条款或协议无效,仲裁庭的组成或仲裁程序与当事人商定的不符,或者根据本国法的规定如争议不属于仲裁范围,或该仲裁的承认与执行将违反本国公共政策,驳回申请。可见,包括WIPO裁决在内,任何外国仲裁裁决能否得到承认与执行,最终取决于某缔约国的国内法。

【案例摘录】

一、基本案情

(一)原告诉求

原告蒋某诉称,原告于2002年3月1日注册了philipscis.com域名,于2002年7月19日向WIPO仲裁与调解中心投诉,认为原告注册该域名侵害了被告"PHILIPS"商标的商标权,请求将该域名裁决转归被告所有。该中心于2002年9月19日裁决将争议域名转移给被告。原告认为:

1. 原告的域名philipscis.com与被告拥有的商标"PHILIPS"并不相同或相似。原告的域名并非被告的注册商标"PHILIPS",被告也不能认为所有包含"PHILIPS"字母的域名皆应归被告所有;作为简称,无论是CIS,还是SCIS,都有比较广泛的含义,而并不局限于被告产品部门CSI(Communication,Security & Imaging)的简称含义。

2. 原告对争议域名享有合法权益。原告的域名philipscis.com是由通用的男性英文philip及sc、is三部分构成的,其中philip是原告自年轻时就使用的英文名,sc是原告居住地上海Shanghai China的缩写,is是Internet System或

Internet Server 的缩写;在域名争议之前,原告就使用该域名开通了网站,在获得合法授权后,原告网站提供的完全是飞利浦公司通讯及视像保安系统产品和技术支持与服务;在域名争议之前,原告就利用搜索引擎 google.com、yahoo.com 进行了搜索登记,而使其域名为互联网用户所知。

3. 原告对争议域名的注册和使用没有恶意。philip 是通用名称,且 sc 和 is 对原告来说都具有特殊的含义;原告公司经授权销售且仅销售被告产品,原告网站提供的全部是被告公司通讯及视像保安系统的产品和技术支持服务,原告既没有以被告公司为竞争对手,也没有干扰被告的经营活动;原告在网站的明显部位标明了原告公司的中英文动态标志,且表明了网站所有人,不会造成互联网用户的误认,因而原告是合理善意地使用。

4. 被告具有恶意侵夺域名的动机。

5. WIPO 仲裁与调解中心在审理中,采取的是独任专家形式,语言是中文。本案的专家梁慧思是新加坡公民,虽然熟悉中国语言和文字,但在审理中国的案件时,可能存在地域和文化理解及表述上的差异,并带来个人的偏向性及其他因素,进而导致审理结果的不公。

据此,原告认为其并未侵犯被告的商标权,专家组的裁决没有依据,请求法院判令:

1. 撤销或停止执行 WIPO 仲裁与调解中心的裁决;

2. 域名 philipscis.com 归原告所有。

(二)被告抗辩

被告辩称:PHILIPS 商标自 1891 年起就在荷兰注册,之后又在包括中国在内的世界许多国家注册,现该商标的商标权人为飞利浦公司,公司花费巨资用于维护 PHILIPS 商标,该商标是被告公司最重要的财产之一。被告认为:

1. 争议域名的前 7 个字母与被告拥有权利的 PHILIPS 商标完全相同,易引起混淆。

2. 原告对争议域名不享有权利和法律上的利益。原告并非因域名被普遍认知;被告也从未授权原告在网站上使用 PHILIPS 商标及标语。

3. 原告对争议域名的使用有恶意。原告网站对应的域名包含 PHILIPS 商标;

原告网站上使用了与被告网站 philipscsi.com 主页相同的网页样式；原告未获得授权在其网站上销售被告的通讯及视像保安系统产品及推广相关的服务；原告在其网站上使用被告享誉全球的标语"Let's make things better"；原告另一个中文网站 philipscss.com.cn 上的内容与被告网站相同。原告无视被告发出的要求原告停止使用争议域名的信函，在明知被告 PHILIPS 商标是驰名商标的情形下，仍然注册争议域名并作上述使用，显见其恶意。

4. WIPO 仲裁与调解中心专家组的审理无论从程序还是实体上皆符合有关的规定。综上，原告注册及使用争议域名的行为侵犯了被告的商标权，据此请求法院驳回原告的诉讼请求。

（三）法院审理

法院经审理查明：PHILIPS 商标于 1980 年在中国注册，注册号为 135046，现商标权人为被告飞利浦公司。该商标在世界近 150 个国家获得注册。在本案争议前，被告拥有自己的 CSI（Communication, Security & Imaging）部门，被告亦开通了对应的网站，域名为 philipscsi.com。"Let's make things better"是被告飞利浦公司用于全球的宣传标语。原告蒋某于 2002 年 3 月 1 日注册 philipscis.com 域名，并开通了对应的网站。在 2002 年 9 月 28 日打印的该网站的首页页面上，居中标有"Communication, Security & Imaging"，右边设有"CSI NEWS"栏目，左上角设有"ABOUT PHILIP SCSI"链接，右上角标有"Let's make things better"字样，整个版面采用英文。网站下端注明版权所有人为上海新屋智能系统工程有限公司（以下简称新屋公司）。该公司经飞利浦保安及通讯系统特级经销商授权，获准在中国大陆地区经营飞利浦通讯及视像保安系统产品的设计、安装及维修业务，蒋某为该公司的法定代表人。

被告于 2002 年 7 月 19 日向 WIPO 仲裁与调解中心投诉，请求裁决将域名 philipscis.com 转归被告所有。该中心于 2002 年 9 月 19 日裁决认为：(1)争议域名 philipscis.com 与申请人（本案被告）拥有权利的商标完全或混淆性相似；(2)被申请人（本案原告）在争议域名中不拥有权利或合法利益；(3)被申请人对于本案争议域名的注册和使用具有恶意。据此裁定：争议域名 philipscis.com 转移给申请人。原告对上述裁决结果不服，于 2002 年 9 月 28 日向上海市第二中级人民法院提起诉讼。诉讼期间,域名注册机构已暂停执行 WIPO 仲裁与调解中心的裁决。

(四)法院判决

根据原、被告的诉辩及查明的事实,法院认定:

1. 飞利浦公司请求保护的 PHILIPS 商标权利合法有效。原、被告对此点并无争议,且蒋某自身亦认为飞利浦公司的 PHILIPS 系驰名商标。

2. 蒋某注册的域名 philipscis.com 与飞利浦公司的商标近似,足以造成相关公众的误认。该域名的前 7 个字母与飞利浦公司的商标完全相同,后三个字母与飞利浦公司的 CSI 部门简称仅顺序不同,该域名足以造成公众对域名持有人发生误认。

3. 蒋某对该域名并不享有权益,也没有注册使用该域名的正当理由。(1)蒋某称 philip 是其英文名,sc 是其居住地上海 Shanghai China 的缩写,is 是 Internet System 或 Internet Server 的缩写。法院认为这种解释过于牵强,不具说服力。(2)蒋某称其经合法授权从事飞利浦通讯及视像保安系统的销售,网站也为此服务,因而注册使用该域名并无不妥。法院认为,商标和产品涉及不同的权利,被授权经销相关产品并不意味着同时取得了在经营活动中使用他人商标等标识的权利,更何况注册争议域名的是原告蒋某,而不是获得经销权的新屋公司。(3)蒋某以其已在搜索引擎上进行搜索登记为由,称其已因该域名而广为人知。

法院认为,搜索引擎的重要作用在于,当互联网用户输入关键字时,搜索引擎可以提供包含该关键字的网站或网页,因此,仅作搜索登记并不能说明该域名已广为人知;相反,这种搜索登记反而会使互联网用户认为网站与飞利浦公司有某种关系。

4. 蒋某对该域名的注册与使用有恶意。(1)飞利浦公司的 PHILIPS 商标于 1980 年在中国注册,经飞利浦公司的努力,该商标在国内具有相当的知名度,而蒋某注册域名的前 7 个字母与 PHILIPS 商标完全相同,后三个字母与飞利浦公司的 CSI 部门简称仅顺序不同,且蒋某网站主要指向飞利浦公司 CSI 部门的产品。(2)蒋某网站首页页面上,不仅出现了飞利浦公司的宣传标语,而且多处出现 CSI,结合蒋某注册的域名及其对域名的使用,法院认为,蒋某注册争议域名,意在造成与被告网站的混淆,误导并吸引互联网用户访问其网站。

据此，法院判定，原告蒋某注册使用 philipscis.com 域名侵犯了被告飞利浦公司的商标权，对原告请求法院确认 philipscis.com 域名归其所有的主张不予支持。

二、本案涉及的法律问题

（一）关于管辖权

对于本案法院是否具有管辖权存在着不同的观点。

第一种观点认为，中国法院对此案无管辖权。主要理由是，争议域名的注册商主营机构和裁决机构所在地均不在中国，应由争议域名的注册商主营机构加拿大法院和裁决机构的所在国的瑞士法院行使管辖权。

第二种观点认为，中国法院对本案有管辖权。主要依据是：

1. 根据世界知识产权组织解决域名纠纷决议（以下简称《决议》）和统一域名争议解决政策［注：见李虎先生中文译本《统一域名争议解决政策》(*Uniform Domain Name Dispute Resolution Policy*)。］（以下简称《政策》），域名强制行政程序并不排斥司法的最终管辖权和审查权。《决议》第 4 条（k）规定，行政程序的开始或终止不影响当事人向有管辖权的法院提起诉讼。《政策》第 4 条（k）规定，强制性行政程序并不排除投诉人在该强制性行政程序开始之前或结束之后将争议提交有管辖权的法院独立解决。

2. 根据统一域名争议解决政策之规则［注：见李虎先生中文译本《统一域名争议解决政策之规则》(*Rules for Uniform Domain Name Dispute Resolution Policy*)。］（以下简称《规则》），域名持有人有权选择争议解决地法院。

《规则》第 1 条、第 3 条（xiii）规定，投诉人如对行政程序关于取消或转移域名的裁决有任何异议，可以把有关争议提交至少一个确定的交互管辖法域的法院予以管辖。交互管辖法域指，(a)注册商主营业机构所在地的法院管辖（只要域名持有人在其注册协议中已规定将有关因域名的使用而产生的争议交付该法域法院司法管辖）或，(b)投诉提交争议解决机构之时注册商 Whois 数据库中域名注册信息所显示的域名持有人的地址所在地的法院管辖。在本案中，根据注册商 Whois 数据库域名注册信息所显示的域名注册人蒋某的地址为中国上海。根据《规则》相关规定，蒋某作为域名持有人，有权选择其地址所在地的法院即中国法院提起诉讼。

3. 中国法律、司法解释中的相关规定。最高人民法院《关于审理涉及计算机网络域名民事纠纷案件适用法律若干问题的解释》（以下简称《域名司法解释》）第2条规定，涉及域名的侵权纠纷案件，由侵权行为地或者被告住所地的中级人民法院管辖。对难以确定侵权行为地和被告住所地的，原告发现该域名的计算机终端等设备所在地可以视为侵权行为地。涉外域名纠纷案件包括当事人一方或者双方是外国人、无国籍人、外国企业或组织、国际组织，或者域名注册地在外国的域名纠纷案件。在中华人民共和国领域内发生的涉外域名纠纷案件，依照民事诉讼法第四编的规定确定管辖。

根据《民事诉讼法》第四编涉外民事诉讼程序的特别规定，因合同纠纷或者其他财产权益纠纷，对在中华人民共和国领域内没有住所的被告提起的诉讼，如果合同在中华人民共和国领域内签订或者履行，或者诉讼标的物在中华人民共和国领域内，或者被告在中华人民共和国领域内有可供扣押的财产，或者被告在中华人民共和国领域内设有代表机构，可以由合同签订地、合同履行地、诉讼标的物所在地、可供扣押财产所在地、侵权行为地或者代表机构住所地人民法院管辖；被告对人民法院管辖不提出异议，并应诉答辩的，视为承认该人民法院为有管辖权的法院。

对于本案涉及的管辖权问题，法院所持的是第二种观点。首先，WIPO域名争议解决机制并不排斥司法最终审查，域名持有人有权选择争议解决地法院。其次，被告荷兰皇家飞利浦电子股份有限公司对本案域名争议由中国法院管辖并未提出异议，并积极应诉与答辩，视为接受中国法院的管辖。

（二）关于当事人

本案中原告的主要诉请是要求法院撤销或停止执行WIPO仲裁与调解中心的域名裁决，使争议域名philipscis.com归原告所有。在诉讼中是否要将WIPO仲裁与调解中心列为当事人成为审理本案一个难点。

在司法实践中可能会出现下列几种情况：(1)原告起诉时将WIPO仲裁与调解中心列为被告；(2)原告起诉时未将WIPO仲裁与调解中心列为被告；(3)原告起诉时未将WIPO仲裁与调解中心列为被告，但诉请直接指向WIPO仲裁与调解中心，要求撤销仲裁裁决。本案属于第三种情况。

与WIPO仲裁与调解中心的裁决相关联，当事人在诉讼中也有可能将ICANN(互联网名称与数字地址分配机构)、域名注册商、争议解决专家、代理商等列为一方当事人。对此,笔者认为,诉讼中不应将 WIPO 仲裁与调解中心列为本案的当事人。原因是:域名持有人在注册". com"域名时,与争议解决机构即 WIPO 仲裁与调解中心、ICANN、注册商有特别的约定。域名持有人遵循 ICANN 一系列规则,ICANN 接受申请人的注册申请,这种约定实质就是合同,是双方当事人的真实意思表示。如果域名申请人不接受《决议》《政策》《规则》中规定的域名争议解决的原则和程序,域名申请注册就会被拒绝。这些特别约定包括:

1. 域名持有人在域名争议程序中不得将 ICANN 作为当事人。《决议》第 4 条、第 6 条均规定,ICANN 不参与行政程序,对行政委员会做出的结论不承担后果。ICANN 不参与域名持有人与他人(ICANN 外)关于域名注册、域名使用的纠纷。不得在程序中把 ICANN 作为一方当事人或参加人,《决议》被作为注册协议的一部分。

2. 域名持有人不得在任何域名争议程序中将域名注册商列为当事人。《政策》第 6 条规定,域名注册商不以任何方式参加域名持有人与他人产生的任何争议,域名持有人不得在任何此类程序中将域名注册商列为当事人之一或以其他方式使域名注册商介入该程序。《政策》是域名注册商和其客户即域名持有人之间的约定,已为所有由 ICANN 认可的、负责为以 com、net、org 结尾的域名提供注册服务的注册商所采纳。

3. 投诉人的投诉及救济主张不涉及争议解决机构及专家。《规则》对域名争议解决的行政程序具有约束力。《规则》第 3 条规定,投诉书应附下列声明:投诉人同意,其有关域名注册、争议或争议解决的投诉及救济主张仅针对域名持有人,该投诉及救济主张不涉及争议解决机构及专家、注册商、注册官和互联网络名称和数码分配公司。根据《决议》《政策》及《规则》的上述规定,可以认定域名持有人在注册域名时已与 WIPO、ICANN、域名注册商有特别的约定。有了这样的约定,当域名争议纠纷发生时,域名持有人就不得将 WIPO、ICANN、域名注册商作为当事人诉至强制行政程序或者司法诉讼程序。这是域名持有人事先对其诉权的一种处分。因此,在审理这类 WIPO 域名仲裁争议案时,不应将争议解决机构 WIPO、ICANN、域名注册商列为当事人,如域名持有人坚持这样的主张,应当予以释明并驳回当事人的诉请。在本案中,原告起诉时虽然未将 WIPO 仲裁与调解中心列为被告,但诉讼请求直接指向 WIPO 仲裁与调解中心。法院基于 WIPO 仲裁与调解中心的性质以及域名持有人与 ICANN 之间的约定,未追加 WIPO 仲裁与调解中心为本案的当事人。

(三)关于对 WIPO 裁决的审查

本案中,原告要求撤销世界知识产权组织仲裁与调解中心的裁决(以下简称 WIPO 裁决)。对于法院在案件审理中是否需要审查 WIPO 的裁决,也成为争论的一个焦点,主要观点如下:

1. 不需要审查 WIPO 的裁决

理由一:法院在本案中只审查当事人之间的域名纠纷,不审查 WIPO 的裁决,对于 WIPO 裁决正确与否可以避开不谈,不作评判。法院受理审查 WIPO 裁决,应该有明确的法律依据,本案受理原告的诉求缺乏法律依据。另外,原告的请求事项不属于中国法院民事或行政案件的受案范围,对该裁决进行审查除了耗费审判资源外没有任何实际意义。因此,对原告的诉请应裁定驳回。

理由二:WIPO 裁决并非《中华人民共和国仲裁法》项下的仲裁,也非中国于 1986 年加入的《承认及执行外国仲裁裁决公约》项下的仲裁。WIPO 的裁决实质类似于互联网群体内部的纠纷解决机制。

理由三:当域名注册人和投诉人的域名争议进入司法程序后,行政专家组的裁决对法院的司法审查没有任何约束力;ICANN 制定的有关规则是当事人之间的协议,对法院的司法审查没有法律上的约束力,法院应依照本国的法律独立审查该域名争议。

2. 对 WIPO 的裁决作形式审查

域名是否转移或注销只取决于法院的审判结果;行政专家组裁决的程序及依据不同于国内司法审查的法律依据,因此,在当事人未明确提出审查域名争端解决机构裁决的诉请时,法院无须审查该裁决,而只将该裁决作为案件中的一个事实予以叙述。在当事人明确提出上述诉请时,法院根据司法审查结果,只对行政裁决结果做出结论性意见,而不宜对其程序过程做出判断。总之,这种观点认为法院对于 WIPO 的裁决,仅仅是形式意义上审查,即将 WIPO 的裁决作为案件的一个事实或证据予以叙述。法院对 WIPO 裁决内容正确与否不作任何评价与判定。

3. 全面审查 WIPO 的裁决

理由一：原告的诉讼权利应得到充分的尊重。在本案中，原告的请求是明确的，即撤销或停止执行 WIPO 的裁决，法院应当充分尊重原告的诉权。法院不能离开原告的诉请审理本案的域名争议，否则就超过了当事人诉请范围。经过审查，如法院不能支持原告的诉求，也应在判决中予以充分的说明。总之，法院的审查应围绕原告的诉讼请求，而不应回避原告的诉请。

理由二：司法审查权应得到充分的尊重。司法权是一个国家主权的重要组成部分，法院依法行使对案件的管辖，既是国家主权的体现，也是司法审查权的体现。《决议》第 3 条（b）规定，法院做出取消、转让、改变注册域名裁决的，本公司（指 ICANN）将取消、转让、改变注册域名。《决议》第 4 条及第 6 条规定，行政程序的开始或终止不影响当事人向有管辖权的法院提起诉讼；域名持有人与他人之间关于域名纠纷未经行政程序的，可以通过法院、仲裁或其他程序进行。除了《决议》上述规定以外，《规则》《政策》均有类似的规定。从 WIPO 域名争议解决机制到 ICANN 通过的《决议》《政策》《规则》，均明确赋予投诉人到法院诉讼的权利和司法对 WIPO 裁决的最终审查权。

在本案中，法院所持的是第三种观点，即针对原告的诉求，审查 WIPO 的裁决。法院在判决中认定 WIPO 仲裁与调解中心做出争议域名 philipscis.com 转移给被告的裁决并无不妥。对于 WIPO 裁决应当如何审查即法律适用问题，也存在着两种观点。一种观点主张按照中国法律进行审查。另一种观点认为主要是按照中国法律进行审查，也可参照或参考 WIPO 关于域名争议解决的相关规定。法院在处理本案中所持的是第一种观点。法院认为本案系涉及侵权行为的涉外民事纠纷，根据《民法通则》的规定，对本案的处理应适用中国法律。法院在本案的审理中，主要依据的是《商标法》、最高人民法院《关于审理商标民事纠纷案件适用法律若干问题的解释》、最高人民法院《关于审理涉及计算机网络域名民事纠纷案件适用法律若干问题的解释》中的相关规定。

【延伸阅读】

1. 韩立余：《美国对外贸易中的知识产权保护》，知识产权出版社 2006 年版。

2. 张乃根:《WTO 争端解决机制论:以 TRIPS 为例》,上海人民出版社 2008 年版。

3. 冯小青:《全球化与知识产权保护》,中国政法大学出版社 2007 年版。

4. 李明德:《"特别 301 条款"与中美知识产权争端》,社会科学文献出版社 2000 年版。

5. Ralph H. Folsom, "International Business Transactions", Third Edition Volume 2. St. Paul, MN: Thomson West, 2008.

第二节　WTO 争端解决机制

【知识背景】

一、WTO 知识产权争端解决的程序与机制

WTO 并未建立起独立的知识产权争端解决机制,有关知识产权的争端仍然适用 WTO 的争端解决机制。不过,《知识产权协定》也有自己关于知识产权争端解决机制的特殊规定。本节主要针对这些争端解决的程序和机制进行介绍。

(一) WTO 争端解决机制的程序规定

世界贸易组织《关于争端解决规则与程序的谅解》(DSU,以下简称《解决争端谅解》)是乌拉圭回合谈判的重要成果,也是世界贸易组织争端解决机制的基础。WTO 的争端解决机制虽然不断完善,但也存在一些问题。WTO 解决争端机制中的专家组判案与上诉机关终审这一整套程序,其性质属于《联合国宪章》第 2 条"争端之和平解决"所列的几种方式中的司法解决。争端解决机构类似于法院,在制定《解决争端谅解》时,在术语选择上颇费苦心,用其实而不用其名。称"争端解决"而不是"司法解决"(judicial process),称专家组不叫初审法庭,叫上诉机构不叫高级法院;审理结果不叫判决而叫报告,报告中没有判决只有"建议"。这些用语给人争端解决是行政行为的印象,这些机构是自己人组成的行政部门,决定是自己人做出

的。既然这样,报告要求被诉方承担责任,也不是败诉。具体而言,WTO 争端解决机制主要包括如下程序:

1. 磋商

《解决争端谅解》并没有规定成员有磋商的义务,而是"确认决心加强和提高各成员使用的磋商程序的有效性"。同时,又规定在提出磋商请求后未进行磋商,或磋商受到请求 60 日未能解决争端,可以请求设立专家组。说明《解决争端谅解》希望成员首先进行磋商,事实上,所有的争端都开始于磋商,期待在不伤和气的情况下解决争端。《解决争端谅解》为磋商制定了严格的期限,避免久"商"不决。但是,是否进而请求组成专家组的权利在投诉方的手上。《知识产权协定》争端解决中,有多起案件在提起磋商后,当事方在交换意见后,决定暂时搁置争端。《解决争端谅解》还允许磋商之外的第三方加入磋商,无论当事方是否同意,只要第三方认为所进行的磋商涉及其实质的贸易利益。在《知识产权协定》争端中,有 9 起争端第三方请求加入磋商。

2. 斡旋、调解和调停

《解决争端谅解》第 5 条规定了斡旋、调解和调停,是争端各方同意下自愿采取的程序。各方在斡旋、调解和调停中的立场是保密的,并不得损害任意方进行进一步程序的利益;可以应任意方的请求而开始,也可以随时中止;一旦斡旋、调解和调停程序终止,请求方即可请求设立专家组。如果斡旋、调解和调停在收到磋商请求之日起 60 日内开始,则请求方在请求设立专家组前,应给予自收到磋商请求之日起 60 日的时间,使被请求方有时间准备专家组的诉讼。如果争端各方共同认为斡旋、调解和调停未能解决争端,则请求方可在 60 日期限内请求设立专家组。如争端各方同意,斡旋、调解和调停可在专家组程序进行的时候继续进行。总干事可以依职权提供斡旋、调解和调停,协助各成员解决争端。

3. 设立专家组

(1)专家组的设立

磋商或斡旋、调解和调停未能解决争端,一方有权请求设立专家组。专家组并不因成员的请求自然设立,而应在设立请求作为一项议题列入争端解决机构会议上设立,除非在此次会议上争端解决机构经协商一致决定不成立专家组,类似于国内法中,法院拒绝受理。在 WTO 的《知识产权协定》争端解决案件中,没有协商一致不成立专家组的案件,但多次推迟设立专家组。

(2)请求设立专家组的形式

设立专家组的请求应以书面形式提出,与起诉书的要求类似,包括起诉的成员、是否进行了磋商、争议的具体措施(案由)、请求的法律依据(立案根据)、专家组的职权范围(诉讼请求)。

(3)专家组的职权范围

专家组的职权范围即专家组能审理哪些事项,WTO 争端也奉行"不诉不理"的原则,只对诉讼请求做出裁决。但是,各国对于 WTO 认识把握的程度不一样,争端解决机构授权其主席在投诉方的意志前提下,与争端各方协商,制定专家组的职权范围,由此制定的职权范围应散发全体成员。这样争端解决机构可以给需要帮助的成员提供一定程度的"辅导",便于诉讼的进行。同时,也有维护 WTO 机构权威的考虑。知识产权协定的实施中,WTO 的法律部门给予不发达国家立法指导,它们可能不愿看到自己指导下制定的法律被认为不符合 WTO 的要求。

(4)专家组的组成与职能专家组由相关人士和非政府人士组成。秘书处保存一份具备资格的专家名册,各成员争端解决津贴从 WTO 预算中支付。

《解决争端谅解》第 1 条规定了专家组的职能是协助争端解决机构履行《解决争端谅解》和适用协定项下的职责。专家组应对其审议的事项做出客观评估,包括对案件事实即有关适用协定的适用性和与有关适用协定的一致性的客观评估,并做出可协助争端解决机构提出建议或提出适用协定所规定的其他调查结果。专家组应定期与争端各方磋商,并给其充分的机会以形成双方满意的解决方法。在规定上,专家组是协助争端解决机构提出建议(做出判决),实际上争端解决机构不会修改专家组的报告,只是审议是否通过专家组的报告。报告以 WTO 的名义公布,但报告中标明专家组的姓名,和中国法院的判决以法院名义做出,但审判员署名一样。专家组要认定事实与法律,报告按照英美法判决的模式说理。但争端解决机构并非不能对案件施加影响,争端解决机构的秘书处有义务为专家组提供扶助,有学者认为,这使秘书处有机会利用自己的专业优势和信息优势左右专家组的报告,因为专家也会有面临不确定问题的时候。

4. 专家组程序

《解决争端谅解》第12条规定了专家组审理案件的程序。第1款规定,专家组应遵循附录3中的工作程序,除非专家组在与争端各方磋商后另有决定。按照附件3规定的工作程序,从专家组收到书面陈述到散发最终报告有23~34周的时间。但是,《知识产权协定》的争端没有一起案件能在时限内散发报告,最快用了1年时间。制定《解决争端谅解》时,可能没有预计到案件审理会这么复杂。争端解决机构也不好催促专家组,专家组成员也抱怨写那么长的报告时间太紧。

专家组审理案件程序和法院开庭审理案件的程序极为相似,不过过程不对外公开。专家组成立后,开始着手案件的审理。首先决定有关争端的其他具体程序,最后的报告对这些程序作简要的回顾。一般情况是,投诉方向专家组递交争端简报,说明被诉方违反了哪的某些具体规则及其理由,被诉方也同时收到这份简报。数周后,被诉方可以向专家组提交备忘录,陈述自己的观点,提出反驳意见和理由。一两周后,专家组召集各方举行第一次会议,各方可以充分陈述自己的观点,并回答对方的提问,第三方也可以陈述意见。这次会议和法院的开庭审理极为相似,可以说是争端各方的正面交锋。各方在第一次会议后2~3周内,双方可以向专家组提交书面答辩书,这些答辩作为报告的附件公开,专家组在报告中也会引用答辩书的内容。提交答辩书后1~2周,专家组召开第二次会议,听取各方口头陈述,审理其辩驳意见。陈述完成后,双方等待专家组的裁决。如果双方在陈述后达成令人满意的协议,可以中止争端程序,这正是专家组期待的。没有已经达成协议的通知,专家组要进行内部讨论。专家组可以就有关问题进行商议,做出决定,并迅速散发各成员。报告要具有法律约束力必须由争端解决机构审议通过此报告。在报告散发各成员之日20天后,争端解决机构方可审议报告,以便各方提出意见;对专家组报告有反对意见的成员应至少在审议该报告的争端解决机构会议召开前10天,提交供散发的解释其反对意见的书面理由。争端各方有权全面参与争端解决机构对专家报告的审议,它们的意见应完整记录在案。在专家组报告散发各成员之日起60天内,该报告应在争端解决机构会议上通过,除非一争端方正式通知争端解决机构其上诉决定,或争端解决机构经协商一致决定不通过该报告。如一方已通知其上诉决定,则在上诉完成之前,争端解决机构将不审议通过该专家组报告,该通过程序不损害各成员就专家组报告发表意见的权利。

专家组阶段是争端解决中最艰难的时期。对专家组如此,对各方特别是争端双方的代表更是如此,代表要做出迅速的反应,提交报告。欧盟的代表曾请求延长递交报告的期限,因为他们不能按时完成,专家组宽容地照准。发达国家代表相对轻松,诉讼基本上是按英美法的方式进行,因此,他们有语言、文化的优势,能从容应对专家组的质疑;心态上也不一样,没有诉讼就没有他们存在的价值、没有他们的工作,诉讼正是他们施展才华的机会。在一定程度上,他们还"唆使"本国政府提起诉讼。发展中国家则相对被动,缺乏相应的人才,经济实力也不强,还出现过聘请外国律师代表本国诉讼的情形,争端解决机构曾讨论过是否接受外国人担任诉讼代表,结果是认可这种代理行为。

5. 上诉机构复审

上诉机构类似上诉法院,负责审议专家组所做出的报告。上诉机构由7名具有公认权威的成员组成,任期4年,可以并只能连任一届。成员必须有广泛的代表性,来自不同国家和地域。美国法律在上诉机构中有深刻的影响,第一届成员中有4人受过美国法律的教育,第二届有3人有美国法学学位,虽然他们来自不同国家。这不难理解报告是按照美国法的方式来行文的。

上诉机构组成审理小组,具体负责某个案件的上诉。审理小组由3名成员组成,7名成员轮流担任审理小组成员。为了保持审理小组的公正性,不得参与审议任何可产生直接或间接利益冲突的争端,即涉及本国的争端要回避。

上诉机构只负责法律问题的审理,不涉及事实问题。所以,在专家组阶段争端方应全面陈述事实,在上诉阶段不能获得补救的机会。上诉方应提交报告,指出专家组报告中错误的地方,被上诉方可以做出相应的答辩。由于第三方没有提起上诉的权利。所以在WTO争端中,有很多针对同一个成员基于同样或相似的事实提起诉讼,专家组分别做出几乎同样的报告。成员争相起诉的原因是争取上诉的权利。审理小组还要听取口头辩论,每方只有30分钟的时间,第三方有15分钟的时间。在短短的30分钟内,诉讼代表只能陈述法律观点,不得重复书面材料中的内容。审理小组还可以提问,代表必须当面立即回答。这个过程和美国最高法院的口头陈述一模一样。审理小组在得出初步结论后，与其他 4 名上诉机构成员开会讨论，形成最后结论，由审理小组成员撰写上诉机构的报告。《解决争端谅解》为上诉审理设定了时限，从收到上诉报告之日起到散发上诉机构报告不超过 60 天；需要延期需通知争端解决机构并说明理由，但不能超过 90 天。实际上，很多上诉超过了 90 天。上诉机构的报告也应由争端解决机构通过，除非在报告散发各成员后 30 天内，争端解决机构经协商一致决定不通过该报告。

6. 对执行建议和裁决的监督

争端解决机构有权监督裁决的执行。在专家组或上诉机构的报告通过后 30 天内进行的争端解决机构会议，败诉方应将执行争端解决机构建议和裁决的意愿通知该机构。建议和裁决应迅速执行，如不能迅速执行，应确定一个合理的执行期限。"合理期限"由有关成员提议，并经争端解决机构批准。如未获批准，由争端各方在建议和裁决通过后 45 天内协商确定期限；如果协商不成，争端各方可聘请仲裁员确定。

如果被诉方的措施认为违反了 WTO 的有关规定，且未在合理期限内执行争端解决机构的建议和裁决，则被诉方应起诉方的请求，必须在合理期限届满前与起诉方进行补偿谈判。补偿是指被诉方在贸易机会、市场准入等方面给予起诉方相当于其所受损失的减让。

如果在合理期限届满后 20 天内双方未能就补偿问题达成一致，起诉方可以要求争端解决机构授权进行报复。报复的手段有届满后 30 天内给予相应授权，除非争端解决机构协商一致拒绝授权。根据所涉及的不同范围，报复可以分为平行报复、跨部门报复和跨协定报复三种。被诉方可以就报复水平的适当性问题提请争端解决机构进行仲裁。正是《解决争端谅解》允许跨协定报复，强化了《知识产权协定》争端的执行效力。

报复措施是临时性的，只要出现以下任何一种情况，报复措施就应该终止：①被认定违反 WTO 有关协定的措施已被撤销；②被诉方对起诉方所受的利益损害提供了解决办法；③争端当事各方达成了相互满意的解决办法。在贸易争端中报复不是目的，而是手段。因为报复具有很强的相互性，实施报复的一方也会受到损害，关键是促使各方履行协定的义务。

7. 仲裁

仲裁程序也是《解决争端谅解》的创新。仲裁可以作为争端解决机构的替代手段,不过在解决争端方面,仲裁需要双方同意。这和民事仲裁一样,而提起争端解决由专家组裁决是强制性的。仲裁同时可以用于解决建议或裁决的执行合理期限,仲裁员确定执行专家组或上诉机构裁决的合理期限。加拿大专利保护期案中,仲裁员就毫不客气地在仲裁决定中指出:不过是修改专利法中的一句话,需要那么长的时间吗?仲裁还可以用于确定成员中止减让或其他义务的范围与其所遭受的利益丧失和减损的范围和幅度相当。

(二)WTO争端解决机制的特点分析

1. 对于WTO法律小组和上诉机构具有强制管辖权

《解决争端谅解》是WTO法律的组成部分,对所有的成员有约束力。《解决争端谅解》设立争端解决机构,并具有"设立专家小组,通过小组和上诉机构报告,监督裁决和建议之实施,授权撤销协议下之减让和其他义务",这些权力是强制的和排他的。"当成员寻求对协议义务的违反或利益之其他取消或损害是实现协议任何目标之妨碍进行补救时,应诉诸并遵循本谅解之规则和程序",即不得单方决定违反或采取单方的报复措施。"维护协议规定的成员的权利和义务,并按国际法解释的习惯阐明协议各项规定之含义",这强调了争端解决的规则导向。小组应起诉成员的请求即可成立,对于小组报告不满可以用上诉机构来化解,并且在很短的时间内,小组和上诉机构的报告将自动通过,除非成员一致反对。对于裁决和建议的实施,《解决争端谅解》也规定了时限和核查程序。

2. 多种争端解决方法并用但规则优先

WTO的争端解决机制,是多种争端解决方法的混合体。专家组程序类似仲裁,而上诉机构的程序类似法庭。《解决争端谅解》运用了所有和平解决争端的政治和法律方法。诸如,双边或多边的磋商(《解决争端谅解》第3条),斡旋(《解决争端谅解》第5、24条),调停(《解决争端谅解》第5、24条),调解(《解决争端谅解》第5、24条),调查(《解决争端谅解》第4条)和国际仲裁(《解决争端谅解》第25条)。但是,《解决争端谅解》要求依规则处理优先。《解决争端谅解》第3.5条规定,按照适用协议中磋商和争端解决规定正式提出之事项的解决,包括仲裁裁决,均须符合上述协议之规定,不得取消或损害上述协议下任何成员应享有之利益,亦不得有碍于上述协议宗旨之实现。规则优先的规定,提高了法律的稳定性和可预测性。由于规则导向和强制司法审查,使WTO具有争端预防功能,20%的争端未经争端解决的小组程序协商解决。

WTO的上诉机构实际成为WTO的司法组织,上诉机构在报告中援引国际法院使用的有关原则,提高了WTO裁判的合法性、稳定性和政治可接受性。

3.国内和国际争端机制的结合

WTO协议的第19条和其他规则要求成员确保其法律、规则和行政程序与附件中协议的义务相符。各个WTO理事会和委员会对各国的实施立法进行定期核查和评估,发挥争端预防功能。WTO争端解决针对的主要是成员的法律,也包括行政行为和法院的判决。

WTO规定成员才有资格提起争端解决,成员方公民直接提起争端为例外(《装运前检验协议》第4条允许个人提出国际仲裁)。公民或法人认为其他成员的行为不符合协议,须通过其政府提起争端解决。成员的国内法,如欧盟1994年《贸易壁垒管理法》,美国《贸易法》的第301条款,规定了公民或法人请求其政府质疑其他WTO成员不合法或不合理贸易措施的权利,公民或法人因此具有间接适用争端解决的权利。私人商业机构,往往聘请法律顾问拟定游说政府提起争端解决事实和理由。如同在乌拉圭回合谈判中起到重要推动作用一样,在争端解决中,私人企业也是争端解决的重要推动者。

与传统国家法国内救济用尽原则不同,WTO允许在国内救济措施用尽之前,提起争端解决(印度专利案就是一个明显的例子,没有证据表明,美国的专利申请人的利益受到损害,只是存在这个可能,美国专利申请人甚至没有在印度采取任何法律措施保护自己的权利,美国就提起《知识产权协定》争端解决)。WTO的争端解决有严格的时限,有时比国内程序所用的时间更短,在适用法律上更加严格,不像国内法院往往忽略国际法,WTO争端解决同样重视国内法和国际法。

4.WTO规则的制度功能

WTO的法律文件长达3万页,非常复杂。其核心在于保护在跨国的经济关系中的自由、非歧视、财产权和法治。绝大多数 WTO 规则规定的是政府的权利和义务,而不是企业或个人的权利。但是,这些加在成员政府头上的义务,是为了促进私人的市场准入,保障生产者、贸易者、投资者和消费者享受一个非歧视的公平的市场竞争环境。私人是 WTO 规则背后的真正受益者,他们需要法律的安全性,私人在背后的积极推动,是国际经济法领域的争端解决机制比其他非经济领域发达的原因。

WTO 规则获得正当性,不仅在于具有促进个人自由、保护财产权、市场准入、竞争、透明、非歧视和增加福利的政策手段等法律功能。由于自由贸易和非歧视的竞争有利于消费者福利最大化和个人责任等获得广泛认可,WTO 获得了政治上的合理性。公平市场伦理和非歧视的市场准入及竞争,符合法律和政府只有扩大公民自由和法律平等才能获得合法性的道德义务。WTO 的成员清楚地知道,遵守 WTO 的法律和争端解决机制,不是要做出"经济上的牺牲"。WTO 规则和争端解决机制是帮助政府保护其公民的自由和平等,增加社会福利,抵御国内和国外利益集团的贸易保护主义的压力。

5. 正当程序和司法解释的进化

迟到的正义为非正义。国际法院由于行动缓慢遭到批评,国际法院有很多规定使其行动缓慢。递交书面意见可以有 2、3 轮,口头答辩也有多轮。法院开庭的时间很短,从上午 10 点到下午 1 点,中间还有 20 分钟的休息。工作语言多,判决要翻译成各种工作语言,从递交诉状到判决可能要经过好几年。

WTO 争端解决设定了严格的时限,绝大多数案件都遵守了时限要求。从设立专家小组到通过报告,不超过 9 个月,如果上诉,总共不超过 12 个月。由于总体时间限制,争端过程中的各个诉讼环节,都有时间限制,并且都很短。比如,起诉方只有 2~6 个星期提出书面陈述,被诉方有 2~3 个星期提出书面答辩。小组和上诉机构听取双方意见的时间一般在 1 天内完成。虽然所有的文件(小组和上诉报告)要翻译成 3 种工作语言,但是,会议和听取口头意见没有翻译。国际法院的判决允许有异议意见和不同意见,这些意见有时比判决还长和复杂。WTO 中的异议不仅少,而且短,并且是匿名的(因为匿名,所以没有必要写那么长)。相对国际法院的程序规则,WTO 争端解决程序在很多方面有自己的特点:

(1)关于起诉理由。上诉机构认为,成员在决定是否提起争端解决上具有广泛的裁量权,在《解决争端谅解》和一般国际法中,没有任何规定要求成员必须专门有法律利益方可要求成立专家小组。

(2)私人顾问能否代表国家参加诉讼。没有任何WTO协议条文限定一个成员决定其参加诉讼的代表的权力。

(3)起诉方应在起诉书中明确其请求和认为对方所违反的条文,以便对方和第三方谅解起诉的法律依据。

(4)小组的管辖权。上诉报告认为,"诉讼请求具有重要的正当程序功能,他使各方能充分谅解争端涉及的请求事项,便于答辩;其次,诉讼请求决定小组的职权"。小组没有权力审查诉讼请求之外的请求。

(5)举证责任。采纳大陆法系和普通法系的一般举证责任原则,双方负绝大部分举证责任,不论是指控还是抗辩,都必须用证据证明自己的主张。如果一方能充分证明某个主张成立,否定这个主张的责任就转到另一方。如果不能证明这个主张不成立,就应承担不利的后果。

(6)复审的标准。对于小组认定的事实,上诉机构既不会重新审理也不是完全遵从,而是客观评估这些事实。第11条要求上诉机构客观评价有关协议的可适用性,故意忽视或否决某些证据,或有意曲解证据,不符合小组客观评价事实的义务。

(7)司法效益。上诉机构认为,没有要求小组必须审查起诉方提出的所有诉讼请求,小组只需要审查解决争端必需的诉讼请求。在选择诉讼请求以便解决争端时小组具有裁量权;在决定一个请求的具体论点时,小组同样有裁量权,只审查必要的观点。

(8)专家组收集信息的权力。专家组被赋予收集信息的很大自由权,不限于只向当事方获取信息,还可以向专家征求意见,以及接受法院之友的建议。

(9)提交证据。没有明确的规则规定提交证据的最后期限。如果一方认为还有相关证据未提交小组,可以请求小组另设举证环节。

(10)协议的解释。依《解决争端谅解》第3条的规定,《维也纳条约法公约》第31条被看作是国际法解释的习惯规则,用于阐明WTO条约的含义。上诉机构报告明确了一些解释规则,如审查条约的语句以确定双方的意图,术语的有效性是解释的基本原则等。

(11)国内法的地位。上诉机构援引国际常设法院在德国与波兰关于西里西亚案中的意见,认为小组不应该解释国内法,但是为了判别成员是否履行了WTO义务的目的,有权审查国内法。

(12)已通过报告的法律约束力。上诉机构一再强调报告只对争议双方有约束力,是否会影响此后的案件解释要看它们是否相关,专家组很少从被通过的报告推理中获得有益的指导。

(三)WTO争端解决有效运行的原因分析

相对于人权、政治避难、人员流动等问题,用强制性的司法措施保护国际经济关系个人权利,在政治上更容易接受。原因如下:

(1)政府间有这样一种共识,互惠的贸易自由是有利各方、增加福利的"正合游戏"。出口商和国内消费者积极支持贸易协议及司法解决争端。边界争端,是一种"零和游戏",强国利用其实力迫使弱国做出让步,强国所得,正是弱国所失。

(2)国际经济交往涉及行使个人权利和权利交换。法律的稳定和司法有利于交易,因为它们降低交易成本。欧盟和美国都制定了国内程序,国内的出口也可以以此要求政府通过国际司法质疑其他国家的市场准入限制措施。人权方面的争端,政府倾向认为主要是国内事务而拒绝他国干涉,政府也很少质疑他国的人权实际。

(3)世界上还没有国家如此富有,以至不需要参与WTO制度,不需要从与其他国家的经济交往中获益。欧洲国家加入欧盟是因为他们相信作为欧盟成员会增加国民福利。WTO的一揽子协议,扩大了强制性司法保护个人权利的范围。知识产权借此受到国际司法之保护,克服了世界知识产权组织体制中谈判难以达成协议的困局。

(4)在国家政治中,议会和法院的分权导致法院在解释和适用议会制定的法律中的司法自限。而在国际组织中,没有国际议会的约束,司法能动主义(Activism)获得存在的合理性,有利于打击保护主义,保障自由、非歧视和法治。在保障自由和非歧视上的司法能动主义不仅是合法的,而且具有民主合理性。此外,政府之所以接受争端解决,有以下原因:①自由的国际经济规则具有保护个人自由、非歧视和民主的功能,比权力导向的国际法在政治上更容易接受。②WTO 的正当程序提供了额外司法合法性,上诉机制减少了出现错误判决的可能。③由于 WTO 采取一揽子接受的缔约方式,成员不能选择排除某些领域接受争端解决。④保障非歧视的市场准入和个人权利的司法保护有利于贸易者、投资者和消费者,并且获得出口商或其他有实力部门的政治支持。⑤通过国内和国际的司法实践,不断澄清贸易规则,形成自由贸易和共同市场的规则。

二、WTO 知识产权争端解决机制特殊问题

基于《知识产权协定》提出的争端,适用上面介绍的 WTO 争端解决的程序,这是争端谅解的规定。《知识产权协定》争端除了《知识产权协定》的规定之外,还由于知识产权争端的特殊性,导致 WTO 争端解决机制在知识产权争端方面的特殊问题。

《知识产权协定》第 64 条第 1 款规定,"由《争端解决谅解》详述和实施的关贸总协定 1994 第 22 条和第 23 条的规定适用于本协定项下产生的磋商和争端解决,除非本协定中另有具体规定"。这是规定《知识产权协定》争端适用《解决争端谅解》解决。第 2 款规定,自《WTO 协定》生效之日起 5 年内,1994 年关贸总协定第 23 条第 1 款(b)项和(c)项不得适用于本协定项下的争端解决。这两项的规定具体指:①另一成员实施某种措施(不论这一措施是否与本协定规定有抵触);②存在着其他任何情况。在这两种情况下,知识产权引起的争端是极其难以判断各方的义务和权利的。

这就是所谓的非违反之诉,即成员虽然没有违反协定,但仍然使其他成员利益受到损失。打个比喻:丈夫打妻子,是违约之诉,侵犯妻子的人身权利。可是,如果丈夫对妻子冷淡怎么办?老婆可以起诉吗?如果可以就是非违反之诉。具体到《知识产权协定》可能在这些规定上提起非违反之诉。第 43 条第 1 款规定:司法当局应当有权命令对方提供此证据。这实际是国家有义务授权司法当局这些权力,如果司法当局没有这样的权力,或有这样的权力而不行使这样的权力,就属于非违约的减损。《知识产权协定》第 50 条第 3 款规定,司法当局可以要求临时措施的申请人提供诉讼保证金以限制权利滥用。司法当局要求的保证金过高或过低都可能

构成非违反的减损,从而导致非违反之诉。

《解决争端谅解》第 64 条第 3 款又规定,由与贸易有关的知识产权理事会决定非违反之诉的范围和模式。1999 年西雅图会议没有对此达成一致,是否继续延期?绝大多数国家认为,非违反之诉应继续延期,直到部长理事会对此做出决定;美国认为,延期实施规定应自动届满,可以提起非违反之诉。理事会认可大多数国家的意见,非违反之诉继续延期实施。2001 年多哈会议决定留待 2003 年坎昆会议决定。2003 年坎昆会议、2005 年香港会议都没有对此做出决定,非违反之诉还在继续延期实施。非违反之诉会进一步提高知识产权的保护水平,这正是发展中国家所担忧的。发达国家同意延期实施,主要是考虑避免激化对《知识产权协定》的批评。

《知识产权协定》本身的特殊性,引发了 WTO 知识产权争端解决的特殊问题,主要表现在以下几个方面:

(一)专家组的组成问题

与贸易有关的知识产权理事会有义务向 WTO 推荐专家,专家应该是"资深政府和(或)非政府个人"。从文义上看,WTO 不排除某个成员知识产权部门的现任工作人员,也不排除国际组织的工作人员,如世界知识产权组织,这可能导致一些麻烦。某成员的现任工作人员解释《知识产权协定》以及其他国家的法律,是否会和他的工作冲突,比如,他的解释是否对本国构成约束?如果是,他是否会选择回避这样不利的解释,这样是否会影响案件的公正审理?《知识产权协定》纳入了一些由世界知识产权组织管辖的国际协议,世界知识产权组织的官员在解释这个协议时无疑是有经验和优势的。但是,世界知识产权组织秘书处没有被授权解释其管理的协议,其雇员更是如此,是否意味着世界知识产权组织的雇员不能担任专家组成员?这两种情况会大大限制《知识产权协定》争端的专家范围。

(二)《知识产权协定》的解释

任何一部法律的实施和执行都离不开对它的解释,《知识产权协定》也不例外。对《知识产权协定》来说,其解释可能面临如下问题:

1. 可资借鉴的解释惯例少

审理案件不可避免要解释法律,WTO 明确规定了法律解释的两个渊源。其一,"按照与国际公法解释惯例相一致的方式,澄清(所涵盖)协议中现有的各项条款。"其二,1947年关贸总协定下的决议/程序和嗣后的习惯做法对解释具有指导作用。一个是解释惯例,一个是关贸总协定的实践。《知识产权协定》援引了许多WTO/GATT之外的协议,这些协议在国际、国家层面上有大量的解释实践。其次,1947年关贸总协定没有明确包含知识产权,在关贸总协定下涉及知识产权争端只有很少的几件,关贸总协定可供《知识产权协定》争端借鉴的解释实践很少。一般的解释惯例多,关贸总协定的实践少,与《知识产权协定》有关的争端解决与货物贸易争端对比起来,可资借鉴的解释少,专家组审理前后的尺度可能不一致。

2.要解释的实体规范多

《知识产权协定》为成员的知识产权保护规定了实体标准,分为三类:①《知识产权协定》援引协议的实体标准。如,"除例外规定,成员必须遵守伯尔尼公约的1—21条"。②《知识产权协定》规定的实体标准。如,《知识产权协定》规定"除明确的例外,一切技术领域的发明都可以获得专利"。这里没有援引巴黎公约,该公约没有规定专利的范围。③以上两类的混合性实体标准。《知识产权协定》第10条规定,无论以源代码还是以目标代码表达的计算机程序,均应作为伯尔尼公约(1971)所指的文字作品给予保护。《知识产权协定》间接规定计算机程序作为文字保护,具体保护措施又援引《伯尔尼公约》。

(1)《知识产权协定》援引协议的实体标准

如何解释《知识产权协定》援引的协议,是与《知识产权协定》有关的知识产权争端解决中的一个特殊问题。《维也纳公约》第31条规定,条约应按文字的通常意义和上下文予以解释。《知识产权协定》援引了多个世界知识产权组织的协议,这些纳入到《知识产权协定》中如何解释?是依《知识产权协定》的上下文还是依原条约的上下文解释。

第一个问题是,这些被纳入的条约条文是不是《知识产权协定》的一部分?答案是肯定的,如果这些条文不是《知识产权协定》的一部分,那么,会有很多问题《知识产权协定》没有规定。这显然不是《知识产权协定》起草者的初衷。

对被纳入协议的解释是否能整体搬迁到《知识产权协定》的解释中?如果《知识产权协定》的起草者认为只是纳入这些协议的条款,而不应包括解释,那么他们在起草《知识产权协定》时,应通过重述这些条款的方式,而不应该采用仅提及协议名称的方式。

如果这些协议的解释能运用到《知识产权协定》的解释之中,会产生下列问题:在与《知识产权协定》有关的知识产权争端中,需要解释这些协议时,是依据这些协议的"目标和原则",还是《知识产权协定》的"目标和原则",维也纳公约第31条规定"解释协议应依据协议的目标和原则"。WTO成员接受《知识产权协定》的目标和原则是借助于既存的知识产权协议,建立国际知识产权的最低标准,而不是试图建立一套新的知识产权标准。所以,纳入这协议时,不仅包括协议的条文,还包括协议的解释。

第二个问题是,1995年《知识产权协定》生效前这些协议的解释,在解释《知识产权协定》时是否适用。在《知识产权协定》之前,国家和组织在解释这些协议时,不会考虑到《知识产权协定》的新原则;如果存在《知识产权协定》,他们也许会做出不同的解释。

第三个问题是,对被纳入协议的解释是否适用于非协议成员方?有些WTO的成员并非被纳入协议的成员,他们主张自己不是协议的成员,没有参与协议的解释,那些解释对他们没有约束力。既然WTO采用纳入的方式,而且同时为被纳入协议和WTO的成员应受协议解释的约束,加入《知识产权协定》的非协议成员,仍应受这些解释的约束。

被纳入协议的解释包括区域性组织、国家、国内地区司法活动的解释,其方式有着较大的差异。美国法院常常援引立法辩论作为解释的渊源,而英国法院则从不采用立法辩论的材料。有实例表明国家或地区法院在审理知识产权案件中借鉴其他国家的解释。瑞士联邦法院在SUISA v. Rediffsion案就如此。该案涉及有线电视运营商转播电视节目是否构成向公众播放、违犯版权法。法院用伯尔尼公约解释瑞士版权法。为了解释伯尔尼公约,法院分析了奥地利、比利时、德国、荷兰法院的判决。法院还援引了伯尔尼公约的谈判文件、国内版权法的立法资料、学者的建议、世界知识产权组织的解释等。

问题是,不同国家在解释知识产权的实体标准时,认识的差别很大。同样是解释汇编作品版权,美国最高法院在Feist案中认为,独创性的标准虽然很低,但少许创造还是必要的。判定电话黄页缺乏独创性,复制不构成侵权。巴黎上诉法院认为,由于汇编者没有完整浓缩原作的思想,驳回独立汇编的版权侵权辩护理由。所以,争端解决机构不能通过援引成员方解释解决所有的难题。发达国家对知识产权协议实体标准的解释差异,在制定《知识产权协定》时并没有进行统一。如电视信号传播问题,就有不同的解释。

发展中国家也在解释这些协议,是否只有发达国家解释才有法律效力,而发展中国家的解释没有效力?发达国家一直非常排斥发展中国家的解释,而这会降低专家组给予发展中国家解释的分量。

例如,第27条规定专利授予一切技术领域的技术,但是第27条对此作了限制,违反公共秩序或公德的发明排除在专利保护之外。现假设甲国法院判定授予人类基因信息专利违反公共秩序,乙国相反,其法律允许授予基因专利;乙国反对甲国禁止授予专利的判决,剥夺了乙国制药厂商受保护的市场机会,乙国因此提起争议解决。专家组在审理此案时,首先要做出人类基因信息是否可以排除在专利保护之外的结论。做出这个结论需要解释第27条中的"公共秩序""公德",但是协议没有定义这两个术语,而这两个术语不能依词意自我界定。尤其是"公共秩序",用法语"ordre public"而不是用英文"public order"来表达。专家组必然要看法语中"ordre public"的含义,以及法国是如何解释其法律含义,还要看《知识产权协定》的起草者为什么用"ordre public"而不用"public order"。专家组应该分析《知识产权协定》生效后成员的实践,1947年关贸总协定下国家和国际实践中"公德"的保障条款和判例,以解释"公德"。

(2)《知识产权协定》规定的实体标准

《知识产权协定》纳入协议的实体标准与《知识产权协定》规定的新实体标准的解释不同。前者的解释,国家实践应认为是解释的渊源,不论这些实践是否成熟为法律规范;后者的解释中,专家组考察国家加入《知识产权协定》之前的实践。只作为一般国际习惯的证据,除非这些实践成熟为国际习惯,并且与《知识产权协定》不冲突,否则专家组不能用于指导解释。

(3)混合实体标准

混合性实体规范是《知识产权协定》在修改或补充既存的知识产权协议的基础

上形成的规范。计算机软件作为作品受版权保护就是这种情况。修改伯尔尼公约中已有规定之后纳入《知识产权协定》，表明 WTO 成员对伯尔尼公约中的规定有不满意之处。所以，在解释《知识产权协定》第 10 条第 1 款时，援引此前成员关于计算机软件是否属于版权客体的解释就不太恰当。

但是，《知识产权协定》规定"无论以源代码还是以目标代码表达的计算机程序，均应作为文字作品给予保护"，非常简略，没有回答成员方法庭面临的计算机软件侵权问题，如程序图形界面受保护的程度，或者复制源代码到何种程度构成侵权等问题。即使明确规定计算机软件属版权客体的国家，需要解释、澄清的问题也非常多。成员是否履行了《知识产权协定》此项义务，会置专家组于两难境地：国家实践多但差别大，《知识产权协定》无先例可循，专家组解释不顾及国家实践，难以获得支持；顾及国家实践，也得不到支持。最终的结果是，在解释这类规范时，专家组在很大的程度上还是要依赖国家的实践，只能等到国家实践形成广泛一致的时候。

（三）执法措施引起的争端

对成员执行《知识产权协定》的要求，是 WTO 协议中特有的规定。《知识产权协定》第 41 条规定，各成员应确保在其国内法中提供本部分规定的执法程序，以有效打击任何侵犯受本协定保护的知识产权的行为，包括可及时阻止侵权的救济措施和遏制进一步侵权的救济措施。实施这些程序时，应避免对合法贸易造成障碍并为防止其被滥用而规定保障措施。第 42 条要求执法程序应对所有成员公平且有效和迅速，当某一成员未能有效执行程序时，其他成员有权提出争端解决。但是《知识产权协定》并没有对执法程序的争端解决做出详细规定，这样容易诱发争端。

1. 个案误判与系统失灵

在执法程序引起的争端中，要回答一个重要的问题是，提起争端的条件。成员因另一成员未能在某个具体案件提供有效的保护就可以提起争端，还是只有证明执法系统失灵的情况下，才有权获得救济？第 41.1 条规定"以有效打击任何侵犯受本协定保护的知识产权的行为"，"任何"一词该如何解释？"任何"的含义非常广泛，至少有两种解释：要对每一件提交到有关当局的案件提供有效保护，或要为每一类知识产权请求提供救济。

《知识产权协定》的目标是建立最低的知识产权保护标准，这个目标应该是要求成员维持充分的知识产权执法体系。因此,符合《知识产权协定》目标的解释是,只有证明成员存在一定程度的系统失灵,才有可能获得救济。如果成员有权就个案中的执法不力、不公获得救济,争端解决机构将变成上诉法院或最高法院,审查具体案件中的事实和法律。某些利益集团可能欢迎这种做法,成员不一定希望《知识产权协定》走这么远。争端解决机构也不希望如此,否则,他们会被大量的与知识产权相关的案件淹没。但是,仅有一个个案并非不能提起争端解决,关键在于投诉方能否将个案转化成为系统失灵,即用个案的结果证明某成员执法措施存在系统性的问题。关贸总协定下的美国 337 条案就是这样的一个例子。荷兰的 AKZO 公司向欧盟投诉,美国法律对专利侵权诉讼中的出口商存在制度性歧视。欧盟向关贸总协定起诉美国,称美国专利侵权的法律对进口产品存在多项歧视性的规定。关贸总协定专家组认为,欧盟指控有道理,建议美国改正。美国最终修改了相关法律。

美国 337 条案的判决,为成员寻求救济提供新的视角。个案不公不能获得争端解决机构的救济,但是,如果成员能证明个案不公是由于法律的不公所致,就另当别论。成员还可以通过证明政府未能履行建立公正的司法或行政部门的义务,导致个案不公而获得救济。成员还可以通过证明,某个成员未能采取有效的措施改善不公的制度,如没能采取预防措施,阻止不公的重演。这个途径与关贸总协定的习惯最接近,关贸总协定争端解决目的在于阻止不符合协议的情形继续,而非给予赔偿以弥补不公。

假定《知识产权协定》以系统失灵作为提起争端解决的基础,下一个重要问题是,未能提供有效的执法措施到什么程度才能获得救济。即执法措施无效的"度",以及证明超过这个度的证据。

以美国对执行措施的看法为例,特别 301 条款要求美国贸易代表办公室评估各国的知识产权制度,并确定未充分有效保护美国知识产权人利益的国家,把它们列为"优先"名单,并展开谈判。在第一份评估报告中,贸易代表没有列"优先"国家,而是新创"观察名单",贸易代表解释变动的原因如下:

在广泛评估的基础上,美国贸易代表认为,就美国提交到乌拉圭回合的知识产权议案而言,目前世界上的其他国家都没有达到充分有效保护知识产权的标准。

因此，美国贸易代表认为，依据美国提交到乌拉圭回合的议案标准，所有的其他国家都应该列入优先名单。因为，所有的其他国家都未能提供议案所要求的充分有效的知识产权保护。

贸易代表的解释说明，美国在推行知识产权政策上的霸道行径，其他国家也可以这样指责美国。不过也说明，全面履行知识产权协议，特别是严格实行执法措施的国家恐怕没有。如果《知识产权协定》争端解决把所有国家置于诉讼威胁之下，并且都面临败诉的危险，《知识产权协定》将面临被抛弃的可能。WTO争端解决机构因此面临这样的难题。所有法律制度下，不可避免地存在一定程度不遵守规范的情况；在知识产权执法方面也是如此。WTO争端解决机构如何判定成员执法措施不足？WTO争端解决机构可以说，微小的不足可以接受，不会因此做出不利的判决。但是，WTO争端解决机构的主观标准如何变成明晰规则，指导成员的实践以避免潜在的诉讼？

专家组在决定成员是否有效执法时，应考察该成员是否曾受到理事会的质询，与贸易有关的知识产权理事会有权收集和评估各成员的法律规范，以监督其是否履行了条约规定的义务。小组还应考察其他成员就执法措施与其提起的磋商情况。如果一个成员被多个成员就类似的执法措施不足反复提起磋商，专家组就有理由相信，该成员的执法存在系统失灵的问题。

专家组应依据科学、严谨方法取得的证据，证明执法措施越过了"度"，否则会有损争端解决机构的信誉。专家组应有保留地使用政府和行业协会提交的证据，其中臆测的成分多。应严格审查数据收集、核实的方法，还可以采用普通法的诉讼做法，由专家组口头询问专家的提供者，以判断证据的效力。

2. 与世界知识产权组织争端解决的关系

世界知识产权组织因缺乏有效的争端解决机制而饱受批评，世界知识产权组织起草了国家间知识产权争端协议。美国认为，既然WTO有了争端解决机制，世界知识产权组织的争端解决机制就没有制定的必要，事实并非如此。首先，WTO争端解决机制并不能解决所有的知识产权争端，只解决《知识产权协定》范围内的知识产权争端；其次，并非所有的世界知识产权组织成员都是WTO成员，它们之间的争端不能由WTO争端机制解决；再次，WTO太政治化了，所有的争端都受到广泛的关注,WTO之外的争端解决机制,能为知识产权争端解决提供一个更为宽松的环境。世界知识产权组织争端是否出现有待于实践的发展,与《知识产权协定》有关的争端带来的问题会催生其竞争对手,《知识产权协定》争端应该谨慎履行职责。

【案例裁决】

加拿大专利保护期案

一、案情简介

本案的争端措施涉及加拿大专利法第45节。该节规定1989年10月1日前提起的专利申请,授予的专利期是自授予之日起的17年。美国要求就此与加拿大进行磋商。该磋商没有达成相互满意的解决办法。

1999年7月15日,美国要求设立专家组,指控加拿大专利法没有满足TRIPS第33条要求的专利保护期,违反了第33条和第70条的义务。1999年9月22日,争端解决机构设立了专家组。该专家组由Stuart Harbinson、SergioEscudero和Alberto Heimler组成。专家组报告于2000年5月2日发布,裁定加拿大专利法第45节违反了加拿大据TRIPS的相关义务。

2000年6月19日,加拿大对专家组报告提出上诉。Lacarte Muro、Bacchus和Ganesan组成上诉庭进行审理。2000年9月18日做出上诉报告,维持了专家组的裁定和结论。2000年10月12日,争端解决机构通过了专家组报告和上诉机构报告。

二、基本事实

加拿大专利法第45节规定:除第46节规定外,1989年10月1日前提出的申请,据本法授予的专利期限,自授予日起17年。第45节的根本性内容,是在1986年11月6日国会C-22法案第一次加入的。1987年11月17日,由"专利法修改法"制定为法律。然而,为解决一些过渡性问题以及给予一定的时间适应这一新制度,大多数"现代化"的修订,包括对专利期限的修订,直至1989年10月1日才生效。

第45节中提及基准申请日期,具有从"授予起之日17年"制度向"申请日起20年"变化的过渡作用。但它并没有规定一个制度向另一制度转变的机制。C-22法案包括了另外一个过渡规定,明确规定该法适用于基准日前的申请。这一规则规定于法案的第27节:在第33节第1款所指的本法规定(包括17年期限的规定)生效前提出的专利申请,应据这些规定生效前的专利法处理。适用于这些申请的法律,通常称为"旧法"。对在1989年10月1日前提出的申请授予的专利,称为"旧法专利"。对在1989年10月1日或在此之后提出的申请所授予的专利,称为"新法专利"。

在磋商和专家组程序中,加拿大提供了专利局的统计,对此美国没有提出异议。加拿大专利局对1989年10月1日前提出的申请所授予的、并在1996年1月1日(TRIPS对加拿大的适用日)仍存在的专利都有记录。对这一记录的审查表明,60%以上的旧法专利在申请之日起20年期限届满前不会终止。大约40%的旧法专利自申请之日起满20年前会终止。上述情况都是以假设权利人交纳维持费为前提。

2000年1月1日,大约有40%的旧法专利仍然有效,如果权利人交纳维持费,其终止期限早于自申请之日起20年的期限。对1989年10月1日新法生效后提起的申请的审查表明,平均未决期(即提出申请日和授予专利日之间的期限),大约为60个月(5年)。

根据争端方提出的主张,本争端具体只涉及满足下列情况的加拿大专利:(1)提起专利申请是在1989年10月1日之前;(2)在提起申请后3年内授予的旧法专利,1992年10月1日后授予的旧法专利不包括在内;(3)1996年1月1日生效现在仍有效的旧法专利,不包括1979年1月1日前授予的所有专利。

三、争端涉及的协议条款

(一)TRIPS第33条

"可获得的保护期限,自申请之日起的20年期限届满前不得终止。"

(二)TRIPS第41条

"1.成员应保证本部分所规定的执法程序依照其国内法可以行之有效,以便能够采取有效措施制止任何侵犯本协议所包含的知识产权的行为,包括及时地防止

第十二章　涉外知识产权的争端解决实务

侵权的救济,以及阻止进一步侵权的救济。这些程序的应用方式应尽可能避免造成合法贸易的障碍,同时应能够为防止滥用有关程序提供保障。2.知识产权的执法程序应公平合理。不得过于复杂或花费过高,也不应含有不合理的时限或不合理的延迟。"

(三)TRIPS 第 62 条

"1.成员可要求把符合合理程序及符合合理形式,作为获得或维持本协议第三部分第 2 节至第 6 节中所指的知识产权的条件。……4.有关获得和维持知识产权的程序,以及国内法制定的程序、行政撤销及诸如当事人之间的异议、无效和撤销程序,均应适用第 41 条第 2 款、第 3 款所规定的总原则。"

(四)TRIPS 第 70 条

"1.对协议对有关成员适用前的行为,协议不产生义务。2.除非本协议另有规定,本协议对有关成员适用本协议之日前的已有客体产生义务,只要该客体在有关成员适用本协议之日受到保护,或符合或将符合本协议条款规定的保护标准。……"

四、专家组的分析与裁定

(一)基础性问题

作为基础性问题,专家组总结了争端方的主张,结合以前的案例指出了举证责任原则,并就条约的解释规则作了简单的回顾。

(二)TRIPS 第 70 条第 2 款对旧法专利保护的发明的适用性

1.对美国提出的第 70 条第 2 款中"受保护的客体"适用于 1996 年 1 月 1 日受到保护的发明的主张的审查

美国主张,TRIPS 第 70 条第 2 款的简明语言,要求加拿大将其据 TRIPS 的义务适用于 1996 年 1 月 1 日存在的所有专利发明。专家组引用了第 70 条第 2 款的条文,并指出,TRIPS 第 70 条第 2 款引起了在该协议适用日存在的所有的"客体"方面的义务,只要该客体在这一适用日是受保护的或满足该协议的保护标准。专家组注意到,第 70 条第 2 款中,"客体"一词后紧接"受保护的"一词。虽然"客体"一词在协议中没有定义,但用于协议第二部分第 1 节至第 7 节中不同的小标题和条款,其前面或后面都有"受保护的"或其变形"可保护的""保护",来描述"客体"能或应"受保护"。

争端方对本案涉及专利没有争议,相关的条款规定于 TRIPS 第二部分第 5 节。第 27 条的小标题是"可以获得专利的客体",第 27 条第 1 款规定该节的"客体"是"发明"。"客体"的通常含义以及第 27 条第 1 款中"对发明授予专利"的用语,支持这样的观点:与专利相关的客体是发明。

当专家组审查对发明提供"保护"时,作为整体理解的第 27 条支持这样的观点:发明是相关的客体;新颖性、创造性和实用性是获得保护的要求;专利是保护的相关形式。这一观点也为第二部分涉及其他客体的其他条款从上下文方面所确认。

专家组认为,"客体"一词指具体的"物质"(material),包括文学艺术作品、设计、地理标志、工业设计、发明、集成电路的外观设计和未披露的信息,如果满足了第二部分的相关要求,即获得第 1 节至第 7 节规定的相应的知识产权形式的保护。专家组因而裁定,第 70 条第 2 款中提及 TRIPS 适用日"受保护的客体"包括 1996 年 1 月 1 日在加拿大受专利保护的"发明"。专家组也裁定美国初步确立第 70 条第 2 款适用于旧法专利所保护的发明。

2. 对加拿大提出的主张的审查

(1)第 70 条第 2 款使第 1 款无效的主张

加拿大提出第 70 条第 2 款使第 1 款无效的主张包括两个因素。第一个是基于加拿大对第 70 条第 1 款中使用的"行为"(acts)一词的解释,第二个基于第 70 条第 2 款中包含的"除另有规定外"这一开头的适用。

第一个问题:第 70 条第 1 款中使用的"行为"一词的含义。

专家组注意到,加拿大最初主张,1996 年 1 月 1 日之前根据专利委员会的行政"行为"授予的旧法专利不受 TRIPS 义务的约束,其依据是第 70 条第 1 款规定的非追溯适用原则。加拿大依据这样的事实:专利,不同于保护的客体产生于两个行为——提交申请的行为和发布专利的行为。在旧法专利的情况下,这两个行为都发生在 TRIPS 适用日之前,因而为第 70 条第 1 款所包括。美国也指出,"行为"一词可包括授予专利的"行为",这些行为发生于 1996 年前时,不受 TRIPS 义务的约束。

"行为"一词,其通常含义是"做过的事",用于第 70 条第 1 款时,可包括第三方的行为,诸如不公平竞争行为、侵权行为、潜在的侵权行为或未经授权的使用行为,不要求权利人授权的行为,或者与临时措施相关的权利人行为。从广义来看,"行为"也可指TRIPS第58条反映的成员主管当局的行为。

但是,对本争端来说,专家组认为,没有必要决定"行为"一词的含义的广义观点是否正确,因为即使用于第70条第1款中的"行为"包括专利委员会授予专利的行政行为,仍然与第70条第2款中使用的"受保护的客体"存在不同。即使第70条第1款可以从TRIPS的范围中排除1996年1月1日前授予专利的行政行为,专家组也不能基于这一事实,得出第70条第1款的非追溯原则调整1996年1月1日存在的旧法专利保护的发明的结论。因为授予"客体"的这一保护是不断进行的,1996年1月1日后可能继续存在。在这种保护跨越1996年1月1日继续的限度内,其情形是协议适用日没有停止存在,因而从该日起受到TRIPS义务的制约。在该日后适用TRIPS的行为,不是发生在协议适用日前的"行为",因而不能为第70条第1款所包括。

根据上述理由,专家组确认,第70条第2款,而不是第70条第1款,适用于1996年1月1日旧法专利保护的发明。专家组也裁定美国初步确立了旧法专利保护的发明的现有保护情形:在维也纳条约法公约第28条意义上,专利保护在TRIPS适用前没有停止存在。

第二个问题:第70条第2款中使用的"另有规定除外"的含义。

加拿大还主张,第70条第2款不适用,因为第70条第1款是一个但书条款,"协议另有规定的"优先于第70条第2款,美国依据第70条第2款确立第33条适用于加拿大专利法第45节。加拿大声称,即使可授予专利的客体被定义为满足第27条规定的标准的发明,在协议适用日存在的发明有权享有协议的义务的利益,也受到第70条第2款开头部分"除非另有规定"所含限制的约束,"另有规定"是指第70条第1款,并使第70条第2款在本争端中无效。

"除非本协议另有规定"限制了第70条第2款,该例外只有在另一规定与第一句不符时才相关联,在这种情况下该条款优先适用。因为专家组认为"行为"一词和"客体"一词是不同的概念,有不同的含义。第70条第1款中使用的"行为"一词仅指协议适用日前的没有联系的行为,而不指适用协议的随后行为,包括协议适用日没有停止存在的情形,因此第 70 条第 1 款和第 2 款之间没有不一致处。第 70 条第 1 款并不属于这一例外,并不使第 70 条第 2 款无效。这一解释可以避免第 70 条第 1 款和第 2 款的任何冲突,这与国际公法中避免冲突的推定概念是一致的。

专家组的解释也为谈判史所确认。当在 TRIPS 谈判时讨论这一引言时,谈判小组的主席指出:第 70 条第 2 款第一行中,最初的词语修订为"除本协议另有规定外"。例如,这会明确伯尔尼公约第 18 条据第 9 条第 1 款适用。

基于上述原因,专家组不同意第 70 条第 2 款"除非本协议另有规定"可以解释为指第 70 条第 1 款。

第三个问题:有效解释。

专家组注意到,即使专家组接受加拿大提出的主张(1996 年 1 月 1 日之前授予的专利不受 TRIPS 义务的制约,或者第 70 条第 1 款是一但书规定),TRIPS 的起草者也不必描述成员对第 70 条第 2 款中"协议适用日存在的所有客体"的义务性质。加拿大的主张使第 70 条第 6 款成为多余或失去效力。第 6 款中没有必要规定不要求成员对知悉协议适用日前授予的强制性许可,适用有关强制性许可的规则。另外,将第 70 条第 1 款解释为成员在 1996 年 1 月 1 日前发生的提起申请行为的知识产权方面没有 TRIPS 义务,第 70 条第 7 款会失去作用,而该款允许修改未决的保护申请以考虑加强保护。

使某些规定多余或无效的条约语言解释,与有效解释的原则是相违背的。上诉机构在美国汽油标准案中指出,维也纳条约法公约中的一般解释规则的一个必然结果是,必须给予条约的所有用语以含义和效力。解释者不得自由采取导致整个句子或段落多余或无效的理解。

第 70 条第 1 款不属于开头部分"除非本协议另有规定"之内,这一解释不会使这一句无效。在专家组看来,第 70 条第 2 款中开头句子中的引用包括第 70 条第 2 款第二句和第 4 款、第 6 款。

(2)第 70 条第 2 款不包括第 33 条的义务的主张

加拿大提出,即使第 70 条第 2 款解释为包括现有的专利,它也只是在第 28 条规定的专利权范围方面和 31(h)的义务方面是这样的,而不包括第 33 条规定的保护期限的义务。这一主张基于这样的认识:与专利授予的权利不同,保护期是授予行为的"组成部分",因而受第 70 条第 1 款的制约。然而,专家组看不出这一区别在 TRIPS 中的依据或正当理由。授予专利的行政"行为",为什么使第 33 条的保护对现有专利不适用,而适用于第 28 条规定的专有权和协议第二部分第 5 节规定的其他事项,专家组也没有提出证据解释。

在专家组看来,成员应遵循 TRIPS 规定的所有相关义务,包括第二部分第 5 节中的义务,这些义务要求成员对协议适用日"受到保护的现有客体"提供与第 33 条规定的要求一致的专利保护期。

第 5 节的条文或上下文的理解也不支持这样的概念:一种义务可以与授予权利人的专利相独立,或该成员不必遵循与他们相关的 TRIPS 义务。TRIPS 适用日有效的专利的持有人,对协议规定的所有权利,有权获得与第 33 条的要求一致的期限的保护。

专家组的解释为 TRIPS 脚注 3 所确认,该脚注构成了第 70 条第 2 款的整个上下文的一部分。脚注 3 中的用语表明,向知识产权权利人提供的保护是广泛的,并没有表明或意味着某些权利或义务可以单独地孤立审查。与本争端最为相关的是,"影响知识产权权利范围的事项"这一表述,尤其是指保护期,并确认保护期是与第 28 条规定的专利范围内的专有权一起保护的。

基于上述理由,专家组裁定加拿大应将第 33 条的义务适用于旧法专利保护的发明。

(三)加拿大专利法第 45 节与 TRIPS 第 33 条的一致性

在这一部分,专家组审查 TRIPS 第 33 条的义务,来确定加拿大专利法第 45 节是否与第 33 条相一致。专家组审查第 33 条的条文或上下文是否允许加拿大使用"有效"保护或"专有的特权或财产权"概念,来主张第 45 节和第 33 条提供同等的有效保护。专家组也对加拿大使用新法和旧法专利的平均未决期支持其有效保护的主张进行评估。最后,专家组审查第 45 节是否"提供"(如第 33 条所使用的该词一样)自申请之日起的 20 年的保护期。

1. 对与第 33 条相关的美国要求的审查

美国主张,TRIPS 第 33 条要求加拿大对所有的旧法专利提供最低的保护期,该期限自申请之日起不少于 20 年。美国主张,授予日起算的 17 年的保护期与第

33条不相符，因为旧法专利经常在申请之日起的20年之前到期。

专家组引用了第33条的条文。第33条的用语，要求成员提供自申请之日起不早于20年终止的专利保护期。"不早于"一词的使用表明，从申请日起的20年期限是成员提供的最低保护期。对第33条的这种解释，获得了调整版权、商标、工业设计、集成电路的外观设计的保护期的最低标准用语的支持，这些用语分别使用了"不低于50年""不低于7年""至少10年"和"从申请注册之日起10年期届满前不终止"。

将第33条解释为保护期届满的最低标准，也为TRIPS第1条第1款所证明，该款构成了第33条的上下文的一部分。"成员可以但没有义务在其国内法中实施比本协议要求的更广泛的保护"。专家组指出，第1条第1款确认TRIPS在知识产权保护方面，是一最低标准协议。根据第1条第1款，成员可以但没有义务实施更严格的保护标准，只要该措施不与TRIPS的规定相冲突。第1条第1款的条文理解表明，成员尤其应赋予第33条以效力，该条对成员施加了对专利提供不低于从申请之日起20年的保护期的义务。

对1989年10月1日前提交的专利申请，加拿大专利法第45节提供的保护期是从授予日起17年。从表面看，这一规定不能在所有案件中都满足第33条的最低标准。这为加拿大提供的数据所确认。专家组指出，"大部分"的专利的保护期超过了自申请之日起的20年的保护期，并没有多大作用。专家组同意美国提出的，即使只有一件专利在申请之日起20年前届满，第45节也被视为与第33条不符。专家组初步裁定第45节与TRIPS第33条不符。

2. 对加拿大的对应主张的审查

(1)"有效"保护或"专有特权或财产权利"

加拿大提出，第45节与第33条是一致的，旧法专利授予的"专有特权和财产权"的17年的"有效"保护，与TRIPS第33条提供的"专有权和财产权"的期限是"等同的或更高的"。加拿大提出这一主张是基于这样的事实：在保护期是从申请日开始计算时(如第33条的情况)，从申请日到专利授予日的期限必然减损专利保护期。由于申请日和授予日之间的期限在加拿大平均是5年，因而专利权人据申请之日起20年的保护期制度只享有15年的"专有特权和财产权"，而加拿大专利

第十二章 涉外知识产权的争端解决实务

法却成功地为专利权人提供了17年的专有特权和财产权的保护。

加拿大主张,第33条所预期的保护期限不是一个固定的期限,而是一个可变的低于20年的期限。协议的谈判者基于下述事实,意识到保护期是一个可变的低于20年的期限:协议第62条第2款要求知识产权的授予或注册程序应在合理的期限内,以避免不合理地缩短保护期。

专家组指出,加拿大的上述解释没有条文或上下文的依据。第33条的简明语言规定提供的保护期不应在申请之日起的20年之前终止。将第33条的用语解释为"有效"保护,要求条约的解释者加入条文中没有的用语,如上诉机构在日本酒类税案中所指出的,与"解释应首先根据条约条文"的规则相违背。加拿大的解释将会产生不合理的结果,允许专利的保护期在申请之日起满20年前终止。

加拿大还主张,可以根据第1条第1款授予成员的自由,在国内的法律制度和做法内确定实施协议的适当方法,从而维持从授予之日起的17年的保护期。在加拿大看来,本案中相关的"协议规定"只要求可变的有效保护期,而这一期限可以通过结合第33条和第62条第2款的解释确定,取代了有关开始日或届满日有关的义务。

对此,专家组表示不能苟同。第33条含有最早的专利届满日的义务,而第62条第2款含有独立的禁止导致不合理削弱保护期的程序义务。专家组承认,这两项规定的条文允许某种削弱。但第1条第1款给予了成员确定适当的方法实施这两项具体要求的自由,但这种自由不是无视任一要求,实施有关有效保护期限的另外的假定义务。

另外,第62条第2款不支持加拿大提出的可变的有效保护期的主张。第62条第2款只涉及知识产权权利的获得和授予或注册程序,这些都是指保护期限的开始而不是届满日。它承认较晚的开始日会产生对期限的某种削弱,但却不是这一期限内任何其他时间(包括届满日)的期限缩短。根据第33条对届满日的明确要求,这当然是适用的。加拿大也提到第62条第1款和第4款,这些条款规定了对某一具体发明终止保护的程序,如没有交纳维持费、届满前的撤销或取消。但这些正是第33条中使用"提供"一词所含的程序,在评估提供的保护期时不计算在内。因而,专家组裁定,加拿大基于期限的"等同"所提出的抗辩不改变第45节与第33条不符的裁定。

【延伸阅读】

1. 韩立余:《美国对外贸易中的知识产权保护》,知识产权出版社2006年版。

2. 张乃根:《WTO争端解决机制论:以TRIPS协定为例》,上海人民出版社2008年版。

3. 冯汉桥:《国际贸易中知识产权的取得与保护》,知识产权出版社2011年版。

4. 国家知识产权组织编写,《WTO知识产权争端解决机制及案例评析》,人民出版社2012年版。

5. 卡尔·希比著,倪晓宁、王丽译:《国际知识产权》,中国人民大学出版社2012年版。

第三节　WTO知识产权争端与中国的应对策略

【知识背景】

目前中国并没有独立提出过对WTO其他成员的知识产权争端,在其他成员提起的争端中中国曾作为第三方参与过知识产权争端程序。不过来自WTO其他成员对中国的知识产权争端的威胁时有发生,而在历经20余年的中美知识产权纷争后,美国终于按捺不住,正式提起了对中国的知识产权争端程序。

一、中国应对WTO知识产权争端的一般策略

WTO知识产权争端的目的是促使WTO成员方履行《知识产权协定》义务,使成员方在《知识产权协定》下直接或间接利益不致丧失或减损。WTO知识产权争端是WTO争端解决机制在《知识产权协定》下的运用与实践。自WTO争端解决机构成立以来,涉及知识产权的争端已经达到25件。随着过渡期结束的临近,所有的成员都可能成为被诉方。

通过争端解决机制解决争端,是WTO制度的一个创举。争端解决机制的有效运行,增加了成员对这种制度的信赖。这种信赖增加了专家组或上诉机构报告

的法律效力,所以成员对于争端都非常重视。虽然争端的胜负不是特别重要,但审时度势地应对争端,有利于把握发展机遇,规避风险,营造良好的国际环境。

积极参与争端解决,用好争端解决机制,是一项复杂的系统工程。涉及法律制度、政策实施、信息收集、人才储备等方面。在争端解决机制面前,我们还是一个新手。应把握国际形势的发展变化,从预防争端、参与争端、运用争端多方面努力,使争端解决机制为我所用,而不是为争端所累。

(一)预防知识产权争端的策略

1. 完善知识产权保护法律和法规,全面履行《知识产权协定》的义务

中国知识产权法律制度,在加入世界贸易组织之前已经按《知识产权协定》的要求进行修改,新一轮修改正在进行之中。大的方面问题不多,小的方面问题不少。就是这些小的问题,其他成员也会抓住不放,提起争端。在很多争端中,涉及的只是一个法律条文。从争端处理实践看,几乎所有涉案国家都被限期修改其国内相关知识产权法律法规。如果一个国家不愿意修改其相关法律法规,就可能要采取其他补偿措施,如果既不修改法律法规,又不采取其他补偿措施,就可能导致争端解决机构授权的报复。由于报复既可在同部门进行,又可以采取交叉报复,因此其结果是难以预测的。从成本效益分析,修改相关法律法规是当务之急。

虽然修改法律是当务之急,但也不能操之过急,应该认真研究,使中国法律符合最低标准即可。同时,认真研究例外规定,使中国法律与经济技术发展水平相适用。一些发展中国家为实施协议的立法,为了避免争端,立法水平超过了协议要求,这是不明智之举。有学者批评,相关国际组织在提供法律援助时,故意提高立法水平,避免日后因为自己的建议不符合《知识产权协定》而声誉受损,这种用猛药治小病的方式并不可取。立法中,对于拿不准的问题,可以先研究,不要急于作结论。被提起争端,也可以请专家组或上诉机构帮助作分析。确实有问题的,再依据报告的建议修改。对于一个迅速变化的法律部门,动态立法是很自然的。

2. 加大知识产权执法力度,避免因执法问题被投诉

发达国家具有庞大的侵权信息收集网络,如果要启动针对执法的争端,往往掌握了较为充分的证据。从已有争端来看,涉及执法的争端都以协商而解决。其中最关键的原因是,反驳事实很困难,即使为知识产权执法做了大量的工作。如果进

入专家组程序,相关事实证据会公开,可能对国家形象造成不利影响。

3.加强沟通,积极通报中国政府在执法方面的努力

杜绝侵犯知识产权事件发生,是中国知识产权执法努力的目标,即使发达国家也不能杜绝侵犯知识产权的事件发生。对于侵权程度,有一个可承受的心理底线。中国在知识产权执法方面做了大量的工作,有目共睹。只要其他成员看到,中国政府在诚意履行协议的执法义务并取得的成效,为执法提起争端的可能性就会降低。因为,中国政府正在自觉做他们所要求的,提起争端也是为这个目的,其他成员方则不必再做无用功。

4.公正司法,平等地处理侵犯成员方知识产权案件

WTO争端没有要求成员在竭尽当地救济之后,才可以提起争端。但是,如果中国的司法机构能及时公正、平等地处理涉及成员的知识产权案件,成员的公民和法人游说本国政府提起争端的动机会降低。成员方公民和法人,希望与所在国建立良好的贸易关系,只要其权利得到司法保障,他们不会舍近求远。成为被投诉方,中国就会处于不利地位,因为面对精通知识产权诉讼制度和程序的欧美等发达国家,中国显然没有优势可言。特别是较之一般贸易争端,知识产权争端往往涉及很尖端的科学技术和高标准的测试和很复杂的法律规范体系。中国目前能够应付这类争端的专业法律人才还非常匮乏,因此,如何避免成为被投诉方是具有积极意义的。

(二)参与知识产权争端的策略

1.有计划地培养胜任争端解决的人才

人才缺乏是很多国家视争端为畏途的主要原因。我们看到,很多被诉成员由于人才缺乏,只好聘请国外私人律师参与争端解决。虽然争端解决机构接受私人律师,但还是有一些限制,外聘人才只能满足一时之需。日本感叹缺乏人才,胜任WTO争端的政府人才不足百名,具体到各个协议领域屈指可数,处处被动。有计划地培养胜任争端的复合型人才,基本的要求是对相关协议有深入研究,能用英语表达和工作(英语是争端解决机构的工作语言),并具有国际交往经验。从专家组的报告中,我们不难感受到,争端程序对参与诉讼的成员代表的能力有很高的要求。特别是上诉程序中的口头辩论,虽然只有30分钟时间。美国律师要经过长期

第十二章　涉外知识产权的争端解决实务

实践,才能获得这样的能力。我们应制定人才培养规划,通过国际合作方式培养人才。

2. 做好立法和政策的研究工作,从容参与争端

每一起争端,都有其深刻的背景。法律和政策制定、出台的时候,我们应依据协议要求评估受到诉讼的可能性,并有针对性地做相关资料的研究和准备,避免仓促上阵。发达国家在政府和民间两个层面有大量长期跟踪研究的人才,一旦被诉,能拿出充分、详细的应诉方案。

3. 进一步加强对 WTO 规则,特别是对《知识产权协定》规则的研究

从现有争端可以看出,对 WTO 规则,特别是《知识产权协定》规则的熟悉和把握是至关重要的。如果未对规则进行研究和掌握,则很难就法律问题和投诉方开展辩论,不能从法理上说服专家组接受我方观点。中国对《知识产权协定》的研究,大多从实施的角度入手。从应对争端的角度研究,还是一个新课题。

4. 加强对 WTO 争端解决程序和运用技巧的研究

争端解决机制是通过程序实现设定目标的机制。在已有争端中,有 13 个案件是通过磋商就已经达成了令双方满意的解决办法。从《解决争端谅解》第 4 条规定的磋商程序看,磋商是有严格的时间限制的。特别是从第 4 条第 7 款看,在收到磋商请求后,磋商一般不应超过 60 日。但是,从案例可以看出,各成员方对磋商的运用是很灵活的。如在 DSl96 阿根廷专利和测试数据的某些措施案中,美国和阿根廷进行了 9 次长达 2 年的磋商,达成了令双方满意的解决办法。有些案件,经过了 WTO 争端解决机构解决争端所有的程序,才解决争端。例如,DSl70 加拿大专利保护期案、DSl14 加拿大药品专利案,自磋商开始,然后进入专家程序,再进入上诉复审程序,最后进入仲裁程序。根据《解决争端谅解》规定,一般案件若不上诉,应在 9~12 个月内解决,上诉案件应在不超过 15 个月内解决。而上述案件大大超出了一般时间规定,特别是 DSl14 加拿大药品专利案,1997 年 12 月 19 日开始磋商,2000 年 3 月 17 日专家组散发报告,2000 年 8 月 18 日仲裁报告才得以散发。加拿大耐心地运用程序规则,合法地拖延时间,为履行义务赢得时间。因此,加强对 WTO 知识产权争端解决程序和规则的运用技巧研究,对维护国家利益是非常必要的。

5. 加强对于争端案例的研究

虽然 WTO 争端解决机制所解决的案例不具有先例作用,但从 WTO 争端解决实践看,专家组审理案件时,会经常援引 WTO 争端解决机构案例的报告作为说明问题或解决问题的根据。有时,还会援引关贸总协定时代的争端解决报告中的论点或论据作为同类案件的推理或说明根据。因此,研究 WTO 知识产权争端解决案例具有很现实的应用价值,特别是研究认定不属于违反《知识产权协定》的案件,用以指导争端实践。

6. 积极向 WTO 专家组、上诉机构选派精通 WTO 法的人才

争端解决是一项实践活动,从外围进行研究是有价值的。中国公民以专家身份参与到争端解决之中,会对 WTO 法律和争端解决机制有更加深入的研究,有利于我们培养人才。同时,通过中国公民在国际机构富有成效的工作,显示中国在国际法律方面的实力,有助于争端积极地解决。

(三)运用知识产权争端的策略

1. 主动出击,审查其他成员方履行协议情况,适时提起争端

各成员提起争端的目的各不相同,促使对方履行协议,维护本国利益是主要目的,但不排除用提起争端的进攻策略,达到妥善解决争端的防守目的。虽然这样的报复性诉讼不受好评,但的确是合法的运用争端规则的方式。巴西诉美国专利法案,其实没有明确的目的,但是起到了效果。欧盟诉美国《1998 年综合拨款法》第 211 条案,所涉及的直接利益微乎其微,即使是美国版权法 110(5)条案,也只涉及一百多万欧元的利益。欧盟的目的主要还是反击美国的诉讼。

2. 加强对世界知识产权组织体系下的公约、条约和协定的研究

《知识产权协定》体系与世界知识产权组织体系是两个既相容又不同的知识产权保护体系。虽然世界知识产权组织体系下的主要公约已经被《知识产权协定》吸收,世界知识产权组织的重要性似乎下降,但依然有世界知识产权组织体系下的知识产权公约、条约或协定未被吸收。这些协议引起的争端如何解决,也会影响到 WTO 知识产权争端的解决。从世界知识产权组织的努力方向看,其正在努力建立自己争端解决机构,与 WTO 知识产权体制展开制度竞争,因此,加强对世界知识产权组织体系下的知识产权保护公约、条约或协定的研究也是非常必要的。

3. 充分运用WTO争端解决规则的灵活性

从争端解决机构、解决知识产权争端案件可以看出，虽然《解决争端谅解》对争端解决规定了严格的时间表和程序，但许多案件实际上既突破时间限制，也突破规则限制。如DS176美国《1998年综合拨款法》第211条案，尽管欧盟在1999年7月8日就提出了磋商请求，但美国把执行专家组报告和上诉报告期限拖到2005年6月30日。在DS36巴基斯坦药品和农用化学制品的专利保护案中，因争端当事方巴基斯坦一方的反对，阻止了专家组的设立，显然是突破了《解决争端谅解》规则的限制。再如在DS160美国版权法110(5)条案，从案件磋商到达成令双方满意的临时安排的时间就长达7年半之久，而且几乎运用了《解决争端谅解》规定的争端解决的所有程序和规则。该案历经磋商、专家组、上诉复审、对合理期限的仲裁、对合理执行期限再三延长、请求授权恢复、对授权报复事项提请仲裁等。

二、中美知识产权争端与中国的应对策略

(一)入世后的中美知识产权争端

2001年12月11日中国加入WTO后，中美知识产权争端大多是在《知识产权协定》框架下实施和展开的。作为WTO的成员方，中国的知识产权保护必须符合《知识产权协定》的要求，如果美国认为中国没有遵守《知识产权协定》的规定，就会发起调查。根据有关规定，当美国与非WTO的成员发生争端时，可以直接诉诸"301条款"的程序，但是当美国与WTO成员发生争端时，包括知识产权方面的争端，美国都必须使用WTO的争端解决程序。这实际上在一定程度上限制了美国滥用"301条款"的程序。而且，《知识产权协定》框架下，美国如果要向WTO提出对中国知识产权保护方面的申诉也比动用其"301条款"更有难度。

虽然中国加入WTO后在知识产权保护方面取得了巨大的成就，但是美国并不满意。中国在2001年年底加入WTO后不久，美国的音像制品和电影界就敦促美国政府在WTO"起诉"中国，而美国政府在每一次对中国贸易政策的过渡期审查中都向中国单独提出知识产权问题。2005年1月13日第三次中美知识产权圆桌会议在北京举行，国务院副总理吴仪向会议通报说，2004年国务院成立了由12个部门联合组成的"保护知识产权工作组"，由吴仪任组长，并决定从2004年9月

起在全国范围内展开为期一年的保护知识产权专项行动,同时有关知识产权侵权犯罪的司法解释也于年底出台,追究侵权者刑事责任的门槛大幅降低。即便如此,前来北京出席该会议的美国商务部长埃文斯虽然承认中国政府的确采取了行动强化知识产权保护,但仍指责中国保护知识产权不力。

2005年4月29日,美国又公布了"特殊301"报告。这一次,中国再度被列入"重点观察国家"名单。但与以往被指责"立法不完善"不同,此次"执法不严""工作不透明"成了焦点。2006年3月初,中美知识产权首轮谈判结束后,美国贸易代表办公室法律总顾问詹姆斯·门登霍尔在结束中国之行时强硬地表示,如果中国破坏规则,美国将毫不犹豫地采取行动,诉诸WTO。对此可以看出:一方面由于中国的知识产权立法已经取得了很大的进展,美国对中国的指责已经转移到知识产权的执法和实施方面;另一方面美国仍然继续对中国施压,并且始终拉起WTO争端解决的大旗,试图逼中国就范。种种迹象表明,在知识产权问题上,美国人似乎开始失去耐性。

2007年4月9日,美国贸易代表苏珊·施瓦布在华盛顿宣布,将于4月10日就中国的知识产权保护问题和出版物市场准入问题。分别向WTO提出两起申诉。2007年4月10日,美国政府就"中国与知识产权保护和实施有关的措施"和"中国影响部分出版物和视听娱乐产品贸易权和分销服务措施"向中国提出WTO磋商。这是2001年中国入世以后,美国针对中国知识产权问题向WTO争端解决机制(争端解决机构)提起的第一个诉讼,也是美国第四次向争端解决机构提出针对中国的申诉。美方这次就中国知识产权问题向WTO提起申诉,与近年来渐趋频繁的中美贸易纠纷,以及与中美巨额贸易顺差紧密相关。而美方选择在第二次中美战略经济对话召开前夕挑起争端,显然有为新一轮谈判寻找筹码之嫌,也许美国期望能像以往的中美知识产权纠纷一样,此次争端最后以中方做出某些让步,美方见好即收收场。

不过,在美方做出向争端解决机构申诉决定之初,中方却做出了超过美方估计的强烈反应:4月10日,商务部新闻发言人表示,中方对美国政府的行为"表示非常遗憾和强烈不满",并称美国此举"将严重损害双方此前业已建立的合作关系"。同日,中国国家知识产权局局长田力普明确表示,美方提出这种起诉是不明智的。

第十二章 涉外知识产权的争端解决实务

吴仪副总理在 2007 年中国保护知识产权高层论坛上的主旨演讲中也强烈抨击了美国的这一做法。

根据 WTO 的程序规定,起诉方在向 WTO 提出申诉后,双方会先进行磋商。4 月 20 日,商务部通过中国常驻 WTO 代表团致函美方,接受了美方的磋商请求。中美双方商定,6 月 5~8 日在日内瓦举行磋商。由于对华知识产权问题是美方酝酿已久之事。其申诉目的与立场相当强硬。虽然 WTO 规定双方磋商的时间为 60 天,但实际上中美双方接触的时间只有 4 天。从 6 月 5 日到 6 月 8 日。其中 5~6 日两天讨论第一项投诉,7~8 日两天讨论第二项投诉,这几天的谈判没有达成任何协议。中国方面强调根据《知识产权协定》第 1.1 条,WTO 成员有自由采用适合于各自的法制及实践的方式去履行协议中规定的义务。而中国是严格地履行了 WTO 协议的,至于超过《知识产权协定》的义务,中国不必去履行。

8 月 13 日,按照 WTO 争端解决的程序,美国提出了建立争端解决专家组的要求。按照 WTO 争端解决机制(争端解决机构)的程序,2007 年 8 月 31 日的争端解决机构会议上,美国代表正式就上述第一项投诉(即 DS362)提出了组建专家组的要求。在投诉中,美国认为中国的盗版形势仍然很严峻,而中国对知识产权的保护仍然不足,中美就此也进行过一些双边磋商。虽然中国在知识产权保护方面做了很多工作,但是美国认为中国的法律体制中仍然存在着事实上妨碍知识产权保护和执行的地方,而这些法律需要提交到争端解决机构中进行评判。在 8 月 31 日的争端解决机构会议上,中国政府拒绝了美国就中国的知识产权保护成立专家组的请求,并暂时阻止了美国的上述动议。因为根据世贸组织规则,被诉方有权拒绝成立专家组,但如果美方第二次提请成立的话,专家组就将自动成立。美方于 9 月再次提出请求,专家组提议遂获自动通过。这项投诉的专家组于 9 月 25 日建立。简单地讲,就是中国的相关管制政策导致美国电影作品在中国的放映及录音制品在中国的发行遭受了非国民待遇。11 月 27 日,争述第二项投诉(DS363)也成立了专家组。

533

(二)中国的应对对策

1. 不畏困难、积极应诉

美国和欧共体作为WTO中最大的成员,到2009年为止共提出了363个申诉(包括此次中国被诉),而与此同时美国被提起申诉共97次,欧共体被提起申诉共57次。因此,提起申诉和被提起申诉是中国实力增强和外贸剧增带来的必然后果之一,而随着中国经济实力和国际影响的进一步增强,类似的纠纷可能会接连不断。面对美方对中国提起的知识产权申诉,中国应当不畏困难、积极应诉,认真分析美国指责的依据,研究中国应予以反驳的理由和根据,充分利用争端解决机构以及世贸相关协定,最大限度地维护我们的权利。

2. 不仅要习惯"被诉",还要勇于出击

《知识产权协定》及其争端解决机制是一把双刃剑,我们完全可以利用它为自己服务。面对美国频繁利用WTO争端解决机制挑起纠纷的行径,中国也应该合理利用《知识产权协定》以及争端解决机制来保护中国知识产权权利人以及中国的国家利益。而且,美国的知识产权法律制度并非无懈可击,在历次的知识产权争端中也表现出了其弱点和不足。针对美国在贸易方面对中国的不公平做法,如果损及WTO涵盖协议所赋予中国的权利,我们就可以考虑是否向争端解决机构提起申诉。

【案例摘录】

中美出版物和音像制品案

2009年8月12日WTO发布DS363报告,即《中国:影响部分出版物和音像娱乐产品的贸易权利和销售服务措施》报告,是应美国发起的贸易争端解决机制磋商要求,成立专门委员会并调查后得出的结论。WTO裁定,称中国在音像和图书进口及外商分销领域的限制措施,违反了中国入世承诺及WTO相关规定。

一、争端过程简述

2007年4月10日,美国对WTO贸易争端解决机制就有关中国的如下问题发起磋商要求:一是中国对阅读出版物(书籍、杂志、报纸和电子出版物)、家庭娱乐

影音制品(录像带、DVD)、音乐制品(CD)和影院电影的进口措施限制了贸易权;二是中国对读物、DVD、音乐制品和家庭娱乐影音制品的外资经销商的有关措施限制了他们在中国的市场准入或具有歧视性。关于贸易权,美国对中国只准许某些政府安排的完全国有或部分国有的企业才具有影院电影、家庭娱乐影音制品、音乐制品和出版物的进口权寻求磋商解决。关于经销服务,美国对中国向打算从事出版物和某些家庭娱乐影音制品经营的外资经销商实施市场准入限制或歧视性限制的措施寻求磋商解决。

美国声称上述提及的有关中国的两项措施可能违反了《中国加入WTO议定书》、GATS及GATT1994的相关规定。(1)关于贸易权利,系争的那些措施似乎是中国不允许所有的中国企业、所有的外国企业和个人都具有进口上述产品到中国的权利。中国的这些措施也表明国外的个人或企业,包括那些没有在中国投资或登记的个人或企业在贸易权方面的待遇没有中国的企业好。因此,这些系争的措施违反了《中国加入WTO议定书》(第一部分的5.1和5.2条)中国承诺的义务,也违反了该议定书中(第一部分1.2条)规定的义务。而且,除了关税、税金或其他的收费外,中国这些措施禁止或限制了中国的进口,这些措施似乎违反了GATT1994(第6.1条)中中国应当履行的义务。(2)对于影响读物销售服务的措施而言,这些措施给予国外经销商的待遇没有中国经销商的好。因此,这些措施似乎违反了GATS(第16、17条)中中国的义务。同样,影响家庭娱乐影音制品销售的措施导致给予外国经销商的待遇没有中国经销商的好,而且也限制了音乐制品国外经销商的中国市场准入权,这些措施违反了GATS(第16、17条)中中国的义务。

2007年11月27日,DSB称"根据美国在WT/DS363/5中引用的条约的相关规定,成立专家组可以解决美国向DSB提出的诉求并帮助DSB做出最终的裁决以完美解决此事",因此成立了专家组。历经有关翻译的争议、有关专家组审查范围的争议以及双方对于焦点问题的阐述等,专家组于2009年8月12日下发了专家组报告。

在2009年8月12日的报告中,WTO认为,中国政府对阅读出版物、家庭娱乐影音制品(DVD)、音乐制品(CD)和影院电影的进口限制违反了《中国加入

WTO 议定书》的相关规定;中国对读物、DVD、音乐制品的外资经销商的限制措施,违反了 GATS;中国对上述进口产品在本国市场实施了歧视性措施,违反了 GATT1994。

2009 年 9 月 22 日,中国提出上诉。2009 年 12 月 21 日,上诉机构报告公布。2010 年 1 月 19 日,DSB 通过了专家组和上诉机构的报告。其后,中国承诺将按照要求履行裁决中的规定并就有关事项与美国进行事后协商。至此,美国诉中国出版物和音像制品案落下帷幕。

二、美国的诉求

本案历经了专家组审理和上诉机构审理两个阶段。作为申诉方的美国尽管在第一阶段的专家组审理过程中取得了胜利,但其依然没有放弃对上诉程序的充分利用提出相应的诉求。在专家组阶段美国指控中国违反了 WTO 相关规则的措施,包括:

(1)指控中国关于贸易权的相关措施违反了中国在入世议定书和工作组报告的义务

美国认为,中国通过相关规定拒绝允许甚至禁止外国企业和外国人进口读物、家庭娱乐服务音像制品(以下简称"AVHE 制品")、录音制品和影院放映电影(以下对该四类产品合称"涉案产品"),而仅允许一小部分中国企业进口涉案产品,这与中国加入世贸组织议定书(以下简称"入世议定书")第 5 条第一款、第 5 条第二款和第 1 条第二款中国加入 WTO 工作组报告第 83 段和 84 段的承诺不符。具体的规定散见于《指导外商投资方向规定》《关于文化领域引进外资的若干意见》《出版物管理条例》等。

(2)指控中国在分销服务领域的有关规定违反了 GATS 第 16 条和第 17 条的规定

美国认为,中国强加给外企具有歧视性的限制条件,包括:禁止外资企业承担读物的总发行、电子出版物的总批发和批发以及进口读物的发行;在外商投资企业可经营的读物分销领域,给其设定较内资经销商更多的要求,诸如有关注册资本、经营条款以及设立前的法律规定、审批程序要求和决策标准等;仅准许中方占多数比例的中外合作经营企业进行 AVHE 制品的发行;在 AVHE 制品的发行上则对中外合作经营企业差别性对待,对其设定诸如有关注册资本、经营条款以及设立前的法律规定、审批程序要求和决策标准等较内资企业更多的要求;禁止外资企业(而不限制纯内资企业)通过因特网和移动通信网络等销售录音制品等。这些具体的规定散见于《订户订购进口出版物管理办法》《出版物市场管理规定》《外商投资图书、报纸、期刊分销企业管理办法》《电子出版物管理规定》(1997年)等。

(3)指控中国违反GATT第3.4的要求

美国认为,中国未能对进口读物、用于电子销售的录音制品和影院放映电影提供国民待遇。具体指:限制某些进口读物的销售渠道,仅准许这些读物通过订阅方式获得;且这些进口读物的经营权仅限于国有独资企业,订户还需要经过中国政府的审查许可,而类似的国内读物则没有这许多限制;对于另外一些进口读物(即可通过除订阅外的其他渠道获得)则仅将其经营权保留给国有独资企业,而同类国内读物的销售则可由包括外资企业在内的任何类型企业进行;对通过电子销售的录音制品,设置了比国内同类产品更严格的内容审查机制;限制进口影院放映电影的发行,仅将其发行权保留给两家中国国有企业,而类似的国内产品则可由任何中国的发行商发行。这些规定主要见于《订户订购进口出版物管理办法》《电影管理条例》(2001年)等。

在初步裁决做出且经中国上诉后,美国就第20条(a)项公共道德例外适用中的有关问题提出了上诉,认为关于国家规划的要求初步符合第20条之"必需"的结论有误,中国的该规定不符合"必需"性的要求。

三、中国的抗辩

针对美国的诉求,中国在专家组审理阶段主要从程序上和实体两个方面提出了反驳意见:

(1)程序上的应对

中国指出美国诉求的有关措施或要求,有些未在磋商中提出,有些未在书面诉求中提出,更有些诉求对象已经不具有效力等,因而不在专家组的审查范围内。如《电影发行和放映规定》《音像制品管理条例》(2001年)和《音像制品进口管理办法》等。

(2) 实体上的反驳

针对美国基于贸易权提出的诉求,基于"管理贸易的权利"和 GATT 第 20 条 (a) 项之公共道德例外提出抗辩;针对美国基于 GATS 第 16、17 条提出的诉求,就承诺表中的范围、涉案产品的属性等问题提出反驳意见;关于国民待遇的诉求,就涉案规定的对象、方式以及真实意图等提出不同意见。在专家组做出结论后,中国针对该裁决的部分意见提起上诉,要求上诉机构进一步审查:

第一,关于进口影院放映电影和音像制品半成品是否应适用中国关于贸易权的承诺的问题,中国对该类产品的管理不应适用减让承诺表中的承诺;

第二,关于 GATT 第 20 条(a)项例外之"必需"性问题,中国对读物、音像制品成品的管理符合该例外中的"必需"性要求,因而也是根据第 5.1 段中规定的"以符合 WTO 协议的方式管理贸易";

第三,关于服务贸易减让表中"录音制品分销服务"范围的理解问题,中国认为该分销服务的范围仅限于传统的分销方式,而不包括电子销售这种方式。

四、专家组的意见与建议

(一)专家组的分析意见

针对美国提出的诉求和中国提出的答辩,专家组分两步,首先对部分措施是否属于审查范围进行了审查,之后对诉求是否成立进行了全面细致的分析。专家组认为:

第一,美国提出的某些措施或要求因为不具有普遍适用性而不在专家组的审查范围之列,包括《电影发行放映规定》《音像制品管理条例》(2001 年)、《进口程序》和《分销程序》、法规的额外要求等;

第二,中国的部分措施拒绝允许或限制外商投资企业或外国个人进入中国市场,违反了其关于贸易权的承诺,因涉案措施不具有"必需"性且存在其他替代措施,中国关于第 20 条(a)项例外的抗辩失败;禁止外商投资企业或外国个人进入某些产品的发行、分销领域并对可以进入领域施加诸多限制性条件,而这些限制中国并未在承诺表中列出从而没有例外赦免,构成与 GATS 的规定不相符;关于分销服务的规定构成区别对待措施,与 GATT 第 3.4 不符。

(二)专家组的建议

根据《关于争端解决规则与程序的谅解》第19.1条,专家组发现中国已经违背了《加入议定书》、GATS以及GATT1994中的某些条款,建议争端解决机构尽快责成其采取相关措施以使其行为与上述条约中所规定的义务相一致,呼吁中国遵守入世协定及WTO规则,允许美国(及欧盟)企业对中国出口上述出版物,消除针对进口出版物外资经销商的歧视措施;允许美国(及欧盟)与中国成立合资企业,通过互联网销售音乐专辑。

五、上诉机构的主要意见

上诉机构在综合分析了双方当事人的意见和专家组的分析后认定:

(1)关于进口影院放映电影和音像制品半成品的措施应适用中国贸易权承诺,支持专家组的意见;

(2)本案中中国可以援引GATT第20条(a)项之例外,并进一步否定了中国涉案措施的"必需性",认为没有证据表明关于国家规划的要求符合"必需"性的要求;

(3)运用《维也纳条约法公约》的第31条和第32条等解释工具对减让表中的"录音分销服务"进行解释,支持了专家组的意见,该承诺表中的"录音分销服务"应包含电子销售方式。

【延伸阅读】

1. 曹阳:《国际知识产权制度:冲突、融合与反思》,法律出版社2011年版。

2. 张乃根:《WTO争端解决机制论:以TRIPS协定为例》,上海人民出版社2008年版。

3. 冯汉桥:《国际贸易中知识产权的取得与保护》,知识产权出版社2011年版。

4. 国家知识产权组织编写:《WTO知识产权争端解决机制及案例评析》,人民出版社2012年版。

5. 卡尔·希比著,倪晓宁、王丽译:《国际知识产权》,中国人民大学出版社2012年版。